항공사법

항공운송법

항공사법

항공운송법

박원화 지음

한국학술정보㈜

한국의 항공운송산업이 괄목하게 신장하였다. 오래전부터 세계 10위 내의 항공운송실적을 가진 우리나라의 능력향상은 대한항공과 아시아나항공의 눈부신 활약이 기여한 결과로 보는데 이를 뒷받침하는 정부와 사법부의 역할은 더 활발하여야겠다.

국제민간항공기구(ICAO)가 발표한 2011년 세계항공운송실적에서 세계 6위(여객 15위, 화물 3위)를 차지한 한국은 화물의 운송실적만 놓고 볼 때 가히 항공대국이다. 이렇게 항공실적이 큰 나라에서 운송과 관련한 분쟁이 없을 수 없으니 항공운송사고 시 배상의 규모와 기준을 일찍이 조약으로 만들어 세계적인 통일을 이루어 낸 국제항공사회의 규범을 이해하고 이를 충실하게 따르는 것이 요구된다. 그러나 현실은 꼭 그렇지만은 않아 항공운송에 관한 바르샤바 체제와 이를 개편하여 최신화한 2009년 몬트리올 협약에 대한 이해가 부족한 가운데 국내 판결과 국내법 제정에 있어서 안타까운 현실이 발생하곤 하는데 본서가 이를 해소하는 데 기여하였으면 하는 바람이다.

항공사법이라 하면 정부가 주체로 되어 있는 항공공법과 대비되면서 항공에 관련한 私人 간의 활동을 규율하는 내용을 말하는바, 항공운송 시의 사고와 관련한 인적·물적(짐과 화물) 피해를 어떤 기준으로 배상하느냐의 항공운송법이 주 내용을 이루게 된다. 여기에 항공기 운항에 관련하여 지상 등 제3자의 피해 배상, 항공보험, 항공기에 대한 담보권 등 권리 설정과 행사, 항공기 제조업자와 수선업자의 책임도 항공사법의 내용을 구성한다. 본서는 1990년 항공법 출간 후 제2판과 제3판을 출간한 데 이어 2011년에는 국제항공법으로 명칭을 달리하여 발간한 내용 중 항공운송을 포함한 항공사법의 내용을 별도로 발췌하여 최신화한 작업 결과이다. 이러한 가운데 항공기에 대한 권리를 기술한 제6장은 2001년 고가 이동장비에 관한 케이프타운 협약을 국내에 소개하기 위한 목적에서 상세 기술하였다.

여기에 작년부터 세계 유례없이 항공운송을 상법에 포함시킨 국내법 상법내용을 포함하는 한편 많지 않은 국내항공판례를 추가하였으나, 항공 관련 조약의 내용이 워낙 복잡하기 때문에 그러한지 여러 국내적 결과물이 잘못되었음을 발견하게 되었다. 따라서 이를 비판적으로 분석·평가할 수밖에 없었는바, 이에는 학문적 성격 이상의 의미가 없음을 밝힌다.

본서를 출간하는 데에 있어서 대한항공의 김영기 부장의 귀한 자료 제공과 한국항공대학교 김진우 학생과 조원태 학생의 고마운 기여가 있었다.

2012년 7월
저자 박원화

목차

제3장 │ 항공운송 관련 국내법

제7장 보험

 제8장 　공항, 소음, 환경

부록

약어표

AASL	:	Annals of Air and Space Law(Canada)
A.C.	:	Law Journal Reports, Appeal Cases
A.D.	:	New York Supreme Court, Appellate Division Reports(USA)
ADIZ	:	Air Defence Identification Zones
aff'd	:	Affirmed
A.I.P.	:	Aeronautical Information Publication
AJIL	:	American Journal of International Law(USA)
All E.R.	:	All England Law Reports(UK)
ANC	:	Air Navigation Commission(ICAO)
App.	:	Appendix
App. Div.	:	Appellate Division(USA)
ATA	:	Air Transport Association of America
ATCS	:	Air Traffic Control Service
ATS	:	Air Traffic Services
Avi.	:	Aviation Cases(Commerce Clearing House)(USA) 1822—
AWST	:	Aviation Week & Space Technology(USA)
C.A.	:	Court of Appeal; Cour d'appel
CAB	:	Civil Aeronautics Board(USA)
Can. S. C.	:	Supreme Court of Canada
Cass. civ. lre	:	Cour de Cassation, Première chambre civile ou première section civile(France)
Cas. civ. soc.	:	Cour de Cassation, chambre sociale(France)
C.D. Cal	:	US District Court, Central District of California
cert, den'd	:	Certiorari denied(USA)

Cir.	: Circuit Court of Appeals(US federal)
CITEJA	: Comité International Technique d'Experts Juridiques Aériens
Civ. Ct.	: Civil Court(USA)
Ct. App.	: Court of Appeal(English and other common law courts except USA Courts)
Cty.S. Ct.	: City Supreme Court(USA)
D	: Recueil Dalloz(France)
DC	: District of Columbia(USA)
D.C.N.M.	: District Court of New Mexico(USA)
2e Ch Civ	: Deuxième Chambre Civile(France)
D.L.R	: Dominion Law Reports(Canada)
D.S.	: Recueil Dalloz—Sirey(France)
E.D. Pa.	: District Court, Eastern District of Pennsylvania(USA)
Eur Tr L	: European Transport Law
FAA	: Federal Aviation Administration(USA)
F. 2d	: Federal Reporter, Second Series(USA)
F. Supp.	: Federal Supplement(USA) 1932—
FIC	: Flight Information Center
FIR	: Flight Information Service
IATA	: International Air Transport Association
ICAO	: International Civil Aviation Organization
ICJ	: International Court of Justice
ILO	: International Labour Organization
I.L.R.	: International Law Reports
ITU	: International Telecommunication Union
JALC	: Journal of Air Law and Commerce(USA)
K.B.	: King's Bench(English and other common law courts except USA courts)
Lloyd's Rep.	: Lloyd's List Law Reports(UK)
N.Y. Ct. App.	: New York Court of Appeal(USA)
N.Y. Sup.Ct.	: New York Supreme Court(USA)

Q.B.	: Queen's Bench(English and other common law courts except USA courts)
Qué. S.C.	: Québec(Canada) Supreme Court
RFDA	: Revue Française de Droit Aérien et spatial(France)
R.G.A.	: Revue générale de l'Air(France)
RGAE	: Revue générale de l'Air et de l'Espace(France)
rem'd	: remanded
rev'd	: reversed
R.I.A.A.	: Reports of International Arbitration Awards
SDR	: Special Drawing Right
S. Ct.	: Supreme Court Reporter(USA)
Stat.	: Statutes at large
T.G.I.	: Tribunal de Grande Instance(France)
UPU	: Universal Postal Union
US	: United States Supreme Court Reporter(USA)
U.S.C.	: United States Code
USDC	: United States District Court
US Av. Rep.	: United States Aviation Reports(USA and Canadian Aviation Reports)
USLW	: United States Law Week(USA) 1933 —
U.S.S.C.	: US Supreme Court(USA)
WL	: Westlaw
WMO	: World Meteorological Organization
ZLW	: Zeitschrift Für Luft — und — Weltraumrecht(W. Germany)

항공사법의 이해

1. 항공사법과 항공공법

2. 국제항공사법과 국내항공사법

3. 국제항공사법과 국제사법

4. 항공사법의 발달

항공사법의 이해

1. 항공사법과 항공공법

국가가 주체로 되어 행하는 대부분의 사항은 공법의 범주에 들어간다. 항공공법은 영공에서의 비행허가, 국제노선의 개설, 항공안전을 위한 국가 간의 제반 협력, 항공기 등록, 소유권 또는 저당권의 상호 인정, 항공기 및 공항 등 항공시설에 대한 범죄인의 처벌 및 인도에 관한 사항 등 광범위하다. 반면 항공여객, 여객의 짐, 화물 또는 항공기 관리와 소유에 관련한 사고나 분쟁이 발생하여 이에 대한 항공기 운항자 또는 소유자의 책임을 논의하는 것은 항공사법에 해당한다. 나라에 따라서는 항공기 운항자 또는 소유자가 직접 정부의 한 기관인 경우도 있으며 또는 국가의 감독을 받는 기업체가 항공기 운항·관리를 담당하기도 한다. 정부가 직접 항공기를 운항할 경우라도 영업을 목적으로 한 항공운송 시 사법의 적용을 받음은 당연하다.

항공기 제조업자, 수선업자, 그리고 판매업자 등이 제품의 하자로 인하여 배상책임을 지는 내용도 항공사법의 내용을 이루고 있으며 항공관제용역을 제공하는 기관의 잘못으로 항공사고가 발생하여 배상을 하는 내용과 항공보험노 항공사법의 내용이다. 항공사법의 내용 중 가장 중요하고 큰 비중을 차지하는 것은 항공운송법인바, 이는 동 항공운송에 관한 여러 조약이 존재하면서 오랫동안 국제적 적용과 상당한 통일적 적용이 이루어졌기 때문이다. 항공운항 시 지상 제3자 피해를 비롯하여 여타 항공사법 분야는 관련 조약이 있는 경우에도 소수의 당사국만 조약에 참여하고 있다든지 또는 국내법으로 해결되는 경향이 많은 관계로 그 중요성이 항공운송법만큼 부각되지는 않고 있다. 따라서 본서의 제목도 항공사법으로 표기하고 부제목으로 핵심 내용인 항공운송법을 명기하였다.

국가는 공법의 주체가 될 뿐만 아니라 사법을 국제적으로 통일하는 조약 체결의 주체이기도 하다. 또한 국가권력의 관여하에 사법의 적용과 통일이 보장되고 있다. 항공사법의 모법이 되고 있는 1929년 바르샤바 협약과 후속 관련 조약, 그리고 2001년 케이프타운 협약 및 항공기 장비 의정서도 마찬가지이다. 또 항공기 운항 시 제3자 피해 배상에 관한 2009년 몬트리올 협약도 모두 국가가 당사자로 되어 있다. 단, 예외적으로 미국을 경유 또는 비행하는 항공사가 당사자로 되어 있는 1966년의 몬트리올 협정은 국가가 당사자로 되어 있지 아니하나 항공운송법의 중요한 내용을 구성한다.

2. 국제항공사법과 국내항공사법

국제항공사법은 항공사법이 국경을 넘어 적용되는 내용을 담고 있는 것이며 국내항공사법은 한 나라 내에서만 적용되는 성격의 것이다. 항공운송은 쉴 사이가 없이 진행되면서 이에 관련한 배상 소송과 관련 법적 쟁점이 수시 제기되지만 그 빈도는 국제항공운송인 경우 더욱 빈번하다.[1] 따라서 본서의 기술 내용도 주로 국제항공사법에 관한 것인바, 이는 국내항공사법이 국내에 생소한 이유로 법 규범과 법원에서의 적용이 미진한 데에도 연유한다.

그런데 2011년 11월 발효된 국내상법의 개정내용은 세계 유례없이 상법에 항공운송 편을 기술하는 기록을 세웠지만 그 내용에 문제가 있어 하지 아니함만 못한 결과가 되어 딱한 실정이다. 그러나 이 내용은 분명 중요한 국내항공사법 내용을 이룬다. 또 많지는 않지만 항공운송에 관련하여, 특히 화물운송과 관련한 국내판례가 있는 것도 중요한 국내항공사법의 내용인바, 이를 검토하여 볼 것이다.

3. 국제항공사법과 국제사법

국제항공사법(international private air law)은 국제사법과 구분된다는 것에 유의하여야 한다. 국제사법(private international law 또는 conflict of laws)은 섭외사법이라고도 하는 것으로서 여러 국가에 걸친 사건이 발생하였을 경우 어느 나라의 법규를 적용하여야 하는지를 규정한 국내법 내용을 말한다. 여기에서 여러 국가에 걸친 사건은 공법의 성격이 아니고 개인의 권리, 의무 및 계약 관계(혼인, 이혼, 채무 이행 등) 사법에 관한 내용을 말한다. 가령 프랑스에서 혼인한 한국 부부의 이혼소송이 미국에서 제기되었을 경우 미국의 국내법상 여사한 경우 국적국인 한국의 이혼에 관련한 법을 적용

---

1) ICAO의 항공운송실적 통계에 의하면 2011년 전 세계 국내외에서 운송된 승객, 화물 및 우편물의 총계 646,752백만tonne-kilometers(TK) 중 69%인 446,866백만TK가 국제운송으로 인한 것임. Annual Report of the Council 2011, ICAO Doc 9975.

토록 한다는 내용 등이 국제사법이다. 또 다른 예는 본국법을 준거법으로 적용하여야 할 경우 당사자가 이중국적을 가지고 있다면 두 나라 중 당사자와 가장 밀접한 관계를 가지고 있는 나라의 법을 적용하여야 하며 항공기에 관한 물권은 그 국적 소속국 법에 의하고, 철도차량에 관한 물권은 그 운행허가국법에 의한다 등의 내용이 국제사법의 내용이다.

이러한 내용을 국제사법이라는 별도의 독립된 법으로 규정하는 나라가 있고 또는 법률에 따라 필요한 경우 어떠한 나라의 법을 적용한다는 규정을 두는 경우도 있다. 우리나라의 경우 '국제사법'2)을 독립법으로 두고 있다.

4. 항공사법의 발달

4.1. 바르샤바 체제의 성립 배경

바르샤바 체제는 1929년에 채택된 「국제항공운송에 있어서의 일부 규칙의 통일에 관한 협약」 (Convention for the Unification of Certain Rules Relating to International Carriage by Air)을 기본으로 하고 연후 채택된 1955년 헤이그 의정서, 1961년 과달라하라 협약, 1966년 미국을 운항하는 항공사 간의 몬트리올 협정, 1971년 과테말라시티 의정서, 1975년 몬트리올 추가 의정서 4개(1, 2, 3, 4)를 지칭한다. 이 중 1971년 과테말라시티 의정서와 1975년 몬트리올 추가 의정서 3이 발효되지 않았다.

바르샤바 협약은 국경을 넘나드는 항공운송에 있어서 법적 문제가 발생할 경우 적용할 법이 확실치 않아 법 적용의 통일된 기준을 제시하여 주기 위하여 채택된 조약이다. 항공운송의 발전과 함께 당장 제기된 법의 충돌(conflict of laws) 문제는 CITEJA3)(Comité International Technique d'Experts Juridiques Aériens)의 주요 과제로 이미 논의되어 왔었다. 이 결과 1929년에 바르샤바 협약이 채택되었고 이로써 당시까지 승객과 화물소유인의 권한 및 항공운송자의 책임을 둘러싸고 어느 국가의 법을 적용하느냐에 관련하여 야기된 혼동과 불확실성이 제거되었다. 동 협약은 항공운송에 있어서의 여객과 화물소유자의 권한을 정의하고, 동 권한의 한계와 이행을 명시하며, 항공운송자의 책임을 규정하고 있다. 동 협약은 한마디로 거의 모든 사고의 경우에, 항공운송자의 책임을 전제로 하는 대신, '고의적 과실'(wilful misconduct)의 경우가 아닌 한 항공운송자의 책임 한도를 일정한 금액으로

---

2) 시행 2011.7.20. 법률 제10629호.

3) '항공법 전문가 위원회'로서 후술함.

한정함으로써 항공운송사업의 발전에 크게 기여하였다. 이는 책임 한도를 일정한 금액으로 한정하는 것이 항공운송사업자의 책임 발생 시의 배상액을 예상할 수 있게 하여 주며 동 배상액으로부터 역산하여 보험료, 항공요금 및 재투자 등 사업 전반에 대한 계획 수립을 가능하게 함으로써 안정과 예측을 통한 항공운송산업의 발전이 가능할 수 있었기 때문이다. 이러한 항공운송산업에 대한 특별한 배려는 항공기 제작 기술의 미숙에서 오는 항공안전의 불확실성과 초창기 항공기 운송산업의 육성이라는 관점에 대하여 각 체약 당사국이 인식을 같이 하여 베푼 정책적 혜택이었다. 동 배상 한도액은 협약 채택 후 상당한 기간이 경과하면서 산업 발전과 함께 많은 나라의 생활수준이 향상됨에 따라 승객 사망 배상금액 등 인상조정이 필요하다는 판단 아래 1955년 헤이그에서 협약 개정 의정서를 채택, 승객 사망 시 1인당 배상 한도를 협약이 규정하는 금액의 배인 25만 프앙카레 프랑(1만 6,600달러)으로 개정하였다.

헤이그 의정서는 바르샤바 협약 운용의 경험에서 발견된 몇 가지 문제점도 동시에 해결하였다. 이 헤이그 의정서에 거의 대부분 바르샤바 협약 당사국이 비준 또는 가입하였으나 미국은 승객 배상금액이 작은 데에 불만을 표시하여 2003년까지 헤이그 의정서를 비준하지 않았다.

한편 항공운송 시 계약 운송자가 아닌 자에 의하여 운송되었을 경우의 법적 운송책임 관계를 규율할 목적으로 1961.9.18. 과달라하라(멕시코 소재 도시)에서 바르샤바 협약의 보충협약이 채택되었다.

승객 배상 한도액 문제로 돌아와서 미국은 바르샤바 협약과 헤이그 의정서의 배상액이 미국 기준으로 볼 때 사람의 가치를 터무니없이 낮게 평가한 것이라는 거센 국내 반발을 이유로 바르샤바 협약을 탈퇴하기로 결정한 후 협약 탈퇴를 1965.11.15.자로 통고하였다. 이로써 미국의 탈퇴는 통고 후 6개월 후인 1966.5.15. 발효하게 되었다. 동 사실에 접한 세계의 민간항공업계는 제1의 민간항공운송실적(당시 세계의 약 40% 차지)을 차지하는 한 미국이 협약에서 이탈할 경우 바르샤바 체제가 붕괴할 뿐만 아니라 법 적용상 혼란이 야기될 것에 크게 긴장하였다. 따라서 각국은 미국의 협약 잔류를 설득하기 위한 모든 노력을 전개하였는바, 이때 '국제항공운송연합'(IATA)이 개입하여 미국의 협약 탈퇴 발효 하루 전인 1966.5.14. 미국이 탈퇴통고서를 철회토록 하는 데 성공하였다.[4] IATA가 개입하여 주선한 내용은 미국을 출발점, 종착점 또는 경유지로 한 승객을 운항하는 항공사가 승객 사상 사고 시 1인당 7만 5,000달러를 배상한다는 것을 내용으로 한 협정을 수락하고 대신 미국은 바르샤바 협약 탈퇴를 철회한다는 것이다. 정부가 당사자로 되어 있지 않은 동 협정이 1966년의 몬트리올 협정이다. 이전의 배상금보다 그 한도가 훨씬 인상

---

4) Matte의 저서 p.470.

된 동 배상금액은 추후 세계의 많은 항공사가 미국으로의 비행에 관계없이 적용 지급하는 모델이 되었다.

미국의 계속적인 배상금 한도 인상 주장은 또 하나의 국가 간 조약을 요하게 되었는바, 이것이 1971.3.8. 채택된 과테말라시티 개정 의정서이다. 21개국이 채택한 과테말라시티 의정서는 헤이그 의정서에 의하여 개정된 바르샤바 협약을 다시 개정한 것으로서 승객 사망 시 배상금액의 한도를 150만 프앙카레 프랑(약 10만 달러)으로 인상하며 사고 시 항공운항자에게 절대적 책임(과실 여부를 불문한)을 부과함으로써 2가지 면에서 승객 사상 시 승객 측 배상 청구 입장을 유리하게 하였다.

1975년에 몬트리올에서 또 한 번의 회의가 개최되어 추가 의정서 1, 2, 3, 4 등 모두 4개의 추가 의정서를 채택하였다. 제1 추가 의정서는 1929년 바르샤바 협약의 승객 및 화물 등의 배상금액 표시를 SDR(Special Drawing Right)로 변경 표시하고, 제2 추가 의정서는 1955년 헤이그 의정서를 같은 방법으로, 제3 추가 의정서는 1971년 과테말라시티 의정서를 역시 같은 방법으로 규정한 것이다. 그러나 제4 추가 의정서는 1955년 헤이그 의정서의 배상금액을 SDR로 표기함은 물론, 항공화물의 문서와 책임문제에 관한 본질적인 내용의 개정을 포함한 것으로 여타 추가 의정서와는 그 성격이 다르다.

이상 바르샤바 체제 성립 배경을 간략하게 설명하였는데 구체적인 내용은 최근 상황과 함께 제2장 '항공운송법'에서 기술한다.

4.2. CITEJA의 작업

제1차 대전 후 각국은 각기 상이한 국내법이 국제항공의 사법 분야에 적용될 경우 야기되는 혼란을 제거하기 위하여 통일된 법의 제정 필요성을 인식하고 있었다. 이러한 인식은 1922년 3월 국제 연맹의 통신기술협의 위원회(Consultative and Technical Commission of Communications and Transit)에서 표명되었으며, 1923년 7월 런던에서 개최된 항공회의에서는 정부대표로 구성된 국제협의체를 구성하여 각국이 비준·채택할 수 있는 법안을 작성하도록 건의하였다. 이러한 상황에서 프랑스 정부는 동 문제에 큰 관심을 갖고 1923.8.17. 타국 정부에 서한을 발송하여 항공운송자의 책임에 관한 협약을 기초하고 항공분야의 사법에 관한 통일된 국제법을 계속 연구하는 것이 필요할지를 결정하기 위한 목적으로 개최하는 국제회의에 참석할 것을 초청하였다.[5] 동 프랑

---

5) G. F. FitzGerald, "The International Civil Aviation Organization and the Development of Conventions on the International Air Law(1947~1978)", Ⅲ Annals of Air & Space Law(이하 AASL)(1978) 53.

스 초청에 응하여 43개국 대표 70명이 1925.10.26.~11.4. 파리에서 개최된 제1차 항공사법 국제회의에 참석하였다.

회의 참석자들은 추후 외교회의에서 조약으로 채택할 전반적인 국제항공사법을 기초하기 위한 목적으로 CITEJA(Comité International Technique d'Experts Juridiques Aériens)를 설치하였다. CITEJA는 1926년 파리 외무부에서 제1차 회의를 개최하였는바, 이때 28개국이 대표를 파견하였다.

CITEJA는 창설시 그 임무로서 첫째, 항공사법의 제반 문제를 다루는 활동계획의 수립, 둘째, 국제회의에서 다룰 법적 문제에 관한 국제 협약안의 준비, 셋째, 단일 국제항공사법 법전의 점진적 형성을 위한 원칙 수립을 부여받았다. CITEJA는 작업의 방법으로 4개 위원회를 구성하여 각 위원회의 보고자(rapporteur)가 모든 전문가(CITEJA 위원)에게 질문서를 배포하고 응답 자료를 바탕으로 보고서를 작성하도록 하였다. 동 보고서는 경우에 따라 협약 기초 방향도 포함하는바, 해당 위원회는 동 보고서를 바탕으로 충분한 토의를 한 후 협약안을 작성하여 위원회의 결론과 함께 CITEJA에 이송한다. 이를 접수한 CITEJA는 추가 검토를 위하여 해당 위원회에 반송하지 않는 한 채택을 위한 목적으로 협약기초 소위에 회부하며, 소위를 거쳐 CITEJA가 채택한 협약안은 프랑스 정부를 통하여 각국 정부에 송부된 후 협약 채택을 위한 국제회의 개최 순서를 밟는다.[6]

CITEJA는 1926년 설치 시부터 1944년 시카고 협약이 발효한 1947년까지 16회기(session)를 개최하였다. 각 위원회는 제2차 대전 중의 기간을 제외하고는 대체로 연 2회 회의를 가졌으며 CITEJA는 연 1회 전체회의를 개최하였다. CITEJA의 여러 회기에 참가한 국가 수는 총 39개국에 이르나 전체회의 시 통상 15 내지 20개국의 대표가 참석하였다.

CITEJA가 성안한 협약은 다음과 같이 4개 협약과 1개 의정서이다.

- 바르샤바 협약(1929)
- 지상에서의 제3자에 대한 피해에 관한 일부 규칙의 통일을 위한 로마 협약(1933)
- 상기 로마 협약을 개정하는 브뤼셀 의정서(1938)
- 항공기의 압류(Precautionary Arrest)에 관한 특정 규칙의 통일을 위한 로마 협약(1933)
- 해상에서의 항공기 구조에 관한 특정 규칙의 통일을 위한 브뤼셀 협약(1938)

상기 이외에 CITEJA는 여러 항공법 문제에 관한 협약안과 보고서를 작성하였는데, 이는 1947년 소멸과 동시에 ICAO에 이관된 후 일부는 국제협약과 각국의 국내법 형태로 입법화되었다.

---

6) 상동. pp.53-54.

4.3. 영역의 확대

항공기 사고 시 항공운송자의 배상책임을 중심으로 규정한 바르샤바 체제는 여타 항공사법의 발달을 자극하였다. 이에 따라 국제항공사법은 바르샤바 체제에서 규율범위를 확대하여 항공기 억류문제, 지상 제3자에 대한 피해문제 및 항공기에 대한 권리문제에서까지 법전화되었다.

먼저 CITEJA가 성안한 1933년의 항공기 압류에 관한 로마 협약(Convention for the Unification of Certain Rules Relating to the Precautionary Arrest of Aircraft, Rome, 1933)은 압류의 권리를 제한하고 규제하기 위하여 채택되었다. 미국과 영국을 제외한 22개국을 당사국으로 한 동 협약은 항공기 저당권자 또는 소유권자가 체약 당사국 내에서 채권회수를 목적으로 항공기를 억류·처분하는 것을 규제한다.

항공기의 추락 또는 항공기로부터 물체가 떨어져 지상에서 발생하는 인적·물적 피해 배상액을 국제적으로 통일하기 위하여 채택된 1933년 항공기에 의한 지상 제3자의 피해에 관련한 특정 규칙의 통일에 관한 로마 협약(Convention on the Unification of Certain Rules Related to Damage Caused by Aircraft to Third Parties on the Surface, Rome, 1933)은 항공기 중량에 따라 배상 한도를 달리하고 항공운송자의 책임을 확보하는 조치를 규정하고 있다. 동 책임 확보의 한 방법으로 보험의 요건을 상세히 기술하기 위한 목적으로 1938년 브뤼셀에서 의정서가 채택되었다. 그러나 로마 협약은 발효에 필요한 5개국에 의하여서만 비준되었고, 브뤼셀 의정서는 2개국[7] 비준에 머물러 사문화되었다. 로마 협약을 개정하면서 일부 새로운 규정을 포함한 것으로서 1952년의 로마 협약(Convention Relating to Damage Caused by Foreign Aircraft to Third Parties on the Surface, Rome, 1952)이 있다. 동 로마 협약은 2012년 7월 현재 49개국을 당사국으로 발효 중이다.[8] 이 로마 협약을 다시 한 번 개정한 것으로 1978년 몬트리올 의정서(Protocol to Amend the Convention on Damage Caused by Foreign Aircraft to Third Parties on the Surface, Rome, 7th October 1952, Montreal, 1978)가 있는데 2012년 7월 현재 12개국을 당사국으로 발효 중이다. 1933년의 로마 협약은 이렇게 2차례나 개정되어 지상 피해에 대한 배상액이 인상되었지만 서방 등 주요 항공대국의 기준으로는 미흡하기 때문에 호응을 얻지 못하고 있는데 제5장에서 상세 후술한다.

1948년에 채택된 항공기에 대한 권리의 국제적 인정에 관한 협약(Convention on the International Recognition of Rights in Aircraft, Geneva, 1948)은 2012년 7월 현재 미국, 프랑스, 네덜란드를 포함한 89개국을 당사국으로 발효 중이다. 항공기 자체에 대한 소유권, 부품, 항공기 취득 및 6개월 이상

---

7) 이탈리아와 브라질.

8) 미국과 영국은 동 협약의 당사국이 아니며 캐나다는 1976년 협약에서 탈퇴하였음.

임차된 항공기의 채권확보에 관련한 권리를 항공기 등록국의 법에 따라 보호하는 동 협약에 대하여 미국은 예외적으로 적극적이다. 이는 세계에서 가장 많은 항공기를 소유하고 금융 조달하여 주면서 판매하고 있는 미국으로서 당연한 입장이겠다. 이는 제6장엣 상세 기술한다.

같은 항공사법의 범주에 들어가지만 협약이 채택된 후 발효에 필요한 비준국가 수가 충족되지 않은 관계로 방치된 조약으로 1938년 해상에서의 항공기의 또는 항공기에 의한 구조와 지원에 관한 특정규칙의 통일을 위한 협약(Convention for the Unification of Certain Rules Relating to Assistance and Salvage of Aircraft or by Aircraft at Sea, Brussels, 1938)이 있다.

4.4. 공간적 적용의 불통일

본서는 제2장에서 국제항공운송 시 보편적으로 적용되고 따라서 실생활에 상당한 영향을 주는 항공운송에 관련한 바르샤바 체제와 동 체제를 전면 수렴하여 개편한 1999년 몬트리올 협약을 비교적 상세히 고찰하고자 한다.

현재 국제항공사법의 헌장(Magna Carta)이라고 할 수 있는 1929년 바르샤바 협약은 2012년 7월 현재 152개국이 참여하여 보편화되어 있다. 이는 미국을 포함한 세계 유수 항공국이 모두 당사국으로 가입하고 있기 때문에 더욱 그러하다. 1933년에 발효된 동 협약은 전술한 바와 같이 1955년의 헤이그 의정서에 의하여 개정되었으나, 미국은 2003년까지 동 의정서를 비준하지 않고 대신 정부 간 조약이 아닌 항공사 간의 1966년 몬트리올 협정을 적용하다가 1996년부터는 IATA가 주선한 IIA/MIA 및 IPA(제2장 3.2항 기술)를 대부분 적용 중이었다. 그러나 모든 국가가 모든 조약에 동시에 가입하고 있지 않는 이상 협약 적용은 항공기의 등록국과 항공권 판매처 소재국, 항공여행 시 목적지국이 바르샤바 조약(1929년 바르샤바 협약 또는 1955년 헤이그 의정서)에 가입하고 있는지, 구입한 항공권의 여정이 미국을 포함하는 외국여행인지에 따라 달라진다. 예를 들어 같은 헤이그 의정서에 가입한 국가 사이를 항공구간으로 하여 여행하다가 항공기 사고로 사망하였을 경우 받을 수 있는 배상금액은 1만 6,600불에 불과하나 미국을 출발하여 한국으로 비행하는 항공기에 탑승한 승객은 몬트리올 협정(1966)에 따라 7만 5,000불을 배상받게 된다. 그러나 미국의 일 지점을 출발하여 여행하는 승객이 미국의 타 지점으로만 여행하는 국내여행 시 (가령 로스앤젤레스에서 하와이) 사고를 만나 사망하였을 경우 동 승객이 국제여행 중 한 구간으로 항공권을 구입하였다면 1966년 몬트리올 협정의 적용을, 그렇지 않고 미국 내 구간만의 국내 항공권을 구입하였을 경우에는 미국 국내법을 적용받아 수십만 불 이상의 보상금을 받는 경우가 허다하다.[9] 반면 같은 국내여행이지만 가난한 나라에서 항공여행을 하다가 사망하였을 경우 배상금은 5,000불에도 못 미칠 수 있겠다.

위와 같이 어느 지역에서 어느 구간(국내 또는 국제)의 항공권을 구입하여 여행하느냐에 따라서 배상금액은 엄청난 차이를 가져온다. 이는 현재 각국 생활수준이 1인당 국민소득 4만 불에서 400불까지의 차이를 보이는 것과 같은 현실로 이해할 수밖에 없다. 또한 이렇게 각기 다른 생활수준의 차이가 바르샤바 체제의 적용을 완전히 통일시키지 못하고 있는 원인이 되고 있음을 이해하는 데 어렵지 않다. 빈곤한 나라는 사망 배상금을 8,300불에서 1만 6,600불로 인상시킨 헤이그 의정서에도 가입을 못 하고 있는 실정인바, 이는 미국이 헤이그 의정서의 배상금액이 너무 약소하여 가입하지 않고 있었던 것과는 정반대의 경우이다.

이러한 이유로 항공사법이 전 세계적으로 동일한 공간적 적용을 가져오지 못하고 있다.

4.5. 해석 적용의 문제

이상과 같이 여러 개의 후속 개정, 보완 의정서로 존재하는 바르샤바 체제를 하나의 문서로 정리하기 위하여 1999년 몬트리올 협약(제2장에서 상세 언급)이 채택되었다. 그러나 2012년 7월 현재 105개 당사국인 1999년 몬트리올 협약이 보편적으로 적용될 때까지 당분간 바르샤바 체제가 적용되는 경우를 무시할 수 없다.

바르샤바 체제의 조약은 크게 볼 때 3가지 요소가 작용하여 서로 달리 해석·적용될 수 있다. 첫째는 1929년 바르샤바 협약이 불어로 작성되었다는 점에 유의하여야겠다. 이에 따라 프랑스 법률용어기 영·미법에서 사용하는 법률용이의 개념으로 정확히 해식될 수 없는 문제가 나온다. 가령 불어의 dol이 영어의 wilful misconduct로 정확히 번역되었다고 할 수 없고, 대륙법상 계약의 개념이 대가를 받지 않고 하는 계약도 포함하는 반면 영·미법에서는 계약의 원인행위(consideration)에 무료라는 것은 인정이 안 되는 것 등이다. 위와 같이 대륙법과 영·미법의 차이 및 언어의 상이에서 오는 법률개념의 차이는 그대로 조약의 해석·적용에 반영될 수밖에 없다. 둘째, 국내법 차이에서 오는 문제이다. 이는 조약이 구체적인 특정내용을 소송이 제기된 국가의 국내법에 위임하는 경우가 있는데[10] 이때 국가에 따라 원고 또는 피고에게 유리한 또는 불리한 내용으로 국내법이 제각기 서로 다르게 규정되어 있기 때문이다. 바르샤바 협약은 또 소송을 제

---

9) 가령 LA-하와이-서울의 국제구간을 일정으로 한 항공권 소지자는 LA와 하와이 사이 비행 중에 항공기 사고가 나더라도 1966년 몬트리올 협정에 따른 보상금액을 적용받으나 LA-하와이 구간만의 표를 구입한 자는 미국 국내법에 따른 보상을 받게 됨.

10) 예를 들어 바르샤바 협약 제28조 2항은 소송 제기 시 절차 사항을 소송이 제기된 법원의 국내법에 의하도록 규정하고 있음.

기할 수 있는 재판 관할지로 4개 장소를 지정하고 있다.[11] 이 4개 장소는 4개국이 될 수도 있는 바, 이 경우 소송을 제기하는 원고는 자신에게 가장 유리한 판결을 하여 줄 국가의 법원에서 소를 제기할 것임은 당연하다.[12] 소송을 제기받은 국가의 법원은 자국의 국내법 개념을 준거로 하여 조약을 해석함은 물론이거니와(이 경우 첫 번째와 유사한 문제가 발생) 조약이 위임하는 국내법은 소가 제기된 국가의 것으로 정해진다. 셋째, 시대가 달라짐에 따라 사람의 인식도 달라지듯이 같은 법률을 해석하는 것도 시대에 따라 달라지는 데서 오는 차이이다.

이러한 인식의 차이는 과거 원시시대의 농경생활에서 적용하는 법이 오늘날의 그것과 같을 수 없듯이 시대발전에 따라, 법이 추구하는 형평의 방법 역시 변화한다. 항공기 산업이 유치(幼稚)한 단계에 있을 때에는 산업 육성과 항공여행 증진의 관점에서 항공운송자와 여객을 동등한 입장으로 취급하였으나, 고도의 자본주의 사회인 오늘날 일개인의 여객을 거대한 기업과 일대일로 대결하게 할 수 없는 정책적 고려가 작용하고 있다. 또한 기업은 배상을 감당할 수 있는 영업기관이라는 점도 감안되어 항공기 사고로 불행한 처지에 있는 여객 또는 사망여객의 유족은 예전과 달리 유리한 판결을 받는 것으로 경향이 바뀌어진 것이 그 예이다. 따라서 항공운송자의 부주의(헤이그 의정서 제14조 'recklessly')를 광범위하게 해석하며 항공운송 시 발생하는 승객에 대한 피해(바르샤바 협약 제17조의 damage)를 과거와는 달리 정신적 피해까지 포함시키는 판례가 나온 것이다.

---

11) 바르샤바 협약 제28조 1항.

12) 유리한 판결을 얻을 수 있는 법원을 선택하는 것(이를 forum shopping이라 함)은 인명 피해를 고가로 배상 판결하는 미국의 법원을 관할 법원으로 택하고자 하는 결과를 가져옴.

항공운송법

항공운송법

1. 항공운송에 관한 국제법

항공기가 국경을 넘어 비행할 경우 국제적으로 적용할 통일적인 규범이 절실히 필요하였다. 상업적인 항공운송이 성공하기 위하여서는 항공운송에 적용할 사법(私法)의 통일이 절대적임을 인식한 CITEJA는 1926년부터 협약안을 연구한 결과 1929년 폴란드 바르샤바에서 동 협약 채택을 위한 외교회의를 개최하였다. 상기 외교회의가 끝이 아니고 국제항공운송법을 제정하는 일련의 여러 조치 중 시작에 불과하였는바, 1999년 캐나다 몬트리올에서 외교회의를 개최하여 바르샤바에서 채택하였던 협약을 대폭 수정하고 현대화한 또 하나의 협약을 채택하는 것으로 일단락되었다. 이제 차례로 그 내용을 살펴본다.

1.1. 1929년 바르샤바 협약(Warsaw Convention 1929)

바르샤바 회의는 프랑스, 독일, 소련, 영국 등 30개국이 참가한 가운데 1929.10.4.~12. 개최되었다. 상이한 법 제도와 규범을 가진 여러 나라가 통일된 규범을 만든다는 것은 쉬운 일이 아니었다. 그러나 이러한 어려움을 극복하여 1929.10.12. 「국제항공운송에 있어서의 일부 규칙의 통일에 관한 협약」(Convention for the Unification of Certain Rules Relating to International Carriage by Air, Warsaw 1929)[1]을 채택하였다. 동 협약은 1933.2.13. 발효함으로써 국제사법 통일에 획기적인 전기를 마련하였다.

그러나 동 협약은 시대발전에 따라 그 내용을 변경하지 않을 수 없었는바, 경제발전에 따른 생활수준의 향상 결과 협약이 정한 항공운송업자의 책임 한도액인 12만 5,000프앙카레(미화 8,300불)에 만족할 수 없었고, 컴퓨터 사용 등 사무자동화에 따라 문서에만 의존하는 것을 전제

---

1) 약하여 바르샤바 협약이라고 통칭함. 2012년 7월 현재 152개 당사국. 협약문은 부록 참조.

하였던 협약의 규정을 현실에 맞게 바꾸어야 하였던 두 가지 중요한 상황 변경을 협약에 반영할 필요가 있었다. 더욱 중요한 변경은 앞서 설명한 바도 있지만 항공산업의 초창기에 항공산업을 보호 육성하기 위한 관점에서 적용하였던 항공운송업자의 과실추정책임에서 항공산업의 발전과 성숙에 따라 무과실책임으로 협약을 개정하는 것이었다. 한편 이렇게 협약 적용상 문제점으로 나타난 부분을 상당히 개정하였음에도 불구하고 각국의 상이한 법률개념에서 오는 문제점은 완전히 극복하지 못한 것도 사실이다. 그러나 장기간에 걸친 협약의 개정과 적용판결은 항공사법에 관한 한 눈부신 법 통일을 가져왔음을 부인할 수 없다. 이는 뒤늦게 등장한 항공법 분야가 항공기 속도로 발전하여 훨씬 이전에 생성 발전한 해양법을 앞지른 결과를 가져온 셈이다. 바르샤바 협약의 개정과정을 기술한다.

1.2. 1955년 헤이그 의정서(The Hague Protocol 1955)[2]

1951년 ICAO 법률위원회가 바르샤바 협약 개정작업을 시작한 후 1955.9.28. 헤이그에서 개최된 외교회의가 협약의 개정 의정서를 채택함으로써 첫 번째 협약 개정을 단행하였다.[3]

1963.8.1. 발효한 헤이그 의정서는 중요 사항으로서 다음과 같이 바르샤바 협약을 개정하였다.

① 항공운송업자의 배상 한도액을 협약의 12만 5,000프랑(프앙카레)에서 25만 프랑(미화 1만 6,600불)으로 배증(의정서 제11조).

② 가방(체크인 수하물)과 화물운송에 관련한 사고를 항공사에 통보하는 시한을 완화(의정서 제15조).

③ 가방과 화물운송사고 경우 과실 운항의 보호규정을 제거(의정서 제10조).

상기 내용의 개정은 협약상 항공운송업자의 '고의적 과실'(wilful misconduct)을 '고의적 또는 무모한 과실'(intentional or reckless misconduct)로 변경하여 배상책임 한도를 철폐하는 과실의 정도를 조금 더 엄격하게 개정함으로써 어느 정도 균형을 이루게 하였다.[4] 또 한 가지 개정내용은 변호

---

2) 정식명칭은 Protocol to Amend the Convention for the Unification of Certain Rules Relating to International Carriage by Air, Signed at Warsaw on 12 October 1929. 2012년 7월 현재 137개 당사국.

3) 바르샤바 협약 제41조는 협약 발효 2년 후 체약국이 협약의 개선을 심의하기 위한 국제회의를 열 수 있도록 규정하면서 협약 개정의 언급은 하지 않고 있음. 일반적으로 협약내용을 변경하여 신속하게 발효시키고자 할 때에는 협약 자체의 개정방법을 택하는 것보다는 협약에 관련한 의정서를 채택하는 방법을 취함.

4) Wilful misconduct와 intentional misconduct는 우리말로 번역하여 구별할 수 없는 법 개념으로서 각국 법의 개념과 동 용어를 위요한 각국 판례에서 그 차이를 설명할 수밖에 없음. Wilful misconduct에 관하여 후술함.

사 비용이 비싼 미국의 제의를 받아들여 배상 한도액이 법률 소송비용을 제외한 것임을 명기한 것이다(의정서 제11조). 구체적으로 소송비용이 배상액과는 별도로 지급되느냐는 제소된 법원의 판결에 따른다(의정서 제11조 4항).

1.3. 1961년 과달라하라 협약(Guadalajara Convention 1961)

원 바르샤바 협약의 의미상 누가 정확히 항공운송업자(carrier)인가에 관하여 상당한 논란이 있었다. 혹자는 항공운송을 이행할 것을 대표로 계약한 자라고 해석하였으며 혹자는 계약에 관계없이 실제로 항공운송을 한 자라고도 해석하였다. 협약문은 제1조 2항에서 항공운송업자와 항공운송을 이용하는 자 사이의 계약을 명시하고 있기 때문에 문제의 국제항공운송계약을 직접 또는 대리인을 통하여 체결하였든지 간에 동 계약을 선두에서 체결한 자를 항공운송업자로 보아야하겠다. 이 항공운송업자의 범주에는 일 지점에서 종착점까지 운항하는 항공사가 여럿 있을 경우 첫 번째 구간 운항을 하는 '계약 항공사'(contracting carrier)는 물론 연이은 항공구간을 운항하는 '후속구간 운행 항공사'(successive carrier)도 포함한다. 문제는 실제로 항공운송을 한 '실제 항공사'(actual carrier)가 '계약 항공사'이거나 또는 '후속구간 운행 항공사'로서 비행기표 또는 항공송장에 명기되어 있지 않는 한 협약의 보호를 받지 못한다는 문제가 제기되어 이를 해결하기 위한 새로운 협약의 채택 필요성이 대두되었다.

이에 대한 문제는 1957년 제11차 ICAO 법률위원회에서 토의된 후 1961년 멕시코의 과달라하라에서 국제사법 항공회의를 개최하여 과달라하라 협약을 채택함으로써 해결되었다. 동 협약은 1964.5.1.부터 발효 중이나.[5]

한마디로 과달라하라 협약은 계약 항공사에 부여하는 바르샤바 조약 체제상의 권리와 의무를 '실제 항공사'에게도 동일하게 부여하기 위하여 채택된 것이다.

그런데 동 협약 제3조의 2에 의하면 실제 운송 항공사의 책임이 계약 항공사의 정도와 같지 않다는 해석이 나온다. 이는 실제 항공사가 무제한 배상을 하지 않고, 바르샤바 협약에 의한 배상 상한 적용을 받지만 실제 운송인이 자신과 자신이 고용한 자에 의한 행위에 대하여서는 계약 운송인에 대하여 무제한 책임을 지기 때문이다. 또 계약 운송인이나 동 고용인의 wilful misconduct 또는 무모한(reckless) 행위가 있다 하여도 실제 운송인의 책임은 없고 자신이 행한 행위로 인한 책임에 있어서만 바르샤바 협약 제22조에 규정한 상한을 최대로 배상한다. 실제 운송인과 동 인의

5) 2012년 7월 현재 86개국이 협약 당사국임. 협약의 정식명칭은 Convention, Supplementary to the Warsaw Convention, for the Unification of Certain Rules to International Carriage by Air Performed by a Person Other than the Contracting Carrier, signed at Guadalajara on 18th September 1961.

고용인 및 대리인의 행위는 계약 운송인의 행위로 간주가 되어 계약 운송인이 책임을 지는데 실제 운송인의 행위가 wilful misconduct 성격의 것일 때에는 계약 운송인이 무제한 책임을 진다.

과달라하라 협약은 바르샤바 협약에 따라 계약 운송인과 승객 간에 특별 계약을 체결하거나 혹은 승객의 고가 물품 신고가 있다 하더라도 이것이 실제 운송인과 승객 사이의 법적 관계에 적용되는 것은 아니다.

과달라하라 협약이 드물게 적용된 사례 둘을 본다. 하나는 독일에 직장을 잡은 터키인 Erdem 이 1969.7.10 독일 쾰른에서 뒤셀도르프-터키 앙카라 간의 Germanair의 왕복 항공권을 구입한 후 1969.10.25로 예약된 독일로의 귀환 항공편을 탈려고 하였으나 오버부킹으로 탑승하지 못한 결과 다음 날에도 탑승이 불가한 상황에서 KLM 항공기를 예약하여 독일 직장에 하루 늦게 출근하였다. Erdem은 항공권을 판매한 여행사를 상대로 지연에 대한 배상을 청구한 소를 제기하였는 바, 독일 법원은 터키가 바르샤바 협약의 당사국이 아니지만 왕복 항공권인 관계 상 바르샤바 협약 제1조에 따른 국제 운송으로 협약 적용을 하면서 여행사를 계약 항공사로 하여 지연에 대한 배상 판결을 하였다.[6] 이 사건에서 여행사는 tour operator 역할을 하였기 때문에 계약 항공사로 간주가 되었고 Germanair는 실제 항공사로 간주가 되었다.

다른 하나는 원고 Organon과 피고 Seaboard, 그리고 제3자로서 화물 운송대리업자(freight forwarder)인 NLC사이에 일어난 사건이다. NLC가 Organon과 화물 운송 계약을 체결하여 화물이 암스테르담 공항에서 뉴욕 케네디공항으로 운송되게 되어 있었는데 운송 서류에는 NLC가 화주, Seaboard를 수하인으로 표기가 되었으며 바르샤바 협약 적용을 받는다는 언급이 없었다. 한편 Seaboard가 발급한 화물 송장은 바르샤바 협약 언급을 하면서 NLC를 화주로 하고 Schenker International Forwarders를 수하인으로 표기하였다. 문제는 바르샤바 협약의 언급이 없는 운송서류에 적힌 NLC가 계약 운송인으로 간주되느냐이다. 과달라하라 협약에 따라 Seaboard가 실제 운송인으로 간주 되는데 NLC는 화물 운송대리업 역할만 하였다면서 운송인의 역할을 부인한 반면 Seaboard는 NLC를 운송인(principal)으로 하는 계약을 체결하였다고 주장하였다. 네덜란드의 Haarlem 지방법원은 1971.5.25 판결을 통하여 NLC가 바르샤바 협약 상 운송인이며 운송계약서에 동 협약에 관한 언급이 없는 관계로 협약 제9조에 따라 책임을 배제받든지 또는 상한을 적용받지 못한다고 결론지었다.[7] 한편 화물의 목적국인 미국이 과달라하라 협약의 당사국이 아닌 관계로 Organon은 과달라하라 협약 적용을 받지 못하였다.

---

6) Osman Erdem v. Germanair, District Court Duesseldorf, FDG, 3 Feb. 1971; 20 ZLW 290(1971).

7) I. Diederiks-Verschoor, An Introduction to Air Law, 9th Revised Ed., Wolters Kluwer, 2012, pp. 212-213. 판결 내용은 IATA Carriers Liability reports No. 382에도 수록.

멕시코 정부가 수탁기관으로 되어 있는 과달라하라 협약에 대한 유보는 허용되지 않는다(제17조).

1.4. 1966년 몬트리올 협정(Montreal Agreement 1966)

미국은 오늘날 중국과 신흥시장 국가들의 급속한 경제성장으로 그 비중이 줄어들었지만 아직 전 세계 민간항공운송실적의 약 25%를 점하는 최대 항공국가로서 미국의 향방이 세계 민간항공법 질서를 좌우하는 형편이다.[8] 미국이 1956년에 헤이그 의정서를 서명한 후 미 상원의 비준을 기다리던 중 헤이그 의정서로 배증된 배상액 한도가 미국 국민의 생활수준, 그리고 특히 미국에서 발생한 육상교통사고로 받을 수 있는 배상금액과는 더욱 동떨어지게 적은 금액이라는 것이 주된 이유가 되어 미국 입장은 헤이그 의정서를 비준하지 않았을 뿐 아니라, 1965.11.15. 모법인 바르샤바 협약으로부터의 탈퇴를 통보하는 것으로 변화하였다.

상기 미국의 바르샤바 협약 탈퇴의사 통고 후 동 탈퇴가 발효하는 1966.5.15.까지의 기간 동안 세계 항공업계는 미국의 탈퇴를 번복시킬 온갖 방안의 마련에 전념하였다. IATA에 가입하고 있는 항공사들은 해결방안으로 5만 달러를 배상 한도로 규정하는 특별 협정 체결을 제의하였으나 이 금액은 미 국민을 만족시키지 못하는 금액이었다. 이러한 가운데 ICAO가 개입하여 1966년 2월 몬트리올에서 특별회의를 소집하였다.

동 회의에서 미국 측은 법률비용을 포함한 배상 한도액을 10만 달러로 할 것을 주장하였으며 반대 측은 배상 한도액을 미국 주장대로 인상할 경우 혜택을 받는 쪽은 항공사고로 인한 손실을 충분히 감당할 수 있는 미국이지, 아직도 항공산업이 정부의 보호 육성단계에 있는 다수 국가가 감당할 수 없으며, 다수 국가는 배상금 인상으로 인한 보험료 인상분만을 추가 부담하여야 한다는 논리를 전개하였다.[9]

2주간의 몬트리올 회의는 배상금 한도로서 5만 8,100달러와 법률비용, 법률비용을 포함한 7만 4,700달러 또는 5만 달러와 법률비용의 3가지 안까지 논의하였으나 미국의 기대에 미흡하여 실패로 끝났다. 동 실패에도 불구하고 미국의 바르샤바 협약 탈퇴를 번복하기 위한 노력이 계속된 결과 IATA가 마련한 안을 관련 항공사가 1966.5.4. 동의하고 1966.5.13. 미국항공당국(CAB)도 동의하여 미국의 탈퇴는 마지막 순간에 저지되었다.

이렇게 탄생한 몬트리올 협정은 정부 간 협정이 아니고 항공사 간의 협정으로서 정식 국제법

---

8) 세계 2차 대전 후 미국의 민간항공실적은 세계 전체의 약 80%, 1990년대 약 35%였음. 2009년에는 190개 ICAO 회원국의 전체 운송량 중 27.8%, 2011년에는 191개 회원국의 전체 운송량 중 24.7%를 차지하였음.

9) 미국을 포함한 국제운송이 큰 몫을 차지하기 때문에 결국 배상금 인상의 수혜자는 주로 미 국민이 되는 것임. 따라서 미국에 취항하는 여타 국가로서는 미 국민을 위주로 한 혜택 부여를 위하여 추가보험료만 지불하여야 하는 것이 불만스러운 것이었음.

의 지위를 부여받지 못하고 엄격히 말하여 바르샤바 조약 체제의 일부분도 아니지만 사실상 바르샤바 협약의 개정으로 간주되고 있다.

몬트리올 협정은 바르샤바 협약의 제22조 1항 말미에 동 협약이 정한 배상 한도인 12만 5,000 프랑보다 높은 배상금액을 특별계약으로 항공사와 승객 간에 합의할 수 있다는 규정을 원용한 것으로서 항공기 사고 시 승객의 사상에 대한 승객 1인당 배상 상한을 법률경비를 포함할 때는 미화 7만 5,000불, 판결 시 법률경비를 별도로 다루는 국가에서는 법률경비를 빼고 미화 5만 8,000불로 정하였다.

동 협정[10]은 바르샤바 협약 또는 헤이그 의정서에 정한 바의 국제운송(international transportation)을 대상으로 하되 동 운송구간이 미국을 출발점, 도착점 또는 경유점으로 할 경우에 적용된다.[11] 대한항공이 런던을 출발하여 서울로 비행하는 중 미국 알라스카 앵커리지에 급유차 기착하도록 예정되어 있는 경우에도 동 몬트리올 협정이 적용된다. 이때 앵커리지에서 승객이 타고 내리지 않음은 물론이다. 협약 제1조 2항은 국제운송을 정의하여 출발점과 종착점이 2개의 협약 당사국 영토 내에 있든지 그렇지 않고 한 나라 영토 내에 있다면 경유 지점이 다른 나라에 있어야 한다고 명시하고 있다.

몬트리올 협정은 배상금 한도를 올렸을 뿐만 아니라 배상책임의 근거도 변경한 것에 유의할 필요가 있다. 협정은 사고 시 항공사가 자신 또는 자사 종업원이 사고로 인한 피해를 방지하기 위하여 필요한 모든 조치를 취하였다는 사실을 증명함으로써 협약 제20조 1항에 따라 면책받는 것을 원용할 수 없도록 하였다. 이는 항공사의 절대책임(absolute 또는 strict liability)을 적용한 것이다. 따라서 승객의 운송 중 피해가 있기만 하면 누구의 잘못에 의한 피해 발생이냐에 상관치 않고 배상을 받게 된다. 그러나 동 절대책임은 협약 제21조에 규정된 바의 과실상계를 배제하지 않고 또한 항공기 사고로 연유하지 않은 승객의 사상을 협정 적용대상 사고로 볼 수 없는 점에는 변함이 없다.[12]

몬트리올 협정에 가입하고 있는 해외(미국이 아닌) 항공사는 100개가 넘으며, 이 중에는 미국 취항을 하지 않는 항공사도 포함되어 있다.[13] 동 협정은 배상책임에 항공사의 절대책임을 도입

---

10) 본 책에서 우리나라 외교통상부의 번역 패턴에 따라 Treaty는 조약, Convention은 협약, Agreement는 협정, Protocol은 의정서로 번역함.

11) 몬트리올 협정과 바르샤바 협약상의 경유점(agreed stopping place)의 정의도 없고 또한 이에 관한 판례도 많지 않기 때문에 급유차 또는 비상시 외국에 착륙할 경우, 그렇지 않으면 국내운항으로 간주될 항행이 몬트리올 협정과 바르샤바 협약 적용받는 국제항공운송이 되는지 불명확함. 비상 시 외국 착륙이 국제운송의 효과가 없다는 것에 대해서는 이의가 없다 하겠음. 필자는 항공일정상 급유차 외국에 착륙하는 것이면 국제항공운송의 성격을 부여받는 '경유'라고 보나, Mankiewicz 교수는 상업적 목적, 즉 짐이나 사람의 이착륙을 위한 것이 아닌 '경유'가 아니라고 봄(L. B. Goldhirsch, The Warsaw Convention Annotated, A Legal Handbook, Martinus Nijhoff Publishers, 1988, p.13 참조).

12) 승객이 잘못하여 사고가 났을 경우 항공사는 사건이 제소된 법원의 소재지국가 법률에 따라 면책 또는 그만큼 배상책임이 감소됨(바르샤바 협약 제21조). 또한 항공사는 항공기 사고로 인한 승객의 사상에 대하여 배상의 책임을 지나, 사고도 나지 않았는데 승객 자신의 건강문제 또는 자해행위로 승객 자신이 사상당하였을 경우에 이를 책임질 수 없음.

13) 미국 항공사는 오래전부터 미국 내 항공사고 소송 판결에서 몬트리올 협정이 정한 배상금 한도액을 훨씬 상회하는 액수(수십만 불)의 배상금을 지불하여 왔으므로 협정의 배상금 인상에 부담을 갖지 않음. 한편 미국 교통부는 1983.3.26.부터 미국에 취항하는 모든 항공사가 의무적으로 몬트리올 협정에 가입하도록 하였음. 미국법령은 미국 항공기 운송업자(즉 항공사)에게 몬트리올 협정이 정한 배상금 상한보다 높은 금액의 보험을 들도록 규

함으로써 항공사고 배상책임 분야에 획기적인 전기를 마련하였다. 짐과 화물에는 적용이 안 되고 승객의 사상에만 적용되는 동 협정이 뒤이어 성안되는 항공사법에 큰 영향을 주었음은 물론이다.

1.5. 1971년 과테말라시티 의정서(Guatemala City Protocol 1971)[14)

몬트리올 협정 체결 시까지의 상황 전개는 바르샤바 협약의 개정 필요성을 널리 인식시키는 계기가 되었다. 그 결과 ICAO 법률위원회가 준비한 조약안을 가지고 1971년 과테말라시티에서 국제항공법 회의를 개최한 결과 헤이그 의정서로 개정한 바르샤바 협약을 또 한 번 개정하는 내용으로 과테말라시티 의정서를 채택하였다. 동 의정서는 미국을 포함한 21개국이 1971.3.8. 서명하였으나 사실상 그 발효를 미국의 비준에 의존하고 있었는데(의정서 제20조) 미국이 비준하지 않는 바람에 사장되었다. 동 의정서의 당사국 사이에는 동 의정서가 동 의정서에 앞서 채택된 조약(바르샤바 협약과 헤이그 의정서)과 함께 하나의 조약을 구성한다(과테말라시티 의정서 제17조).

과테말라시티 의정서는 헤이그 의정서(제26조)에서와 마찬가지로 당사국으로 하여금 전부 군사용으로 사용되는 자국 내 등록 민간항공기를 의정서 적용대상에서 제외하는 유보를 허용하고 있다(의정서 제23조 1(b)).

의정서는 여러 가지 점에서 이전의 문서를 개정하였는바, 동 개정내용을 승객운송, 짐운송, 기타로 나누어 간략히 살펴본다.

① 승객운송

우선 승객문서, 즉 비행기표의 기재사항을 좀 더 간단히 하여 항공표상에 국제운송 시 바르샤바 조약이 적용될 수 있다고 명시토록 한 소위 헤이그 고지(The Hague Notice)를 누락시켰다. 또한 사무 자동화로 인한 컴퓨터 사용을 감안하여 비행기표상에 기재를 요하는 내용이 다른 정보기록장치로 보관될 경우 동 장치가 비행기표를 대신할 수 있다고 규정하였다(의정서 제2조). 그리고 이전의 조약문서(바르샤바 조약 체제 내에서의)와는 달리 비행기표에 출발과 도착점, 그리고 출발이나 도착점이 한 당사국 내에 소재할 경우 경유지가 다른 당사국 내의 지점임을 기재하는 데 있어서 누락이나 실수가 있더라도 이것을 이유로 한 항공운송업자의 무제한 책임 부담이

정하고 있으나, 동 규정은 협정과 구별되는 미 국내법임.

14) 정식명칭은 Protocol to Amend the Convention for the Unification of Certain Rules Relating to International Carriage by Air Signed at Warsaw on 12 October 1929 as Amended by Protocol Done at the Hague on 28 September 1955.

없도록 하였다(의정서 제2조).

의정서는 분명치 않은 바르샤바 협약 제17조를 개정하여 승객이 자신의 약한 건강상태로 인하여 항공여행 중 사상을 당할 경우 항공운송업자가 이에 책임을 질 수 없다고 명기하였다(의정서 제4조).

승객의 사상 시 항공운송업자가 부담할 승객 1인당 배상 한도액이 150만 프랑(미화 10만 불)으로 인상되고, 승객운송의 지연에 따른 항공운송업자의 승객 1인당 배상이 6만 2,500프랑(미화 4,150불)으로 명기되었다. 특기할 것은 과테말라시티 의정서가 새로운 배상 한도액을 정하면서, 바르샤바 협약이나 헤이그 의정서가 허용한 '특별계약'을 누락시킴으로써 항공운송업자와 승객 간에 보다 높은 배상금액을 별도로 계약할 수 없도록 하였다(협약 제22조 1항, 헤이그 의정서 제11조 참조). 그러나 이러한 규정에도 불구하고 의정서는 배상금 인상을 위한 두 가지 방안을 마련함으로써 미국의 우려를 불식하였다.

첫째 방안은, 각 당사국이 승객의 사상 시 협약[15]상 받는 배상금액 이외로 추가 지불하는 제도를 수립할 수 있도록 한 것이다(의정서 제14조). 이와 관련 1977년 미국 항공당국(CAB)은 과테말라시티 의정서를 개정한 1975년 몬트리올 추가 의정서(후술) 3을 미국이 비준할 것을 예상하면서 추가 보상계획(Supplemental Compensation Plan)을 수립, 사고 시 1인당 10만SDR(특별인출권) 이외로 미화 20만 불까지 받을 수 있는 국내보험제도를 승인하였다.[16] 미국 당국은 또한 1988년 6월에 몬트리올 의정서 3과 4의 비준을 획득하기 위한 일환으로 미국이 상기 추가 보상계획을 수정하여 추가 지급 보상금의 상한을 없애되 항공기 사고 건당 지급할 수 있는 총 추가 보상금을 미화 5억 불로 하는 안을 미 상원에 제시하였지만 미국 상원이 이를 수용하지 않았다.[17]

두 번째 방안은 의정서의 보상금 상한선인 150만 프랑이 장래 개정되지 않는 한 의정서 발효가 된 지 각기 5년과 10년 후에 18만 7,500프랑(1만 2,500불)씩 인상한다는 것이다(의정서 제15조). 그러나 미국은 과테말라시티 의정서를 비준하지 않았다.

② 짐운송

짐(baggage)은 비행기를 타기 전에 체크인(check-in)하는 짐과 승객이 기내로 소지하고 가는 짐 양자를 말한다(의정서 제4조). 원래의 협약이 배상과 관련한 짐의 구분을 용어상 정확히 하지 않았으나 의정서가 체크인 짐(위탁 수하물), 기내 소지 짐(휴대 수하물), 그리고 화물(Cargo) 3자로

---

15) 여기에서의 협약은 원래의 바르샤바 협약을 말할 뿐만 아니라 문맥에 따라서는 헤이그 또는 과테말라시티 의정서 등에 의하여 개정된 협약을 지칭하기도 함.

16) 상세한 것은 Shawcross Ⅶ(162) 참조. 이때 승객 1인당 2불을 기금으로 받고 사고 건당 지급 한도 총액을 1억 불로 상정하였음.

17) 상동. 승객 1인당 5불을 기금으로 부과하는 것을 조건으로 함.

명료하게 표현하였다.

승객운송에서와 마찬가지로 짐의 출발지와 종착지 등을 기록하는 다른 형태의 정보 보관방법(예: 컴퓨터)을 짐표(baggage check)로 대신할 수도 있도록 허용하였다(의정서 제3조). 또한 짐표에 기록되어야 하는 기재사항(출발지와 도착지, 그리고 출발지와 도착지가 한 영토국 내에 있을 경우 타 협약 당사국 영토가 경유지임을 기록)의 누락이나 기타 실수가 있더라도 배상 한도를 포함한 협약규정의 적용이 배제되지 않는다(의정서 제3조로 개정된 협약 제4조 3항).

짐의 파괴, 분실 또는 손상에 대하여 항공운송업자가 승객 1인당 1만 5,000프랑(1,000불)까지 배상하도록 규정하였다(의정서 제8조로 개정된 협약 제22조 1, (c)). 단, 과실상계가 허용되고 또한 짐의 내재적 결함으로 인한 손상에 대하여서는 항공운송업자가 책임을 지지 않는다. 이는 이전의 협약내용이 위탁 수하물과 휴대 수하물로 구분하고 위탁 수하물의 배상은 kg당 상한을 정한 것과 대비된다.

항공운송업자는 짐의 연착(delay)에 대해서도 배상할 의무가 있다. 그런데 협약규정 중 미비한 부분이 이 연착에 관한 것인바, 원 협약 제19조가 승객과 짐의 연착으로 발생한 손해에 대하여 항공운송업자가 책임을 지도록 하였지만 얼마나 연착되어야 연착으로 인한 손해가 발생하였다고 본다는 규정은 없다. 따라서 각 승객의 사정에 따라서 연착에 따른 손해가 있을 경우 배상 청구를 하여야겠으나 승객 연착의 경우 모든 배상 청구와 같이 서면으로 청구를 할 수 있다(협약 제26조 3항)는 것 이외의 규정이 없으며, 다른 한편 짐 연착의 경우에는 짐 또는 화물이 소유인의 처분에 들어온 후 일정한 기간(원 협약은 14일, 헤이그 의정서는 21일) 이내에 배상 청구를 하도록 규정하고 있을 뿐이다. 문제는 연착되는 짐이 계속 소유인의 처분상태에 들어오지 않을 경우 배상 청구도 할 수 없다는 모순이 나오는바, 이에 관하여 과테말라시티 의정서는 언급하지 않고 있다.[18]

③ 기타

의정서는 배상 청구를 제기할 수 있는 관할 법원으로 협약 제28조의 네 곳에 한 곳을 추가시켜 항공운송업자가 자신의 기관(establishment)을 소재시킨 소재지국가에 승객이 거주할 경우 등 국가의 법원을 포함하였다. 그러나 이 경우 미국인은 세계 어디를 여행하고 있다가 사고를 당하

---

18) 항공송장에 관한 IATA 결의문 600b는 항공화물이 계속 도착하지 않을 경우 항공송장의 발급일로부터 120일 이내에 화주가 서면통고를 하여 배상을 받도록 하였으나 120일의 기간은 운송이 항공으로 이루어진다는 점을 감안할 때 항공운송업자에게만 유리하게 규정하는 내용임. 한편 승객의 항공표에 관하여 규정한 IATA 결의문 724는 위탁 수하물 연착 시 화물과 같이 언제까지 배상 청구를 할 수 있다는 규정도 하고 있지 않기 때문에 위탁 수하물이 도착하지 않고 따라서 동 수하물이 소유 승객의 처분상태에 있지 않은 경우 어떤 경로로 배상을 청구할 수 있다는 언급이 없는 결과가 됨. 이는 법의 흠결임.

더라도 많은 경우 미국 법원에 제소를 할 수 있다는 결과를 가져오기 때문에 사고 시 사고지 법 또는 사고 항공기 국적국의 법과도 관련이 없는 국가에서 소송이 제기된다는 문제가 발생한다.

의정서는 또한 관할 법원의 국내법상 변호사 비용 등을 누구의 부담으로 하는지에 관한 판결이 허용되지 않는 국가의 법원에 대해서는 권한을 부여하여, 항공운송업자가 원고(승객 측)의 배상 청구처리를 태만히 할 경우 동 법원 배상금과는 별도인 변호사 비용 등 경비를 항공운송업자로 하여금 지급 판결할 수 있도록 하였다(의정서 제8조로 개정된 협약 제22조 3항(a), (b)).

의정서는 헤이그 의정서가 개정한 협약의 제25조를 다시 개정하여 항공운송업자의 피고용원이 의도적으로 끼친 손상에 대하여 무제한의 배상을 허용하던 대상을 화물운송으로만 한정하였다.

의정서는 또한 세계 제1의 항공국가로서 국제항공법을 좌우하는 미국이 가입하지 않은 한 의정서의 실효가 없다는 판단하에 미국의 가입을 전제로 한 의정서 발효규정을 마련하였다. 이는 의정서 제20조 1항이 의정서 발효 요건으로서 1970년 ICAO 발간 정기 국제 민간항공의 여객 운송실적(passenger-kilometers로 계산)상 전체 ICAO 회원국 실적의 40%를 차지하는 30개 국가의 의정서 비준을 규정하였기 때문이다. 미국은 1994년 ICAO 184개 회원국 전체의 국내 및 국제 정기 여객운송 중 36%를 차지하는 실적을 차지하였고 국제정기 여객운송에서는 19%를 차지하였다.[19] 이러한 미국의 국내외 정기항공실적은 미국을 제외한 2위부터 10위까지의 국가(영국, 일본, 독일, 프랑스, 한국, 싱가포르, 네덜란드, 러시아, 호주)의 실적을 모두 합친 것과 비슷하였다.[20] 항공운송이 미국 이외의 지역에서도 매우 활발하였던 1990년대의 통계가 이러하니 1970년도에 미국이 더 큰 비중을 차지하였을 것이라는 것은 의심할 여지가 없다.

1.6. 1975년 몬트리올 추가 의정서 4개(Montreal Additional 4 Protocols 1975)

ICAO 주관하에 1975년 9월 몬트리올에서 항공법 회의가 개최되어 화물과 우편물의 항공운송에 관련한 서류와 책임을 규정한 헤이그 의정서로 개정된 바르샤바 협약의 개정을 주로 검토할 예정이었다. 그러나 실상 회의 결과 원 검토 사항인 내용을 몬트리올 추가 의정서 4로 채택하였을 뿐만 아니라 계속 논란이 되어왔던 협약상의 금 본위 배상금 계산을 보다 안정적인 IMF(국제통화기금)의 SDR(특별인출권)로 대체하는 내용으로 원 협약과 의정서의 개정을 채택하였다.

바르샤바 협약은 1971년 과테말라시티 의정서에 의한 개정까지 금을 바탕으로 한 프앙카레를 배상금 계산단위로 기술하고 있다. 그러나 금 가격은 수시로 변동하므로(과거 국제시장에서 수

---

19) ICAO Doc 9667, Annual Report of the Council 1995, pp.170-171.

20) 상동.

차 금 파동이 있었음) 이를 배상금 산정으로 이용한다는 것은 금 가격이 일정시기의 물가지수보다 매우 고가일 수도 또한 매우 저가일 수도 있는 관계상 바람직한 방법이 되지 못하였다. 따라서 여러 협약 당사국은 정부에서 실제 금 가격에 관련 없이 협약의 배상금 산출에 적용할 금 가격을 인위적으로 책정하여 이를 고정적으로 적용하기 시작하였다.[21] 그러나 이는 각국의 자의적인 방법에 의존한다는 문제점이 있기 때문에 이를 국제적으로 통용되게 하면서 안정적인 화폐의 기준치로 대체함이 필요하다는 점에 대하여 모든 나라의 대표가 동감하고 있던 터에 그 해결 방안으로 SDR을 급거 도입하게 된 것이다.

[도표 1] 바르샤바 체제 조약상 손해 배상 상한액 규정비교

	승객의 사상, 지연 도착 시	휴대 수하물의 분실, 손괴, 지연 도착	화물, 위탁 수하물의 분실, 손괴, 지연 도착(운송가격신고 없는 경우)
Warsaw Convention	12만 5,000프랑 per passenger	5,000프랑 per passenger	250프랑 per kg
The Hague Protocol	25만 프랑 per passenger	5,000프랑 per passenger	250프랑 per kg
Guatemala City Protocol	150만 프랑 per passenger; 지연 도착의 경우 6만 2,500프랑 per passenger	1만 5,000프랑 per passenger (위탁 수하물 포함)	250프랑 per kg (화물 경우)
Montreal 추가 의정서 No.1	8,300SDR per passenger	332SDR per passenger	17SDR per kg
Montreal 추가 의정서 No.2	1만 6,600SDR per passenger	332SDR per passenger	17SDR per kg
Montreal 추가 의정서 No.3	10만SDR per passenger; 지연 도착의 경우 4,150SDR	1,000SDR per passenger	수하물: 1,000SDR per passenger; 화물: 17 SDR per kg
Montreal 추가 의정서 No.4	The Hague Protocol과 동일	The Hague Protocol과 동일	위탁수화물: The Hague Protocol과 동일 화물: 17SDR per kg

이에 따라 3개의 몬트리올 추가 의정서가 채택되었는바, 추가 의정서 1은 바르샤바 협약상의 배상금을, 추가 의정서 2는 헤이그 의정서상의 배상금을, 그리고 추가 의정서 3은 과테말라시티 의정서상의 배상금을 각기 SDR로 개정 표기한 것이다.

[도표 1]은 각 추가 의정서의 SDR 표기 배상금 한도와 함께 바르샤바 협약과 헤이그 의정서,

---

21) 금 파동 이후 선진경제국은 1971년 워싱턴 D.C.의 Smithonian 박물관에서 회합하여 그때까지 보장되어 왔던 미 달러의 금 태환을 중단하면서 금 보증에 의한 화폐제도를 포기하였음. 이에 따라 미국의 민항국(CAB)은 항공기 사고에 관련한 배상금을 산정하기 위한 목적으로 공식 금 가격을 고시하여 금 본위 배상금의 실제 화폐가치 산정에 적용토록 하였음. CAB가 정하는 공식 금 가격은 고정적인 것이 아니라 미 달러의 대SDR율, 물가상승률 등을 감안하여 상당한 기간마다 조정되는 수치였음.

과테말라시티 의정서상에 규정된 배상 상한을 정리한 것이다.

몬트리올 추가 의정서는 2012년 8월 현재 과테말라시티 의정서를 개정한 3을 제외하고 모두 발효 중이다.[22] SDR로 배상금을 개정한 추가 의정서 1부터 3이 동 의정서에 가입하는 모든 협약 당사국에게 선택의 여지가 없이 적용되는 것은 아니다. IMF 회원국이 아닌 바르샤바 협약 당사국은 원한다면 SDR 적용을 배제하고 원 협약규정인 프앙카레를 적용할 수 있도록 하였다. 추가 의정서 1에 비준 또는 가입하는 국가는 동 추가 의정서 1에 의하여 개정된 바르샤바 협약의 당사국이 되며, 추가 의정서 2에 비준 또는 가입하는 국가는 헤이그 의정서의 당사국으로서 배상액 표기는 추가 의정서 2에 의하여 SDR로 변경하여 적용받는 것이다. 몬트리올 추가 의정서 3에 비준 또는 가입하는 국가는 바르샤바 협약이 헤이그 의정서와 과테말라시티 의정서로 개정된 내용에 있어서 배상액 표기를 SDR로 한 내용에 기속받는 것이다. 개정된 모 조약과 의정서에도 당사국인 추가 의정서 당사국 간에는 추가 의정서로 개정된 원 협약과 의정서를 추가 의정서와 함께 모두 하나의 조약문서로 해석한다.

헤이그 의정서에 의하여 개정된 협약의 내용 중 화물 및 우편물의 운송에 관한 새로운 내용을 포함한 추가 의정서 4의 존재를 활용하는 뜻에서 추가 의정서 3은 추가 의정서 4를 동시에 비준 또는 가입하는 국가가 언제라도 화물 및 우편물의 운송에 관한 한 추가 의정서 3의 규정에 따르지 않겠다는 선언을 할 수 있도록 하였다.[23] 추가 의정서 4의 주요 내용을 다음에서 살펴본다.

추가 의정서 4와 과테말라시티 의정서 또는 추가 의정서 3의 당사국 사이에는 어떠한 운송품목이냐에 따라 적용규범을 따로 하였다. 즉 추가 의정서 4의 제24조에 따르면 화물과 우편물에 관해서는 추가 의정서 4가 우선 적용되고 승객과 짐에 관해서는 과테말라시티 의정서 또는 추가 의정서 3이 우선 적용된다. 이는 추가 의정서 4가 헤이그 의정서에 의하여 개정된 협약의 내용 중 승객과 짐에 관한 규정은 개정하는 것이 아니기 때문에 헤이그 의정서보다 뒤늦게 채택된 과테말라시티 의정서(또는 동 의정서의 배상금액을 SDR로 표기한 추가 의정서 3)의 규정을 우선 적용시킨다는 당연한 논리이겠다. 이는 반복하건대 추가 의정서 4가 화물과 우편물에 관한 기술규정을 개선하기 위하여 마련된 것이기 때문이다.

헤이그 의정서로 개정된 협약은 우편물(mail and postal packages)에 대한 적용을 배제(헤이그 의정서 제2조)하였으나 추가 의정서 4가 우편물 운송에 관하여 항공운송업자와 우편당국(postal administrations) 간에 적용되는 규칙에 따라서만 배상책임을 하도록 규정하였다(추가 의정서 4 제2조).

---

22) 제1추가 의정서는 1996.2.15. 발효, 2012년 7월 현재 49개 당사국, 제2는 1996.2.15. 발효, 50개 당사국, 제4는 1998.6.14. 발효, 58개 당사국.
23) 추가 의정서 3의 제11조 (1)(c). 반대로 추가 의정서 4의 당사국이 추가 의정서 3을 동시에 비준 또는 가입할 시 승객과 짐의 운송에 관한 한 추가 의정서 4의 규정을 따르지 않겠다는 선언을 할 수 있음(추가 의정서 4의 제21조 1(b)).

추가 의정서 4가 절대책임제도를 배상에 적용하면서 과실상계(contributory negligence)를 인정하는 것은 과테말라시티 의정서와 같다. 그러나 추가 의정서 4는 과테말라시티 의정서가 항공운송업자 측(피고용원을 포함)이 최선의 조치를 취하였음에도 불구하고 화물운송의 손상 또는 연착이 있었을 경우 이를 면책사유로 관대히 규정한 것을 보다 엄격히 하여 동일한 시점에서 화물의 연착만 면책으로 규정하였다(추가 의정서 4 제5조). 다른 한편 이전의 협약문에 의거, 화물운송의 경우 운송서류의 기재와 발급에 결함이 있더라도 배상 한도액을 초과하여 배상받을 수 있는 가능성을 삭제하였다(추가 의정서 4 제3조로 개정된 협약 제9조).

추가 의정서 4는 화물의 항공운송장(air waybill)에 관한 협약의 제5조부터 16조를 개정하여 여타 형태의 운송기록(예: 컴퓨터)을 항공송장 발부에 대신하도록 하는 등 변경을 가하였다. 또한 항공운송 시 발생한 화물의 손상이 화물 자체의 결함이나 전쟁 등으로 연유하였다는 것을 항공업자가 증명할 경우 항공업자의 배상책임이 면제된다(추가 의정서 4 제4조).

화물의 배상금액 상한에 있어서 추가 의정서 4는 헤이그 의정서의 배상금액을 바꾸지 않은 채, 금액의 표기를 SDR로만 바꾸었다(추가 의정서 4 제7조).

미국은 추가 의정서 4를 서명한 후 비준하고자 하였으나 1983년 3월 미 상원에서 비준동의에 필요한 ⅔를 획득하지 못하여서 실패하였다가 1998년에야 비준에 성공하였다.[24]

1.7. 상품의 복합운송에 관한 유엔협약(UN Convention on International Multimodal Transport of Goods 1980)

항공운송이 발달하고 운송용기로서의 컨테이너가 일정한 규격으로 대량 보급됨에 따라 한 상품을 운송하는 데 있어서 육지, 해상 또는 공중이라는 각기 다른 운송경로를 거치더라도 이를 하나의 운송송장으로 해결하려는 움직임이 활발하였다. 이를 위한 연구 작업이 ICAO 법률위원회 등에서 진행되었으나 항공업계의 입장은 항공운송에 관한 법적 규율이 여타 운송수단에 관한 법적 규율과 함께 일괄적으로 통합되는 것에 대하여 우려하는 쪽이었다. 이는 성공적으로 진행되고 있는 항공운송에 관한 규율체계가 여타 운송수단의 규범과 통합될 경우 피해를 받지 않을까 하는 염려 때문이었다.

그러나 상품의 복합운송에 관한 통일적인 협약이 법의 통일을 가져올 뿐만 아니라 교역을 촉진한다는 점에 착안하여 UNCTAD[25]가 참여하여 활발한 작업을 한 결과 1979년 최종 협약안을

---

24) 미국은 헤이그 의정서, 과테말라시티 의정서, 몬트리올 추가 의정서 3과 4를 서명하였으나 미 상원의 반대에 부딪쳐 비준하지 못하고 있다가 추가 의정서 4는 1998년, 헤이그 의정서는 2003년 비준하였음.

제출하였다. 동 협약안은 ICAO의 제24차 법률위원회 회의의 검토를 거친 후 1980년 스위스 제네바에서 채택되었다.

동 협약은 전문(前文)에서 기본 원칙을 기술하였는바, 이 중 특기할 사항은 화주(shipper)가 복합(multimodal)운송 또는 각기 상이한 운송수단(예: 항로, 해로, 육로 등)별로 구분한(segmented) 운송 중 택일할 수 있게 한 것과 복합운송의 운송업자가 과실추정의 원칙을 적용받는다는 것이다.[26]

협약상 국제복합운송(international multimodal transport)은 일 국가에서 복합운송계약에 근거하여 적어도 2가지 다른 운송수단의 방법으로 타 국가를 목적지로 하여 물품을 운송하는 것이다(협약 제1조 (3)). 물품의 운송업자와 화주가 복합운송을 염두에 두고 물품 송달 계약을 하였으나 기상 등의 이유로 한 종류의 운송수단만을 사용한 결과가 나왔을지라도 동 협약이 적용된다고 보아야겠다.

그런데 국제복합운송의 정의는 항공법에 관한 바르샤바 체제와 혼선을 일으킨다. 이는 복합운송계약이 운송수단의 하나로 항공운송을 포함할 경우 동 복합운송은 1980년 복합운송에 관한 협약은 물론 1961년의 과달라하라 협약에 의하여서도 규율될 수 있기 때문이다.[27] 또 한 가지 특기할 사항은 한 가지 종류의 운송수단에 의한 운송계약 시 물품의 픽업(pick-up)과 배달이 계약의 내용에 들어가지만 복합운송수송에 관한 협약에 따른 운송계약에서는 누락되는 것으로 해석된다.[28] 따라서 바르샤바 협약 제18조 (3)이 기술하고 있는 바의 공항에서 부수적으로 수반되는 도로 교통수단에 의한 운송에 항공에 관한 항공운송업자의 배상책임이 복합운송에 관한 협약에 의하여서는 제외가 되므로 항공업계에서는 어느 조약을 적용하느냐에 따라서 규정내용이 달라지는 바를 크게 우려하였다.

복합운송업자는 간단히 설명하여 화주로부터 물건을 수령한 후 운송 목적지의 화물 수하인(consignee)에게 물품을 전달할 때까지 일어나는 화물의 분실, 손상 및 연착으로 인한 손해에 대하여 책임을 진다. 동 책임은 과실상계가 적용되며 화주의 과실증명은 운송업자가 하도록 하였다(협약 제16조 (1) 및 제17조). 또한 바르샤바 체제와 비슷하게 운송업자가 고의로 물품을 손상한다든지

---

25) UN Conference on Trade and Development인 유엔총회 산하의 사업기구로서 1964년에 창설되었는바, 개도국의 무역 증진과 발전을 도모하는 업무를 하고 있음. 스위스 제네바에 소재함.

26) 과실추정의 원칙은 1929년 바르샤바 협약이 채택하였으나 1971년 과테말라시티 의정서 제6조에 의하여 승객과 짐의 연착 경우를 제외하고는 절대책임제도로 바뀌었음. 한편 동 절대책임의 원칙은 1975년 몬트리올 추가 의정서 4와 1966년 몬트리올 협정에서도 채택하였으나 1966년 몬트리올 협정에서의 절대책임제도는 과테말라시티 의정서나 몬트리올 추가 의정서 4와는 달리 과실상계(contributory negligence)가 적용되지 않기 때문에 항공운송업자의 배상책임이 더 절대적임.

27) 과달라하라 협약 제1조 (b) 참조.

28) 복합운송에 관한 협약 제1조 (1)과 G. F. FitzGerald, "The UN Convention on International Multimodal Transport of Goods-Discussion of the Operations of Pick-up and Delivery with Particular Attention to the Air Mode", Ⅶ AASL(1982) 202 참조.

물품의 손상이 야기될 가능성을 방치한 경우에 배상책임의 상한선 적용 혜택을 받지 못하도록 규정하고 있다.

협약은 운송업자의 배상책임의 한도액을 SDR에 일치하는 '계산단위'(units of account)로 표기하고 있는바, 다음과 같이 요약할 수 있다.

① 복합운송계약이 해상 또는 내륙수로를 포함할 경우 운송품이 분실 또는 손상될 경우 포장(package) 한 개당 또는 송달 단위(shipping unit)당 920단위(unit)를 지급하든지 또는 kg당 2.75단위를 지급할 수 있는데 이 두 가지 지급방법에 따른 금액이 상이할 경우 고액의 지불방법을 택한다(제18조 (1)).

② 기타 경우(해로 또는 내륙수로를 포함하지 않는 복합운송) 총 운송품 무게의 kg당 8.33단위를 지급한다(제18조 (3)).

③ 운송품의 연착 시에는 전체 운송료를 초과하지 않는 한도 내에서 연착된 운송품 송료의 두 배 반을 상한으로 지급한다(제18조 (4)).

④ 운송업자의 전체 책임 한도액은 운송품을 모두 분실했을 경우에 적용하는 배상 한도액을 초과하지 않는다(제18조 (5)).

상기 배상 한도액은 바르샤바 체제가 적용하는 한도액보다 훨씬 낮은 것이다.[29]

복합운송협약의 주요 문제는 운송수단이 각기 다른 운송 중 야기되는 배상의 한도액과 이를 정하는 근거가 서로 다르다는 점이다. 이는 협약 제19조에 따라 복합운송 중 특정한 운송수단(육로 또는 공로)으로 운송되던 중 사고가 발생하였을 경우 이에 적용할 수 있는 국제협약이나 강제적으로 적용하여야 할 국내법이 복합운송협약의 배상 상한보다 높은 상한을 규정할 경우에는 이러한 법의 높은 상한을 적용할 수 있다. 그러나 배상의 근거는 복합운송협약의 규정에 따르도록 함으로써 상이한 법의 모자이크를 구성하는 셈이 된다. 예를 들어 복합운송 중 항공운송 시 사고가 났을 경우 몬트리올 추가 의정서 4가 정하는 절대책임제도가 적용되지 않고 복합운송협약상의 과실추정원칙제도가 적용된다는 점이다.

위와 같이 실용적인 문제점과 적용상 문제점을 안고 있는 복합운송협약은 발효될 전망이 거의 없다.[30]

---

29) 복합운송협약 제18조 (b)에 따라 보다 높은 배상금액을 적용할 수 있으나 이는 운송업자의 동의를 요하기 때문에 보편화할 수 없는 것임.

30) 협약이 채택된 지 약 20년이 지난 2012년 7월 현재 당사국이 11개국에 불과하여 발효에 필요한 30개국에 부족하여 사장된 형편임.

2. 바르샤바 체제상 주요 부문별 고찰

바르샤바 협약이 1929년에 채택된 이래 많은 국가가 승객과 짐의 항공운송에 관한 통일된 국제법으로 적용하여 왔지만, 동 협약의 적용과 해석에 있어서는 각국의 법 개념과 제도가 다른 관계로 서로 다른 결과를 가져오는 경우가 드물지 않았다. 세계에서 대표적인 2개의 법체계는 프랑스 법을 중심으로 한 대륙법과 영·미법이며, 바르샤바 협약은 이 두 가지 법체계를 조화시켜 제정된 것인데도 불구하고 실제의 적용과 해석에 있어서 서로 일치하지 않는 점이 많이 발견되었다.

1929년 바르샤바 협약은 불어로, 1955년 헤이그 의정서와 1971년 과테말라시티 의정서는 영어, 불어, 스페인어로, 1975년 몬트리올 추가 의정서는 동 3개 국어에 러시아어를 추가한 4개 언어를 동등한 정본으로 하여 채택하였다. 모법인 1929년 협약은 불어로만 작성되었지만, 동 협약을 적용한 판례는 항공대국인 미국에서만 약 1,000건이나 나오면서 불어 용어의 해석 문제까지 쟁점으로 등장하기도 하였다.

1929년 바르샤바 협약, 헤이그 및 과테말라시티 의정서, 몬트리올 4개 추가 의정서, 1961년 과달라하라 협약 및 1966년 항공사 간의 몬트리올 협정을 모두 합하여 바르샤바 체제(Warsaw System)라고 하는데 동 바르샤바 체제가 수십 년간 주요 항공국(미국, 프랑스, 영국, 호주, 캐나다)에서 어떻게 해석 적용되어 왔는지를 협약의 주요 부문별로 간략히 고찰하여 본다.

2.1. '국제운송'(international carriage)의 정의

바르샤바 협약 제1조 (2)는 협약상 국제운송을 정의하여:

> 당사자 간 계약에 의하여 운송 중 중단이 있는지 여하를 불문하고 출발지와 종착지가 두 체약 당사국의 영토 내에 위치하여 있든지, 또한 한 체약국의 영토 내에 있을 경우에는 합의된 중간 기착지점이 본 협약의 당사국이 아닐지라도 타국의 주권, 보호, 위탁 또는 관할하에 있어야 한다. 동일한 체약 당사국의 주권, 보호, 위탁 또는 관할하에 있는 영토들 사이에서의 운송이 그러한 합의된 중간 기착지점을 갖지 않을 때는 동 운송이 본 협약 목적상의 국제적 의미에 들어가지 않는다.

라고 하였다. 여러 법원은 운송이 국제적인지를 결정하는 데 있어서 계약의 내용을 실제 운송 내용보다 중시한다. 국제운송의 개념에 관한 대표적인 판례인 영국의 Grein v. Imperial Airways, Ltd 사건[31]에서 "계약은(또는 일련의 계약 내용 제3항에 따라) 동 계약에 따라 이행할 운송이 국제적인지를 고려하는 데 있어서 주목을 하여야 할 단위이다"라고 언급하였으며, 여타 국에서도 이와 비슷한 입장을 취하였다. 따라서 협약 제1조에 따라 여행이 불순한 일기로 중단되더라도 항공표 구입 시 선정한 종착지점을 변경 해석할 수 없다. 마찬가지로 승객이 중간 기착지점에 영구히 체재하기로 결정하여도 계약상 종착지점은 변함이 없다.

협약상 출발지점과 종착지점에 대해서는 거의 일관되게 해석되고 있다. Grein v. Imperial Airways, Ltd 사건 시 영국 고등법원(Court of Appeal)은 '계약에 의한 운송이 시작되고 또 끝나는 장소'[32]가 각기 출발지점이고 종착지점이라고 표현하였다. 원형으로 한 바퀴를 도는 여행 또는 왕복여행 시 출발지와 종착지가 동일한 것인바, 이때 여행 중간에 사고가 났을 경우에 사고가 난 비행구간이 국제적이냐 아니냐를 따질 것이 아니라 전체 운송의 계약이 국제적인 운송을 의미하는지를 고려하여야 한다.[33]

Grein v. Imperial Airways, Ltd 사건에서 법원은 합의된 중간 기착지(agreed stopping place)에 관하여 다음과 같이 언급하였다.

> 계약에 따라 계약을 이행하는 기계(비행기)가 계약에 따른 운송을 하는 도중에 기착하는 곳으로서, 동 기착의 목적은 물론 승객이 동 기착지에서 여행을 중단하는지를 관계하지 아니한다.

위와 같은 영국 법원의 정의에 이의를 제기하는 판결 사례는 거의 없다.[34] 단, 문제는 동 합의된 중간 기착지가 비행기표에 명백히 언급되어 있지 않은 경우에 어려움이 있는바, 미국과 프랑스 법원은 항공사의 운송조건(tariff)과 운항 시간표가 계약에 포함되는 것으로 결정함으로써 이를 해결하였다.[35] 이러한 해결방법은 승객과 화주가 항공사의 운송조건과 운항시간표에 적혀 있는 중간 기착지를 알고 있는 것으로 간주하는 것이다.[36]

협약 제1조 (3)은 여러 항공사에 의하여 계속적으로 이행되는 운송이 승객 또는 물품의 출발

---

31) [1936] Avi.211(1936년 영국 고등법원 판결).

32) 상동.

33) 이에 관한 많은 판례가 있는바, 미국의 Butz v. British Airways, 421 F. Supp. 12,714 Avi. 17452(E. D. Pa. 1976); 캐나다의 Supernant v. Air Canada, [1973] Recueils de Jurisprudence C.A. 107(C. A. Quebec, 1972); 프랑스의 Caisse régionale de Sécurité sociale du Sud-Est c. Della Roma, (1959) 22 R.G.A. 194, note J.Borricand(C.A. Aix-en-Provence, 13 Mar. 1959), aff'd, (1962) 25 R.G.A. 273, note J. Borricand(Cass. civ. soc. 16 Nov. 1961)가 대표적임.

34) 예외적으로 Aanestad v. Air Canada, Inc, 13 Avi. 17,505(C.D. Cal. 1974)와 13 Avi. 17,515(C.D. Cal. 1975)에서 미국 캘리포니아 법원은 몬트리올-LA-몬트리올 구간의 비행에 있어서 LA-몬트리올의 return 비행일시가 open인 것을 이유로 동 비행기의 목적지를 LA라고 판결하였음. 그러나 동 판결은 Butz v. British Airways(전게 주 45)의 판결 시 비난받았음.

35) 상세한 것은 Georgette Miller, Liability in International Air Transport, p.20 참조. 항공용어상 tariff는 항공기 요금을 포함한 운송조건을 말하며, 계약에 따른 운송은 항공표 구입 또는 화물을 송달하고 항공송장을 받음으로써 이루어지는 쌍방 간(승객 및 화주와 항공사 또는 동 항공사 대리점의 양자)의 행위를 법률적 용어로 표현한 것임. 운송자, 항공사 또는 항공운송(업)자는 모두 같은 의미로서 carrier를 지칭함.

36) 미국의 Kraus v. KLM Royal Dutch Airlines, 2 Avi. 15,017(N.Y.Sup. Ct. 1949).

지로부터 종착지까지 운송하기 위한 것일 때 이를 하나의 운송으로 보면서 불가분의 운송(undivided carriage)이라고 표현하였다. 동 규정은 아무리 많은 구간의 비행을 필요로 하는 운송일지라도 출발지와 종착지만을 택하여 국제운송인지를 결정하고, 국제운송일 경우 바르샤바 협약을 일률적으로 적용할 수 있도록 한 것이다. 그렇지 않을 경우 각 비행구간마다의 출발지국과 도착지국의 협약 당사국 여부를 따져야 하고 각 비행구간을 운항하는 항공사와 별도의 운송계약을 맺어야 하는 번거로움이 발생하였을 것이다.

동 협약조문에서 '여러 계속되는 항공사에 의하여 이행되는'(to be performed by several successive air carriers)운송을 불가분의 운송으로 보는 데에 있어서 이를 문맥 그대로 해석하느냐 또는 융통성 있게 해석하느냐의 문제가 있는데 후자가 통용되고 있다. 이는 운송계약 시 한 운송사의 항공기로만 운송하기로 되어 있었는데 실제 운송에 있어서 2개 이상의 서로 다른 운송사의 항공기로만 운송이 이루어졌을 경우라도 이를 불가분의 한 운송으로 본다는 것이다.[37] 같은 맥락에서 Maydeck v. Cie El Al 사건[38] 시 프랑스 법원은 운송 중 원래의 항공사를 대신하여 다른 항공사가 운송할 경우 원 항공사가 원래의 운송계약을 적용받음은 물론이고 두 번째 항공사는 단지 원래 운송계약의 추가 당사자가 될 뿐이라고 판결하였다.

불가분의 운송으로 보는 데 필요한 요소로서 계약 쌍방이 하나의 운항으로 간주하느냐도 문제이다. 예를 들면 한 운송을 위한 여러 구간의 비행 중 첫 구간만을 지불하고 나머지는 지불하지 않았을 때 여러 구간을 포함하는 운송의 일체성이 없기 때문에 불가분의 운송으로 볼 수 없다.[39] 요는 항공요금의 전체를 지불하여야 쌍방이 하나의 운항으로 간주하는 의사를 표현한 것으로 볼 수 있다는 것이다.[40]

여행이 시작된 이후에 운항사를 바꾸는 경우는 보다 복잡하다. 흔히 있는 항공사 측에 의한 변경의 경우에는 일반적으로 원 운송계약이 계속 유효한 것으로 간주하지만 승객에 의한 변경은 다를 수 있다. 어느 경우이든지 간에 새로운 항공표를 발급받았을 경우 동 항공표가 확실한 판단근거가 된다. 종착지를 바꾸어 새로 항공표를 발급받았다면 이는 새로운 계약을 의미한다.

마지막으로 협약상의 적용이 제외되는 특별한 운송의 경우를 살펴본다. 협약 제2조 (1)은 제1조의 규정을 충족하는 한 국가 또는 합법적으로 구성된 공공단체가 운항하는 운송에도 협약이

---

37) 그렇지 않으면 2개 이상의 다른 운송으로 간주하여야 하나 이는 운송계약 당사자가 특별히 의도하지 않는 한 생각할 수 없는 일이며, 또 그렇게 할 실제적 이유도 없음. 미국의 Briscoe v. Compagnie Nationale Air France, 10 Avi. 18,108(S.D.N.Y. 1968) 참조.

38) Maydeck v. Cie El Al, (1962) 16 R.F.D.A. 182, (T.G.I. Seine, 8 Dec. 1961), aff'd, (1962) 16 RFDA 179(C.A. Paris, 27 Mar. 1962).

39) 미국의 MacCarthy v. East African Airways, Corp. 13 Avi. 17,385(S.D.N.Y. 1974); Atlantic Fish & Oyster Co. v. Pan American Airways, Co. Inc.(1950) US Av. Rep. 23(III. Cook Co. 1948).

40) 미국의 Garcia v. Pan American Airways, Inc. 1 Avi. 1,280(N.Y. Sup.Ct. 1944) 등 다수 판례.

적용된다고 한 다음 제2조 (2)에서 국제우편협약의 규정에 따라 이루어지는 운송은 적용대상에서 제외하였다. 몬트리올 추가 의정서 4가 동 사항을 조금 개정한 것은 전술한 바와 같다.

협약과 동시에 채택된 협약 제2조에 관련한 추가 의정서는 국가에 의한 국제운송을 협약 적용에서 배제하는 선언을 할 수 있도록 하였다.[41] 그러나 정부가 민간항공기를 임차하여 군인수송을 한 경우에 협약이 적용되는 것은 물론이다.[42]

협약 제34조는 시험 비행과 항공사의 정상 영업에서 일탈한 비상사태에서의 국제운송 시 협약 적용을 배제하였다. 그러나 여러 나라의 판례는 가능한 한 협약이 적용되는 방향으로 해석하였다. 이러한 대표적인 예는 1976년 우간다 엔테베 공항에서 발생한 에어프랑스의 억류 사건 시에도 협약이 적용된 것이다.[43]

2.2. 바르샤바 협약상 책임규정의 내용

협약의 제3장은 운송업자의 책임에 관하여 기술하고 있으나 동 규정의 근거를 이루고 있는 원칙에 대해서는 아무런 언급이 없다. 또한 이러한 원칙을 일방적으로 해석하는 것도 위험이 따른다. 따라서 협약 제정 시 쌍벽을 이루고 있었던 2가지 법체계, 즉 커먼로와 프랑스 법에서의 운송업자의 책임에 관한 원칙을 살펴본 다음에 협약 채택 이전인 1924년에 채택된 해상운송에서의 책임에 관한 국제협약을 간략히 설명함으로써 바르샤바 협약이 규정한 책임 내용의 배경을 독자가 쉽게 이해할 수 있다고 본다.

미국과 영국의 커먼로에서는 대중 운송업자(common carrier)와 개인 운송업자(private carrier)로 구분하고 일반적인 원칙으로서 개인 운송업자의 운송 시 발생한 손상에 대해서는 고의나 부주의로 발생한 것에 대해서만 운송업자가 책임을 지도록 한 반면에, 대중 운송업자의 운송 시에는 커먼로에서 인정한 몇 가지 예외에 해당하지 않는 한 운송업자가 운송물품의 모든 손해에 대하여 책임을 지도록 하였다. 첫 번째 예외는 영·미법에서 자주 쓰는 신의 행위(Act of God)인바, 이는 인간의 힘으로 어찌할 수 없고 인간의 합리적인 예견과 주의로 방지할 수 없었던 자연의 행위이다. 두 번째는 영국에서 말하는 여왕의 적(Queen's enemies) 또는 미국에서 말하는 공적(public enemies)에 의한 손상이다. 이는 전쟁이나 평화 시를 막론하고 국가 안보를 위하여 정부가 취하는 여러 조치에 의하여 손상이 발생하는 경우를 말한다. 세 번째는 운송물품 자체의 결함

---

41) 이에 따라 미국과 캐나다 등이 관련선언을 하였음.

42) Warren v. Flying Tiger Line, Inc, 9 Avi. 17,621(S.D. Cal. 1964), rev'd and rem'd, 9 Avi. 17,848(9th Cir. 1965) 등은 미국 정부가 임차한 항공기로 군인을 수송하던 중에 일어난 사고를 다룬 판결.

43) Karfunkel v. Compagnie Nationale Air France, 14 Avi. 17,674 & 17,678(S.D.N.Y. 1977).

(예: 부식 물품)에서 오는 손상의 경우이며 마지막으로 물품의 포장이 적절하지 못하였다는 등 화주(shipper)의 잘못에서 오는 경우이다. 운송업자는 배상문제가 제기될 때 거증책임을 지며 어떠한 경우에도 운송물품의 손상을 방지하기 위하여 필요한 적절한 조치를 취하였음을 증명하여야만 보호를 받게 된다.

이상은 물품운송에 적용되는 바이다. 승객운송 시에 대중 운송업자가 승객 안전을 위하여 취하여야 할 조치는 보다 엄격하여 운송업자가 최대의 주의와 안전에 신경을 썼음이 증명되어야 보호를 받게 된다. 이렇게 인체 상해에 대해서는 운송업자의 무과실 무책임의 원칙을 보다 느슨하게 해석하여 피해자인 승객 측 원고에게 보다 유리하게 대우하는 것을 *res ipsa loquitur*(the thing speaks for itself)의 법언으로 표현한다. 동 법언은 1865년 영국의 Scott v. London and St. Katherine Docks Co.[44] 사건 시 Erle 판사가

> 과실의 합리적인 증거가 있어야 한다. 사고 원인이 피고 또는 피고용인의 관리(management)하에 있는 것으로 나타나고, 관리를 담당하는 사람들이 적절한 주의를 취한다면 보통의 경우 일어나지 않을 사고라면, 피고의 설명이 없는 상황에서는 사고가 주의 부족에서 발생한 것으로 추론하는 것이 합당하다.

라고 언급한 데서 유래하였다.

Res ipsa loquitur 법언은 승객(또는 유족)이 원고로서 피고인 항공운송업자의 과실을 증명하여야 하나 증인이나 생존자가 존재하지 않는 항공사고의 경우 정황 증거(circumstantial evidence)나 비행기록장치(black box) 등에 의존하여 증명할 수밖에 없는데 이러한 증거로는 명확한 과실 증명을 할 수 없는 어려움에 처하게 되는바, 이때 정상적인 상황에서 항공운송업자가 주의 의무를 다하였다면 사고가 나지 않았을 것이라는 판단하에 항공운송업자 측으로부터 납득할 만한 설명이 없는 한 항공운송업자 측의 과실책임이 있는 것으로 추론하는 것이다.

프랑스 법은 승객이나 짐(화물 포함)의 운송을 막론하고 무사히 운송하여야 할 책임이 있다. 따라서 운송업자가 제대로 운송하지 못하였을 경우에 이는 운송계약에 따른 운송의무의 위반이 되며, 이는 프랑스 민법 제1147조가 규정한 불가항력(*force majeure*)을 제외하고는 운송업자가 책임을 지는 '결과책임'(obligation de résultat), 즉 절대책임(strict liability)을 기본원칙으로 하고 있다. 불가항력으로 인한 예외는 영·미법에서의 신의 행위(Act of God)나 공적(public enemies) 행위 시 예외를 두는 것과 비슷한 결과를 초래한다.

화물운송 시 프랑스 법도 과실상계를 적용하고 물품 자체로 인한 손상은 배상대상에서 제외

---

44) Shawcross. I (267).

하고 있다. 그런데 커먼로에서는 물품의 손상이 전적으로 화주의 잘못 또는 물품 자체의 결함에서 오지 않는 한 운송업자가 모든 배상책임을 지는 반면에 프랑스 법에서는 화주의 잘못 또는 물품 자체의 결함이 부분적으로 작용하여 물품에 대한 손상이 있는 경우에 운송업자가 부분적으로만 책임을 면할 수 있다는 점이 다르다.[45]

1929년에 채택된 바르샤바 협약은 화물운송의 규율에 있어서 동 협약보다 5년 전에 채택된 해상선하증권에 관한 브뤼셀 협약의 규정을 많이 수용하였다.[46] 브뤼셀 협약은 점차 영국, 미국, 프랑스의 국내법으로 수용되면서 해상운송에 있어서 해상운송업자의 책임을 통일적으로 적용하는 데 공헌한 바 크다.

바르샤바 협약의 책임규정 중 핵심을 이루는 유한 책임제를 채택한 것은 다음 3가지 이유와 요소가 고려된 결과로 보아야 한다.

첫째, 승객 또는 화주가 손상의 증거만 있으면 항공사의 과실이 추정되어 항공사가 책임을 지는 것으로서 이는 기존 법 논리, 즉 배상 청구자가 상대방의 과실을 증명해야 하는 것과 비교할 때 거증책임이 뒤집어진 것이다. 대신 협약은 항공운송자의 배상에 상한을 두어 균형을 취하였다. 항공운송자는 그러나 자신의 대리인이 최선의 조치를 취했다는 증명을 할 때 책임이 면제되며, 승객 또는 화주는 운송자 측의 '고의적 과실'(wilful misconduct)을 증명할 때 운송자의 유한 책임을 파기할 수 있다. 한마디로 바르샤바 협약은 사고 시 항공운송자가 면책사유를 증명하지 않는 한 운송자의 책임을 추정(presumption of liability)하는 제도를 취하고 있다.

둘째, 바르샤바 협약 채택 시인 1929년 당시 항공운송을 이용한다는 것은 위험한 일이었는바, 이에도 불구하고 항공을 이용하는 자(승객과 화주)가 있다면 이들이 동 위험 부담을 지는 것이 당연한 논리이다. 따라서 자발적으로 위험부담을 하는 자에게 과도한 배려를 하여 줄 필요가 없다는 것이다.

셋째, 협약 제정 시 유치산업(infant industry)의 단계에 있었던 항공운송산업을 정책적으로 보호 육성한다는 관점에서 항공운송자의 배상금액을 과도하게 책정할 수 없었다.

2.2.1. 책임의 기본형태

바르샤바 협약은 항공운송업자가 승객, 짐, 그리고 화물을 운송하는 데 있어서 동일한 형태의 책임을 적용한다. 프랑스 법이 '결과에 대한 책임'(obligation de résultat)의 원칙하에 바르샤바 협약과 형태를 같이하고 있으나 커먼로는 이와 대조적으로 화물의 대중 운송업자 책임을 승객의

---

45) Miller의 저서 p.57 참조.
46) 상세한 것은 상동 pp.58-62 참조.

대중 운송업자 책임보다 더욱 엄격하게 적용하였다. 그러나 바르샤바 협약이 체결된 1929년 이래 *res ipsa loquitur* 법언이 많이 통용되면서 커먼로에서도 화물과 승객운송 시 각기 달랐던 운송업자의 책임이 결과적으로 동일하게 되었다.

협약의 제17, 18 및 19조는 승객, 짐 및 화물의 손상 그리고 지연의 경우에 항공운송업자의 책임을 추정한다. 항공운송업자의 책임에 관한 동 3개 조항은 뒤에 오는 제20조와 21조에 의하여 책임의 조건을 규정받는바, 동 조건은 추정된 배상책임을 없앨 수도 있는 것이다. 제20조 (1)항은 운송업자가 자신 그리고 자신의 대리인이 손상을 회피하기 위한 모든 필요한 조치를 취하였다든지 또는 운송업자 측이 그러한 조치를 취하는 것이 불가능하였다고 증명할 경우 운송업자의 책임을 면제하고 있다. 동 제20조 (1)항의 규정은 협약 채택 시 영국 대표가 주장한 'due diligence'를 표현한 것이다.[47] 해상운송에서 모방한 커먼로의 due diligence 개념을 충분한 검토도 없이 불어로 작성된 바르샤바 협약에 수용함에 따라 동 용어의 해석·적용에서 예상하지 않는 결과를 야기하였다.

협약의 제17, 18, 19조와 관련하여 면책이 되는 due diligence는 프랑스에서 원래와는 다른 뜻으로 해석되어 프랑스 법의 개념 중 이에 가장 유사한 absence of fault로 대치·해석되었는바, 이는 항공운송업자가 잘못(fault)을 저지르지 않은 것으로 증명할 때 책임이 면제되는 것이다. 이러한 논리는 아동에 대한 부모의 책임에 적용하는, 즉 부모의 잘못이 없었다고 증명하는 한 아이들이 저지른 손상에 대하여 부모의 책임이 없다는 것과 동일하다.[48]

상기 해석의 결과는 프랑스 국내법상 항공운송업자의 책임규정이 내륙 운송업자에게 적용하는 규정보다 유리하나 협약에 의한 항공운송업자의 배상금액은 프랑스 철도나 도로의 내륙운송 사고 시보다 높다. 한편 커먼로 국가의 법에 비추어 보건대 바르샤바 협약은 화물운송의 경우 운송업자에게 유리하나 승객운송의 경우 기존 책임제도보다 유리할 것이 없었다. 그러나 모든 운송에 있어서 *res ipsa loquitur* 원칙이 일괄 통용되는 현시점에서 승객이나 화물운송에서 오는 차이는 거의 없다.[49]

상기 협약의 내용(제20조 1항)은 헤이그 의정서에 의하여 개정되지 않았으나 1966년 몬트리올 협정은 협약 제20조 (1)의 적용을 배제하여 항공운송업자가 절대책임(absolute liability)을 지도록 하였다. 따라서 몬트리올 협정 이래 미국의 판례를 볼 때 항공운송업자가 잘못을 저지르지 않았

---

47) 상동 p.66 참조.

48) Miller가 지적한 바대로 due diligence가 해상운송규범(The Harter Act와 The Hague Rules)에 적용되는 내용은 해상운송업자의 계약의무로서 due diligence가 기술되고 해상운송업자가 동 의무를 위반하였을 경우에 배상책임을 지우는 것이었으나, 바르샤바 협약은 첫째, due diligence를 하였을 경우에 책임이 면제된다고 기술하였고, 둘째, 동 영·미법의 개념을 불어로 작성된. 따라서 프랑스 법 개념을 전제로 한 바르샤바 협약에 그대로 삽입함으로써 예상외의 법해석 결과가 나왔다. Miller 저서 p.67 참조.

49) 이는 바르샤바 협약만의 적용을 두고 볼 때 그러함.

음을 증명할 때 책임을 면할 수 있는 과실추정(presumption of fault)의 원칙은 더 이상 적용되지 않는다. 그러나 이 절대책임제도는 승객운송에만 한정하는 것으로 짐과 화물에는 적용되지 않는다. 또 한편 절대책임이 정확히 무엇을 뜻하는지 분명하지 않다.

과테말라시티 의정서는 승객과 짐의 운송 모두에 대하여 개정을 단행하여, 승객의 경우에는 승객의 건강상태로 인하여만 인체의 사상이 야기되었음을 증명함으로써 항공운송업자의 책임이 면제되고, 짐의 경우에는 짐의 손상이 짐 자체의 결함에 의하여서만 발생하였음을 증명할 때 책임이 면제되도록 하였다. 이 외에 항공운송업자는 승객의 과실이나 작위 또는 부작위로서의 잘못을 이유로 하여 그만큼 배상책임을 면제받을 수 있다.

몬트리올 추가 의정서 4는 지연(delay)의 경우가 아닌 한 화물의 손상에 대하여 항공운송업자가 책임을 지도록 하였다. 그러나 제18조 (3)에서 물품 자체의 결함으로 인한 손상은 물론 해당 국가의 공권력 행사인 화물의 수출입 검사 시 발생하는 손상에 대해서도 운송업자의 책임이 면제되도록 규정함으로써 항공운송업자에게 보다 유리한 결과가 되었다.

2.2.2. 항공기의 조종, 취급 또는 항행상 실수(제20조 2항)

바르샤바 협약 제20조 (2)항은 짐 또는 화물의 운송 시 발생한 운송물품의 손상 시 동 손상이 항공기의 조종, 취급 또는 항행상의 실수로 발생하였다든지 또는 항공운송업자나 동 대리인이 손상을 피하기 위한 모든 필요한 조치를 취하였다고 증명할 경우 항공운송업자가 손상 책임을 면제받을 수 있도록 하였다.

항행상의 실수로 인한 화물과 짐의 손상 시 운송업자의 책임을 묻지 않는다는 것은 일반적으로 특이한 규정임에 틀림없다. 이러한 규정은 협약 채택 시 성행하고 있던 해상운송약관의 유사 규정을 수용한 결과이다. 그러나 여사한 규정은 거의 원용되지 않았는바, 이를 원용할 경우 운송인이 과실(negligence)을 이유로 오히려 배상 추궁을 당할 것을 우려하였기 때문이다. 승객운송에는 이 규정이 적용되지 않는다.

2.2.3. 과실상계(제21조)

항공운송업자는 상해를 입은 승객이 동 상해를 야기하였다거나 또는 동 승객의 상해가 승객 자신의 과실로 인한 것이라고 증명할 경우에 법원 소재지 국내법에 따라 항공운송업자의 책임을 전부 또는 부분적으로 면제받을 수 있다.

이상과 같은 제21조의 규정은 1929년 바르샤바 협약의 채택 회의에서 영국 대표의 제안에 의하여 삽입된 것이다. 대륙법 개념에서는 전체적인 책임을 논할 때 과실상계는 당연한 것이기 때문에 협약안에 이를 포함시키지는 않았지만 영국은 과실상계를 강조하는 법체계를 가지고 있는 입장에서 피해를 입은 승객이 동 피해를 자초하였거나 또는 합리적인 방지 조치를 누락하였을 경우에 항공운송업자의 책임을 완전히 면제하여 줄 수 없다는 입장이었으나 대다수 대표는 책임을 양측(항공운송업자와 피해자)이 분담하는 것이 당연한 것이라는 의견을 보였다. 이 결과 영국, 호주, 뉴질랜드 등의 국내법도 감안하여 과실상계의 정도는 해당 법원의 국내법에 위임하여 결정하도록 하는 현 제21조의 내용을 양해안으로 채택하였다.

2.2.4. 책임의 강제적 제한(제22, 23조)

바르샤바 협약이 항공운송업자의 책임을 한정한 것은 항공운송업자의 과실의 추정(presumption of fault)을 적용하기 위한 전제조건이었다. 과실의 추정원리상 항공사고 시 피해 승객은 항공운송업자의 과실을 증명할 필요가 없이, 항공운송업자가 과실이 있는 것으로 추정하는 것이며 항공운송업자는 그 대신 추정된 과실에 대한 배상책임을 일정액으로 한정받았다. 이러한 균형은 제23조가 협약이 규정한 책임 한도액보다 더 낮은 금액으로 운송계약을 맺는 것을 무효로 함으로써 보호를 받고 있다.

헤이그 의정서는 무조건 적용되는 상기 규정에 합리적 요소를 가미하여 화물의 자체 결함으로 인한 손상 시에는 동 규정이 적용되지 않도록 하였다(헤이그 의정서에 의하여 개정된 협약 제23조의 2).

제22조는 승객과 짐, 그리고 화물의 손상에 대한 항공운송업자의 배상 한도를 규정한다. 화물에 대한 배상 한도는 해상운송에서 이미 실시하여 오던 것으로서 생소한 개념이 아니었으나 승객에 대한 배상 한도는 프랑스, 영국, 미국 등의 국내법에 생소한 것이었으며 특히 미국에서는 공공정책(public policy)에 위배되는 것으로 간주되고 있던 사항이었다.[50]

제22조 2항은 위탁 수하물과 화물의 송부 시 송하인이 물품의 가치를 고가로 특별 신고하여 사고 시 높은 배상을 받을 수 있도록 하였는바, 동 특별 신고를 서면으로 하도록 하는 규정은 없다. KLM v. Hammam[51] 사건에서 승객이 KLM 체크인을 할 때 항공사 직원으로부터 총을 휴대하여 가지고 들어갈 수 없다고 하자 이를 위탁 수하물로 맡기면서 동 총의 가치가 만 불이나 되는 고가품인 관계로 특별 취급을 하여 줄 것을 요청하였는데 동 물품은 항공기가 경유하는 도중에 분실되었다. 승객의 배상 청구소송에서 법원은 항공사에게 특별 요금을 지급하지 않은 것에

---

50) Miller의 저서 p.72 참조.
51) 2002(3) SA 818(W) at 837H-I.

관계없이 항공사의 배상책임을 판결하였다.[52]

배상을 표시하는 단위는 협약을 초안한 CITEJA가 원래 프랑스 돈(French Franc)으로 표기하였으나 바르샤바 협약 채택 시 안정의 관점에서 금을 바탕으로 하는 프앙카레 프랑(Franc Poincaré)으로 표시하였다.

마지막으로 배상액이 어떠한 근거로 결정되었는지는 정확하지 않다. 단, 승객에 관한 배상금은 CITEJA의 협약안대로 채택되었고 짐과 화물의 배상금은 협약안의 kg당 500프랑이 많다고 지적되어 협약 채택 시 250프랑으로 하향 조정되었다는 기록이 있을 뿐이다.[53]

2.2.5. Dol, wilful misconduct에서 오는 무제한 책임

로마법에서 파생된 모든 법 체제는 고의적인 잘못이나 사기의 경우에는 계약상 배상책임이 한정되어 있더라도 동 한정에는 관계없이 무제한의 배상책임을 부과하는 제도를 취하고 있다. 프랑스 법에는 이러한 원리가 뿌리 깊이 심어져 있는 관계로 선하증권에 관한 1921년에 헤이그 규칙(The Hague Rules) 제4조 r.5와 이를 수용한 1936.4.2자 프랑스 법 제5조가 해상운송 시 어느 경우에도 운송업자가 운송물품 하나당 100파운드 이상 배상을 할 책임이 없다고 명시하였음에도 불구하고 프랑스는 이를 무시한 채로 고의적인 잘못, 즉 불어로 dol에 해당하는 경우에는 100파운드의 배상 한도를 적용하지 않았다. 프랑스 법에서 너무도 당연한 이러한 법리를 바르샤바 협약에 반영하면서 dol의 주체로서 항공운송업자와 동 업자의 고용에 의하여 일하는 피고용인 및 대리인도 포함하였다.

커먼로의 해상운송규칙을 보건대 운송업자가 부득이한 경우, 즉 생명이나 재산의 구조를 위하여 항로를 이탈하지 않는 한 항로 이탈(deviation)을 운송계약의 위반으로 간주하고 운송업자의 책임 한도를 적용하지 않았다. 이러한 관행은 해상운송에 관한 1921년의 헤이그 규칙 제4조 r.5가 어떠한 경우에도 운송물품 하나당 운송업자가 100파운드 이상 배상할 수 없다고 명시하였지만 이에 영향을 받지 않았다. 그러나 이러한 커먼로의 관행은 1962년 미국 법원의 판결[54]에서 번복되었고, 항로 이탈이 그 성격상 해상운송에만 적용된다는 점에서 프랑스 법 적용과 다르다. 프랑스 법은 공로, 해로, 육로운송을 불문하고 적용되며 또한 국제운송 규칙의 반대규정에도 불구하고 고의적 잘못(dol) 또는 중대한 과실(faute lourde)의 경우 운송업자의 배상책임 한도를 계속 적용하지 않았다.

---

52) 비슷한 사건으로 Foord v. United Airlines, Inc 2006 ABPC 103(Provincial Court of Alberta Canada, 1 Jun. 2006).

53) 상동 Miller 저서.

54) Miller의 저서 p.76 주석 80표기 Atlantic Mutual Insurance Co, v. Poseidon Schiffart, 206F. Supp, 15(N.D. Ill. 1962), aff'd, 313 F. 2d 872(7th Cir. 1963) 사건.

커먼로는 또한 본질적 위반(fundamental breach) 시 동 위반을 한 당사자가 계약상 유리한 조항을 적용받지 못하게 하는 방법을 사용하였으나 그 후 점차 case by case로 심리하여 책임 한도의 예외조항이 본질적 위반을 포함할 만큼 광범하게 규정되어 있느냐에 따라 결정하는 추세이다.

위와 같이 운송업자의 책임 한도 적용 배제에 관한 대륙법과 커먼로의 상이한 배경에도 불구하고 1929년 회의 시 바르샤바 협약의 프랑스 개념인 dol을 항공운송업자의 책임 한도 적용배제의 기능으로 채택하는 것에 대하여 이론이 없었다. 그러나 dol의 개념 해석에서 오는 미국 등 커먼로 국가의 어려움은 헤이그 의정서 채택 시에 dol에 해당하는 영문 번역문인 wilful misconduct(WM)를 삭제하면서 이에 해당하는 행위를 풀어서 표현하는 것으로 해결하였다. 한편 이와 관련하여 과테말라시티 의정서는 여하한 경우에도 파기할 수 없는 책임 한도액을 명시하였다.

바르샤바 회의는 배상 한도 규정의 배제요건으로서 dol과 함께 faute lourde(중과실을 뜻하는 불어)를 같이 포함하느냐를 논의한 결과 faute lourde의 개념은 국가에 따라 해석이 다를 수 있고 faute lourde의 개념이 없는 국가도 있다는 점을 감안하여 'dol(영어로는 wilful misconduct)과 제소된 법원소재지법(*lex fori*)에 따라 wilful misconduct와 상응하게 간주되는 과실'로 협약문을 작성함으로써 이를 해결하였다. 따라서 faute lourde개념이 없는 국가는 faute lourde에 해당하는 'wilful misconduct에 상응하는 과실'을 적용하든지 또는 dol만을 적용하는지 하는 등 자국 사정을 반영할 수 있다. 여기에서의 문제는 각국 법원이 dol에 해당하는 행위가 자국법에 있는지를 연구하여 적용토록 하는 규정을 작성한 것이 아니고 dol이나 WM에 근접한 범죄 중의 하나를 찾아 적용토록 한 결과 법적 통일성이 저해될 수밖에 없었다.

협약 제정자들은 대륙법 개념인 불어의 dol을 고심 끝에 영어로는 WM으로 번역하였지만 WM는 바르샤바 회의 시 영국 대표가 지적한 대로 결과에 아랑곳하지 않고 무모하게 행동하는 것을 포함하기 때문에 dol보다 넓은 의미를 뜻한다.[55] Dol은 의도적인 행위를 말하는 것이나 이보다 광범위한 행위인 WM를 dol로 번역하여 적용한 결과 커먼로 국가와 프랑스 등의 대륙법 국가에서 적용될 법규가 서로 달리 해석되는 경우가 발생하였다.

위와 같은 문제점은 헤이그 의정서가 dol이나 WM라는 표현을 쓰는 대신에 "피해를 입히려는 의도나 또는 피해가 일어날 가능성이 많다는 인식을 가지고 무모하게 행한"(done with intent to cause damage or recklessly and with knowledge that damage would probably result)으로 개정하면서 해결하였다. 과테말라시티 의정서는 협약의 제25조를 다시 개정하여 승객의 사상 시 항공운송업자의 무제한 책임 가능성을 배제하였다. 이미 설명한 대로 이는 과테말라시티 의정서에 의하여 개

---

55) Miller의 저서 p.80 참조.

정된 협약 제24조 2항이 여하한 경우에도 배상 상한을 초과할 수 없도록 명시한 규정에 의하여 보완되고 있다. 이러한 논리는 몬트리올 추가 의정서 4에서 화물에도 적용되고 있다.

각국의 판례를 보건대 프랑스 법원을 제외하고는 항공사의 WM를 객관적 기준(objective test)보다는 주관적 기준(subjective test)을 적용하면서 항공사의 책임 범위를 확대하였다.[56] 여러 나라 법원의 판례를 조사한 캐나다 온타리오 법원은 헤이그 의정서상 WM의 표현, 즉 '손상을 유발할 의도를 가지고 한 작위 또는 부작위'와 후반부의 표현인 '무모하게 그리고 손상이 결과로 나타날 것이라는 지식을 가지고'의 모두가 주관적 의도를 요구하는 것이라고 해석하였다. 이는 항공운송인, 동 대리인과 피고용인의 인식에 관한 내용이 어떠하였는지를 평가하는 기준을 말하는 것으로서 행위 또는 부작위 당사자의 주관적 기준으로 판단할 경우 적용 스펙트럼이 커지기 때문에 항공운송인이 책임져야 할 경우가 많아진다. 그런데 항공운송인이 필요한 조치를 하는 행위를 가지고 판단하는 기준은 많은 경우 객관적 기준을 요구함으로써 항공운송인의 WM 적용소지가 또 그만큼 높아지는 결과를 가져왔다.

WM에 상응하는 행위인지의 결정은 바르샤바 협약상 사건 심리 법원에 위임되어 있다. 미국에서는 적용기준이 되는 법이 주(state) 커먼로에 의존하고 있는 결과 화물의 경우 운송인의 중요한 과실로 인한 손상의 경우에도 WM가 종종 적용되지 않고, 승객의 경우에는 반대로 적용되는 경향을 보였다. 그러나 지난 70년간 수하물 배상 사건에 있어서 WM가 적용된 경우가 매우 드문 것에 비하면 화물에 있어서는 상당히 적용된 편이다. 몬트리올 추가 의정서 4는 제8조에서 어떠한 경우에도 화물에 대한 배상 상한이 철폐될 수 없다고 규정함으로써 WM의 적용을 배제하였다(그러나 수하물에 대한 WM적용은 계속 유효). 이는 1999년 몬트리올 협약에도 이어져 화물의 분실과 손상 시 kg당 17 SDR의 배상 상한이 파기 불가하다고 규정되었다.

협약 제25조는 또한 헤이그 의정서에 의하여 개정되었는바, 이는 WM이 아닌 경우 운송인이 배상 상한을 적용받으나 피고용인과 대리인의 배상 상한 적용에 관한 규정이 모호한 것을 시정하기 위한 것이었다. 헤이그 의정서에 의하여 개정된 협약의 제25조 A가 여사한 내용을 담고 있다.

2.3. 운송서류와 운송자의 책임

해상과 철도 운송법에서의 개념이 여기에서도 많이 원용되나 항공법에서 동일한 개념의 내용으로 규정된 것은 아니다.

---

56) 2000년 캐나다 온타리오 최고법원의 Connaught Labs. Ltd. v. British Airways 사건판결[2002], 217 D.L.R.(4th) 717 at 738. 동 판결문에서 해당 판사는 여러 나라의 판례를 검토한 결과 벨기에, 캐나다, 스위스, 영국, 미국은 주관적 기준을, 프랑스만 객관적 기준을 적용하였다고 분석하였음.

는 것으로 협약을 개정하였다.

과거 위탁 수하물의 짐표는 승객표의 일부 지면에 표기하는 것으로 대신되었는데 동 표기는 매번 짐을 체크인할 때마다 필요로 하는 것인지 분명치 않다. 이와 관련 영국의 고등법원은 Collins v. British Airways Board[74]에서 왕복 항공여행 시 한 번의 표기가 계속되는 체크인 짐표기로 계속 유효하다고 판결하였다.

과테말라시티 의정서는 승객표에서와 같이 짐표에 대해서도 개정을 하였다. 이는 자동기계 또는 자동전자장치에 의한 기록유지 방법을 짐표 발급 대신으로 허용하는 것이었다. 그러나 이 기록유지 장치의 작동결함은 항공운송자의 책임이 된다.[75] 한편 이 새로운 기록장치의 도입은 운송자의 배상책임 한도를 불만스럽게 보아 동 한도 철폐의 구실을 찾아왔던 미국 법원이 표 발급에 관련한 구실을 더 이상 찾을 수 없도록 하는 결과를 가져오는 것이다.

오늘날 체크인 수하물표를 발급하는 관행은 출, 도착(또는 경유지)공항 약호, 항공편명, ID(bar code)만 기록하는 tag를 짐에 부착 후 tag의 일부를 승객의 항공권이나 탑승권(boarding pass)에 붙여 준다. 전자수단도 짐표 발급의 대신으로 한다는 조약의 내용상 최소한의 짐표인 tag를 발급하지 않아도 유사 시 운송자의 배상책임 상한이 파기될 우려가 없으나 이렇게 할 경우 자국 항공당국의 규제를 받게 되고, 짐 분실 시 추적할 수 있는 근거가 없기 때문에 운송자로서도 불편하다.

판례를 좀 더 살펴보건대 미국 대법원에서의 1989년 Chan v. KAL 판결 시[76] 수하물 무게와 개수를 기술 안 하였다 하여 바르샤바 협약상 배상 상한을 파기하였고, 1982년 뉴욕 주 남부지역 연방법원에서는 승무원이 노부부의 휴대 수하물을 기내 별도의 캐빈에 넣어 주는 친절을 보여 주면서 수하물표를 주지 않았던 것에 대하여 역시 배상 상한을 파기[77]하였으며, 1987년 미국 제2고법에서는 짐표 발급이 안 되었더라도 승객이 carrier 전문 직업인임을 이유로 배상 상한을 적용하는 판결[78]을 하였다.

가입하고, 미국 등 수 개국이 바르샤바 협약에만 가입하고 헤이그 의정서에는 가입하지 않고 있는데 이는 두 그룹 국가 간의 항공운항 시 사고가 발생한다면 바르샤바 협약도, 헤이그 의정서도 각기 적용되지 않는 상태를 야기함. 이에 불구 미국이 항공운항의 출발지, 경유지 또는 종착지로 하는 국제 운항구간을 이용하는 승객에 대해서는 1966년 몬트리올 협정이 적용되지만, 짐과 화물에 대해서는 적용 조약이 없고, 미국이 아닌 바르샤바 협약만의 당사국과 한국 사이를 운항하는 항공기가 사고를 당하였다면 동 사고에 따라 제기되는 항공운송자의 배상에 적용할 국제법은 없다는 문제가 됨. 본문 중 제3장 3항 관련판례 참조

74) [1982] 1 All E.R. 302, C.A. 동 건은 Collins 부부가 1975년 Manchester – London – Los Angeles – New York – Manchester 구간의 항공표로 여행하면서 Manchester 출발 시 LA까지 짐을 체크인할 때는 짐표(승객표상의 짐 기란)에 위탁 수하물의 수와 무게를 적어 받았으나, 귀환 시 LA를 출발할 때는 아무런 표기가 없이 짐을 체크인시켰는데 일부가 분실된 사건임. 원고인 Collins이 이에 배상 소송을 제기한 결과 1심에서는 표기누락이 헤이그 의정서로 개정된 협약 제4조의 요건을 결한 것으로 보아 피고 항공사의 배상 한도액 적용을 배제하고 원고가 청구한 2,000파운드의 배상 판결을 내렸으나 고등법원은 Manchester 출발 시 표기한 것이 LA 출발 시에도 계속 짐표로 유효하다는 이론으로 1심 결정을 번복하였음.

75) 예를 들어 짐의 멸실 사고 시 기록장치의 고장으로 승객의 짐 무게를 파악할 수 없는 경우, 항공운송자는 승객이 주장하는 짐의 무게에 따라 배상을 하여야 함.

76) 109 SCt 1676(1989).

77) Hexter v. Air France, 563 F. Supp. 932(S.D.N.Y. 1982). Hexter부부가 파리 – 뉴욕 비행 중 지참한 휴대 수하물을 승무원이 친절하게도 인접 cabin에 보관하여 주었는바, 뉴욕도착 후 수하물 가방 속의 보석이 분실되어 제소된 사건.

바르샤바 협약은 운송인의 책임에 관하여 완전한 규칙을 제공하지 않는다. 따라서 동 협약의 명칭도 특정 규칙의 통일이라고 되어 있는데 이는 항공운송만에 관한 규칙의 통일이라는 측면도 있지만 항공운송에 관련한 모든 내용을 통일한다는 것도 아닌 의미에서의 특정 규칙들의 통일을 기하는 것으로 보아야 한다. 항공운송에 있어서 협약이 다 규정하지 못한 내용은 현실적으로 IATA가 보완하는 역할을 하며 IATA는 이를 Conditions of Carriage[79]로서 제시하여 모든 회원사가 통일적으로 적용토록 하고 있다. 짐과 관련하여 IATA의 General Conditions of Carriage(Passengers)의 제1조에서 짐은 다음과 같이 정의되어 있다.

baggage means such articles, effects and other personal property of a passenger as are necessary or appropriate for wear, use, comfort or convenience with the trip. Unless otherwise specified, it shall include both checked and unchecked baggage of the passenger.

2.3.3. 항공송장(airway bill)

바르샤바 협약은 제5조에서 16조까지를 할애하여 항공화물의 송장에 관한 기술을 하고 있다.

협약규정은 화물을 송달하는 화주(shipper)가 항공송장을 준비하여 화물과 함께 운송자에게 전달하도록 하면서 그러나 경우에 따라서는 운송자가 화주를 대신하여 송장을 작성할 수도 있도록 허용하였다(제6조 5항).

화물은 통상 송달차 인도되는 장소와 항공송장이 당사자의 서명을 끝으로 준비·완료되는 장소가 다르다는 것을 감안하여 헤이그 의정서는 협약 제6조 3항을 개정하였다. 개정된 내용은 항공운송업자가 화물의 기상 탑재 이전에 송장에 서명토록 한 것이다.

항공송장은 화주가 작성할 수도 있다는 점에서 승객표나 짐표가 항공운송자에 의하여서 작성되는 것과 구별되며, 항공송장에는 당사자로서 송하인(shipper 또는 consignor), 수하인(consignee), 항공운송자의 3자가 관련되어 있다는 점에서 승객표나 짐표보다는 협약의 규율이 더 복잡하다.

화물이 여러 개의 포장물(package)로 되어 있는 경우에 운송사는 각 포장물마다 하나의 송장을 요구할 권리가 있다(제7조).

협약 제8조는 송장에 기재하여야 할 화물에 관한 사항으로서 17가지를 열거하고, 이 중 10개의 기재를 의무적(obligatory)으로 하였다. 만약 항공운송자가 10가지 의무 기재사항 중 한 가지라도 누락된 송장을 가지고 짐을 운송하였다든지 또는 항공송장이 작성되지 않은 채 짐을 운송하

---

78) Republic National Bank v. Eastern Airlines, 815 F. 2nd 232(1987년 미 제2 고법 판결). 수십만 불의 현찰을 운송하는 직업 전문 쿠리에가 탑승 시 짐표도 받지 않고 체크인시켰다가 도착 시 분실된 사건.
79) IATA Recommended Practice 1724.

였을 때 사고가 난다면 배상책임 한도의 적용이나 면책 혜택을 박탈당한다(제9조).

항공송장이 통상 송하인 측에 의하여 작성되는데, 이때 송하인은 기재사항의 정확을 기하여야 한다. 기재사항의 비정상, 부정확 또는 불완전에서 오는 손해를 운송자 측이 입을 경우 이를 송하인이 배상하여야 한다(협약 제10조).

항공송장에 관련한 미국의 판례는 승객표에 관련한 소송에서와는 대조적으로 항공운송자에게 유리한 판결을 내리고 있다. 이는 인명의 값을 너무 낮게 책정한 협약의 규정에 강한 불만을 표시한 미국 법원이 짐과 화물의 운송에 관련하여서는 짐과 화물의 가치 이상으로 평가하지 않는 태도를 보인 것으로 보아야겠다.

미국 법원은 Kraus v. KLM Royal Dutch Airlines[80]와 American Smelting and Refining Co. v. Philippine Airlines[81]에서 항공송장에 기재하여야 할 10개 의무 기재사항 중 합의된 중간 기착지점(agreed stopping place)을 엄격히 해석하지 않음으로써 운송업자에게 유리한 판결을 내렸다. 또 2001년 미국 제2고법 판결[82]은 수하인이 수령하지 않아 운송자가 반송한 경우 송하인의 허가 없이 항공송장도 작성하지 않은 것을 이유로 화물 피해에 대한 운송인의 배상 한도 적용을 배제하였다. 1999년 미국 제9고법은 캐나다발 캘리포니아행 computer memory modules 운송 시 항공송장에 운송인 편의를 감안하여 운송자가 중간 기착지를 임의로 결정할 수 있다는 표현을 이유로 배상 상한을 적용하였다.[83]

영국 고등 법원은 Corocraft v. Pan American Airways[84]에서 항공송장상 의무 기재사항 중의 하나인 협약 제8조 (ⅰ) the weight, the quantity, the volume or dimensions of the goods를 해석함에 있어서 weight, quantity, volume과 dimension을 누적적(cumulative) 개념으로 해석하지 않고 선택적(selective) 개념으로 해석하여 weight 하나만 기재된 항공송장이 적법하다고 판시하였다. 그런데 영국 하급 법원은 협약의 영문 번역본에 or 대신에 and로 표기되어 있었기 때문에 이를 누적적으로 해석하여 운송사에게 배상 판결을 한 것이었다. 헤이그 의정서는 협약 제8조를 완전 대체하여 화물의 출, 도착지와 국제운송이라는 점만을 명기하도록 간략화하였다.

한편 승객표 인쇄 활자에 있어서의 Lisi 원칙은 항공송장의 뒷면에 인쇄된 계약조건의 경우에

---

80) 2. Avi. 15,017(N.Y. Sup.Ct. 1949). 뉴욕 고등법원은 동 건 판결에서 합의된 중간 기착지점(agreed intermediate stopping places)이 공중에 열람이 개방된 항공운항표에 포함시키는 것으로 족하다고 봄.

81) 4. Avi. 17,413(N.Y. Sup.Ct. 1954). 동 건에서 뉴욕 고등법원은 합의된 기착지점의 표기는 출발지와 목적지의 언급만으로는 항공운송이 협약 적용을 받는 것이라는 것이 명백하지 않을 경우에 필요하다고 언급함.

82) Fujitsu Ltd. v. Federal Express Corp., 247 F. 3d 429.

83) Insurance Co. of North America v. Federal Express Corp., 189 F. 3d 914. 항공송장상 중간 기착지가 없었으나 운송 중 미국 Memphis 소재 FedEx 터미널 기착 시 63만 7,500불 상당 물품 분실사건. 배상 상한 적용으로 2,494.25불 배상 판결.

84) 2 All E.R. 1059(Q.B.) rev'd[1969] 1 All E.R. 82(Ct. App. 1968).

도 적용되어 항공운송업자의 협약상 유한책임이 파기된 판결도 있다.[85]

헤이그 의정서는 송장에 기재하여야 할 화물에 관한 사항을 3가지로 개정하였으며 이 중 한 가지 사항, 즉 운송이 협약의 적용을 받는다는 고지(notice)만을 의무적 사항으로 규정하였다(제6조). 헤이그 의정서 제7조는 동 고지가 없는 항공송장이나 항공송장 자체가 작성되지 않은 가운데 화물운송이 되었을 때에 운송자의 유한책임을 파기하였다.

몬트리올 추가 의정서 4는 협약 제5조를 개정하여 항공송장을 기타 방법(컴퓨터 등)으로 대체할 수 있도록 하면서 운송 경유지와 목적지에서 기타 방법의 사용이 불가능하다는 것을 이유로 하여 화물운송자가 운송을 거절할 수 없다고 규정하였다.

몬트리올 추가 의정서 4는 또 항공송장에의 기재사항으로서 협약이 적용된다는 고지를 포함시키지 않은 채 3가지[86]를 기술하면서, 동 3가지 기술의 여하가 협약상 운송자의 유한책임을 파기하지 못한다고 하였다(몬트리올 추가 의정서 4의 제3조에 의하여 개정된 협약 제8조).

화물 송하인(shipper 또는 consignor)은 목적지 공항에 도착한 화물도 다른 목적지로 이동시킬 수 있다(협약 제12조 1항). 이때 항공운송업자가 송하인에게 수하인(consignee)용 항공송장을 요구하지 않은 채 송하인의 요청대로 화물을 이동시킴으로써 적법의 수하인용 화물송장 소지자에게 피해를 주었다면 항공운송업자는 동 피해에 대하여 배상하여야 한다(제12조 3항). 이는 항공송장이 유통 가능(negotiable)한 데서 오는 결과이다. 협약은 항공송장의 유통 가능 성격에 관하여 아무런 언급을 하지 않았지만 헤이그 의정서는 제9조에서 "본 협약상 어느 것도 유통 가능한 항공송장의 발급을 금하지 아니한다"라고 협약을 개정함으로써 송장의 유통 가능성을 명료히 하였다.

따라서 항공송장도 팔 수도 있다. 그러나 항공송장은 해상운송법에서와 달리 화물을 대신하는 것이 아니다. 이는 항공송장이 단지 항공운송자에게 화물이 인도되었다는 사항을 알려주는 운송 계약서에 불과하기 때문이다.[87] 화물의 처분권행사를 가능하게 하는 항공송장은 운송비 청구서(invoice) 또는 세관 신고서로도 이용된다.[88]

화물의 도착 시 운송자는 화물의 수하인(consignee)에게 동 도착 사실을 통보하여야 한다(제13조 2항). 화물의 수하인은 화물이 목적지에 도착할 때 화물 송료 잔액이 있으면 이를 지불한 후 수하인용 송장과 화물의 인도를 요구한다(제13조 1항).

1955년 헤이그 의정서는 비준하지 않은 채 추가 의정서 4만을 비준한 상황인 미국이 헤이그

---

85) Woods, Donegan & Co., Inc. v. Trans World Airlines, 10 Avi. 17,918(N.Y. Sup.Ct. 1968).

86) 헤이그 의정서가 기술하고 있는 3가지는 ① 출발지와 목적지, ② 출발지와 목적지가 한 협약 당사국에 소재할 경우 운송의 국제적 성격을 가져올 합의된 중간 기착지(즉 중간 기착지가 타국에 소재), ③ 송달물품의 무게임.

87) International Encyclopedia of Comparative Law, Vol.XII, Law of Transport 중 Matte 교수가 집필한 Chap. 6 International Air Transport, offprint p.47.

88) Magdélnat, Air Cargo: Regulations and Claims(1983), p.42.

의정서 당사국으로 간주되느냐가 관건인 사건이 발생하였다. 이는 미국이 헤이그 의정서의 당사국일 경우 화물운송의 피해 배상 상한 적용을 받기 위한 전제로서 중간 기착지(agreed stopping place)를 적을 필요가 없기 때문이다. 그런데 몬트리올 추가 의정서 4 제17조 2항은 "헤이그 의정서의 당사국이 아닌 국가가 본 의정서를 비준하는 경우 헤이그 의정서를 비준하는 효과를 갖는다"라고 규정하였지만 사건 발생 시 미국이 헤이그 의정서 당사국이 아닌 것은 분명한 사실이었다. 이에 대하여 미국 법원은 추가 의정서의 규정만으로 미국이 헤이그 의정서의 당사국임에 충분한 근거가 된다고 판결하였다.[89]

2.4. 승객운송사고 시 책임

협약 제17조는 많은 논란과 판례를 가져온 중요한 구절이다. 이 조항은 항공기 사고로 승객이 사상하였을 때 항공운송업자의 배상요건이 되는 3가지 점을 포함하고 있는바, 이는 첫째, 사고(accident)란 무엇인가, 둘째, 피해(damage)는 무엇을 말하는가, 셋째, '항공기의 탑승(embarkation)과 하강(disembarkation)의 과정에서'의 뜻을 어떻게 해석하는가 하는 것이다.

협약 제17조는 다음과 같다.

> 운송자는 항공기상에서 또는 탑승과 하강의 과정에서 발생한 사고가 승객의 사망, 상해 또는 기타 신체 상해를 일으킨 경우에 이로 인한 피해에 대하여 책임을 진다(이상 필자의 번역문).
> The Carrier shall be liable for damage sustained in the event of the death or wounding of a passenger or any other bodily injury suffered by a passenger, if the accident which caused the damage so sustained took place on board the aircraft or in the course of any of the operations of embarking or disembarking(불어로 작성된 바르샤바 협약을 미국 정부가 미국 상원비준을 위하여 작성한 영문 번역문).
> Le transporteur est responsable du dommage survenu en cas de mort, de blessure ou de toute autre lésion corporelle subie par un voyageur lorsque l'accident qui a cuasé le dommage s'est produit à bord de l'aéronef ou au cours de toutes operations d'embarquement et de débarquement(바르샤바 협약 원문. 필자 밑줄).

상기 조항은 사고(accident) 발생을 한 사상 또는 신체 피해(bodily injury) 배상을 규정한 것으로서 사고가 사망이나 신체 피해의 원인이 되어야 하고 항공기 기내 또는 승·하강 중에 발생한 것임을 요건으로 하고 있다. 만약 기내가 아니거나 승·하강시점 이외에서 발생한다면 이는 관련 국내법이나 커먼로에 의거 처리될 사항이다.

---

89) Royal & Sun Alliance Insurance v. American Airlines, Inc., 277 F. Supp. 2d 265(S.D.N.Y. 2003). 미국은 1999년 몬트리올 협약을 비준한 지 열흘 후인 2003년에 헤이그 의정서도 뒤늦게 비준하여 당사국이 되었음.

2.4.1. 사고의 요건

미국 법원은 몬트리올 협정과 연결하여 바르샤바 협약을 적용하면서 사고의 요건에 관하여 수차 언급하였다. 몬트리올 협정이 운송자의 배상금 한도액을 7만 5,000불로 인상하였으므로 협약이 규정한 약 8,300불과 큰 차이가 있는 배상금이지만 협약 제17조의 규정은 변함이 없이 적용되고 있다. 다시 언급하면 몬트리올 협정은 운송자의 절대책임(strict or absolute liability)을 적용하여 협약 제20조 (1)항의 운송자 면책규정을 배제하였다. 또한 과테말라시티 의정서는 승객의 자체 건강 문제로 야기된 사고에 대하여서는 운송자의 책임이 없다고 하였지만 역시 절대책임제도를 채택하면서 어느 경우에도 유한책임이 파기될 수 없도록 하였다. 미국 법원은 Husserl v. Swiss Air Transport[90])에서 비행기 납치(hijacking)나 공항에서의 테러가 사고에 해당한다고 언급하였다. 이러한 입장은 몬트리올 협정에서 7만 5,000불을 상한으로 운송자의 책임을 한정한 것이 미국의 욕심만큼 배상금액을 못 올렸지만 어떠한 경우의 사고도 배상요건으로서의 사고로 봄으로써 승객에게 혜택을 준다는 배경에서 나온 것으로 본다. Husserl 케이스는 뒤이은 미국 법원의 판결[91])에도 적용되었다.

과거 미국 법원이 승객을 보호하여 주어야 하는 피해자로 본 인식은 적용되지 않아 보인다. 기존 판례와 협약의 상식적인 해석에 근거하면서 내린 2007년 최근 판례인 Wipranik v. Air Canada[92])에서 미국 법원은 뜨거운 차가 다른 승객의 잘못으로 피고 승객의 무릎 위에 쏟아져 2~3도 화상을 당한 것과 관련한 배상 소송에서 바르샤바 협약 제17조상 사고가 아니라는 항공사의 주장을 배격한 채 사고라고 정의하면서 항공사 배상 판결을 하였다. 또 2007년 Watts v. American Airlines, Inc.[93])에서 심장 발작(heart attack)을 일으킨 승객을 제대로 처치하지 못한 결과 사망한 사건에서 항공사가 의료 긴급 상황 시 따라야 하는 수칙을 준수하지 못한 결과 상황이 악화되어 사망에 이르렀다고 보면서 사고라는 결론하에 항공사의 배상책임 판결을 하였다.

한편 프랑스에서는 미국에서와 같이 항공운송자에 대한 절대책임을 요구하지 않고 협약 자체만을 해석하여 사안에 따라서는 협약 제20조 (1)항에 따른 운송자의 면책도 적용하였다. 이는 몬트리올 협정이 미국을 운항하는 항공기만 적용되는 관계로 미국에 운항하지 않는 국제운송 항공기 사고관련 재판 시 프랑스 법원이 협약만을 적용하기 때문이다.

다른 한편 프랑스 법원은 외국 군용비행기가 민항기를 격추한 것을 협약상의 사고라고 해석

---

90) 388 F. Supp. 1238(S.D.N.Y. 1975).

91) Krystal v. British Overseas Airways Corp., 14 Avi. 17,128(C.D. Cal. 1975); Karfunkel v. Air France, 427 F. Supp. 971, 14 Avi. 17,674(S.D.N.Y. 1977) 등.

92) 2007 WL 2441066(C.D. Cal. 15 May 2007).

93) 2007 WL 3019344(S.D. Ind. 10 Oct. 2007).

하였다.[94]

2.4.2. 배상을 요하는 신체 피해

협약의 제17조 중 배상을 요하는 bodily injury는 불어원문에 있는 lésion corporelle을 영문 번역한 것이다.

프랑스에서는 신체에 대한 피해를 표현하는 dommage corporel(bodily damage)이 정신적 피해를 포함한 모든 종류의 피해를 포함하는 개념으로 사용하고 있다. 따라서 동 피해가 사고로 인한 것이라는 것이 증명만 되면 배상을 받을 수 있다.

그러나 커먼로 제도에 있어서는 신체 피해를 말할 때 정신적 피해를 포함한다는 확실한 개념이 없는 가운데 배상 재판 시마다 재판지의 법(lex fori)이나 사고 또는 범죄가 발생한 장소의 법(lex loci delicti)을 적용하여 배상을 받을 수 있는 상해의 범위를 정하는 입장을 취하였다. 이러한 입장을 견지하던 미국 법원은 Burnett v. TWA[95]에서 신체 상해에 관한 프랑스의 법 개념을 적용하여 신체 상해(bodily injury)로부터 오는 정신적 고통(mental anguish)도 배상을 요한다고 판결하였다.[96] 뒤이어 있는 Husserl v. Swiss Air Transport[97]에서 미국 법원은 한 걸음 더 나아가 정신적 피해만으로도 배상이 가능하다고 판시하면서 협약상의 bodily injury를 광의로 해석하였다. 한편 Krystal v. BOAC[98]에서 미국 법원은 정신적 또는 육체적 상해를 모두 포함하고 있는 과테말라시티 의정서상의 personal injury를 적용하여 아무 어려움 없이 정신적 상해에 대한 배상을 결정하였다.

미국 법원은 또 Palagonia v. TWA[99]에서 불어로 작성된 바르샤바 협약의 용어 해석에 있어서 프랑스의 법 개념을 구속력 있는 법 개념으로 보아야 한다고 하면서 lésion corporelle을 personal injury로 해석하였다.

위와는 달리 미국 대법원은 Zicherman v. Korean Air Lines[100]에서 1983.9.1. KAL 007기 사건 시 사망한 자의 유가족이 KAL을 대상으로 죽음 때문에 사망인이 가족생활 등 동반의 즐거움을 상실

---

94) Korean Air Lines v. Entiope(1981) RFDA 225(C.A. Paris, 8 Jul. 1980); Maydeck v. El Al.(1964) 27 RGAE 119, note G.Cas. (1964) 18 RFDA 232(C.A. Paris, 22 Mar.1965).

95) 368 F. Supp. 1155; 12 Avi. 18,405(D.C.N.M. 1973). 1970.9.6. 아테네에서 뉴욕으로의 비행 중 요르단 암만의 교외로 항공기가 납치된 사건과 관련된 재판.

96) 비슷한 내용의 판례로 Rosman v. TWA, 34 NY 2d 385(1974). 1970.9.6. 이스라엘 텔아비브에서 뉴욕으로 비행 중 요르단 암만 근처 사막으로 납치된 것에 연유한 사건.

97) 388 F. Supp. 1238(S.D.N.Y. 1975). 1970.9.6. 취리히발 뉴욕 행 Swiss Air가 요르단 암만으로 납치된 것에 연유한 사건.

98) 전게 주 113) 참조.

99) [1979]US Av.Rep. 1285(N.Y. Sup.Ct., Country of Westchester, 1978).

100) 116 S. Ct. 629(US Supreme Ct., Jan. 16, 1996).

(loss-of-society)한 데 대한 피해를 배상하라는 청구건에 있어서 다음과 같은 입장을 취하였다.

첫째, 바르샤바 협약 제17조상 피해(damage)는 프랑스 원어인 dommage를 확실한 법적 의미, 즉 '법적으로 인지할 수 있는 손상'(legally cognizable harm)에 국한하여 해석하여야 한다면서, 바르샤바 협약이 채택되었을 1929년 당시의 프랑스법상 dommage가 물질적 손해뿐만 아니라 정신적 손해, 즉 loss-of-society를 포함한 비금전적 손해까지도 포함하였으며 이는 또 사전의 의미이기도 하기 때문에 이를 따라야 한다는 원고의 주장을 배척하였다.

둘째, 협약 제17조의 어떠한 손상이 법적으로 인지할 수 있느냐 하는 것은 소가 제기된 법원, 즉 여기서는 미국 법원의 판단사항으로 위임한 것으로 해석하였다.

셋째, 따라서 미국 법원의 경우 '공해상 사망법'[101]이 관련 적용법으로서 동법 제762항에 따라 금전적 손실(pecuniary loss)만이 배상 가능하지 loss-of-society의 배상은 불가능하다고 판결하였다.

미국 법원이 최근까지는 배상의 대상인 신체의 피해를 확대 해석함으로써 프랑스 법원과 같은 판결 결과를 가져오게 된 것은 낮은 배상금에 대한 미국 여론의 불만이 배후에 깔려 있었기 때문이다. 미국 법원에서 신체 피해를 확대 해석한 판례 경향은 1991년 미 대법원의 Eastern Airlines v. Floyd 판결[102]을 분수령으로 축소 해석하고 있다.

Floyd 판결 이전에는 정신적 피해를 제17조상 피해에 포함시키는 경향이 있었는데, 법원에 따라 신체 피해가 있는 결과 정신적 피해발생을 요하든지 또는 이에 관련 없이 정신적 피해만의 배상요건으로 간주한 경우가 있다.[103] 그러나 Air France v. Teichner 사건[104]에서 1984년 이스라엘 대법원은 신체적 피해를 동반하지 않은 정신적 피해가 제17조상의 신체적 피해에 해당한다는 너무 치우친 판결을 하여 주목을 받았다.

Floyd 판결에서 미 대법원은 제17조가 순전히 정신적 피해의 배상을 허용하지 않는다면서 다음과 같이 언급하였다.

---

101) Death on the High Seas Act, Ch. Ⅲ, 41 Stat. 537(1920)(codified at 46 U.S.C. app. sections 761-767(1994)).

102) 111 S. Ct. 1489(1991), 1983.5.5. 발생한 사건으로서 마이애미를 출발하여 바하마로 비행하던 항공기가 차례로 3개의 엔진이 모두 작동이 되지 않아 대서양에 추락할 뻔했다가 극적으로 엔진이 가동되어 마이애미에 무사 귀환한 결과 승객들이 조종사를 구세주라고 칭찬하였음. 연후 일부 승객이 추락할 당시의 정신적 피해를 배상하라고 소송을 제기하였음.

103) 1973년 뉴멕시코 연방 지방법원은 앞서 본 Burnett v. TWA(368 F. Supp. 1152) 사건, 즉 Burnett가 아테네에서 프랑크푸르트 경유 뉴욕비행을 하는 TWA-741편으로 여행 중 프랑크푸르트 경유지 출발 후 팔레스타인 해방전선(PFLP)에 의해 요르단 암만의 사막으로 납치되어 6일간 억류되면서 발이 붓고 발목 물집이 생기고 고온과 음식부족에서 오는 신체적 고통으로 정신적 고통을 받은 것을 배상대상으로 판결하였음. 1974년 뉴욕 법원은 Rosman v. TWA(314 N.E. 2nd 848) 사건 판결에서 제17조 상의 신체 피해가 사고와의 인과관계가 있어야 하며 항공기 납치로 인해 정신적 상해가 신체적으로 표출되었다면 이러한 인과관계가 충족된다고 언급하였음. 1975년 뉴욕 남부지방 연방법원의 Husserl v. Swiss Air Transport Co.(388 F. Supp. 1238) 사건 판결에서는 정신적 고통이 신체적으로 발현되는 피해를 포함한 정신적 피해는 제17조상 신체적 피해에 해당된다고 언급하였음.

104) 39 Revue Francaise de Droit Aérien 232.

'lésion corporelle'의 좁은 의미는 협약 체약 당사국들의 주된 목적과 일치하는바, 이는 항공운송인의 책임을 제한하기 위한 것이다. (중략) 제17조의 언어, 교섭 역사, 추후 이를 해석하는 입법 등 그 어느 것도 그러한 의도(순전히 정신적 피해 배상을 허용)를 명확히 증거하지 않는다. 우리는 승객이 정신적 피해를 배상받을 수 있는지에 관하여서는 의견을 표명하지 않는다.

Floyd 판결 이후 신체적 피해가 수반되지 않은 정신적 피해는 배상하지 않은 판례가 다수를 이루고 있는바, 1992년 뉴욕 남부지역 연방법원의 Adler v. Malev Hungarian Airlines[105] 사건이 그 예이다.

과테말라시티 의정서는 협약의 제17조를 개정하여 승객의 사상을 표기하는 데에 있어서 bodily injury라는 표현 대신 몬트리올 협정에서와 같이 death or personal injury라는 영문 표현을 사용하였다. 한편 동 의정서는 승객 자신의 건강문제로 발생한 사상에 대해서는 운송자가 면책받도록 하였다. 과테말라시티 의정서는 아직 발효하지 않았음에도 불구하고 승객 사상에 관한 동 의정서의 규정은 다수 원용되었다.[106]

2.4.3. 사고와 원인관계(causation)

사고(accident)의 정의에 관련한 미국 법원의 판결이 100개 이상 있을 정도로 논란이 되고 법원마다 해석을 달리할 수 있는 용어이다. 이러한 혼선은 1985년 미국 대법원이 Air France v. Saks[107] 사건에서 판결하면서 사고를 정의한 후 많은 정리가 된 셈이다.

Saks 사건은 에어프랑스 탑승객이 LA공항에서 정상 착륙하면서 정상적인 공기 압력 해제(depressurization) 중 한 승객의 한쪽 귀가 멀게 되어 제기된 항공사 상대 배상 청구 사건이다. 1980.11.16. 프랑스 파리발 뉴욕행 에어프랑스로 12시간 비행을 한 후 공항 착륙할 때부터 왼쪽 귀에 통증을 느끼기 시작한 승객 Valerie Saks는 도착 후 에어프랑스 승무원이나 직원에게 자신의 고통을 이야기하지 않고 공항을 출발하였다. 그러나 5일 후 의사를 만나 진료를 받은 결과 왼쪽 귀가 영구히 듣지 않는 귀머거리가 됐다는 것을 발견하고 에어프랑스를 상대로 항공기 공기압(pressurization) 체제의 유지와 운영에 과실(negligence)이 있음을 이유로 제소하였다. Saks 판결 이전인 1978년 미국 제3고법의 Desmarines v. KLM Royal Dutch Airlines[108] 사건 판결에서

---

105) 1992 WL 15144. 동 사건에서 법원은 중요한 정신적 피해에 대한 배상을 배제하면서 국제항공여행 사고에서 일어나는 순전히 정신적인 피해를 배상하도록 주(state) 법을 허용하는 것은 협약에 배치된다고 판결하였음.

106) Warshaw v. TWA, 14 Avi. 18,297(D.C. Penns. 1977)은 과테말라시티 의정서가 개정한 협약 제17조 1항을 원용하여 승객 사상이 승객 자신의 건강문제로 발생한 것일 때에는 운송자의 책임이 없다고 하였음. 동 제17조 2항에 규정한 짐의 자체 품질 문제에서 오는 피해에 대하여 운송업자가 책임을 질 수 없다고 한 판례로는 Air France v. Saks, 18 Avi. 18,064(3rd Cir. 1984)가 있음.

107) 470 US 392(1985).

108) 580 F 2d 1193.

사고는 사물의 정상적 과정에 따라서가 아니고 예상외로 발생하는 물리적 상황으로서 사건(event)이다. 만약 항공기상의 사건이 일상적이고, 기대되는 바이며, 흔히 발생(occurrence)하는 것이라면 그것은 사고(accident)로 불릴 수 없다. 사고가 되는 것은 발생이 비일상적이며 기대 밖의 사건으로서 미리 예측할 수 없이 일어나는 것이다

라고 사고를 정의[109]하여 연후 많은 법원이 이에 의존하였다.

Saks 판결 시 Sandra O'Connor 판사는 사고의 요건을 다음과 같이 정의하였다.

- 바르샤바 협약 제17조의 사고는 승객의 피해와 관련한 모든 상황을 평가한 후 융통성 있게 해석.
- 승객의 피해를 유발한(caused) 'event or happening'은 'unexpected or unusual'이어야.
- event는 정상적인 비행운행에 의한 승객의 내적 반응(internal reaction)에 관련치 않고 승객 외적인 것(external to the passenger)이어야.
- 증거가 상충할 경우 사실을 분석하여 상기와 같은 내용의 사고가 발생하였는지를 조사.

상기 정의 내용 중 unexpected or unusual은 이미 언급한 Desmarines, 그리고 Warshaw v. TWA[110] 사건 판결에서 언급이 되었던 내용이나 external to the passenger이라는 새 개념은 2003년 미 대법원의 Olympic Airways v. Husain[111] 사건과 2003년 영국 고법의 Deep Vein Thrombosis(DVT) and Air Travel Group Litigation[112] 사건에서 원용되었다.

한편 기내에서 승객 간 성추행한 사건이 발생한 것을 다룬 Wallace v. Korean Air Lines[113]에서 미 제2고법은 2000년 동 사건을 사고로 판결하며 항공운송사의 책임을 무모하게 확대하였다. 한편 유사한 사건, 즉 야간 비행 시 16세 소녀를 성추행한 사건을 다룬 영국 대법원은 2002년 판결[114]에서 시카고 협약 제17조상 신체 피해가 아니라는 이유로 원고 패소 판결을 하였다.

---

109) 사고와 사건의 용어 차이에 관해서는 박원화, "Use of Terms 'Accident' and 'Incident' in Air Law", Annals of Air and Space Law, Vol. XV (1990), McGill University, Montreal, Canada 참조.

110) 1977년 펜실베이니아 동부지역 연방법원 판결사건. 442 F. Supp. 400.

111) 541 U.S. 1007, 124 S. Ct. 1221(2004). 천식환자가 탑승 중 금연 구역에서 멀리 떨어진 좌석으로 옮겨 줄 것을 수차례 요구하였지만 거절된 후 사망한 사건에서 법원은 승무원의 거절사실이 사고라고 판결하였음.

112) [2006] 1 All E.R. 786. 호주의 법원에서도 제소된 사건인바, 장기 탑승하면서 가만히 앉아 있을 경우 DVT(다리에 혈전 생성)가 발생하여 건강을 위해하는 경우가 발생하는바, 항공사가 이러한 사실을 경고하지 않았다는 부작위(inaction)를 이유로 승객이 소를 제기하였으나 패소. 이때의 부작위는 사고가 아니기 때문임.

113) 214 F. 3rd 293. 1심과 다른 결과가 나온 동 판결에 대하여 대한항공은 미국 대법원에 상소하는 것을 자제한 채 장외(out of court) 해결하였음. 이는 1987.8.17. 서울발 로스앤젤레스행 항공기에서 한국인 남자 승객이 옆 좌석 여자승객 Wallace를 성추행한 사건과 관련된 소송임.

114) Morris v. KLM, [2002] Lloyd's Law Reports, Vol.1, 745 이하. 사건 내용은 Morris라는 소녀가 1998년 말레이시아 쿠알라룸푸르에서 암스테르담으로 비행하던 KLM 항공기에서 두 남자 옆에 앉아 잠을 자던 중 옆의 남자가 허벅지 부근을 손으로 애무하는 것을 발견하여 승무원에게 신고하고 제소한 사건임.

Scala v. American Airlines, Inc.,[115)]에서 승객이 요청한 음료를 승무원이 잘못하여 알코올이 들어간 음료수로 갖다 주어 이미 심장 질환을 가지고 있던 승객이 심장에 물리적인 손상을 입었다면서 제기한 소송에서 미국 법원은 요청하지 않은 알코올을 갖다 준 것은 "승객의 외부적인 것으로서 예상 밖이며 비일상적인 사건"으로서 사고라고 판결하였다.

호흡 장애를 가지고 있는 승객이 탑승 시 동 승객의 딸이 체크인 하면서 사정을 설명하는 가운데 호흡 장비와 약을 휴대 지참할 수 있도록 요청하였으나 거절당하여 위탁 수하물로 인도하였으나 목적지 도착 후 이틀 동안 행방불명된 Prescod v. American airlines[116)] 사건에서 미국 법원은 unusual or unexpected한 사고라고 정의하면서 항공사 배상 판결을 내렸다.

2.4.4. 항공기 선상, 탑승 또는 하강 과정에서 발생하는 사고

협약 제17조는 사고가 항공승객의 여행과정에서 발생하여야 함을 규정하였다. 항공기 내에 승객이 머무르고 있을 경우의 사고는 명백히 항공승객의 여행 중에 들어가는 것이겠으나 항공기 탑승과 하강 과정에서 발생하는 사고는 분명치 않다.

미국과 프랑스 법원은 협약상 사고의 범주에 포함되는 승객의 여행시점을 탑승과 하강 순간으로만 한정하여 보지 않고 확대 해석하고 있다.[117)] 이 점에 관하여 미국 법원은 Day v. TWA[118)] 판결 이래 다음 4가지 요소를 감안하여 승객의 탑승과 하강의 과정에서 협약상의 사고가 발생하였는지를 결정하는 경향이다.

① 활동내용: 사고 시 승객이 어떠한 활동을 하고 있었는가.
② 통제: 사고 시 누구(예: 항공사)의 통제하에 있었는가.
③ 장소: 사고 시 승객에 대한 상해가 어디에서 발생하였는가.
④ 시간: 사고 시 탑승이 임박하였는지.

미국 법원은 MacDonald v. Air Canada[119)]에서 하강하는 승객이 항공기에서 내려 터미널 내의

---

115) 249 F. Supp. 2d 176, 177(D. Conn. 2003).

116) 381 F. 3d 861, 863(9th Cir. 2004).

117) 미국의 Bergsman v. El Al Isreal Airlines, 10 Avi. 17,346(N.Y. Sup.Ct. 1967)과 프랑스의 Maché v. Air France, (1961) 24 R.G.A. 292, note P. de La Pradelle(T.G.I. Seine,2 Jun. 1961), aff'd, (1963) 26 R.G.A. 275(C.A. Paris, 18 Jun. 1963), cassation, (1966) 29 RGAE 32, note E. du Pontavice(Cass. Civ. Ire, 18 Jan. 1966), on remand, (1967) 30 RGAE 289, D.S. 1968. J. 515, note P. Chauveau(C.A. Rouen, 12 Apr. 1967), aff'd, (1970) 33 RGAE 300, note G. Cas, D.S. 1971. J. 373, note P. Chauveau(Cass. civ. Ire,3 Jun. 1970) 등이 있음.

118) 1975년 미 제2고법판결, 13 Avi. 17,647(S.D.N.Y. 1975), aff'd, 13 Avi. 18,144(2nd Cir. 1975), cert. den'd, 45 USLW 3280(U.S.S.C. Ct. 1976); 528 F. 2d 31.

119) 11 Avi. 18,029(1st Cir. 1971).

안전한 곳에 이르면 협약 제17조상 '하강의 과정'이 끝난 것으로 보았으나 승객의 탑승 경우에는 사고장소만을 고려하지 않고 4가지 요소를 다 감안하는 입장을 취하였다. 따라서 Day와 Evangelinos v. TWA[120]에서 미국 법원은 4가지 요소가 모두 탑승과정에 해당한다고 해석하면서 바르샤바 협약 제17조상 사고로 간주하였다.

Day와 Evangelinos 케이스는 그리스 아테네 공항 라운지에서 승객이 줄을 서서 미국행 TWA 탑승수속 중에 있던 중 테러리스트의 공격을 받아 사상이 발생한 것이었는바, 이때 승객들은 이미 항공권을 제출한 후, 즉 체크인을 한 후 탑승 직전 보안 검색을 받으면서 항공사의 통제를 받고 있었다.

그러나 탑승을 위하여 체크인이 끝났을지라도 승객이 홀로 자유로이 공항 터미널을 배회하다가 발생한 사고는 협약 제17조상의 사고에서 제외되었다.[121] 또한 상기 4개 요소를 충족하지 못한 Buonocore v. TWA[122]에서는 바르샤바 협약 제17조의 적용이 배제되었다. 반면 하강승객이 항공기에서 내린 다음 버스를 타고 터미널로 운송되던 중 버스에서 추락한 경우의 사고는 하강 중의 사고로 간주되었다.[123]

최근 미국 판례를 보건대 Dick v. American Airlines, Inc.[124]에서 법원은 승객의 주장대로 사고가 탑승의 과정 중에 발생한 것이 아닌 것으로 보아 원고가 주장한 대로 2년 제소 기한도 무시하면서 국내법의 적용대상으로 판결하였다. 내용은 승객이 Trinidad에서 Miami를 거쳐 캐나다로 여행하던 중 마이아미 공항에서 휠체어에 앉아 탑승 게이트 사이에 있는 에스컬레이터를 타고 가다가 넘어져 상해를 입은 것을 가지고 항공사와 휠체어 서비스 제공회사(Worldwide Flight Services Inc.)를 대상으로 주 법(state law)에 따른 과실책임 배상을 청구한 것이다. 피고는 동 사건이 바르샤바 협약에 의하여서 처리되어야 하는데 동 협약 제29조의 2년의 제소 기한이 넘은 관계상 배상 불가라는 입장이었지만 법원은 McCarthy v. Northwest Airlines, Inc.[125]에서 언급한 "① 상해 시 승객의 활동, ② 상해 시 승객의 위치, ③ 항공사의 통제 정도"라는 3개의 요건을 검토하면서 사고의 발생이 탑승에 임박한 가운데 탑승을 위한 활동으로 인한 것이었어야 하나 승객이 체크인 한 후 탑승을 위하여 공항내 공동구역(common area)에서 이동하는 가운데 에스컬레이터에서 넘어져 다친 관계상 탑승 또는 하강 중의 사고로 볼 수 없기 때문에 협약 적용을 받지 않는다고

---

120) 14 Avi. 17,101(3yd Cir. 1976), on rehearing, 14 Avi. 17,612(3rd Cir. 1977).

121) Upton v. Iran National Airlines Corp, 15 Avi. 17,101, 450 F. Supp. 177(S.D.N.Y, 1978) aff'd, 603 F. 2d 215.

122) 1990년 미 제2고법 판결. 900 F. 2d 8.

123) Ricotta v. Iberia, 15 Avi. 17,829; 482 F. Supp. 497(E.D.N.Y. 1979). 단, 2년 이내의 제소 기한 요건을 충족하지 못하여 원고가 패소하였음. 동 건 항소결과 미 제2고법에서 1심 판결을 확정. 633 F. 2d 206(C.A. 2 1980).

124) 476 F. Supp. 2d 61(D. Mass. 2007).

125) McCarthy v. Nw. Airlines, Inc., 56 F. 3d 313(1st Cir. 1995).

판결하였다. 이는 승객이 자신의 여권과 탑승권을 항공사 직원이 소지한 채 탑승 항공기로 안내하는 가운데 발생한 1990년 동경공항에서의 사고와 관련된 판결로서 법원은 사고발생 장소가 해당 항공기 탑승객만을 위한 장소가 아닌 common area였음을 주요 이유로 적시하였다.

미국 법원은 협약을 해석 적용하면서 몬트리올 협정상 절대책임 체제를 반영하기 때문에 웬만한 경우에도 항공사 측이 사고를 사전에 방지하지 못한 책임을 추궁하여 협정상의 7만 5,000불 배상금을 적용하지만 프랑스 법원은 몬트리올 협정의 적용을 받지 않기 때문에 양국 법원의 판결 내용에 차이가 있다.[126] 이 점은 미국 법원이 비용 분담의 원칙상 재정적으로 능력이 있는 항공사가 사고의 사전 예방 조치로 금전 부담을 하여야 한다는 근대법 이론을 적용하는 입장을 취하는 것과는 별개의 문제이다.

Miller가 지적[127]한 바와 같이 만약 협약 기초자들이 추후 항공운송자의 절대책임제를 내용으로 한 몬트리올 협정의 테두리 내에서 동 협약이 해석될 것을 미리 알았더라면 현재와 같은 내용의 협약 제17조를 작성하지 않았을 것인바, 미국 법원에서는 몬트리올 협정이라는 프리즘에 의하여 바르샤바 협약을 굴절하여 해석하고 있는 셈이다.

2.5. 피해 신고 기한

위탁 수하물이나 화물을 돌려받을 때 물품이 완전 분실(total loss)되었다든지 또는 파괴되었다면 이는 협약 제26조가 규정한 기간 이내에 신고(notice of complaint)를 하지 않아도 된다. 이는 제26조가 물품에 대한 피해(damage)가 있을 때만을 규정하였기 때문이다. 그러면 짐(baggage)이 부분적으로 분실(partial loss)되었을 경우 이를 제26조 (2)항이 말하는 피해(damage)로 보아 정하여진 시일(3일) 이내에 신고를 하여야 배상을 받을 수 있는지, 즉 부분적 분실도 손실에 해당하기 때문에 제26조의 신고 시한 적용을 받는지에 관하여 한때 논란이 많았다.

동 문제는 1980년 영국대법원(House of Lords)에서의 Fothergill v. Monach Airlines Ltd[128]의 판결에서 부분적 분실도 피해에 해당하기 때문에 협약 제26조상의 시한 이내에 신고를 하지 않을 경우 배상을 받지 못하는 것으로 결정되었다. Fothergill 케이스는 1975년 일어난 일로서 Fothergill이라는 승객이 항공기로 도착한 후 위탁 수하물인 짐 가방을 찾았을 때 가방의 일부분이 손상돼 있음을 발견하고 그 자리에서 이를 신고한 후 집으로 돌아가서 가방을 열어 본 결과 내용물 중

---

126) 몬트리올 협정은 미국인의 기준으로 볼 때 저렴한 1인 승객당 사상배상금 7만 5,000불을 항공사에게 부담시키는 반면 항공사가 모든 사고에 대하여 면책 주장을 하지 않고 책임을 지는 체제를 갖고 있음. 그러나 wilful misconduct의 경우 항공운송자의 7만 5,000불 유한책임은 파기됨.

127) Miller의 저서 p.142.

128) [1980] 2 All ER 696, HL.

일부가 분실된 것을 발견하였다. 동 승객은 이에 관하여 자신의 보험회사에 통보하였으며 보험회사는 약 4주 후에야 해당 항공사에 통보한 것이다. 동 4주의 기간은 영국이 당사국인 헤이그 의정서에 의하여 개정된 협약 제26조가 규정한 1주일의 신고기간을 훨씬 초과하는 것이기 때문에 부분적 분실을 어떻게 해석하느냐에 따라서 승객이 배상을 받을 수 있는지가 결정되는 것으로서 당시 항공법 학계에서 매우 관심 있게 지켜본 케이스였다. 동 케이스는 1978년 제1심 (Queen's Bench)에서 원고 승소 판결, 즉 부분적 분실은 협약 제26조 (2)항이 말하는 피해(damage)에 해당하지 않는다는 해석을 하면서 피고인 항공사가 원고에게 28.5파운드(가방 내용물의 부분 손실 배상용 16.5파운드 포함)를 배상하라는 판결을 하였으며 1979년 이에 대한 항소심에서 고등법원(Court of Appeal)이 제1심 판결을 확정하였으나 대법원이 이를 번복하면서 부분적 손실도 피해에 해당한다는 최종판결을 내린 것이다. Wilberforce 경을 포함한 영국 대법관들은 미미한 배상금액이지만 항공운송업계에서 언젠가는 정리되어야 할 협약의 중요 개념 해석에 관한 기념비적 판결을 함에 있어서 협약 제정 역사, 불어 원문의 의미, 중요 국가 법원의 판결과 저명학자의 학설 등을 광범위하고 심층 연구한 결과를 40페이지에 달하는 방대한 내용으로 정리하여 학계와 판례에 큰 기여를 하였다.

또 짐이나 화물의 피해 시 피해액 등을 명시한 가운데 정확한 서면 신고를 하여야 한다.[129]

이상과 같은 부분적 손실도 있지만 하나의 짐표(baggage check) 또는 항공송장이 여러 개의 포장물을 커버할 때 한 개의 포장물이 분실되는 경우의 부분적 분실도 있다. 이 경우 영국은 1979.4.4. 이후 피해(damage)로 해석하는 국내법[130]을 적용시키고 있으나 미국과 독일에서는 바르샤바 협약 제26조 (3)항의 시한 이내에 서면에 의한 배상 청구가 없을 경우 분실(loss)로 간주하는 판례가 있다.[131]

화물이 손상되거나 지연된 것이 아니고 파괴된 경우에는 피해와 지연에 관련하여 적용되는 바에 따라 기한 내 서면 신고를 할 필요가 없다.[132]

2.6. 짐과 화물의 운송 시 책임

위탁 수하물의 손실 및 지연은 kg당 무게에 따라 배상(kg당 250프랑)되지만 휴대 수하물은 승객 1인당 일정액(5,000프랑)을 배상한다(1.5항 도표 1 참조). 따라서 승객의 짐을 위탁 수하물

---

129) 독일 뮌헨 고등법원의 판결, P. Ehlers, Precision Pays, XXXII/6 Air and Space Law 467-468(2007).

130) The Carriage by Air and Road Act 1979로 개정된 Carriage by Air Act 1961의 S4A.

131) Shawcross, VII(833) 참조.

132) Dalton v. Delta Airlines, US Dist. Court, SD Florida, 24 Oct. 1974.

(registered baggage. 과테말라시티 의정서는 checked baggage로 표기)로 분류할 것 인가 또는 휴대 수하물로 분류할 것인가에 따라서 항공운송업자의 배상기준이 달라진다.

승객이 체크인(check-in)할 때 항공사 측에 맡기는 짐이 위탁 수하물임에 이론이 없으나, 승객이 탑승을 하면서 지참하는 휴대 수하물을 안전상 또는 승객 편의를 위하여 항공사 측 직원이 기내에 별도로 보관하여 줄 경우 이 짐을 위탁 수하물로 간주되느냐에 대해서는 각국의 판례가 상이하다.[133] 비교적 최근 판례인 1982년 미국 뉴욕 남부지역 연방법원은 Hexter v. Air France 사건[134]에서 위탁 수하물로 간주하는 판결을 하였다.

한편 짐과 화물의 운송 시 파괴, 분실, 피해가 발생하는 시점을 어떻게 보느냐는 법원마다 다소 상이하나 운송인의 책임하에 있는 기간으로 해석한다. 이때 loading, delivery, trans-shipment를 요하는 항공운송은 물건의 소재지가 공항 내외의 장소를 불문하고 항공운송 시의 시간적 범위로 정의한다.

2.7. 지연 시 책임

협약 제19조는 승객, 짐 또는 화물의 항공운송 시 지연(delay)으로 야기된 피해에 대하여 항공운송업자가 책임을 지도록 규정하였다. 그러나 바르샤바 협약이나 이를 현대화한 1999년 몬트리올 협약 모두 지연이 무엇인가에 대해서는 언급하지 않고 있다. 따라서 이는 사건이 제기된 법원의 국내법에 의존할 수밖에 없다. 단, 몬트리올 협약의 기여가 있다면 동 협약 역시 제19조에서 지연이 도착지에서 확인되도록 규정한 것이다.

IATA의 계약조건(Conditions of Contract)상 승객표에 언급될 수 있는 내용은 다음과 같다.

Carrier undertakes its best efforts to carry the passenger and his baggage with reasonable dispatch and to adhere to published schedules in effect on the date of travel[135]

지연에 관한 협약의 조항을 재판지 법(lex fori)으로 해석하는 데에 있어 프랑스 법원은 약간의 지연(slight delay)은 문제 삼지 않는 입장을 취하고 커먼로 법원은 합당한 지연(reasonable delay)을

---

133) 동 판례는 Shawcross, VII(802) 참조.

134) Hexter v. Air France, 563 F. Supp. 932(S.D.N.Y. 1982). 파리를 출발하여 뉴욕으로 가는 항공기를 탑승한 Hexter 노인 부부는 지참하고 간 휴대 수하물을 승무원의 배려로 기내에 보관하였는바, 목적지 뉴욕의 호텔에 도착하여 짐을 열어 본 결과 귀중품이 분실된 것을 발견하고 에어프랑스를 상대로 배상 청구를 하였음. 법원은 휴대 수하물을 승무원이 기내에서 위탁 보관할 때 짐표를 주지 않았다는 이유로 운송인의 무제한 배상 판결을 하였음.

135) http://www.transportrecht.de/transportrecht_content/1145517747.pdf 참조.

인정하는 입장이다. 프랑스 법원은 프랑스 민법 제1156조를 원용하여 운송약관(conditions of carriage)을 문맥 그대로 해석하기보다는 당사자가 어떠한 것을 기대하고 있었는가를 파악하여 지연 여부를 판단하는 입장이다. 짐 또는 화물을 항공으로 부치는 사람이 기대하는 것은 신속한 운송인바 이를 도외시한 운송약관은 협약 제23조, 즉 항공운송자의 책임을 면하기 위한 불법적인 것으로서 무효라는 것이 프랑스 법 논리의 저변에 깔려 있다.[136)

지연은 운송의 불이행(non-performance of carriage)과 구분되어야 한다. 운송의 불이행은 오버부킹(over-booking)과 관련되어 탑승을 하지 못하게 되는 경우를 포함하는바, 이 경우 바르샤바협약이 적용되지 않고 국내법이 적용된다. 이에 관하여서는 항을 바꾸어 설명한다.

커먼로 국가에서는 지연에 관한 판례가 많지 않다. 재미있는 한 판례로서 가이아나에 거주하는 Bart라는 사람이 영국의 한 회사가 내건 축구 시합 승부 예측 복권에 당첨되는 내용의 문서를 항공편으로 영국에 송부하였으나 동 문서가 늦게 도착하는 바람에 2만 파운드의 상금을 놓쳐 제기된 Bart v. British West Indian Airways, Ltd.[137)가 있다. 가이아나 고등법원은 동 건 심리 시 운송약관상 항공 송달품을 어느 특정한 날짜에 도착하여 줄 의무가 없다는 항공사의 주장을 일축하면서 항공사가 원하는 대로 화물을 운송할 수는 없으며 항공사는 각 경우의 모든 상황에 비추어 합리적인 시간 이내로 운송을 하여야 한다고 판시하였다.

협약은 지연에 관하여 또 한 가지 불충분한 점을 내포하고 있다. 이는 협약 제26조가 짐과 화물의 손상 또는 지연 시 동 사실을 문서로 통보하여야 할 기간을 명시하고 있는데 지연의 경우 물품이 화주의 처분에 들어온 지 14일 이내(헤이그 의정서는 21일 이내)에 제기하도록만 규정하고 있다. 그런데 추심할 물건이 언제 주인의 처분에 들어오는지 모르는 상황에서 물건의 도착만 기다리고 있는 경우에 적용할 법규가 없는 결과가 나온다. IATA는 항공화물의 경우 화물의 인도가 되고 있지 않은 상황에 해당할 때 이를 항공송장 발급일로부터 120일 이내에 문서로서 항공사 측에 통보하도록 정하고 이러한 내용을 항공송장의 뒷면에 기재된 운송약관의 제12조 (a)(iv)로 통일하였다.[138) 그러나 IATA의 운송약관도 위탁 수하물이 제때 도착하지 않을 경우 언제까지를 분실 또는 지연으로 보느냐에 관하여 언급이 없다. 따라서 위탁 수하물이 목적지 도착 후 제때 찾지 못하는 여행객은 짐이 분실로 간주될 때까지는 그 어떠한 보상도 받지 못하는 상태에 처하게 된다. 화물의 경우 지연으로 인한 피해가 증명이 되고[139) 또한 협약 제20조 (1)항에 따라

---

136) Robert-Houdin, Souillac, Sofimex 케이스 등 Miller의 저서 pp.154-158 참조.

137) [1967] 1 Lloyd's Rep. 239(Guyana Ct. App. 1966). 동 건은 협약상 국제운송이 아니긴 하지만 영국 법에 의하여 많은 비국제운송이 협약상의 국제운송 규율을 적용받고 있음.

138) IATA가 정한 화물송장의 운송약관인 IATA 결의 600b는 IATA의 회원 항공사가 아니더라도 거의 이를 적용하고 있으므로 세계적으로 거의 통일되어 있음. IATA의 운송약관은 많은 나라에서 국내항공운송에도 그대로 적용하고 있음.

항공사가 피해를 초래하지 않도록 최선의 조치를 취하지 않았던 것으로 밝혀질 때에는 배상을 받을 수 있겠다.

승객운송 시의 지연은 발생한 상황을 볼 때 짐과 화물의 지연과는 구분이 된다. 즉 승객운송 시의 지연은 협약 제17조에 따라 항공기 선상에서 또는 탑승이나 하강 중의 시간을 기준으로 하고 짐이나 화물의 지연은 협약 제18조상 항공운송(transportation by air) 중에 발생하는 것을 요건으로 한다.[140] 따라서 짐과 화물의 경우에는 협약 제18조 2항과 3항에 따라 항공운송사의 책임 하에 있는 한 어느 장소에 있든지 관계없이 정당한 권리자에게 전달되지 않는 한 지연의 기간으로 계산된다.

승객운송과 관련하여 McMurray v. Capitol International Airways[141]에서 법원은 대체(replacement) 항공편 주선도 없는 항공편의 취소는 지연 못지않게 항공사의 책임을 유발한다고 판시하였다.

지연은 무조건 어느 한쪽으로 치우쳐 재단할 일이 아닌 관계상 지연의 원인에 따라 배상 여부가 결정되는 경향이다. 이는 지연의 원인에 따라 운송인의 책임 범위가 달라지고 운송인의 면책 여부가 결정되기 때문이다. 지연은 첫째, 발생시점이 언제이냐와 동 발생이 항공운송 중에 일어난 것이냐가 중요하고 둘째, 지연의 원인에 따라서는 운송인의 면책도 가능하기 때문인데 운송인이 ① 지연에 따른 피해를 피하기 위한 모든 필요한 조치를 취였는지 그렇지 않으면 그러한 조치를 취하는 것이 불가능하였는지 또는 ② 승객이나 화주의 과실이나 짐 또는 화물의 내재적인 흠(defect)으로 인한 것일 때 운송인이 부분 또는 완전 면책되기 때문이다. 이제 이 두 가지 상황에서 전개되는 내용을 사례를 통하여 더 좀 알아보기로 한다.

프랑스 파리에서 에어프랑스 항공기로 프랑스의 해외 영토인 Martinique로 여행한 Mr Souillac는 중간 경유지인 트리니다드의 Point a Pitre에 도착한 후 Martinique까지의 마지막 비행구간을 남겨 놓고 있는 상황에 있었는데, 항공사는 아무런 설명도 하지 않은 채 비행이 다음 날로 연기가 되었다. Souillac은 지연에 따른 손해 배상을 하도록 에어프랑스를 제소하였는바, 프랑스 법원은 사소한 지연은 용납될 수 있으나 금번 사건과 같이 중요한 지연은 협약 제23조에 위반되는 것으로서 면책이 될 수 없다고 판결하였다.[142]

기계의 고장 등 종종 안전 문제로 지연이 발생하는데 항공기의 안전을 불신하면서 탑승을 거

---

139) 영국의 Panalpina International Transport Ltd v. Densil Underwater Ltd.([1981] 1 Lloyd's Rep. 187(QB))에서 법원은 12.2. 송부한 화물이 12.21. 에야 도착함으로써 크리스마스 매상에 타격을 준 것을 이유로 항공사에게 배상을 명하였음. 위탁 수하물의 경우 특별한 관례가 없으나 화물과 같은 법리를 적용받을 것임.

140) Shawcross, Ⅶ(1001 – 1015) 참조.

141) 15 Avi. 18,087(N.Y. Cty Civ. Ct. 1980).

142) 1964.6.26.자 프랑스 센느 지방법원(Tribunal de Grande Instance de Seine) 판결.

부한 채 이로 인한 지연에 대한 피해 배상을 청구한 사건이 있다. 이는 암스테르담에서 포르투 갈 Faro로 비행하는 Air Atlantis(포르투갈의 국적기 TAP의 자회사)의 승객 42명이 항공기의 안전 운항을 믿지 못하겠다면서 다른 항공편으로 귀환한 후 지연에 따른 피해 배상을 청구한 결과 법 원은 승객들의 물질적 및 비물질적 피해로 1인당 400불의 배상금 지급 판결을 하였다.[143] 남편 의 유해를 Pakistan International Airways(PIA)에 송부 위탁한 경우가 있었는데 이슬람의 원리에 따 라 사체를 즉시 매장할 수 있도록 운송을 지체하지 말아야 함에도 불구하고 항공사 내부에서 여 러 가지 이유로 지연 송부한 결과 미망인이 분노, 번민으로 고통(stress)을 받은 데에 대한 배상 사건에서 미국 법원은 비물질적 배상뿐만 아니라 운송인의 행위가 wilful misconduct에 해당한다 고 판결하였다.[144] Martel v. Air Inter 사건[145]은 항공사가 정기적인 기체 점검을 하면서 운항을 하였지만 불시에 고장이 발생하여 지연된 사건에 있어서 법원이 협약 제20조에 1항에 따른 불가 항력이라고 해석하면서 운송인의 면책 판결을 한 것이다.

Oparaji v. Virgin Atlantic Airways, Ltd. 사건에서 법원은 원고 승객의 패소 판결을 하였는바, 사 건 내용은 다음과 같다.[146] 뉴욕을 출발하여 영국 런던을 경유하여 나이지리아 라고스를 갔다 오는 Virgin Atlantic 왕복 항공권을 구입한 승객이 항공권상 자신의 이름이 잘못 표기되었지만 라 고스에 도착하는 데 지장이 없었다. 라고스에서 귀환하기 위하여 런던행 항공기를 탑승하는 과 정에서 여권의 표기와 다른 이름의 항공권이 문제가 되어 실랑이를 하다고 영국행 항공기인 관 계상 영국 관리를 불러 협의한 결과 탑승하여도 좋다는 결론을 받았으나 승객은 탑승하지 않고 자신이 당한 내용을 서면으로 적어 줄 것을 요구하였다. 이에 나이지리아 경찰이 개입하여 승객 을 공항 내 다른 사무실로 데리고 가서 요청한 서면은 받았지만 돌아왔을 때 항공기 문은 닫힌 뒤였다. 승객은 다음 출발 버진 아틀란틱 항공편에 태워 달라고 요청하였으나 항공사 직원은 거 절하였고 승객은 브리티시 항공편을 구입하여 런던에 도착한 후 뉴욕행 항공권을 다시 구입하 고 런던 공항에서의 식비를 간신히 빌려 뉴욕에 도착하였음을 주장하면서 버진 아틀란틱을 상 대로 배상 소송을 제기하였다. 미국 법원은 바르샤바 협약 제17조를 적용하면서 Eastern Airlines v. Floyd[147]사건에서 인용된 3가지 조건, 즉 ① 사고가 있어야 하고, ② 승객이 사상 등의 피해를 입어야 하며, ③ 사고가 항공기상 또는 탑승과 하강 중에 일어나야 함을 충족하여야 하는데 ① 과 ③은 충족되었지만 순전한 정신적 피해에 그치는 것으로서 ②는 충족되지 않았다면서 17조 상 원고에게 배상할 필요가 없다는 원고 패소 판결을 하였다. 법원은 연이어 17조상 지연에 따른

143) Consumentenbod v. Air Atlantis at http://routetravel.com/; Mr de Pous, 1(1) Routetravel of Feb. 2001, at 3.

144) Tasar v. Pakistan International Airlines, 17 CCH Avi. Cases 18,618(S.D. Tex. 1982).

145) 프랑스 Aix-en-Provence 고등법원 판결, RFDA 298(1984).

146) No. 04-CV-1554(FB), 2006 U.S. Dist. LEXIS 68636(E.D.N.Y. 19 Sept., 2006).

147) 499 U.S. 530(1991).

피해가 있는지 심리하였는바, 원고가 안전한 대체 항공편을 구입한 관계상 버진 아틀란틱의 책임이 면제된다고 판결하였다. 지연 관련 항공사의 책임 면제 결론은 이미 있었던 Paradis v. Gahana Airways, Ltd.,[148] 사건을 인용한 결과인데 동 사건(Paradis)에서 법원은 "승객이 보다 정확한 수송수단을 획득한 가운데 항공사의 지연을 계약상 불이행으로 추궁"할 수 없다고 하였다.

2.8. 오버부킹(Over-booking)

항공사의 예약 관행 결과 오버부킹이 되어 탑승이 불가하든지 또는 거절되어 후속 출발 항공편 또는 추후 출발하는 다른 노선의 항공기로 가게 된 결과 지연 도착이 될 경우 운송인이 승객에 대하여 배상책임을 지느냐가 문제 된다. 이때 협약의 제19조를 적용하느냐에 관하여서 법원의 해석이 다르다. 일부 법원은 이 경우에도 바르샤바 체제에 따라서만 배상을 논의하여야 하고 따라서 제19조에 따른 지연을 적용하여야 한다는 입장이지만 이는 소수 의견이고 다수 의견은 탑승 거부가 항공운송에 있어서의 위험(danger)에 해당하는 것이 아니기 때문에 바르샤바 협약보다는 계약 위반에 따른 국내법이 적용되어야 한다는 입장이다.[149]

승객이 첫 비행구간이 아닌 구간에서 탑승 불가 또는 거절될 경우 지연에 관한 협약의 규정이 적용된다. 그러나 비행 첫 구간부터 탑승이 이루어지지 않았다면 이는 항공여행 자체가 시작되지 않았기 때문이다. 이러한 경우는 Wogel v. Mexicana Airlines[150]와 Paradis v. Ghana Airways Ltd.[151] 등에서 확인되었다.

지연은 계속 논란거리이다. 사실관계는 물론 법적 측면에서도 그러하다. 대륙법 국가에서는 이를 계약의 일탈로 보는 경향이 있는 반면, 커먼로 국가에서 합리적인 지연을 문제 삼지 않는다. 이러한 태도의 차이는 대륙법과 커먼로 국가 간에 일반적인 법률 해석이 다른 데에서 유래한다고 보아야 한다.

2.9. 항공운송자의 면책

협약 제20조 1항은 항공운송자가 피해를 방지하기 위하여 모든 필요한 조치(all necessary measures)를

---

148) 348 F. Supp. 2d 106(S.D.N.Y. 2004).

149) 동 건 관련 G. Tompkins, The Pre-emptive Effect of the Warsaw Convention and the Distinction between the Applicability of the Convention to a Claim and Liability under the Convention for the Claim, XXXII AASL 226-227(2007) 참고.

150) F. 2d(7th Cir. 1987) 20 Aviation Law Reporter(15 Jan. 1987).

151) 348 F. Supp. 2d 106(S.D.N.Y. 2004).

취하거나 또는 그러한 조치를 취하는 것이 불가능하였음을 증명하는 경우 책임을 면제받는다고 하였다.

여기에서 증명을 하는 쪽이 운송자임에는 이의가 없으나 '모든 필요한 조치'를 어떻게 해석하느냐에 대하여서는 각국 법원 간에 통일되어 있지 않다.

프랑스 법 개념상 물품과 승객을 안전한 상태로 목적지에 실어 나르는 보통의 계약 의무 대신에 커먼로 개념인 due diligence를 협약문에 포함시키는 과정에서 due diligence에 가장 가까운 프랑스 법 개념으로 무리하게 번역한 것이 necessary measures로 결정되었다.152) 그런데 일단 협약문이 necessary measures로 작성된 후 커먼로 국가는 동 용어의 배경이 due diligence라는 것은 도외시하고 이를 문맥 그대로 해석하려고 노력하였다.153) 즉 2.2.1항에서 설명하였듯이 프랑스에서는 absence of fault로 해석되고 커먼로 국가, 특히 미국에서 점차 비슷한 맥락으로 적용하여 항공운송업자의 책임이 보다 가볍게 되면서 면책범위가 넓어진 결과를 초래하였다.

아직까지 몬트리올 협정도 적용되는 미국에서는 승객운송 시 협약 제20조 1항의 운송자 면책 조항이 원용될 소지가 없어졌다. 과테말라시티 의정서의 면책 규정은 짐과 승객을 막론하고 지연의 경우에만 적용되며 몬트리올 추가 의정서 4는 짐과 승객에 적용되지만 화물의 경우에는 화물이 지연됨에 따라 피해가 있을 때에만 적용된다.

다시 미국 법원에서의 동 건 적용 경향을 보면 처음에는 all necessary measures를 all possible measures로 엄격히 해석154)하여 운송자의 면책 여지를 없애는 입장을 취하다가 Feibelmann v. Compagnie Nationale Air France155)에서는 due care로 해석하고 Manufacturers Hanover Trust Co. v. Alitalia Airlines156)에서는 reasonable measures로 해석하면서 협약 문안 작성자의 의도에 보다 근접하였다. 최근의 판례인 Medina v. American Airlines Inc.157)에서 미국 법원은 항공사의 승무원이 커피를 승객에게 서브하였는데 승객이 커피를 받아 마시는 과정에서 뜨거워 화상을 입었음을 이유로 바르샤바 협약 제17조를 인용하면서 손해 배상을 청구한 소송에서 사고는 승객의 잘못으로 인한 것이며 항공사는 모든 필요한 조치를 취하였다면서 원고 패소 판결을 하였다.

영국에서는 Grein v. Imperial Airways, Ltd.158)에서 운송자가 모든 합당한 기술과 주의(all

---

152) 보다 앞선 협약안은 mesures raisonnables(reasonable measures)였으나 최종문안에서 mesures necessaires(necessary measures)로 바뀌었음. Miller의 저서 p.167 참조.

153) 일반적으로 커먼로 국가에서는 due diligence의 위반이 negligence와 동일하게 취급되기 때문에 협약의 necessary measures를 due diligence로 해석하였다면 커먼로의 법 개념상 확실할 뿐만 아니라 해상운송에서의 운송자 면책규정과도 통일되는 법제도를 확립할 수 있었을 것임. Miller의 저서 p.167 참조.

154) American Smelting and Refining Co. v. Philippine Air Lines, Inc., 4 Avi. 17,413(N.Y. Sup.Ct. 1954), aff'd, 285 A.D. 1119(N.Y. Sup.Ct. App. Div. 1954), aff'd, 1 N.Y. 2d 866(N.Y. Ct. App. 1956); Philios v. TWA, (1953) US Av. Rep. 479(N.Y. Cty Ct. 1951); Rugani v. Royal Dutch Airlines, 4 Avi. 17,257(N.Y. Cty. Ct. 1954), aff'd 309 N.Y. 810(N.Y. Ct. App. 1954).

155) 12 Avi. 17,575(N.Y. Cty Ct. 1972).

156) 14 Avi. 17,710(S.D.N.Y. 1977).

157) LEXIS 82805(S.D. Fla. Nov. 13, 2006).

reasonable skill and care)를 취하였다면 협약 제20조 1항의 all necessary measures를 취한 것이라고 해석하였다. Grein에서의 해석은 여타 커먼로 국가에서 많이 채택되었다.

프랑스 법원은 처음부터 커먼로 개념인 due diligence를 적용하려는 입장을 취하려고 노력하였으나, 자국의 법 개념인 '결과에 대한 의무'(obligations de résultat)로서의 운송자 주의 여부를 분석하는 경향을 취하면서 동 주의 의무를 면제받을 수 있는 예외로서 불가항력(force majeure)과 희생자의 과실(faute de la victime)을 허용하였다.[159]

협약 제20조 2항은 짐과 화물의 운송 시 항행 잘못 등으로 손상이 발생하였을 경우 운송자를 면책하고 있다. 동 조항을 원용하여 운송자가 면책을 주장한 판례로서 드물게 American Smelting and Refining Co. v. Philippine Air Lines, Inc.[160]가 있다. 동 조항은 헤이그 의정서에서부터 삭제되었다.

협약 제21조가 규정한 운송자 면책조항으로서 과실상계에 관해서는 앞서(2.2.3) 설명한 바 있다.

운송자 면책을 허용하는 또 하나의 조항은 제26조로서 짐과 화물의 손상 시, 짐은 인수 후 3일 이내(헤이그 의정서 7일로 개정), 화물은 7일 이내(헤이그 의정서 14일 이내로 개정)에, 짐과 화물의 지연은 주인의 처분에 들어온 때로부터 14일 이내에(헤이그 의정서는 21일로 개정) 주인이 운송자에게 서면 통보하지 않으면 배상을 받을 수 없도록 한 것이다.

재미있는 것은 제26조 2항에서 말하는 피해(damage)가 물리적 피해(physical damage)만을 말하는 것이냐 또는 물품의 분실과 불인도(non-delivery)도 포함하는 내용이냐에 있어서 법원의 해석이 서로 달랐다는 것이다. Parke, Davis & Co. v. British Overseas Airways Corp.[161]에서 원고인 화주는 화물로 부친 900마리의 동물 중 185마리의 원숭이가 실종된 데 대한 배상 청구소송에서 동 실종이 부분적 분실(partial loss)에 관련한 소송이지 피해에 관한 소송이 아니라고 주장하였다. 이에 대하여 뉴욕 법원은 동 실종이 부분적 분실이지만 실종된 부분만큼의 피해에 해당하는 것으로 해석하여 피해를 발견한 7일 이내에 통고를 하지 않은 원고를 패소시켰다. 이는 2.5항에서 설명하였던 1980년 영국 대법원이 Fothergill 케이스에서 판결한 내용과 궤를 같이하는 것이다.

그러나 Parke의 판례는 당시로서는 이단적인 것이었다. 여타 판례는 협약 제26조 2항의 피해가 물체의 형상에 영향을 주는, 즉 Physical한 피해인 것으로만 해석하고 있는 것이었다.[162] 바르샤바 체제의 성안자들은 몬트리올 추가 의정서 4의 채택 시까지 이에 관련한 해석을 명확히 하

---

158) 1 Avi. 622(Ct. App. 1936).

159) Cie Air Inter v. Simon, (1968) 22 RFDA 198(C.A Paris, 19 Mar. 1968) 등 다수.

160) 전게 주 154) 참조. 동 사건에서 법원은 all necessary measures를 엄격히 해석하였지만 협약 제20조 2항을 적용하여 항공운송자의 책임을 면하는 판결을 하였음.

161) 5 Avi. 17,838(N.Y. Cty Ct. 1958).

162) Rugani v. KLM Royal Dutch Airlines, (1954) US Av. Rep. 74(N.Y. Cty Ct. 1954) 등 다수.

고자 하였으나 불발에 그쳤으며 물품이 불인도된 경우에 항공사에 통보하는 시한을 명기하는 것도 실패하였다.

한편 피해가 있더라도 이를 협약에 규정한 시한 내에 문서로 통보하지 않을 경우 항공사는 책임을 지지 않는다. 단, 협약 제26조 4항은 운송자의 기만에 의하여 여사한 통보를 하지 못할 경우는 예외로 하였다.

협약상 흠결로 간주되는 지연에 관련하여 항공운송사는 IATA의 결의에 따라 항공송장이 발급된 후 120일 이내에 지연의 사실을 운송사에 통보하도록 하는 운송약관을 적용하고 있는 데에 문제점이 있음은 2.7항 '지연'에 관련한 사항의 설명 시 이미 지적한 바 있다. 일부 학자들도 이러한 운송약관이 협약 제23조에 따라 무효라는 입장을 취하고 있다.[163] 그러나 Butler's Shoe Corporation v. Pan American World Airways, Inc.[164] 등 여러 판례에서 미국 법원은 IATA의 운송약관을 유효한 것으로 인정하였다. Butler's 케이스는 리오데자네이로부터 뉴욕으로 송부한 부츠 (boots)가 영영 목적지에 도착하지 않은 사건이다. 동 사건에서 화주인 원고 측은 동 건이 물품의 불인도(non-delivery)에 해당되므로 협약 제26조 2항이 적용되지 않으며 따라서 협약상 통고의 시간 제약을 받지 않는다는 것을 주장하는 한편 항공사가 120일을 통고 시한으로 정한 것은 협약 제23조가 금지한 항공사의 책임을 회피하는 것으로서 무효라고 주장하였다. 이에 대하여 법원은 첫째, 화물의 분실 시 화주가 항공사에 신속히 통보할수록 분실된 화물을 찾을 가능성은 그만큼 많아지며 따라서 120일의 시한은 항공사가 과도한 피해를 줄이기 위한 합리적인 시도로 보아야 하며, 둘째, 제23조는 제22조가 정한 배상금 상한보다 작은 금액을 적용하지 말라는 뜻으로 해석하여야지 분실 화물을 찾기 위한 합리적인 시한을 금지하는 것으로 볼 수 없다고 언급하였다.

120일 시한의 운송약관을 유효하게 보는 입장은 승객의 상해 경우에도 원용되어 승객의 상해 시 30일 이내에 항공사에 서면 통고하도록 한 운송조건을 유효한 것으로 보았다.[165]

이상에서 본 바와 같이 미국 법원은 협약이 규정하지 않은 지연으로 인한 피해 통보 시한을 긍정하는 입장이나 이는 어디까지나 편의적인 해석으로서 동 건은 바르샤바 협약의 흠결이고, 이러한 시한에 해당되는 피해를 받은 화주 및 승객보다는 항공사를 감싸 주는 처사라고 아니 할

---

163) Miller의 저서 p.173 참조.

164) 13 Avi. 17,182(N.D. Ga. 1974).

165) Indemnity Ins. Co. v. Pan American Airways, 1 Avi. 1,247(S.D.N.Y. 1944); Atlantic Fish & Oyster Co. v. Pan American Airways, 1950 US Av. Rep. 23(III. Ct. 1948); Sheldon v. Pan American Airways, 2 Avi. 14,566(N.Y.Sup. Ct. 1947). 단 Glenn v. Compania Cubana de Aviacion, 3 Avi. 17,836(S.D.Fla. 1952)에서는 동 30일 시한이 승객표상에 기술되어 있지 않다는 것을 이유로 항공사 패소 판결을 내렸으나, 미국 민간항공국(CAB)에 등록된 운송조건이 당사자(운송자와 승객 또는 화주) 사이의 계약조건으로 간주된다는 원칙이 성립된 이후로는 더 이상 나올 수 없는 판결임. 한편 미국의 항공 자유화 정책에 따라 운송조건(tariff)을 더 이상 등록할 필요가 없음.

수 없다.[166]

협약 제26조에 관련한 문제는 1955년 헤이그 의정서 채택회의와 1975년 몬트리올 추가 의정서 채택회의에서도 논의되었으나 헤이그 의정서로 이미 규정된 내용의 피해 통고 시한을 연장한 것 이상의 성과는 없었다.

2.10. 항공운송자의 배상 한도

협약 제22조는 승객, 짐, 그리고 화물의 운송에 관련한 피해에 대하여 일정한 액수를 상한으로 항공사가 배상할 것을 규정하고 있다. 제22조 1항 마지막 문장은 승객운송에 있어서 운송자와 승객은 보다 높은 배상액수를 정할 수 있도록 하였는바, 이를 근거로 1966년 몬트리올 협정이 탄생한 것은 이미 설명한 대로이다.

협약이 정한 배상 상한은 헤이그 의정서에 의하여 승객의 경우 배증하였고 과테말라시티 의정서에 의하여 승객의 경우 다시 인상되어 10만 불에 해당하는 150만 프랑으로 조정되었다. 과테말라시티 의정서는 또한 승객에 대한 피해 중 지연에서 오는 피해를 따로 분리하여 배상 상한을 62,500프랑(4,150불)으로 규정하였다.

또 헤이그 의정서는 제22조 4항에서 원고가 받는 배상 상한에 추가하여 법원의 판단에 따라 원고에게 법원비용이나 기타 소송 관련 비용을 피고가 부담하도록 하는 판결을 할 수 있도록 하면서 단, 피고인 운송인이 사전에 원고에게 배상액을 사전 지불하였을 경우에는 이를 적용치 않도록 함으로써 경제적 곤란에 처할 희생자 승객의 가족에 대한 배상액 선 지급을 독려하였다.

그런데 제22조에 관련하여 가장 논란이 되는 문제는 협약 작성자들이 배상금의 가치를 안정시키기 위하여 금을 본위로 한 프앙카레 프랑(Franc Poincaré)[167]을 택하고 1프앙카레 프랑이 어느 정도의 금에 해당하는지를 동 조 4항에 기술한 것이다. 이러한 규정은 모든 나라가 일률적인 금 본위 화폐제도를 채택하였을 때에는 아무런 문제가 되지 않았다. 그러나 1944년 Bretton Woods 협정에 의하여 미국 달러를 금 본위의 기축 화폐로 채택하고, 1968년부터 각국 중앙은행이 화폐정책 수행상 공적인 금 매매의 경우에는 금 1온스당 35달러로 거래하되 사적 거래는 시장가격에 맡기는 이원 제도를 택하였으며, 금 파동이 있은 이후 1971년부터는 미 달러를 평가절하 하여 금 1온스당 공정가격을 42.22달러로 인상한 일련의 과정에서 과연 어떠한 가격의 금을

---

166) Miller는 여사한 미국입장이 미국 국내항공운송에 통용되고 있는 규칙을 따르기 때문일 것이며, 이는 항공사를 과도하게 비호하는 것이 아니라는 입장을 취함. Miller의 저서 p.175 참조.

167) Franc Poincaré는 1928.6.25.자 프랑스 법에 의하여 정의된 프랑스 화폐였으나 프랑스에서는 1937년부터 통용이 철폐되었음.

배상금액의 근거로 사용하느냐에 대한 문제가 제기된 것이다.

동 건에 대하여 나라별로 또는 법원별로 취한 입장이 달랐다. 미국, 영국 및 프랑스는 배상금액을 금의 시장가격에 기초하여 산정하는 것에 대체로 반대하는 입장을 취하였다. 금 파동을 계기로 문제 된 배상금액을 산정하는 데에 있어서 1978년까지는 금의 시장가격을 적용[168]하는 것과 금의 공정가격을 적용하는 양자가 대립하였으나 이후 금의 공정가격을 산정기준으로 적용하는 의견이 지배적이었다.[169]

금을 통화의 기본단위로 사용하는 데 문제점이 많음을 인식한 국제사회는 1978.4.1.부터는 더 이상 금을 국제통화의 측정 기준치로 사용하지 않게 되었다. 1975년 몬트리올 추가 의정서는 이러한 변화를 미리 예측하여 협약상 금을 바탕으로 한 프앙카레를 모두 SDR(IMF의 특별 인출권)로 대체하였지만 동 추가 의정서가 발효할 때까지와 동 추가 의정서 당사국이 아닌 나라에서 배상금액을 산정하는 데는 여전히 여러 가지 방법이 공존하였다.

첫째, 해결방법으로는 협약이 언급한 프랑스 프랑의 해당가치를 그대로 산출하여 적용하는 것으로서 파리 고등법원이 Egyptair v. Chamie[170]에서 응용하였다. 그러나 이는 협약 작성자들이 일국의 사정에만 구속되게 협약규정을 만들지 않았을 것이라는 논리로 비판을 받았다.

둘째 방법은 금의 시장가격을 산출하여 적용하는 것이다.[171]

셋째 방법은 현상유지의 방법으로 자국화폐의 금에 대한 공정가격으로서 가장 최근에 발표된 가격을 적용하는 것이다.[172] 이 방법은 1984년 미 대법원의 TWA v. Franklin Mint[173] 케이스 판결 직전 때까지 미국에서 통용되고 미국의 민간항공국(CAB)도 지지한 방법이다.

네 번째 방법은 SDR을 사용하여 SDR에 해당하는 자국 화폐로 산정하는 것이다. 1978년 이래 SDR과 금과의 연계가 없어졌지만 이때까지 SDR은 0.888671그램의 금과 동일한 값으로 고정되었으며 따라서 1SDR은 15프앙카레와 같다. 이 교환율은 1975년 몬트리올 추가 의정서 작성 시 적용되었다.

SDR이 협약에 의하여 표기된 방법이 아니긴 하나 동 방법이 운송자의 책임 한도를 예측 가능

---

168) 아르헨티나의 Florencia Cia Argentina de Seguros SA v. Varig SA(Fed. C.A., Buenos Aires, 27 Aug. 1976) 등 판례 다수. Shawcorss, Ⅶ(604-613) 참조.

169) 미국의 TWA v. Franklin Mint Corp, 18 Avi. 17,778(U.S.S.C. 1984); In Re Air Crash Disaster at Warsaw, 18 Avi. 18,387(2nd. Cir. 1984), 캐나다의 Télémontage v. Air Canada, (1981) C.A. 146(Qué. C.A. 1981) 등 판례 및 학설. 여타 판례 및 학설은 Shawcorss, Ⅶ(119) 참조.

170) 31 Jan. 1980, (1981) 35 RFDA 148, (1982) 17 Eur Tr L 320.

171) 이탈리아의 Cosida SpA di Assicurazioni e Riassicurazioni v. BEA(Milan C.A., 18 Feb. 1981); 서독의 Landgericht Hamburg(30 O 117/85)(17 Dec. 1985), (1986) 35 ZLW 355등; 미국의 Boehringer Mannheim Diagnostics Inc. v. Pan Am, 531 F Supp. 344(S.D. Tex, 1981), 16 Avi. 18,177. 미국의 동 건은 미국 대법원의 Franklin Mint 판결로 번복되었음(737 F 2d 456(5th Cir. 1984), 18 Avi. 18,090 참조).

172) 프랑스의 Cie d' Aviation Pakistan International Airlines v. Cie Air-Inter SA, (Aix-en Provence Shawcorss, Ⅶ(120) 참조).

173) 미국 대법원 판결. 104 S.Ct. 1776(1984).

하고 안정적으로 나타낸다. 또한 오늘날의 국제통화제도는 거의 모든 국가가 IMF의 회원국이며 설령 비회원국일지라도 자국화폐를 SDR로 계산하는 것은 매우 용이하다. 따라서 SDR의 방법은 많은 나라에서 보편적으로 통용되고 있다. 그리하여 IMF 회원국은 배상 판결이 있는 날짜의 SDR 가치를 매일 고시되는 IMF 웹사이트에서 확인하여 자국 화폐로 환산하는 방법을 취하고 있다.

미국 대법원은 Franklin Mint 사건에서 배상금액 산정 방법을 다룬 결과 다수 의견으로 SDR 방법을 채택하였다. 동 미국 대법원의 결정은 이후 배상금액의 산정방법을 SDR로 사실상 통일하여 주는 전기를 마련해 준 것이나 이에 대한 일부 비판이 있고 일부 국가는 이를 채택하지 않고 있다.[174]

일부 국가는 협약상 배상금액을 산정하는 기준을 법으로 또는 지침으로 규정하고 있다.[175] 그렇지 않은 국가는 법원의 결정에 따르나 전술한 바와 같이 다양한 방법이 공존한다.

협약 제22조 1항은 배상액을 주기적으로 지불(periodical payments)할 수도 있도록 하였다. 그런데 항공사고가 발생하여 소송이 제기된 후 배상 확정 판결 시까지 통상 수년 또는 10년 이상도 경과한다. 따라서 배상 판결이 난 후에 운송자가 고의 또는 업무 지연으로 상당한 기간 동안 배상액을 지불하지 않는다면 원고 측은 인플레 등의 결과로 미미한 액수만을 받는 결과가 될 수 있다. 1984년 Domangue v. Eastern Airlines[176]에서 미국 법원은 이러한 부당함을 시정하는 방법으로 배상 판결 시까지(pre-judgment)의 배상액에 대한 이자는 물론 배상 판결 후 실제 배상 지불이 될 때까지(post-judgment)의 이자도 항공사가 지불하도록 판결하였다.[177]

협약 제22조 2항은 짐과 화물의 탁송 시 화주가 물품의 가치를 특별 신고할 수 있도록 하였으며 이 경우 필요하다면 화주가 추가 운송료를 지불하도록 하였다. 이렇게 신고된 물품에 대한 배상문제가 제기될 때 항공운송자는 동 신고된 금액이 물품 인도 시의 실제 물품금액보다도 과다하다는 것을 증명할 수 있을 경우에 실제 물품금액만을 지불하여도 되지만 그렇지 않을 경우에는 신고가격을 지불하여야 한다. 그런데 문제는 신고금액이 실제 물품금액보다 작을 경우 어떻게 처리하느냐 하는 것이다. 이 점에 대하여 프랑스 등 대륙법 국가에서는 정상적인 배상액보다 낮은 금액으로 신고한 금액은 계약에 의한 책임의 제한으로 보아서 신고금액을 적용하는 한

---

174) 헤이그 의정서로 개정된 협약 제22조 5항은 배상액을 배상 판결 법원 소재 국가의 화폐로 환산하되 동 환산을 배상판정일의 금 가격으로 하도록 규정하였음. 이는 금 가격이 항시 변동하는 것을 상정한 것으로, 즉 시장가격에 의한 그때마다의 금의 가치에 따라 배상액을 환산하여야 한다는 것이 헤이그 의정서 제정자의 의도였을 것이므로 SDR을 기준으로 삼는 것은 동 의도에 배치되는 것임. 그리스는 British Airways v. Koniavitis(No. 5592 of 1983)에서도 이전과 같이 금의 시장가격에 의존하는 판결을 하였음. 한편 금의 시장가격에 의한 산정 방법은 1974년 10월 ICAO의 법률위원회가 채택한 결의(ICAO Doc. 9191-LC/173-1)에서 배척되었음.

175) 영국은 Carriage by Air Acts(Application of Provisions) Order 1967로 규정하고 미국은 CAB의 영(Order)으로 규정하였음. 브라질, 캐나다, 이태리, 남아공과 스웨덴은 법령으로, 네덜란드와 한국은 판결로 SDR을 배상 표기 기준으로 사용하고 있음(Shawcross, Air Law, VII(606) 참조).

176) 17 Avi. 17,221(DC La. 1981), affd. 18 Avi. 17,533(5th Cir. 1984).

177) 이자 지불에 대하여 국가와 법원에 따라 인정 내용이 다양함. 상세한 것은 Shawcross, VII(616-617) 참조.

편 운송자의 dol(wilful misconduct)의 경우에는 낮은 신고액을 무시하고 항공운송자가 실제 물품가격으로 배상하도록 해석하는 입장이다. 반면에 커먼로 국가에서는 일정한 경향이 확립되어 있지 않고 협약의 제22조 2항이 wilful misconduct도 포함하는 개념인지를 케이스별로 해석하여 결정하거나 대개는 계약 행위로서의 신고액을 존중하는 판례를 취하고 있다.[178]

2.11. 배타적 제소 근거

바르샤바 협약 제24조 1항은 '소(訴)의 이유가 여하하든지 간에'(however founded) 협약에 정하여진 조건과 제한에 따라서만 배상 소송을 제기할 수 있다고 규정하였다. 이와 관련 협약을 적용하는 초기에 여러 법원은 관련 국내법이 없는 한 협약에 따른 배상 청구소송이 불가하다고 결론지었으나 Benjamins v. British European Airways[179] 판결을 계기로 관련 국내법이 불필요한 채 협약이 직접 제소권을 부여한다는 인식을 가졌다. 그러나 어떤 법원은 '배타적 구제'(exclusive remedy)와 '배타적 제소'(exclusive cause of action)를 구분하면서 '구제'가 협약의 조건과 제한에 따르면 주(state)의 커먼로에 의한 소송이 가능한 것으로 해석하였다.

1996년 영국 대법원이 Sidhu v. British Airways[180] 사건 판결 시 협약상 배타적인 구제를 규정한 것으로 보아야 한다고 언급하였다. 협약 제정 역사와 협약의 여러 조문들 간의 균형적인 내용을 연구한 Hope 판사는 협약 제17조상에 의하건 또는 다른 조항에 의하건 모든 배상 소송이 협약에 기하여서만 제기될 수 있다는 협약의 배타적 제소 관할 성격을 설파하였다.

한편 미국에서는 국제항공승객이 바르샤바 협약상 관할권 규정을 충족하지 못할 경우 주(state) 법에 따라 제소할 수 있는지에 관한 문제에 대하여 대법원이 입장 표명을 하지 않다가 El Al Israel Airlines v. Tseng[181] 사건에서 뒤늦게나마 1999년 판결로 그간의 혼선을 정리하였다. 동 판결에서 미 대법원은 국제항공운송사고 시 바르샤바 협약에 의하여서만 배상 청구가 가능함을 선언하면서 불법행위(tort)나 기타 커먼로에 의거한 배상 청구가 불가함을 천명한 것이다.

Tseng 판결의 의미와 영향이 큰바, 이는 과거 국제항공운송사고 시 원고 측은 가능한 한 배상 상한이 있는 바르샤바 협약의 적용을 배제하여 주(state)의 커먼로에 의존함으로써 고객의 배상을

---

178) Miller의 저서 pp.189-192 참조.

179) 1978년 미 제2고법 판결. 572 F. 2d 913.

180) 런던에서 쿠웨이트 경유 쿠알라룸프행 BA탑승승객 Mrs. Sidhu는 1990년 쿠웨이트에 항공기가 급유차 도착하기 5시간 전 이라크의 쿠웨이트 침공으로 모든 승객이 이라크 바그다드로 호송되어 약 1개월간 감금된 후 석방되었음. Sidhu는 감금으로 인해 체중 감소 등 신체적 피해는 물론 정신적 손상도 입었다면서 BA를 상대로 배상 청구를 하였음. 2 Lloyd's Law Rep. 76(1997).

181) 525 U.S. 155, 119 S.Ct. 662(1999).

추구하였는바, Tseng 판결 이후로 협약 적용이 안 될 경우 배상 자체를 받지 못하기 때문에 협약의 적용을 받으려 하고 반대로 운송인은 과거와 달리 협약이 적용되지 않는다는 주장을 한다.

2.12. 항공운송자의 무제한 책임

협약 제25조는 항공운송업자가 협약 제22조에 따른 배상책임 상한을 적용받지 못하고 피해에 상응하는 책임을 지는 경우로서 wilful misconduct(불어 원문으로는 dol)와 동 wilful misconduct에 상응하는 행위를 들었다. Wilful misconduct의 거증책임은 원고인 항공기 사용자, 즉 승객 또는 화주 측에 있다.

Dol과 wilful misconduct의 개념이 서로 다른 법체계에서 나온 개념이기 때문에 해석상 문제점을 제기하고 있다는 것은 앞서(2.2.5항) 설명한 바 있다.

여러 대륙법 국가에서는 커먼로의 중대한 과실(gross negligence)에 해당하는 faute lourde를 *culpa lata dolo aequiparatur*(gross negligence is equivalent to dol)라는 법언에 따라서도 dol에 상응한 행위로 취급하여 왔다. 반면에 커먼로 국가에서는 과실(negligence)은 wilful misconduct와 명백히 구분이 되기 때문에 아무리 중대한 과실을 범하여도 협약 제25조상의 wilful misconduct 규정을 원용하지 못한다. 부언하건대 커먼로와 대륙법(civil law) 사이의 보다 중요한 차이는 제25조가 dol과, 재판소 법(*lex fori*)에 따라 dol에 상응하는 과실을 범하였을 때 유한책임을 적용받지 못하도록 규정한 데서 나오는 것이다. 미국의 국내법은 바르샤바 협약이 재판소 법에 위임한 wilful misconduct를 주(연방이 아니고)의 커먼로에 의존하여 판단한다. 또 커먼로 국가에서는 wilful misconduct와 과실을 구분하고 있는 까닭에 wilful misconduct에 상응하는 과실이 있을 수 없다.

그런데 wilful misconduct의 개념이 dol보다는 광범위한 개념이기 때문에 커먼로 국가에서 제25조 해석이 항공운송자에게 불리한 결과를 가져와야 하겠지만 배상 제한 철폐의 또 하나 요소인 wilful misconduct에 상응한 과실은 커먼로에 없는 관계상 대륙법 국가에 비교하여 항공운송자가 반드시 불리한 위치에 있다고 볼 수 없다. 결론적으로 커먼로의 gross negligence가 프랑스법 개념인 faute lourde와 거의 동일한데도 불구하고 커먼로 국가에서는 gross negligence가 dol에 상응하는 행위로 적용되지 않는다.[182]

대륙법 개념과 커먼로 개념이 혼합되면서 혼선을 유발하는 협약 제25조를 불어 원문과 영어

---

182) Miller의 저서 pp.199–200 참조. Black's Law Dictionary(revised 4th ed.)는 gross negligence를 다음과 같이 정의함.
    The intentional failure to perform a manifest duty in reckless disregard of the consequences as affecting the life or property of another; such a gross want of care and regard for the rights of others as to justify the presumption of willfulness and wantonness.

번역문(1934년 미국 상원이 비준한)으로 다음에 기재한다.

[Article 25 불어 원문]

(1) Le transporteur n'aura pas le droit de se prévaloir des dispositions de la présente Convention qui excluent ou limitent sa réponsabilité, si le dommage provient de son dol ou d'une faute qui, d'aprés la loi du tribunal saisi, est considerée comme équivalente au dol.

(2) Ce droit lui sera également refusé si le dommage a été causé dans les mêmes conditions par un de ses préposés agissant dans l'exercise de ses fonctions.

[Article 25 영어 번역문]

Carrier's wilful misconduct or default

(1) The carrier shall not be entitled to avail himself of the provisions of the Convention which exclude or limit his liability, if the damage is caused by his wilful misconduct or by such default on his part as, in accordance with the law of the Court to which the case is submitted, is considered to be equivalent to the wilful misconduct.

(2) Similarly the carrier shall not be entitled to avail himself of the said provisions, if the damage is caused under the same circumstances by any agent of the carrier acting within the scope of his employment.

이상과 같이 상이한 법 개념에서 오는 협약의 문제점을 해결하기 위하여 1955년 헤이그 회의는 협약 제25조를 개정하여 "피해를 가할 의도를 가지고 또는 피해가 일어날 가능성이 많다는 인식을 가지고 무모하게"(intend to cause damage or recklessly and with knowledge that damage would probably result)한 행위가 발생할 때 항공운송자의 유한책임을 파기하였다.[183]

동 개정으로 항공운송자의 무제한 배상책임(unlimited liability)이 발생하는 경우는 항공운송자 또는 동 대리인이 첫째, 피해를 야기할 의도를 가지고 한 작위 또는 부작위, 둘째, 무모한 가운데 피해가 야기될 것이라는 생각을 가지고 한 행위이다. 여기서 두 번째의 '피해가 야기될 것이라는 생각(knowledge)을 가지고 한 행위'는 동 행위자의 주관 상태를 구체적으로 파악하여 결정할 것이냐 또는 이성 있는 보통 사람의 상태를 중심으로 결정할 것이냐의 해석문제가 나온다. 전자를

---

183) 헤이그 의정서는 영어, 불어, 스페인어 3개 국어로 작성되었고 해석의 문제가 나올 때는 불어본이 우선하도록 하였음(의정서 최종 조항). 이는 바르샤바 협약이 불어로만 작성된 것과 차이가 있음.

주관적 파악(subjective test), 후자를 객관적 파악(objective test)이라 한다.

커먼로 국가에서는 과실책임을 논하는 데 있어서 오래전부터 객관적 파악 입장을 적용하는 입장이고 프랑스에서는 뚜렷한 경향이 없이 지내오다가 최근에 객관적 파악 입장을 취하는 편이다. 그러나 객관적 또는 주관적 파악은 어디까지나 상대적이다. 왜냐하면 특정문제를 논하는 데 있어서 행위자의 구체상황을 전혀 무시할 수 없기 때문에 주관적 파악을 폐기할 수 없으며 제3의 보통사람이 그러한 상황에 처하였으면 어떠했을 것이라는 객관적 파악은 구체적 상황에서 특정한 행위자의 심적 상황을 추론하는 데 필수 불가결하기 때문이다.

그런데 협약 제25조의 고의적 과실을 해석하는 데 있어서 프랑스 법원은 일관된 태도를 취하지 않고 법원마다 사실과 법률의 적용에 대한 최선의 법리를 도출하는 작업을 하는 반면 커먼로 국가의 법원은 고의적 과실이 직접증거(direct evidence)를 수반하지 않는 이상 고의적 과실의 행위에 속하느냐에 관한 문제를 배심원(jury)이 주관적 파악[184]으로 결정하게 한다. 커먼로 국가에서 고의적 과실의 행위가 존재하였느냐는 사실의 문제로서 배심원이 판정(verdict)하는 사항인데 배심원은 고의적 과실의 논란이 되고 있는 행위자가 구체적 상황에서 어떠한 태도를 취하였을 것인가를 파악하는 주관적 파악(subjective test)의 판단기준을 적용하여 고의적 과실의 존재 여부를 결정한다.

배심원 제도가 없는 프랑스에서는 사실에 관한 문제까지 법원이 판단한다. 그런데 고의적 과실이 과연 존재하였느냐가 대부분의 경우 미지의 사실인데도 불구하고 동 미지의 사실을 평가하는 데 적용할 판단기준(주관적 또는 객관적 파악)이 법원마다 다르고 또 심리 사건마다 다르기 때문에 일관된 입장이 형성되지 않고 있다.

헤이그 의정서로 개정된 협약 제25조는 항공운송자의 피고용인(servant) 또는 대리인(agent)에 대하여 배상 소송이 제기되었을 때 이들의 행위가 고용의 범주 내(within the scope of his employment)에서 행하여졌을 경우 제22조의 유한 책임을 적용받으며, 항공운송업자와 동 운송업자의 피고용인 또는 대리인이 배상하는 총액은 제22조의 배상 상한을 넘을 수 없다고 규정하였다.

고용의 범주 내는 불어의 dans l'exercise de leur fonction을 영어로 번역한 것인데 영어의 번역은 항공운송자가 피고용인이 고용의 범주 내에서 저지른 기만이나 절도에 대해서도 책임을 져야 한다는 모순이 나오므로 이를 '근무과정에서'(in the course of their duties)로 번역하는 것이 합당한

---

184) 사건을 유발한 행위자가 구체적 상황에서 어떠한 태도를 취하였을 것인가를 파악하는 주관적 파악의 판단기준은 객관적 파악의 판단기준보다 용이하며, 따라서 각계각층에서 선발된 평범한 신분의 배심원에게 적절한 판단기준이 되겠음. 커먼로 법원은 이와 관련, 배심원의 판정에 필요한 충분한 증거가 제공될 수 있도록 증거절차 규정에 역점을 두고 있음. 1985년 미국 지방법원의 1983.9.1. KAL 007기 피격사건의 심리 시에도 배심원이 Wilful misconduct의 평결을 하였음(In Re Korean Air Lines Disaster on Sept. 1, 1983, 19 Avi. 17,584(USDC DC, 1985) aff'd 829 F2d 1171(DC Cir. 1987, 20 Avi. 18,223), cert denied, S. Ct. 616(1992)).

번역이라고 주장하는 자가 있다.[185]

전술한 바와 같이 wilful misconduct의 증거책임은 피해자 측인 승객과 화주에 있다. 그런데 화물의 경우 운송인의 전적인 통제하에 있기 때문에 사고가 발생하였을 경우 *res ipsa loquitur*라는 사실 추정법리에 따라 책임 증명이 모호할 경우 운송인의 책임을 묻는 경향이다. 그런데 또 몬트리올 추가 의정서 4는 승객과 짐의 피해와 관련하여서 wilful misconduct를 인정하나 화물에 대해서는 인정을 하지 않는 것으로 규정하였다.

Wilful misconduct를 결론적으로 정의하면 "보통의 과실도 아니고 중과실도 아니며 *mens rea*(guilty mind) 스펙트럼상 과실과 고의를 나타내는 우측 끝, 즉 고의 쪽에 근접한 것이다. 과실로서는 부족하고 무모하다 하더라도 객관적으로 요건을 충족하는 것이 아니다."[186]

2.13. 제소권(cause of action)

바르샤바 협약 체제는 배상의 여지를 안고 있는 항공사고로 승객이 사망하였을 때 누가 제소할 권리를 갖느냐에 대한 명확한 언급을 하고 있지 않다. 대륙법의 법 개념으로는 이상할 것이 없는 이 점이 커먼로 국가에서는 문제점으로 제기되었다. 이 때문에 미국에서는 Komlos v. Cie Nationale Air France[187]를 중심으로 바르샤바 협약이 독자적인 제소권을 부여하지 않고 있다고 보았으며 이러한 입장은 약 30년간 계속되었다. Husserl v. Swiss Air[188]에서 법원은 협약이 제소권에 관하여 중립의 입장을 취하나 소송의 조건과 제한에 관해서는 규정하고 있는 것으로 보았다.

그러나 1978년 미국의 제2 고등법원은 Benjamins v. British European Airway[189]에서 과거의 입장을 변경하여 협약 제17조가 제소권을 창설하는 것이며 따라서 협약상 제소권이 부여된다고 결정하였다. 이로써 미국 법원은 제소권에 관한 협약의 규정을 어떻게 해석해야 하느냐 하는 이전의 혼돈을 해결하였다. 그러나 이에도 불구하고 순수한 법이론적인 측면에서 제소권의 근거를 어디에서 찾아야 하는 것에 대해서는 아직도 명확한 해답이 없다. 혹자는 협약 자체 내에서만 찾아야 한다는 입장이다.[190] 혹자는 협약이 정한 구제조치(remedy)는 배타적으로 적용하여야 하나 제소권에 관한 한 하나의 근거만을 제시한 것이므로 여타 국내법에 제소규정이 있으면 동 규

---

185) Shawcross, Ⅶ(1078) 참조.

186) 2000년 미 제4고법이 Bayer Corp. v. British Airways 사건 판결 시 내린 정의. 210 F. 3d 236.

187) 111 F. Supp. 393(S.D.N.Y. 1952), 3 Avi. 17,969; rev'd on other grounds 209 F. 2d 436(1953), 4 Avi. 17,281, cert. den'd 348 US 819(1954).

188) 1975년 판결인 전게 주 97)참조.

189) 572 F. 2d 913(2nd Circ., 1978), 14 Avi. 18,369, cert. den'd 439 US 833(1979).

190) Kenner Products-General Mills Inc. v. Flying Tiger Line Inc.(N.D. Ⅲ. 1987) 등의 판례.

정이 바르샤바 협약에서의 제소권을 유발시킨다는 입장이다.[191]

제소권에 관련한 이상과 같은 문제는 협약이 대륙법계인 불어 개념을 가지고 작성되었기 때문에 나타난 또 하나의 혼선이다. 프랑스에서는 극단적인 경우를 제외하고는 제소권이 명시되어 있지 않았다고 하더라도 모든 계약은 계약 개념상 당연히 배상을 위한 제소권을 포함하고 있는 것으로 간주된다.[192]

한편 커먼로 국가 중 영국, 호주, 캐나다 등은 협약의 제소권 문제에 관련한 혼선을 겪지 않았는바, 이는 협약의 국내 적용을 위한 국내법 제정 시 동 제소권에 관한 규정을 곧바로 포함시켰기 때문이다.[193]

2.14. 관할 법원

협약 제28조 1항은 항공사고로 인한 피해 보상 청구를 할 수 있는 협약 당사국의 법원으로 다음 네 곳을 지정하였다.

① 운송사의 주소(domicile) 소재 법원
② 운송사의 주된 영업소가 소재한 법원
③ 계약(항공권 또는 화물송장 발급)이 이루어진 운송사 영업소 소재지법원
④ 운송목적지 소재 법원

여기에서도 프랑스의 법 개념과 영·미법의 법 개념이 서로 다른 이유로 관할 법원을 해석하는 데에 있어 조금씩 서로 다른 결과가 나온다. 커먼로에서는 프랑스에서와 달리 관할 법원의 중요성이 훨씬 덜하다. 이는 커먼로에 있어서 피고가 발견되는 어느 장소에서도 제소가 가능하므로 관할 법원을 정하는 데 있어서 주소의 개념이 중요하지 않고, 다른 한편으로는 관할 법원의 적합 여부를 결정하는 규칙은 본질적으로 사건 심리의 장소에 관한 문제인데 동 사건 심리가 특정한 법원에서 시작되기 전에 여타의 여러 법원에서도 절차적 사안을 대상으로 심의를 시작할 수 있기 때문이다.

191) In Re Air Crash Disaster at Gander, Newfoundland, on Dec. 12,1985(W.D. Ky., 1987) 등의 판례. 대륙법(civil law) 국가에서는 설령 계약 자체로부터 제소권이 자동적으로 부여되는 것이 아니라는 논쟁이 있더라도 통상 민법의 과실책임규정을 원용하면 됨(예: 프랑스 민법 1382 ff.).

192) Miller의 저서 pp.235－236 참조.

193) 미국은 조약가입 시 별도의 국내 입법조치를 취하지 않고 가입한 조약문을 바로 국내법으로 간주하기 때문에 여타 커먼로 국가와 다름. 또한 미국에서는 과실 치사의 경우 누가(즉, 유족 등) 제소권을 가지느냐 하는 문제를 법원에서 결정하여 왔는바, 이러한 법률제도가 제소권 부여 근거를 바르샤바 협약에서만 찾도록 하기 때문에 제소권이 문제가 됨.

통상 말하는 '법원의 관할'은 원래 두 가지 의미를 내포한다. 첫째는 주권 국가가 일정한 사법적 사항을 자국 내 법원에 위임하는 권한을 말하며, 둘째는 법원이 특정한 분쟁사항을 심리하는 권한을 말한다. 법 이론에서 관할 법원이라 할 때는 보통 첫 번째의 뜻을 제쳐 놓고 두 번째의 뜻만을 말한다. 법원의 관할을 정하는 규칙에는 첫째, 어떠한 사안을 법원이 심리할 수 있다는 것을 정하는 일반 관할규칙과, 둘째, 어떠한 특정 법원이 어떠한 특정 사인을 심리할 수 있다는 특별관할규칙이 있다. 동 특별관할규칙은 다시 법원별 특정 심리사항을 정하는 규칙과 지역별로 제기될 수 있는 특정사항을 정하는 규칙으로 나누어진다. 특별관할규칙 중 전자가 심리 사안을 규율(불어로 compétence d'attribution)하고 후자가 재판지를 규율(불어로 compétence territoriale. 영어로는 rules of venue)한다.

미국은 협약을 그대로 국내법에 수용한 상당 기간 동안 협약 제28조 1항을 특별관할규칙으로만 해석하여 일부의 판례는 심리 사안을 정하는 것으로 보고 다른 일부 판례는 재판지를 규율하는 것으로만 해석하였다.[194] 그러나 협약은 국가 간의 합의 문서로서 법원에 관한 언급은 어느 협약 당사국의 법원인가만을 구분하는 이상의 뜻이 없다고 보아야겠다. 이는 즉 상기 첫 번째 의미의 관할 법원으로만 해석하면 족하고, 관할 법원 소재 국가가 결정된 후 구체적으로 동 국가의 어느 법원에서 어떤 문제를 심리토록 하느냐의 문제는 당연히 국내법에 의할 사항이다.

만약 협약 제28조 1항이 특별관할규칙을 정하는 것으로 본다면 협약 제28조 2항의 절차규칙도 특별관할규칙에 의하여 정하여진 특정한 법원의 절차 규칙을 의미한다고 해석하여야 하나, 이 경우 미국과 같은 연방국가에서 주마다 적용법이 다르기 때문에 혼란을 초래하게 된다. 협약 제정자들이 이를 의도하였을 것은 물론 아니다.

미국은 Smith v. Canadian Pacific Airways, Ltd.[195]에서 협약 제28조 1항이 특정한 국가에게 관할권을 부여하는 일반 규칙을 정한 것이며, 동 특정 국가가 미국인 경우에 미국 내에서 어떠한 법원을 사건 심리에 적합한 법원으로 보느냐 하는 것은 미국 국내법이 정할 문제라는 명확한 입장[196]을 취함으로써 이전의 혼선을 탈피하였다. 미국 법원의 여사한 입장은 사건을 접수한 어떤 미국 법원이 다른 미국 법원에서 동 사건을 심의하는 것이 더 적절하다고 판단할 때 사건 심리를 거부할 수 있는 *forum non conveniens* 주의(doctrine)를 허용하였다.

일반적인 재판 관할에 관련한 미국의 혼란스러운 상황이 프랑스에서는 일어날 수 없는 것이다. 한편 프랑스에서는 협약 제28조가 처음부터 커먼로 국가에서와는 달리 재판지까지를 규정하

---

194) Miller의 저서 p.209의 주 28) 참조.

195) 12 Avi. 17,143(2nd Cir. 1971).

196) 이러한 입장은 이미 Mertens v. Flying Tiger Line, Inc.(9 Avi. 17,475(2nd Cir. 1965))에서 표명된 적이 있음.

는 것으로 해석하고 있다.[197] 프랑스에서는 한 법원이 사건 심리 법원으로 지정되면 동 법원은 사건을 심리하는 데 애로가 예견되더라도 심리를 담당하여야 한다.[198]

협약 제28조 1항이 규정하고 있는 관할 법원을 형성하는 4가지 사항을 살펴보면 첫 번째 사항인 주소(domicile)는 프랑스법과 영·미법상 주소의 개념에 차이가 있지만 결과적으로 동일한 해석이 나오므로 문제가 없다.[199]

두 번째 사항인 영업의 주된 장소도 양 법체계상 문제가 되지 않는 개념이다.

세 번째, 계약이 이루어진 영업소(place of business through which the contract has been made)는 불어의 établissement par le soin duquel le contrat a été conclu를 번역한 것으로서 양 법체계에서 각기 상이한 해석을 유발하고 있다.

프랑스는 Herfroy v. Cie Artop[200]에서 보는 바와 같이 établissement을 엄격하게 해석하고 있다. Herfroy 사건에서 원고는 Lisbon에서 Madeira(북대서양 소재 섬)를 가는 항공승객표를 파리에 소재한 해당 항공사의 대리점에서 구입한 것을 이유로 동 구간 비행 중 사고로 인한 배상 소송을 파리 소재 법원에서 제기하였으나, 파리 법원은 승객표를 판매한 대리점이 사고가 난 항공기의 항공사와 항공표 판매 대행 계약을 체결하여 판매하였지만 동 대리점은 établissement의 요건, 즉 해당 항공사가 직접 소유하는 영업소가 아니기 때문에 동 대리점이 소재한 파리의 법원은 établissement에 의한 관할권을 갖지 않는다고 판결하였다.

반면에 미국에서는 대행사를 통하여 영업을 한 항공사를 협약 제28조의 영업소로 간주하였다.[201] 미국 법원은 한 걸음 더 나아가 '최소한의 접촉'(minimum contacts)을 내세워 영업소의 요건을 더욱 완화하였다. United Arab Airlines(UAA)와 특별한 대행관계가 없이 단지 묵시적인 양해하에 캘리포니아 소재 SAS항공사 영업소가 UAA항공표를 판매하였는데 이후 UAA항공기의 예루살렘-카이로 구간 비행 중 발생한 사고로 제기된 Eck v. UAA[202]에서 미국 고등법원은 UAA가 같은 미국인 뉴욕에 영업소를 가지고 있다는 사실을 내세워 이는 미국이 관할 법원이 될 수 있는 minimum contact를 구성하는 것이라고 해석하면서 미국 법원의 관할권을 인정하였다.

---

197) 프랑스의 법 이론과 판례가 같은 해석의 입장을 취하고 있음. 대표적인 판례로는 Cie Air France v. Liberator, (1974) 28 RFDA 287(C.A. Paris, 8 Dec. 1973), aff'd, (1975) 29 RFDA 293(Cass. Civ. Ire, 16 Apr. 1975).

198) Miller의 저서 p.291의 참조.

199) 영·미법에서 주소(영어로 domicile)는 사람의 경우 생활 근거지가 되는 곳으로서 일시 떠나지만 다시 돌아올 곳이며, 일생 중 거소(residence)를 다른 곳으로 정하여도 계속 동일하게 유지할 수 있는 곳임. 법인의 경우에는 법인이 설립되어 등록되는 장소(place of incorporation)를 법인의 주소로 봄. 반면 프랑스 법에서 주소(불어로 domicile)는 사람의 경우 주된 거소(principal residence)를 말하는 것으로 영·미법에서의 ordinary residence에 해당하고, 법인의 경우 회사 정관에 본사(siége social)로 지정된 곳임(Miller의 저서 pp.300-301).

200) (1962) 16 RFDA 177(C.A. Paris, 2 Mar. 1962).

201) Berner v. United Airlines, Inc., 4 Avi. 17,924(N.Y. Ct. 1956), aff'd 5 Avi. 17,169(N.Y. Sup.Ct. App. Div. 1956).

202) 9 Avi. 18,146(2nd Cir. 1966).

협약 제28조 1항의 불어 원문은 '사무소를 소유하고 있는'(posséde un établissement) 항공사가 소재한 지역의 법원을 관할 법원으로 한 것이므로 상기 미국 영문번역문인 '영업장소'(place of business)와는 거리가 멀다. 한편, 영국은 불어 원문을 establishment로 번역하여 미국보다는 엄격한 해석을 하고 있는 관계로 Eck에서와 같은 입장을 취하지 않을 것으로 보인다.[203]

세 번째의 관할 요건에 관련하여 계약이 이루어진 시점을 언제로 보느냐의 문제가 제기된다. 프랑스의 Cie El Al v. Maydeck[204]은 어떤 승객이 몬트리올에서 런던, 파리, 텔아비브 및 런던까지를 각 구간마다의 왕복 항공표를 구입하여 여행하다가 파리 도착 후 파리−텔아비브 구간의 비행은 모든 구간의 이용 항공기인 에어프랑스 대신 El Al(이스라엘의 항공사)로 바꾸어서 동 구간의 항공표를 새로이 발급받아 비행하던 중 El Al의 피격으로 동 승객이 사망하였는데, 이에 관한 배상 소송이 파리 소재 법원에 제기된 사건이다. 동 사건에서 법원은 El Al과 승객 간에는 El Al이 원 항공기인 에어프랑스를 대신하여 운송하기로 하는 특별계약이 성립된 것이며, 동 계약이 El Al의 파리 사무소에서 이루어진 것을 이유로 들어 파리 법원이 동 건 관할 법원이라고 결정하였다.

네 번째의 관할요건인 여행의 목적지에 관해서는 양 법 체제상의 차이점이 없어 보인다. 많은 경우 출발지와 목적지가 같기 때문에 원고가 거주하고 있는 지역의 법원이 통상 관할 법원이 된다. 따라서 미국인들은 대개의 경우 미국 법원에 제소할 수 있으나 그렇지 않은 경우를 방지하기 위하여 미국은 원고 측의 주소 소재지국에 항공사의 영업소가 있는 경우 동 국가의 법원을 관할 법원으로 추가시킬 것을 희망하여 왔는바, 과테말라시티 의정서는 이를 반영하는 내용으로 협약 제28조를 개정하였다. 과테말라시티 의정서가 사장된 관계상 무의미한 반영이었지만 1999년 몬트리올 협약에 다시 반영되어 효력을 나타내게 되었다.

이상과 같이 네 곳 중 한 곳의 법원에서 배상 소송을 제기할 수 있는데, 원고 측은 가능한 한 미국 법원에서 사건 심리하는 것을 선호하고 있다. 그 이유는 앞서 설명한 바대로 미국 법원이 바르샤바 협약상 소액의 배상 한도를 가급적 파기하여 승객 측에 유리하게 적용한다든지 바르샤바 체제를 해석함에 있어서 승객 측에 유리하게 하여 여타국보다 높은 배상액 판정을 하기 때문이다. 소송을 제기하려는 자가 자신에게 유리한 법원을 선택하는 것을 forum shopping이라고 한다.

---

203) Shawcross, VII(435 – 438) 참조.
204) (1962) 16 RFDA 179(C.A. Paris, 27 Mar. 1962).

2.15. 제소 기한

협약 제29조는 피해 배상을 위한 제소 기한을 2년으로 규정하고, 동 기한의 계산방법은 법원 소재지법에 위임하였다. 협약은 2년을 기산하는 시점으로 3가지를 제시하였는바, 승객운송의 경우에는 동 3가지의 시점, 즉 목적지 도착일, 항공기가 도착하였어야 할 날짜 또는 운송이 중단된 날짜가 동일하겠으나 짐과 화물의 운송 시 동 3가지 시점이 서로 상이하다면 가장 늦은 시점부터 2년을 기산하는 것이 타당하다.[205]

소송이 제기된 후 원고 등 당사자가 변경된 것을 이유로 2년의 기한 적용이 배제되느냐에 대하여 영국과 미국은 타 당사자의 보호라는 관점에서 이를 허용하지 않는 입장이다.

제29조 2항이 2년 기한을 법원 소재지법(*lex fori*)에 따라 계산하도록 규정하였는데 동 2년이 원고의 유아(infancy) 또는 무능력(disability)의 경우에도 중단(suspension or interruption)되지 않고 기산되는 것인지는 보다 논란의 대상이 된다. 동 문제에 대하여 영국과 미국은 엄격한 입장을 취하여 유아 등의 이유로 2년 기한의 기산이 중단되는 것을 허용하지 않는다. 미국의 경우 Kahn v. TWA[206]에서 법원은 협약안 토의 문서(travaux préparatoires)까지 검토한 후 2년 기한의 중단은 협약 제정자의 의도도 아니었음을 표명하였다. 많은 나라가 영·미와 같이 엄격한 해석의 입장을 취하나[207] 여타 문제에 있어서와는 정반대로 프랑스가 국내법을 이유로 2년의 기한 중단이 가능하다는 입장을 취한 것을 특기하여야겠다. 프랑스는 동 문제로 많은 논란을 하던 끝에 1977년 대법원(Cour de Cassation) 전체회의에서 Lorans v. Air France[208] 판결을 계기로 여사한 입장을 취했다.

3. 바르샤바 체제 개선을 위한 국제동향

이상으로 국제항공운송 책임에 관한 바르샤바 체제를 주요 사항별로 가능한 한 포괄적으로 기술하였다. 동 바르샤바 체제는 협약 명칭이 말하듯이 항공운송에 관한 일부 규칙만을 규정한 것이지 항공운송에 관한 모든 면을 규정한 것은 아니다.[209]

항공운송의 특성이 국경을 초월한다는 사실 때문에 항공운송 분야에서 일찍이 국제항공사법

---

205) 영국의 Carriage by Air Act 1961 부속서 1 제18조 (2)가 같은 뜻으로 규정.

206) 82 A.D. 2d. 696(1981), 16 Avi. 18,041.

207) Shawcross, VII(450) 참조.

208) 1977 D 89, (1977) 31 RFDA 268.

209) 항공기의 압류, 항공기 구조 시의 구조 경비 문제, 항공기 내에서의 폭력, 출생 등을 바르샤바 체제가 다루지 않음은 물론임.

으로서 가장 보편적인 바르샤바 협약이 채택되었다. 항공산업 보호 육성이라는 시대적 요청은 1929년 당시로서도 작은 금액이었던 낮은 배상금을 협약 배상금으로 채택하도록 하였다.[210]

낮은 배상금은 항공기술 발전, 경제수준 향상, 항공여행의 대중화, 소비자 보호 경향[211] 등 시대 변천에 따라 상향 조정되고 이를 뒷받침하기 위하여 협약이 개정, 보완되고 협약의 해석이 이전과 달라지기도 하였다.

바르샤바 체제가 프랑스와 커먼로 국가 간의 상이한 법률 제도와 법률개념 때문에 나라에 따라 달리 해석되고 있다는 것도 지금까지 관찰하였다. 이러한 상이한 해석은 크게 줄어들고 있지만 이를 완전히 배제할 수 없음도 이해할 일이다. 이는 수백 년간 일정한 방향으로 정형화되어 있는 일국의 법률개념이 생소한 외국의 개념을 수용하여 적용한다는 것이 보통 어려운 일이 아니기 때문이다. 더구나 각국의 협약 해석 작업을 감시하고 이를 전체적으로 통일하는 세계적 사법기구가 없는 상황에서 이는 어쩌면 당연한 일이겠다.[212] 바르샤바 협약 자체가 대륙법상의 개념과 영·미법상의 개념을 최대한 조화하여 규정한다고 하였음에도 불구하고 나타나는 협약문의 다의성이 이를 여실히 보여주고 있다.

협약문의 다의적 해석은 이상과 같이 기존법 체제에 상이한 개념을 도입·적용하는 데에도 나타나지만, 협약문이 통일법(uniform law)으로서 기술적 사항에 대한 기술을 미비[213]한 데서도 오고 또한 국내법원에서 협약규정을 국내법의 개념에 반추하여 해석[214]하기 때문에도 발생한다.

그러나 바르샤바 체제는 여러 문제점에도 불구하고 국제적으로 통일된 법(uniform law)을 형성하여 보편적으로 적용시키는 데 성공한 보기 드문 케이스로 보아야겠다. 물론 보편적 적용이라는 점에 문제가 없는 것은 아니다. 이는 1966년의 몬트리올 협정이 항공사 간의 협정으로서 미국을 운항하는 항공기의 사고 시에만 높은 배상수준을 적용하도록 규정하였으며 여타 지역만을

---

210) A. Lowenfeld, Aviation Law(2nd ed., 1981), pp.97-98.

211) 미국에서는 한동안 협약을 확대 해석하여 항공사의 승객에 대한 배상을 강조하였지만 절대책임제의 1966년 몬트리올 협정이 채택된 이후에는 이 방법에 의존할 근거가 박약해진 까닭인지, 항공기 사고 시 항공장비 제조업자에게 배상책임을 전가하여 소비자를 보호하기도 하였음(예: In Re Air Crash Disaster at Tenerife, Canary Islands, 27 Mar. 1977, 435 F. Supp).

212) 1956년 세계국제법협회(ILA)의 제47차 총회 시 ILA의 항공법 위원회는 보고서를 통하여 국가 간에 바르샤바 체제가 상이하게 적용되는 데서 오는 법의 충돌을 방지하기 위한 방안으로 특별 법원이나 국제사법재판소에 동 건 해결을 위임하고자 제안하였음. Matte, N., International Carriage by Air Codification: Uniformity and Diversity(1985.3.14 Louis M. Bloomfield 기념 강연록). p.23.

213) 예를 들어 협약 제3조 (2), 4(4), 9, 25조 등이 "항공운송업자가 유한책임 또는 면책에 관한 규정을 원용할 수 없다"라고 기술하고 있는데 이에 해당하는 협약규정이 어떠한 것이며 제29조(제소 기한)이 이에 해당하는지가 불명함. 제20~22를 이러한 유한책임규정으로 보는 데 이의가 없으나 프랑스의 일부 판례는 제29조도 이러한 규정으로 보았음. 또 제8조 '화물의 무게, 양, 부피 또는 규모(dimension)'가 누적적(cumulative) 또는 선택적(selective)을 의미하는지도 모호함. 헤이그 의정서는 새로운 협약규정인 제3조 (2), 4(4), 9, 25, 25A에서 유한책임 또는 책임면제가 제22조의 적용을 지칭하는 것으로 명기함으로써 여사한 문제점을 해결하였음.
한편 협약이 용어의 정의를 하지 않은 것도 기술적인 결함인바, 예를 들어 항공기에 관한 정의가 없기 때문에 협약 적용 초창기에는 hovercraft도 항공기에 해당하느냐를 가지고 논란이 있었음(Miller의 저서 p.15 이하 참조).
또한 헤이그 의정서 등 후속 문서의 채택에도 불구하고 협약 제17조의 '승강 또는 하강 작업'(operations of embarking or disembarking), 협약 제18조의 항공사가 화물을 '책임지고 있는'(in charge of)의 의미, 협약 제19조의 '지연'(delay)의 의미 등은 계속 불명확함.

214) 협약 제28조의 관할 법원 해석이 좋은 예임.

비행하는 항공기 사고 시에는 바르샤바 협약이나 헤이그 의정서가 정하는 바의 훨씬 낮은 배상금이 적용되기 때문이다. 이 문제점을 해결하기 위하여 1971년 과테말라시티 의정서가 배상금을 미화 10만 불로 인상하고 항공사의 절대책임도 도입하였으나 과테말라시티 의정서의 발효 관건이 되는 미국이 가입하지 않으면서 사장되었다.

또한 배상금액을 안정적으로 표기하기 위하여 1975년 몬트리올 추가 의정서가 서방 주요 16개국 통화가치를 바탕으로 산출한 SDR[215]을 도입하였으나 과테말라시티 의정서에 근거하는 몬트리올 추가 의정서 3은 과테말라시티 의정서의 사장과 함께 운명을 같이하였다. 그런데 1975년부터 약 20년간 많은 국가가 미국의 태도를 관망하면서 항공사법의 통일적인 적용 작업 노력을 정지하여 버린 느낌을 준다. 그러나 각국의 상황을 살펴볼 때 꼭 미국의 움직임을 이유로 들 수만은 없는바, 이는 많은 후진국이 전문적인 항공사법에 관한 국제법에 아직도 익숙하지 않은 관계가 많이 작용하고 있기 때문이다. 190여 개 ICAO 회원국 중 과반수의 국가가 국적항공사(flag carrier)를 보유하지 못할 정도로 빈한한 상태인데 이들이 항공법, 그중에서도 항공운송에 관한 국제사법을 예의 파악한다는 것은 어려운 일이다.

1929년 바르샤바 협약 이래 1955년 채택된 헤이그 의정서가 발효하였지만 사고 시 1인당 25만 프랑(약 1만 6,600불)을 상한으로 규정한 배상금액은 이내 터무니없이 적은 액수가 되었으며, 미국이 이에 대한 불만을 표출한 후 1966년 몬트리올 협정이 항공사 간 협정으로 사고 시 1인당 배상 상한을 7만 5,000불로 인상한 것은 이미 설명한 바와 같다.

그러나 1966년 몬트리올 협정이 채택된 후 30년이 경과한 지금 7만 5,000불의 배상금은 인플레 등을 감안할 때 다시 불만스러운 금액이나 이 몬트리올 협정도 적용받지 못하는 국제운송의 사고 시 헤이그 의정서상 1만 6,600불의 배상금을 적용받는다는 것은 어이없는 일이다. 그렇다고 이러한 문제점을 해결하기 위한 조약, 즉 1971년 과테말라시티 의정서와 1975년 몬트리올 추가 의정서 3은 모두 발효되지 않은 채 미국의 눈치만 살폈고, 미국은 행정부의 노력에도 불구하고 미국 내 반대 여론과 로비 때문에 헤이그 의정서 채택 이후의 바르샤바 협약 체제 개선에 기여하지 못하였다.

1966년 몬트리올 협정도 적용되지 못하는 국제운송을 하는 유수의 세계 항공국가와 항공사는 사고 시 적용할 국제항공사법으로서 1955년 헤이그 의정서만을 기껏 적용할 수밖에 없다는 모순과 비현실성을 자진 시정하려는 조치를 취하기 시작하였다. 지난 약 30년간 교착상태에 빠진 국제운송 배상책임제도 개선을 독자적으로나마 해결하고자 하는 움직임을 보이기 시작한 것이다.

---

215) 구주연합(EU)의 설치 후 단일 통화인 유로(EURO)가 도입된 다음 SDR은 미국 달러, 유로, 영국 파운드, 일본 엔화 4개 통화의 평균 가치를 바탕으로 산출되고 있음.

3.1. 이태리와 일본의 조치(Japanese Initiative)

1929년 바르샤바 협약 채택부터 1975년 몬트리올 추가 의정서 채택까지의 바르샤바 체제는 각 조약별 내용이 다르고 당사국도 다르기 때문에 하나의 통일적인 규범을 제시하지 못하였다. 이는 항공운송사고 시 높은 배상액을 주장하는 미국과 여타 국가 사이의 입장 차이에 연유하지만 항공승객과 항공사 모두에게 혼란스러운 것이었다.

그러던 중 인플레이션 효과와 인명 가치에 대한 높은 평가를 한다는 의식하에 이태리와 일본이 항공운송사고 시 승객 1인당 10만SDR을 배상한다는 국내법을 제정하든지 또는 시행하면서 당시 미국을 제외하고 배상액 상한 조정에 관심이 없어 왔던 국제항공 사회를 일깨우게 되었다.

이태리의 헌법재판소는 1985년 5월 헤이그 의정서를 이행하는 이태리 국내법상 1만 6,600불의 배상 상한이 육로 여행자에 비교할 때 인명과 존엄성에 대한 차별이라면서 이는 이태리 헌법 제2조와 3조에 위반한다고 판결하였다. 이에 따라 이태리 항공사는 무제한의 배상위험에 처하게 되었는바, 1988.6.7. 이태리 정부가 관련 법률 제274호를 제정하여 항공사가 10만SDR까지 절대책임제로 배상하도록 하고 보험가입을 의무화하는 것으로 법의 공백을 채웠다. 이는 과테말라시티 의정서를 개정한 1975년 몬트리올 추가 의정서 3의 내용을 사실상 실현하는 것으로서 이태리를 출발, 도착, 경유하는 모든 항공기에 적용하였다.

일본에서는 국가기관이 아니고 항공사가 나서서 바르샤바 체제의 배상 상한 조정에 무기력한 정부에 훈수하는 일이 발생하였다. 이는 1992년 일본 항공사들의 국제운송사고 시 과실분쟁에 있어서의 배상 상한을 철폐하여 주도록 일본 정부에 요청한 것이다. 1985년 일본 항공의 점보 여객기가 국내운송 중 사고로 520명의 탑승원이 사망하였을 때 평균 배상액이 85만 불이었다는 것을 감안할 때, 국제항공 운송사고 시와의 배상 상한과 큰 차이가 있었고, 국내 자동차 사고 시 배상액과도 큰 차이가 있어서 계속 동떨어진 차이를 적용하는 것에 문제의식을 느꼈기 때문이다.

일본 항공사들은 1992년 바르샤바 협약상 배상 면책 조항인 제20조의 '모든 필요한 조치'를 10만SDR 배상액까지는 원용하지 않으면서 절대책임을 지고 그 이상의 배상액에 대하여서는 승객의 거증책임에 따라 무제한 배상하겠다고 일본당국에 신고(file tariffs)하였다. '일본 이니시어티브'(Japanese Initiative)로 불리는 동 내용은 국제항공사회의 큰 주목을 받았다.

3.2. 1995/1996년 IIA와 MIA(IIA & MIA Agreement 1995/1996)

1995년 초 미국 교통부가 IATA에 국제항공에 있어서 배상책임 제도의 현대화를 논의하기 위한 반독점법 면제(antitrust immunity)를 부여하였다. 이에 따라 1995년 6월 미국 워싱턴 D.C. 에 67개 항공사가 참석하여 당시 배상 상한이 부적절한 수준임을 인정하면서 긴급 수정할 것에 동의하였다. 이어 말레이시아 쿠알라룸프르에서 개최된 IATA 연례총회에서 바르샤바 협약의 66년 역사상 가장 극적인 조치로 평가되는 '피해 완전배상'을 허용하는 '워싱턴 항공사 간 협정'(Washington Intercarrier Agreement)을 승인하였는바, 1995.10.31. 12개 항공사가 이에 서명하였다.[216]

정식명칭이 Intercarrier Agreement on Passenger Liability(IIA)인 상기 협정은 전문(前文)과 8개 항으로 된 간단한 문서이다. 동 문서는 참여 항공사가 바르샤바 협약 제22조 1항의 매우 부적절한 배상 한도액을 시정하기 위한 일반원칙을 규정한 것이다. 즉 제1조는 참여 항공사가 바르샤바 협약 제22조 1항의 유한책임을 포기(waive)하고 승객 거주지의 법에 의거한 무제한 배상 청구를 적용받는 것이다[217]. IATA가 1996.11.1. 발효를 목표로 추진하였던 IIA는 미국 교통부의 승인이 있었던 1996.11.12.부터 참여 항공사들 간에 발효되었다.[218]

IIA 채택 후 IATA는 IIA에 참여한 각 항공사가 의무적 또는 선택하여 구체 실천하는 내용을 1996년 MIA(Agreement on Measures to Implement the IATA Intercarrier Agreement)라는 항공사 간 협정으로 작성하였으며, 미국 항공사의 연합체인 ATA[219]가 IIA를 미국 내에서 실천하는 내용인 IPA(Provisions Implementing the IATA Intercarrier Agreement to be Included in Conditions of Carriage and Tariffs)에 수록하였다.[220] 이로써 IATA의 관련 협정은 3개가 되었다.

5개 항으로 구성되어 있는 MIA는 그 성격상 항공사가 자국정부에 신고(file)하는 운송조건 또

---

216) 서명에 참여한 12개 항공사는 Air Canada, Canadian Airways, TACA, Austrian Airlines, KLM, SAS, Swissair, Air Mauritius, South African Airways, Japan Airlines, Saudi Arabian Airlines, Egyptair임.

217) 1976~1985년 10년간 항공사의 배상책임 관련 보험료는 전체 수입의 0.22%이고, 바르샤바 체제와 관련된 부분은 이 중 ½에 불과하였음. 따라서 항공사의 국제운송사고 시 책임상한을 철폐하더라도 보험료의 약 10%만 더 증가할 것이므로 이는 소송경비나 기타경비 절약을 통해 충분히 감내할 수 있는 것으로 계산되었기 때문에 무제한 배상 청구에 동의하였다는 분석이 있음. Shawcross, Ⅶ(184) 참조.

218) IATA가 1996.7.31. IIA와 IIA를 실행하기 위한 MIA(후술)를 미국 교통부에 제출(미국 교통부 Docket OST-95-232로 분류된 Application of the International Air Transport Association for Approval of Agreement, Antitrust Immunity and Related Exemption Relief)한 후 미국 교통부령 96-10-7(96.10.3)에 의한 Show Cause Order, 동 Show Cause Order에 대한 IATA와 일부 항공사들의 comments(1996.10.24.자), 미국 교통부령 96-11-6(1996.11.12)에 의한 3개 협정(후술) 허가, 동 허가 조건을 수정한 미국 교통부령 97-1-2(1997.1.8)에 의하여 일단락된 내용임. 1996.12.12. 당시 세계 국제정기운송실적의 약 80%를 점하는 79개 항공사가 IIA에 서명하였음.

219) Air Transport Association of America로서 1936년 14개 항공사들에 의하여 설립된 항공사 연합체임. 최근 명칭을 Airlines for America(A4A)로 변경하였는바, 미국 내 주요 항공사들 간의 동업단체로서 강력한 영향력과 로비능력을 행사하였으나 2012년 현재 항공사들 간의 통폐합으로 13개 항공사들로 구성되면서 영향력이 다소 약화된 상황임.

220) IPA는 미국 내 운항 항공사를 회원으로 하는 ATA(Air Transport Association of America)가 작성하여 IATA가 미국 교통부에 허가 신청 차 제출한 IIA와 MIA의 제출일자인 1996.7.31. 동시에 제출되었음.

는 tariff의 내용에 해당한다. 이 중 강제 규정과 임의 규정이 있는데 제1조 1항에서 참여 항공사로 하여금 바르샤바 협약 제22조 1항의 유한책임을 포기토록 한 것과 제1조 2항에서 10만SDR을 초과하지 않는 배상액의 경우 참여 항공사가 바르샤바 협약 제20조 1항의 비과실 면책을 주장하지 못하게 한 것 등은 강제 조항이다.

MIA의 제2조 1항은 항공사가 원한다면 배상 청구권자가 바르샤바 협약 제17조(승객 사상 등을 초래한 항공운송사고 시 항공사의 배상의무 규정)상 배상을 다루는 법원이 승객의 거주지나 주소지의 법률을 적용하는 것에 동의할 수 있도록 하여 미국이 오랫동안 주장하여 왔던 바를 임의 조항으로 포함시켰다.

제2조 2항은 10만SDR까지의 배상금에 대해서는 항공사가 바르샤바 협약 제20조 1항의 항공사 비과실 면책 방어 권리를 포기하여야 하지만 관련 정부 허가하에 비과실 면책 방어 권리가 포기될 수 있는 운항구간과 배상금액을 별도로 명시할 때에는 이에 따른다고 규정하였다. 가령 서울과 동경의 항공운항구간에서의 사고 발생 시 20만SDR까지의 배상금액에 대하여서는 항공사가 비과실 면책 방어권을 행사하지 않는다고 명시하는 것을 그 예로 상정할 수 있다.

MIA도 IIA와 같이 1996.11.1 발효를 목표로 하였으나(MIA 제5조 3항), 실제로는 IIA와 함께 MIA 서명 항공사들 중 국내 당국의 승인을 획득한 항공사들만을 대상으로 1996.11.12. 발효되었다.[221]

3.3. 기타 국가와 EU의 조치

1985년 이태리 헌법재판소 판결 이후 이태리가 1988년, 일본이 1992년 배상 상한을 스스로 인상한 것을 앞서 보았다. 뒤이어 영국이 1992년 자국 항공사에게 10만SDR을 상한으로 배상금을 지급하도록 규정하였고 비슷한 시기에 호주는 자국 항공사들의 배상 상한을 26만SDR로 인상하는 법을 제정하였으며 우리나라의 대한항공과 아시아나도 스스로 배상 상한을 10만SDR로 인상하였다.

위와 같은 분위기에서 유럽민항회의인 ECAC(European Civil Aviation Conference)은 1994년 유럽 회원국을 상대로 ECAC 회원국의 영토에 진입하는 항공사는 사고 시 배상 한도를 25만SDR로 하는 유럽항공사 간 협정의 체결을 권고하였다. EU 당국도 배상액에 불만인 가운데 EU 집행위가

---

221) IIA, MIA, IPA 등 3개 협정에 대한 미국 교통부의 반독점법 적용면제 승인과 관련 미국 당국은 국제법에 어긋나는 오만한 태도를 취하다가 잠정 승인 결정(미국 교통부령 96 - 11 - 6)하면서 1996.11.12.부터 잠정 발효시켰는바, 동 건 상세한 것은 박원화, 항공법 제2판(1997년 명지출판사) pp.262 - 273 참조.

EU에 취항하는 항공사의 사고 시 배상책임을 최소 60만ECU(약 75만 불)로 하는 안을 제시하기도 하였다.[222]

연후 EU는 1997년 Regulation 2027/97을 법으로 채택하여 승객 사상 시 10만SDR까지의 배상금에 대하여서는 절대책임으로 항공사가 책임을 지고 그 이상의 배상은 무제한 과실책임을 규정하였다.[223] 이제 상황은 전 세계가 하나의 공동 규범을 새로이 작성하여야 할 때를 말하고 있었다. 그리하여 다음 4항에서 기술하는 1999년 몬트리올 협약이 채택되었다.

1999년 몬트리올 협약이 채택된 후 EU는 자체 역내 적용법인 Council Regulation(EC) 2027/97을 개정하여 동 몬트리올 협약과 일치시키는 작업을 하였는바, 구주의회와 이사회가 2002년에 채택한 Regulation(EC) 889/2002가 그 결과물이다. 동 새로운 규정에서 EU는 1999년 몬트리올 협약을 EU 회원국의 국내법으로 적용하고, 짐을 체크인하면서 특별 신고할 경우 이를 위한 운송과 보험을 위한 추가요금을 지불할 수 있도록 하였으며, 항공사고로 사망 시 지급하는 선 지급금을 1만 6,000SDR로 인상하였다.[224]

한편 IATA의 IIA를 실천하는 내용의 MIA를 미국에서 적용하는 것과 IIA를 미국 항공사들이 실천하는 내용으로 ATA가 합의한 IPA를 미국 교통부가 Order 96−11−6으로 승인하였는바, 그 요지는 다음과 같다.

① 바르샤바 협약상 제22조 1항의 유한책임 원용 불가
② 10만SDR까지는 협약 제20조 1항의 항공사 비과실 면책 방어권 원용 불가
③ 항공사의 제3자에 대한 과실상계 및 구상권 등을 포함한 방어권리는 행사
④ 적용법규가 허용한다면 배상액을 승객의 거주지 또는 주소지국가의 법률에 따라 결정하는 것에 동의
⑤ MIA나 IPA가 이에 참여하고 있는 항공사들에 대하여 미국 교통부의 모든 법령상 의무적인 1966년 몬트리올 협정을 대체

미국 교통부는 상기 승인 후 IATA와 ATA의 의견을 감안하여 Order 96−11−6을 일부 수정한 Order 97−1−2[225]를 1997.1.8. 공표하였는바, 동 내용은 MIA 참가 항공사와 IPA 참가 항공사 간

---

222) EU 집행위는 그 뒤 이사회 규정안(Proposed Council Regulation)을 1995.12.20. 채택하였는바, 동 규정안은 EU 항공사의 사고 시 승객에 대한 유한책임 부적용, 사고 직후 적어도 10일 이내 항공사가 배상 청구권자에게 5만ECU를 우선 지급기로 하는 것을 내용으로 한 전문과 10개 항으로 구성.
223) 동 절대책임은 과실상계를 허용하고 자책으로 인한 피해 배상을 면제하는 것임.
224) Shawcross, Ⅶ(214−217).

의 차별 적용을 인정하는 것이다. 이에 따라 외국 항공사들의 합의 내용인 MIA에 대해서는 상기 ④항의 적용을 배제하여 주었다. 즉 미국 정부가 큰 관심을 보여 왔던 제5 재판권 관할 인정을 해외 항공사들에게 강제할 수 없음을 인정하여 이를 선택 사항으로 하였지만 IPA에 참여하는 모든 미국 항공사들에게는 의무 사항이다.

그런데 1999년 몬트리올 협약 채택 후 미국 ATA는 동 협약의 내용과 EU의 관련 규정인 Regulation 889/2002를 감안하여 기존 1996년 IPA를 대체하는 내용으로 미국 교통부에 2005년 IPA Agreement를 제안하였는바, 미 교통부는 Order 2006-6-4로 이를 반영하여 시행하였다. 연후 ATA는 미 교통부가 2005년 IPA Agreement를 Order 2006-6-4로 수용한 내용에 이견이 있다면서 2006년 IPA Agreement로 포장된 내용으로 수정하여 줄 것을 청원하였다. 수정 내용은 짐이 보안 검색이나 기타 운송인의 통제 밖에 있는 조치로 인하여 파괴, 분실, 손상 또는 지연될 경우 운송인이 책임을 지지 않는다는 내용이다.

미 교통부가 ATA의 2006년 IPA Agreement를 승인하는 내용으로 Order 2006-10-14[226]를 2006.10.26. 공표하였는바, 요지는 다음과 같다.

① 운송인의 10만SDR 미만 책임 배제 또한 제한 금지. 그 이상의 금액인 경우 운송인의 사고 유발 과실책임이 있지 않는 한 배상 불가
② 승객의 사망 시 최소 1만 6,000SDR을 선 지급금으로 지급
③ 휴대 수하물 경우 운송인은 자신 또는 자신의 사용인과 대리인의 잘못으로 인한 피해만 배상
④ 지연 관련 운송인의 통제 밖에 있는 공항, 관제소, 기타 공항시설의 공사 기관원의 잘못으로 인한 지연에 대하여서는 운송인의 책임 부재
⑤ 피해 발생 시 1929년 바르샤바 협약이나 1999년 몬트리올 협약의 배상 상한이 적용되나 승객의 피해에 있어서 정신적 피해는 배제
⑥ 2006년 IPA Agreement 참여 항공사는 1966년 몬트리올 협정 대신 2006년 IPA Agreement 적용
⑦ 보안 점검과 기타 운송인의 통제 밖에 있는 조치로 인하여 짐이 파괴, 분실 또는 지연되는 경우 운송인의 책임 면제
⑧ 본 협정에의 참가를 희망하는 모든 항공사는 협정을 서명하여 미 교통부에 제출한 후 60일 이내에 협정상 새로운 조건을 미 교통부에 신고하여 시행

---

225) 1997.1.10. 시행. Docket OST-95-232-75(IATA); Docket OST-96-1607-45(ATA).
226) 2006.10.31. 시행. Docket OST-2005-22617.

상기 내용 중 ②는 앞서가는 유로연합(EU)의 관련 규정을 답습한 것이다. ④와 ⑦은 바르샤바 체제와 반하고 바르샤바 체제를 현대화한 1999년 몬트리올 협약(후술)이 휴대용 짐(또는 수하물)의 피해 배상이 과실추정책임에서 과실책임제도로 변경된[227) 것을 감안할 때 휴대용 짐에 관련하여서는 조약과 일응 부응한다고 할 수 있으나 위탁용 짐과 관련하여서 볼 때 미국의 상기 내용은 현존 조약의 내용과 상치한다.

한편 IATA는 국제 운항 항공사들이 어느 구역을 운항하든지 간에 유효한 중립적인 내용의 배상 관련 규정을 작성하여 자체 내부회의에서 채택[228)한 후 이를 2008.1.31. 미 교통부에 제출하였다. 미 교통부는 항공승객의 이해를 돕는 IATA의 피해 배상 관련 고지 내용이 공익에도 기여한다는 판단하에 Order 2009-6-8[229)로 2009.6.10. 공표하였는바, 고지되는 내용으로 특기할 사항은 다음과 같다.

① 여권과 비자 등 모든 필요한 여행 서류 없이 여행할 수 없음
② 항공사는 정부의 요청에 따라 여행객의 신상 자료를 관련 정부에 제공할 수 있음
③ 탑승 거부(denied boarding)에 관한 안내
④ 짐의 위탁과 휴대에 관한 상세한 안내와 함께 미국 국내여행 시(국내구간) 짐의 피해 배상 상한액으로서 최소 3,000불 또는 미국 법 14CFR 254.5[230)의 내용 적용
⑤ 체크인과 탑승시간 안내
⑥ 위험물질 운반 경고

미국은 또 후술하는 1999년 몬트리올 협약이 5년마다 배상 상한액 조정을 한다는 규정에 의거하여 2009년 말 배상액 인상에 대비하여 교통부 Order 2009-12-20[231)를 2009.12.23. 공표하였다. 그 내용은 ATA가 2009.11.6.자로 1999년 몬트리올 협약상 항공운송 피해 배상 상한액을 조정하겠다는 2006년 IPA Agreement 수정안을 승인하고 2006년 IPA Agreement에 참여하는 항공사는 1966년 몬트리올 협정을 적용할 필요가 없음을 반복한 것이다.

---

227) Shawcross, Ⅶ(225-282).
228) 2007.10.9.~10. 캐나다 토론토 개최 제29차 여객서비스회의(Passenger Services Conference)에서 Ticket Notices(승객표 고지)에 관한 IATA 결의 724를 개정한 것.
229) 2009.6.15. 시행. Docket OST-2008-0047.
230) 미국은 1984.2.10. 중형(60석) 이상의 항공기 탑승 승객의 짐 피해 시 배상액이 최소 1,250불은 되어야 한다는 내용의 법을 제정한 후 국내 여론을 반영하여 1999년 이를 2,500불로 인상하고 또 2년마다 도시물가지수를 반영하여 계속 인상토록 하였는바, 14CFR 254.5는 1999년 제정된 동법 내용임. 이 법에 따라 미 국내여행 시 적용되는 짐 배상 상한액도 2008.11.21. 3,300불로 인상 개정됨.
231) 2009.12.23. 시행. Docket OST-2005-22617.

4. 1999년 몬트리올 협약(Montreal Convention 1999)[232]

4.1. 채택 배경

ICAO는 1975년 몬트리올 추가 의정서 3과 4를 채택한 후 기 발효 중인 바르샤바 협약과 헤이그 의정서를 본질적으로 개선하였다는 자부심을 가진 채 ICAO 총회 시마다 채택되는 결의를 통하여 동 2개의 추가 의정서에 대한 ICAO 회원국들의 비준만을 촉구하고 있었다.

그러나 미국이 수용하기에 필요한 핵심 내용인 승객의 배상금 상한과 승객 주소지국을 제5관할권으로 인정한 과테말라시티 의정서와 추가 의정서 3은 세월이 흘러가면서 더 큰 배상금을 요구하는 미국 내 여론 때문에 미국의 관심에서 벗어나 있었고, 정부 간의 협의를 통해 국제항공운송사고 시 적용할 하나의 통일적인 규범의 제정 가능성은 더욱 멀어지는 듯한 상황에서 항공사들과 IATA등 관련 협회 측에서는 시스템 자체의 붕괴를 내심 우려하는 지경에 이르렀다. 이런 배경에서 이태리, 일본, 호주, 영국, IATA, EU의 항공사들과 국가들은 자발적으로 절대책임하의 배상 상한 인상이라는 선도적인 조치를 취하면서 굼뜬 정부를 채찍질하는 효과를 가져왔다.

그 결과 IATA의 여러 회원 항공사가 10만SDR 또는 그 이상도 절대책임하의 배상 상한으로 수용하는 IIA와 MIA를 채택하여 시행하는 것에 ICAO는 내심 충격을 받으면서 그간 총회 시마다 몬트리올 추가 의정서 3과 4의 비준만을 촉구하는 결의 채택 반복이라는 동면에서 깨어나게 되었다.[233]

또 재미있는 것은 민간 산업계의 배상 상한과 절대책임, 그리고 승객 거주지 국의 재판 관할권, 즉 제5 재판 관할권을 인정하는 추세가 대세로 자리 잡은 상황에서 긴 잠으로부터 깨어난 ICAO는 자신의 직무유기라는 책임론을 여하튼 벗어나려고 하는 듯이 아래와 같은 조약 제정절차도 도외시한 채 초고속의 편법으로 바르샤바 체제를 새로운 조약으로 대체하는 작업을 진행하였다.

ICAO에서의 협약안 승인절차는 ICAO 총회 결의[234]에 의해 규율되며 법률위원회의 조직 및 작업방식과 함께 1965년 제15차 ICAO 총회에서 승인[235]되었다. ICAO 법률위원회는 1967년 제16

---

232) 정식명칭이 국제항공운송에 있어서 일부규칙의 통일에 관한 협약(Convention for the Unification of Certain Rules for International Carriage by Air)으로서 2003.11.4. 발효 후 2012년 7월 현재 103개 당사국. 우리나라는 2007년 가입하여 2007.12.27.부터 당사국이 되었음.

233) IATA의 IIA가 1995년 10월 채택되는 상황에서 개최된 1995년 9월~10월 ICAO 제31차 총회는 IATA 옵서버의 정보 제공에도 불구하고 몬트리올 추가 의정서 3과 4의 비준을 촉구하는 결의만을 채택하였음. ICAO 사무국의 여사한 안이한 대처와 무책임에 관하여 Paul Dempsey & Michael Milde, International Air Carrier Liability: The Montreal Convention of 1999(2005년 McGill 대학 항공우주법 연구센터 발간) pp.36 – 43 참조.

234) A7 – 6로서 오늘날 Resolution A31 – 15, Appendix B에 수록되어 있음.

235) ICAO Doc 8517, A15 – LE/10에 수록.

차 회의 시 '협약안 준비절차'를 승인하였는바, 연후 수십 년간 적용하여 왔다. 이는 ① ICAO 법률국이 연구한 후 법률위원회의 작업편의를 위하여 문서를 준비, ② 법률위원회 토의 후 보고자 (Rapporteur)나 소위(sub-committee) 또는 양자에게 검토를 의뢰하고 ③ 보고자나 소위는 조약의 내용이 채택시기에 이르렀나 등에 관한 의견과 함께 법률위원회에 보고하면, 동 내용이 조약 초안에 포함되며 ④ 법률위원회가 조약 초안을 검토한 후 소위의 재검토를 요구하면서 문제되는 내용의 개선을 도모, ⑤ 연후 법률위원회는 소위가 수정한 조약안을 접수하여 토의 후 채택에 문제가 없다고 판단할 경우 ICAO 이사회에 상정하면 ⑥ 이사회가 조약 채택을 위한 국제회의 소집을 결정한다.

ICAO가 지난 수십 년간 상기 절차를 밟아 조약안을 마련하였지만 이러한 절차를 처음으로 일탈하여 투명성도 결여된 채 급조된 것이 1999년 몬트리올 협약이다. 이는 ICAO 이사회 의장이 IATA의 이니시어티브를 뒤따라 잡기 위하여, 시간이 소요되는 정상절차를 배제하면서 조약 체결을 가속화시킨 것 때문으로 보이는데, ICAO는 이러한 절차 위반에 대하여 아무런 설명도 하지 않았다.

법률위원회의 소위를 소집하는 대신 규정에도 없는 ICAO 사무국의 작업반(working group)을 사무국의 법률국 직원과 이사회 의장이 지명한 전문가들로 구성하여 이들이 1996년 2회 회합하였다. 연후 보고자(rapporteur)가 임명된 후 동인의 보고서가 정상 절차에 의하면 법률위원회나 동 위원회 소위에 제출되어야 하나 이를 무시한 채 1997년 초 이사회에 제출되었다. ICAO 이사회는 1997.4.30.~5.9.간 제30차 법률위원회 회의를 소집하였는바, 61개국의 대표가 참석한 법률위원회 회의는 대부분이 토의내용을 모르는 채 내용 파악에 분주하면서 무질서하고 혼란스러운 시간을 보냈다. IATA의 승객 배상책임 협정에 기초한 조약 초안에 대해 법률위원회 회의 참가 대표들은 2단계 배상책임(1단계는 일정금액까지 항공사의 절대책임, 2단계는 승객의 거증하에 무제한 배상책임)제도와 제5관할권 문제에 관하여 의견이 분분하였지만, 문제가 되는 표현은 괄호 안에 대체 안을 포함한 채 최종안으로 선언한 후 채택을 위해 외교회의에 상정한다고 결정하였다.

ICAO 이사회는 법률위원회가 준비한 최종안에 대하여 논평도 하지 않고 외교회의 소집도 하지 않은 채 사무국 작업반 회의를 2차례 더 소집한 후 유례가 없고 대표성도 결여된 '바르샤바 체재 현대화 특별그룹'(SGMW)을 이사회 의장이 임명한 인사들로 구성하였다.[236) SGMW는 1998년 4월 회의를 갖고 "Text approved by the 30th session of the ICAO Legal Committee, Montreal, 28 April-9 May 1997 and refined by the Special Group on the Modernization and Consolidation of the 'Warsaw System',

---

236) Special Group on the Modernization of the Warsaw System(SGMW)의 구성 역시 ICAO의 조약 성안 절차에 위배되는 것임.

Montreal, 14 – 18 April 1998" 제하로 새로운 조약안을 제출하였다.

이 조약안은 법률위원회 회의 시 괄호 안에 넣었던 표현을 모두 삭제하였음은 물론 법률위원회가 승인한 안과 다른 내용으로서 미국의 최대 관심사인 제5관할권을 포함하면서 IATA의 IIA/MIA와 EU Regulation 2027/97의 내용을 많이 답습한 것이기 때문에 'refined' 된 것도 아니었다. 또한 바르샤바 체제의 내용으로서 과거 60년간 논란이 되어 온 '사고', '신체 피해' 등의 개념에 대하여 일체의 언급이 없는 것이기도 하였다.

이런 내용으로 작성된 조약안은 1999.5.11.~5.22. 캐나다 몬트리올 개최 외교회의에 채택을 위하여 상정되었다. 118개국의 대표가 참석한 외교회의는 제30차 법률위원회 회의와 비슷한 양상을 보이면서 SGMW가 작성한 안에 신뢰를 보이지 않는 분위기였으며 계속 조약안의 핵심 내용인 2단계 또는 3단계 배상책임제도와 제5관할권 문제로 특히 선, 후진국 간 이견이 컸다. 일주일간의 소모적 토론 끝에 외교회의 의장237)은 '의장 친구단'(Friends of the President Group)이라는 회의절차 규칙에도 없는 비공식 자문기구를 구성하여 7일간 논의토록 한 후 '컨센서스 패키지'(consensus package)가 외교회의에 보고되어 박수갈채로 채택되었는바, 일부 대표들은 영문도 모르는 채 1999.5.28. 채택된 동 조약이「국제항공운송에 있어서 일부규칙의 통일에 관한 협약」(Convention for the Unification of Certain Rules for International Carriage by Air)이다. 약칭 1999년 몬트리올 협약 또는 몬트리올 협약으로 통칭한다.

몬트리올 협약은 과거 70여 년간 적용되었던 항공운송에 있어서의 사고 시 배상책임에 관한 특정규칙을 수록하고 있는 바르샤바 체제의 내용이 여러 조약과 항공사 간의 협정으로 분산 규율되어 있는 바를 하나의 통일적 규범으로 통합하면서 배상 상한 인상 등을 현대화한 것이다. 내용상 일부 문제가 있는 동 조약은 미국과 주요 항공대국의 순조로운 비준과 가입으로 조만간 바르샤바 체제를 완전 대체할 것으로 기대된다.

항공운송사고 발생 시 상황에 따라 다음과 같은 여러 가지 상이한 배상 적용 법률이 적용된다.

① 구주연합(EU) 회원국에 등록된 항공기의 사고 시 EU의 법(Regulation 889/2002 등)
② 미국을 목적지, 출발지 또는 경유지로 할 경우 1966년 몬트리올 협정을 대체한 IIA/MIA와 IPA Agreement
③ 상기 지역(EU) 소속 항공기가 아니거나 상기 국가(미국) 이외 지역을 비행하는 항공사로서 IATA의 IIA/MIA에 참여하는 항공사의 항공기 사고 시 자발적으로 상향된 배상액

---

237) 해양법에서 이름이 더 알려진 Dr Kenneth Rattray로 자메이카 순회 대사 겸 법무장관.

④ EU 소속 항공기가 아니거나 미국을 비행하지 않으면서 IATA의 IIA/MIA 참여 항공사도 아닌 경우 바르샤바 체제(배상액 관련 1929년 바르샤바 협약이나 1955년 헤이그 의정서, 1975년 몬트리올 추가 의정서 1, 2, 4 등)가 선택적으로 적용

⑤ 1999년 몬트리올 협약 당사국 간에는 동 협약

⑥ 적용 조약이 없고 IIA/MIA에 참여하지도 않는 항공사의 항공기 사고 발생 시 동 항공사 약관 적용

위와 같이 상정한 배상 상황은 바르샤바 체제나 1999년 몬트리올 협약의 배상내용과 동일하든지 또는 보다 유리한 배상을 받는 것이겠으나 ⑥의 경우에는 이론적으로 그렇지 아니할 수도 있다.

현재 국제항공운송 시 배상을 요하는 사고가 발생할 경우 바르샤바 체제가 적용되든지 또는 몬트리올 협약이 적용되든지 간에 기본적으로 배상에 관련된 당사자의 운송계약 장소와 출발지 및 목적지의 국가가 어느 조약의 당사자이냐에 달려 있다. 2012년 7월 현재 바르샤바 체제의 근간인 바르샤바 협약의 당사국이 152개국인 데 반하여 몬트리올 협약의 당사국은 103개국임을 감안할 때 아직까지는 바르샤바 체제가 적용될 가능성이 더 크다. 또 몬트리올 협약의 내용들이 수십 년간 적용된 바르샤바 체제에 바탕을 두고 있기 때문에 본서는 앞의 제2항에서 바르샤바 체제를 상세 기술하였다. 이제 1999년 몬트리올 협약내용을 살펴본다.

4.2. 주요 내용

4.2.1. 승객 사상 배상 상한 인상

제21조는 2단계 배상 상한을 도입하였다. 제17조 1항(바르샤바 협약상 제17조)의 승객 사상 시 10만SDR까지의 피해에 대하여서는 절대책임으로 운송인이 배상하도록 하였고 그 이상의 피해액에 대하여서는 운송인이 자신의 무과실을 증명하거나 오로지 제3자의 과실로 인한 것이라고 증명하는 한 책임을 지지 않도록 하였다. 승객 측이 이를 반박할 수 있는 한 무제한 배상받을 수 있다. 또 제21조 5항에 의거하여 항공운송인이 wilful misconduct에 해당하는 행위, 즉 피해를 야기할 의도를 가지고 또는 피해가 발생할 것이라는 인식하에 무모하게 행한 작위 또는 부작위의 결과로 인하여 피해가 발생하였을 경우 승객 사상뿐만 아니라 승객의 지연, 짐의 파손, 분실, 지연 등에 관한 각기의 상한 적용이 철폐된다.

제1단계 배상액인 10만SDR은 어떠한 상황에서도 지급되는 것이 아니고 제20조상 과실상계 등이 적용되고 실제 피해내용을 감안하여 지급되는 상한액이다.

10만SDR은 헤이그 의정서의 1만 6,600불, 몬트리올 협정의 7만 5,000불[238]보다 훨씬 큰 금액 이지만 이미 여러 선진국과 EU에서 실시 중인 금액이다.

4.2.2. 제5 재판 관할권

제33조 2항은 승객의 사상 시 승객의 주소지국에서 배상 청구를 허용하는 제5 재판 관할권을 인정하였다. 과테말라시티 의정서상 인정되었으나 이는 10만 불의 배상 상한이 여하한 경우에도 파기되지 않는 것을 전제로 하였지만 발효하지 않고 사장된 관계상 의미가 없었다. 이는 미국의 그간 입장을 반영한 것이나, 짐과 화물에 있어서는 제5 재판 관할권이 인정되지 않아 항공사고 시 소송이 각기 다른 두 곳에서 진행될 상황이다. 이러한 이원적 체제는 간과된 실수라기보다는 미국이 핵심 관심사인 승객에 대한 제5 재판 관할권 인정으로 만족한 가운데 더 이상의 통일(짐 과 화물에게도 제5 재판 관할권 인정)은 미국의 과도하지만 큰 의미 없는 욕심으로 비추어졌기 때문일 것이다.

동 제5 재판 관할권은 승객의 주소지에서 해당 항공사가 영업을 하거나 또는 직접 영업을 하 지 않더라도 상업협정(commercial agreement)의 관계를 가지고 있는 다른 항공사가 운항을 하더라 도 해당되기 때문에 미국인은 세계 어느 구간을 여행하더라도 많은 경우 미국에서의 제소가 가 능하게 되었다.

4.2.3. 승객운송 지연 시 배상금 명시

바르샤바 협약이 제22조 4개 항에서 승객과 짐, 화물에 대한 배상책임을 모두 규정하고 있으 나 1999년 몬트리올 협약(이하 M99로 표기)은 제21조에서 승객, 제22조에서 짐과 화물에 대한 배상으로 분리 규정하면서 과테말라시티 의정서에서와 같이 승객의 지연 도착 시 4,150SDR을 배상액으로 정하였다.

그러나 지연의 정의가 없고 어떤 경우에 지연에 따라 배상금을 유효하게 청구할 수 있는지 등에 대한 규정이 일체 없어 상징적 성격의 규정이라는 인상도 준다. 한편, 동 지연 배상금을 활 성화시키는 규정이 있다면 항공사들이 무리한 항공운항을 하면서 사고 발생 가능성이 그만큼 높아질 것이기 때문에 문제가 되는 것도 사실이다.

---

238) 미국 교통부가 IATA의 MIA와 함께 IPA를 1996.11.12.부터 승인하였는바, 이에 따라 미국의 여행 시 적용되어 왔던 1966년 몬트리올 협정은 IPA로 대체되었음. 따라서 승객 1인당 사상에 대한 배상 상한액은 10만SDR로 이미 상향 조정된 결과가 되었음.

지연에 관련한 배상에 있어서 EU는 보다 명확히 규정하 Regulation 261/2004를 통하여 항공기 운항이 원래의 출발시간보다 48시간 늦게 출발하면 지연이 아니고 취소된 운항이라고 전제한 후 항공기 운항의 취소 시 승객 1인당 250에서 500유로 사이의 배상을 받도록 법제화하였다. 취소(cancellation)는 바르샤바나 몬트리올 협약에서 다루고 있는 바가 아님에 유의할 필요가 있다.

4.2.4. 짐 피해 시 일정 총액으로의 배상 상한

M99는 휴대하거나 체크인하거나 구별함이 없이 짐의 파손, 분실, 지연 시 승객 1인당 1,000SDR의 배상을 규정(제22조 2항)하였으나 화물 피해에 있어서는 kg당 17SDR을 고수(제22조 3항)하였다.

기존 바르샤바 체제에서도 마찬가지였지만 지연된 짐에 대한 배상을 할 경우 어느 기간 동안의 지연이 되어야 지연으로 인한 배상을 청구할 수 있으며 어느 기간이 지나야 지연이 아니고 분실로 처리된다는 규정이 없다. 협약은 짐이 승객의 수중에 들어온 지 3주 이내에 지연에 대한 피해 신고를 하도록 하는 규정만 가지고 있다. IATA의 계약조건(conditions of carriage)은 다음과 같이 규정하고 있다.

> The checked baggage will be carried on the same aircraft as the passenger, unless the carrier decides that this is impractical, in which case the carrier will carry the checked baggage on the carrier's next flight on which the space is available.

네덜란드 법원은 2000.8.1.자 판결을 통하여 승객의 짐은 승객이 탑승하는 항공기에 실리는 것이 계약에 부합하는 것이라면서 상기 IATA의 항공사 편의주의적인 규정을 배격하였다.[239]

1929년 바르샤바 협약과 M99의 승객 배상액을 비교할 때 후자의 10만SDR은 전자의 8,300불보다 18배 증가한 금액이지만, 화물의 피해 배상액은 1929년 1파운드당 9.07불이 1999년 가치로 환산 시 89불에 해당하기 때문에 M99의 실질배상액은 1/8로 축소된 것이다. 그런데 기존 바르샤바 체제의 내용과는 달리 위탁 수하물은 무과실책임, 휴대 수하물과 개인 지참품 피해 시에는 과실책임을 적용하는 것으로 수하물의 종류에 다라 책임기준을 달리하였다(제17조 2항).

짐 피해에 관련한 최근 배상 판례에서 M99를 적용하였다. 이는 승객의 의사에 반하여 짐을 체크인한 결과 현찰과 보석 등 8,000유로 가치 내용물의 도난으로 피해가 발생한 사건에서 법원은 항공사 피고용인의 도난이 동 피고용인의 고용 밖(scope of the employment)의 일로서 협약 적

---

239) Opera Select v. KLM, case No. 67216/KG ZA 00-425, District Court of Haarlem, the Netherlands; decision of 1 Aug. 2000.

용대상이 아니라는 이유로 협약의 짐 피해에 대한 배상 상한을 적용한 것이다.[240]

4.2.5. 화물 관련 몬트리올 추가 의정서 4 수용

화물의 파손, 분실, 지연에 있어서 몬트리올 추가 의정서 4의 제8조는 바르샤바 협약 제24조를 개정하여 승객과 짐의 배상 상한이 wilful misconduct 경우 파기되지만 화물의 경우에는 어떠한 상황에서도 kg당 17SDR의 배상 상한이 파기될 수 없다고 규정하였다.

M99도 기 발효 중인 몬트리올 추가 의정서 4의 화물에 관한 상기 규정을 답습하여 제22조 5항에서 승객의 지연과 짐의 파손, 분실, 지연으로 인한 피해의 경우에만 wilful misconduct가 적용되도록 함으로써 화물의 경우에 적용하는 것은 배제하였다.

그런데 몬트리올 추가 의정서 4가 화물과 특정 우편수송에 있어서 현대화된 내용으로 잘 적용되고 있는 현실을 감안할 때 몬트리올 협약이 이를 존중하여 화물에 관한 규정은 동 추가 의정서 4의 내용을 적용한다는 조약 제정의 기술을 이용할 수도 있었겠지만 그러하지 아니하고 모든 내용을 총괄하는 조약문을 구성하고 있다. 그러면서 화물 피해에 대한 배상을 규정한 제18조 2항에서 항공운송인의 책임이 면제되는 네 가지 경우를 나열하면서 추가 의정서 4에 포함된 '단지'(solely)라는 표현을 누락시킴으로써 항공운송인의 면책 경우가 4가지 이상일 수 있다는 해석을 가능하게 하여 추가 의정서 4의 내용과 충돌할 소지가 있게 되었다.

4.2.6. 운송서류의 하자와 배상 상한 파기

바르샤바 협약이 운송서류의 형식에서 일탈한 경우 배상 상한 파기라는 제재를 당하였다. 컴퓨터 등 전자수단의 등장으로 옛날과 같이 운송서류를 별도로 발급하고 제시하여야 할 필요성이 없어졌고 이러한 기술발전 내용을 과테말라시티 의정서와 몬트리올 추가 의정서 4에 반영하였지만 전자는 사장된 채 후자만 발효 중이다.

M99는 상기 2개 조약의 운송서류 관련 내용을 반영하면서 제3조에서 11조에 걸쳐 관련 내용을 바르샤바 협약에 비교하여 대폭 간소화하고 현대화하면서 운송서류의 강제적 성격도 삭제하였다. 이에 따라 제3조에서 승객과 짐에 관한 표 발급을 언급하면서 5항에서는 표 발급 관련 규정을 이행하지 않더라도 운송계약은 유효하다고 언급한다.

제4조부터 8조까지 화물의 운송서류 발급 내용과 절차를 설명하면서 전자 수단 등의 기록 보관 장치가 운송서류 발급을 대신할 수 있도록 하였다. 그러면서 제9조에서는 4~8조상의 규정에 위

---

240) Booker v. BWIA West Indies Airways Ltd., 32 Aviation Cases 15,134(E.D.N.Y. 2007).

배되더라도 운송계약의 유효성에 지장이 없으며, 배상 상한 적용도 변함이 없다고 규정하였다.

그리고 헤이그 의정서상 처음 도입된 내용으로서 화물의 손상 시 한 부분이 손상되어 다른 부분도 손상될 경우 전체의 손상을 배상대상으로 한다고 규정하였다(제22조 4항).

또 화물의 운송에 있어서는 1975년 몬트리올 추가 의정서 4와 같이 여하한 경우에도 배상 상한의 파기가 불가한 채, kg당 17SDR이라는 배상액이 적용된다.

4.2.7. 화물 관련 중재 도입

바르샤바 협약은 제32조에서 화물운송 관련 중재를 허용하면서 4개 재판 관할권에서 동 중재가 되도록 규정한 바 있다. M99의 제34조도 화물의 운송 관련 중재를 보다 확실히 규정하면서 역시 4개 재판 관할권 내에서 중재가 되도록 하고 중재관이나 중재 재판소는 M99의 규정을 적용토록 하였다. 동 중재 허용 규정은 헤이그 의정서, 과테말라시티 의정서, 몬트리올 추가 의정서에도 있는 내용이다.

M99 채택 외교회의 시 일부 대표가 신체 사상의 경우에도 중재를 허용토록 하자는 제안을 하였으나 받아들여지지 않았다.

4.2.8. 5년 주기 배상 조정 검토

M99의 3개 핵심 내용 중 하나가 물가변동을 감안하여 배상액을 조정할 수 있는 장치를 마련한 것이다.[241] 1929년 바르샤바 협약과 1955년 헤이그 의정서가 제 기능을 못 하면서 후속 개정 의정서와 협정이 탄생되고 또 보편적 조약으로 수용되는 데 애로가 있었던 것은 한번 정해진 사고 배상 상한액이 세월이 지나면서 인플레이션 영향을 받으면서 그렇지 않아도 다른 운송수단 (철도, 자동차 등)의 사고 발생 시 적용되는 배상액에 비교하여 작은 금액이 더욱더 작은 금액으로 변하였기 때문이다.

M99 제24조는 5년마다 SDR을 구성하는 4개 통화, 즉 미국 달러, 유로, 엔화, 파운드의 사용국에서 소비자 물자지수를 가중치로 계산하여 10%를 상회할 경우 모든 배상 상한을 그만큼 반영하여 인상한다는 것이다. 이럴 경우 ICAO가 인상통보를 하는데 통보 후 3개월 이내에 다수가 반대하면 당사국 총회에서 논의하여 결정하나 그렇지 않을 경우 통보한 지 6개월 후에 새로운 배상 상한이 적용된다. 이에 따라 몬트리올 협약 발효 후 5년 기간 동안 SDR 구성 4개의 통화 사용 국가에서의 소비자 물가지수를 반영하여 2009.12.30.부터 모든 종류의 배상 상한액을 11.31%

---

241) 나머지 2개의 핵심내용은 하나가 승객의 사상 시 배상액을 2단계로 하여 제1단계에서의 10만SDR까지는 운항인이 절대책임으로 배상하는 것이며 다른 하나가 승객 주소지국에서 배상 소송을 제기할 수 있는 제5 재판 관할권을 허용하는 것임.

인상 조정하는 조치가 단행되었다.[242] 그 결과 화물 17SDR은 19SDR로, 수하물은 1,000SDR에서 1,131SDR로, 승객 지연은 4,150SDR에서 4,694SDR로, 승객 사상의 배상 상한 10만SDR은 11만 3,100SDR로 인상 적용 중이다.

4.2.9. 징벌 배상 금지 명시

바르샤바 협약을 적용하면서 징벌적 배상(punitive damages) 판결을 한 기록은 없다. 이는 항공 운송인의 영업성격상 고의적이나 사회정의에 반하는 행위 또는 부작위를 통하여 인명이나 물건에 손상을 끼칠 이유가 없기 때문이다.

과거 바르샤바 체제상 어느 조약도 징벌적 배상에 관한 언급을 하지 않았다. 그러나 M99는 배상 상한을 인상하고, 경우에 따라서는 운송인이 무제한 배상토록 하며, 5년마다 물가상승을 감안한 배상 상한 조정도 허용하는 대신 제29조에서 징벌적 배상은 불가하다고 규정함으로써 이론적인 균형을 이루었다.

4.2.10. 기타 본질 문제

몬트리올 협약은 승객 사상 시 10만SDR까지는 절대책임으로 배상받을 수 있고 그 이상도 거증만 하면 배상받을 수 있기 때문에 바르샤바 체제에서와 같이 낮은 배상 상한을 파기하기 위한 목적으로 잦은 소송이 제기될 것 같지는 않다.

몬트리올 협약은 기존 바르샤바 체제에서 용어의 해석에 관한 명확한 규정이 없는 관계상 세계 각국의 법원에서 통일적 해석과 적용을 이루지 못한 '신체적 피해'(bodily injury)와 '사고'(accident)에 관한 해결책을 제시하지 못한 채 함구하고 있다. 따라서 동 용어를 해석하는 데 있어서 기존 바르샤바 체제에서 해석되었던 바와 같은 기준을 적용, 해석하면서 기존 판례를 존중할 것으로 보인다. 신체적 피해에 있어서는 신체적 피해에 연유하지 않는 정신적 피해가 배상 대상이 아닌 것으로 계속 적용[243]될 것이나 사고에 관련하여서는 항공운송의 새로운 패턴에 따라 과거 생각지 못하였던 새로운 해석이 가능할 수도 있겠다.

항공운항이 항공사 사정으로 취소되어 항공권을 발급받은 승객이 대체 항공편 주선도 못 받은 채 여행이 불가하였을 경우에 지연이 아니고 운항인 계약 위반으로서 국내법이 적용된다.[244]

---

242) 2009.11.4.자 ICAO State letter Ref. LE 3/38.1-09/87.

243) 미국 국내법은 미국 국내운송 시 발생한 순수한 정신적 피해에 관하여 1인당 15만 불의 배상 판결을 하였음. 이는 LA와 뉴욕 간 비행 시 심한 요동(turbulence)으로 30초 동안 놀라고 고통을 당한 것에 대한 배상이었음. Spielberg, et al. v. American Airlines, Inc., No. 96 Civ. 4763(SDNY, 7 Oct. 1999).

244) In re Nigeria Charter Flights Contract Litigation, 520 F. Supp. 2d, 447(E.D.N.Y. 2007).

또 운항인이 운송을 거부하면서 계약을 위반할 경우에도 협약이 적용되지 않고 국내법이 적용된다.[245]

4.3. 원용 판례

2003년에 발효한 1999년 몬트리올 협약이 각국 법원에서 서서히 적용되기 시작하였다. 물론 미국 법원에서 가장 활발하게 적용되기 시작하고 있으나 특기할 만한 판례로서 Matveychuk v. Deutsche Lufthansa, AG[246]가 있다. 미국 Newark공항을 출발하여 벨라루스 Minsk로 여행하던 승객이 경유지인 독일 Frankfurt에 항공기가 연착하는 바람에 Minsk행 탑승시간에 20분 늦어 항공기는 계류하고 있는데도 불구하고 이미 문이 닫힌 이유로 탑승이 거절된 후 추후 항공편으로 재예약하기 위하여 이동하던 중 화장실에 들렀다가 부상당하였다. 승객이 법원에 제기한 배상 소송에서 화장실에서의 부상이 국제선 탑승 중에 발생한 것이냐가 논란의 핵심이었다. 미국 법원은 같은 2010년의 Federich v. American Airlines[247] 사건을 인용하면서 "① 사고 당시 승객의 활동, ② 승객 이동 시 제한(항공사의 통제), ③ 탑승 임박 여부, ④ 승객의 탑승 게이트에서의 물리적 거리"를 고려한 결과 승객의 부상이 "탑승과정에 임박하고 출발 게이트에서 탑승권만 지참하는 승객들이 있는 공간"에서 발생한 것이냐에 주목하여야 한다고 하였다. 항공사는 피고 승객이 게이트에 도착하기 전에 이미 탑승이 종료되었고 따라서 탑승 중에 부상이 발생한 것이 아니라는 주장을 하였으나 법원은 "협약상 부상에 해당되느냐는 탑승이라는 근시안적 초점을 가지고 볼 일이 아니다"면서 "지연과 항공편 연결 실패는 항공여행 시 통상 일어나고 예상되는 바"임을 설명한 후 사고는 탑승 중에 발생하였기 때문에 몬트리올 협약상 배상하여야 한다고 판결하였다.

---

245) 승객의 사진이 여권의 것과 다르다 하여 탑승이 거부된 사건에서 몬트리올 협약이 적용되지 않고 국내법이 적용되었음. Kamanou-Goune v. Swiss International Airlines, 2009 Westlaw 8746000(S.D.N.Y, 27 MAR. 2009).

246) 2010 WL 3540921(E.D.N.Y, 7 Sept. 2010).

247) 724 F. Supp. 2d 274(District Court, D. Puerto Rico, 20 Jul. 2010).

항공운송 관련 국내법

1. 관련 법령

2. 상법 개정내용

3. 관련 판례

4. 평가

항공운송 관련 국내법

1. 관련 법령

항공공법 성격의 항공법,[1] 항공안전 및 보안에 관한 법률,[2] 군용 항공기 운용 등에 관한 법률,[2-1] 항공·철도 사고조사에 관한 법률,[3] 소음진동규제법,[4] 공항소음 방지 및 소음대책지역 지원에 관한 법률[5] 등이 있고 항공사법 성격의 내용으로서 상법 중 항공운송 편으로 신설되는 상법 개정안[6]이 정부 안으로 제출되어 2년 반 동안 국회에 계류 중이다가 2011.5.23. 법률 제10696호로 공표되어 2011.11.24. 시행되었다(상법 제6편 '항공운송' 부분 별첨).

이들 국내법에 대하여 몇 가지 문제점이라고 생각되는 바를 적는다.

항공법 제2조 1항에서 항공기를 정의하면서 "항공기라 함은 비행기, 비행선, 활공기, 회전익 항공기 그 밖에 대통령령이 정하는 것으로서 항공에 사용할 수 있는 기기를 말한다"라고 하였는데 '비행기'를 항공기의 한 종류로 표현한 것이 잘못이다. 비행기가 항공기와 다른 뜻으로 해석하였다면 비행기의 정의를 별도로 두었어야 하는데 그렇지 않은 것을 볼 때 항공기와 같은 의미로 사용하면서 보편적인 항공기를 지칭하고자 한 것이 아닌가 본다. 그러나 이는 법률규정 내용으로는 부적합한 기술이다. 시카고 협약 부속서 7이 사용한 항공기의 정의, 즉 "지상 표면에 대한 반작용이 아니고 공기의 반작용으로 대기에서 지탱되는 힘을 내는 기계"(Any machine that can derive support in the atmosphere from the reactions of the air other than the reactions of the air against the Earth's surface)를 수용하는 것이 바람직하였다.

---

1) 법률 제9313호, 2008.12.31. 시행.

2) 법률 제9779호, 2009.6.9. 시행.

2-1) 법률 제110181호, 2011.12.16. 시행.

3) 법률 제9781호, 2009.12.10. 시행.

4) 법률 제9770호, 2010.7.1. 시행 예정.

5) 법률 제10193호, 2010.9.23. 시행.

6) 2008.8.6. 법무부 공고 제2008-102호.

항공법 제50조는 기장의 권한을 언급하면서 권한이 아니고 책임과 의무만을 나열하였다. 또 제166조는 기장 등의 권리행사·방해의 죄라 하여 직권을 남용한 기장 또는 조종사에 대한 징역형을 언급하고 제167~168조도 기장에 대한 처벌내용을 담고 있다. 항공기상 범죄에 관한 1963년 동경 협약에서 언급한 기장의 권한은 항공기상 안전과 질서 유지를 위한 진정한 권한인 것을 감안하고, 다른 한편 오늘날 항공여행에서 문제 되는 것은 직업의식이 투철한 기장과 조종사의 일탈행위에서 오는 것이 아니고 타인에게 방해를 주는 소요승객(unruly passenger)임을 감안할 때 균형 잡힌 내용이 아니다.

항공안전 및 보안에 관한 법률 제22조상 기장 등의 권한에 관한 조항이 '권한'에 관한 사항을 언급한다고 하였으나 동 내용은 미흡하다. 이는 1963년 동경 협약 제6조 2항은 범죄자 제압과 항공안전을 위하여 승무원뿐만 아니라 승객의 도움을 직접 또는 승무원을 통해 간접 요청을 하면서 항공안전 질서유지를 하도록 허용하고 제10조에서 제압을 당한 문제승객이 이에 대해 책임을 묻지 못하도록 규정한 것을 감안할 때 그러하다. 우리 법률 제22조는 문제의 승객 제압을 위하여 승무원이나 항공운송사업자 소속 직원에게만 지원 요청을 하도록 하고 추후 소송 제기 시 면책규정도 마련하지 않음으로써 스스로 항공기 안전조치 영역을 축소시켰다.

2. 상법 개정내용

항공운송을 제6편으로 신설한 상법 개정내용[7]을 보건대 동 제6편 제2장 항공운송사고 시 배상에 관하여서는 1999년 몬트리올 협약의 내용을 적용하고 제3장 지상 제3자의 손해에 대한 책임에 있어서는 1978년 몬트리올 의정서의 내용을 적용하였다. 그러나 몇 가지 문제가 있는데 이는 다음과 같다.[8]

2.1. 지상 제3자에 대한 배상책임 규율 내용

지상 제3자에 대한 배상책임을 규율하는 조약으로 1952년 로마 협약(1958년 발효. 2012년 6월

---

7) 2008.12.31. 정부 입법으로 국회에 제출. 국회는 동 개정안 검토의 일환으로 2010.11.22. 공청회를 개최하였는바, 진술인으로서 필자도 참가한 동 공청회 내용은
likms.assembly.go.kr/bill/jsp/BillDetail.jsp?bill_id=ARC_E0O8R1E2A3Y1H1D7N3C9H1T2I6L9D6를 참고 바람.

8) 상법 개정안 통과를 앞두고 국회 법사위가 개최한 공청회가 2010.11.22. 개최되었을 때 필자가 진술인으로 발표한 내용과 2010.12.2.자 「법률신문」에 기고한 내용을 바탕으로 함.

현재 49개 당사국. 한국은 비당사국)과 동 협약을 개정한 1978년 몬트리올 의정서(2002년 발효. 2012년 6월 현재 12개 당사국. 한국은 비당사국)가 있으나 오늘날 193개 유엔회원국이 있음을 감안할 때 주요 항공대국이 당사국이 아닌 채 12개국만을 기속하고 있는 몬트리올 의정서는 사문화된 실정이다.

그런데 현 상법 개정내용은 사문화되다시피 하면서 채택된 지 30년도 넘은 몬트리올 의정서에서 배상 상한으로 정한 금액을 국내에서의 제3자 피해 발생 시 그대로 적용토록 하는 내용으로 되어 있어 오늘날의 배상 상한으로 부적합할 뿐만 아니라 항공대국인 한국이 자발적으로 상대적 피해를 보는 결과를 초래하게 된다. 이는 해외에서 한국항공기가 지상 피해를 주는 사고를 유발할 경우 현지법에 따라 상한 제한이 없이 실비 배상을 하여야 하지만 외국항공기가 국내에서 사고를 유발할 경우 몬트리올 의정서에 반영된 상한액을 반영한 상법 제932조의 낮은 액수만을 배상받게 되니 국내 피해자에 대한 배상 차별과 국익 손실이라는 결과가 발생한다.

그러면 얼마만큼 손해를 보느냐 하는 의문이 들게 되는데 실비 배상을 하는 외국의 경우를 염두에 둘 경우 1인당 인체 피해 배상액이 수백만 불도 가능하겠지만 우리의 경우에는 최대 12만 5,000SDR, 즉 국제통화기금(IMF)의 특별 인출권을 말하는 Special Drawing Rights로서 약 20만 불에 한정되게 된다. 이는 인체 피해에서만의 비교이지만 재산 피해를 포함한 또 하나의 비교는 2009년에 항공기의 제3자(지상의 인명 재산 및 공중 비행 항공기) 피해 배상을 규율한 내용으로 채택된 2개의 몬트리올 협약의 배상 상한액을 살펴보는 것이다. 지상 피해에 대한 배상액 상한은 통상 항공기 중량에 따라 상한이 결정되는데 관련 조약은 큰 중량의 항공기일수록 배상액이 증가하는 것으로 규정하고 있다. 항공기 대형화를 감안하여 중량이 400톤인 보잉 747 점보항공기를 예로 들어 보자. 동 항공기가 한국에서 추락함으로써 지상 피해를 야기할 경우 국내 피해자는 제932조에 따라 실제 피해가 아무리 크더라도 2,655만SDR, 즉 약 4,000만 불의 배상만을 받게 된다. 그러나 2009년 몬트리올 협약 중 일반위험 협약에서는 5억SDR인 약 7억 5,000만 불까지, 불법방해배상협약에서는 35억SDR인 약 52억 5,000만 불까지 배상을 받게 되니 각기 약 20배와 130배의 차이가 난다. 물론 몬트리올 협약이 발효되지 않았지만 국제사회가 인식하는 배상수준을 제시한 것임을 감안할 때 우리의 배상 상한액은 미미하기 짝이 없다. 반복하지만 국내항공사고로 인한 지상 피해 시 국내인은 미미한 액수를 배상받지만 외국에서의 사고 시 우리 항공사는 실비의 엄청난 배상을 하게 되니 내국인에 대한 차별이며 국익 손실이다. 이와 관련, 2001년 미국에서 발생한 9·11사태로 총 380억 불의 피해가 발생하였으며 이때 근 3,000명의 사망자 중 810만 불까지 배상액을 받은 경우도 있었음을 참고로 말한다.

사소하긴 하지만 제3자 피해 배상책임과 관련하여 추가로 문제점을 지적한다면 제932조에서 SDR이라고 기술하는 대신 '계산단위'를 사용한 것은 「1978년 지상 제3자 피해 배상에 관한 몬트리올 의정서」 제3조와 「국제항공운송에 있어서의 일부 규칙 통일에 관한 협약」(약칭 1999년 몬트리올 협약) 제23조 2항에서 계산단위(monetary unit)라는 표현을 과거 프랑스 프랑의 가치를 의미하는 것으로 사용한 것을 감안할 때 혼선을 가져오는 것이며, 또 오늘날 제3자의 배상을 의미할 때 지상만이 아니고 공중 비행 중에 있는 항공기도 포함하기 때문에 '지상 제3자'라는 표현보다는 보다 포괄적인 '제3자'라는 표현이 바람직하다. 위와 같은 모든 문제점은 지상 제3자 손해에 대한 책임을 규정한 제3장을 전면 삭제함으로써 해결될 수 있다.

이를 삭제할 경우 국내항공사고로 인한 제3자 피해 배상은 현재와 같이 민법상 불법행위 책임으로 실비 배상을 하도록 하면 되는데 이러한 방법이 여러 국가에서 원용되고 있는 방법이다.

2.2. 기타 본질 규정의 문제점

첫째, 위탁 수하물에 관한 제911조와 화물에 관한 제916조에서 멸실, 훼손을 '일부' 멸실, 훼손으로 표현하였는데 이는 개정내용의 근거가 되는 1999년 몬트리올 협약에서 '일부'라는 표현을 사용하지 않고 있으며 멸실, 훼손이라는 표현은 일부이고 전부이고 간에 모두 적용되는 개념임을 감안할 때 '일부'라는 표현을 삭제하는 것이 좋다.

둘째, 멸실, 훼손을 즉시 발견한 때와 즉시 발견할 수 없을 때로 분리하여 위탁 수하물의 경우 제911조에서 수령일로부터 7일, 화물의 경우 제916조에서 14일 이내에 신고토록 한 규정은 각기 7일과 14일 이내에만 신고하도록 하면 되지 이를 즉시 발견할 때와 즉시 발견할 수 없을 때로 구분하여 규정할 실익이 없다. 여사한 규정의 근거가 되었을 1999년 몬트리올 협약의 제31조 2항에도 '즉시'라는 표현은 없다.

셋째, 위탁 수하물에 관한 제911조와 운송물에 관한 제916조의 각기 마지막 문장에서 "연착의 경우 처분할 수 있는 날로부터 21일 이내에 이의를 제기하여야 한다"에서 '처분'이라는 표현에 문제가 있다. 동 처분을 의미하는 1999년 몬트리올 협약 제31조 2항의 영문 표현은 placed at his or her disposal로서 '자기 수중에 넣다'라는 뜻의 '추심하다'로 표현하여야지 '처분하다'라고 할 경우 '없애다' 등의 의미를 갖게 된다. 이럴 경우 소유자가 찾지도 못한 짐이나 운송물이 자기 수중에 들어오지도 않았는데 이를 없애다 뜻의 '처분'을 하는 것을 말하게 되므로 적절치 않다.

넷째, 제3장에서 규정하고 있는 '지상 제3자의 손해에 대한 책임'의 표현과 내용은 국제항공법에서 지난 2009년 채택한 몬트리올 협약으로 시정한 내용을 간과한 것이다. 1978년 몬트리올 의정서까지는 지상 제3자라는 표현을 사용하여 제3자의 피해대상을 지상과 수면 위의 피해로만 국한하였지만 비행 중인 항공기로 인하여 비행 중인 다른 항공기가 피해를 당하는 것도 제3자 피해임에는 변함이 없기 때문에 이를 포함시키기 위하여 연후 채택된, 즉 2009.5.2. 채택된 제3자 피해 배상에 관한 2개의 몬트리올 협약은 모두 제3자라고만 표현하면서 피해대상으로서 비행 중인 항공기도 포함시키는 것을 상정하였다. 우리는 여사한 국제법적 지식이 없기 때문에 1978년 몬트리올 의정서 채택시점에 머무르는 입법을 하였다.

다섯째, 국제항공법상의 문제이기도 하지만 연착의 피해를 규정한 상법 개정의 내용, 즉 승객의 연착은 907조에서, 수하물의 연착은 908~909조에서, 화물의 연착은 914~915조에서 운송인의 배상책임과 배상 상한을 규정한 것과 관련하여 연착의 의미와 기준은 무엇인지에 관한 설명이 없다.

2.3. 적절한 용어의 선택과 번역에 관한 문제

첫째, 제899조 2항 등 다섯 군데에서 '사용인'이라는 표현을 하였는데 이는 1999년 몬트리올 협약 제30조의 영문 표현인 servants를 번역한 내용으로서 '피고용인'으로 표현하여야 한다. 우리나라의 1999년 몬트리올 협약 가입 시 외교통상부는 servants를 '고용인'으로 번역하였는데 정확히는 '피고용인'을 말하는 것이고 '고용인'은 고용주를 말한다. 그러나 일상 통용되는 용어로 '피고용인'을 의미하면서 '고용인'이라고 잘못 표현한 것이다. '사용인'이라는 표현도 마찬가지인데 일상 통용되지만 잘못된 용어인 '사용인'으로 사용할 경우 '대리인'(agents)도 '사용인'의 의미에 들어간다. 그런데 1999년 몬트리올 협약과 상법 개정내용 모두 '고용인' 또는 '사용인'과 '대리인'을 구별하여 표현하고 있는바, 이는 두 개의 다른 카테고리의 인력을 말하는 것이며 servants의 정확한 국문 표현은 '피고용인'이 되어야 한다.

둘째, 제896조에서 제935조까지 여러 조항에서 '화물'과 '운송물'의 용어 중 하나만을 또는 병행 사용하고 있는데 이는 '화물'로 통일하여 표기하여야 한다. 그 이유는 운송물이라 할 경우 승객은 물론 수하물도 모두 운송물에 들어가기 때문이다.

셋째, 제904조의 "…사고가 항공기상에서 또는 '승강을 위한 작업 중에'……"라는 표현에 있어서 '승강을 위한 작업 중에'라는 표현이 1999년 몬트리올 협약의 제17조 1항의 영어 표현인 in the course of any of the operations of embarking or disembarking을 말하는 것으로서 이는 '승강 중에'

로 간략 표현함이 바람직하다. 그렇지 않을 경우 '작업'이라는 한국어 표현상 승객이 어떤 노고를 한다든지 또는 어떠한 기관이 특정 작위를 하는 의미를 주기 때문이다.

2.4. 배상 상한 인상의 주기적 검토

1999년 몬트리올 협약을 반영한 상법 개정은 협약이 규정하고 있는 5년마다의 배상 상한 조정을 포함하고 있지 않다. 협약의 제24조에 의거하여 2003.11.4. 발효 후 5년간 SDR 구성통화국가의 물가 상승률을 반영하여 2009.12.30.부터 여객 사상 등 모든 배상 상한액을 11.31% 인상하여 적용 중에 있는데 우리 상법 개정내용은 여기에 대한 언급이 일체 없다.

또 상법 제905조가 항공승객의 사망과 신체 상해 시 10만 계산단위(SDR)를, 제907조에서 승객의 연착 시 4,150SDR(국내 경우에는 500SDR), 제910조에서 수하물의 멸실, 훼손, 지연 시 1,000SDR, 제915조에서 화물의 손해(멸실, 훼손, 지연)에 대하여 kg당 17(국내운송의 경우에는 15)SDR을 운송인이 배상토록 한 것은 이미 ICAO가 2009.12.30.부터 모든 ICAO 회원국들에게 상기 SDR 배상액을 각기 11.31% 인상하여 11만 3,100SDR, 4,694SDR, 1,131SDR 및 19SDR로 인상 적용된다고 통보한 것을 도외시한 처사이다. 즉 2011.5.23. 국회에서 통과된 중요한 상법 개정의 내용은 이미 1년 반 전에 변경된 해당 조약의 단순한 내용조차 반영하지 못하고 있는 것이다. 이는 현재 우리나라 항공사들(대한항공과 아시아나)이 상기 ICAO의 11.31% 인상률을 반영하여 이미 시행하고 있는 현실에도 상치하는 바로서 국제법에 무지할 뿐만 아니라 국내 관련 상황도 파악하지 못하면서 법을 제정한다는 어이없는 일을 저지른 것이다.

이럴 경우 이미 1999년 몬트리올 협약 당사국으로서 의무를 지고 있는 우리나라가 국제법인 몬트리올 협약의 내용과 국내법으로서 상법의 내용이 상이하여, 즉 국제법과 국내법의 충돌을 야기하는 상황에 처하게 되는데 그 충돌내용이 너무나도 어이가 없는 내용이어서 창피할 지경이다. 이러고도 OECD 회원국으로서의 선진국 운운하며 세계 6번째 항공대국으로서의 한국을 이야기할 수 있는지 의문이다.

우리 말 속담에 가만히 있으면 중간은 간다는 말이 있다. 그런데 위와 같은 상법 개정에 관여한 법률전문가는 국제법 성격으로서 국제항공법의 전문지식을 요하는 항공운송법의 내용을 세계에서 유일하게 상법에 포함시키는 작업을 하면서 왜 제대로 된 전문지식에 경청하지 않았는지 궁금하다. 이러한 예는 다른 경우에도 당연히 있을 법한 일로서 이는 우리 국내법 제정수준을 말하는 지표가 되지 않나 우려된다. 우리의 법률 제정자가 이러한 실수를 함으로써 국익을 손상시키고 국내항공산업계와 항공운송법이 포함된 상법을 시험 공부할 학생들을 어리둥절하게 만들었는데 이에 대한 책임은 누가 어찌 질 것인지 궁금하다.

3. 관련 판례

국제운송에 있어서 승객 배상을 위요한 국내판례는 드물다. 화물에 관한 판례는 여러 건 있다. 그런데 바르샤바 체제를 이해하고 관련 조약을 적용하여야 하는 판결을 하는 것이 국내에서 공부하고 훈련받은 법관으로서는 매우 어려운 일이다. 따라서 오판과 문제 있는 판결이 상당 부분을 차지한다.

선진 외국에서는 국제법과 관련된 판결을 함에 있어서 외국 법원의 판례와 관련 저서 연구 및 전문가의 자문을 구하고[9] 그 내용을 모두 판결문에 포함시킴으로써 법학도의 교과서 역할을 하는 판결문도 나오는데 이는 우리나라의 현실과는 크게 비교되는 바이다. 또 오늘날 갈수록 전문화되고 복잡다기한 각 분야의 분쟁을 제대로 판결하기 위하여서는 상식적인 법률지식과 우수한 두뇌에만 의존하는 것에 한계가 있기 때문에 일부 선진국 판사는 자국 내에서 해당 전문분야를 공부할 수 없을 경우 해외 저명한 대학이나 연구기관에서 연수를 하면서 실력을 함양하기도 한다.

우리나라는 과거 바르샤바 체제에 뒤늦게 참여하였다. 1967년에야 1955년 헤이그 의정서에만 가입하면서 헤이그 의정서의 모법이 되는 1929년 바르샤바 협약에 가입하지 않는 실수를 범하였다. 이에 따라 1929년 바르샤바 협약에는 가입하였지만 1955년 헤이그 의정서에는 가입하지 않은 미국과 같은 나라와 우리나라 사이에 국제항공운송에 관한 조약이 적용될 여지가 없는 결과가 초래되었다.[10]

우리나라와 같이 1955년 헤이그 의정서만 가입하고 모법인 1929년 바르샤바 협약에 가입하지 않은 나라가 상금 7개국[11](한국, 엘살바도르, 그레나다, 카자흐스탄, 리투아니아, 모나코, 스와질

---

9) 국제문제에 관련한 판결을 할 때 영국 등 선진국의 법원은 판결에 앞서 외교부의 의견을 구하기도 함.

10) Chubb & Son v. Asiana Airlines 사건에서 미국 제2고법은 1929년 바르샤바 협약만을 가입한 미국과 1955년 헤이그 의정서만 가입한 한국 사이에 발생한 화물 배상 관련 소송에서 양국 간에 적용할 조약이 없다고 판결(2000년)하였음. 214 F. 3rd 301(2nd Cir. 2000), cert. denied, 533 U.S. 928(2001).

11) 반대로 바르샤바 협약의 당사국이긴 하나 헤이그 의정서의 당사국이 아닌 나라는 약 20개국이 됨. 이들 국가 중 미국은 헤이그 의정서의 배상 상한에 확실한 불만을 갖고 비준하지 않은 것이고, 어느 조약의 당사국이 된 후 동 조약의 개정내용이 되는 조약에의 당사국이 되지 않는다 하여도 법적 무지의 결과는 아니고 불만 등의 결과이겠음. 한편 1969년 조약법에 관한 비엔나 협약 제40조 5항은 어떤 조약이 있고 동 조약을 개정한 협정이 발효된 후 조약의 당사국이 된 나라는 별도의 의사를 표명하지 않는 한 개정 협정의 당사국으로 간주된다고 규정하면서 우리나라와 같이 개정 협정이 되는 헤이그 의정서에만 가입하고 모법의 조약에 해당하는 바르샤바 협약의 당사국이 되지 않은 경우는 무지한 실수 이외의 것으로는 설명할 수 없게끔 하였음.

랜드)이나 한국만이 세계 10위권 이내의 항공대국으로서 국제항공 관련 배상 소송의 당사국이 되는 사례를 주로 갖는바, 한국 정부의 실수는 국제항공운송에 있어서 긴밀한 관례를 가지고 있는 미국을 불편하고 혼란스럽게 하는 결과를 초래하였다.

우리나라 정부는 이러한 내용도 모른 채, 바르샤바 체제를 전면 개선한 1999년 몬트리올 협약에 가입하였으며, 미국 상원은 이에 따라 1955년 헤이그 의정서를 비준함이 없이 몬트리올 협약만 비준하면 되는 상황에서 한국이라는 항공대국과의 국제법적 적용에 있어서의 문제 소지를 제거하기 위한 목적으로 2003년 몬트리올 협약을 비준한 지 열흘 후 헤이그 의정서도 비준한 것으로 본다.

현대 산업기술의 발달과 국제사회의 상호 관계 긴밀화로 각 분야에서의 국제법 제정과 적용이 활발하여지고 있다. 그러나 현재 우리 정부 조직과 체제는 복잡다기한 각 분야별 국제법을 정부 당국자가 모두 파악하기에 불가능한 실정이다. 따라서 정부는 국제법의 분야별(항공, 우주, 인권, 환경, 마약, 군축, 해양, 범죄, 상거래 등)로 전문가위원회를 설치하여 위원회의 건의내용을 경청함으로써 조약 비준이나 가입 여부 등에 있어서 국익과 국격에 맞는 결정을 하여야 한다.

여기서는 1986년에서 2010년까지 25년에 걸친 50여 건의 국내판례를 살펴본다. 다수가 항공화물에 관련된 내용이며 국내에 운송되어 온 화물이 국내 도착 후 보세유치장이라는 국내통관 편의상 설치된 장소로 이전 보관(임치)되면서 수하인(통상 은행)에게 정식 통보되지 않고 통지처인 수입 상사나 혹은 국내화물 수입대리점에 통보되는 관행이 문제가 되어 화물에 대한 정당한 권리 소유자의 재산권 피해가 있은 결과 제소된 내용이 상당수이다. 또 단순한 국내운송에 관련한 다툼으로 인한 소송도 있지만 대다수는 국제운송의 내용으로서 한국이 당사국으로 되어 있는 바르샤바 협약 개정 1955년 헤이그 의정서의 내용을 적용한 바인데 항공 관련 조약에 관한 기본적인 이해가 부족한 관계로 문제가 되는 판례도 눈에 띄는바 하기와 같이 특기할 사항 위주로 분석 기술한다.

3.1. 재판 관할권

서울지방법원 1996.1.12. **선고 94가합66533 판결(중간 판결)**은 태국에서 항공권을 구입한 한국인이 태국을 출발하여 네팔로 여행하다가 네팔에서 1992.7.31. 항공기가 추락하여 사망한 사건에 관련한 배상 청구소송이다. 법원은 해당 항공사의 영업소가 한국에 있다는 이유로 한국의 재판 관할권을 인정한 가운데 배상 판결을 하였다. 그러나 이는 사고지 법이 적용되어야 하는 기본적인 국제법 원칙, 태국항공사의 약관 적용, 우리 국제사법 제32조 1항에 규정된 바와 같이 "불법 행위는 그 행위가 행하여진 곳의 법에 의한다"라는 규정, 우리 민사소송법 제4조 1항 "법인 기타 사단 또는 재단의 보통재판적은 그 주된 사무소 또는 영업소에 의하고 사무소와 영업소가 없는 때에는 그 주된 업무담당자의 주소에 의한다"의 규정 등에 위배된 내용이다. 법원은 피해자가 한국인이라는 것을 의식하면서 민사소송법 제4조와 관련하여 한국에 태국 항공사의 영업소가 있고 동 영업소의 대표가 있기 때문에 한국의 관할권이 있다고 판결하였으나 이는 사적 자치에 관한 항공권 구입이라는 계약으로서 공법이 아니고 사법이 적용되는 부문이기 때문에 피해자의 국적을 중시할 필요가 없고 태국 항공사가 국내에 영업소를 두고 있는 것은 지사 성격의 사무소 로서 민사소송법이 말하는 주된 영업소, 즉 본사를 의미하는 장소가 아님에 유의하여야겠다.

대법원 2010.7.15. **선고 2010다18355 판결**은 2002년 김해공항 인근에서 발생한 중국 항공기 추락 사고로 사망한 중국인 승무원의 유가족이 중국 항공사를 상대로 한국 법원에 손해 배상 청구 소송을 제기한 사안인데 1심(**부산지방법원 2009.6.17. 선고 2006가합12698 판결**)과 2심(**부산고법 2010.1.28. 선고 2009나10959 판결**)의 판결과 달리 한국의 재판 관할권을 인정한 것이다. 법원은 사고로 인하여 사망한 탑승객이 한국에서 배상 판결을 받은 것을 염두에 두면서 다음과 같은 언급을 하면서 적극적인 재판 관할권을 행사하였다.

> 같은 항공기에 탑승하여 사고를 당한 사람의 손해 배상 청구에 있어서 단지 탑승객의 국적과 탑 승 근거가 다르다는 이유만으로 국제재판 관할권을 달리하게 된다면 형평성에 있어서도 납득하 기 어려운 결과가 될 것이다.

그러나 이는 그러한 이유로만 재단할 수 없는 것이 항공운송사고 시 적용되는 바르샤바 협약 등 조약과 각국의 국내법은 승객과 승무원을 별도의 규정으로 배상하고 있는바, 이는 사고 주체를 위하여 종사하는 종업원은 업체와의 특별계약관계에서 업무에 종사하고 있는 자들이기 때문이다. 같은 맥락에서 자국 소속 정부와의 특별관계에 있는 공무원들은 신분관계에 있어 일반시민들에게 적용되는 내용의 적용을 받지 않는다. 그러하지 않다면 공군 비행기가 외국에 비행하던 중 사고로 군인들이 사망할 경우 사고 현지의 나라에서 배상 소송을 허용하는 것과 같은 이치가 된다. 이렇게 특수한 관계에 있는 승무원들을 일반 승객과 같이 사고지 법에 따라 재판하는 것은 무리이고 이는 동 사건의 1심과 2심 재판과정에서 피고(중국국제항공공사)가 설파하였듯이 우리나라 국제사법의 제2조 1항 "법원은 당사자 또는 분쟁이 된 사안이 대한민국과 실질적 관련이 있는 경우에 국제재판 관할권을 가진다. 이 경우 법원은 실질적 관련의 유무를 판단함에 있어서 국제재판 관할의 특수성을 충분히 고려하여야 한다." 제28조 2항 "당사자가 준거법을 선택하지 아니한 경우에 근로계약은 제26조 (준거법 결정 시의 객관적 역할)의 규정에 불구하고 근로자가 일상적으로 노무를 제공하는 국가의 법에 의하며, 근로자가 일상적으로 한 국가 안에서 노무를 제공하지 아니하는 경우에는 사용자가 근로자를 고용한 영업소가 있는 국가의 법에 의한다." 제32조 1항 "불법행위는 그 행위가 행하여진 곳의 법에 의한다"라고 규정하면서도 제2항 "불법행위가 행하여진 당시 동일한 국가 안에 가해자와 피해자의 상거소가 있는 경우에는 제1항의 규정에도 불구하고 그 국가의 법에 의한다" 등의 규정을 볼 때 그러하다.

3.2. 신체 피해

서울지방법원 1997.12.26. **선고 97가합29672 판결**은 서울에서 인도네시아 항공사 가루다로 인도네시아에 갔다 오는 왕복 항공권을 구입한 후 1997.3.5. 자카르타를 출발한 가루다 항공기가 기체 결함으로 회항하여 김포공항에 예정보다 20시간 30분 늦게 도착한 사건 배상에 관련된 내용이다. 법원은 한국이 헤이그 의정서 당사국으로서 바르샤바 협약 제17조에서 규정하고 있는 운송인의 피해 배상, 19조상 지연에 따른 배상, 20조상 운송인이 모든 필요한 조치를 취하였을 경우 면책의 내용을 검토한 후 승객이 정신적 피해를 입은 것을 중시하면서 승객 1인당 60만 원의 배상 판결을 내렸다. 법원이 바르샤바 협약 17조상 배상대상인 bodily injury는 불어로 작성된 바르샤바 협약의 불어 표현인 lesion corporelle을 영역한 것이고 불어의 개념은 정신적 피해도 말하는 것이라는 깊은 분석하에 정신적 피해에 대한 배상을 판결하였으나 이는 국제항공판례 동향에 어긋나는 것이다. 제2장에 상세 언급되어 있듯이 1985년 미국 대법원의 Air France v. Saks 판결 이후로 순전한 정신적인 피해는 배상대상에서 제외되고 있기 때문이다. 따라서 동 판결은 지연에 따른 피해 배상으로만 처리하면 좋았다고 본다.

위와는 달리 정신적 피해에 대한 배상을 부인한 판례는 대전지방법원 2009.6.26. **선고 2007가합3098 판결**이다. 동 판결에서 법원은 다음과 같이 언급하였다.

> 여객의 정신적인 손해는 운송인의 손해 배상책임 범위에서 배제하고 있으므로, 이 사건 여객운송 계약의 운송인인 피고에 대하여 이 사건 사고로 인한 여객의 정신적인 손해의 배상을 구하는 원고의 이 부분 청구를 받아들일 수 없다.

3.3. 수하물

서울고등법원 **2004.12.3. 선고 2004나2920**은 승객이 휴대 수하물로 가지고 갈려 하던 귀중품을 체크인 카운터에서 주장하여 위탁 수하물로 처리하였으나 여행 목적지 도착 후 분실된 경우에 있어서의 배상에 관한 판결이다. 원고인 승객은 2002.3.12.경 이태리로부터 수입한 장식용 가구들의 금장식 막대(23kg)에 하자가 있어 그 교환 또는 보상 문제를 협의하기 위하여 밀라노로 가기 위해 2002.4.10.경 인천발 파리행 에어프랑스 267편을 탑승하면서 물품을 여객 수하물로 밀라노까지 운송위탁을 하려고 하였으나 항공사 직원이 귀중품이기 때문에 받아 주지 않자 이를 휴대한 채 탑승하려고 하였다. 그러나 동 물품이 위험한 물건으로서 기내 반입 제한 물품에 해당한다는 이유로 국제선 공항검색대에서 제지를 당하는 바람에 원고는 항공기의 직원에게 맡겼으며 직원은 임시영수증을 발급하여 주었다. 이때 직원들은 승객에게 중간 기착지인 파리시 드골 공항에서 물건을 수령하라는 통지를 하지 않았다. 승객은 파리 공항 도착 후 환승하여 밀라노로 가게 되었는데 파리로 오는 항공기에서 안내방송을 들은 바도 없고 파리 공항에서의 안내방송도 듣지 못한 채 밀라노 도착 후 물건을 찾는 것으로만 생각하였다. 밀라노 도착 후 물건을 찾지 못하여 이를 항의하였으나 4박 5일 동안의 여행 일정 동안 물건을 전달받지 못하였다. 승객은 2002.4.14. 귀국하여 에어프랑스를 상대로 물건의 분실 신고를 하였으나 결국 찾지 못한 후 배상 소송을 제기한 것이다. 법원은 이에 대하여 헤이그 의정서상 수하물 1kg당 약 17SDR이라는 배상 상한을 적용한 배상 판결을 하여 물건 구입 대금만 2,100만 원인 물건을 23kg의 무게로 계산하여 항공사가 64만 원을 지불토록 하였다. 법원은 항공사의 고의 또는 이에 준하는 중과실이 있을 경우 배상 상한 적용 철폐를 할 수 있다는 규정도 검토하였으나 이렇게 보기에는 부족하다고 판결하였지만 항공사의 직원이 중요한 과실을 범하였고 무엇보다도 파리 경유 시 돌려주어야 할 승객의 귀중품을 돌려줄 때까지 잘 보관하였어야 할 주의를 태만히 한 결과 직원이고 외부 인사이고 간에 도적질하여 가는 결과를 초래한 것은 고의적 과실로 보았어야 한다.

3.4. 운송인의 화물 인도 시까지의 책임

서울고등법원 **2005.5.13. 선고 2004나73865 판결**은 운송인이 화물을 어느 시점까지 보관하는 책임을 갖느냐와도 관련이 있는 사건이었다. 원고인 국민은행은 2003.5.9. Dream Media MDS Co. Ltd.(수입자)로부터 싱가포르에 있는 Micronix Technology PTE Ltd.(수출자)에서 말레이시아산 인텔

셀러론 2.0 1,897개를 수입함에 있어 그 대금 지급을 위한 신용장의 개설을 의뢰받고, 물품 수출자를 수익자로 한 신용장 대금 미화 12만 5,960불의 취소불능 화환신용장을 개설하였다. 피고 2인 국내항공운송주선업자(freight forwarder)는 수입자로부터 물품 운송을 의뢰받고 싱가포르의 운송주선인인 Korchina Logistics Pte Ltd.(코차이나)에게 수출자로부터 화물을 받아 인천공항으로 운송하여 줄 것을 위탁하였다. 코차이나는 업계의 관행으로서 운송료를 줄이는 방법을 택하여 여러 화물을 하나의 혼재항공화물송장이라고도 하는 마스터 항공화물송장(Master Air Waybill)으로 기재하여 운송하였는데 이에 포함된 12건의 화물은 각기의 하우스항공화물송장(House Air Waybill) 번호, 운송 항공편, 포장개수, 중량, 송하인과 수하인(실수입자)의 명칭과 주소, 국내대리점(agent, 국내에서는 운송취급인으로 호칭)이 기재되어 있는데 적하목록상 기재되어 있는 12건의 화물 중 이 사건 화물에 관한 운송취급인은 피고 2이었고 10건의 화물은 피고 1인 다른 운송취급인이었으며 나머지 1건의 화물의 운송취급인은 코리아로지스틱스였다. 따라서 마스터 항공송장에는 다수 운송물을 취급하는 피고 1이 수하인으로 기재되었다. 코차이나는 피고 1에게 마스터항공운송장에 첨부된 이 사건 수하인용(제2원본) 하우스 항공운송장을 피고 2주식회사에게 교부하라고 통지하였고, 피고 2에게 이 사건 화물이 피고 1의 취급 화물과 혼재되어 운송된다는 사실을 통보하였다.

대한항공은 2003.5.11. KE356편으로 상기 혼재화물을 싱가포르공항에서 인천공항으로 운송한 후 통관을 위하여 대한항공의 영업용 보세창고에 입고한 후 마스터항공운송장의 수하인인 피고 1에게 마스터항공운송장과 그에 첨부된 적하목록, 12장의 하우스항공운송장이 밀봉되어 있는 봉투를 교부하였다. 피고 1은 피고 2가 취급하는 하우스항공운송장을 즉시 피고 2에게 전달하였고 피고 2는 이 사건 수입자(하우스 항공송장상 수하인은 아니고 통지처에 불과)에게 화물의 도착 사실을 통지하였고 코차이나로부터 운임을 청구받았으며, 수입자에게 운임 등의 비용을 청구하였다. 그런데 수입자는 수출자와 체결한 계약상 물품과 다르다는 이유로 피고 2에게 반송을 의뢰하였다. 피고 2는 5.13. 송장상 수하인 국민은행의 동의가 없이 수하인용 항공송장을 이용하여 반송절차를 취한 결과 동 일 KE355편으로 반송되었다. 한편 원고인 국민은행은 5.26. 신용장 매입은행에게 신용장 금으로 1억 5,149만 3,054원을 지급하였는데 수입자는 도산하여 국민은행에 신용장 대금을 상환하지 못하고 있었다. 법원은 통지처에 불과한 수입자의 요청에 따라 반송한 것은 수하인의 화물에 대한 인도 청구권을 침해한 불법행위로서 원고가 입은 손해를 배상토록 판결하였다. 그런데 여기에서 법원은 피고가 주장하는 바와 같이 "…그 손해의 발생은 항공운송이 종료된 후에 발생된 것이어서 바르샤바 협약상의 책임 제한 조항이 적용될 여지가 없다는 것으로 해석할 수 있을 뿐(대법원 2003.1.10. **선고 2000다31045 판결** 참조), 법리상 위 규정을 근거로 하여 바르샤바 협약의 항공운송장 등에 관한 규정이 항공운송 중에만 적용된다고 할 수는 없으므로…"라고 판결하였다. 이 사건에서는 화물이 수하인에게 인도가 되지 않은 가운데 불법 반송이 된 것이지, 운송업자의 운송이 종료된 것이 아니며 바르샤바 협약 제18조에 의하여 운송인의 화물운송의무가 설령 종료되었다고 할 경우에는 현 판결에서와 같이 바르샤바 협약상 책임 제한을 파기하는 제22조를 그 어디에도 적용할 필요가 없이 국내 관련 법을 적용하면 될 사안이었다. 그런데 운송이 종료되었다고 하면서 대한항공 등 운송인에게만 적용할 수 있는 바르샤바 협약규정을 화물 취급인인 피고 2에게 적용한 것이어서 문제가 된다. 여기에서 원고는 또 운송인을 상대로 소를 제기할 수 있는 사안이었다.

국내에서 화물 수취 시의 독특한 관행상 화물의 수하인이 직접 개입하지 않는 가운데 바르샤바 협약상 규정으로는 운송인의 화물운송 기간이 종료되지 않는 가운데 화물 피해가 발생하곤 하는데 이 경우 운송인을 배상대상으로 지목하기보다는 직접적인 불법행위를 야기한 당사자를 대상으로 소가 제기되면서 바르샤바 협약의 해석이 굴절되기도 한다.

대법원의 **2004.7.22. 선고 2001다67164 판결**은 국내회사 금양기전이 일본 회사로부터 방송용 기자재를 수입하면서 중소기업은행에게 신용장 개설을 의뢰하였고 소송에서 동 은행(원고)은 1997.3.29. 일본 회사를 수익자로 한 취소불능 화환신용장을 개설한 것과 관련된다. 일본 회사는 운송주선인인 판신(피고 1)과 관련 화물을 일본 도쿄에서 김포공항까지 운송하는 항공운송계약을 체결한 뒤, 1997.7.29. 제1차 화물을, 1997.7.31. 제2차 화물을 피고 판신에게 인도하였다. 판신은 항공화물운송장(House Air Waybill)을 발행하여 송하인용은 수출자인 일본 회사에게 주고, 수하인은 중소기업은행, 통지처가 금양기전으로 기재된 수하인 용 송장은 자신과 국내운송대리점 계약을 체결한 동방항공해운(피고 2)에게 송부하였다. 판신은 제1차 화물을 노스웨스트 카고에게, 2차 화물은 니폰 카고 에어라인에게 의뢰하여 각기 1997.7.30.과 8.1. 김포공항에 도착시켰다. 이에 따라 1차 화물은 도착 당일 김포세관 구내장치장에 반입되었고, 2차 화물은 육상운송을 거쳐 반월 보세장치장에 반입되었다. 김포세관 관할 보세장치장에서는 1997.6.2.부터 수입신고필증과 수하인용 항공화물운송장 원본을 제출받고 화물을 인도하다가 1997.7.1.부터는 수하인용 항공화물운송장 원본 또는 운송주선업체가 발행하는 화물 인도지시서를 받고 화물을 인도하여 주었다. 그런데 피고 동방이 이 사건 화물에 대한 수하인용 항공화물운송장 원본을 소지하고 있고 화물 인도지시서를 발행하지 아니하였는데도 사단법인 관우회는 1997.7.31. 수입신고필증과 항공화물송장 사본 및 이 사건 화물과는 아무 관련이 없는 화인국제운송 주식회사의 화물 인도지시서만 교부받고 제1차 화물을 금양기전에게 인도하였고, 원고 보조참가인인 한국산업단지공단은 1997.8.8. 수입신고필증만을 교부받고 제2차 화물을 금양기전에게 인도하였다. 원고인 중소기업은행은 1997.9.1. 신용장 개설은행으로서 그 매입은행에게 신용장 대금을 지급하였으나 신용장 개설 의뢰인인 금양기전이 사실상 도산하여 그 대금을 상환받지 못하고 있는 상황에서 피고 1과 2를 대상으로 배상 청구를 하였다. 이에 대하여 법원은 피고 2인 동방이 보세창고업자들을 선임하고 감독함에 있어서 과실이 없고 또 그 선임 및 사무 감독에 상당한 주의를 하였다고 인정되며 또 피고 1 판신의 대리인으로서 화물 도착의 통지와 적하목록의 작성 등 운송취급인으로서의 의무를 이행함에 있어 주의의무를 다하지 아니한 과실이 채무불이행에 대한 책임을 질 필요가 없고 운송주선인인 피고 판신이 원고에 대하여 채무불이행 책임을 져야 하지만 당시의 관세법과 보세화물관리에 관한 고시에 따라 실수입자인 금양기전이 보세창고업자들을 선임하였고 화물이 입고된 지 불과 1일 또는 1주일 만에 출고되어 피고들로서는 화물의 행방도 파악하기가 어려웠으며 피고들이 화물 인도지시서를 발행한 사실도 없고, 수하인용 항공화물운송장도 피고 동방이 보관하고 있어 피고들로서는 보세창고업자들이 정상적인 절차를 거치지 아니하고 화물을 수하인이 아닌 사람에게 함부로 인도하리라는 것은 미리 예견할 수 있었다고 보기 어려우므로 과실이 없다면서 원고 패소 판결을 내렸다.

법원은 이 판결을 함에 있어서 한국이 당사국인 개정된 바르샤바 협약, 즉 헤이그 의정서의 내용상 손해의 원인이 된 사고가 항공운송 중에 발생한 것이냐를 먼저 검토하였으나, 화물이 보세장치에 반입된 결과 운송이 종료된 것으로 보면서 헤이그 의정서가 적용되지 않는다고 판단하였다. 그러나 바르샤바 협약 제18조 2항에 따라 공중, 공항, 지상 어느 곳에 있더라도 운송인의 책임하에 있는 기간을 포함하여 화물은 항공운송 중에 있는 것으로 해석하여야 하였다. 따라서 헤이그 의정서에 따라 운송인의 책임이 추궁되었어야 하고 아무런 권한이 없는 화인국제운송주식회사가 화물 인도지시서를 교부한 데 대한 책임과 과실로 화물을 인도하여 준 사단법인 관우회는 국내법에 따라 손해 배상책임자라는 언급이 있었어야 했다.

대법원 2004.1.27. **선고 2000다63639 판결**에서는 항공화물의 운송에 있어서 운송인이 공항에 도착한 수입항공화물을 통관을 위하여 보세창고업자에게 인도하는 것만으로 항공화물이 운송인이나 운송 주선인의 지배를 떠나 수하인에게 인도된 것으로 볼 수는 없다고 하였다. 즉 기존 한국 법원의 항공운송에 관한 해석과는 달리 보세창고로 인도되었다고 하여 항공운송이 종료된 것을 뜻하는 것은 아니라는 뜻에서 위에서의 판례와 대비된다. 동 판결요지를 계속하여 보면 항공화물이 통관을 위하여 보세창고에 입고된 경우에는 운송인과 보세창고업자 사이에 항공화물에 관하여 묵시적 임치계약이 성립한다고 볼 것이고, 따라서 보세창고업자는 운송인과의 임치계약에 따라 운송인 또는 그가 지정하는 자에게 화물을 인도할 의무가 있고, 한편 운송인은 항공화물운송장상의 수하인이나 그가 지정하는 자에게 화물을 인도할 의무가 있으므로 보세창고업자로서는 운송인의 이행보조자로서 항공운송의 정당한 수령인인 수하인 또는 수하인이 지정하는 자에게 화물을 인도할 의무를 부담하게 되는바, 보세창고업자가 화물을 인도함에 있어서 운송인의 지시 없이 수하인이 아닌 사람에게 인도함으로써 수하인의 화물 인도 청구권을 침해한 경우에는 그로 인한 손해를 배상할 책임이 있다는 것이다. 법원은 아울러 보세창고업자가 운송인의 이행보조자로서 수하인 또는 수하인이 지정하는 자에게 화물을 인도할 의무를 부담하는 이상, 관세행정법규에 의한 화물의 반출에 대한 절차 및 통제는 관세징수 또는 수입화물관리의 효율성 등 관세행정을 위한 것일 뿐이므로, 그에 따라 화물을 반출하였다는 사정은 운송인과 보세창고업자 사이에 성립된 임치계약에 의한 보세창고업자의 주의의무에는 영향이 없다고 하는 올바른 판결을 하였다.

위와 맥락을 같이하는 훌륭한 판결이 서울고등법원 2000.10.31. **선고** 99나67309이다. 동 판결에서 법원은 다음과 같이 판시하였다.

> 피고인 보세창고회사가 관세법과 관세청고시가 정하는 바에 따라 화물을 보관하고 수입신고필증을 확인한 후 실수입업자에게 인도하는 것이 항공화물운송업계의 관행이자, 은행(신용장 개설을 한 금융기관으로서 통상 화물의 수하인 지위에 있음)과의 묵시적 합의에 의한 것이라는 이유를 들어 어떠한 책임도 없다고 주장한 데 대하여 관세법이나 그 시행령 그리고 보세화물관리에 관한 고시는 관세징수 또는 수입화물 관리의 능률 등 통관 또는 관세행정의 편의를 위한 것으로 사인 간의 권리관계를 규율하는 것이 아니므로 이를 준수하였다고 하여 피고가 그 책임을 면한다거나 그로 인하여 수하인, 운송주선인, 보세창고업자 등의 사법상 지위에는 영향을 준다고 할 수 없고, 위에서 인정한 바와 같은 항공화물의 운송 및 통관절차에 비추어 보세창고에서 통관규정상의 절차에 따라 위 실제 화주에게 화물을 반출하는 것이 피고 주장과 같은 관행이라거나 원고(은행) 사이에 묵시적 합의에 의한 점은 이를 인정하기에 부족하고 달리 이를 인정할 증거가 없으므로 위 피고 주장은 이유 없다.

> 국내에 도착된 운송물이 보세창고에 입고되었다면 그 점유매개관계에 따라 보세창고업자는 항공운송인이나 항공운송주선인 또는 그들이 지시하는 자에게 화물을 인도할 의무가 있다.

피고가 제기한 헤이그 의정서상 즉 바르샤바 협약 제25조에 따른 책임 제한 적용에 관하여서는 "피고의 고의 또는 중과실로 인하여 손해가 발생한 것이므로 책임 제한규정을 적용할 수 없다"라고 하면서 피고의 불법행위로 인한 수하인 원고가 입은 손해인 수입대금 3억 8,290만 3,375

원에 대한 배상 판결을 하였다.

국내항공 대리인이 배상 판결을 받은 경우도 있다. 서울고등법원 1998.12.29. **선고 96나44398 판결**은 수입업자가 업자용 수입 승인서(Import License)를 통관에 필요한 세관용 수입승인서로 변조한 다음 국내항공 대리점으로부터 교부받은 수하인용 항공화물운송장과 함께 세관에 제출, 통관절차를 마친 후 세관으로부터 받은 수입면장을 가지고 보세창고에서 수입화물 모두를 불법 반출한 것과 관련한 배상 소송에서 다음과 같이 판시하면서 고의적 중과실을 한 국내항공 대리점에 대한 배상을 명하였다.

> 항공화물을 통관을 위하여 세관이 지정한 보세창고업자에게 인도하는 것만으로 항공화물이 항공운송인(또는 항공운송주선인)의 지배를 떠나 수하인에게 인도된 것으로 볼 수는 없으므로….

대법원 1999.7.13. **선고 99다8711 판결**에서 법원은 다음과 같이 판시하였다.

> 운송인 등이 수하인의 지시 없이 제3자에게 수하인용 항공화물운송장을 교부하고, 화물을 인도한 경우, 이는 수하인의 화물 인도 청구권을 침해한 것으로서 수하인에 대하여 불법행위를 구성한다고 할 것이며, 통지처는 수하인을 대신하여 화물 도착의 통지를 받을 권한이 있을 뿐 항공화물운송장의 교부나 화물이 인도를 받을 권한은 없으므로 위에서 말하는 제3자가 통지처라고 하더라고 마찬가지라고 할 것이다.

보다 제대로 된 판례가 있으니 이는 대법원 2001.1.16. **선고 99다67192 판결**이다. 판결요지는 일반적으로 보세창고업자는 운송인과의 임치계약에 따라 운송인 또는 그가 지정하는 자에게 화물을 인도할 의무가 있고, 한편 운송인은 수하인이나 그가 지정하는 자에게 화물을 인도할 의무가 있으므로 보세창고업자가 화물을 보관하고 이를 인도하는 것은 수하인에 대한 관계에서는 운송인의 이행보조자 또는 피용자의 지위에서 하는 것이고. 따라서 보세창고업자가 화물을 수하인의 지시 없이 수하인이 아닌 사람에게 인도함으로써 수하인의 인도 청구권을 침해한 경우에는 운송인은 보세창고업자의 사용자로서 불법행위 책임을 져야 한다는 것이다. 즉 바르샤바 협약에 충실한 해석을 하여 항공운송인의 책임을 물은 것이다. 이에 어긋나는 판례로서 서울고법 2001.7.24. **선고 2001나11385 판결**이 있는바, 법원은 국제항공운송에 있어서 보세창고업자를 운송인의 피용자와 같은 지위에서 판단할 수는 없다고 하였다.

대법원 1998.11.10. **선고 98도2526 판결**은 항공화물의 수하인인 조흥은행이 화물의 수출업자에게 적법하게 대금을 결제한 경우에 조흥은행에 대금 결제를 하지 않은 채 화물의 통지처로서 물품을 통관하여 보세창고업자로부터 인도받은 다음 이를 임의로 타에 처분한 수입업자의 행위를 특정경제범죄가중처벌 등에 관한 법률위반(배임)죄로 처단한 1심 판결을 확정하였다. 예외적으로 형사처벌이 적용된 경우이다.

이상의 여러 판결과는 달리 **서울고등법원 2001.9.7. 선고 2001나460 판결**은 일본에서 들여온 수입품이 보세창고에서 불법 반출되어 나간 결과 항공화물의 정당한 점유자인 항공화물의 수하인인 은행이 일본의 항공화물운송주선회사와 국내항공운송대리점을 대상으로 배상을 청구한 사건에서 피고의 채무불이행 책임이 없고 따라서 불법행위 책임도 없다면서 원고 패소 판결을 하였다. 동 사건에서 법원은 보세창고업체를 항공운송인(본 건에서 일본의 항공화물운송주식회사)의 채무 이행을 보조할 뿐 바르샤바 협약의 제20조상의 피고용인이나 대리인 또는 상법 제135조상 '사용자 또는 운송을 위하여 사용한 자'가 아니기 때문에 운송인은 이행대행자의 채무불이행에 대하여 이행대행자의 선임, 감독상 주의 의무만을 다하였으면 된다면서 피고 면책을 선고하였다. 동 판결은 바르샤바 협약의 조문을 인용하였지만 화물이 수하인에게 인도되기까지 운송 중에 있으며 이때 화물이 어디 있든지 간에 운송인의 관할하에 있는 것으로 보고 인도 시까지 피해가 있을 경우 운송인의 책임이라는 협약 제18조에 상치되는 것이며 한국에서 화물이 도착한 후 보세창고가 개입된 화물보관에서 인출까지의 무질서한 절차를 관행이라는 이유로 정당화한 것이다.

위의 내용은 한국 내에 화물이 도착한 후 일어난 사건이지만 **대법원 1993.5.27. 선고 92다32180 판결**은 한국에서 외국인 영국으로 화물이 운송되어 간 후 영국의 항공운송대리점의 요청에 의하여 수하인인 영국소재 은행의 의사를 문의하지 않은 채 한국의 항공운송취급점이 화물의 통지처에 불과한 영국의 수입상으로 하여금 화물을 수취하도록 하게 해 줌으로써 한국 수출회사가 피해를 본 사건에 있어서 항공운송취급점이 배상토록 판결하였다.

3.5. 바르샤바 협약의 적용

우리 법원에서 간과하고 있는 조약 관련 내용 중의 하나가 우리나라 정부의 실수로 항공운송에 관한 1929년 바르샤바 협약에 가입한다고 하면서 1967년에 1955년 헤이그 의정서에만 가입한 것이다. 헤이그 의정서 제23조 2항은 "바르샤바 협약의 당사국이 아닌 국가가 본 의정서에 가입하면 본 의정서에 의하여 개정된 내용의 바르샤바 협약에 가입한 효과를 갖는다"(Adherence to this Protocol by any State which is not a Party to the Convention shall have the effect of adherence to the Convention as amended by the Protocol)라고 규정하였다. 헤이그 의정서에 가입할 때 우리나라의 정부 당국자가 동 규정의 해석을 잘못하여 모법인 1929년 바르샤바 협약에의 가입을 하지 않고 의정서 가입만 하면 협약에도 가입하는 효과가 있는 것으로 생각한 결과 헤이그 의정서에만 가입하였다. 이러한 착오를 한 국가가 한국만은 아니어서 엘살바도르, 그레나다, 카자흐스탄, 리투아니아, 모나코, 스와질랜드 등 총 7개국에 이르나 세계 항공운송실적상 6번째로 항공대국인 한국이라는 선진국에서 여사한 일이 일어날 수는 없는 일이었다.

반대로 바르샤바 협약에는 비준 또는 가입을 통하여 당사국이 되고 헤이그 의정서의 당사국이 되지 않는 나라는 미국을 포함하여 약 20개국에 이르나 이들에게는 헤이그 의정서에 대한 불만 등이 있다고 보아야 하고 미국의 불만에 관한 내용은 이미 제2장에서 상세 설명한 바와 같다. 또 1969년 조약법에 관한 비엔나 협약 제40조 5항 (a)는 조약이 개정된 후 원 조약만의 당사국은 동국의 별도의 의견 표명이 없는 한 개정된 조약의 당사국으로도 간주한다고 규정하고 있다. 이와는 반대의 입장에 있는 한국으로서 바르샤바 협약만의 당사국과의 관계에 있어서는 적용할 조약이 없다는 중대한 문제가 발생한다. 실제로 미국 법원에서 여사한 문제가 발생하였다. Chubb & Son v. Asiana Airlines 사건[12]에서 미국 제2고법은 2000년 미국과 한국 사이에 이루어진 화물운송 배상 사건에 있어서 적용할 조약이 없다고 판결하였다.

그러나 한국에서의 판결은 위와 달리 또는 다른 방향에서 우리나라의 헤이그 의정서 당사국의 성격을 적용하고 있으니 딱할 노릇이다. 대법원 **1986.7.22. 선고 82다카1372 판결**에서 법원은 출발지를 미국의 보스턴, 도착지를 서울로 한 화물의 국제항공운성에 있어서 위에서의 미국 법원에서의 판결과 같은 이유로 적용 조약이 없다는 피고의 주장을 배격하였다. 또 동 법원은 헤이그 의정서만 가입하였을 시의 착각을 그대로 반영하여 다음과 같이 판결하였다.

> 헤이그 의정서에 가입함으로써 1929.10.12. 바르샤바에서 서명된 「국제항공운송에 있어서의 일부 규칙의 통일에 관한 협약」에의 가입의 효력이 발생하였고⋯

상기 법원의 판결은 대전지방법원 **2009.6.26. 선고 2007가합3098**에서 인용하여 다음과 같이 판시하였다.

> '체약국'이라 함은 바르샤바 협약과 헤이그 의정서에 모두 가입한 국가는 물론 한국과 같이 바르샤바 협약에는 가입하지 않았으나 헤이그 의정서에 가압함으로써 바르샤바 협약 가입의 효력이 발생한 국가를 모두 포함한다.

---

12) 214 F. 3rd 301(2nd Cir. 2000), cert. denied, 533 U.S. 928(2001).

서울중앙지법 **2006.6.23. 선고 2003가합58978 판결** 2002년 김해공항 인근에서 발생한 중국국제항공공사의 항공기 추락사고로 인한 손해 배상책임에 대하여 헤이그 의정서가 적용이 되고 당시 항공기장의 "무모하게 그리고 손해가 아마 발생할 것이라는 인식으로서 행하여진 것"으로 판단하여 바르샤바 협약 제22조 1항의 책임 제한이 파기된다는 판례를 살펴본다. 먼저 동 건 관련 행위지법이 적용된다는 국제사법 제32조에 따라 피해 배상 관련 한국의 법률이 적용된다는 법원의 판단에는 문제가 없다. 우리나라가 당사국으로 되어 있는 헤이그 의정서상 중국과 한국이 '체약국'인지를 논하는 데 있어서 "…체약국이라는 용어는 우리나라와 중화인민공화국같이 바르샤바 협약에는 가입하지 않고 있다가 헤이그 의정서에 가입함으로써 위 협약(바르샤바 협약)에 가입한 효력이 발생한 국가를 포함하고 있다"라는 판결 내용은 잘못된 표현이다. 우리나라만 1967년에 헤이그 의정서에 가입하였지 중국은 1958년에 바르샤바 협약에 가입하고 1975년에는 헤이그 의정서에 가입하였다. 그러면 양국 사이에 적용되는 조약은 약간의 법리 문제가 있긴 하지만 헤이그 의정서라고 말할 수 있다.

서울고등법원 **1998.8.27. 선고 98나37321 판결**은 바르샤바 협약에만 가입한 국가와 헤이그 의정서에만 가입한 국가 사이에서의 항공운송이 국제운송으로 적용되는지, 우리나라 법정에서 내국인들 사이 법률관계가 다투어지는 경우 신구 조약의 적용에 관한 조약법에 관한 비엔나 협약이 적용되는지, 1983.9.1. 사할린 상공에서의 KAL 007기 피격사건에서 승객 및 승무원의 유족이 대한항공을 상대로 불법행위에 기한 손해 배상을 청구함에 있어서 적용되는 법규 등 드물게도 국제법적 요소와 검토가 많이 개진되어야 할 사안이었다. 먼저 법원은 다음과 같은 잘못된 판결을 하였다.

> 사고 당시 바르샤바 협약에만 가입한 국가(미국)를 출발지로 하고 헤이그 의정서에만 가입한 우리나라를 도착지로 하는 항공기의 운항은 1955년 헤이그에서 개정된 바르샤바 협약상의 국제항공운송에 해당한다.

원고인 사망자 유족들은 적용할 조약이 없다는 것은 조약법에 관한 비엔나 협약[13] 제30조 4항 (b)이 계승적 조약에 있어서 양 조약의 당사국과 어느 한 조약의 당사국 간에는 그 양국에 다 같이 당사국인 조약이 그들 상호 간의 권리와 의무를 규율한다고만 규정되어 있을 뿐, 이 사건과 같이 구 조약의 당사국과 신조약의 당사국에 대해서는 신구 조약 중 어느 것을 적용할 것인지에 대하여 아무런 규정을 두고 있지 아니할 뿐 아니라 이 사건 원고들과 피고는 모두 내국인이므로

---

13) 1980.1.27. 발효, 조약 제697호.

이 사건에 관해서는 바르샤바 협약과 헤이그 의정서 중 어느 조약도 적용되지 않고 따라서 일반적으로 적용되는 내국법인 민법이 적용되어야 마땅하다는 취지의 주장을 하였다. 법원은 비엔나 협약을 보다 상세 설명한 후 다음과 같은 이해하기 어려운 설명을 하였다.

> 우리나라 법정인 이 법원에서 모두 내국인인 원고들과 피고 사이에 이 사건 항공기 사고로 말미암은 손해 배상을 놓고 다툼을 벌이는 이 사건의 경우에는 위 조항(비엔나 협약의 제30조를 의미하는 듯: 필자 설명)이 적용될 소지가 없다.

서울지방법원 **1998.7.7. 선고 98나7048 판결**은 1996년 3월경 호주 소재 사슴 수출업체인 Deerlink Pty Ltd로부터 국내 두아인터내셔널이 사슴 659마리를 수입하기로 하고 원고(두아인터내셔널에 손해 보험금을 지급한 보험회사가 구상금 청구권자로서 법적 대위)와 보험가액을 1억 2,067만 4,400원, 2억 7,367만 2,300원, 1억 2,067만 4,400원으로 한 3건의 사슴에 관한 항공적하보험계약을 체결하였다. 사슴들은 Quantas 항공을 통하여 1996.4.1. 시드니 공항을 출발하여 익일 김포공항에 반입되었으나 38마리가 검역장에 도착하기 전 폐사하였고 6마리는 검역을 마친 직후 또는 국내운송 중 폐사하였는데 그 원인은 대부분 항공운송 도중 위 스트레스로 인한 (급성) 수송열이고, 일부는 장염이 원인이었다. 보험회사인 원고는 보험금의 지급 청구를 받고 피보험자인 두아인터내셔널에 폐사한 사슴 38마리의 시가 상당액 2,893만 452원을 보험금으로 지급하였고 Quantas 항공사를 대상으로 구상금을 구하는 소송을 제기하였다. 법원은 이에 대해 다음과 같이 판결하였다.

> 1935년 바르샤바 협약에 가입한 호주국을 출발지로 하고 헤이그 의정서에 가입한 대한민국을 도착지로 하는 이 사건 국제항공운송에 관한 법률관계에 대하여 개정된 바르샤바 협약이 우선 적용되어야 함은 명백하다.

그런데 호주는 바르샤바 협약과 헤이그 의정서를 각기 서명한 후 비준하여 협약에는 1935년부터, 의정서에는 1963년부터 당사국으로 되어 있어 헤이그 의정서만의 당사국인 한국과는 차이가 있다. 그러나 미국이 바르샤바 협약만의 당사국이기 때문에[14] 헤이그 의정서만의 당사국인 한국과는 협약도 의정서도 적용될 조약이 없는 것과는 달리 한국과 호주 사이에는 헤이그 의정서가 적용되는 관계상 판결 내용에 문제가 있지만 헤이그 의정서가 양국에 적용된다는 결론만을 두고 볼 때 문제가 없다. 또 법원은 바르샤바 협약이 국제항공운송인의 계약상 채무불이행

---

14) 미국은 2003년 1999년 몬트리올 협약을 비준한 지 열흘 후 헤이그 의정서도 비준하여 현재 헤이그 의정서의 당사국이기도 함.

책임에 대해서만 적용되고 불법행위 책임에 대하여서는 적용되지 않는다는 피고의 주장을 올바르게 배척하였다. 그리고 법원은 손괴, 즉 피해와 관련하여 다음과 같이 유용한 해석과 결론을 내었는바, 그 내용은 다음과 같다.

바르샤바 협약이 위와 같이 손괴의 경우에만 이의진술 절차를 두고 있고 파괴나 망실 내지 멸실(분실을 말함. 필자 설명)의 경우에 대하여 따로 이의진술절차를 두지 않고 있는 것은, 파괴의 경우에는 물건의 인도 단계에서 당사자들이 물건의 파괴사실을 비교적 쉽게 인식할 수 있고, 망실 내지 멸실의 경우에는 물건을 인도할 수조차 없어 굳이 단기간의 이의 기간을 두지 않더라도 당사자 간의 법률관계를 확정하기가 용이한 반면, 손괴의 경우에는 수하인이 물건을 인도받은 후 상당한 시일이 경과하여 그 책임을 다투게 되면 책임소재를 가리기가 결코 용이하지 않고 당사자 간의 법률관계도 매우 불안정해져 국제상사거래의 안정성과 신속성을 해 치게 되므로 이를 고려하여 이의자가 단 기간 내에 이의를 제기하지 않으면 더 이상 다툴 수 없도록 관리를 제한한 것이라 해석된다. 포장 단위가 여러 개 있고 그중 1개가 멸실 또는 파괴된 경우에도 화물운송계약이 운송장에 기재되어 있는 화물단위를 기준으로 체결되고 전체적으로는 이를 기준으로 화물이 인도되는 점에 비추어 이 역시 인도 당시에 운송인이 화물의 손상 사실을 인식할 수 없는 경우가 많을 것으로 보이므로 손괴로 처리하는 것이 타당하다고 할 것이다(이와 같이 해석상 어려움이 따르는 화물의 일부 멸실이나 일부 파괴를 손괴(damage)로 볼 것인지에 관하여 영국에서 이 문제와 직접적으로 관련된 법령인 Carriage by Air and Road Act 1979에 damage includes 'loss of part of the baggage or cargo'(손괴는 수하물 또는 화물의 일부 멸실을 포함한다)라는 해석 규정을 두어 입법적으로 해결한 사례가 있다).

이러한 인식과 판단하에서 법원은 다음과 같이 결론을 내렸다.

사슴 38마리가 폐사한 것은 1개의 포장 단위로 하거나 항공화물운송장의 화물단위를 기준으로 하거나, 어느 경우든지 일부 파괴로서 개정된 바르샤바 협약 제18조 1항 소정의 손괴(damage)에 해당한다고 보아야 할 것인바, 사슴들이 운송 중에 폐사하였는지 아니면 운송 후 검역장에 도착하기 이전에 폐사하였는지도 확실하지 않고 통상 운송인 측이 검역과정에 개입하지도 않는 점에 비추어 보면 운송인인 피고로서는 수하인 측에서 이의를 제시하기 이전에 사슴의 일부가 폐사된 사실을 알기는 어려웠다고 보이므로 더욱 그러하다.

서울민사지법 1987.2.3. **선고 85가합**4258 **판결**은 두 가지 점에서 이단이다. 첫째는 한국 법원이 흔히 범하고 있는 바로서 한국과 미국 간의 항공운송관계에는 바르샤바 협약이 적용된다는 착오를 하고 있는 데에서 더 나아가 바르샤바 협약 중 헤이그 의정서에 의하여 개정되지 아니한 부분은 적용된다고 할 것이라고 하였고, 둘째는 항공권에 명기된 책임 제한에 관한 약속 규정은 특단의 사정이 없는 한 운송인의 채무불이행 책임뿐만 아니라 불법행위 책임에도 적용된다고 하여 통상 다른 판례에서 불법행위에는 적용되지 않는다는 바와 상치되는 판결을 하였다.

3.6. 운송약관의 지위와 적용

바르샤바 협약이 적용됨에 있어서 관련 민법, 재정부 고시 등과 함께 항공사의 운송약관이 보충적으로 적용될 수 있다. 그러나 이는 채무불이행과 관련한 내용에만 적용되지 불법행위에는 적용되지 않는다. 대법원 1999.7.13. **선고 99다8711 판결**에서 다음과 같이 판단하였다.

> 운송계약상의 채무불이행 책임이나 불법행위로 인한 손해 배상책임은 병존하고, 운송계약상의 면책특약은 일반적으로 이를 불법행위 책임에도 적용하기로 하는 명시적 또는 묵시적 합의가 없는 한 당연히 불법행위의 책임에 적용되지 않는다(대법원 1987.6.9. **선고 87다34 판결** 등 참조).

이어서 다음과 같은 결론을 내렸다.

> 따라서 원심이 이 사건 항공화물운송장의 이면약관에 항공화물운송장의 발행일로부터 120일 이내에 화물의 미인도 또는 분실 등의 사실을 항공운송인에게 서면으로 통지하도록 규정하고 있더라도 위와 같은 약관규정은 운송계약상의 채무불이행을 원인으로 한 청구에만 적용되고 불법행위를 원인으로 한 청구에 당연히 적용되는 것은 아니므로 피고는 위 약관규정을 들어 책임을 면할 수는 없다고 판단한 것은 정당하고, 거기에 약관의 해석을 그르친 위법이 없다.

서울고법 2001.7.24. **선고 2001나11385 판결**에서 법원은 다음과 같이 판결을 내리면서 바르샤바 협약상의 규정과 IATA가 합의하여 항공사의 약관으로 제시한 내용의 법적 지위에 대한 기본 인식의 결함을 나타내기도 하였다.

> 항공화물운송장에 적용된 계약조건 제11조에는 화물이 도착할 경우 그 통지는 수하인 혹은 위 운송장상에 통지처로 기재된 곳에 하도록 규정되어 있고("Notice of arrival of goods will be given promptly to the consignee or to the person indicated on the face hereof as the person to be notified" – IATA의 통일 양식), 따라서 위 계약조건에 정하여진 바대로 피고회사가 각 통지처로 지정되어 있는 이 사건 수입상에 통지를 한 이상 위 항공화물운송장상의 통지의무는 모두 이행하였다고 할 것이고, 이에 더하여 실제 수하인인 원고의 주소까지 추적하여 그에게까지 화물의 도착을 통지하여야 할 의무가 있다고 볼 수 없다.

항공사의 약관에 대한 이러한 인식은 서울고등법원 1999.10.15. **선고 99나31805 판결**에서는 다음과 같이 언급하면서 협약이 약관보다 당연히 상위 규범임을 제대로 인정하였다.

> 이면약관 제25조가 피고의 주장대로 화물의 멸실에 대한 이의제기 기간이라면 이 약관 규정은 위 협약에서 인정하지 아니하는 이의제기기간을 당사자 사이의 약정으로 새로 인정하는 것이 되고,

그 결과 개정된 바르샤바 협약이 정한 운송인의 책임 한도가 부당하게 완화되거나 낮추어지게 됨
으로, 위 약관 규정은 위 협약 제23조 1항에 따라 효력이 없다 할 것….

서울지방법원 1997.12.2. **선고 96가단**149077 **판결**은 운송약관의 배상금액이 바르샤바 협약 제
23조가 규정한 운송인의 책임을 면제하거나 협약상 책임 한도액보다 낮은 한도를 정하는 규정
은 무효라는 분석을 한 것으로서 돋보인 내용이다. 사건 내용은 삼성전자가 영국의 수출업자와
수입계약을 한 후 대한항공에 물품의 운송을 의뢰하였고 대한항공은 이를 현지 항공운송주선인
인 Panalpina Ltd.에 재의뢰한 결과 해당 물품이 혼재화물에 포함되어 1994.7.8. 영국을 출발, 7.10.
김포공항에 도착, 하역된 후 보세창고로 인도되었으나 관련 화물은 분실되어 있었다. 삼성화재
보험(원고)은 보험금 3,171만 6,720원을 지불한 후 대한항공(피고)에 구상을 하는 소송을 제기한
바, 법원은 영국과 한국과의 국제운송에 있어서 헤이그 의정서가 적용된다고 전제한 후 피고가
배상 상한액으로 제시한 1kg당 미화 20불로 제시한 금액을 협약상 기재된 250프랑과 정확히 비
교하여 250프랑보다 낮은 금액임을 밝혀낸 창의적인 판결을 하였다. 즉 법원은 분실에 관련한
운송인의 고의성은 다루지 않은 채 협약에 따른 배상 상한인 1kg당 250프랑을 적용하면서 250프
랑스 프랑은 금 가격이 1온스당 미화 42.22불일 때를 기준으로 미화 20불 상당에 해당된다는 것
이지만 국제통화기금(IMF)이 1978년 4월 금의 공정가격제도를 폐지한 현재 SDR에 의존한 가치
를 계산하여야 한다고 한 다음 1997.10.4. 당시 SDR과 미화와의 교환율이 1:1.3600인 사실을 들어
금에 바탕을 둔 250프랑스 프랑은 SDR 환산방식에 의하여 22.6666불(250/15*1.36)이고 1997.10.4.
미국 달러화의 한화와의 매매 기준율이 1불당 912.90원이기 때문에 이 사건 화물의 중량이
960kg인 관계상 피고의 손해 배상책임은 198만 6,464원(96*22.2666*912.90)이라고 판시하였다.

3.7. 책임 제한규정 파기

화물이 국내 도착한 후 권한 없는 보세창고업자, 국내운송대리인 또는 수입업자가 화물을 무
단 처분한 결과 권한 있는 수하인으로서 신용장을 개설하여 준 금융기관이 배상을 구하는 소송
에 있어서 국내법상 불법행위로서 또는 헤이그 의정서 제25조의 "고의로 또는 아마도 피해가 야
기될 것이라는 인식을 가지고 무모하게" 한 작위 또는 부작위를 이유로 제22조에 따른 책임 제
한을 파기한 사례가 여럿 있음을 살펴보았다.

서울중앙지법 2006.6.23. **선고 2003가합**58978 **판결**에서 법원은 "기장 등의 행위가 단순한 과
실을 넘어 무모하게 그리고 손해가 아마 발생할 것이라는 인식으로서 행하여진 것으로 평가된

다"라고 판단하면서 바르샤바 협약 제25조에 따라 제22조의 배상 상한 적용을 파기하면서 사망 승객 배상액을 호프만 방식으로 계산하여 배상 판결하였다.

서울지방법원 1998.4.21. **선고 96나45817 판결**은 항공화물이 일본 동경에서 김포공항에 도착 후 아시아나항공(피고 1)의 보세창고 옥외계류장에 보관된 다음 이를 수하인의 화물자동차에 상차하여 주는 과정에서 동 업무를 담당하는 아시아나 공항(피고 2)의 직원이 무모하게 작업을 하다가 물품(고집적 반도체소자 생산종형장치 및 그 부속물)을 지게차에서 떨어뜨려 물품이 파손된 결과 관련 보험사(원고)에 보험금을 지불한 후 아시아나항공을 상대로 구상권을 행사한 소송이다. 법원은 우리나라가 헤이그 의정서의 당사국이며 개정된 바르샤바 협약 제25조 A에 따라 운송인의 피고용인(servants) 또는 대리인(agents)이 항공운송 중에 행한 행위로 인한 것인지와 동 행위로 인한 것일 경우에는 헤이그 의정서가 민법의 특별법으로서 적용되고 또 동 행위가 무모한 것이었다고 판단되면 협약 제22조에 의한 책임 제한을 철폐할 수 있다는 입장이었다. 법원은 다음과 같이 정의한 후 피고 2는 피고 1의 운송작업 일환으로 수행되는 지상조업의 담당자로서 그 작업의 범위 내에서 피고 1인 아시아나항공의 대리인이나 대행자 또는 고용인 내지 이행보조자의 위치에 있다고 판시하였다.

> 화물이 아직 수하인에게 인도되지 않고 항공운송인의 직접적인 지배 또는 그 대리인이나 고용인을 통한 간접적인 지배하에 있는 한 이는 아직 항공운송 중에 있는 것이고, 그 지배 또는 관리 중에 사고가 발생하였다면 이는 위 협약에서 규정하고 있는 항공운송 중의 사고로서…

그리하여 결론으로서 협약 제25조 A에 해당하는 여사한 대리인, 피고용인 내지 이행보조자의 지위에 있는 자가 작업을 하면서

> 작업 중 사고로 인한 손해가 발생할지도 모른다는 점을 쉽게 인식할 수 있었음에도 불구하고 이를 배제한 채 무모하고 위험한 방법으로 작업을 하다가 결국 사고를 일으킨 것으로 봄이 상당하고 이는 위 책임 제한배제규정에서 정하고 있는 - 무모하게 그리고 손해가 아마 발생할 것이라는 인식으로서 - 의 요건에 해당한다고 할 것이다.

라고 판결하면서 협약 제13조, 14조의 책임 제한규정을 파기한 가운데 보험금 3억 9,511만 9,077원의 배상을 명하였다.

서울지방법원 1997.12.31. **선고 97가합31651 판결**은 1996년 휴넥스(원고)라는 회사가 컴퓨터 제품을 미국에서 수입하기 위하여 남경반도체통신(피고 1)과 수입대행계약을 체결하였으며 대한항공(피고 2)을 통하여 국내에 도착한 화물은 대한항공의 보세창고업자인 한진관광(피고 3)에

인도되었지만 남경이 불법 통관한 후 매각한 사건에서 원고가 배상을 청구한 사건을 다룬 것이다. 피고는 바르샤바 협약 제22조상 책임 제한규정을 원용하였으나 법원은 이를 배격한 가운데 보세창고업자가 운송인의 피용인 또는 이행보조자이면 수하인의 지시 없이 수하인이 아닌 사람에게 물품을 인도한 보세창고업자는 불법책임을 면할 수 없다고 판결하면서 3명의 피고에게 9억 7,713만 4,290원의 배상 판결을 명하였다. 그런데 유사한 다른 판례에서도 마찬가지이지만 피고로서의 보세창고업자는 1kg당 250프랑스 프랑(약 17SDR)이라는 책임 제한을 규정한 바르샤바 협약(개정 포함)의 적용을 받고자 동 협약을 원용하겠지만 사건의 성격을 불법행위에 따른 배상 책임에 초점을 맞추어서 배상 판결을 한다면 법원이 구태여 협약을 분석하면서 이를 적용 내지 부적용할 필요가 없다고 본다. 그러나 물론 화물의 국제항공운송에 있어서 수하인에게 화물을 인도할 때까지는 협약이 상정한 바와 같이 운송인의 책임으로 돌려 운송인을 대상으로 한 배상 판결을 하여야 하며 이에 있어서 우리나라의 독특한 현실인 보세창고업자 등의 개입은 운송인의 책임하에 협약을 적용하는 소송과는 별도로 운송인의 책임하에 내부적으로 처리될 성격이다.

서울민사지법 1993.1.15. **선고** 91**가합**55778 **판결**은 1989년 리비아 트리폴리 공항 부근에서 발생한 대한항공 소속 항공기 추락사고가 항공기 기장 등이 헤이그 의정서상 '부주의하게 또는 손해가 아마 발생할 것이라는 인식'하에 착륙을 시도하다가 발생한 것으로서 배상책임 제한규정이 적용되지 않는다고 본 내용이다. 법원은 사고 당시의 상황을 상세 분석하면서 기장은 물론, 부기장과 항공기관사 모두 "착륙행위를 함에 있어서 부주의하게 그리고 손해가 아마 발생할 것이라는 인식하에서 행하여진 행위로 보이고 따라서 피고는 운송인의 손해 배상책임을 제한하는 위 의정서 제22조의 규정을 원용할 권리가 없다"라고 판결하면서 사망자 1인당 10만SDR의 상한 대신 호프만 식 실비 배상을 명하였다.

3.8. 지연

서울지법 1998.1.16. **선고** 96**가단**271417 **판결**은 항공기의 운항 취소에 대한 항공사의 불법행위 책임을 인정하면서 국내항공여객운송약관 및 소비자피해보상규정상 운송인의 책임 제한에 관한 규정의 적용 범위 및 효력도 다루었다. 사건은 연세대 행정대학원 고위정책과정에 재학 중인 자들(원고)이 1996.10.19.~10.20. 양일간 제주도에서 개최되는 합숙 세미나에 참가하기 위하여 10.19. 10:40 출발 대한항공(피고) 김포공항발 제주행 KE213편과 익일 20:00 제주발 김포행 KE242편의 왕복항공권을 1인당 7만 0,420원에 구입한 후 10.19. 탑승코자 하였으나 항공기의 결함으로 제때 떠나지 못한 채 대체기를 이용하여 예정시간보다 2시간 25분이 지연되어 목적지에 도착한 관계로 세미나 행사 일부가 변경되고 취소된 것이다. 동 사건의 피고는 국내여객운송약관과 소비자피해보상규정(재정경제원 고시 제1996-3호)을 원용하면서 경미한 책임만을 인정하였다. 운송약관은 항공사의 고의, 과실로 인한 운송의 불이행 및 지연의 경우 항공사는 관련 약관규정 및 법규에서 정한 기준에 의거 배상을 행하며(제8조 2항), 항공사의 사정으로 인하여 항공편이 취소, 연기 또는 지연되는 경우 또는 위 운송약관 제8조의 사유가 발생한 경우에는 일부도 사용하지 아니한 항공권에 대해서는 지불한 운임 및 요금 전액을 환불하고, 항공권에 명시된 목적지로 운송 도중 어느 지점에서 취소되는 경우에는 당해 취소지점과 목적지 간에 취소 당일 유효한 운임 및 요금을 환불하되, 단, 위 운송약관 제8조 1항(항공사는 법령, 정부기관의 명령 또는 요구, 기재의 고장, 악천후, 쟁의, 소요, 동란, 전쟁, 천재지변 및 기타 불가항력적인 상황으로 인하여 예고없이 운항시간을 변경하거나, 항공편을 취소할 수 있음) 이외의 사유로 인하여 고객이 입은 손해에 대해서는 소비자피해보상규정(재정경제원 고시 제1996-3호)이 정하는 바에 따라 배상하여야 한다(제23조 3항). 소비자피해보상규정에 의하면 국내여객항공을 이용하는 경우 사업자가 기상상태, 공항사정, 항공기 접속관계, 안전운항을 위한 예견하지 못한 정비 등 불가항력적인 사유로 인한 경우를 제외하고 고의 또는 과실로 인하여 운송을 불이행한 경우 4시간 이내에 대체편이 제공된 경우에는 운임을 20%를 배상한다고 되어 있다. 법원은 이에 대해 다음과 같이 판시하였다.

> 국내여객운송약관 및 재정경제원에서 고시한 소비자피해보상규정은 원칙적으로 원고들과 피고 회사 사이에 체결된 운송계약에 한하여 적용될 뿐 원고들이 구하는 불법행위에 기한 손해 배상책임에도 이를 적용하여야 한다고 볼 수 없을 뿐만 아니라, 가사 위 운송약관 및 소비자피해보상규정이 불법행위에 기한 손해 배상책임에도 적용될 여지가 있다고 하더라도, 앞서 본 바와 같이 미필적 고의 또는 중과실에 기한 이 사건 불법행위 책임의 손해 배상범위를 위 소비자피해보상규정의 책임 범위 한도 내로 제한한 위 운송약관 제8조 2항 단서 및 제23조 3항 단서 규정은 고객인 원고들에 대하여 부당하게 불리한 조항 또는 상당한 이유 없이 사업자의 손해 배상범위를 제한하는 조항으로 약관의 규제에 관한 법률에 의하여 무효라고 할 것이므로, 위 규정이 유효함을 전제로 한 피고 회사의 위 책임 제한 항변은 이유 없다.

따라서 법원은 원고들에게 각 10만 원의 지불을 명하였다. 그런데 법원은 잘못된 약관과 정부 규정의 부당성을 지적하면서 이를 적용하지 않는 판결을 하여 기여하였지만 판결 배상금이 지연에 따른 피해 배상금이라고 명시하지 않고 "피고회사가 불법행위자로서 원고들이 입은 정신적 피해를 금전으로나마 배상할 의무가 있다"라는 전제로 한 것은 특기할 일이다.

서울고등법원 2002.5.16. **선고** 2001**나**63676 **판결**에서 법원은 국제화물의 연착으로 인한 피해 배상을 헤이그 의정에서 정한 21일 이내에 하지 않고 4개월 후에 서면 제기하면서 항공운송대리 점에게 배상을 청구한 수출회사를 패소 판결하였다.

부산지방법원 2008.5.14. **선고** 2007**나**10556 **판결**은 국제선 운항에 있어서 기체 결함으로 인한 지연으로 발생한 피해의 배상을 구하는 내용에 관한 것이다. 2005.5.3. 일본 나리타공항에서 노스웨스트 항공(피고)을 타고 출발하여 같은 날 김해공항에 도착하는 항공여객운송계약을 한 승객이 비행기의 좌측 엔진에 장착된 발전기의 고장으로 운항이 취소된 결과 익일 피고가 제공한 일본 항공(JAL)편으로 귀국한 후 지연에 의한 피해를 이유로 배상의 소를 제기하였다. 법원은 항공운송에 관한 국내법이 없고 헤이그 의정서가 국내법과 동등한 효력을 갖는다면서 동 의정서에 따라 18시간이나 지연된 결과 발생한 피해에 대한 피고의 배상책임을 인정한 후 배상액은 원고가 주장하는 계산에 따른 52만 4,680원(하루 일당 20만 원, 차량 업무 등 업무지연 손해금 20만원, 지급 명령서 인지대 등 2만 4,680원, 위자료 10만 원 등)이 아니고 2005년 5월경 보통 인부의 도시여성일용노임인 1일 5만 3,090원과 인지대 2만 4,680원만의 배상 판결을 하였다. 법원이 원고의 청구대로 지급 판결을 하더라도 보통의 경우 시간과 여러 노력을 하여야 하는 관계상 통상 소비자가 여사한 제소를 하려 하지 않을 터인데 여사한 법원의 판결은 실용적인 측면에서 실망감을 주는 것으로서 법원을 친근하게 여기면서 억울한 분쟁의 건에 대하여 사법부를 통한 정의를 실현하고자 하는 국민의 욕구를 저상시키는 것이라 하겠다.

3.9. 배상액 단위의 계산

서울지방법원 1996.11.28. **선고** 96**가합**5709 **판결**은 1. 바르샤바 협약상 '항공운송 중'의 의미, 2. 항공운송인의 이행보조자인 보세창고업자가 협약상 책임 제한 항변을 원용할 수 있는지, 3. 협약상 배상 단위인 금 프랑FGF(French Gold Franc)의 환산 방법, 4. 협약이 적용되는 손해 배상에 있어서 손해액을 SDR에 의하여 원화로 환산하는 시점 등에 대하여 판시하였는바 훌륭한 판결 내용이다. 3항에 관련한 서울지방법원 1997.12.2. **선고** 96**가단**149077 **판결** 역시 훌륭하였는바, 본 판결에서 영향을 받았는지 모르겠다. 법원은 먼저 1항에 있어서 항공운송인이 운송물을 송하인으로부터 인도받아 항공운송한 후 수하인에게 인도하기 전까지, 즉 항공운송인이 운송물을 점유·관리하고 있는 동안은 그 운송물을 개정된 바르샤바 협약 소정의 '항공운송 중'에 있는 운송물로 보았다. 협약에 근거한 정확한 판단이다. 2항에 있어서 항공운송인의 이행보조인이기 때문에 협약 제22조의 2항에 따른 책임 제한액을 적용받는다고 하였다. 일본에서 들여온 수입 화물을 김포공항에서 하역 후 수하인에게 인도하는 지게차 작업을 하던 중 손상된 화물 893kg의 반도체 장비가 파손된 사건의 배상 소송에서 법원은 피고가 kg당 250금 프랑이 배상 상한이고 250프랑을 미화 20불을 환산하는 것이 국제관행이라는 것을 인정치 않으면서 "FGF를 국내 통화로 환산하기 위한 가장 합리적이고 통일된 방식을 찾아야 한다"면서 이에 대한 깊은 연구 결과를 제시하였다. 그 결과 1SDR은 15FGF이므로 250FGF는 16.66SDR의 환산치를 구한 후 원화로 환산하는 시점은 이 사건 변론 종결 당시인 1996.10.31.로 정하여 이날의 1SDR의 시세가 미화 1.4440불이었고 당일 미화의 기준 환율이 831.30원임을 계산하여 피고가 원고에게 1,785만 8,765원을 배상토록 판결하였다. 배상 단위에 관하여서 미국에서도 한동안 통일되지 못한 판결을 하다가 1984년에 가서야 미 대법원이 TWA v. Franklin Mint Corp. 사건 판결로 정리를 하였다. **96가합 5709 판결**은 미국의 TWA v. Franklin Mint Corp. 판결에 버금가는 국내판례라고 보지만 다른 후속 국내법원이 이를 답습할지는 미지수다.

3.10. 제소 시한

바르샤바 협약 제29조는 피해에 대한 제소 시한을 2년으로 한정하였다. 제26조 2항은 헤이그 의정서에 의하여 개정된 내용이 짐의 피해는 수령 후 7일 이내, 화물의 피해는 수령 후 14일 이내, 짐과 화물의 지연의 경우에는 자신의 수중에 들어온 지 21일 이내에 서면 신고토록 하였다. 그런데 짐과 화물의 분실(멸실) 또는 파괴의 경우에 관한 언급은 없다. 항공사들이 적용하는 IATA의 항공화물운송약관은 운송 불인도의 경우에 운송장 발급일로부터 120일 이내에 서면에 의한 이의를 신고하도록 규정하고 있다.

서울고등법원 **1995.12.12. 선고 94나13147 판결**은 운송장의 이면 약관상 120일을 넘긴 국제운송화물의 분실신고에 관한 배상 판결이다. 법원은 수하인의 인도 승낙의사를 확인하지도 않은 채 김포공항에서 운송계약과 직접적인 관련이 없는 회사에게 화물을 인도하여 주어 피해를 발생케 한 수출국인 독일 소재 항공화물운송회사의 국내대리점(피고)에 대하여 배상할 것을 판결하였다. 피고는 운송약관상 물품의 불인도의 경우 120일 이내에 서면 신고하여야 하는 규정의 위배라고 항변하였으나 법원은 특별한 사정이 없는 한 이면 약관은 항공화물운송계약 당사자 간의 채무불이행 책임에 관하여서만 적용된다면서 본 건에서 피고의 책임은 불법행위 책임이므로 적용되지 않는다고 판시하면서 바르샤바 협약 제25조에 따라 배상 상한 적용도 배제하였다.

120일 기한을 적용치 않은 이유에 일리가 있지만 신속한 운송을 서비스 핵심으로 하고 있는 항공운송에 있어서 계약 상대방의 예측 가능성을 어렵게 하고 계약의 조건을 너무 가볍게 본다는 문제가 있다.

서울고등법원 1993.10.28. **선고 93나3600 판결**은 1990년 한 승객이 대한항공으로 미국 로스앤젤레스를 출발하여 6월 25일 김포공항에 도착하면서 위탁 수하물을 찾지 못하였다면서 바르샤바 협약 제29조와 국제여객운송약관 제17조 2항에 정한 2년 이내의 제소 기한을 넘겨 제소한 것과 관련된다. 피고인 대한 항공은 제소 기한이 도과하였기 때문에 제소권이 소멸된다고 주장하였지만 법원은 제소 시한은 "손해배상 사건에 한정하고 원고의 청구는 항공운송계약에 기한 물건인도청구임이 주장 자체에서 명백하므로 원고의 물건인도 청구에는 피고가 주장하는 위 각 규정이 적용되지 아니한다"라는 이해 못 할 내용으로 원고의 주장을 배격한 후 원고가 김포 도착 후 사고 신고를 하였다는 것을 믿을 수 없다면서 결론으로는 짐의 분실, 즉 멸실에 해당되는 사건에 있어서 제소 시한인 2년이 경과된 후인 1992.7.9. 소가 제기된 것은 부적법하다면서 원고 패소 판결을 내렸는데 기이한 판결이다. 법원은 사건에서의 운송, 즉 미국을 출발하여 한국으로 오는 편도 국제선 운항에 바르샤바 협약이 적용된다고 하였으나 이는 잘못된 내용이다. 이미 수차 언급하였듯이 이 사건에 적용할 조약은 없었다. 단, 미국을 출발하여 한국을 방문하고 미국으로 돌아가는 왕복 항공권의 경우라면 바르샤바 협약이 적용되는 경우이다.

3.11. 항공화물운송장의 증명력

서울민사지법 1990.12.18. **선고 89가합65253 판결**은 항공화물운송장에 통상 기재되는 'not negotiable'의 의미가 항공화물운송장이 선하증권과 달리 유가증권이 아니라는 것에 불과할 뿐 그 양도나 매입이 불가능하다는 것은 아니고 장기간이 소요되는 해상운송과 달리 단기간에 운송이 종료되는 항공운송에는 증거증권인 항공화물운송장 이외에 해상운송에 있어서의 선하증권과 같은 유가증권은 별도로 존재하지 아니하므로 항공화물운송장은 항공화물의 수령에 관하여 강력한 증명력을 가지는 것으로서 원고가 공권인 항공화물운송장에 기재된 대로 수출물품이 항공기에 적재된 것으로 믿고 화환어음 매입대금 반환채무를 지급 보증하였다면 그 발행인은 원고가 그로 인하여 입게 된 손해를 배상할 책임이 있다는 요지로 판결하였다.

3.12. 국내운송

서울고법 1995.11.15. **선고 94나42220 판결**은 서울－목포 간 국내운송 시 사고에 관련한 배상을 다루었다. 운송사인 아시아나항공(피고)은 국내운송 시 사고로 인한 사망 시 국내여객운송약관에 따라 1인당 10만SDR을 한도로 지불한다고 하였으나 법원은 이러한 내용의 특약이 운송계약상의 채무불이행 책임을 묻는 경우에만 적용되는 것이고 이를 불법행위 책임에도 적용키로 하는 명시적 또는 묵시적 합의가 없는 한 당연히 불법행위 책임에 적용되지 않는다면서 피고의 주장을 배척하였다. 법원은 또 "가사 위 배상책임조항은 불법행위 책임에도 적용되는 것으로 해석한다고 하더라도 고의 또는 중대한 과실로 인한 불법행위의 경우에는 적용되지 않는다고 보아야 할 것"이라면서 피고가 고용한 기장과 부기장의 행위는 민법상의 중대한 과실에 해당한다고 판단하면서 배상책임 제한 주장을 이중으로 배격하였다. 또 여객의 국제항공운송에 관하여 규정하고 있는 헤이그 의정서를 국내운송에 적용 내지 유추 적용할 근거가 없으므로 헤이그 의정서를 유추 적용하는 것을 전제로 한 피고의 주장도 받아들이지 않으면서 피고가 사망자 유족들에게 호프만 방식에 의한 배상액을 지급할 것을 판결하였다. 서울지방법원 1994.12.1. **선고 94가합3525 판결**도 동일한 사건 사고를 다룬 내용으로서 역시 불법행위를 이유로 국내운송약관을 적용하지 않았고 조종사의 무모한 과실을 이유로 사망자들에 대한 호프만 방식의 실비 배상 판결을 하였다.

4. 평가

상법 개정내용과 우리 법원에서의 항공판례 내용이 관련 국제조약에 투영하여 본 결과 여러 문제점이 있다는 것을 알게 되었을 것이다. 하루빨리 시정하여야 할 사안이다. 한편 여사한 문제점을 개선하는 방법으로는 국제법을 사법시험과 로스쿨의 필수 과목으로 포함시키는 한편 한국의 과거 발전과 장래가 국제화에 의존하고 있는 우리나라로서는 믿기 어려운 국제화[15]의 그늘도 있다는 것을 인식하고 국제법의 각 분야별로 전문가를 양성하면서 이들의 의견을 경청하는 데 신경을 써야겠다.

---

15) 국제화의 중요한 척도 중의 하나가 경제의 세계 의존도인데 이는 국내총생산 중 수출입액이 차지하는 비율로 계산됨. 2011년 한국의 국내총생산 1,237조 원을 분모로 하고 무역액 1조 796억 불(수출 5,552억, 수입 5,244억 불. 1불은 1,150원 환율적용 시 1조 2,415억 원)을 분자로 한 한국 경제의 대외 의존도율은 100%로서 미국과 일본 등 선진국의 약 20%와 크게 비교됨. 요는 대외 의존도가 이렇게 큰 한국으로서는 국제화의 중요성이 매우 중요하다는 것임.

또 우리 판례를 보건대 영, 미 판례와 달리 당사자 이름을 중시하지 않고 원고와 피고라는 명칭 위주로 표현하면서 사건 내용을 쉽게 이해하는 데 지장을 초래하는바, 이는 관계자 이름을 적는 대신 소외 또는 소외회사라는 표현을 사용하는 것에 있어서도 마찬가지이다. 많은 사람들이 쉽게 이해를 할 수 있도록 보다 명확하고 간단한 문장 위주로 국어 표현을 현대화한 판결문 작성 기법이 보편화되었으면 한다. 또 소송 당사자로서 중요한 원고와 피고의 실명이 일부 공개되지 않아 독해하는 데 지장이 있는바, 이를 영·미와 같이 전부 공개하는 것이 필요하다고 본다. 우리보다도 인권을 더욱 오래전부터 더 중시하여 온 미국과 영국 등 서방이 모든 소송 당사자들의 실명을 공개하고 있는 터에 우리만 사생활 비밀 보호라는 관점에서 소송 당사자들의 실명 한두 자를 비공개로 한다는 것은 설득력이 없다고 본다.

제 4 장

항공운송 관련 기타 책임 주체

1. 제조업자와 수선업자

항공운송 관련 기타 책임 주체

1. 제조업자와 수선업자[1]

제조업자와 수선업자가 자신들의 제조 또는 수선업무의 하자로 인하여 배상을 하여야 한다는 것은 최근까지 우리에게 생소한 개념이었다.[2] 이러한 배상 개념이 확실히 정착되어 있는 미국에서는 상품제조업자가 각 종류의 물품의 하자로 고소를 당하고 엄청난 금액의 배상을 하고 있다.[3] 물품 제조업자는 이에 대한 대비책으로 보험을 들고 있는바, 이로 인한 보험료의 상승은 물품 가격에 이전되는 결과를 가져오고 있다.

상품 제조업자의 배상은 영·미법상 계약(contract), 위반과 과실(negligence) 등 불법행위(tort)[4]를 바탕으로 발생한 피해에 대한 배상이다. 피해(damage)는 물질적 피해뿐만 아니라 정신적 피해도 포함한 지 오래되었다. 또한 배상은 피해를 보전하거나 피해자를 위로하는 뜻으로 하는 통상 의미의 배상과, 피해를 야기한 측을 징계하는 의미로 부과하는 배상, 즉 징벌 배상(punitive damages)이 있다. 이러한 배상의 개념과 적용은 원래 영·미법에서 발전하였다.

---

1) 항공기 제조업자 및 수선업자의 책임에 관한 체계적인 기술로는 S. M. Speiser & C. F. Krause, Aviation Tort Law(1979), Vol.2, Part V; L. S. Kreindler, Avation Accident Law(1971), Chapter 7 참조.

2) 우리나라는 2000.1.12.에야 법률 제6109호로 제조물 책임법을 제정하였으나 그 내용이 너무 간단하고 부실함.

3) 미국에서의 제품책임을 추궁하는 소송은 1960년대 초기에 5만 건, 1970년대 초기까지 50만 건, 1977년까지 백만 건에 달하였다(R. D. Margo, Aviation Insurance(1980) p.134, 주 7 참조). 또한 미국 캘리포니아 주법원에서 판결된 제품 제조책임액은 매 원고(plaintiff)당 평균 1981년의 35만 불에서 1984년의 77만 6,000불로 증가하였음(G. Hodgson, Lloyd's of London, Penguin Books, U.K., 1986, p.382).

4) 영·미법에서 규정하는 책임의 종류로는 4가지가 있음. 첫째는 계약 위반, 둘째는 불법행위, 셋째는 형사책임, 넷째는 준계약 위반임. 첫째는 보통 자발적인 협정에 따라 당사자가 상호 반대급부를 얻는 계약의 위반에 따르는 벌, 둘째는 법원 또는 법령이 정한 사회 전체 이익에 반하는 행위로 밝혀질 경우 행위자가 이에 따른 손해 배상을 하여야 하는 책임, 셋째는 국가에 대한 범죄에 대하여 국가가 기소하여 가해자를 처벌하는 결과 감수하는 벌이며, 넷째는 부당한 이득(unjust enrichment)이나 잘못 지불된 금전을 환원시켜야 하는 책임으로서 첫째의 계약에서 요구하는 약속 이행도 아니고 둘째의 불법행위가 유발하는 손해 배상도 아님. 이상의 상호 구분은 공익을 추구하는 현대법의 발전과정에서 모호한 경향을 띠고 있음. 그러나 4가지 책임 중 불법행위에 대한 책임은 가장 광범위하여 계약에 대한 위반책임도 일부 포괄하는 뜻으로 사용됨(J. G. Fleming, The Law of Torts, 6th ed., 1983, pp.1~3 참조).

한편 영·미법에서 말하는 불법행위(tort)는 세 가지로 구성되는바, 첫째는 개인의 신체, 명예, 자유 등을 침해하는 행위, 둘째는 개인이 타인에 대하여 부담하는 법률상의 위반(예: 사기 또는 과실), 셋째, 개인이 사회에 대하여 부담하는 법률상의 위반(예: 과실인 negligence 또는 불법방해인 nuisance)이 그것임. 불법행위를 구성하는 행위는 특정한 작위 또는 부작위의 의무를 규정한 법률의 운용에서 제기되는 것으로서 당사자 간의 합의하고는 관련이 없음. 따라서 불법행위 구성 여부는 법률에 명시되어 있지 않더라도 특정한 사건에서 당사자 간의 상호 권리·의무관계를 법원이 추론하여 판결하기 때문에 불법행위는 광범위한 법률개념을 이루고 있음. 커먼로 국가에서는 tort에 관한 판결이 유동적으로 변하기 때문에 그만큼 판례도 많고, 주시의 대상이며 또 시대에 따른 법의 발전 경향을 비추어 주는 중요한 법률체제를 구성함.

항공기와 항공장비의 제작과 설계, 그리고 수선업자의 수선 모두 사법이 규율하는 분야이다. 항공운송업자의 책임도 사법의 규율대상이나 항공기 제조와 관련하여서는 국가의 감독책임이 배상의 근거로서 추가된다. 이는 시카고 협약이 감항 증명서 발급을 각 체약국에 위임하였고 각 체약국은 자국에서 제조되는 또는 운항되는 항공기에 대하여 감항 증명을 발급하는데, 하자가 있는 항공기에 대하여 감항 증명을 발급할 경우 동 하자로 인한 사고 발생 시 피해자는 국가를 상대로 감독 책임 과실을 물을 수 있기 때문이다.

1950년대 초반부터 주목을 받게 된 항공기 제조업자의 책임은 항공운송업자의 책임과는 크게 달리 취급된다. 전자는 국내법에 따라 규율되므로 국가마다 달리 재판 결과가 나온다. 또한 국내법에서도 항공기 제조업에 관련한 책임만을 규율한 독립적인 법의 적용을 받기보다는 일반적인 사법의 적용을 받는다. 후자는 국제 민간 운송일 경우 바르샤바 체제나 몬트리올 협약의 적용을 받기 때문에 국제법의 규율하에 있다. 또한 특별한 경우가 아닌 한 사고 시 항공운송업자의 배상 한도는 관련 조약에 따라 상한이 정하여져 있다. 재미있는 것은 국제 운항 항공기 사고 시 미국 같은 경우 피해자 측이 더 많은 배상을 얻어내기 위하여서 배상책임 한도가 없는 항공기 제조업자의 항공기 제작 결함을 추궁하는 경우도 있다. 그러나 경제수준이 낮은 후진국의 경우에는 항공기 제작회사를 상대로 하기보다는 동 후진국 국민경제 수준으로는 상당한 금액일 수 있는 항공운송업자의 배상만으로 만족하는 추세이다.

항공기의 점검(overhaul) 내지 유지(maintenance) 업자들이 운송인의 기능, 즉 항공기 운항을 위한 안전 점검 등 유지 보수를 위한 통상의 업무를 이유로 승객으로부터 배상 소송을 당할 경우 운송인의 대리인(agent)으로 간주되어 책임 상한을 적용받으며 징벌적 배상도 제외된다.[5]

1.1. 계약상 책임

상품의 판매 또는 기타 상업적 이용(예: 임차)에 관련하여서 판매자와 구매자 사이에 일정한 권리·의무가 계약으로 성립한다. 동일한 논리로 항공기, 동 부속품 또는 항행장비를 제조하는 업자는 물품 판매 시 일정한 계약상의 의무를 진다. 통상의 경우 상품 판매 시 보증서가 같이 발급되는바, 이 보증서는 상품 판매인 또는 상품 제조인의 명백한 의무를 표시하여 준다. 그러나 동 보증서와는 별도로 상품의 제조 목적에 비추어 묵시적인 계약조건이 성립된다. 상품매매 시 매매에 직접 관여한 자 사이에만 상품매매 계약이 적용된다는 영·미법상의 privity 원칙상 업자

---

5) In re Air crash disaster near Peggy's Cove, Nova Scotia, 2002 US Dist. E.D. Pa; LEXIS 3308.

의 책임 범위가 줄어드는 것이 원칙이지만, 후술하는 바와 같이 미국 등에서는 제3자가 물품을 이용하여 피해를 받았을 경우에도 업자를 상대로 한 배상 청구가 허용되고 있다.

항공기 제조자와 동 항공기 수선 및 유지를 담당하는 업자에 대해서도 계약상의 권리·의무만 아니라 묵시적으로 인정된 권리·의무 관계가 적용된다.

1.2. 과실에 대한 책임

물품을 만들고, 변경하거나 물품에 어떤 물질을 추가하거나 하는 자는 계약 내용에 규정되어 있지 않은 사항에 대해서도 법적 책임을 져야 한다. 영·미법에서는 법적 책임을 논하는 데 있어서 불법행위(tort)를 한 것으로 판결이 날 경우 가해자는 고의, 무고의를 불문하고 배상책임을 진다. 이 잘못한 행위에 대한 불법행위의 책임(tortious liability)은 항공기 제작에도 적용된다.[6]

여러 법률체제에서 공통되는 제품책임(product liability) 이론은 원래 과실(negligence 또는 fault)에 바탕을 두어 발전한 개념이다.[7] 영국의 M'Alister(또는 Donoghue) v. Stevenson사건에서 처음 언급된 제품상 과실책임의 원리는 다음과 같다.

> 물품 제조업자가 제조한 물품을 중간에 검사할 만한 가능성이 없이 동품이 소비자 수중에 들어갈 것으로 의도하고 판매한 물품이나 또는 물품을 사용하기 위하여 준비하거나 조립(putting up)하는 데 있어서 상당한 주의(reasonable care)가 없을 때에 소비자의 생명과 재산에 손상을 줄 것이라는 지식을 가지고 판매한 제조업자는 소비자에 대하여 상당한 주의를 취할 의무가 있다.[8]

미국에서도 동일한 내용으로, 제조업자의 부주의를 근거로 한 책임이 MacPherson v. Buick Motor Co. 케이스에서 확립되었다.[9] 동 케이스에서 부주의한 가운데 제품을 만들어서 생명과 신체를 위해에 처할 것이 상식적으로 확실한 경우를 책임의 발생요건이라고 정의하였다. 초창기에

---

6) 미국에서는 항공기 관련 사고 시 배상액수와 제소기간의 제한이 없는 점을 이용하여 피해자들이 항공기 제작회사를 상대로 배상 소송을 제기하는 관계로 Cessna, Piper, Beech 등 소형항공기(general aviation) 제작회사들이 소송 패소 시에 대비한 배상경비를 보험에 들어야 하고 동 보험료 급증에 따라 소형항공기 가격을 인상하여야 하는 등 소형항공기 제작회사의 생산 활동을 위축시키는 결과가 되었음. 이러한 문제점을 해결하는 방안으로 미국은 1994년에 General Aviation Revitalization Act를 제정하여 20석 미만 항공기 제조자에 대한 배상책임은 제작 후 18년으로 국한하는 규정을 도입하였음(J. H. Boswell and Coats, "Saving the General Aviation Industry: Putting Tort Reform to the Test", 60 JALC(1994–1995) 533–574).

7) 제품책임 이론은 계약과 불법행위에 대한 보상원리에 근거하고 있음. 전자인 계약은 물품판매 또는 수선·유지 등의 상행위를 계약으로 보고 동 계약 체결 시 계약내용(어떤 부품은 어느 기간 동안 보증한다든지)을 이행하는 데서 오는 당연한 결과이고 후자인 불법행위는 계약상 언급되어 있지 않지만 모든 법률행위에 적용할 수 있는 것으로서 과실이 불법행위의 주종을 이룸. 동 불법행위는 법전에 얽매임이 없이 영·미의 판례법에서 무제한 발전한 개념으로서 커먼로 법체계를 구성하는 중요한 요소임.
    계약은 당사자 사이에 보증내용을 명시한 명시적 보증(express warranty)과 묵시적 보증(implied warranty)으로 나누어지며 불법행위에 대한 책임이론은 후술하는 바와 같이 미국 등에서 과실이 없음에도 불구하고 제품책임을 지는 절대적 책임(strict liability)제도로 발전하였음. 통상 묵시적 보증을 절대적 책임제도의 한 형태로 간주함.

8) 1932년 영국판사 Lord Atkin 판결. Shawcross, V(102) 참조.

9) 1916년 뉴욕 법원 판결. 상동.

많이 있었던 제품의 내재적 위험 또는 생명이나 제품의 위험에 대한 강조는 최근에는 많이 없어진 사례가 되었지만 항공분야에서는 아직도 그대로 적용되고 있는 실정이다. 제품에 대한 책임은 제품전체를 만든 제조업자에 국한되지 않고 부품 제조업자,[10] 여러 부품을 모아 조립하는 자 및 수선업자에게도 적용된다. 또한 제품을 설치하는 시설업자에게도 책임이 추궁된다.

제품책임은 제조과정의 과실로 인한 결함이나 제품의 잘못된 설계가 유발하는 피해가 있을 때 발생한다. 그러나 제조업자는 다음 두 경우에 책임이 면제되는 것으로 판례가 확립되어 있다. 첫째는 제품이 제작된 상태 그대로 사용되도록 고안되었으나 사용자가 사용 도중 중간 검사를 함으로써 제품의 효능이 유지되는 경우다. 이와 관련하여 제품으로서의 항공기에 대하여 감항증명을 발급하여 주는 정부의 항공당국은 제대로 철저한 검사도 없이 동 증명을 부주의하게 발급할 경우 소송 대상이 된다. 두 번째의 책임 면제 경우는 제작업자가 충분한 사전 경고를 통하여 제품의 이용에서 올지도 모를 위험을 미리 알려 주었을 경우이다. 항공기 조종사가 항행에 사용하는 항공 지도도 제품에 해당되기 때문에 잘못 제작된 항공지도의 제작자는 배상책임을 추궁받는다.[11]

영·미법 판례는 제조업자가 제품의 안내서를 잘못 기술(mis-statement)한 경우에도 배상책임을 지도록 하는 경향이며 이는 항공기 제품에 아직까지도 적용되고 있다.[12]

1.3. 절대적 책임의 동향

제품의 결함을 이유로 제조업자를 상대로 한 배상 소송에서 승소하기 위하여서는 제품의 제조나 설계에 있어서 제조업자의 과실(negligence)을 증명하여야 한다. 그러나 항공기 제품과 같이 복잡 정교한 제품을 대상으로 이러한 과실을 지적한다는 것이 쉬운 일이 아니다. 따라서 제품의 결함이 있을 경우에는 제조업자가 무조건 책임을 지도록 하는 절대적 책임(strict liability)의 경향이 미국에서 형성되었으며, 1970년대 중반부터는 영국을 포함한 유럽에서도 활발히 논의되고 있다. 1985년 7월 발표된 구주 이사회 지침(European Council Directive)은 1988년 7월부터 특정 제품에 대하여서 절대적 책임을 적용할 목적으로 유럽 공동체 회원국의 법을 통일하도록 규정하였다. 동 지침은 제조업자의 무과실책임제도가 갈수록 고도화하는 기술 제품에 내재하는 위험을 공정하게 분배하는 유일한 방안이라는 신념을 반영하고 있다.

---

10) 부품제조업자의 책임에 관한 미국의 법률경향을 기술한 논문으로 S. G. Night, "Products Liability: Component Part Manufacturer's Liability for Design and Warning Defect", 54 JALC(1988) 215-247 참조.

11) D. L. Abney, "Liability for Defective Aeronautical Charts", 52 JALC(1986) 323-352 참조.

12) Shawcross, V(105) 참조.

Common law에 있어서 상품하자에 관한 소송은 상품매매 계약의 직접 당사자 사이에서만 가능하고 이러한 관계를 privity라고 함을 이미 설명하였다. 따라서 제품의 결함을 이유로 제조업자를 상대로 소송을 제기할 수 있는 자는 그 물품을 직접 산 당사자에 국한되기 때문에 일단 구입된 제품(예: 자동차)이 다른 사람(예: 가족)에 의하여 사용되는 중에 제품의 결함으로 손해를 입는 사고를 당하더라도 배상을 청구할 수 없다는 모순이 있었다. 미국의 법정은 Henningsen v. Bloomfield Motors Inc[13]) 케이스를 전환점으로 하여 privity의 요건을 폐기하였다. 동 케이스에서 미국 법원은 묵시적 보증이론(implied warranty theory)을 내세워서 제조업자는 제품의 최종 구매자에 대하여서뿐만 아니라 제품(동 케이스에서 자동차)의 사용 관계를 합리적으로 고려할 때 구매자 가족의 일원으로 제품을 이용할 수 있는 구매자의 부인에 대하여서도 제품 보증이 적용된다고 판결하였다. 동 판례 이후 항공분야에서는 항공기 승객이 항공기 제조업자는 물론 항공기 조립업자를 상대로 제품의 결함을 이유로 한 손해 배상 청구소송을 제기하는 경향을 가져왔다.[14]

제품의 결함을 이유로 한 절대적 책임의 근거로 계약 관계에서 도출한 묵시적 보증이론이 있는 한편 불법행위에 대한 절대적 책임(strict liability in tort)의 논리가 있다. 미국 캘리포니아 주 대법원은 Greeman v. Yuba Power Product Inc 케이스[15])에서 선물로 받은 전동기구의 결함을 이유로 상해를 입은 원고가 제품의 소매업자 및 제조업자를 상대로 제기한 소송에서 다음과 같이 판결하였다.

> 사용 시 결함 여부가 있는지 검사되지 않고 사용되는 성격의 것임을 알면서 시장에 내놓은 제품의 제조업자는 동 제품이 사람에게 위해함을 유발하는 결함이 있는 것으로 증명될 경우 불법행위(tort)에 대한 절대적 책임(strict liability)을 진다.

동일한 상기 법원은 2년 뒤 Vandermark v. Ford Motor Co의 케이스[16])에서 제조업자는 물론 소매업자에게도 절대적 책임이 적용된다고 판시하였다.

항공분야에서 절대적 책임은 항공기 제조업자, 판매자, 임대자, 항공기에 수정작업을 행한 업자 모두에게 적용된다.[17]

1966년 미국 법률 협회(American Law Institute)는 불법행위(tort)에 관한 Restatement[18]) 제2판을

---

13) 1960년 미국 뉴저지 법원 판결. Shawcross, V(115) 참조.

14) 계약에 있어서 privity를 무시하여 항공기 제조업자에게 책임을 지운 판례를 Fullerton Aircraft v. Beech Aircraft(842 F. 2d 717(4th cir. 1988))가 있음.

15) 1962년 캘리포니아 주 대법원 판결. 상동 V(116) 참조.

16) 1964년 캘리포니아 주 대법원 판결. 상동 참조.

17) 그러나 수십 년 전 이래 미국 법원의 판결 경향은 제품 수선업자(repairers) 또는 제품유지용역 제공자(servicers)에 대하여 절대적 책임을 적용하지 않는 경향인바, 따라서 항공기 경우에도 이러한 경향이 적용되고 있음. 동건 관련 미국 판례 동향은 R. A. Campbell, "Liability Independent Servicers and Repairers of Aircraft", 54 JALC(1988) 181-214 참조.

간행하였는바, 동 Restatement의 402 A항은 절대적 제품 책임에 대하여 다음과 같이 기술하였다.

> 사용자, 소비자 또는 동 인의 재산에 상식 이상의 위험(unreasonably dangerous)을 주는 결함을 갖는 제품을 판매하는 자는 이로 인하여 제품의 최종사용자, 소비자 또는 동인 재산에 끼치는 물리적인 손해에 대하여 책임을 져야 한다. 단, 이때 (a) 판매자가 그러한 물건의 판매 업무에 종사하여야 하고 (b) 제품이 판매된 때의 상태에서 본질적인 변경이 없이 사용자 또는 소비자에게 전달되는 것으로 기대가 되어야 한다.

영국은 1987년의 소비자 보호법[19]에 의하여 과실에 바탕을 둔 기존의 제품책임규정을 절대적 책임규정으로 보강하였다.

미국에서의 절대적 책임이론은 한 걸음 더 나아가 항공기와 자동차 등의 특정제품이 충돌을 얼마나 견디어 내느냐 하는 충돌 내구성(crashworthiness)에 문제가 없을 것을 요구한다. 이는 자동차와 항공기 등이 충돌할 가능성을 갖고 있는 제품인데, 충돌이 일어났을 경우 제품에 결함이 없었더라면 동 제품 안에 탑승하고 있었던 사람의 생명에 지장이 없었을 것이라는 것이 증명될 때에, 동 충돌로 인하여 생명을 잃은 자의 유가족은 제품 제조업자를 상대로 책임을 추궁할 수 있는 것을 말한다.[20] 동 충돌 내구성 이론은 second incident 또는 enhanced injury 이론이라고도 한다.

제품책임에 관한 절대적 책임이론은 제품 생산업자가 보험료 인상을 통한 과다한 부담을 질 뿐만 아니라 미국과 같은 나라에서는 각 주마다 적용법규가 통일되어 있지 않은 관계상 예측 불가능하다는 문제점이 있다. 미국 상무성(Department of Commerce)은 이를 해결하기 위하여 1979년 10월에 제품 책임에 관한 통일된 모델법(Model Uniform Product Liability Act)을 제정하였다.[21] 동 모델 법은 물품 제조자가 아닌 단순한 물품 판매자일 경우 동인이 명확한 제품보증(express warranty)을 하지 않는 한 책임을 경감받고, 물품 제조 당시의 과학기술로는 더 이상 안전하게 설계할 수 없었던 물품이 추후 개발된 설계기술로 볼 때 피해를 야기할 수 있는 설계의 하자로 밝혀진 경우에 제조업자의 책임을 면제하여 주며, 통상의 물품사용 안전수명이 10년을 경과한 물품에 대해서는 동 물품으로 인하여 피해가 발생하였더라도 동 물품 판매자의 책임이 면제되도록 하는 등의 규정을 포함하였다.

상기 1979년 모델 법은 1986년 미국 상원 상무 소위원회가 제정한 법률에 의하여 보완되었는

---

18) 미국 법률협회(ALI)가 특정법률 분야마다 현재 적용되는 법, 새로이 적용되는 법의 경향 및 바람직한 법의 내용을 체계적으로 정리하여 발간하는 법전으로 미국 법률의 발전과 적용에 있어서 중요한 지표가 되고 있음.

19) Consumer Protection Act 1987, Part Ⅰ.

20) 미국에서 충돌내구성을 인정하지 않는 주가 3개 있는바, 이는 인디애나, 웨스트버지니아 및 미시시피 주임(Shawcross, Ⅴ(118) 참조).

21) Shawcross, Ⅴ(119).

바, 명시적 보증이 없는 한 제품판매자는 제품을 사전 검사하여 문제의 흠결을 발견할 수 있는 합리적 기회를 사전에 갖지 않았던 한 책임을 지지 않는다는 것 등이 새로운 내용이다. 미국 법률 협회는 1997년 Restatement 제3판을 승인하였는바, 이는 흠결 있는 제품의 판매업자나 유통업자가 피해 발생 시 책임을 지고, 제품의 판매나 유통 시 적절한 사용 설명서나 경고가 없었을 경우에도 제품의 결함으로 간주하는 내용들이 포함되어 있다.[22]

---

22) Shawcross, V(121).

항공운항 시 제3자 피해

1. 제3자 피해(Damage to the Third Party)

2. 공중 충돌

항공운항 시 제3자 피해

1. 제3자 피해(Damage to the Third Party)

항공기 운항으로 인한 제3자 지상 피해는 1948년 제네바 협약에서도 그 배상을 위한 규정을 포함하고 있다. 구체적인 배상금액과 방법을 규율하기 위하여 일련의 조약이 계속 채택되었는바 이를 차례로 살펴보겠다. 동 지상 피해에 관한 조약은 배상액수가 미흡하기 때문에 주요 항공대국 등 선진국에서 그간 도외시하였다. 그러나 2001.9.11. 오사마 빈 라덴이 주도한 아랍 테러범들의 미국 공격(9·11사태)으로 관련 조약이 대폭 갱신되어 채택되면서 제3자 피해 배상에 대한 세계의 관심이 증가하였다.

1.1. 1933년 로마 협약[1]

지상 피해에 관한 1933년의 로마 협약(Rome Convention on Surface Damage 1933)은 제3차 항공사법회의시 합의되어 1933.5.29. 서명되었다. 동 협약은 항공기가 지상의 제3자에게 끼친 손해에 관한 법을 통일하고, 해외 영토를 비행하는 항공기의 보험 가입을 의무적으로 하였다.

동 협약은 발효에 필요한 5개국만이 비준하였으나 이 중 3개국이 동 협약을 개정한 1952년의 로마 협약을 비준하였기 때문에 1933년 로마 협약은 추후 개정 협약의 작성 배경을 설명하여 주는 이상의 실질적 가치가 없다.

1933년 로마 협약은 비행 중인 항공기가 지상 또는 해상에 있는 사람 또는 재산에 피해를 유발하였을 경우에, 피해자는 동 피해가 발생하였고 피해가 항공기에 연유한 것이라는 것을 증명하기만 하면 배상을 받을 수 있도록 규정하였다. 배상책임은 일반적으로 항공기를 운항하는 운항자에게 귀속된다. 여기에서 운항자(operator)는 자신의 책임하에 항공기를 사용한 자로서 항공

---

[1] 정식명칭은 International Convention for the Unification of Certain Rules relating to Damage caused by Aircraft to Third Parties on the Surface, Rome, 29th May 1933.

기 사용 중 발생한 지상 피해에 대하여 책임을 지지만, 무단 사용되도록 감독을 소홀히 한 항공기 운항자도 책임을 진다(제5조).

항공기 운항자는 지상 피해 발생 시마다 항공기 중량의 매kg당 250프랑[2]의 율로 책임을 지되 책임액이 60만 프랑보다 많아야 되고 200만 프랑을 초과할 수는 없다.[3] 동 배상 한도액 중 1/3 이상을 재산에 대한 배상으로 이용할 수 없으며 나머지 2/3는 사람의 상해나 사망에 대한 배상으로 이용된다. 단, 1인당 배상 한도는 20만 프랑을 초과할 수 없다(제8조). 한편 항공기 운항자는 중대과실(gross negligence)이나 wilful misconduct[4]로 피해가 발생한 것이 증명되거나 협약이 규정한 보험요건을 이행하지 않았을 경우에는 무제한 배상책임을 져야 한다(제14조).

동 협약에 따른 배상 청구는 피고의 통상 거주지나 피해가 발생한 국가의 법정에 제기된다(제16조). 피해자의 배상 청구는 사건 발생 6개월 이내에 통보되어야 하며, 뒤늦게 배상 청구를 하는 자에 대해서는 배상액 중 여분으로만 한정하여 배상금액을 배분한다(제10조). 배상 청구소송은 피해를 초래한 사건이 발생한 지 1년 이내에 또는 피해자가 피해를 인지할 수 있었던 때로부터나 배상책임자를 알 수 있었던 때로부터 1년 이내에 제기되어야 하나, 여하한 경우에도 피해발생 후 3년 이내에는 소송의 절차가 시작되어야 한다(제17조).

1.2. 1952년 로마 협약[5]

1933년 로마 협약은 ICAO의 법률위원회에서 검토된 후 1952.10.7. 로마에서 개정, 18개국이 서명·채택하였다. 1958.2.4. 이래 발효 중인 동 협약은 1933년의 협약을 보다 명료하게 기술하는 한편 피해의 적용 범위를 축소하여 항공규칙에 따라 정상적으로 비행하는 항공기에 의한 간접적인 피해는 배상대상에서 제외하였다(제1조 (1)). 또한 피해의 배상 한도를 상향조정(제11조)하였으나 항공기 운항자의 배상책임 한도를 배제하는 요건 중의 하나였던 '중대과실'을 삭제함으로써 항공기 운항자에게는 보다 유리하게 되었다. 1952년 로마 협약의 당사국 수가 49개국에 불과한 이유로 혹자는 배상책임 한도가 배상규모하고는 관계가 없는 항공기 중량에 연계되어 한정되었기 때문이라고 해석하기도 한다.[6]

---

2) 금 순도 90%인 0.065그램이 1프랑으로 정의되는 Poincaré gold franc를 말함. 이하 동일(협약 제19조).

3) 250프랑은 17달러, 200만 프랑은 13만 6,000달러임.

4) Wilful misconduct에 관해서는 제9장 2.2.5. 기술 참조.

5) 정식명칭은 Convention on Damage Caused by Foreign Aircraft to Third Parties on the Surface, Rome, 7th October 1952로서 남·북한 모두 당사국 아님. 2012년 7월 현재 49개 당사국.

6) Shawcross, Ⅴ(366).

동 협약은 1933년 협약과 같이 항공기 운항자의 절대적 책임(absolute liability)을 규정하고 있다. 이는 지상에 있는 피해자가 항공기를 직접 이용함에 따른 조그마한 위험의 부담도 지지 않는 선의의 피해자라는 점을 감안할 때 당연한 논리의 결과로 본다.

미국의 국내법을 잠시 살펴볼 때 미국은 절대적 책임을 부과한 Uniform Aeronautics Act를 1922년에 제정한 후, 한때는 미국의 주 중 절반 정도까지 절대적 책임의 제도를 채택하였다. 그러나 1943년 Uniform Aeronautics Act가 폐기되면서 절대적 책임을 적용하는 주가 감소하였다.[7] 1943년부터 미국의 추세는 캐나다와 함께 과실의 추정(Presumption of Fault)을 판결에 적용하고 있다. 이는 법언으로 *res ipsa loquitur*(the thing speaks for itself)라고 하는 사실추정 법리로서, 항공기의 발달 정도를 감안할 때 항공기 운항자가 충분한 주의를 하면 항공기 사고를 미연에 방지할 수 있기 때문에 지상 피해에 관련한 배상 소송시 항공기 운항자가 납득할 만한 설명을 제시하지 못하는 한 항공기 운항자의 주의 부족, 즉 과실로 사고가 발생하였다고 추정한다는 것이다.[8]

세계 제1의 항공대국인 미국은 국내적으로 절대적 책임제도가 한때 성행하였지만 1952년 로마 협약 채택 시에는 국내법에서 과실의 추정을 적용하던 추세였다. 이러한 이유는 세계에서 가장 많은 항공기를 보유·운항하는 국가로서 고려하여야 하는 실리도 감안하여 1952년 로마 협약 채택 시 미국만이 유일하게 과실추정을 바탕으로 한 책임을 주장한 배경으로 보인다. 그러나 여타 참석국의 대표가 모두 반대하였기 때문에 과실추정보다 운항자의 책임이 더 강조된 절대적 책임의 내용으로 협약이 채택되었다.[9]

1952년의 로마 협약은 항공기를 중량에 따라 다섯 카테고리로 분류하여 각 카테고리마다의 항공기 사고 시 사고 건별 배상 최고 한도를 정하였다(제11조). 지상의 신체 피해자에 대한 1인당 배상 한도는 50만 푸앙카레 프랑[10]이다. 만약 신체와 재산에 모두 피해를 입히는 경우에는 협약상 규정된 배상 최고액수를 반분하여 1/2은 신체 피해 보상으로, 나머지 1/2은 재산 피해 보상으로 사용한다. 단, 신체 피해 보상을 다 못 한 경우에 재산 피해 보상분에 여유가 있다면 동 여유분으로 미진하였던 신체 피해 보상에 충당한다(제14조 (b)).

미국과 영국에서는 항공기 운항으로 인한 지상 피해의 손해 배상을 청구하는 소송이 많이 제기되어 왔으며 따라서 상당한 판례도 형성되어 왔다. 지상 피해의 내용은 사유공간이라고 생각하는 개인 토지 상공을 무단침범(trespass) 하였다는 것으로부터 시작하여 소음 등의 불법행위

---

7) 1989년 현재 Delaware, Hawaii, South Carolina, New Jersey, Minnesota, Vermont 등 6개 주는 아직까지도 절대적 책임을 적용하고 있음(55 JALC(1989) 113).

8) 이의 대표적인 판결로 Higginbotham v. Mobil Oil Corp.(US Court of Appeals, 5th Cir., 1977)이 있음.

9) G. Rinck, "Damage Caused by Foreign Aircraft to Third Parties", 28 JALC(1962) 405.

10) Poincaré gold franc. 미화 3만 4,000불에 해당.

(nuisance)와 인적·물적 피해를 포괄한다. 지상 피해에 관련한 소송 중에는 비행교습, 곡물 파종이나 약물 살포의 비행에서 야기된 경우가 상당수 있다. 그런데 로마 협약 제1조 1항은 항공기가 현존 항공 교통 규정에 의거한 단순한 통과의 결과로 야기된 지상 피해에 대하여서는 운항자의 책임이 없다고 규정하였다.[11]

1.3. 1978년 몬트리올 의정서[12]

1952년 로마 협약은 ICAO 법률위원회의 제22차 회기(1976년 11월)에서 검토된 후 개정의 필요성을 인정받아 ICAO 법률위원회의 작업을 토대로 한 협약 개정 채택회의를 1978년 몬트리올에서 개최하였다. 그러나 ICAO 법률위원회는 배상책임 한도 등에 대한 다수의 합의를 보지 못한 가운데 협약 개정 채택회의를 개최하였다. 지상의 제3자에 대한 외국 항공기 유발 피해에 관한 협약의 개정 의정서(Protocol to Amend the Convention on Damage Caused by Foreign Aircraft to Third Parties on the Surface Signed at Rome on 7 October 1952)는 1978.9.23. 11개국 대표에 의하여 서명되었다. 동 의정서 당사국 간에는 로마 협약과 의정서가 하나의 조약문서로 적용된다. 현재 발효 중에 있지만 당사국이 12개국에 불과하고 당사국 중 주요 항공국으로는 브라질만 참여하고 있어 제대로의 조약 구실을 못하고 있다.

몬트리올 의정서는 여러 가지 점에서 1952년 로마 협약을 개정하였다.

첫째, 협약 적용대상에서 다음 사항을 변경하였다.

① 일 체약국에서의 비행 시 동국에 지상 피해를 가한 항공기가 타 체약국에 근거지를 두고 운항을 하더라도 동 타 체약국에 등록되어 있지 않으면 협약 적용대상에서 제외되었었지만, 의정서에서는 문제의 항공기 운항자가 영업의 주된 소재지나 주소(permanent address)를 동 타 체약국에 두고 있는 경우에 적용대상에 포함시킴(협약 제23조 (1)과 의정서 제12조).
② 협약은 군, 세관 또는 경찰 항공기가 가한 지상 피해를 협약의 적용대상에서 제외시킴으로써 정부의 여사한 기관(군, 세관, 경찰)이 소유하고 운항하는 항공기를 적용대상에서 배제하였음(협약 제26조). 의정서는 적용 제한을 완화하여 군용, 세관용 및 경찰용으로 사용된

---

11) 항공기 통과 시 소음으로 인하여 밍크 사육 농장에 있는 밍크가 자기 새끼들을 죽이고 조산하는 등의 피해가 발생한 데 대하여 배상 청구를 한 소송에서 배상이 거부되었음. Nova Mink Ltd. v. Trans-Canada Airlines, Supreme Court, Nova Scotia(Canada), 5 Jan. 1951.
12) 5개국이 비준한 후 2002.7.25. 발효. 2012년 7월 현재 12개 당사국. Matte는 1978년 몬트리올 의정서가 채택과정에서 상이한 의견을 수렴하기보다는 문제점이 되는 사항들을 피하여 버렸기 때문에 채택회의 참석국 중 누구도 만족할 수 없는 조약이 되었다고 평가함. 동인 저서 Treatise on Air-Aeronautical Law(1981), p.534 참조.

항공기를 적용대상에서 제외함으로써 사용기능에 따라 결정되도록 하였음(의정서 제13조).
③ 협약 적용대상 중 핵 물질에 의한 피해를 제외시켰음(의정서 제14조).

의정서는 또한 협약이 단순히 항공기 운항자를 대상으로 배상책임을 규정한 것을 구체화하여, 항공기가 국가 소유로 등록되어 있다면 동 국가가 운행을 위탁한 자에게 배상책임이 있다고 기술함으로써, 단지 국가 재산이라는 이유로 주권 면제 이론에 입각하여 배상책임을 일탈할 수 있는 가능성을 배제하였다.

배상액의 최고 한도는 계속 항공기 중량에 따라 차등을 두었다. 단, 중량에 따른 항공기 구분을 이전의 다섯에서 넷으로 축소하였고 배상액의 한도는 대폭 인상시키면서 안정적인 통화기준치인 SDR(Special Drawing Right)[13]로 표기하였다(의정서 제3조). 동 의정서에 따라 사건별 가장 많은 배상액의 한도는 30톤 중량 이상의 항공기의 경우 250만SDR과 30톤을 1kg 초과할 때마다 추가되는 65SDR를 합한 액수이다.

지상 피해 중 인체 피해 시 1인당 배상 한도액은 12만 5,000SDR로 한정하였지만 이는 1952년 로마 협약의 50만 푸앙카레 프랑에 비하여 375% 인상된 금액이다. 인체 피해와 재산에 대한 피해가 같이 발생하였을 경우에는 인체 피해(사망 또는 상해)에 우선적으로 지급하고 여분이 있을 경우 재산 피해에 배상하도록 규정하였다(의정서 제4조).

배상 소송의 집행에 있어서 의정서는 협약의 제20조를 개정하여 배상 판결 집행의 기한을 5년에서 2년으로 단축하였으며 배상 판결액에 가산되는 이자의 연리가 4%를 초과할 수 없다는 협약규정을 삭제하고 대신 법원 소재지국의 법률에 의한 이자율을 적용하도록 하였다.

1.4. 2009년 제3자 피해 배상에 관한 2개 협약

세상을 뒤흔든 9·11사태가 발생한 지 8년 만에 여사한 사태의 재발에 대비하여 항공기 운항으로 인한 대규모 제3자 피해를 배상하고 항공기의 계속적인 운항을 보장하는 내용의 조약이 일반적인 제3자 피해 배상 조약과 함께 채택되었다. 이 2개의 조약은 제3자에 대한 피해 발생 시 배상책임자로서 항공기 운항자(operator)를 배타적으로 지정하면서 경우에 따라 배상책임을 질 수도 있는 항공기 소유자, 임차자, 항공기 제조업자, 관제사, 공항 운항자 들 모두를 책임대상에서 제외하면서 배상은 여하한 경우에도 항공기 운항자 및 운항자의 피고용인 및 대리인만을 대

---

13) 1SDR은 약 15프랑(Poincaré gold franc).

상으로 규정하였다.(일반위험 협약 제12조, 불법방해협약 제29조)

2009.4.20.부터 5.2.까지 캐나다 몬트리올에서 개최된 외교회의는 회의 마지막 날인 5.2.「항공기 유발 제3자 피해 배상에 관한 협약」(Convention on Compensation for Damage Caused by Aircraft to Third Parties)과「항공기 사용 불법행위로 인한 제3자 피해 배상에 관한 협약」(Convention on Compensation for Damage to Third Parties, Resulting from Acts of Unlawful Interference Involving Aircraft)을 채택하였다.

첫 번째 협약은 일반위험(general risks)을 커버한 내용으로서 일반위험 협약(General Risks Convention)으로 칭하는데 1933년 로마 협약, 1952년 로마 협약, 1978년 몬트리올 의정서의 내용을 현대화하면서 배상 상한액을 상향한 것이지만, 불법방해배상협약(Unlawful Interference Convention)으로 불리는 두 번째 협약은 9·11사태와 같은 대규모 제3자 피해를 배상하기 위한 국제기금을 창설하고 협약의 발효와 폐기를 혁신적으로 규정하는 등 법의 일반 통념을 일부 뒤흔드는 내용도 담고 있어 이례적이다. 2009년에 채택된 동 2개의 조약을 다음 기술한다.

1.4.1. 일반위험 협약[14]

기존의 1952년 로마 협약을 개정한 1978년 몬트리올 의정서 내용을 대폭 개선하고 현대화한 내용을 담고 있다. 그 주요 내용을 다음에서 살펴본다.

[적용대상]

첫째, 눈에 띄는 것이 과거 제3자 피해 배상 조약이 지상의 제3자 피해라는 표현을 써 해상을 포함한 지상에서의 피해에 관한 배상만을 규율하였는데 본 협약에서는 '지상'이라는 표현을 삭제하면서 공중에서의 항공기(balloon을 포함)가 제3자로서 피해를 입을 경우에도 배상할 수 있게 하였다. 무고한 제3자가 피해를 볼 때 제3자의 위치를 지상과 해상으로만 한정하면서 공중에 있을 경우에는 배제하는 것은 형평상 위배되는 즉 늦게나마 시정한 것이다(제2조 1항).[15]

둘째, 항공기를 이용한 테러로 인한 피해가 아닌 제3자 피해가 협약 당사국 영토에서 발생하였을 경우이다. 그러나 당사국 총회가 결정할 경우 당사국 소속 항공기가 비당사국 영토에서 야기한 제3자 피해도 배상대상이 될 수 있다(이상 제2조 1항).

---

14) 정식명칭이 Convention on Compensation for Damage Caused by Aircraft to Third Parties로서 2009.5.2. 캐나다 몬트리올 개최 외교회의에서 채택되었음.

15) 1952년 로마 협약의 제24조는 비행중인 항공기와 동 탑승 승객과 적재 화물에 대한 피해에는 적용하지 않는다고 명기하면서 협약의 적용대상을 지상 피해로 국한하였음.

셋째, 제3자 피해에 있어서 과거 협약은 사망 또는 인적 피해(personal injury)와 재산 피해(property damage)를 배상하면서 인적 피해에 있어서 정신적 피해(mental injury)는 도외시 하였지만 금번 협약은 신체 피해(bodily injury)에 의한 정신적 피해 또는 사망이나 신체적 피해가 임박할 수 있는 상황에서 야기되는 정신적 피해도 배상대상으로 하였다(제3조 3항).

넷째, 과거 협약과는 달리 환경 피해(environment damage)도 배상대상이나 이는 사건 발생지국 법률상 배상대상으로 규정되어 있을 때 적용된다(제3조 5항).

다섯째, 협약 당사국이 원할 시 국제운송 항공기에 의한 피해뿐만 아니라 국내운송 항공기에 의한 피해도 배상대상으로 한다(제2조 2항).

여섯째, 과거 관련 협약과 일반적으로 적용되는 국제법 원칙에 따라 무력 충돌, 민간 소요, 핵 피해, 국가용(군사, 경찰, 세관 용)으로 사용되는 항공기로 인한 피해는 배상대상이 아니고 징벌적 배상도 제외된다(제2조 4항, 제3조 6~8항).

[적용방법]

첫째, 1978년 몬트리올 의정서는 항공기 중량을 4개로 구분하면서 최고 배상 한도를 최대 중량 30톤 항공기 경우 250만SDR에 더하여 30톤 초과하는 1kg마다 65SDR을 추가하는 것이었으나, 본 협약은 항공기 중량을 10개로 세분하여 최대 배상액을 7억SDR로 대폭 인상하였다(제4조 1항). 10개로 구분된 내용은 아래와 같다.

(a) 최대 중량 500kg 또는 그 이하 항공기 경우 최대 75만SDR

(b) 최대 중량 500kg 이상 1톤 미만 경우 최대 150만SDR

(c) 최대 중량 1톤 이상 2.7톤 미만 300만SDR

(d) 최대 중량 2.7톤 이상 6톤 미만 700만SDR

(e) 최대 중량 6톤 이상 12톤 미만 18백만SDR

(f) 최대 중량 12톤 이상 25톤 미만 8,000만SDR

(g) 최대 중량 25톤 이상 50톤 미만 1억 5,000만SDR

(h) 최대 중량 50톤 이상 200톤 미만 3억SDR

(i) 최대 중량 200톤 이상 500톤 미만 5억SDR

(j) 최대 중량 500톤 이상 7억SDR

둘째, 배상액 상한을 초과한 피해 발생 시 인적 피해를 우선적이고 비례적으로 지불하도록 하였다(제5조). 그러나 사망, 신체 피해, 그리고 정신 피해라는 3개의 인적 피해의 비중에 따른 배상 언급이 없고 인적 피해 지불 후 배상대상인 기타 피해의 세부적 내용에 관한 언급도 없다. 과거 협약은 인적 피해를 우선적으로 배상토록 하면서 2/3 내지 1/2의 배상 금을 사용하도록 하고 나머지는 재산 피해를 배상토록 한 것을 볼 때, 본 협약은 인명을 가장 중시하는 시대정신을 반영하여 재산 피해에 대한 배상은 후 순위로 하면서 우선 인적 피해에 배상을 하도록 한 것이겠다.

셋째, 공해상 선박이나 항공기에 대한 피해 발생 시 항공기는 동 항공기의 주된 영업장소 국가에서 발생한 것으로 간주하여 배상을 한다(제2조 3항). 그러나 선박에 대해서는 그러한 언급이 없는바, 이는 기국편의주의(flag of convenience)에 의해 많은 선박이 실질적 연관 관계가 없는 국가(라이베리아, 파나마 등)에 등록되어 있는 현실에서 배상 적용 법규가 부실할 수도 있는 여사한 등록국에서만 배상 재판이 이루어지는 결과가 되지만, 이러한 선박들에 대하여 제대로 된 수준의 배상 소송 기회가 박탈되는 불이익[16]을 감수토록 한 결과로 해석할 수 있다.

[판결 상호 인정]

국제항공공법에서 범죄인 처벌을 위하여 사용하는 방법인 모든 당사국의 범죄인 소추를 위한 국제협력의 정신을 국제항공사법인 제3자 피해 관련 배상 판결에도 적용하여 일 당사국의 판결 내용을 특정한 문제가 없는 한 타 당사국이 인정하고 집행할 수 있도록 하였다. 관련 조항인 제17조는 이전의 1952년 로마 협약(제20조)이 판결내용 상호 인정과 집행대상국으로서 배상책임자의 재산이 소재한 당사국으로만 한정한 것을 모든 당사국으로 확대하여 보편적 적용을 기하였다.

[기타]

SDR을 구성하는 통화사용국(미국, 일본, EU, 영국)의 인플레가 10% 이상일 경우 배상 상한액을 재검토하고(제15조), 항공사의 보험가입을 강제하며(제9조), 2개 이상의 영토에 적용 법률이 상이한 국가가 선택적으로 조약 적용을 모든 영토 또는 하나의 영토에만 적용하도록 선택할 수 있는 소위 홍콩 조항을 포함(제26조)하였는바, 이러한 조항들은 법정 비용과 기타 경비에 대한

---

16) 국제 운항 다수 상업 항공기는 통상 선진국에 등록되어 있거나 또는 선진국을 주된 영업장소로 하여 운항되고 선진국의 배상 관련 법체계는 높은 수준에 있으므로, '일반위험 협약'이 위임하는 법원지 법 적용 시 피해를 당하는 제3자에 대한 배상이 적절한 수준으로 이루어질 수 있음. 반면, 선박은 기국 편의주의에 따라 세금과 통제를 가능한 한 적게 부담받으려 하는 많은 선박이 실질적인 연관(genuine link)이 없는 라이베리아나 파나마 등의 후진국에 등록을 하고 있는바, 이러한 선박들도 통상 선진국을 일방 행선지로 하기 때문에 선진국을 주된 영업장소로 간주하여 수준급 배상 판결을 받도록 할 수도 있었겠으나 선박 등록국에서만 배상 판결을 받도록 함으로써 항공기에 비하여 불이익을 준 결과가 되었음.

법원의 피해자를 위한 판결(제7조), 피해자에 대한 선 지불(제8조) 등과 함께 국제항공운송에 있어서 항공승객과 화물을 규율하는 바르샤바 체제[17]와 1999년 몬트리올 협약[18]의 내용을 답습한 것이다.

1.4.2. 불법방해배상 협약[19]

과거에 없었던 내용과 형식으로서 모두 조약 제정 기술의 발전이라고 보기에는 무리가 있는 내용도 포함하고 있다.

2001.9.11. 오사마 빈 라덴이 주도한 알카에다 테러범들이 미국 항공기들을 탈취하여 뉴욕의 무역센터와 미국 국방부 청사에 고의적으로 충돌시켜 약 3,000명의 인명 피해와 수백억 불의 재산 피해가 발생하였고 사건 발생 며칠 후에는 보험회사의 항공보험 거부로 항공기의 정상 운항이 위협받는 상황이 전개되었다.[20]

미국 정부와 국회는 유례없는 테러 사태에 직면하여 관련 법률을 즉각 제정, 항공사와 보험업계를 지원하면서 항공운항의 계속을 보장하였으며 미국 항공사는 아직까지도 테러 등 전쟁 위험에 대비한 보험을 보험회사 대신 미국 정부의 보증에 의존하면서 항공운항을 하고 있는 중이다.

미국이 주도하는 국제항공 사회는 여사한 사고가 재발할 경우에 대비한 배상 체제를 국제사회가 강구하도록 국제민간항공기구(ICAO)에 요청하였으며 ICAO는 법률위원회에서 동 건을 수년간 논의한 결과 앞서 살펴본 제3자의 일반위험(general risks)에 관한 배상 협약과 분리하여 「항공기 사용 불법행위로 인한 제3자 피해배상 협약안」을 제시한 결과 2009.5.2. 외교회의에서 논의 후 양 조약이 공히 채택되었다.

본 불법방해배상 협약은 최신 조약 제정 기법으로서 그 유효성을 담보하고 있는 1997년 교토

---

17) 1929년 바르샤바 협약(Convention for the Unification of Certain Rules Relating to International Carriage by Air, 12 October 1929)과 협약을 개정하고 보완한 후속 협약과 의정서 및 미국을 운항하는 항공사들 간의 협정인 1966년 몬트리올 협정(미국 Civil Aeronautics Board가 1966.5.13. 승인한 CAB No.18900)의 총체적인 규정 내용을 지칭.

18) Convention for the Unification of Certain Rules for International Carriage by Air, 28 May 1999. 2012년 7월 현재 103개 당사국.

19) 정식명칭이 Convention on Compensation for Damage to Third Parties, Resulting from Acts of Unlawful Interference Involving Aircraft로서 2009.5.2. 캐나다 몬트리올 개최 외교회의에서 채택되었음.

20) 동 테러 공격으로 380억 불 이상의 피해가 발생, 보험사가 200억 불, 미국 정부기관들이 180억 불을 부담하였음. 미국 정부는 '희생자배상기금'을 설치하여 2003.12.22.까지의 시한까지 배상금을 신청한 2,828명을 포함한 총 2,861명에게 최소 500불부터 최고 810만 불을 지불하는데 약 15억 불을 사용하였음. 한편, 런던 보험회사들은 사건 발생 일주일 내인 2001.9.17. 미국 항공사들을 상대로 2001.9.13.자로 모든 전쟁보험을 취소한다고 선언한 다음 보험료를 80% 내지 90% 인상함과 동시에 전쟁보험액 상한은 5,000만 불로 대폭 축소하였음. 이는 기존 보험금액인 15억 불에 비하여 터무니없이 적은 액수로서 약 배로 인상된 보험료와 함께 미국 항공사들의 정상적인 운항을 사실상 중단시키는 조치였음. 이에 대해 미국 국회와 정부는 긴급 조치 일환으로 Terrorist Risk Insurance Act of 2002를 제정하여 보험금 지불로 역시 위기에 처한 보험회사들을 2005.12.31. 한 지원하는 한편, 사고 발생 3주 내에 Air Transportation Safety and System Stabilization Act를 제정하여 피해를 본 미국 항공사들에 대하여 총 150억 불을 지원하여 주는 조치를 취하였음. 또한 Homeland Security Act of 2002도 제정하여 기체와 승객 및 제3자 책임보험으로 확대하여 미 정부가 보험을 책임지는 조치를 시작한 후 매번 계속 연장시켜 오고 있는바, 최근 결정한 연장 적용 기간은 2011.10.1.부터 2012.9.30.까지임. 동 건 관련 기초적인 내용은 Paul Dempsey & Michael Milde, International Air Carrier Liability: The Montreal Convention, Centre for Research in Air & Space Law, McGill University, Montreal, 2005, pp.241–245를 참고하고 최근 연장 적용 관련 내용은 미국연방항공청(FAA)의 웹사이트에서 Aviation Insurance →Premium War Risk Insurance를 참고.

의정서[21]상 이중 발효장치를 도입하여, 35개국이 비준한 지 180일 후에 발효하지만 동 35개국에서 비준, 가입하면서 수탁처인 ICAO에 통보하여야 하는 자국 공항 출발 국제항공여객 숫자가 도합 7억 5,000만 명은 되어야 발효할 수 있고 그렇지 않을 경우 동 숫자가 충족된 후 180일 후에 발효된다고 규정하였다(제40조 1항). 단, 국내항공운송에도 협약을 적용하고자 하는 국가가 비준 또는 가입할 경우 7억 5,000만 명의 여객 숫자는 국내항공 여객 숫자도 포함하는 것으로 하였다(제40조 3항).

그런데 비준, 가입 시 통보하는 자국 공항 출발 여객 숫자는 비준, 가입하는 연도가 아니고 바로 전년도의 통계를 통보하도록 하였는바, 35개국의 비준, 가입 숫자는 충족하였지만 7억 5,000만 명의 여객 숫자를 충족하지 못하는 상황이 수년간 지속되다가 동 여객 숫자가 충족되는 시점을 어느 연도의 것으로 택하여야 하는지에 관한 기술적인 문제가 있다. 제40조 3항은 비준, 가입국이 동 여객 숫자 통보를 매년 하는 것으로 규정하였기 때문에 통계상 동 숫자를 충족시키는 연도의 말일을 충족 시점으로 보고 이로부터 180일이 되는 시점에 발효하는 것으로 보아야겠다.

또한 1999년 몬트리올 협약상 국제운송 항공기의 사고 시 승객 등에 대한 배상 상한액은 10% 이상의 인플레이션 발생 시 이를 반영하여 인상할 수 있도록 한 것도 도입(제31조)하여 일반위험 협약에서와 함께 최신 조약 제정 기법을 도입하였다.

불법방해배상 협약은 항공기를 중량에 따라 10개로 구분하여 항공운항인의 배상책임 한도를 최대 7억SDR로 규정(제4조 1항), 공해상 선박이나 항공기에 대한 피해 발생 시 항공기만 주된 영업 소재지국가에서 피해가 발생한 것으로 간주(제2조 3항), 환경 피해도 법원지 법에 따라 배상대상이며(제3조 5항), 정신적 피해를 사망, 신체 피해와 함께 배상대상으로 포함(제3조 3항)하는 것 등은 일반위험 협약과 같으나 일반위험 협약과는 달리 인적 피해 우선으로 배상금을 사용한다는 규정 없이 재산 피해도 배상한다고만 되어 있다(제3조 4항). 협약 당사국의 선택에 따라 국내항공운송에도 적용할 수 있고(제2조 2항), 징벌적 배상을 허용치 아니하고(제3조 7항), 핵 사고로 인한 피해 배상을 제외하며(제3조 6항), 배상금의 선 지불(제6조), 군용, 세관용, 경찰용으로 사용되는 국가 항공기로 인한 피해를 제외(제2조 4항)하는 것도 일반위험 협약과 같으나 본 불법방해배상 협약은 전쟁위험을 커버하는 것이기 때문에 전시 충돌이나 민간 소요 시에 적용·배제되는 것이 아니고, 항공운항자의 항공보험을 항공기 중량별로 강제하되 보험료가 과다할 경우

---

21) 지구 온난화 가스 배출 감축을 위한 1992년 기후변화 협약(United Nations Framework Convention on Climate Change)을 실천하는 내용을 담고 있는 조약으로서 1997년 12월 일본 교토에서 채택된 의정서. 동 의정서는 지구 온난화 가스를 다량 배출하는 국가들의 다수 참여가 있어야 의정서의 목적 달성이 가능한 것을 감안하여 제25조에서 55개국의 비준, 가입과 동 비준, 가입 국가들이 배출하는 1990년 온난화 가스 배출량이 세계 선진국인 Annex Ⅰ 국가들의 동년 배출 총량의 55%를 차지하는 양을 충족할 경우 발효토록 하였음. 이에 따라 최대 배출국인 미국의 비준 거부로 발효가 지연되었지만 러시아의 비준으로 2005년 발효되었음.

항공기별 사건당 배상 상한으로 보험을 드는 대신 총합 기준(on an aggregate basis)으로 보험을 들도록 하여 보험료 부담을 줄여 주고 일정 상황(후술하는 국제민간항공배상기금 운용 관련)에서는 보험을 들지 않아도 되게 하였다(제7조 1항).

협약은 배상을 하는 데에 있어서 3단계로 구분하였는바, 제1단계는 제7조에 따라 7억SDR까지 배상하는 것이고, 제2단계는 이를 초과할 경우 제18조 2항에 따라 30억SDR까지 배상하는 것이며, 제23조 1항과 2항에 따라 피해자가 운항자나 동 피고용인이 고의적으로 또는 피해가 야기되리라는 인식하에 무모하게 일을 한 결과 피해가 발생했다는 것을 증명할 경우 그 이상을 배상받을 수 있기 때문이다.

이제 불법방해배상협약의 특별한 규정을 2가지 점에서 살펴보기로 한다.

[국제민간항공배상기금(International Civil Aviation Compensation Fund, 약칭 국제기금) 설치]

9·11사태와 같이 대규모 제3자 피해가 발생할 경우 제4조에 따라 최대 7억SDR까지는 항공사가 가입한 보험에서 지급하지만 그 이상의 피해액을 감당하기 위하여 국제기금을 설치하였다. ICAO 법률위원회에서 성안하였던 협약안 내용에는 보충배상기금(Supplementary Compensation Fund)이라는 표현을 사용하였으나 협약 채택회의에서 국제기금으로 명칭이 변경되었다.

국제기금은 국제항공여행을 하는 승객이 하나의 발권 단위로 여행할 때마다 지불하는 금액과 항공화물 송하인이 톤당 의무적으로 지불하는 일정한 금액(추후 결정)으로 충당된다(제12조). 협약을 국내운송에도 적용할 것을 선언한 당사국(제2조 2항 의거)은 동 당사국 내 국내 공항 간 여행하고 운송되는 승객과 화물에 대하여서도 국제기금이 부과된다. 단, 소형 항공기에 부과하는 액수는 당사국 총회 결정에 따르며 모든 경우 항공기 운항자가 징수하여 국제기금에 송금한다(제12조 1항).

국제기금은 기금을 관리하는 사무국과 사무국장, 그리고 당사국 총회로 구성되며(제8조 1항) 다음 목적을 수행한다(제8조 2항).

(a) 제4조상 항공사가 항공기 중량별 10개 카테고리로 구분하여 부보(付保)한 배상 상한액을 초과한 제3자 피해가 협약 당사국에서 발생한 경우에 초과한 만큼의 배상액으로 제공(제18조 1항).

(b) 항공운항자가 본 협약규정 배상액(제4조)으로 부보하는 것이 불가하고 또는 고가라고 협약 당사국 총회가 판단하고 결정하는 기간 동안 국제기금이 제3조(신체, 재산 및 환경 피해 등 제3자에 대한 운항자의 배상책임)와 제4조(배상 상한)에 따른 사건 발생 시 항공사를 대신하여 지

불. 이 경우 항공사는 당사국 총회가 정하는 요금(fee)을 국제기금에 지불(이상 제18조 3항).

(c) 협약 당사국에 주된 영업소 또는 주소를 두고 있는 항공운송자가 협약 비당사국에서 발생한 제3자 피해를 유발한 경우 당사국 총회의 결정이 있다면 동 비당사국이 당사국이라고 상정하였을 경우의 피해 배상을 위한 지불을 위하여 사용. 단, 제18조 2항에 규정된 국제기금의 배상 가용 상한액인 30억SDR을 초과할 수 없음(제28조).

(d) 사건 발생으로 항공기 승객 피해 배상이 제3자 피해 배상보다 적을 경우 공평의 원칙에 당사국 총회가 정하는 바에 따라 항공기 승객 피해 배상을 보전할지를 결정(제9조).

(e) 제3자 피해자의 즉각적인 경제적 필요에 부응한 선 지불과 사건 발생 시 피해 완화를 위한 조치(제19조).

(f) 상기 목적에 부합하는 기타 기능(제8조 2항 d).

국제기금은 항공사가 보험으로 커버한 배상 상한(제4조 의거 최고 중량 항공기의 경우 7억SDR)을 초과하는 제3자 피해 금액을 최대 30억SDR까지 배상(제18조 3항)하는 것에 주안을 두고 당사국 총회가 정하는 금액으로 하되(제13조), 30억SDR을 4년 이내로 거출하도록 하는 금액이어야 하며(제14조 3항), 2년 연속 납부액의 총액이 배상 상한 30억SDR의 3배 이상을 초과하여서는 아니 된다(제14조 3항)고 규정함으로써 협약 적용 기간 중 9 · 11과 유사한 사태가 발생한다 하더라도 단시일 내 과도한 부담을 지우는 것을 피하였다.

[탈퇴와 폐기 조항의 특징]

어느 당사국의 탈퇴(서면 통보 후 1년 발효)가 국제기금의 운용을 크게 손상시킨다고 판단될 경우 어느 타 당사국이라도 특별총회를 소집할 수 있으며, 동 특별총회에서 참석 국가의 2/3가 동의할 경우 다른 당사국도 같은 날짜에 탈퇴할 수 있다(제10조 7항)는 유별난 조항을 포함하고 있다. 이는 미국이 탈퇴할 경우 동 협약의 존재 의미가 없어지는 것을 염두에 둔 것으로 보인다.

또한 협약이 발효하기 위하여서는 35개국이 필요하지만 발효 후 일정 시점에 협약 당사국 숫자가 8개국 미만으로 줄어들었을 때 또는 협약 당사국(폐기 선언하지 않은)의 2/3가 결정하는 일자에 협약을 종료할 수 있다(제42조)는 또 하나의 독특한 내용을 포함하고 있는바, 이 역시 미국을 염두에 두고 장래 국제정세의 변화에 따라 협약의 쇠잔에 대비한 내용으로 본다.

1.4.3. 2개 협약에 대한 비판과 평가

[일반위험 협약]

일반위험 협약은 기존의 제3자 배상을 현대화하고 배상액도 현실화한 내용으로서 비교적 바람직한 입법이었지만 불법방해배상 협약은 여러 가지 기여에도 불구하고 문제가 있다. 그 내용을 다음에서 살펴본다.

첫째, 일반위험 협약과 불법방해배상 협약 공히 정신적 피해를 배상대상으로 명기한 것은 바르샤바 체제를 해석하는 법원에 따라 정신적 피해를 항공기 승객의 상해 내용으로 포함시키느냐를 두고 혼선이 있었던 것을 상기하게 하면서 과연 올바른 선택이었느냐 하는 의문을 갖게 한다.

1929년 바르샤바 협약이 채택된 지 수십 년 후 항공산업이 비약적인 발전을 하였음에도 불구하고 승객 사상 시 1인당 배상 상한이 미화 만 불에 불과한 것을 미국 법원이 형평의 논리에서 이를 시정하기 위한 방안의 하나로 정신적 피해도 배상대상에 포함시킨 것은 주지의 사실이나, 바르샤바 체제를 갱신한 1999년 몬트리올 협약도 협약상 신체 피해(bodily injury)라고 명시한 점을 감안할 때, 그 판단기준도 모호한 정신적 피해를 제3자 피해 시 인정할 필요가 있었느냐 하는 것이다.

이에 대해 필자는 긍정적으로 평가하는바, 그 이유는 지상 제3자는 위험을 부담하면서 항공기를 탑승한 경우도 아닌 무고한 자로서 피해 발생 시 항공기 승객보다는 우월한 배상을 받아야 하기 때문이라고 본다. 배상대상이 되는 정신적 피해를 협약이 신체적 피해에 연유[22]한 것이라고 한정한 것은 모든 정신적 피해를 대상으로 한 것이 아니고, 미국 대법원이 Eastern Airlines v. Floyd[23] 판결로 그간 미국 각급 법원 판결에서의 혼선을 교통 정리한 내용과도 맥을 같이하는 것으로서 수용하여야 할 내용이다. 단, 정신적 피해의 정의가 사건 배상 판결 법원지별로 상이할 수 있어 협약의 통일적 적용을 해칠 우려는 있다. 또한 정신적 피해 배상을 언급한 양 조약 공히 제3조 3항은… Damages due to mental injury shall be compensable only if caused by a recognizable psychiatric illness resulting

---

22) 일반협약과 불법방해배상 협약의 각기 제3조 3항은 인적 피해 배상에 대해 다음과 같이 동일하게 규정하고 있음. Damage from death, bodily injury and mental injury shall be compensable. Damages due to mental injury shall be compensable only if caused by a recognizable psychiatric illness resulting either from bodily injury or from direct exposure to the likelihood of imminent death or bodily injury.

23) 499 U.S. 530, 111 S. Ct. 1489, 1991년 미국 대법원은 항공승객이 정신적 스트레스 이유로 배상 청구한 사건에 있어서 배상요건을 상해의 신체적 표출(physical manifestation of injury)로 한정하면서 신체적 상해를 동반하지 않는 정신적 피해는 배상대상이 아닌 것으로 판결하여 연후 법원 판결에서 신체적 피해를 동반하지 않는 순수한 정신적 피해는 배상대상에서 제외시키는 효과를 가져왔음.

either from bodily injury or from direct exposure to the likelihood of imminent death or bodily injury에 있어서 사망이나 신체적 피해가 임박할 수 있는 상황에서 야기되는 정신적 피해를 어떻게 통일적으로 해석하고 적용하느냐 하는 문제가 있다.

둘째, 비행 중 공중 충돌로 제3자 피해가 발생할 경우, 특히 2개의 다른 항공사 소속 항공기 사이에 발생한 사고의 경우 어떻게 배상하느냐하는 문제가 발생할 수 있다. 예를 들어 협약상 중량에 따라 10개로 구분된 가장 작은 항공기는 배상 상한으로 75만SDR을 적용 받는데 동 항공기가 가장 큰 중량인 B-747(점보)기와 충돌, 점보기 승객 500명 전원이 사망하고 기체가 전파되었을 경우 테러로 인한 것이라면 국제기금의 역할로 배상이 용이하겠지만 일반위험 협약이 적용될 경우 어찌 처리하느냐의 문제가 발생한다. 이때 3가지 경우를 상정할 수 있다.

① 점보기 승객이 1999년 몬트리올 협약상 제1단계 절대책임 배상 상한인 10만SDR까지의 배상을 받느냐 또는 작은 항공기 실수일 경우 제3자 피해배상 협약에 따라 많은 금액의 배상을 받느냐 하는 경우인데 승객은 후자를 택할 것이다.

② 점보기의 고의 등 중대한 과실로 공중 충돌 사고가 발생하였다면 승객은 상한이 있는 제3자 피해배상 협약을 적용받는 대신 무제한 배상을 허용하는 1999년 몬트리올 협약의 적용을 선호할 것이다.

③ 작은 항공기의 잘못으로 사고가 발생하였다면 소형 항공기의 배상 상한인 75만SDR 금액으로 배상이 불충분할 것이니 점보기가 자체 보험으로 든 보험금을 사용하여 배상을 하겠지만 자기 잘못이 없는 점보기의 운항자는 이미 배상 상한이 과도하게 초과된 작은 항공기에 대하여 어떻게 구상(indemnify)받느냐 하는 문제가 있다.

[불법방해배상 협약]

첫째, 테러행위로 인한 피해는 국가 안위에 관한 문제로서 모든 국가가 배상책임을 부담하는 사안이다. 그런데 유독 항공산업에 있어서만 항공기 운항자(항공사)와 항공승객 및 화주에게 배상책임을 부담시키는 것은 법의 기본 원칙과 형평의 관점에서 문제가 된다. 항공기를 테러로 이용한 사건의 발생 시 항공운항자인 항공사와 항공승객 모두 희생자인데 희생자들이 배상을 부담한다는 것은 불합리하다. 여타 운송수단 이용 시, 즉 기차나 버스 이용 시나 기타 상황에서 여사한 테러가 발생할 경우 적용되지 않는 바를 항공운송 경우에만 유독 적용하는 것이 문제이다.

둘째, 본 협약은 국제정치 현실상 대규모 테러대상이 되는 미국과 일부 서방(예: 영국)이 부담하는 전쟁위험을 후진국 등 세계 다수 국가가 부담하는 결과를 가져오는 것이다. 또한 제10조 7항에서 어느 당사국이 협약 폐기 선언을 할 경우 다른 당사국도 협약 폐기를 할 수 있도록 한 내용은 미국이라는 거대한 항공대국의 참여와 탈퇴에 따라 협약의 존폐가 달려 있는 내용이 되는 것인바, 국제조약이 지녀야 할 안전성을 도외시한 내용과 체제라 하겠다.

셋째, 국제기금은 불법방해배상 협약 제9조 j와 제8조 2항 b에 따라 제3자 피해 사건 발생 시 항공기 승객에 대한 배상이 제3자 피해 배상액과 비교하여(commensurate) 적을 경우 공평한 취급을 위해 승객에게 보충 배상을 할 수 있다고 규정하고 있는바, 이는 지상 제3자에 대한 피해를 항공기 승객에 비하여 높은 금액으로 배상하도록 하고 있는 현존 조약 내용[24]과, 무고한 제3자의 피해는 항공기 승객보다 우대한다는 법의 정신에 위배되는 것이다.

이는 정신 피해를 일정한 요건에서 배상대상으로 포함시킴으로써 지상 피해자를 항공기 승객의 피해자보다는 불리하게 대접하지 않는다는 합리적 내용을 도입한 논리에 상치하는 것이면서 지상 피해자와 항공기 승객의 피해 배상을 동일시하는 결과를 가져오는 것인바, 법의 시대적 발전으로 보기에는 여전히 무고한 제3자의 피해가 제대로 대접받지 못하는 형평의 문제가 존재한다. 또한 제3자에 대한 피해 배상조약이라고 한 협약의 명칭과도 달리 제3자가 아닌 항공기의 승객에게도 적용하는 내용을 담고 있는 자체가 이단이다.

넷째, 소형 항공기에 관한 정의가 없고, 모든 협약 당사국들의 항공사가 일사분란하게 국제기금을 수금하고 보관, 송금하는 책임과 의무를 지도록 한 것은 국가도 아닌 개인 기업에게 방대한 임무를 부과한 것으로서 회계의 투명성과 행정의 원활성에 문제가 있을 수 있으며 항공사가 제대로 이행을 못 하고 파산한다든지 할 경우 누가 책임을 지느냐 하는 문제 등이 발생할 것이다.

또 제8조상 국제기금은 '하나의 당사국 총회'(a Conference of Parties), 당사국, 사무국장을 수장으로 하는 사무국으로 구성된다고 함에 있어서 '하나의 당사국 총회'의 의미가 불분명하다. 동 표현은 국제기금만을 위한 별도의 조직으로서의 당사국 총회를 지칭하면서 여타 안건을 토의하

---

24) 지상 제3자 피해 배상에 관한 1978년 몬트리올 의정서는 지상 피해자 1인당 배상 상한을 12만 5,000SDR로 규정하였으나 1999년 몬트리올 협약은 절대적인 배상액을 10만SDR로 한정하고 있음.

는 당사국 총회와 구별하기 위한 것인지가 불분명하다. 관련 조항인 제8조 1항은 다음과 같다.

An organization named the International Civil Aviation Compensation Fund, hereinafter referred to as "the International fund", is established by this Convention. The International Fund shall be made up of <u>a Conference of Parties</u>, consisting of the States Parties, and a Secretariat headed by a Director(필자 밑줄).

위에서 관찰한 2개의 제3자 피해배상 협약과 관련하여 우리나라의 입장에서는 일반위험 협약을 비준하여도 무방하겠지만 문제가 있는 불법방해배상 협약은 그 추이를 살피는 것이 좋다고 본다. 일반위험 협약에 가입하는 장점은 선진국들이 제3자 피해를 국내법상 전액 배상을 원칙으로 하고 있기 때문에 가입 시 우리 국적기가 운항하는 선진국에서 제3자 피해 유발 시 금전적으로 상한 적용을 받으니 이익이며, 그렇지 않을 경우 미지의 외국 국내법에 의존하는 불확실성도 제거할 수 있다는 것이다. 이에 불구하고 2개의 몬트리올 협약은 졸속 입법으로서 발효 전망이 어두워 보인다.[25] 불법방해배상 협약은 더욱 그러하다.

2. 공중 충돌

2009년 몬트리올 채택 2개의 제3자 피해 배상 관련 협약이 공중 충돌로 인한 피해도 다루고 있지만 협약의 발효가 불투명하다는 것은 이미 언급한 바와 같다.

1952년 로마 협약은 제7조에서 두 대 또는 그 이상 숫자 항공기의 공중 충돌로 인한 지상 피해가 발생하였을 경우 피해가 여러 항공기들에 의한 것이었을 경우 공동 책임을 지도록 규정하고 있지만 항공기 상호 간의 책임 의무관계에 관하여서는 함구하고 있다. 공중 충돌 시 야기된 항공기와 탑승 승객 및 화물의 피해에 관하여서는 대등한 항공기 운항 당사자 사이의 일로서 과실책임에 근거한 국내법 적용을 받게 된다.

항공기의 공중 충돌은 조종 실수, 기체 결함, 결빙(icing)이나 요동(turbulence), 요격 그리고 항공관제 실수 등으로 인하여 발생한다. 1976년 유고슬라비아의 자그레브 근처 상공에서 유고슬라비아 항공사 DC-9와 영국 항공사 Trident기가 공중 충돌하여 두 비행기 탑승자 전원이 사망하였는데 이는 항공관제사의 실수 때문이었다.

2002.7.1. 비슷한 사건이 발생하여 71명의 탑승원이 전원 사망하였다. 스위스 인접 독일 영공

---

25) 2012년 7월 현재 일반위험 협약에 서명한 국가는 12개국이나 주요 항공국가가 아니며 몬테네그로 한 나라만이 가입한 데 그침. 불법방해배상협약 역시 주요 항공국가가 아닌 9개국의 서명에 그침.

에서 관제용역을 제공하는 스위스 Skyguide의 관제사가 잘못된 관제를 한 결과 DHL 화물기 보잉 757-200과 러시아의 Bashkirian Airlines가 차터 운항을 하던 제트 기 사이에 충돌이 발생한 것이다. 러시아 항공사의 기장은 항공기상 설치된 충돌 예방 장치인 TCAS(Traffic Collision Avoidance System)가 상승 비행하라는 경고에도 불구하고 관제사의 지시에 따라 하향 비행하여 역시 하향 비행 중이던 DHL기와 충돌하였다. 사고 조사 결과 러시아 항공사의 기장은 여사한 경우 ICAO의 관련 규정상 관제사의 지시보다도 TCAS의 경고를 따라야 한다는 사실을 모르고 있었고 관제사는 잘못된 관제를 한 것으로 나타났다.[26]

2004년 6월 러시아 피해 가족들은 관제용역 제공회사인 Skyguide와 수백만 불의 배상 합의를 보았는데 이는 규율 가능 관련 조약이 없는 가운데 엄격한 법의 원칙을 적용한 결과라기보다는 Skyguide, 독일과 스위스 정부, 보험회사들이 협상을 통하여 얻어낸 것이다.

Bashkirian Airlines가 독일 정부를 상대로 자국 영공에서의 잘못된 관제용역을 한 것에 대하여 배상하라는 소송을 독일 법원에 제기하였는바, 이에 대하여 독일의 Konstanz 지역법원은 2006.7.26. 판결하였다.[27] 판결 내용은 사건에 사고지 법(lex loci)이 적용되니 독일 법이 적용 법임을 확인한 후 Skyguide가 주권 사안인 독일 영공에서의 항공관제 서비스를 Skyguide에 위탁한 독일의 책임을 인정하면서 독일의 국가책임에 따라 독일 정부는 Bashkirian Airlines가 요구한 모든 피해에 대한 배상책임을 하라는 내용이었다.

지상 제3자 피해 그리고 공중 충돌로 인한 피해 발생 시 상금 관련 조약이 적용된 적이 없다. 현실적으로 항공기 운항으로 인하여 지상에서의 피해가 발생할 경우 국내법이 적용되는 것은 당연시되고 이는 공중 충돌에 있어서 더욱 그러할 것인바, 관련 국제조약의 제정 효과가 있는지 의문이다. 그렇다고 여사한 조약의 연구가 필요하지 않다는 것은 아니니 이는 관련 국내법 제정 시 또는 법원에서의 심리 시 준거법 내지 지침 성격으로 작용할 수 있기 때문이다.

---

26) Skyguide 소속 해당 관제사였던 덴마크 관제사는 사고로 처자를 모두 잃은 러시아 사람에 의하여 2003.2.24. 살해되었음.

27) Case No. 4 O 234/05 H(4th Chamber).

항공기에 대한 권리

항공기에 대한 권리

1. 일반적인 소유형태

항공기는 동산이지만 부동산에 준하여 취급한다. 우리나라 법도 동산을 주 대상으로 허용하는 질권(pledge)을 항공기에 대하여서는 설정하지 못하도록 규정을 하였다(자동차 등 특정동산 저당법[1] 제9조). 그러나 항공기에 대하여서 저당권(mortgage)을 설정할 수 있으며 국내법으로 이를 규율하기 위한 항공기 저당법이 1961년 제정되었다. 항공사가 항공기 구입 등의 재원 충당 방법으로 mortgage뿐만 아니라 floating charge와 fixed charge 등을 이용하기도 한다. Floating charge는 어떤 항공사가 새로이 항공기를 구입하면서 판매자 측에 대한 담보(security)로 기존 재산(여타 항공기 등)을 제공하나 담보된 동 재산을 임의대로 처분할 수 있는 반면 fixed charge는 토지나 건물 등의 특정재산을 지정하여 담보로 제공하며 동 재산은 처분되더라도 담보설정이 계속된 상태로 처분된다는 점에서 floating charge와 다르다.

항공기는 단순한 소유형태에서 요즈음은 장기임차(lease) 형태로 보유하는 경향이 발전하고 있다. 장기임차는 예견치 못한 사정으로 소요 항공기가 부족하게 된 경우에 임대회사 또는 타 항공사로부터 일정기간 항공기 기체만을 빌려 쓰는 형태와, 처음부터 항공기 구입보다는 장기임차의 장점을 염두에 두고 장기간 항공기를 빌려 쓰는 형태가 있다.

오늘날의 항공기는 고가의 장비를 부품으로 장착하는 경우가 많다. 예를 들어 대형 제트 항공기의 엔진은 수백만 불 이상이 소요된다. 따라서 항공기에 따라서는 항공기 기체와 엔진을 분리하여 권리형태를 달리하기도 한다. 예를 들어 항공기와 항공장비[2]의 구입 또는 임차를 위한 재원 마련 방안이 갈수록 국제화되고 전문화되고 있다. 이에 따라 다국적 컨소시움 파이낸싱(multinational consortium financing)이 활발하다.

---

[1] 법률 제9525호, 2009.9.26. 시행.

[2] 항공장비(avionics) 중 항공기에 직접 장착되는 것은 아니나 조종사 훈련용으로 널리 활용되는 Simulator(모의 비행조종 연습기)도 수백만 불을 소요하는 것으로서 동 Simulator의 구입을 위한 자금조달(financing)도 활발함.

2. 1948년 제네바 협약[3]

제2차 세계대전 후 미국과 영국이 주도적인 항공기 제작국으로 부상하였다. 특히 미국은 막대한 경제력을 바탕으로 항공기의 대량생산 과정으로 이행하면서 동 항공기의 수출과 수출 촉진을 위한 항공기 구입 재원 조달 방안에 적극적이었다. 그런데 미국 금융 시장에서는 미국 내 관할 지역을 벗어나 비행하는 항공기의 구입용으로 막대한 금액을 외국에 빌려 주는 데 미온적이었는바, 이를 해결하기 위한 국제적 방안으로 1948년 제네바에서 「항공기에 대한 국제적 권리 인정에 관한 협약」(Convention on the International Recognition of Rights in Aircraft, 약칭 The Geneva Convention)이 체결되었다.

당시의 항공기 판매방법은 미국, 유럽 그리고 기타의 세 지역으로 구분할 수 있는바, 미국에서는 conditional sale, chattel mortgage 및 equipment trust의 방법[4]이 있었고, 유럽에서는 담보 설정으로 구입한 항공기의 판매 시 우선 변제 대상을 지정하는 데 강조를 두었으며, 기타 지역은 어떠한 방법도 형성되지 않은 상태에 있었다. 미국과 유럽에서의 상이한 법률제도는 국가 간의 거래를 복잡하게 만들었는바, 제네바 협약은 이 두 상이한 법 제도를 어느 정도 통일시키기 위하여서도 필요하였다. 그러나 제네바 협약이 항공기에 대한 권리를 어느 한 제도로 통일시킬 수는 없었고, 단지 항공기가 등록국에 등록됨으로써 국가적 차원에서 형성되는 권리를 국제적으로 인정하여 주는 데 주안을 두고 있다.

동 협약의 주요 목적은 한마디로 국제운송에 사용되는 항공기의 구입을 위한 자금조달을 촉진하는 것이며 이를 위하여 첫째, 항공기를 담보로 자금을 빌려 준 채권자를 보호하고, 둘째, 담보권자보다 우선하여 항공기에 대한 특정 제3자의 권리를 보호하며, 셋째, 항공기에 대한 권리 청구의 우선순위를 정하며, 넷째, 항공기의 국적 이전을 용이하게 하도록 하였다.

협약 제정자들은 각국의 상이한 법 체제상 국제적 인정을 받을 수 있는 항공기의 모든 권리를 통일적으로 규율할 수가 없었다. 따라서 제1조에 항공기에 관한 권리 네 가지[5]를 나열하는 것으로 해결하는 한편, 이러한 권리에 대한 국제적 인정은 항공기가 등록된 국가의 법에 의하도록 하고 아울러 동 권리는 등록국의 공식 등록 장부에 명기되도록 하였다. 이는 등록국의 국내법에 따라서 항공기 채권자 간의 채권 우선순위가 정하여지며, 동 채권을 인정받기 위하여서는 항공

---

3) 1953.9.17. 발효. 2012년 7월 현재 89개 당사국.

4) 미국의 3가지 판매방법 등 항공기 판매를 위한 재원 조달 방법에 관해서는 Johnston의 미간행 석사학위논문 Legal Aspects of Aircraft Finance(캐나다 맥길대, 1961) 또는 Matte, Treatise on Air-Aeronautical Law(1981) 참조. Chattel mortgage는 common law에서 사용하는 개념으로 동산에 대한 저당권으로 이해하면 됨. 동 개념은 대륙법에서의 hypotheque와 유사함.

5) 항공기를 재산으로 한 재산권, 구입에 의한 항공기 인수권, 6개월 이상의 임차(lease)에 의한 소유권, 그리고 채무이행 담보로서의 저당권 등 4개 종류의 권리(제네바 협약 제1조 (1)항).

기 등록국에 공식 등록하여야 한다는 이야기가 된다. 또한 협약이 규정하고 있지 않은 채권에 관해서는 등록국의 법이 적용된다.

협약은 권리의 강제 회수 방법으로 항공기의 사법적 판매(judicial sale)를 규정하고 있다(제7조). 사법적 판매를 하려면 일정한 기간 전에 판매가 행하여지는 국가 및 항공기 등록국에서 공고를 하여야 한다. 기타 사법적 판매의 절차는 판매가 행하여지는 국가의 법에 따른다. 동 사법적 판매는 항공기 판매 금액이 동 사법적 판매의 절차를 취한 채권자의 채권보다 우선 변제되어야 될 경비(항공기 구조 및 보관비)와 채권을 지불할 수 있는 정도가 되든지, 그렇지 않으면 구입자가 동 채권을 인수하지 않는 한 불가능하다(제7조 (4)). 협약은 항공기 구조(salvage)와 보관(preservation)에 관련하여 발생한 경비는 다른 채권보다 우선하여 지불하도록 규정(제4조 (1)(b))하였으나, 기타 채권 간의 지불 우선순위는 항공기 판매가 행하여지는 국내법의 규정에 의한다. 항공기의 사법 판매 대금의 지불을 우선순위별로 정리하면,

첫째, 항공기 판매를 위하여 소요된 경비(제7조 (6)항).

둘째, 항공기의 구조와 보관에 소요된 경비. 구조나 보관의 경우가 여러 건 있을 때에는 나중에 발생한 경우의 경비부터 역의 순서로 지불(제4조 (1), (2)항).

셋째, 항공기로 인하여 지상에서 입은 피해에 대한 보상. 동 보상금액을 확보하기 위하여 협약은 제1조가 인정한 네 가지 권리의 회수용으로 쓸 수 있는 금액이 항공기 판매 대금의 80%를 초과할 수 없다고 규정함(제7조 (5)(b)).

넷째, 제1조가 인정한 네 가지 권리의 회수용. 단, 동 권리의 제3자에 대한 효력은 항공기 등록국의 법에 따르며(제2조 (2)), 판매에 관련한 절차는 항공기 판매가 행하여지는 체약국의 국내법에 따름(제7조 (1)).

다섯째, 기타 국내법상 인정된 권리이다.

협약은 항공기와는 별개로 항공기 엔진 등 주요 항공기 부품에 대한 권리를 인정하고 있다. 항공기 부품의 판매 시 항공기 판매에 관한 규정이 그대로 많이 적용되나 특이한 것은 항공기 부품에 대한 권리를 등록하지 않은 채권자에 대하여 판매 대금의 1/3까지 지불할 수 있도록 한 점이다(제10조 (3)). 동 규정은 협약의 원래 목적에 어긋나는 것이라는 이유로 일부 비난의 대상이 되고 있다.

협약 제9조는 항공기에 대한 권리를 소유하고 있는 자의 동의 없이 항공기의 국적이나 등록국

가를 바꾸지 못하도록 하였다.

23개 조로 된 동 협약이 1948.6.19. 채택된 후 미국은 한동안 각국의 협약 가입을 적극 권장하였다. 동 협약의 내용이 현대화되면서 소형항공기를 제외하고는 2001년 케이프타운 항공기 의정서로 대체되었는바, 다음 항에서 기술한다.

3. 케이프타운 협약과 항공기 장비 의정서

3.1. 당사국 현황

협약과 의정서 공히 2012.7.5. 현재 45개 당사국으로 구성되어 있고 서명에 개방된 기간 중 28개국이 서명하였다.

서명만 하고 상금 비준하지 않은 국가는 부룬디, 캐나다, 칠레, 콩고, 프랑스, 독일, 가나, 이태리, 레소토, 수단, 스위스, 통가, 우크라이나, 영국 등 15개국이다.

협약에만 가입하고 의정서에 가입하지 않은 국가는 코스타리카, 피지, 가봉, 세이쉘, 시리아, 짐바브웨 등 6개국인데 이는 이들 국가의 실수로 보인다.

3.2. 조약의 형식

협약과 의정서는 항공기의 국제적 담보권의 인정에 관한 국제규율을 구성하는 불가분 하나의 조약문서로 해석된다. 협약은 어느 장비에 적용한다는 구체적 언급을 함이 없이 단지 고가의 이동장비, 즉 항공기 본체, 항공기 엔진, 헬리콥터, 철도 차량, 우주 장비들에게 모두 적용된다.

협약의 제49조 1항은 동 협약은 특정 이동장비에 관련한 의정서가 발효되지 않는 한 동 특정 이동장비에 관련하여 협약이 발효되지 않으며 제6조 2항은 협약과 의정서의 상충 시 의정서가 우선한다고 명시함으로써 기존 조약 체결 형식을 일탈하였다. 기존 국제법 제정방법을 볼 때 모법으로서의 협약이 먼저 탄생한 후 구체적 실천을 위한 목적으로 의정서를 후속조치로 채택하고 동 의정서는 협약을 상위에 두고 하위 실천 규율을 하는 형태를 취하고 있지만 항공기 의정서는 케이프타운 협약과 상충될 경우 의정서가 우위에 있는 것으로 명시하였다.

이러한 2개의 문서로 작성된 조약문 접근방법에 여러 장점이 있다.

첫째, 협약이 고가 이동장비 중 어느 물체를 특정하여 규율함이 없이 모든 고가의 이동장비에 적용되는 규칙들을 통일적으로 제시하기 때문에 후속 의정서로 규율되는 특정 이동장비의 내용들과 중복하거나 상충할 여지가 없다. 둘째, 구체적인 내용을 규율하는 것은 의정서가 담당하도록 함으로써 협약이 세세한 부분에서 의정서와 뒤엉켜 혼란을 초래할 필요가 없음과 동시에 특정 이동장비 산업에 있어서 특별한 필요가 있어 이를 반영시키고자 할 경우에 해당 의정서만 개정하면 되기 때문이다. 셋째, 여러 고가의 이동장비를 규율하는 의정서를 동시에 채택할 필요가 없이 특정 고가장비에 관한 의정서가 다른 고가장비 의정서의 채택 속도에 구애됨이 없이 각기의 상황에 맞추어 각자의 속도를 가지고 해당 의정서가 채택될 수 있다는 것이다.

그러나 협약 제6조 1항에 따라 협약과 의정서는 합하여 하나의 문서로 읽히고 해석된다.

현재 항공기 의정서 이외로 철도차량의정서(Protocol to the Convention on International Interests in Mobile Equipment on Matters Specific to Railway Rolling Stock)가 2007.2.23. 룩셈부르크에서 채택되었지만 발효되지 않은 상태이다. 2011.12.31. 현재 구주연합(EU), 가봉, 이태리, 스위스만이 서명하였으나 비준이 없었고 가입국도 전무한 상황이다.

한편 수년간의 작업을 거쳐 우주자산의정서(Protocol to the Convention on International Interests in Mobile Equipment on Matters Specific to Space Assets)가 2012.2.27.~3.9.간 독일정부 초청으로 베를린에서 개최된 외교회의에서 채택되었다.

협약 제2조는 담보권과 관련하여 적용할 고가 이동장비로서 항공기, 철도차량, 우주자산만을 열거하였으나 제51조는 협약의 수락처인 UNIDROIT의 판단하에 여타 고가이동장비에 관한 의정서도 채택할 수 있도록 허용하였다. 여타 고가이동장비라 하면 농업, 건설 및 광산 장비 등을 상정할 수 있는바, 협약이 장래 여사한 고가이동장비에도 적용될 수 있겠다.

3.3. 적용원칙

협약과 의정서는 다음 다섯 가지 원칙을 적용한다.

3.3.1. 실용성(practicality)

자산을 근거로 한 금융과 임대차 거래의 특성에서 나오는 주요 요소들을 반영하기 위하여 필요한 것이다. 이는 즉 현대에서의 새로운 금융조달방식과 리스 거래를 반영하기 위한 것이다.

3.3.2. 당사자 자율(party autonomy)

영미법에서 중시되는 계약을 존중한 것이다. 다시 말하여 계약 당사자들이 합의한 내용이 다른 내용이나 방식으로 규정된 법정권리를 손상하지 않는 한 적용되도록 한 것이다.

3.3.3. 예측 가능성(predictability)

신의(good faith) 등 표준을 기준으로 한 접근(standards-based approach) 방식에 의존하면서 모호한 요소를 내포하는 것보다는 간결하고 명확한 우선권 규칙들을 명시함으로써 확실하고 간단한 규칙들이 적용되게끔 하였다.

협약 제5조 1항은 협약을 해석함에 있어서 협약의 적용 시 통일성과 예측 가능성을 증진하는 방향으로 하도록 규정하였다.

3.3.4. 투명성(transparency)

국제담보권을 등록하고 등록된 권리를 연중 24시간 모두에게 온라인 개방되도록 하는 국제등록청(International Registry)을 유지토록 함으로써 제3자로 하여금 관련 권리를 바로 파악할 수 있게 하였다. 등록되지 않은 국제담보권은 보호대상과 우선순위에서 제외시킴으로서 혼란을 방지하고 유자격 권리 소유자를 안심시키며 권리를 추가로 획득하고자 하는 자의 거래를 촉진시킨다.

3.3.5. 민감성(sensitivity)

협약과 의정서의 당사국이 조약 내용 중 자국 국내법과 상치하는 내용을 자국에 관련하여서는 전부 또는 일부를 적용 배제하든지 또는 조약이 규정한 일정한 내용을 선택하여 적용하는 것을 허용함으로써 각기 상이한 국내법을 신축성 있게 수용한 것이다.

3.4. 적용대상

적용대상 권리는 운송장비의 국제담보권으로서 협약 제2조 3항에 (a)에 규정되어 있는 항공기체와 항공기 엔진 및 헬리콥터이다. 협약과 의정서는 항공기본체와 항공엔진을 합하여 항공기목적물(aircraft object)로 표기하면서 협약목적상 항공엔진을 독립적인 개체로 보았다. 그러나 헬리콥터의 엔진은 헬리콥터에 장착되기 전 권리관계가 생성되지 않는 한 헬리콥터를 구성하는 일부로 간주하면서 독자적인 취급을 하지 않는다.

국제담보권은 상기 이동장비에 대하여 일정한 요건(협약 제7조상 문서로서 정당한 권리를 소유하는 자의 권리에 관련되는 것 등을 전제로 함)을 등록할 경우 담보약정(security agreement), 소유권 유보부약정(title reservation agreement) 또는 리스 약정(lease agreement)에 의하여 담보권자(chargee), 조건부 매도인(conditional seller) 또는 리스 회사(lessor)에게 부여된 일정한 권익을 말한다(협약 제2조 2항).

3.5. 중요 용어의 해석 적용

국가마다 법률체제와 개념이 상이함에 따라 조약으로 통일적 적용의 국제규범을 창설한다는 것은 쉬운 일이 아니다. 세계 법률체제가 대륙법, 영미법, 기타로 3분되는데 수백 년간 지속되어 온 서로 다른 법률체제는 상이한 법률개념, 법률용어, 법률해석의 문제를 야기하는바, 국가가 주체로서 국가 간의 권리 의무를 정하는 공법(public law)의 경우에서는 크게 문제되지 않지만 사인(private person)의 권리의무 관계를 국제사회에서 통일적으로 규율하는 사법(private law)에 있어서는 여러 문제가 제기된다.

대표적인 것이 「항공운송에 있어서 특정 규칙의 통일에 관한 협약」(Convention for the Unification of Certain Rules Relating to International Carriage by Air)[6]으로서 상업 항공운송에 있어서 사고와 손해 발생 시 배상을 규율하는 내용이 대륙법과 영미법의 차이에서 오는 용어의 해석과 적용결과 예상치 않은 판결이 나오고 또 나라마다 종종 다른 결과가 나온 것이다. 이러한 혼선은 완전 불식할 수는 없지만 또 하나 문제 되는 것은 협약과 의정서가, 많은 경우 준거법(applicable law)으로 규정한 국내법이 나라에 따라서 다르고, 특히 상거래와 항공산업이 활발하지 않은 후진국의 경우 고가의 이동장비에 대한 담보권을 규율하는 국내법 자체가 미비한 경우이다.

협약과 의정서에서 권리라는 의미로 interest와 right을 사용하고 있는데 interest는 대물(貨物 in rem)에 대한 권리를 말하며 right은 보다 광범위한 용어로서 물건에 관련하여(ad rem) 법률이 부여하는 개인의 압류, 유치 또는 매매권을 말하든지 또는 판결이나 법원명령의 집행의 방법에 의존하는 권리를 의미한다. 이러한 정의에서 제외되는 권리가 있는데 이는 협약 제39조 1항 b가 체약당사국으로 하여금 해당 이동장비의 용역에 관련하여 공공 역무 제공자에게 지불하여야 할 채무 추심을 위하여 동 이동장비를 압류하거나 유치할 수 있게 한 것이다. 이 경우 체약당사국이 선언(declaration)을 한다면 적용이 배제되는 반면, 순전히 私人들 간의 계약권리에 관한 것이면서 이동장비에 대한 권리를 구성하는 것이 아니라면 처음부터 협약의 적용에서 배제된다.

---

6) 1929.10.12. 폴란드 바르샤바에서 채택. 약칭 바르샤바 협약이라고 하며 2012.7.5. 현재 152개 당사국.

같은 용어, 즉 담보약정이나 소유권유보부약정하에 이동장비를 매각하는 등의 거래를 하더라도 분쟁 발생 시 어느 나라 법원에서 심리를 하느냐에 대해 적용 준거법이 달리되는 경우가 있다. 이는 몇 국가 특히 미국, 캐나다 및 뉴질랜드에서 조건부 매매 약정과 특정 타입의 리스 약정을 담보권으로 특징(characterize)짓기 때문이다. 다른 법률체제에서는 조건부 매도자와 임대자를 완전한 소유권자로서 취급하여 담보약정, 소유권 유보 및 리스 약정들을 명확히 구분하고 있다.

그러나 담보권 약정을 통일적인 접근하에 특징짓는 것은 실현성이 없기 때문에 이를 준거법인 국내법에 위임하고 있다(협약 제5조 3항). 그 결과 3가지 다른 권리 내용 중 1, 2개는 나라에 따라서 3번째의 권리로 인정되어 취급되기도 한다는 것이다. 예를 들어 파리에 있는 '갑'이 항공기목적물(aircraft object)을 뉴욕의 '을'에게 협약이 적용되는 소유권유보부약정으로 매도하였다 하자. 이때 뉴욕 법원이 뉴욕 법으로 동 약정을 특징(characterize)짓는다면 담보권 약정으로 취급할 것이다. 만약 파리 법원이 프랑스 법을 적용한다면 소유권유보부약정으로 취급할 것이다. 따라서 불이행에 대한 구제수단(default remedies)에 관한 협약의 제3章에 관련하여 분쟁이 발생할 경우 미국과 프랑스가 모두 협약 당사국이라 가정한다면 각 법원은 자국 법을 적용함에 따라 뉴욕에서는 협약의 제8조(담보권자 구제)와 9조(목적물의 변제 충당 등)가 되고 파리에서는 제10조(조건부 매도인 또는 리스 회사의 구제수단)가 적용된다.

사소한 문제일 수 있지만 협약과 의정서는 동 조약의 주체인 국가로서 체약당사국(Contracting State)과 당사국(State Party)을 혼용하고 있다. 예를 들어 협약의 전문(前文)에는 State Parties라고 하였지만 제8조 등에는 Contracting State라고 표기하는 등 2개의 용어를 혼용하여 사용한 것이다.

1969년 조약법에 관한 비엔나 협약(Vienna Convention on the Law of Treaties of 1969)은 제2조(용어사용(use of terms)) 1항(f)에서 "'체약당사국'은 조약의 발효 여부를 불문하고 조약에 기속되는 것에 동의한 국가"라고 하였으며 1항(g)에서 "'당사자'는 발효된 조약에 의하여 기속되기를 동의한 국가"라고 정의하였다. 조약 제정 시 과거에는 체약당사국이라는 표현을 많이 사용하였으나 오늘날에는 당사국이라는 표현을 주로 사용하고 있는데 이는 조약의 내용이 적용되기 위하여서는 조약이 발효되어 있는 것을 전제로 하기 때문이다. 조약문에서 2개의 용어를 혼용한다는 것이 법적 효과와 해석에 문제가 있는 것은 아니지만 국제공법(Public International Law)의 기본에 충실하지 못한 결과이겠다.

3.6. 최종 조항(final provisions)

통상 조약문의 발효 요건, 기탁, 언어, 정보, 개정 등을 다루는 내용으로서 표준양식에 가까운 사항들이 조약의 특수한 사정을 반영하여 수정 반영된다.

협약과 의정서도 그러한 내용을 최종 조항으로 담고 있지만 특이한 점으로서 지역경제통합기구(regional economic integration organizations)를 조약 주체로 인정한 것이다. 이는 유럽공동체(European Community)를 우선 염두에 둔 것인데 EC는 전체회원국들의 합의에 따라 유럽공동체 법(法)인 규정들(Regulations) 중 2000.12.22.자 EC Council Regulation NO. 44/2001에 의거하여 민사와 상사문제에 있어서의 관할권과 판결 이행권을 가지고 있다. 따라서 EC는 협약과 의정서상 관할권에 관하여 권한을 가지고 있고 EC 채무불이행 규정인 2000.5.29.자 EC Council Regulation NO. 1346/2000에 의거하여 채무불이행에 관련하여서도 관할권을 가지고 있다.

협약 제48조는 지역경제통합기구가 조약 서명 시 회원국 대신 자신이 관할권을 갖는 내용을 선언(declaration)하도록 하였으나 협약의 체약 당사국 숫자를 계산할 경우, 즉 발효에 필요한 3개국의 숫자로 계산되지 않고 제61조상 협약의 재검토를 요하는 당사국 숫자의 25%로 계산되지도 않는데 이는 의정서 제27조에서도 동일하게 규정되어 있다.

협약 제49조는 3개국의 비준이 있어야 발효하나 이동장비 카테고리별로 규율하는 의정서가 발효될 것을 전제로 한다. 따라서 협약이 2004.4.1. 발효되었지만 당시 항공기 의정서는 발효를 요하는(제28조 의거) 8개국의 비준이나 가입이 없어 발효되지 않다가 동 요건이 충족된 2006.3.1. 의정서가 발효됐고 동시에 협약도 발효되었다.

위와 같이 2개의 조약문서가 일체를 이루는 내용은 항공기 의정서 제26조 5항에서 협약의 당사국이 아닌 한 의정서 당사국이 될 수 없다고 명시한 데서도 나타난다. 한편 앞서 본 바와 같이 협약의 당사국이긴 하지만 의정서의 당사국이 아닌 경우가 있었는데 이는 가능하다.

본질문제에 관련되지 않은 협약의 제47조(서명, 비준 등), 제48조(파기), 제62조(수탁처와 동 기능) 등도 최종 조항들인데 이들 조항은 조약법에 관한 비엔나 협약 제24조 4항에 의거하여 협약이 채택된 날짜인 2001.11.16.부터 발효되었음에 유의할 필요가 있다.

3.7. 국내법과 국내계약 관행

협약과 의정서가 다루는 담보권은 담보약정(security agreement), 소유권유보부약정(title reservation agreement)과 리스 약정(lease agreement)에서 나오는 권리이고 그 대상은 항공 목적물(aircraft objects)이다. 조약 내용을 살펴보기 전에 국내 상황은 어떠한지 알아본다.

3.7.1. 항공기의 소유권, 임차권 및 저당권

3.7.1.1. 등록의무

「항공법」[7] 제3조는 "항공기를 소유 또는 임차하여 항공기를 사용할 수 있는 권리가 있는 자는 항공기를 국토해양부장관에게 등록하여야 한다"라고 하면서 "다만 대통령령으로 정하는 항공기는 그러하지 아니하다"라는 단서를 달았다. 대통령령인 「항공법 시행령」[8] 제12조는 군, 세관, 경찰업무에 사용하는 항공기, 외국에 임대할 목적으로 도입한 항공기, 외국 국적의 항공기는 등록할 필요가 없다고 규정하였으며 항공법 제6조에서도 외국인, 외국정부, 외국의 공공단체가 주식이나 지분의 ½ 이상을 소유하거나 그 사업을 사실상 지배하는 법인, 외국인이 대표자이거나 외국인이 임원수의 ½ 이상인 법인이 소유 또는 임차하는 항공기는 등록할 수 없다고 규정하였다.

2012년부터 시행된 「동산·채권 등의 담보에 관한 법률」[9] 제3조는 항공기를 동산담보권의 목적물에서 제외시키고 「자동차 등 특정 동산 저당법」[10] 제3조에서 특정동산으로 취급하여 저당권의 목적물로 할 수 있다고 규정하였다. 또 동 저당법 제5조는 저당권에 관한 득실 변경이 항공법에 따른 항공기 등록 원부에 등록하여야 그 효력이 발생한다고 규정하였다.

3.7.1.2. 항공기에 대한 가압류, 강제집행, 압류

「민사집행규칙」[11] 제209조는 "항공기에 대한 가압류는 선박에 대한 가압류의 예에 따라 실시한다"라 하고 제106조는 항공기에 대한 강제집행을 규정하고 있다. 가압류의 집행에 관해서는 「강제집행에 관한 규정」을 준용하고, 다만 예외적인 경우에는 가압류의 신속·간이성을 고려하여 그러하지 않다.

강제집행의 방법을 규정한 제106조 역시 항공기의 경우 선박에 대한 강제집행의 예에 따른다 하면서 이를 위하여 '정박'이라고 규정된 것은 '정류 또는 정박'으로 '수역'은 '운항지역'으로, '선박국적증서'는 '항공기 등록 증명서'로, '선적항'은 '정치장'으로 고쳐 적용하도록 하였다.

---

7) 시행 2010.12.1. 법률 제10331호.
8) 시행 2011.9.29. 대통령령 23180호.
9) 시행 2012.6.11. 법률 제10629호.
10) 시행 2009.9.26. 법률 제9525호.
11) 시행 2011.12.30. 대법원 규칙 제2375호.

한편 강제집행과 관련하여 협약 제9조는 법원의 명령에 의한 변제충당을 규정하고 있는데 이는 당사자 간 변제충당에 의한 합의가 없더라도 담보권자는 피담보의무의 변제를 법원에 신청할 수 있다(협약 제19조 2항). 법원은 목적물의 가액과 균형을 이룬다고 판단하는 경우 담보권자의 신청을 승인할 수 있는데(협약 제9조 3항) 국내법상 위와 같은 법원의 명령을 강제하는 규정이 없다.

「민사집행규칙」 제171조는 "항공기의 인도 청구권에 관한 압류와 권리이전 청구권에 대한 압류에 관하여 「민사집행법」[12] 제244조를 적용한다"라고 하였으며 제196조에서 "항공기를 목적으로 하는 담보권 실행을 위한 경매에는 제106조, 제107조, 제195조(다만, 제5항을 제외한다) 및 법(민사집행법) 제264조 내지 법 제267조의 규정을 준용한다. 이 경우 제195조 제1항 중 '정박항 및 선장의 이름과 현재지를 적어야 한다'는 '정류 또는 정박하는 장소를 적어야 한다'로 고쳐 적용하며, 제195조 제2항에 '선박국적증서'라고 규정된 것은 '항공기등록증명서'로 본다"라고 하였다.

3.7.2. 소유권유보부매매

소유권유보부매매란 매수인이 매매의 목적물을 인도받아 사용하고 매도인에게 매매대금의 전부 또는 일부를 일정기간에 걸쳐 분할하여 지급하기로 하되, 그 매매대금의 전부가 완납되기 이전까지는 그 목적물의 소유권은 매도인에게 유보되어 있는 매매를 의미한다.

이 소유권유보부매매에 대해서는 대금의 지급방법이 일반매매와 다를 뿐 매매계약의 일종이라고 볼 수 있다. 판매업자의 횡포로부터 소비자를 보호하고자 1991년에 「할부거래에 관한 법률」[13]을 제정하여, 계약은 서면에 의하여 체결하도록 하고, 법률이 정하는 중요한 계약 내용을 계약서에 명시하도록 강제하며, 판매업자에게 일정한 경우에 정부가 행정적 규제를 취할 수 있도록 하는 등 私的自治의 원칙에 다소 수정을 가하였다. 그러나 이 법은 운송용 항공기 매매와 같이 매수인이 상행위로 할부계약을 체결하는 경우에는 적용되지 아니한다.

3.7.3. 리스계약

우리나라에서 리스라 하면 통상 자동차 리스를 연상하게 된다. 그런데 이 리스는 항공운송업자로서 항공기를 취득하는 중요한 방법이다. 상금 우리나라 법에서 시설대여라는 용어로 표기되는 리스는 「여신전문금융업법」[14] 제2조 10항에서 "특정물건을 새로 취득하거나 대여 받아 거래

---

12) 시행 2011.10.13. 법률 제10580호.
13) 시행 2010.11.18. 법률 제10303호.
14) 시행 2011.10.8. 법률 제10564호.

상대방에게 일정 기간 이상 사용하게 하고, 그 사용기간 동안 일정한 대가를 정기적으로 나누어 지급받으며, 그 사용기간이 끝난 후의 물건의 처분에 관해서는 당사자 간의 약정으로 정하는 방식의 금융을 말한다"라고 정의하고 있다.

리스는 통상 금융리스나 운용리스의 형태를 취한다. 금융리스(financial lease)의 경우 리스 회사가 리스이용자에게 기계, 설비 등과 같은 리스 물건의 구입자금을 융자하여 주는 대신에 리스 물건을 직접 구입하여 물건을 사용토록 임대하여 주는 것을 말하는바, 형식적으로는 임대차이고 실질적으로는 자금의 대여이다. 보통 리스 기간은 리스 물건의 내구 연수이며, 리스료는 리스 물건의 구입대금, 부대비용 및 리스 회사의 이윤 등을 합한 금액이고, 리스 이용자가 리스 계약 중도에 리스계약을 해지할 수 없으나 리스 만기에 무상으로 또는 명목상 금액만을 지급하고 리스 물건의 소유권을 취득하는 것이 보통이다. 보통 리스 물건에 대한 유지, 관리 책임 및 위험 부담은 리스 이용자가 부담한다.

운용리스(operating lease)라 함은 리스 물건 자체의 이용에 목적이 있는 리스를 의미하는데 금융적 성격은 거의 없이 서비스 제공적인 성격이 강하다. 금융리스와 달리 리스계약 중도에 리스계약을 해지할 수 있고 리스료는 리스 물건의 구입가격의 일부이며, 리스 회사가 리스 물건에 대한 유지, 관리, 책임 및 위험을 부담한다.

리스 물건의 소유권은 리스 기간 중에는 물론이고 리스 기간 종료 후에도 리스 회사에 있는 것이 원칙이고, 리스 기간 만료 후에 이용자가 리스 갱신을 할 것인지 아니면 리스 이용자에게 소유권을 이전시킬 것인지에 관하여 당사자 사이에 새로운 합의를 필요로 한다. 이 점에서 할부대금을 완납하면 리스 물건의 소유권이 매수인에게 이전되는 소유권유보부매매와 다르다. 항공기의 경우 운용리스는 5년 미만의 단기인 데 반하여, 금융리스는 10년 이상의 장기이다.

리스를 하는 가장 중요한 이유는 리스 시 구입 시와는 달리 세금 공제를 받기 때문이다. 최근 통계에 의하면 세계에서 항공기를 가장 많이 보유하고 있는 4개 회사 중 2개 회사가 GECAS(미국의 GE Capital Aviation Services)와 ILFC(미국의 International Lease Finance Corporation)라는 항공기 임대회사로서 각기 1,732대와 1,031대의 항공기를 보유하고 있고 나머지 2개 사는 항공사이지만 Delta가 800대, American Airlines가 775대를 보유하고 있는 것에 불과하다.[15] 또 세계 전체 상업용 항공기 중 40%가 리스로 운용되며 이는 증가 추세에 있다.[16]

---

15) 2012.1.21.자 Economist지 66쪽.
16) 2012.1.9.자 Aviation Week & Space Technology 15쪽.

3.7.4. 항공기 담보에 관한 국내계약 관행

항공기 리스와 관련하여 이용되는 채권보전 방법에는 리스이용회사의 주식에 대한 질권 취득 (pledge of shares), 리스 계약상 임대인 지위의 양도, 임차인인 항공사 등 관련기업의 지급 보증의 확보, 보험료 청구권에 대한 담보취득 등 여러 가지가 있으나 일반적으로 이용되고 중시되는 것은 항공기 자체에 대한 저당권 설정이다. 1991년 「항공법」이 개정되기 전에는 국내항공사가 외국으로부터 임차한 항공기에 대하여서는 저당권을 설정할 수 없는 것으로 해석·운용되었으나, 1991.12.14. 항공법이 개정된 결과 임차등록부가 폐지되고 항공기 등록원부로 통합됨에 따라 임차항공기에 대해서도 저당권의 설정이 가능하게 되었다. 장래 취득할 목적물에 대한 저당권 등록신청이 가능하냐가 국내에서 불명확한데 후술하겠지만 협약과 의정서는 이를 인정하고 있다.

「민법」[17]의 일반원칙과 「자동차 등 특정동산 저당법」 제14조에 따라 "저당권자는 채무자나 제3자가 점유를 이전하지 아니하고 채무의 담보로 제공한 특정동산에 대하여 다른 채권자보다 자기 채권에 대하여 우선 변제를 받을 권리가 있다"라고 규정하고 있는데 항공기 저당권의 효력은 항공기 및 그와 결합하여 거래관념상 항공기의 일부분이 되었다고 인정되는 부합물(附合物) 및 종물(從物)에까지 미친다.

항공기저당권의 효력은 우리법상 物上代位의 법리에 의하여 항공기에 대한 보험금 청구권에도 미치게 되며, 다만 저당권자는 그 지급 또는 인도전에 압류하여야 하는바, 이 내용은 「민법」 제370조가 제342조(물상대위)가 규정한 질권에 있어서의 물상대위를 저당권에도 준용한다고 명시하고 있기 때문이다. 국제항공기 리스의 경우 보험금 청구권은 별도의 계약, 이른바 담보권 양도(security assignment)에 의하여 담보목적으로 채권자에게 이전되므로 저당권이 보험금 청구권에 미치는가는 실제로 문제 되지 않는다.

「민법」 제333조는 "수개의 채권을 담보하기 위하여 동일한 동산에 수개의 질권을 설정할 때에는 그 순위는 설정의 선후에 의한다"라고 규정하여 다음에서 볼 협약과 의정서의 선 등록 담보권 우선변제권리가 국내에서 적용되는 개념임을 나타내고 있다.

현재 대한항공사가 실제 항공기 취득을 하는 방법은 다음과 같은바, 아시아나항공사도 대동소이하다.[18]

－금융리스, 단순임차, 담보대출의 3개 방법으로 항공기를 취득하는데 약 140대 보유 비행기 중 65%는 금융리스방법으로 취득하고 26대는 단순임차로, 나머지는 소유하고 있는 중임.

---

17) 시행 2009.8.9. 법률 제9650호.
18) 2012.1.18. 필자와 대한항공 자금전략실 김지수 과장과의 인터뷰 시 동인 설명 내용.

- 금융리스의 경우 보다 복잡한 거래를 취하는바, 전형적인 금융리스의 거래단계는 기술의 중복이 있지만 다음과 같음.[19]

① 항공사는 항공기제조자와 항공기구매계약(purchase agreement)을 미리 체결한다.

② 항공사는 항공기 인도일로부터 수개월 전에 적절한 금융기관과 금융리스 조건을 협상한다.

③ 금융기관은 임대인이 될 특수목적회사(special purpose company)를 통상 조세회피지역인 Cayman Islands 등에 설립한다.

④ 항공사는 임대인에게 항공기구매계약상의 매수인의 권리를 이전하기로 하는 양도계약(purchase agreement assignment)을 체결하는 한편 그로부터 항공기를 임차하기로 하는 리스계약을 체결한다.

⑤ 금융기관은 임대인에게 항공기 구매자금을 대출해 주기로 하는 대출계약을 임대인과 체결한다.

⑥ 이와 관련하여 항공기 제조자가 소재하는 국가의 수출금융기구(미국의 수출입은행이나 유럽의 ECA 등)는 항공기의 수출을 지원하기 위하여 대출하는 금융기관에 대출계약상 원리금을 보증하기도 한다.

⑦ 항공기 인도일에 금융기관은 임대인에게 항공기 구매대금을 대출한다.

⑧ 임대인은 항공기제조자에게 위 인출자금으로 항공기구매대금을 지급하고 항공기를 인도받고 그 소유권을 취득한다. 또한 항공기 자체 및 리스계약상 채권을 금융기관에게 채권의 담보로 제공한다.

⑨ 임대인은 항공기를 항공사에게 임대차계약에 따라 인도하고 리스 기간 동안 리스료를 지급받아 금융기관에게 대출 원리금을 상환한다.

- OECD의 ASU(Aircraft Sector Understanding)는 2001년 케이프타운 협약과 항공기 의정서의 당사국으로서 일정한 요건을 구비할 경우 OECD 회원국 소재 신용공여기관(credit agencies)이 적용할 보증 수수료를 저율로 차등 적용함.
- 상기 조약의 당사국 소속 항공사는 그렇지 않은 항공사보다 저렴한 수수료를 적용받는데 또 5등급으로 구분된 항공사의 신용평가(항공사명과 함께 공시되지는 않지만)에 따라 항공사가 어떠한 등급에 속하느냐에 따라 지불하는 보증수수료가 차등화되는 이중 기준을 적용함.

---

19) 석광현·조영균, 국제 항공기금융에 관한 법적 문제점(BFL 제18호, 2006.7.) 63-64쪽.

- 항공사는 미국 보잉이나 유럽의 에어버스 등의 항공기 제조사와 구매계약 후 상기 신용공여기관과 접촉하여 대출보증 교섭에 들어감.
- 금융대출기관이 아니고 신용공여기관이면서 항공사로부터 보증수수료를 받는 ECA(Export Credit Agency) 기관은 미국의 경우 수출입은행(Ex-Im Bank), 유럽의 경우 프랑스는 COFACE, 독일은 Hermes, 영국은 ECGD(Export Credit Government Dept.로서 정부기관임)임.
- 신용공여기관은 통상 자국 제조 또는 자국이 지분을 가지고 있는 회사(예: 에어버스)의 제품 판매를 위하여 보증을 하여 주는데 통상 선순위 대출 보증(senior lender)만을 대상으로 함.
- 동 신용공여기관에 약 4~5%의 보증수수료를 지불하는데 통상 12년인 금융리스일 경우 동 수수료는 연 12분의 1로 계산되는 결과가 됨.
- 항공사는 상기 보증수수료를 주고 보증을 받은 후 금융기관을 접촉하여 대부를 받도록 주선하나 실제로는 SPC가 대부자 명의로 대출을 받아 해당 항공사에 임대하는 형식을 취함. 요즈음의 대부 이자는 저금리 기조상 연리 1% 정도임.
- 제3국 소재 SPC를 이용하는 것은 채권자(신용공여기관과 항공기 제조회사)로서는 담보권을 용이하게 확보하고 채무자(항공사)로서는 리스를 할 경우 구입할 경우에 내는 세금을 면제받지만 이에 추가한 세금 혜택을 누릴 수 있기 때문임.
- 세 번째 항공기 취득방법으로서의 담보대출은 해외 금융기관들이 담보권 확보문제 등의 이유로 관여하지 않기 때문에 항공사가 국내 금융기관을 대상으로 보다 높은 이율을 감당하면서 담보권 설정을 통하여 항공기를 구입함.
- 금융리스, 단순임차, 담보대출 등의 경우에 있어서 기체와 엔진을 분리하여 취급하지 않고 하나의 건으로 취급하나 금융리스의 경우에 있어서는 SPC가 국제등록기관과 SPC 소재 국내 등록기관에 항공기 등록을 할 때 분리하여 등록함.
- SPC 소재 국가인 Cayman Islands 등의 경우 케이프타운 협약과 항공기 의정서의 당사국은 아니나 자국의 국내법을 동 조약의 내용에 일치하는 것으로 제·개정함으로써 SPC 소재지로서의 가치를 구비하고 있음.
- 금융리스 계약 시 매수 청구권(purchase option)을 포함시키기도 하는데 이때 항공사는 SPC에 원리금 분할 상환을 임차료로 지급하는 임차약정을 하고 SPC는 금융대출기관으로부터 대출받은 자금으로 항공기제조회사와 항공기구입계약을 체결하여 항공기 구입을 한 후 리스(통상 12년)가 종료되는 시점에 항공사가 리스료 잔액을 전액 상환할 경우 소유권을 이전하여 줌.
- 금융리스와는 달리 단순임차일 경우 기간 만료 시 항공기를 임대업자에게 반환하여야 하지

만 항공기 매각 시 잔존가치 위험부담을 줄이고 단기간 임차만 하여도 된다는 점 때문에 양자를 활용하여 사용함

- 금융리스, 단순임차, 담보대출 경우 모두 항공기 소실 등에 대비한 보험가입 시 실제상황이 발생하면 채권자가 보험액을 청구하는 것으로 약정을 맺을 수 있음. 케이프타운 협약과 항공기 의정서는 여사한 청구 권리를 관련 권리(associated rights)로 표기하였는데 실제에 있어서는 상황 발생 시 항공사가 보험료를 청구하고 채권자는 보험액을 수령하는 내용으로 약정이 이루어지고 이에 따른 절차가 진행되고 있음.

- 금융리스의 경우 위와 같이 적어도 리스 회사, 임차인과 금융의 제공자인 금융기관의 3 당사자가 관여하므로 ① 소유자 겸 임대인인 리스 회사의 항공기에 대한 소유권, ② 임대인에 대한 채권자이며 리스계약상의 권리의 양수인으로서의 채권은행들의 권리(항공기에 대한 저당권 등 담보권 포함) 및 ③ 리스계약에 따라 평온하게 항공기를 사용할 수 있는 임차인의 권리 및 리스 기간 만기 시 항공기에 대한 매수 청구권이 조화 있게 적절히 보호되어야 함.[20]

한편 2011년 말 한국 국적기인 대한항공과 아시아나의 항공기 보유현황을 보건대 대한항공이 보유한 138대(여객 114, 화물 24) 중 임차가 80대이며 아시아나는 71대(여객 62, 화물 9)의 보유항공기 중 46대를 임차하고 있는바, 공히 60% 정도를 임차로 항공기를 운용하고 있다는 이야기이다.

3.8. 케이프타운 협약과 항공기 의정서의 부문별 고찰

3.8.1. 협약이 보호하는 권리

협약은 7개의 서로 다른 종류의 원천적 권리를 보호하는데 여기에서 원천적(original)이라는 말은 양도(assignment)나 대위(subrogation)와 구분하는 의미에서 사용한 것이고 권리는 우리 용어로는 확실히 구분이 안 가지만 代物권리를 의미하는 담보권(interest)과 목적물의 지배와 유지(detention)를 포함한 광범위한 의미에서의 권익(right)을 포함한다. 요는 담보권에 관한 7개의 권리는 다음과 같다.

---

20) 전게 주, 64쪽.

3.8.1.1. 국제담보권

담보약정에 따라 담보제공자가 부여한 권리인데 소유권유보부약정에서는 조건부 매도인에게, 리스 약정에서는 임대인에 동 권리가 귀속된다. 그러나 체약당사국이 협약의 특정내용을 배제한다는 선언을 한 경우에는 해당이 없다.

3.8.1.2. 장래 국제담보권

미래 특정장비에 대하여 적용할 권리로서 담보약정의 경우에 대한 교섭이 진행 중이거나 장래 채무자(prospective debtor)가 담보대상인 목적물에 대한 권리를 상금 취득지 않은 경우 이를 그 상태에서 국제등록청(International Registry)에 등록될 수 있도록 하였다. 이 경우 국제담보권으로 행사가 될 수는 없지만 말소가 되지 않는 한 정상적인 등록이 시작되는 시점에서 우선권을 인정받는다.

3.8.1.3. 국내담보권

국내담보권으로서 국제담보권으로 등록될 수 있지만 협약 제50조에 따라 체약당사국이 내국거래임을 이유로 협약적용에서 배제하는 선언을 할 경우 제외된다. 그러나 이러한 제외는 정도의 차이에 불과하다. 이는 첫째, 국내담보권이 협약상 우선규칙의 적용을 받고, 둘째, 국제담보권으로 등록이 되지 못하지만 국제등록청에 통지(notice)를 할 수 있기 때문에 등록된 국제담보권과 같은 우선효과를 가져오기 때문이다.

3.8.1.4. 국내법상 법정 담보권으로서 등록 없이 주어지는 우선권

협약 제39조 1항에 따라 체약당사국은 국내법 규정상, 국제등록청에 등록되지 않더라도 등록된 국제담보권보다도 우선권을 가질 수 있는 법정담보권의 종류와 우선 받는 정도를 선언할 수 있다. 법정담보권으로 불리는 이 내용은 다음 항에서 설명할 등록될 수 있는 담보권(registrable non-consensual right or interest)과 구분된다.

3.8.1.5. 국내법상 등록될 수 있는 법정 담보권

협약 제1조 (dd)는 "협약 제40조에 의거하여 기탁되는 선언에 따라 등록될 수 있는 법정담보권"으로 정의하였다. 이러한 권리는 국제등록청에 등록되어 협약의 목적상 등록된 국제담보권으로 취급된다. 제1조 (dd)는 '등록된'(registered)이 아니고 '등록될 수 있는'(registrable)이라는 표현을 의도적으로 사용하면서 제1조 (cc)의 등록된 담보권(registered interest)과 구별되는바, 등록될 수 있지만 등록되지 않은 법정 담보권을 규율한다.

그런데 이러한 권리는 협약 제39조와 구분되는 것으로서 협약상 미미한 내용이 되는바, 구체적으로는 등록될 수 있지만 등록되지 않은 법정담보권 소유자는 채무불이행 발생 시 담보권자로부터 목적물의 매도나 리스가 일어나기 전 합리적 기간 내에서 사전 통보받는 권리를 갖는 것에 불과하기 때문이다(협약 제8조 4항 b).

3.8.1.6. 관련 권익(associated rights)

목적물에 대한 또는 관련된 약정상 채무자가 지불하거나 다른 행위로 변제받을 권익이다. 협약 제39조 1항 b가 계약의 효율성을 위하고 체약당사국이 협약에 따라 선언하는 한도 내에서 공공역무 대가 지불 불이행에 대한 법적 조치로 자국법에 따라 목적물을 억류(arrest)하거나 유치(detention)를 허용하긴 하였지만 순전한 개인적 계약의 권리를 설정하는 것은 협약의 적용대상이 아니다.

3.8.1.7. 기존담보권(pre-existing rights or interests)

협약과 의정서를 비준 또는 가입하고자 하는데 동 조약의 적용을 받기 전에 존재하고 있는 기존담보권 등의 권리를 어찌 처리하느냐가 많은 나라와 업체들의 큰 관심사가 아닐 수 없다. 협약은 이에 대하여 당사국이 원하는 대로 처리하게끔 하였는바, 이는 당사국이 별도의 선언을 하지 않는 한 기존담보권 등의 권리를 조약의 적용대상에서 배제하는 것이다.

그러나 유용한 본 조약의 적용을 받고자 하는 국가들이 많을 것인바, 이 경우 일정한 조건을 붙여 경과조치성 성격으로 국가들이 선언을 통하여 참여하는 것을 허용하는 내용이 협약 제60조의 규정이다.

협약 제11조 (v)는 기존 권리를 정의하면서 협약의 유효날짜(effective date) 이전에 형성된 권리라고 하면서 동 유효일자는 협약 제60조 2항 (a)에 정의된 것에 따른다 하였다. 동 (a)는 채무인과 관련된 협약의 유효일자는 협약이 발효 시 또는 채무자가 위치한 국가가 체약당사국이 될 시의 두 개 중 뒤늦은 시점이라고 하였다. 채무자를 상대한 채권자의 권리확보를 위한 것으로 채무자를 관할하는 국가가 협약당사국이 되어야 협약목적을 달성하기 때문이다. 또 두 날짜 중 뒤늦은 것을 적용하는 것은 기존권리를 가급적 많이 보호하기 위한 배려이다.

그러면 채권자가 어느 정도의 시간 여유를 가지면서 더 이상 보호되지 않을 기존 권리를 조약의 규정에 맞게 조정하도록 할 것이냐가 당연히 제기되는 문제인데 협약 제60조 3항은 체약 당사국에게 재량을 부여하면서 또, 기존권리 보호와 동 권리의 우선취급을 정하는 데 있어서 협약과 의정서가 적용되는 시점이 체약국의 선언이 발효되는 시점보다 최소 3년은 앞서 있어야 한다고 규정하였다. 즉 조약이 최소 3년은 기존 권리를 보호하도록 한 것이다.

체약당사국이 선택하도록 한 동 60조 경과규정을 포함시킨 것은 두 가지 이유인바, 첫째, 조약의 내용을 기존 권리에 무한정 복속시킬 수 없다는 것이며, 둘째, 기존 권리 보유자들에게 합리적인 기간을 주어 기존권리를 조약의 내용에 맞게 조정토록 한 것이다. 따라서 기존권리보유자가 국제등록청에 등록할 경우 기존권리의 우선권을 유지하면서 보호받을 수 있으며, 이러한 조치를 할 수 있는 안정적인 기간은 조약이 자국에 대하여 발효되는 시점으로부터 최소 3년은 되는데 이보다 늘어날 수 있는바, 이는 체약 당사국이 선언할 때 그 기간은 1년이고 2년 연기하는 만큼 늘어나기 때문이다. 또 체약당사국은 선언 시 특정한 기존권리를 계속 조약적용대상에서 배제할 수 있다.

관련 국내법에 의하여 보호받는 기존 권리와 우선권 등은 체약당사국의 영토에 채무자가 위치(situate)한 동안에 체결되었던 약정이라는 전제하에 조약의 적용을 받는데 여기에서 위치한다는 뜻은 협약 제60조 2항 (b)에 따라 채무자의 행정센터가 있는 곳을 말하고 행정센터가 없을 경우 영업소재지를 말하나 영업소재지가 여러 개 있을 경우 주된 영업 소재지이며 영업소재지가 없을 경우 통상거소(habitual residence)를 의미한다고 하였다. 체약당사국이 기존권리보호에 관한 선언을 할 경우 채무자가 어디에 위치하고 있느냐는 문제 되지 않는다. 또 동 위치의 의미를 정의한 제60조 2항 (b)의 내용은 협약의 적용의 요건을 규정한 제3~4조에서의 채무자 위치를 정의한 내용과 일부 다르며 무관하다는 점에 유의하여야 한다.

3.8.2. 국제담보권의 구성요건

항공기 목적물에 있어서의 국제담보권을 구성하기 위하여서는 협약과 의정서의 각 7조를 충족하여야 하는데 이는 국제권리가 국내법상 관련 조항이 있는지와 국내법상 권리 형성의 요건을 충족하는지를 불문한다. 따라서 국제적 권리는 협약 자체로부터 부여된 독자성을 갖는다.

그러나 어떤 약정이 존재하는지와 탄생하는 시점에 대하여서는 적용 가능한 법률, 즉 국내법이 적용되며 이 국내법은 당사자의 계약능력과 계약쌍방의 동의원리(consensus ad idem) 등을 규율한다. 협약 제7조는 하나의 권리가 국제적 권리로서 구성되기 위하여서는 4개의 조건을 충족하여야 한다는 공식요건을 제시하였다. 그런데 여기에서 담보권 약정은 국제적 권리를 창설(create)하지만 조건부 매매나 리스 약정은 국제적 권리를 제공(provide for)하는 데 불과하다. 이는 매도인과 임대인이 보유한 소유권이 조건부매매나 리스 약정으로 연유하는 것이 아니고 약정과는 독자적으로 그리고 통상 약정의 발효 이전부터 존재하고 있기 때문이다.

협약 제7조가 규정한 4개의 조건은 다음과 같다.

첫째, 서면을 요한다. 협약 제1조 (nn)은 서면(writing)을 넓게 정의하여 문서뿐만이 아니고 정보의 전자기록으로서 형체가 있는(tangible) 상태로 재생이 가능할 경우 이도 포함시키고 있다. 그러나 특정 타입의 약정 경우 서명이 필요 없는바 장래의 국제권리(prospective interest), 제29조 5항의 경합권리의 우선 변동(variative of priority), 제31조 1항의 양도효과의 배제 등이 그러한 예이다.

둘째, 처분권한이 있느냐이다. 약정은 담보권 제공자, 조건부 매도인 또는 리스 회사가 처분할 수 있는 목적물을 대상으로 한다. 이에 불구하고 여사한 위치에 있지 아니한 자에 의하여 소유권 또는 다른 권리에 대한 변동이 있을 수 있는데, 이는 대리인(agent)이 목적물의 처분권한을 가지고 있지 않지만 그럴듯한 권한(ostensible authority)을 가지고 있을 경우이다. 이러한 경우는 적용 가능한 법 또는 협약자체에 의하여서 발생하는바 가령 임차인이 재임차(sub－lease)를 하는 경우이다.

셋째, 특정성이다. 약정은 관련 의정서에 따라 목적물을 특정할 수 있어야 한다. 이 특정성(identifiability)은 등록목적을 위하여서 필요한 핵심인바, 등록체제가 자산에 바탕을 두고 있기 때문이다. 따라서 장래재산에 대한 통상 담보권의 경우에서와 같이 자산이 담보약정의 범위(scope) 내에 있다는 것으로는 충분치 않다. 해당 목적물도 약정 자체에 의해 특별히 특정(identify)되어야 한다.

단, 특정하는 기준은 관련 의정서에 맡겨져 있는데 이는 의정서별로 취급하는 이동장비의 특성이 다르기 때문이다. 협약은 완성된 목적물은 물론 협약 제2조 2, 3항에 기재된 목적물의 카테고리에 들어갈 경우 제조 중에 있는 경우의 목적물도 포함한다.

넷째, 보장되는 의무가 있어야 한다. 즉 담보 등의 약정으로부터 어떠한 의무가 보장되는지 확인할 수 있어야 한다. 그러나 보장되는 금액이나 최고금액을 명시할 필요는 없고 개별 특정 의무를 특정할 필요도 없이 일반적 기술로 족하다. 이렇게 한 것은 최고의 보장액을 요구하든지 보장된 의무를 특정한다는 것이 불확실한 장래의 내용을 언급하는 것으로서 실용적이지도 않고 바람직하지도 않기 때문이다.

한편 등록을 한다는 것이 국제적 권리를 구성하는 요소도 아니고 동 권리의 존재를 보증하는 것도 아님에 유의하여야 한다. 등록의 기능은 제3자에게 국제적 권리가 있을 경우 이를 공시하는 것이고 동 권리를 보유하고 있는 자에게 우선권을 갖도록 하는 것이다. 따라서 불이행 구제를 언급하고 있는 협약의 제3장은 등록된 권리는 물론 등록되지 않은 권리에 대하여서도 언급하고 있다. 그런데 실제에 있어서 불이행이 발생할 때까지 권리가 등록되지 않는 경우는 드물 것이다.

여기에서 특기할 사항은 우리나라의 경우 등록을 항공기 저당권의 성립요건으로 정하고 있다는 점이다. 이는 조약의 내용과 차이가 있는 것이지만 실제 이로 인해 문제 되는 것은 거의 없다고 본다.

3.8.3. 국제담보권의 등록

국제담보권 등 국제적 권리의 성립을 위하여서는 그것을 설정하기 위한 약정이 일정한 요건을 갖출 것을 요구할 뿐이며 등록은 그 성립을 위한 요건은 아니다. 그러나 국제적 권리의 공시 및 다른 권리와의 우선순위를 명확히 하지 않으면 국제적 권리는 이름에 불과하기 때문에 협약은 국제담보권 등의 국제적 권리의 창설과 함께 효과적인 공시 및 우선순위의 확보를 위한 국제등록제도를 도입하고 있다.

3.8.3.1. 항공기 국제등록청

국제등록청(International Registry)은 협약과 의정서에 의해 규율될 뿐만 아니라 의정서에 의하여 제정되는 규정(Regulations)과 동 규정을 구체 실천하는 절차(procedure)에 의하여 운용된다. 이 국제등록청은 각기의 의정서가 규율하는 이동장비마다 별도로 설립되는데 우리의 관심사인 항공기 목적물의 국제등록청은 아일랜드 더블린에 소재한다.[21]

이 국제등록청은 운송통신전문회사인 SITA SC와 아일랜드 정부와의 합작회사인 Aviareto에 의하여 설립되었는바, Aviareto는 ICAO와 5년 계약을 하여 등록청 업무를 수행하고 있다. 그런데 ICAO 이사회는 국제등록청의 감독기관(Supervisory Authority) 역할을 하는데 동 감독기관은 항공기 의정서 제17조 4항에 따라 설립된 국제등록청 감독기관의 전문가위원회(Commission of Experts of the Supervisory Authority of the International Registry: CESAIR)의 자문을 받고 있으며 Aviareto는 국제등록청 자문기구(International Registry Advisory Board: IRAB)를 설치하여 자문을 받고 있다. 국

---

21) 세계적 규모의 항공기 리스 회사 중 여러 회사가 아일랜드에 소재하는바, 이것이 항공기목적물의 국제등록청이 아일랜드에 소재하는 것과 무관하지 않겠음.

제등록청은 모두 전자체제로 운영이 되는바, 등록과 검색은 물론 검색증명서도 전적으로 전자송신으로 발급된다. ICAO 이사회의 동 감독기관 수락 시까지 국제등록청 준비위원회가 구성되어 감독기관 역할을 하였는바 케이프타운 협약과 의정서 채택 외교회의 시인 2001년 채택된 결의문 제2호에 의거하여 동 감독기능은 등록관이 책임보험액 또는 재정 보증목적으로 최대 천만 불까지 책임을 진다는 내용을 포함하는 것이다. 동 최대보험금액은 이내 3,000만 달러로 상향 조치되었다.

3.8.3.2. 국가별 등록창구

협약 제18조 5항도 의정서로 하여금 체약당사국이 자신의 영토 안의 일정한 기관을 등록에 필요한 정보의 국제등록기관 경유기관으로 지정할 수 있도록 하면서 국제등록제도의 국가별 경유기관 지정 가능성을 열어 두고 있다. 이에 따라 항공기 의정서 제19조는 체약국의 경유기관 지정을 구체화하면서 체약국이 하나 또는 그 이상의 기관을 경유기관으로 지정할 수 있고 지정을 할 경우 등록에 필요한 정보가 동 지정된 기관을 통하여 국제등록청에 통보되도록 할 수 있다. 그러나 의정서 제19조 2항에 규정된 바와 같이 협약은 항공기 엔진의 등록에 필요한 정보의 경유기관으로서 동 지정기관을 염두에 두고 있지 않는바, 이는 항공기 엔진을 국가에 등록하는 시스템이 없는 나라를 감안한 것이겠다. 우리나라가 이에 해당한다.

3.8.3.3. 등록의 효과

협약 제16조는 등록할 수 있는 권리로서 다섯 가지를 나열하였다.

－국제담보권, 장래의 담보권 및 등록 가능한 법정의 권리 또는 권익
－국제담보권의 양도 및 그 장래의 양도
－적용 가능 법률(해당 국내법)상 법률적 또는 계약적 대위(subrogation)를 통한 국제담보권의 취득
－국제담보권의 통지
－상기 4개 항에 언급된 권리의 종속설정(subordination)

여기에서 '종속설정'이란 동일한 운송장비에 관한 국제담보권 등의 권익의 보유자들 상호 간에 그 우선순위에 대한 결정을 하여 한 권익이 다른 권익에 대하여 劣後에 있음을 인정하는 것

을 말한다.

그런데 등록이 국제담보권의 구성요소가 아니고 등록을 통하여 공지를 하면서 동 권리 소유자의 우선순위를 확보하는 것에 불과하다. 또 등록관은 등록한 자의 동의나 법원의 명령이 없이는 등록된 내용을 말소할 수가 없다. 이와 관련 제대로 되지 않은(improper) 등록에 의해 피해를 받은 자가 제대로 된 등록을 하지 않은 자를 상대로 손해 배상을 청구하는 경우에 대하여 협약은 침묵하고 있는바, 이는 소가 제기된 체약국의 법률에 따라 해결할 문제이다.

3.8.3.4. 우선순위

국제담보권을 등록한다는 것은 등록되지 않은 또는 뒤에 등록된 권리보다도 우선권을 인정받는 것인데 그러면 여러 경합된 권리가 있을 때 우선순위를 어찌 정하느냐가 중요한 문제이다. 이는 협약 제29조에 규정되어 있다.

협약 제29조는 통상 상이한 부분(partial) 권리 보유자에게는 적용되지 않는바, 이는 이 경우 각자의 권리가 상호 경쟁하는 것은 아니기 때문이다. 제29조 우선순위에 관한 예외는 또 7개나 있는바, 이는 즉시 구매자(outright buyers), 조건부 구매자와 임차인(conditional buyers and lessees), 약정상 우선순위의 변경, 채무자가 자신의 권리를 채권자에게 종속, 협약 제39조상 법정권리나 권익의 우선, 장래 국제담보권의 취급, 협약 제60조 3항의 선언에 따른 기존 권익 또는 권리의 우선(priority)이다.

여기에서는 체약국이 행사할 수 있는 중요한 권리인 제39조상 선언에 관하여서만 다음 항으로 이어서까지 설명하기로 한다.

등록할 필요가 없이 우선권을 갖는 법정권리가 모든 체약국에게 보장되는데 제39조는 여사한 권리의 카테고리를 명기하여 선언할 것을 전제로 하고 있다. 이는 국제담보권을 등록한 담보권 소유권자가 담보권 등록 시 국제등록청에 공개된 정보를 바탕으로 자신의 권익을 보장받는 결정을 한다는 근본적인 원칙에 위배되는 것으로서 체약국이 자국이 비준 또는 가입하기 전에 등록된 담보권에 대하여서도 자국의 법정권리를 우선시키는 것이다.

3.8.4. 지급불능에 대한 구제수단

지급불능(insolvency)이란 채무자의 채무효과로 채무변제를 할 수 없는 상태를 말한다. 어떠한 국제담보권이 지급불능절차[22]가 개시되기 전에 협약에 따라 등록되었다면 협약 제30조 1항에 따라 그 국제담보권은 채무자에 대한 지급불능 절차에 있어서도 그 효력을 갖는다.

협약의 제30조 3항은 체약국이 원한다면 지급불능 절차에 적용되는 법이나 절차가 적용되도록 하였으며, 이에 따라 동 적용을 선언한 국가는 의정서 제11조상 대안 A와 B 중 하나를 선택할 수 있도록 하였다. 대안 A는 규칙에 근거한 hard version으로서 지급불능 사유가 발생한 경우 지급불능관리인(insolvency administrator)이나 채무자는 대기기간[23]의 종료시점과 항공기 의정서 제11조가 적용되지 아니하였다면 채권자가 항공기 목적물을 점유할 자격을 갖추었을 날 중 빠른 날까지 항공기 목적물에 대한 점유를 채권자에게 이전하여야 한다. 따라서 지급불능 관련 사유의 발생 시 채권자는 그 구제수단으로 우선 항공기 목적물에 대한 점유를 취득할 수 있다. 또 동 구제수단은 채권자가 자기 권리를 실행할 수 있다는 통지를 한 후 5 업무일 내에 이루어질 수 있어야 한다고 규정되었다(A안 8항).

대안 A의 효과는 협약의 제30조 3항 (b)를 배제하면서 항공기 목적물의 금융조달기관과 임대자에게 명확하고 무조건적인 규칙을 제공하는 것이다.

대안 B는 임의성(discretion)에 바탕을 둔 soft version으로서 지급불능 사유가 발생한 경우 채권자는 지급불능 관리인 또는 채무자에게 일정한 시기 이내에[24] 모든 불이행을 치유하고 해당약정 및 관련 거래서류에 규정된 장래의 모든 의무를 이행함에 동의하거나 준거법에 따라 항공기 목적물을 점유할 수 있는 기회를 채권자에게 줄 것 중 하나에 대한 통지를 할 것을 요청할 수 있다. 그러나 채권추심이 제대로 이행되지 않을 경우 채권자는 법원에 제소하여 법원의 결정에 따라 처리하여야 하며 법원의 결정이 계류 중인 동안에는 항공기 목적물을 매각할 수 없다. 요는 채권 추심내용과 절차가 미약하고 장시간 소요되는 경우이다.

항공기 의정서 제11조는 체약국에게 여러 선택방법을 택하도록 하였는바, 첫째, 일체의 선언을 하지 않으면서 지급불능에 관련한 자국 국내법을 적용할 수 있고, 둘째, 제11조상 A안이나 B안을 선택할 수 있도록 하면서 여기에서 또 융통성을 허용하였다. 이는 체약국이 지급불능절차의 모든 종류에 A나 B를 선택하여 적용하든지 또는 한 종류의 지급불능 절차에는 A를, 다른 종류에는 B를 적용할 수 있고 또는 특정종류의 지급불능 절차에는 A나 B를 적용한다고 선언하지만 다른 종류의 경우에는 아무런 선언도 하지 않을 수 있는 것이다. 그러나 지급불능 절차에 있어서

---

22) 임시절차를 포함하여 갱생이나 청산을 목적으로 하여 채무자의 자산 및 사업이 법원의 관리, 감독하에 있게 되는 사법 또는 행정의 전반적인 절차를 말함.

23) 지급불능에 관한 제1의 관할권을 갖는 체약국이 항공기 의정서 제11조 A안 전체를 적용할 것임을 선언하면서 특정한 일정기간을 말함. 항공기 의정서 제11조 A안 3항.

24) 이는 체약국이 항공기 의정서 제30조 3항에 따른 선언을 하면서 정한 기간이 됨.

A나 B가 적용된다면 A나 B가 전체로서 적용하여야지 부분적으로 선택하여 적용할 수는 없다.

3.8.5. 불이행에 대한 구제수단

협약과 의정서는 국제담보권의 효력으로서 관련 약정의 불이행이 있는 경우의 채권자의 구제수단을 담보권자의 경우와 조건부 매도인 또는 리스 형식의 경우로 나누어 규정하고 있다. 그리고 협약은 협약에서 정한 구제수단 이외에도 당사자들이 합의하거나 준거법상 인정되는 구제수단을 실행할 수 있음을 정하고 있으며, 또한 최종 결정 계류 중의 구제조치, 즉 가구제(假救濟, relief pending final determination)에 대해서도 규정하고 있다.

3.8.5.1. 불이행의 의미

협약 제11조는 불이행(default)의 의미에 관하여 당사자가 서면으로 합의할 수 있다고 규정하였다. 동 합의가 없는 가운데 불이행이 발생하였을 경우 제8~10조와 제13조에서의 불이행은 채권자가 약정상 기대할 수 있는 바를 본질적으로 박탈되는 경우를 말한다고 규정하였다(제11조 2항).

기대이익의 본질적인 박탈이 무엇이냐의 문제가 있는바, 일반적으로 신의측상(信義則上)이 요구되는 부수적인 주의의무의 위반이 아니고 당해 계약을 특징지을 만한 기본적인 급부의무(給付義務)의 불이익을 의미한다고 보아야 한다. 그래도 그 의미가 명확하지 않기 때문에 해석상 분쟁의 소지가 있으나 실제적으로 개별약정에서 불이행의 사유를 구체적으로 나열하는 것이 업계관행인 관계상 해석의 문제는 없을 것으로 본다.

3.8.5.2. 담보권자의 구제수단

불이행이 있는 경우 담보권자는 그 구제수단으로서 협약 제8조에 규정된 권리를 행사할 수 있는데 이는 협약 제54조에 따라 체약국이 자국영토 위에서 담보권자가 리스를 하지 못하게 하거나 담보권자 등 채권자가 자국 법원의 허가를 얻어서만 채권 행사를 할 수 있다는 선언을 하였을 때에는 적용되지 않는다.

제8조에 따라 담보권자는 다음 권리를 선택적으로 행사할 수 있다.

- 담보로 제공된 목적물의 점유(possession)나 관리권(control)을 취득
- 담보로 제공된 목적물을 매각하거나 이를 리스의 목적으로 제공
- 해당 목적물의 관리나 사용으로부터 발생하는 소득이나 수익을 추심하거나 수령

상기 권리는 담보제공자(charger)의 동의를 전제로 하는 것이나 법원에 신청하여 법원의 명령 하에 구제수단을 이행할 수도 있다(제8조 2항). 담보제공자는 담보목적물의 매각 또는 리스를 실행하고자 할 때에는 그 예정된 매각이나 리스에 대하여 협약 제1조 m의 (ⅰ)나 (ⅱ)에 규정된 이해관계인 그리고 매각이나 리스 이전 상당한 시간(reasonable time) 이내에 담보권자에게 자신의 권리를 통지한 자를 상대로 상당한 사전 통지를 하여야 한다.

상당한 사전 통지(reasonable prior notice)가 무엇인지에 관하여 협약은 함구하고 있으나 의정서 제9조 4항은 최소 10일의 기한을 주면 동 요건을 충족한다고 규정하면서 이해 당사자가 달리 정할 수 있다고 언급하고 있다.

항공기목적물을 매각한 수입으로 담보권자의 담보액과 부대비용으로 충당하고 여분이 있을 경우 법원의 관련 명령이 없는 한 후순위 담보권자에게 지불하고 그래도 여분이 있을 경우 담보제공자에게 지불한다(제8조 6항).

불이행이 발생한 후라도 담보권이 설정된 목적물이 매각되거나 법원의 명령에 의하여 목적물의 변제충당이 있기 전까지는 담보제공자와 기타의 이해관계인은 담보된 금액 전부를 지급함으로써 담보약정권익을 소멸시킬 수 있다. 이 경우 채무자가 아닌 이해관계인이 피담보금액의 전부를 지급하였다면 그 이해관계인은 담보권자의 권리를 대위(제9조 4항)하는데 동 대위 관련 규정은 당사자들 사이의 서면약정으로도 수정하거나 변경하지 못하는 강행규정이다(제15조).

3.8.5.3. 조건부 매도인 또는 리스 회사의 구제수단

소유권유보부약정이나 리스 약정의 불이행이 있는 경우에 조건부 매도인이나 리스 회사는 해당약정을 종료시킴과 동시에 목적물의 점유 및 관리권을 취득할 수 있으며, 또한 위와 같은 행위에 대한 수권 내지 지시를 내용으로 하는 법원의 명령을 신청할 수 있다(협약 제10조). 여기에서 유의할 것은 소유권유보부약정이나 리스 약정에 있어서의 구제수단에의 관여가 담보약정의 경우와 달리 구제수단의 시행에 있어 상대방의 동의를 그 요건으로 하고 있지 않다는 점이다.

이는 조건부매도인이나 리스 회사가 이미 목적물에 대한 소유권을 가지고 있기 때문에 약정의 불이행이 발생할 경우 약정을 종료하기만 하면 되고 연후 목적물을 매각하든지 또는 리스하든지 하는 것은 소유권자로서 그 이행이 이미 보장되어 있기 때문이다. 그런데 재미있는 것은 이러한 내용을 규정한 제10조의 내용이 미국, 캐나다 및 뉴질랜드 등에서는 적용되지 않는바, 그 이유는 이들 나라에서 소유권유보부약정이나 특정 리스 약정을 담보권 약정으로 취급하기 때문이다.

한편 임대차 관계가 형성된 후 임차자가 임차한 목적물을 제3자에게 임대하면서 차임대자(sub-lessor)의 지위에 있는 상황을 살펴본다. 이때 차임대자가 원임대자(head-lessor)에 앞서 국제적 권리를 등록하였다면 동 권리는 협약 제29조 4항에 따라 보호된다. 그러나 여타 경우 즉 조건부 구매인에 의한 리스나 임차인에 의한 재리스(sub-lease)와 같이 제2단계 권리(sub-interest)에 대하여 소유권유보부약정이나 리스 약정의 종료가 어떠한 효과를 주는지에 관하여 협약은 침묵하고 있다.

3.8.5.4. 추가 구제수단

당사자들이 합의하는 구제수단을 포함하여 당사자들은 준거법상 허용되는 구제수단을 실행할 수 있다. 그러나 이러한 구제수단의 실행은 협약 제8조 3~6항, 제9조 3~4항, 제13조 2항, 제14조와 같이 협약 제15조가 강행규정이라고 한 내용에 상치되지 않는 한도 내에서 가능하다.

협약 제12조에서 규정한 추가 구제수단은 대표적으로 파생된 금액의 지불권리, 약정위반에 따른 배상, 이자, 그리고 비금전적 의무를 특정한 내용으로 이행하는 것 들이다.

3.8.5.5. 최종결정 계류 중의 구제조치(假救濟)

청구에 대한 최종결정이 계류 중인 상태에서 채권자가 가구제(假救濟)조치를 취하기 위하여서는 채무자에 의한 불이행에 대한 증빙을 구비하여 법원에 가구제 조치를 신청하여야 한다. 그런데 이러한 가구제 조치는 체약국이 제55조에 의거 별도의 조건을 부여하는 선언을 하지 않는 한 채무자가 가구제 조치에 대하여 합의한 바 없는 경우에는 채권자는 협약이 정한 가구제조치의 실행을 신청할 수 없으므로 가구제와 관련하여 일응 채무자의 보호와 관련된 문제는 발생하지 않는다.

그러나 일반적으로 채권자의 지위가 채무자의 지위보다 우월함을 감안할 때 채권자의 요구에 의하여 채무자가 계약상 가구제에 대한 합의를 하여 줄 것이므로 채무자의 동의를 요건으로 하였다고 하여 채무자의 보호에 문제가 없다고 할 수는 없다.

이제 가구제의 내용을 보건대 (a) 목적물 및 그 가액의 보전, (b) 목적물의 점유, 관리 또는 보관, (c) 목적물의 이동 금지 및 (d) 목적물 및 그로부터 나오는 수입의 관리(단, (a)-(c)항에서 커버되지 않은 내용)와 리스 제공이며, 채권자는 그 전부 또는 일부의 실행을 법원에 신청할 수 있다(제13조 1항). 그러나 채권자는 위와 같은 형태의 가구제 조치만을 취하여야 하는 것이 아니고 다른 임시적인 구제조치를 취할 수도 있다(협약 제13조 4항).

항공기 장비 의정서는 위와 같은 가구제 이외에 "목적물에 대한 대위물의 매각 및 충당"(sale and application of proceeds therefrom)를 추가하면서(의정서 제10조 3항) 협약을 보완하였다.

한편 체약국은 채권자가 협약 제13조 1항에 정한 가구제 조치를 법원으로부터 신속하게 얻어 낼 수 있도록 보장할 의무가 있는데 '신속한'(speedy) 가구제 조치가 무엇인지에 관하여 의정서 제10조 2항은 "구제의 신청을 제기한 날로부터 그 구제의 신청이 이루어진 체약국이 이미 선언한 기간 안에 라는 의미를 갖는다"라고 규정하였다. 그러나 의정서의 동 규정은 의정서 제20조에 따라 체약국이 의정서 제10조상의 가구제 내용을 수락(전부 또는 일부) 또는 거부할 수 있으며 수락 시 신속한 의미의 기간을 명기하도록 하였기 때문에 체약국의 선언 여하에 따라서는 무엇이 신속한 것인지 그 의미가 명확하지 않을 수 있다.

채권자는 통상 선진국의 기관이고 채무자는 통상 후진국의 기관임을 감안할 때 채무자 소속 국가가 후진으로서 담보권 관련 법원 소송처리에 장기간 소요됨과 동시에 믿음직한 결과를 가져오지 않을 수도 있다는 인식이 배후에 작용하여 채권자들의 이익을 반영한 가구제의 내용을 협약과 의정서에 포함시켰다. 그러나 채권자의 신속한 구제수단을 보장하는 것은 법원의 업무부담 등 여러 가지 사항을 고려하여야 할 것인바, 체약국이 이러한 점을 감안하여 선언내용을 적의 조정할 수 있는 융통성을 부여한 결과 채권자국과 채무자국 사이의 형평을 기한 결과가 되었다.

3.8.6. 국제담보권의 양도와 대위

협약은 '관련 권리와 국제담보권의 양도와 대위권' 제하의 제9장(제31~38조)에서 양도와 대위에 관련하여 비교적 상세히 규정하고 있다.

국제담보권자는 그 권리의 전부 또는 일부를 다른 자에게 양도할 수 있는데 국제담보권의 양도가 유효하기 위하여서는 (a) 양도계약이 서면으로 작성 되어야 하고, (b) 양도를 규정한 계약상 관련 권리를 특정 지을 수 있어야 하며, (c) 담보목적의 양도의 경우에는 그 양도에 의하여 담보되는 의무가 의정서에 부합되어야 하나 그 의무의 액수나 최고액을 기재할 필요는 없다(협약 제32조 1항).

담보권약정에 의해 형성되거나 마련된 국제담보권의 양도는 일정한 또는 모든 관련 권리(all related associated rights)가 동시에 양도되지 않는 한 유효하지 않다(협약 제32조 2항). 비록 하나의 양도계약서에 이러한 사실을 적시할 필요는 없지만 여사한 규정을 포함시킨 이유는 담보약정의 기능이 지불이나 여타 이행을 확보하는 것인데 담보권자가 국제담보권을 보유하지만 담보권자가 확보된 권리양도를 받지 못한다면 아무것도 확보하지 못한다는 결과가 되기 때문이다. 그러나 조건부 매도자나 임대차의 경우에는 상관이 없는바, 이는 적어도 이론적으로 조건부매도자나 임대자가 자신들 소유의 목적물을 조건부 매매나 리스 약정상 자신의 지급받는 권한을 매입자에게 양도함이 없이 매각할 수 있기 때문이다.

양도가 발생하면 채무자는 양수인(assignee)에게 지급이나 여타 이행을 하여야 하는데 이때 채무자가 권한 있는 양도인에 의하여 관련 권익을 특정하고 있는 서면에 의한 양도통지를 받을 것을 전제로 한다(협약 제33호 1항).

협약 제35조는 경합하는 양도의 우선순위를 규정하고 있다. 관련 권익의 경합하는 양도들 중 적어도 하나가 관련 국제담보권을 양도하면서 등록되어 있을 경우에 경합하는 권익의 우선순위에 관한 제29조와 불이행의 효과에 관한 제30조의 규정을 양도의 경우에 적용한다. 이때 제29조상 '등록된 권리'는 '관련 권익과 관련 등록권리의 양도'로 '등록된 또는 미등록된 권리'는 '등록된 또는 미등록된 양도'로 의제되어 적용되며, 제30조상 '국제담보권'은 '관련 권익과 관련 국제담보권의 양도'를 언급한 것처럼 적용된다.

그런데 제35조에서 제29조상 여러 권리를 '관련 권익과 관련 등록권리의 양도'와 '등록된 또는 미등록된 양도'의 2개로 구분하여 규정한 것은 Roy Good 주장에 의하면 잘못된 내용으로서 전자는 폐기되어야 한가운데 후자만 규정돼 있어야 하는 조약문의 오류이며 다른 오류도 발견되고 있다.[25]

경합하는 국제담보권의 우선순위를 정하는 제29조와 같이 제35조는 경합하는 양도의 우선순위를 규정하고 있는데 국제담보권으로부터 고립되어 양도된 관련 권리만을 다루는 우선권 다툼은 등록 협약상 등록대상이 아니기 때문에 협약의 적용대상도 아니다.

또 협약의 제9장은 계약에 의한 양도를 규율하는 것이지 법 운용에 의하여 발생되는 양도를 규율하는 것은 아니다(협약 제1조 b).

협약 제9조 4항이 언급한 대위(subrogation)는 국내법에서 보증인이나 보험인 등 제3자가 채권자에게 변제할 경우 대위의 권리를 가지면서 채권자의 지위에 있도록 하는 규정과 같은 내용을 국제담보권에 적용한 것이다. 대위에 관한 협약 제38조 1항은 준거법에 의한 대위권이 영향을 받는 것이 아니라고 언급하면서 국내법상 대위에 관한 내용을 존중하는 입장을 취하고 있다.

대위권은 기존 채권자가 등록하여 논 바의 담보권을 이어받는 것으로서 등록하지 않아도 등록되어 있지 않거나 후순위 등록 담보권에는 우선 할지라도 같은 대위권의 경우라면 등록된 순서에 따른다.

---

25) Roy Goode, Official Commentary, Revised Ed., Convention on International Interests in Mobile Equipment and Protocol thereto on Matters Specific to Aircraft Equipment, 2008, UNIDROIT, p.246 등.

협약 제38조 2항에서 규정하고 있는 바와 같이 준거법상 권리와 경합하는 권리가 있을 경우 각기의 권리 소유자들 사이의 우선권은 동 소유자들 사이의 서면약정에 의하지만 대위권의 양도가 있을 경우 동 양도 당시 대위권 양도약정을 등록하여 놓지 않는 한 대위권의 양수인은 동 양도 약정의 적용을 받지 못하게 되어 피해를 보게 된다.

3.8.7. 선언

서두에 설명한 대로 협약과 의정서는 5개의 원칙을 적용하고 있는데 그중 민감성(sensitivity)은 각 체약국의 상이한 국내법과 정책결정을 일정한 내용에 있어서 수용한 것이다. 이는 체약국의 선언(declaration)을 통하여 반영되는데 대신 유보(reservation)는 허용되지 않는다. 선언을 통하여 체약국이 자국의 특수한 사정을 반영할 수 있으므로 유보가 별도로 필요할 리도 없다.

여러 종류의 선언이 허용되고 있는데 이는 주로 항공기 의정서의 비준, 수락, 승인, 가입 시 행할 수 있으며 추후 언제라도 수정하고 대체할 수 있지만 경과 규정에 관한 협약 제60조에 따라 자국법인 준거법에 따라 기존 권리와 권익의 우선 적용을 조약의 자국 적용시점부터 얼마나 더 유지(최소 3년은 기본으로 하면서)할 것인지에 관한 선언이 있으면 이는 변경 불가하다.

협약과 의정서가 언급하고 있는 여러 종류의 선언은 다음 5개 카테고리로 정리된다.

3.8.7.1. **적용**(opt-in) **선언**

의정서가 실천하는 협약의 특정조항을 적용받기를 원하는 체약국이 선언을 통하여 적용효과를 받는 것이다.

<u>협약</u>

이에 관한 선언은 협약의 경우 제60조 한 조항만 해당되는바, 동 조항은 기존 권리나 권익의 우선규칙적용에 관한 것이다.

<u>의정서</u>

제8조: 적용 법률의 선택
제10조: 최종결정 계류 중 가구제와 관련한 수정과 가구제 허용시한

제11조: 불이행 시 구제수단과 대안 A 또는 B 선택

제12조: 불이행 협력

제13조: 등록말소 및 수출에 대한 수권(授權)

3.8.7.2. 배제(opt-out)선언

협약과 의정서의 특정 조항은 선언을 통하여 적용 배제하는바 이에 해당하는 조항은 다음과 같다.

<u>협약</u>

제8조 1항 b: 선언국가의 영토에 있을 때 담보권이 설정된 목적물을 리스할 수 있는 권한(관련 조항 제54조 1항)

제8조 1항, 9조 1항, 10조: 법정 밖 구제조치(관련 조항 제54조 2항)

제13조: 최종결정 계류 중 가구제(관련 조항 제55조)

제43조: 제13조상 관할권(관련 조항 제55조)

제50조: 협약의 내국거래 적용

<u>의정서</u>

제21조: 관할조항의 수정

재24조 2항: 로마 협약 대체

3.8.7.3. 체약국의 국내법 관련 선언

<u>협약</u>

제39조: 등록함이 없이 우선권을 갖는 법정권리와 권익

제40조: 등록할 수 있는 법정권리와 권력

제53조: 관련 법정의 선언

의정서

제19조: 지정된 국가별 등록창구
제29조: 영토구역(지방)

3.8.7.4. 비준, 채택 등의 시기에 기탁하여야 하는 강제선언

협약

제48조 2항: 지역경제통합기구로의 권능 이전
제54조 2항: 구제조치들이 법원의 허가하에서만 실행될 수 있는지

3.8.7.5. 기타 선언들

협약

상기 어느 카테고리에도 해당하지 않는 선언이 있는바, 이는 제52조에서 협약이 자국의 하나 또는 그 이상의 영토 단위에 적용되는 것에 관련한다. 이는 특히 각 주별 법률내용이 상이한 미국과, 홍콩과 마카오를 자국 영토로 편입한 중국 등을 염두에 둔 것이다.

의정서

지역경제통합기구로의 권능 이전에 관한 제27조 2항의 규정이 있다. 지역경제통합기구의 회원국인 경우 다음 사항에 해당할 경우 의무적으로 선언을 하여야 한다.

- 의정서 제11조, 12조 또는 13조와 같은 적용(Opt-in)채택을 희망할 경우
- 의정서 제24조 2항 또는 21조 등에 따라 적용 배제(Opt-out)규정 행사를 원할 경우. 단, 의정서 제37조 2항 등에 따른 선언은 강제적임.

「조약법에 관한 비엔나 협약」 제2조 1항 d에 의하면 유보는 한 국가가 조약의 특정규정을 자국에 적용함에 있어서 배제 또는 수정하는 법적 효과가 있기 위한 것이라 하였다. 동 유보는 조약에서 달리 언급하지 않는 가운데 타 국가가 수락하지 않는 한 동 타 국가를 기속하지 않는다(비엔나 협약 제20조). 반면 선언은 타 국가의 동의 여부를 불문하고 어느 국가나 행할 수 있으며 협약과 의정서는 여러 종류의 선언들을 명백히 허용하면서 법적 효과를 부여하는 가운데 유보보다도 자유롭고 광범위한 국별 예외를 허용한 셈이다.

협약 제56조는 유보가 허용되지 않으나 제39, 40, 50, 52, 53, 54, 55, 57, 58, 60조에서 허용한 선언은 할 수 있다고 규정하였으며 의정서 제32조도 유보는 허용되지 않으나 제24조(「항공기 가압류와 관련된 특정 규칙의 통일을 위한 협약」과의 관계), 제29조(영토 단위), 제30조(특정 조항들에 관한 선언), 제31조(협약상 선언), 제33조(추후선언), 제34조(선언철회)에 따른 선언도 허용된다고 하였다.

3.8.8. 의정서의 협약 수정

협약 제6조 2항은 협약과 의정서의 상충 시 의정서가 우선한다고 명시하였다. 이는 첫째, 특정 고가 이동장비를 규율하는 의정서에 특정된 내용을 우선시하면서 협약의 일반적인 내용에 상치하여도 무방하도록 하였으며, 둘째, 항공기 의정서는 협약과 함께 2001년에 채택되었지만 철도차량 의정서는 2007년에 채택되었고 우주장비 의정서는 2012년 채택되었듯이 특정장비에 관한 의정서가 뒤늦게 채택되는 시기적 상황을 감안하여 협약 채택 당시의 기술과 제도에 없었던 내용을 후일에 반영할 수 있도록 하였다. 셋째, 조약의 일반적 제·개정 상황에서 협약을 모법으로 하고 실천과 보완을 위하여 추후 채택되는 의정서는 보다 구체적이고 기술적인 내용을 담고 있는바, 의정서 채택 후 기술적 변화를 반영하여 새로운 내용으로 개정할 필요성이 있을 때 의정서만 개정하여도 되게끔 하는 장점이 있다.

항공기 의정서의 다음 조항은 실제로 협약의 내용을 수정하고 있다.

제4조: 적용대상 관련 협약의 제3조 1항을 수정
제9조: 불이행 구제조치 관련 협약 제3장 수정
제10조: 최종결정 계류 중의 가구제에 관한 협약 제13조 수정
제14조: 우선권 관련 협약 제29조 수정

제15조: 양도 관련 협약 제33조 수정

제20조: 국제등록청 관련 협약 제17조 2항, 19조 6항, 25조 2항, 28조 수정

제21조: 관할권 관련 협약 제43조 수정

3.8.9. 강행규정

그 내용이 중요한 관계로 당사자 간의 합의에 의하여서도 동 내용에 변경을 가하지 못하도록 한 사항을 협약 제15조에 명기하였다.

이렇게 일탈(derogation)이 방지되는 내용은,

첫째, 불이행의 구제수단으로서 협약의 제8조 1항과 제13조가 상거래의 원칙에 비추어 합리적으로 실행되어야 하며(제8조 3항), 담보권자가 목적물을 매각하거나 리스를 할 경우 이해당사자에게 상당한 기간 전 사전 통보를 하여야 하며(제8조 4항), 담보권자가 구제수단을 실행하여 얻은 금액은 피담보의무액을 변제하는 데에 충당하여야 하며(제8조 5항), 상기 변제와 구제수단을 행사하는 데 소요된 비용을 제외하고도 여분이 있을 경우 담보권자는 자신의 바로 다음 순위의 담보권자로 등록된 자에게 등록된 순서로 지급하여야 하고 그래도 여분이 있을 경우 담보제공자에게 지급하는 것이다(제8조 6항).

둘째, 당사자 간 변제 충당에 관한 합의가 없다 하더라도 담보권자는 피담보의무의 변제를 위하여 담보약정권익의 대상이 되는 목적물의 소유권 또는 그 목적물에 대한 담보제공자의 권익을 자신에게 부여하여 줄 것을 법원에 신청할 수 있다(협약 제9조 2항). 법원은 담보권자가 다른 이해관계인에게 한 지급을 고려하여 목적물의 가액과 균형을 이룬다고 판단하는 경우 담보권자의 신청을 승인할 수 있는데(협약 제9조 3항) 이는 당사자의 서면약정으로도 그 효력을 변경하지 못하는 강행규정이다(협약 제15조).

셋째, 최종결정 계류 중 가구제에 있어서 법원이 채권자에게 한 명령을 하여 줌에 있어서 채권자가 채무자에 대한 의무를 이행하지 않는다든지, 자신의 청구에 대한 최종결정에 대하여 그 청구 전부 또는 일부의 입증에 실패할 경우 법원은 이해관계인을 보호하는 데에 필요하다고 판단하는 조건을 부과할 수 있다(협약 제13조 2항).

넷째, 협약 제54조 2항에 따라 체약국은 채권자가 사용할 수 있는 구제수단 중 그 규정에 법원에의 신청이 필요하다고 명시되어 있지 않은 구제수단은 법원의 허가를 통하여서만 실행할 수 있는지에 대하여 선언하여야 한다는 의무를 강제하였다. 선언에 관한 다른 조항들이 선언을 선택적으로 할 수 있다는 의미에서 may라는 표현을 사용하였지만 본 조항에서는 shall을 사용하여

동 선언을 강행하는 내용으로 규정하였다. 또 하나 shall을 사용하면서 강제선언을 하도록 한 것은 지역경제통합기구로의 권능이전을 언급한 제48조 2항이다.

다섯째, 상기 조항을 전제로 하여 협약에 규정된 구제수단은 그 구제수단이 실행되는 곳의 법률이 정한 절차에 부합하도록 실행되어야 하는 것이다(제14조).

3.8.10. 다른 조약과의 관계

협약 제13장과 의정서 제5장은 '다른 협약들과의 관계'라는 제하에서 적용이 중첩되거나 충돌소지가 있는 여타 조약들과의 관계를 정리하였다.

3.8.10.1. 「국제거래상의 미상환채권의 양도에 관한 유엔협약」과의 관계

협약 제45조의 2는 「국제거래상의 미상환채권의 양도에 관한 유엔협약」[26]과의 관계에서 협약 제2조 3항에 언급된 목적물(항공기 본체, 항공기 엔진 및 헬리콥터, 철도차량, 우주자산)에 대한 국제담보권과 관련된 관련 권리에 해당하는 미상환 채권의 양도와 관련이 있는 경우에는 협약이 「국제거래상의 미상환채권의 양도에 관한 유엔협약」에 우선한다고 하였다.

협약 제1조 c항의 '관련 권리'의 주종은 미상환 채권(receivables)인바, 미상환 채권에 관해서는 유엔의 국제무역법위원회(UNCITRAL)에서 제정한 협약과 상충하는 문제가 발생할 수 있기 때문에 위와 같은 규정(제45조의 2)을 협약내용에 포함시켰다.

3.8.10.2. 「국제금융리스에 관한 UNIDROIT 협약」[27]과의 관계

협약 제46조는 "의정서는 협약과 1988년 5월 28일 오타와에서 서명된 「국제금융리스에 관한 UNIDROIT 협약」 간의 관계에 대해 정할 수 있다"라고 규정하였고, 항공기 의정서 제25조는 항공기 목적물에 관련된 한 협약이 「국제금융리스에 관한 UNIDROIT 협약」을 대체한다고 규정하였다.

3.8.10.3. 「항공기에 관한 권리의 국제적 승인에 관한 협약」과의 관계

항공기 의정서 제23조는 "협약은 1948년 6월 19일 제네바에서 서명된 「항공기에 관한 권리의 국제적 승인에 관한 협약」의 당사국이 되는 체약국에 대하여, 그 협약이 항공기 목적물 및 본

---

26) 2001.12.12. 채택. 2012.7.17. 현재 3개국(미국, 룩셈부르크, 마다가스카르) 서명, 1개국(라이베리아) 가입에 불과하여 5개국의 비준 또는 가입이 되어야 발효가 되는 요건을 미충족.

27) 1988.5.28. 채택. 1995.5.1. 발효. 2012.7.17. 현재 10개 당사국(벨라루스, 프랑스, 헝가리, 이태리, 라트비아, 나이지리아, 파나마, 러시아, 우크라이나, 우즈베키스탄).

의정서에 정의된 바의 항공기와 관련된 한에 있어서 그 협약을 대체한다. 단, 현 협약에 의해 커버되거나 영향을 받지 않는 권리나 권익에 대하여서는, 제네바 협약이 그 효력을 유지한다"라고 규정하여 본 협약이 위 협약에 우선한다고 명시하였다.

3.8.10.4. 「항공기 가압류와 관련된 특정 규칙의 통일을 위한 협약」[28]과의 관계

항공기 의정서 제24조 1항은 "협약은 1933년 5월 29일 로마에서 서명된 「항공기 가압류와 관련된 특정 규칙의 통일을 위한 협약」의 당사국이 되는 체약국에 대하여, 그 협약이 본 의정서에 정의된 항공기와 관련된 한에 있어서, 그 협약을 대체한다"라고 규정한 다음 2항에서 이러한 우선 적용을 원하지 않는 체약국은 선언하여 우선적용을 배제토록 하였다.

3.9. 케이프타운 협약과 항공기 의정서에의 가입문제

3.9.1. 가입 여부에 대한 검토

통상 수백만 불에서 수억 불에 이르는 항공기 본체와 엔진 그리고 헬리콥터를 구입할 때 금융조달을 통한다든지 또는 리스하는 방법을 이용한다. 여사한 고가의 이동장비를 제조하는 국가는 미국과 서유럽의 선진국들로서 이들 국가들은 자국 고가품의 수출 장려 일환으로 축적된 자본을 활용하면서 수출금융을 제공하는 가운데 채권자의 권익을 국제적으로 보호할 필요가 있다. 이에 따라 1948년 제네바 협약이 채택되었고 약 50년 후인 2001년 케이프타운 협약과 항공기 의정서가 채택되었다.

그러면 여사한 국제조약이 채권자 지위에 있는 미국과 서유럽국가에 유리한 내용으로 일관되어 있느냐 하면 그렇지 않다. 우선 그렇다 할 경우 항공기를 구입하는 다수 후진국들이 동 조약을 외면하면서 조약 탄생부터가 없었을 것이기 때문이다. 필자는 케이프타운 협약과 의정서의 장점을 채권자국과 채무자국의 관점에서 다음과 같이 간략 정리하여 본다.

채권자국의 이득:
- 자국의 항공산업 발전 도모(항공기 수출 증가를 통한)
- 자국의 누적된 자본 활용을 통한 금융시장 활성화
- 자국(특히 미국)의 담보제도와 이에 관련 법 개념을 조약에 반영

---

28) 1933.5.29. 채택. 1937.1.12. 발효. 일명 「항공기 가압류 협약」(Convention for the Unification of Certain Rules Relating to the Precautionary Arrest of Aircraft). 2012.7.17. 현재 9개국(벨기에, 브라질, 독일, 헝가리, 이태리, 네델란드, 폴란드, 루마니아, 스페인)이 비준하여 당사국을 이루고 있음.

－기존담보권 등 권익 보존

채무자국의 이득:
- 조약에 가입하면서 자국에 불리한 내용은 선언을 통하여 적용 배제 가능
- 조약이 없었거나 가입을 안 한 경우에 비교하여 자국 정부와 은행의 지급보증업무 등 행정과 비용 부담이 대폭 완화
- OECD의 ASU(Aircraft Sector Understanding)의 내용에 따라 일정 선언[29]을 할 경우 항공기조달금융 최저이율로부터 최대 10% 할인받는 혜택 향유
- 기존담보권 등 권익 보존

현재 전 세계 약 200개 국가 중 96개국만 항공기를 보유하고 있다. 항공기를 보유한 96개국 중 법과 제도의 후진 때문에 케이프타운 협약과 항공기 의정서의 당사국이라 할지라도 동 조약들을 제대로 적용할 형편에 있지 못한 나라도 있다. 이는 동 조약들을 구체 적용할 경우 절차와 방법에 있어서 많은 경우 현지 국내법인 준거법 적용을 받는데 동 준거법을 미비한 국가가 있을 것이기 때문이다. 그렇다고 이러한 후진요소를 가지고 있다는 이유 때문에 케이프타운 협약과 항공기 의정서 가입에서 오는 혜택을 무시할 수는 없다.

우리나라의 실정은 선진국에 진입하였음에도 불구하고 전문성이 부족한 관계로 법과 제도 및 인식이 선진경제에 따라가지 못하고 있는 실정이다.

우리나라의 가입 여부를 고려할 때 채권자국과 채무자국이라는 이분법에서 탈피하는 것도 필요하다. 항공기제조능력과 기술에서 큰 발전을 하면서 조만간 항공기 수출을 활발히 할 수 있을 것에 대비하여야 하기 때문이다. 우리나라가 항공기 수출을 할 경우 현재 미국과 서구에서 하는 것처럼 우리나라의 수출입은행 등 금융기관이 수출금융을 제공하면서 우리나라가 항공기 구입 금융조달 채권자국이 되는 것을 의미한다. 또 OECD의 ASU에 참여하고 있는 10개국[30](이 중 1개

---

29) 항공기제조국이 주로 참여하는 OECD의 Sector Understanding on Export Credits for Civil Aircraft(OECD Doc. TAD/ASU(2011)1, 31－Aug－2011)는 케이프타운 협약과 항공기 의정서의 당사국으로서 다음 선언을 하는 것을 전제로 함.
  －의정서의 제11조에서 A안을 선택.
  －의정서의 제13조 3항에서 대기 기간이 60일을 초과하지 않음.
  －협약 제54조 2항의 구제조치이행에 있어서 법원을 명령을 요하지 않음.
  －의정서 제10조 전체를 수락하면서
  －의정서 제10조 2항 관련 시한은 협약 제13조 1항 a, b, c에 명시된 구제조치 기간으로서 10일 이상을 초과하지 않음.
  －의정서 제13조 1항 d와 e와 관련하여서는 30일을 넘기지 않음.
  －협약 제13조나 43조의 적용배제선언 불가. 단, 상기 제54조 2항에 관한 선언을 하였을 경우에는 무방함.
  －의정서 제24조의 적용 배제 불가.
  －협약 제54조 1항 선언 불가.
  상기 선언을 하여 최저금리의 혜택을 보고 있는 국가는 2011.12.31. 현재 15개국(앙골라, 에티오피아, 인도네시아, 룩셈부르크, 말레이시아, 뉴질랜드, 나이지리아, 노르웨이, 오만, 파키스탄, 파나마, 루완다, 세네갈, 싱가포르, 타지키스탄)임.

국은 유럽 27국을 대표한 구주연합) 중 한 나라가 한국임을 감안할 때 적극적이고 미래 지향적인 접근방법을 취하여야 한다.

케이프타운 협약도 그러하지만 항공기 의정서는 채무불이행 시 채권자를 보호하는 데에 있어서 채무자인 이해당사자와 함께 합의한 내용을 존중하면서 항공기 목적물에 대하여 협약보다는 채권자가 행사할 수 있는 구제조치를 추가하고 강화하는 내용을 담고 있다. 그러나 이 내용도 채무자가 관련 조항 적용배제를 선언토록 함으로써 균형을 이루고 있으니 당사자의 자율성이 담보된 계약에서뿐만 아니라 국가가 개입하여 선언하는 것을 통하여서도 보장되는 형식을 취하고 있다. 이렇게 하더라도 자금이 궁색한 입장에 있는 채무자가 채권자의 요청에 따르기 쉬운 것은 부인할 수 없다. 그렇다고 이러한 현실까지 시정하려는 것은 도덕률의 분야이지 법률의 분야가 아니다.

3.9.2. 개별 조항의 적용 여부에 대한 선언 검토

3.9.2.1. 협약 제39조의 법정 권리 또는 권익에 관한 선언

이에 있어서 우리나라의 경우 국제담보권과 동일한 또는 그 이상의 취급을 받을 필요성이 있는 법정권리 또는 권익을 선언할 필요가 있다. 국가의 세금, 노동자의 임금, 항공기의 이·착륙료, 정박료 등이 그러한 부류에 들어간다고 본다.

3.9.2.2. 협약 제50조의 내국거래(internal transactions)

내국거래 및 내국 담보권은 체약국의 국내법 질서와 밀접한 관련을 갖는 것이어서 특별취급을 할 필요가 있다. 따라서 우리나라가 협약과 의정서에 가입할 때 내국거래에 대해서는 협약이 적용되지 않음을 선언하는 것이 바람직하다.

협약 제50조 3항은 국제등록청에 내국 담보권을 등록한 경우 국내법에 따라 후일 양도와 대위가 발생하여 소유권자가 변경되더라도 우선권순위에 관한 제29조에 영향을 받지 않고 원래의 소유권자가 향유하는 권리는 그대로 향유한다고 규정함으로써 내국담보권을 존중하는 태도를 취하였다.

---

30) 오스트레일리아, 브라질, 캐나다, EU(구주연합), 일본, 한국, 뉴질랜드, 노르웨이, 스위스, 미국.

3.9.2.3. 법원의 지정에 관한 협약 제53조

체약국이 협약 제1조 및 제12장(관할)과 관련하여 적절한 법원이나 법원들에 관한 선언을 할 수 있다는 제53조는 전문성이 요구되는 조약의 해석과 적용에 있어서 국가별로 전담법원을 지정할 수 있도록 배려한 것이다.

우리나라의 후진성 중의 하나가 모든 법원과 판사가 모든 사안을 재판할 수 있다는 인식 하에 임하는 것인데 이는 하루빨리 시정되어야 하며 국제항공운송법과 금융에 관련된 전문적 내용인 본 사안을 다룰 수 있는 전담 재판소를 신설하거나 그렇지 않은 경우 하나의 재판소를 지정하여 관련 판사로 하여금 전문성을 배양토록 하여야 한다.

3.9.2.4. 협약 제54조의 구제수단에 관한 선언

협약 제54조는 구제수단을 규정하고 있고 그중 1항은 담보권자가 항공기 목적물을 리스의 목적으로 제공할 수 있도록 하였는데, 우리나라가 채무국의 입장에 있다고 볼 때 이는 우리나라 항공사의 운영에 큰 부담을 주는 것이 된다. 따라서 담보권자가 우리나라의 영토 안에서 목적물을 리스의 목적으로 제공할 수 없음을 선언하는 것이 바람직하다.

또 하나 현실적인 사항은 제54조 제2항에서 채권자가 구제수단을 시행하는 데에 있어서 협약이 규정하지 않은 사항에 관련하여서는 법원의 허가하에 시행한다는 것이다. 이는 우리나라가 전담법원이나 전담재판부를 신설하느냐와 채권자국 또는 채무자국으로 우리 자신을 보느냐에 따라 판단할 문제인데 전담재판부를 신설한다면 법원의 허가를 요하도록 하는 것이 좋다.

3.9.2.5. 협약 제55조의 최종결정 계류 중의 가구제(假救濟)

협약 제13조가 규정한 가구제의 내용은 광범위한 것으로서 가구제가 실질적으로는 최종결정을 대신하는 경우도 있다. 우리나라가 현재, 그리고 당분간의 기간 중에는 대부분의 거래에서 채무자의 지위에 있음을 고려할 때 가구제가 최종 결정화되어 채무자의 방어기회가 상실되는 것을 막을 수 있다는 점에서 가구제의 적용이 우리나라에서는 인정되지 않음을 선언하는 것이 좋다.

그러나 5년 후이고 우리나라의 항공기 수출이 활발하여지면서 우리가 채권자의 입장으로 변화할 시점에는 상기 선언을 변경하면 되겠다.

3.9.2.6. 의정서 제8조에 따른 적용 법률의 선택

의정서 제30조 1항에서 허용한 바에 따라 약정의 당사자들은 약정서상의 권리의무를 규율하는 법을 선택할 수 있다. 법의 선택이 채무자에게 일방적으로 불리한 법률이 되고 또 우리나라의 외국 법률에 대한 전문성이 미약함을 감안할 때 의정서 제8조에 관한 선언을 할 필요가 없이 침묵하면 된다.

3.9.2.7. 의정서 제12조에 따른 지급불능과 관련한 협력

역시 의정서 제30조 1항이 허용한 동 선언을 할 경우 우리나라로서는 지급불능에 대한 구제수단을 수행하는 외국의 법원이나 지급불능 관리인에게 협조하는 절차를 규율하는 새로운 입법을 하여야 한다. 이는 우리나라의 사법제도와 문화를 감안할 때 어려운 일이다. 따라서 당분간 동 조항을 적용하는 선언을 하지 않고 있다가 추후 국내법의 정비를 거쳐 동 조항을 적용한다는 선언을 하는 것이 바람직하다.

3.9.2.8. 의정서 제13조상 등록 말소 및 수출에 대한 수권

등록말소 및 수출에 대한 수권서가 발행되면 수권받은 당사자는 항공기의 국적등록을 말소함으로써 사실상 채무자로 하여금 항공기를 운행하지 못하게 할 수 있다. 따라서 우리나라의 항공사가 주로 채무자의 입장에 있음을 고려하면, 위와 같은 권리행사는 우리나라 항공사의 영업에 큰 지장을 줄 수 있으므로 동 제13조를 적용한다고 선언할 필요가 없이 침묵하고 있으면 된다.

동 제13조는 제8조, 12조와 함께 의정서 제30조 1항에 따라 적용받기를 원하는 체약국이 선언을 할 경우 적용받는 것이고 그렇지 않으면 적용되지 않는 조항이다.

3.9.2.9. 의정서 제10조 최종결정 계류 전의 가구제에 관한 협약의 규정을 수정

의정서 제30조 2항은 협약의 내용을 수정하는 의정서 제10조의 내용을 수락할 수 있도록 하였고 이를 수락할 경우 특히 제10조 2항에 있어서 '신속'(speedy)한 기간 내 구제조치(가구제)를 받는 것과 관련하여 동 '신속'한 기일을 명시하여 선언하도록 하였다.

이 문제에서는 3.9.2.5항에서와 같은 입장을 취하는 것이 좋다.

3.9.2.10. 의정서 제11조에서의 지급불능에 대한 구제수단

의정서 제30조 3항은 불이행 시 구제수단에 관한 의정서 제11조상 대안 A나 B를 선택하는 선언을 하면서 대안 A나 B에서 각기 언급하고 있는 '대기 기간'과 통지 기한 등을 명시하도록 하였다.

우리나라가 채무자의 입장에 있다는 사실을 감안할 때 채무자가 지급불능에 빠졌다고 하여 바로 영업수단인 항공기를 채권자에게 인도한다는 것은 우리 항공사에게 타격이다. 따라서 선언을 하지 않는 것이 바람직하다.

3.9.2.11. 의정서 제21조에서의 관할권 조항의 수정

의정서 제30조 5항은 불이행 발생 시 관할 법원으로서는 협약 제43조에 따라 항공기 목적물이 소재한 국가와 채무자 소재국가 그리고 이해당사자 합의에 의해 어느 나라의 법원도 가능하게 하였지만 체약국이 원하면 의정서 제21조의 내용으로 수정 적용할 수 있도록 하였다. 이 경우 제21조 적용 선언을 하여야 한다. 제21조에 의하여 추가로 관할권을 가질 수 있는 법원은 헬리콥터나 항공기 본체의 등록국으로서의 체약국이다.

항공기에 대한 통제와 관할은 항공기 등록국이 전폭적으로 담당하고 있음을 고려할 때, 본 의정서 제21조를 적용하겠다고 선언하는 것은 바람직하다.

3.10. 결어

모두에서 언급하였지만 우리나라는 ICAO가 발표한 2011년 항공운송실적에 따르면 세계 6번째의 항공대국이다. 그러나 이에 걸맞은 항공전문가와 입법의 능력이 없고 국제무대에서의 발언권과 국내법원의 역량이 미약하다.

그리하여 항공사법에 있어서 마그나카르타 역할을 하는 1929년 바르샤바 협약에는 가입하지 않은 채 동 협약을 제1차로 수정한 1955년 헤이그 의정서에만 가입하는 오류도 범하였다.

2001년 케이프타운 협약과 항공기 장비 의정서에는 우리나라가 항공대국으로서 가입하여야 한다. 현재 선진국 중 영국, 프랑스, 독일과 이태리가 서명만 하고 비준을 하지 않은 것은 사실이지만 이는 경제통합을 완료하고 정치통합 단계에 있는 구주연합(European Union)이 첫째, EU 차원에서 모든 회원국의 항공사를 보호하여 주고 있고, 둘째, EU는 경제문제를 담당하는 유럽공동체(European Community)를 협약당사자로 참여시킨 가운데 EU법에 의거하여 유럽공동체가 대신 역할을 한다는 점이 있으며, 셋째, 유럽의 은행과 금융기관에서 정치적[31] 이유로 자국 정부가 조약을 비준하는 데 적극 지원을 하지 않기 때문이다.

가입을 할 경우 국내법정비를 하여야 하는데 이는 중요 사안별 내용에 있어서는 선언 여부를 통하여 일정기간 동안 또는 영구히 우리나라에 유리한 쪽으로 조약내용이 적용되도록 할 수 있지만 국제담보권 등의 실행에 있어서 구체적인 절차는 체약국의 법원에 위임하고 있는 관계상, 협약이 체약국의 법률에 의존하는 내용의 입법과 개정이 필요하다. 이렇게 정비하여야 할 내용으로는 「민사소송법」, 「채무자 회생 및 파산에 관한 법률」, 「자동차 등 특정 동산 저당법」 등에 손질을 가하여야 할 것이다.

다른 방법은 협약 및 의정서의 실행을 위한 단일 법률을 제정하고 그 안에 조약의 시행에 관한 모든 사항을 규율하면서 기존의 국내법과 저촉되는 부분에 있어서는 단일 법률이 우선한다는 규정을 둠으로써 국내법을 정비하고 전담 재판부까지 지정하는 것이 효과적이라고 본다.

대한항공과 아시아나는 세계 유수 항공사로서 다른 굴지의 세계항공사와 달리 2001년 미국 9·11사태 발생 시에도 정부의 본격 지원을 받지 않고 생존한 경쟁력을 갖추고 있는 자랑스러운 한국기업이기도 하다. 이 두 국적 항공사가 국제금융시장에서 항공기 획득자금을 보다 저리로 확보할 수 있게 하고 또 장래 도래할 우리나라의 항공기 본격 수출에 따른 한국금융기관의 수출 금융활성화를 대비하기 위하여서도 케이프타운 협약과 항공기 의정서에 대한 가입은 필요하다.

---

31) 첫째와 셋째 이유는 이태리 보로니아 대학의 교수로서 The Aviation and Space Journal의 편집장인 Anna Masutti 교수의 필자 앞 2012.1.20.자 이메일 내용.

보험

보험

1. 강제보험

1.1. 국제법

일찍이 1929년 바르샤바 회의에서 승객과 제3자에 대한 보험을 의무적으로 하는 문제가 제기되었으나 의견이 분분하여 채택되지 못하였다.[1] 그 뒤 수년 후인 1933년에 로마 협약이 채택되어 항공기 운항자로 하여금 항공기 운항 중에 일어날지 모르는 지상의 제3자에 대한 피해에 대하여 의무적으로 보험을 들도록 하였다.

1933년의 로마 협약상 규정한 지상 제3자 피해보험을 보다 충실히 하기 위하여 보험업자 책임을 강조하는 내용으로 1938년 브뤼셀 보험의정서(The Brussels Insurance Protocol 1938)가 채택되었으나 비준국이 2개국에 불과하여 사문화되었다.

1952년 로마 협약은 1933년 로마 협약이 국내외 항공기를 대상으로 적용되는 것과는 달리 외국 항공기에 대하여서만 적용되고 지상 피해발생에 대한 항공기 운항자의 책임 상한을 상향조정하는 등 1933년의 로마 협약을 많이 개정하였다. 1952년 로마 협약의 당사국은 항공기 운항자가 가입한 보험액 또는 보험액에 대신한 제3자의 보증이 불충분할 경우 동 항공기의 자국 상공 비행을 금지할 수 있도록 하였다. 현재 두 로마 협약이 발효되었으나 보편화될 정도의 협약당사국을 확보하지 못하고 있다.

1978년의 몬트리올 의정서는 1952년 로마 협약상 항공기 운항자의 책임액을 SDR로 표기하면서 동 책임액을 대폭 상향조정하는 등 로마 협약 수정을 가하였다. 몬트리올 의정서는 동 의정서와 1952년 로마 협약 당사국 간에는 의정서와 협약을 합하여 하나의 조약문서로 간주하도록 하였다(의정서 제19조).

---

1) R. D. Margo, Aviation Insurance, London, 1980, p.8.

몬트리올 의정서는 2002년 발효하였지만 2012년 6월 현재 당사국이 12개국에 불과한 가운데 사문화되다시피 되었고, 1952년 로마 협약은 협약 당사국이 49개국이 되어 보다 중요성을 가지고 있다. 항공기 운항에 있어서 제3자에 대한 보험을 포함한 각종 보험은 항공기 운항자의 재정적 보호와 항공기 등록국이 요구하는 항공기 운항면허요건을 충족하기 위하여서 필수 불가결한 사항으로 인식되고 있다. 위와 같이 강제적인 제3자 피해에 대한 배상과 관련한 보험의 장치는 ICAO의 기선하에 2009년 몬트리올의 2개 협약 채택을 통하여 새로 부활시키고자 하였으나 동 2개 협약의 발효전망이 어둡다.

승객, 짐, 그리고 화물에 대한 보험에 관련하여서는 1999년 몬트리올 협약 제50조에 따라 등록국뿐만 아니라 운항을 허가한 국가도 운항자가 협약에 따른 적절한 보험을 들도록 강제하면서 관련 증서를 요구할 수 있도록 하였다. 여사한 보험 관련 규정은 1929년 바르샤바 협약에 없었던 내용으로서 이는 오늘날 항공운송에 있어서 대규모 피해가 발생할 시 확실한 배상이 이루어지도록 하기 위한 조치이겠다.

확실한 보험을 강제하는 것은 EU 법에 더 확실히 규정되어 있다. EU Regulation 785/2004는 항공운송인으로 하여금 운송사고 시 승객 1인당 배상금으로 25만SDR, 제3자 피해 시 최소 75만에서 최대 7억SDR의 보험을 들도록 의무화하였다. 또 EU Regulation 285/2010은 1999년 몬트리올 협약의 규정에 따라 2009년 말 인상된 짐과 화물의 배상 상한액에 맞추어 항공운송인의 부보(付保)액을 각기 1인당 1,131SDR과 kg당 19SDR로 인상하였다.

오늘날 승객, 짐, 화물에 대한 보험과 제3자 피해에 대한 보험을 들지 않고 항공운송을 할 수 없는 실정이다. 또 일부 국가는 조약에서 정한 규모의 배상을 위한 보험보다도 더 많은 액수의 보험을 의무화하는 경우도 있다.[2]

1.2. 국내법

1952년 로마 협약의 당사국 중 벨기에, 브라질, 서독 등은 동 협약규정을 국내법에 수용하여 지상 제3자에 대한 피해 보상을 위한 보험가입을 강제하고 있다. 로마 협약의 당사국은 아니지만 덴마크, 노르웨이 등 유럽 국가는 지상 제3자에 대한 피해를 보상하기 위한 보험가입을 국내법상 의무적인 사항으로 명시하였다.

영국은 1982년 민간항공법(Civil Aviation Act 1982)에 의하여 항공운수 면허를 획득하기 위하여

---

2) 오스트리아, 독일, 스페인, 이태리, 스위스 등이 그러한바, 상세한 것은 R. D. Margo, Aviation Insurance 20–27(2000) 참고.

서는 항공기 운항에서 발생할 수 있는 각종 책임에 대한 적절한 보험을 들 능력이 있음을 충분히 증명하도록 하였다. 여타 많은 나라도 영국과 같이 항공운수 면허요건으로 항공기 운항자의 보험가입능력을 내세운다.

우리나라도 항공법과 항공기운송사업진흥법을 통하여 항공사업자의 항공보험을 강제화하고 있는 형편이다. 우리나라 항공법[3] 제122조 4항은 국토해양부 장관이 정기항공운송사업자의 사업에 관하여 명령할 수 있는 사항으로서 "항공기 사고로 인하여 지불할 손해 배상을 위한 보험계약의 체결"을 규정하였다. 한편 우리나라의 항공운송사업진흥법[4] 제7조는 "항공사업자와 자가용 항공기를 운용하려는 자는 국토해양부 령이 정하는 바에 따라 항공보험에 가입하지 아니하고는 항공기를 운용할 수 없다"라고 명시하여 항공가입을 강제하였다. 그리고 항공운송사업진흥법 시행규칙 제2조는 사업자가 항공보험 내용을 국토해양부에 신고하도록 하였으며 동 규칙 제3조 1항은 보험에 가입하는 경우의 책임 한도액을 "우리나라가 가입하고 있는 「항공운송의 책임에 관한 제 국제협약」에서 규정하는 책임 한도액"으로 하되 동 2항에서 "전호의 적용이 불합리한 경우에는 국토해양부장관이 정하는 항공운송인의 책임 한도액"으로 하도록 규정하고 있다.

2. 런던 항공보험 시장

런던 보험시장은 전통적으로 세계보험의 중심지로 간주되고 있다. 항공보험도 예외는 아니어서 세계 최대 보험회사인 로이드(Lloyd's)를 포함하여 런던 보험업계가 세계보험을 주도하고 있다. 세계 전체 보험의 약 75%를 담당하고 있는 것으로 알려진 로이드의 보험커버는 항공보험에 있어서 더욱 중요한 비중을 차지하고 있다. 이와 관련하여 보험업자(insurer)에는 두 종류가 있다는 것을 알 필요가 있다. 하나는 보험 또는 재보험회사이고, 다른 하나는 로이드에 있는 신디케이트(syndicates)이다. 따라서 정확히 말하여 로이드는 보험업자가 아니고 협회의 성격을 가지면서 협회의 회원으로서 신디케이트를 구성하는 여러 개인 및 기업회원들이 협회의 틀 안에서 엄격한 자격심사하에 업무 규정 등을 준수하면서 보험 영업을 하도록 하는 것이다. 300년 이상의 역사를 가지고 있는 로이드는 Names라고 불리는 개인 회원들만을 상대로 보험을 들 수 있도록 한 방침을 변경하여 1994년부터는 기업 회원도 받아들여 보험업무의 규모를 시장에 맞게 현실화하였다.

---

3) 시행 2012.6.10. 법률 제9780호.
4) 시행 2012.1.17. 법률 제11196호.

세계의 각종 위험을 부보하기를 원할 경우 로이드가 인정한 보험 중개업자(브로커)에게 의뢰하면 브로커는 로이드 건물에 상주하는 신디케이트 직원들을 대면 상담하면서 보험내용과 보험액(insured amount) 및 보험료(premium) 등에 대한 합의에 이를 경우 Slip을 만들어 상호 서명을 하는데 이때 신디케이트가 한 서명은 로이드 협회가 보증하는 역할을 한다. 연후 Slip에 기초한 보험약관(insurance policy)이 작성되어 보험가입자에게 수교된다.

2011년 말 현재 로이드 ① 신디케이트 자산(보험계약이 종료될 때까지 예치되는 모든 보험료 총액으로서 syndicate level assets이라 함) 총액은 640억 불, ② 개인 또는 기업 회원들이 보험업자로서 지불을 보증한 펀드(member's fund at Lloyd's)는 235억 불, ③ 유사시 로이드가 보험액을 지불하는 데 사용되는 중앙 자산(central assets)이 48억 불이다. 통상 ①만을 가지고 보험계약기간 동안 보험 청구(claims)를 처리하는 데 충분한바, 이 경우 로이드의 신디케이트는 수익을 보지만 2001년 발생한 9·11테러사건 등이 발생하였을 때 ①만 가지고는 처리가 안 된다. 이때에는 ②의 돈을 동원하여 처리하지만 이도 여의치 않을 경우에는 예외적으로 로이드 이사회의 의결을 거쳐 ③의 자산도 이용한다.

통상 많은 국가에서는 현지 보험회사가 보험계약자(insured)로부터 받은 보험을 로이드 등 세계적인 보험회사에 다시 보험을 드는, 즉 재보험(reinsurance)을 통하여 보험위험을 분산시키고 있다. 세계적인 영업망을 가지고 있는 로이드는 전체 영업의 80%가 영국 이외에서의 보험업무와 관련된 것이다.

항공보험은 운송보험 중 신종보험으로서 제2차 대전 이후 급격히 등장하였다. 항공보험은 항공기체의 분실과 손상, 승객, 짐, 화물, 우편물의 법적 책임 및 제3자에 대한 법적 책임에 따른 위험뿐만 아니라 항공기 제작 및 수선에서 오는 제품결함을 이유로 한 손해보상의 책임위험도 포함한다. 항공보험에서 우주 발사체와 궤도에 진입하는 인공위성의 보험도 포함된다.

런던에서는 위와 같은 각종 보험과 재보험을 영국 및 외국의 보험회사와 런던의 로이드 신디케이트가 참여하여 보험의 대상이 되는 위험이 발생하였을 경우에 지급하는 보험금을 보증하는 대신에 이의 대가로 보험료(premium)를 받는다. 런던에서의 보험업무는 통상 세계 보험업무의 표준을 형성한다.

영국에서 영업하는 보험회사는 영국의 1982년 보험회사법(Insurance Companies Ace 1982)과 동령의 규제를 받는다.[5] 동법은 보험을 사고보험, 항공기 보험, 통과물품보험(good in transit insurance)과 항공기책임보험 등 4가지로 분류한다. 동 법령은 또한 영국소재 보험회사의 보험금

---

5) Shawcross, VIII(63).

지불능력을 확보하기 위하여 여러 제도적 장치를 마련하고 있다. 한편 판례는 동 법령에 의하여 인가받지 않은 보험회사의 보험업무를 무효화한다.[6]

로이드의 회원[7]은 상기 법에 의하여 영국에서 보험업무를 할 수 있다. 동법은 로이드 회원의 보험금 지불능력을 신용하여 동 회원의 보험료 수입에 관련한 계정(account) 설치 의무 등을 면제하고 있다. 이는 로이드가 자체의 엄격한 규율하에 회원의 신용을 보증하고 있기 때문이다.

로이드 회원(Names)은 상당한 재력과 신용을 가진 약 수만 명의 인사로 구성되어 있었는데 지금은 773 개인 회원(Names)에 불과하다. 전술한 바와 같이 1994년부터 기업도 회원이 되었다. 동 회원은 수많은 그룹, 즉 신디케이트(syndicate)[8]로 나누어져 있으며, 신디케이트별 취급 보험종류가 상이하다. 로이드 회원은 각기 1명 이상의 관리인을 고용하여 자신의 수입, 회원자격 관리업무, 소속 신디케이트(하나 또는 하나 이상)의 업무를 처리한다. 회원의 관리인은 신디케이트업무에 관련한 보험의 위험을 취급하는 전문적인 보험자(underwriter)를 고용하는데 오늘날 여사한 업무는 managing agents가 대신하기도 한다.

실제로 보험계약을 체결하는 데에 있어서는 보험중개인인 브로커(broker)가 큰 활약을 한다. 로이드는 로이드에 등록된 브로커를 통하여 보험을 맺도록 하였다. 로이드가 아닌 보험회사를 통하여 보험을 맺을 때에는 브로커를 반드시 통할 필요가 없지만 항공보험이 전문적이고 복잡한 관계로 전문적인 브로커를 통하여 역시 전문적인 보험자와 상대를 함으로써 보험계약내용, 즉 보험약관(policy)을 작성하는 것이 관례이다. 영국은 1977년의 보험 브로커(등록) 법(Insurance Brokers(Registration) Act 1977)을 통하여 보험브로커의 등록, 자격 요건 등의 사항을 규율하고 있다. 로이드 브로커는 이에 덧붙여 Lloyd's Brokers Bylaw와 관련 Code of Practice를 준수하여야 한다.

여러 보험관련 협회는 동업자 단체로서 보험시장에서 보충적인 역할을 한다. 보험중개인들의 협회로서 영국의 일반 브로커들의 이익을 대표하는 BIBA(British Insurance Brokers Association)와 로이드 브로커를 대표하는 LMBC(London Insurance Market Broker's Committee)가 있다. 보험자(underwriter)를 대표하는 협회도 둘로 나누어져 있는바, 하나는 보험사를 대표하는 IUA(International Underwriting Association)이고 다른 하나는 로이드 보험자를 대표하는 LMA(Lloyd's Market Association)이다. 이 두 보험자 협회는 항공우주 section을 설치하여 항공우주 보험업무를 취급하는데 IUAI(International

---

6) 전게 Shawcross 참고.

7) 로이드는 다소 복잡한 구조로 조직되어 있는데 보험료(premium)를 반대급부로 하여 보험금 지급을 책임지는 회원(Names라 함)이 투자가로서 기저를 이룸. 로이드에 관해서는 Hodgsen, G., Lloyd of London, Penguin Books, 1986 참고.

8) 2012.7.9. 영국의 로이드 브로커회사 Ellis-Clowes의 Tim Nagle이 필자에게 확인하여 준 바에 의하면 현재 기업회원이 1,238개, 개인회원으로서 무제한 책임을 지는 Names가 773명, syndicate가 84개, 로이드 브로커가 181개, managing agents(MA)가 52개인데 MA는 underwriter를 고용하면서 여러 개의 신디케이트를 구성하기도 하는데 회원들은 신디케이트에 자금보증을 하면서 참여함. Hiscox와 Amlin같은 큰 신디케이트는 MA를 겸하면서 여러 신디케이트, 즉 사고, 건강, 납치, 미술품 등의 특별 위험에 관한 보험인 신디케이트 33, 부동산, 해상, 항공에 관한 보험인 신디케이트 664 등에도 참여하고 있음.

Union of Aerospace Insurers)는 세계 항공우주 보험만을 특화하여 취급하면서 항공조약의 성안에 자문 역할도 한다. 런던에 소재하는 IUAI는 세계 모든 등록된 보험사들에게 가입이 개방되어 있으면서 항공안전과 항공우주 보험사 이익을 대변하고 교섭, 회원사들에 대한 유용한 정보의 배포 등에 관한 업무를 하나 보험료의 수준에 관하여서는 일체 관여하지 않는다.

3. 항공보험계약

3.1. 계약체결절차

항공보험도 여타 보험과 같이 보험자(insurer)와 보험계약자(insured) 쌍방의 계약에 의하여 이루어진다. 단지 항공보험은 대규모 보험금액을 취급하는 경우가 많기 때문에 보험자의 숫자가 다수일 경우가 많다.

보험계약자(insured)는 보험자(insurer)의 상대방으로서 자기 명의로 보험계약을 체결하고 보험이라는 상품을 사는 가격인 보험료(premium)의 지급의무를 지는 자이다. 보험계약자의 자격에는 제한이 없고, 동인은 대리인으로 하여금 보험계약을 체결하게 할 수도 있다. 항공보험계약자는 일반적으로 항공기 소유자, 임차인 또는 운항자이나 항공보험의 종류에 따라서는 승객, 화주, 항공기 제조·수리업자, 공항관리자, 항공기 보관업자 등이 될 수도 있다.

보험계약자는 피보험자라는 말과 같은 의미로 쓰일 때가 있으나 항공보험의 종류에 따라서 서로의 의미가 달라진다. 즉 항공기 기체보험과 같이 손해보험의 성격을 갖는 항공보험의 경우에 피보험자는 보험계약자로서, 보험이익의 주체로서 보험사고가 발생한 때에 보험금의 지급을 받는 자이나, 승객책임보험과 같이 인(人)보험의 성격을 갖는 항공보험에서는 보험사고의 객체가 된다. 이때 승객은 피보험자이나 보험계약자는 아니다.

보험수익자(beneficiary)란 인(人)보험의 성격을 갖는 항공보험에서 보험계약에 의하여 보험금을 지급받을 자로 지정된 자를 말한다.

항공보험은 항공운송성격상 육상교통의 보험보다는 해상운송보험에 가까운 성질을 갖고 있다. 즉 항공사고는 해상사고와 같이 대규모[9]이며 따라서 큰 배상액을 필요로 한다.

계약의 체결은 브로커가 개입하여 이루어진다. 브로커는 보험을 들고자 하는 자(prospective

---

9) 보잉 747기(일명 점보기)의 신품가격이 1억불 이상인데 동 기체가 전파되어 탑승객마저 몰살한 사고가 발생한다면 이에 따른 기체와 승객책임보험의 총액은 엄청난 것이 됨.

insured)의 접촉을 받고 이 자가 원하는 보험내용을 약어로 기재한 Slip을 작성하여 보험을 받아줄 사람(insurer 또는 underwriter)에게 제시한다. 보험액이 거대하여 한 사람의 보험자(insurer)가 커버할 수 없을 경우 브로커는 여러 보험자에게 Slip을 제시하는데 이때 브로커는 당해 보험에 전문적인 지식을 가지고 있고 합리적인 보험료(premium)를 요구할 것으로 기대되는 자에게 제일 먼저 Slip을 제시하며, 이를 제시받는 자는 통상 가장 높은 비율의 보험위험을 부담한다. 즉 보험금액을 %로 나누어 볼 때 Slip을 처음 제시받는 자가 여타 보험자보다 가장 많은 퍼센트의 보험금액을 책임지는 보험자가 된다. 이러한 보험자를 leading underwriter라고 하며 보험금액 중 여분을 담당하는 다른 보험자들은 통상 자신이 맡고자 하는 퍼센트만을 적은 채 leading underwriter가 이미 broker와 합의한 보험내용(보험을 드는 위험의 내용, 보험료 등)을 그대로 따른다. 여분의 보험을 커버하는 보험자를 공동 보험자(co-insurers)라 한다.

보험자가 각기 부담할 보험금액의 퍼센트를 명기하고 이니셜한 Slip이 보험계약자가 원하는 100%의 보험금액을 커버할 경우 브로커는 보험자와의 협의하에 보험의 상세내용을 보험약관(policy)으로 작성한 후 leading underwriter의 최종승인을 받는다. 그 뒤 보험자가 소속되어 있는 회사, 즉 보험자가 Lloyd's 회원이면 LPSO(Lloyd's Policy Signing Office)에 제출되고 보험자가 IUA(International Underwriting Association)의 회원이면 IUA에 제출되어 최종확인과 서명을 받음으로써 보험계약이 확정된다. 이때 보험자가 Lloyd's, IUA 그리고 기타 3자가 구성되어 있을 경우 Slip은 하나지만 보험약관은 보험자 소속기관 수만큼 작성된다. 런던의 항공보험시장에서는 해외보험자도 보험업무를 할 수 있는바, 이러한 해외보험자가 포함된 보험약관은 통상 leading underwriter의 약관을 그대로 따른다.

특별한 보험이 아닌 한 통상 1년 유효기간의 보험약관이 일단 발급되면 Slip의 존재가치는 상실된다. 그러나 Slip은 보험약관이 발급되기까지 보험계약문서로서의 효력을 발생한다. 한편 보험약관의 내용과 Slip의 내용이 상이할 경우에 Slip의 내용이 우선한다. 물론 보험약관을 작성하는 과정에서 보험자와 보험계약자가 합의하여 Slip의 내용에 변경을 가할 수 있다.

Lloyd's 또는 IUA 등은 항공보험약관으로 이용할 모범양식(standard form)을 마련하여 두고 있는바, 통상 이 양식이 많이 이용된다.

보험계약은 체결된 후 보험기한 만료 전에 갱신되는 경우가 많다. 갱신을 위한 보험자와 보험계약자의 합의는 보다 용이하게 이루어진다. 갱신 시 leading underwriter는 당시의 보험시장 사정과 보험계약자의 사고기록 등을 감안하여 보험료를 조정하며 여타 과정은 신규 보험계약과 유사하다.

3.2. 진실공개의무

보험법에 있어서 기본적인 법칙 중의 하나는 보험계약이 최선의 진실(utmost good faith)에 바탕을 두고 있다는 점이다. 이 원칙은 보험의 원조(元祖)국인 영국에서 수 세기 동안 확립된 법의 원칙으로 통용되고 있다.

보험계약은 보험을 들려 하는 자, 즉 보험계약자가 중개인(broker)을 통하여 부보(付保)할 경우 보험자가 일정한 보험료를 받고 반대급부로서 보험계약자가 제시하는 일정한 위험을 부담하여 주는바, 보험계약자가 위험의 내용을 사실 그대로 설명하지 않을 경우 보험자는 동 위험내용을 제대로 파악할 수 없다.

보험으로 커버될 모든 위험과 객관적 사실을 잘 알고 있는 보험계약자가 동 사실을 공개하지 않거나(non-disclosure), 잘못 설명(misrepresentation)함으로써 보험자가 본질적인 사실(material facts)을 오도당하여 보험계약이 성립될 경우 보험자는 이를 이유로 보험약관을 무효화시킬 수 있다. 이때 보험계약자가 사실을 정확히 공개하여야 할 신의성실의 의무를 위반한 것이 고의적인지에 관계하지 않고 보험약관이 무효가 된다. 보험계약자는 보험자 또는 보험 중개인이 요청하는 사항이 아니더라도 보험계약에 중요한 사실이라고 판단되는 모든 사실에 대하여 고지하여 주어야 한다.

본질적인 사실은 합리적인 또는 신중한 보험자가 위험을 부담할지를 결정하며, 동 위험부담 시 어느 정도의 보험료를 받고 어떠한 조건(terms and conditions)으로 할 것인지에 대한 판단에 영향을 주는 사항이다.[10] 일반적으로 보험의 대상이 되는 위험이 보통의 경우보다 더 위험한 것이라는 사실과 보험자의 책임이 정상적인 경우보다 더 큰 경우에 관련하는 사실이 본질적인 사실을 이룬다. 항공보험시장에서 부보를 위하여 사용되는 제안서(proposal form)[11]는 부보를 하는 측, 즉 보험계약자가 동 양식에 게재된 모든 정보가 사실임을 선언하고 동 양식에 게재된 보험조건 등에 관한 제안내용이 계약의 기본을 성립하는 것으로 동의한다는 구절을 포함하고 있다. 이 구절은 '기본'(basis) 구절이라고도 하는바, 동 양식에 게재된 정보와 제안내용이 허위일 경우 보험자는 본질적인 사실이냐를 묻지 않고 보험약관을 무효화할 수 있다.

본질적인 내용을 이루는 사실이 부보양식에 누락되었다든지, 숨겨졌다(concealed)든지, 잘못으로 또는 부정확하게 기재되었다든지를 증명하는 것은 보험자 측이 부담하는 반면에, 본질적인

---

10) Margo의 저서 pp.50-51.

11) 동 제안서는 통상 조종면허증 분실 등의 특별한 종류의 보험과, 브로커를 거치지 않고 직접 보험자를 물색하여 보험계약을 맺고자 하는 자에 의하여 이용됨.

사실의 비공개(disclosure) 또는 동 사실을 잘못 설명(misinterpretation)한 것에 대하여 추궁하는 권리를 보험자 측이 포기(waiver)한 경우에 있어서는 보험계약자 측이 동 포기사실을 증명하여야 한다.

3.3. 보험약관(Policy)

로이드의 보험약관이든지 또는 보통 보험회사의 약관이든지 항공보험약관은 일반적으로 보험의 대상이 되는 위험, 보험의 대상에서 제외되는 사항, 그리고 보험의 대상이 되는 위험을 보다 명확히 구분하기 위한 조건(condition) 또는 보증(warranty)을 포함하고 있다.

기체보험 등 특별한 내용의 보험을 위하여서는 별도의 보험약관을 작성하지만, 런던 항공보험시장에서는 보통의 항공보험약관으로 표준약관인 AVN 1C를 많이 사용하고 있다. 보험당사자들은 동 표준보험약관내용을 가감하면서 구체적으로 보험의 대상이 되는 위험을 커버한다.

보험약관에서 사용하는 보증(warranty)은 일반 계약에서 사용되는 보증의 내용과 다르다.[12] 보험계약자 측이 보험약관에 기재된 보증사항을 위반하였을 경우에는 위반사항이 아무리 경미할지라도 보험자는 이를 이유로 보험약관을 폐기하든지 또는 보험약관상의 책임을 지지 않아도 된다. 이 보증은 보험자에게 구두 또는 서면으로 진술한 설명(representation)과 다르다.

보증은 그 내용이 정확히 이행되는 것을 전제로 보험자가 보험책임을 지는 사항이다. 보험계약자가 보험자의 질문에 대하여 진실임을 보장하면서 서면으로 답을 하는 부보용 제안서(proposal forms)에 첨부되는 계약의 기본사항(basis of the contract)을 보증사항으로 채택할 수도 있고, 동 기본사항을 보험계약의 전제가 되는 조건(condition)으로 당사자가 합의할 수도 있다.

보증과 조건은 그 차이가 애매하다. 보증은 위반 시 보험자로 하여금 보험책임을 거절할 수 있게 하며, 동 위반이 보험보상을 유발하는 손실에 관련이 있는지를 불문한다. 그러나 조건에는 보험자가 보험책임을 지는 전제조건과 보험보상의 방법을 규정하는 조건의 양자가 있는데, 전자 조건인 경우 피보험자가 동 조건을 충족할 경우 보험자가 보험에 따른 보상을 하게 된다는 점에서 보증과 다르다.

보증은 과거, 현재, 그리고 미래상황까지도 망라할 수 있다. 미래상황에 대한 보증을 '약속보증'(promissory warranty)이라고 하는데 이는 보험계약자가 보험기간 중에 특정사항이 이루어지도

---

12) 일반계약에서 말하는 보증은 계약에 수반되는 약속으로서 동 약속을 어겼을 시 손해 배상 청구를 할 수 있는 근거가 되나, 위약당한 상대방이 계약상 의무를 해태할 수는 없음. 보험약관에서 말하는 보증은 일반 계약에서 말하는 조건과 유사한 것으로서 동 보증사항을 위반할 경우 위반당한 상대방(보험자)은 이를 이유로 보험약관상의 책임을 회피할 수 있음(Margo의 저서 p.86 참조).

록 한다든지 또는 이루어지지 않도록 한다든지 등의 조치를 취하여야 하는 의무를 부담하는 경우이다. 보험계약자가 특정사실의 존재를 인정 또는 부인하는 경우를 '사실보증'(warranty of fact)이라고 한다.

4. 항공보험 종류

항공보험의 대상이 되는 위험은 기체 관련 손실, 사고 시 승객에 대한 책임, 화물에 대한 책임, 제3자에 대한 책임, 공항관리자 책임, 조종사의 면허분실, 개인상해 및 생명, 전쟁 및 납치, 그리고 항공기 제품에 대한 항공기 제조업자의 책임 등이 있으며 동 위험대상별로 통상 별도의 보험약관을 작성한다. 본 항에서는 여사한 보험을 종류별로 간략히 설명한다. 단, 항공기 제조업자의 책임에 관련한 보험은 동 보험의 필요성을 추론할 수 있는 제4장(항공운송관련 기타 책임 주체)의 1항(제조업자와 수선업자)을 참고하기 바란다.

통상 항공보험은 다음에서 차례로 언급하는 기체, 승객, 제3자 피해 배상 등의 모든 위험을 부보한 종합보험(All Risks Cover)으로서 AVN-1C 양식에 따라 보험약관을 정하게 되며 보험커버를 요하는 사고가 발생하였을 시 커버가 배제되는 적용배제(exclusion)가 있을 경우 이는 보험자가 증명하여야 한다.

4.1. 기체 관련 보험

기체 관련 보험은 선박의 선체 보험과 유사한데 크게 보아 기체의 손실과 보증(warranty)위반 보험 2가지로 나누어진다.

기체의 손실은 화재나 도난 또는 충돌 등의 사고로 인하여 기체가 일부 파손된다든지 또는 전손(全損)될 경우 이의 수선비 또는 이를 대체할 비행기의 구입비용을 보험자가 지급하는 보험이다. 기체가 전손되어 이를 수선하는 것보다도 구입하는 것이 비용 면에서 유리할 경우 이를 사실상 기체의 분실(constructive total loss)로 보아 기체의 분실 경우에서와 같이 보험자는 비행기의 구입비용을 지급하여 주어야 한다. 이때 보험약관의 내용에 따라 보험자가 기체의 시장가격을 지불하든지 또는 보험계약자와 합의한 일정한 금액만을 지불할 수 있다. 기체의 시장가격을 지불하게 될 경우에는 보험자가 문제가 된 기체와 동종의 비행기로 대체하는 비용을 지급해야 함은 물론이다.

기체의 커버는 비행기가 어느 상태에 있느냐에 따라서 비행 중, 활주로에서 이착륙을 위하여 이동하는 중(taxiing), 항만에 정박 중(수상 이착륙 항공기 경우), 지상유치 중으로 구분하여 보험자가 보험료를 산정하는 기본으로 삼는다. 또한 각 상태에서 발생하는 사고에 따라 보험계약자가 부담하는 보험자의 면책금액(deductible)을 달리하기도 하고 또는 일률적으로 동일한 면책금액을 정하기도 한다.

보험약관은 비행기의 사용목적, 운항의 지리적 범위, 조종사의 자격요건 등을 언급하나 통상 비행기 사용에서 오는 마모(wear and tear), 비행기의 상태 악화 또는 비행기 손상을 유발하지 않는 비행기 엔진이나 부속품 등의 결함 등을 커버하지는 않는다.

보험계약자는 통상 관계당국의 모든 항행 및 감항성(airworthiness)에 관련한 지시와 요건을 준수하고, 자신의 고용원과 대리인이 동 지시와 요건을 준수하도록 하는 모든 합리적인 조치를 취하여야 하는 등의 의무를 진다. 동 사항은 앞서 설명한 보증(warranty)에 관한 것이며, 보험계약자가 보험의 혜택을 받기 위하여 충족하여야 하는 조건(condition)은 따로 있다.

보험약관은 적용배제사항(exclusion)도 포함하는바, 가령 전쟁위험, 불법목적을 위한 사용, 무자격 조종사에 의한 조종, 합의된 운항구역을 벗어난 비행, 무허가 착륙장 사용, 경주, 곡예비행 또는 비정상적인 위험을 수반하는 비행 등은 보험커버 대상에서 제외된다.

기체 관련 보험의 일종으로서 보증위반(breach of warranty) 보험이 있다. 이는 기체를 저당 잡은 저당권자 등이 기체 소유자 또는 운항자가 기체보험을 들었으나 보증에 관한 사항을 위반하여 보험커버 혜택을 받지 못하는 경우를 미연에 방지하기 위한 것으로서 보험자에게 추가보험료를 지불하고 보증을 위반한 상황이 발생하더라도 보험커버를 받을 수 있도록 하는 보험이다. 이러한 보험은 통상 기체 보험계약자의 보험약관에 담보권 등 기체에 대한 재산권을 가진 자(lien-holder)가 배서(endorse)함으로써 이루어지며 기체에 대한 재산권을 가진 자는 같은 보험계약자이긴 하나 커버받는 보험의 내용이 다르고, 자신의 재산보전에만 관심이 있다는 점에서 순수한 기체의 보험계약자와 다르다.

4.2. 승객에 대한 책임보험

항공운송자는 바르샤바 체제상 사고로 인하여 승객이 사상할 경우와 승객의 짐이 손상될 경우 배상할 책임이 있다. 승객의 사상과 관련한 보험은 승객이 탑승, 하강하는 과정과 비행기 선상에 있을 경우에 발생하는 사고를 커버하나 보험계약자가 원할 경우 커버범위를 넓힐 수 있다. 동 보험은 또한 항공운송의 지연에서 오는 승객피해를 커버하기도 한다.

동 보험은 보험계약자의 피고용원과 대리인의 과실에 따른 법적 책임을 커버하며 피고용원과 대리인이 고용업무 범주 내에서 행한 개인적 책임을 커버할 수도 있다.

보험자는 드물게 무제한 보험금 지급을 약정하기도 하나, 통상 사고당 보상상한액을 설정하는 방법을 취한다.

보험계약자는 보통의 경우 피고용원과 대리인이 고용업무로 행한 행위와 승무원 또는 기타 탑승 근무원의 법적 책임에 관한 보험을 승객에 대한 책임보험과는 별도로 들고 있다.

동 승객보험에서의 보험료는 보험계약자인 항공사가 일정금액을 보험자에게 예치한 후 실제 운송한 승객의 운송거리(revenue passenger miles flown)에 따라 추후 정산하는 방법으로 지불되기도 한다.

4.3. 제3자에 대한 책임보험

항공운송자는 운항 중 기체로부터 떨어지는 물체로 인하여 피해를 받는 지상 등의 제3자에게 보상책임을 져야 한다. 아울러 항공기 운항에 관련하여 항공기 이·착륙과정에서의 제트엔진 분사열에 의한 사고, 프로펠러 항공기의 프로펠러 날(blade)에 의한 사고 또는 공중 충돌로 인하여 제3자에 대한 피해가 유발될 가능성이 있으며 이러한 위험에 대한 보험이 제3자에 대한 책임보험이다.

동 보험은 기체 관련 보험 또는 승객에 대한 책임보험에서와 같이 통상의 보증(warranty), 적용 배제조항 및 조건을 약관에 기재하나 승객, 피고용원 또는 이들의 재산은 커버하지 않는다. 동 보험은 또한 충돌로 인한 것이 아닌 피해, 즉 소음, 진동, 굉음(sonic boom), 공해 및 전기방해 (electrical interference) 등으로 인한 피해를 커버하지 않는다.

항공기 소음 및 항공기에 의한 농약살포 등으로 인한 피해의 위험은 통상 별도의 보험으로 커버한다.

사고당 보험액 지불 상한이 있을 경우 통상 제3자에 대한 책임보험은 승객에 대한 책임보험과 함께 CSL(Combined Single Limit)이라고 불리는 보험으로 일괄 커버되면서 승객과 제3자 피해자를 합한 1인당 상한액 적용을 받는다.

4.4. 화물에 대한 책임보험

통상 항공표준 보험인 종합보험은 화물의 손실과 지연 또는 우편물의 손실을 커버하지 않기 때문에 이를 위하여서는 별도 또는 추가보험을 든다. 동 보험은 항공운송사인 보험계약자 또는 동 대리인이 발급한 항공송장에 명시된 바의 화물내용의 상태를 기준으로 하는 것이 통례이다.

화물보험은 승객보험과 같이 비행기에 싣거나 또는 비행기로부터 하강하거나 비행기 선상에서 운송 중인 때를 커버하며, 화물이 보험계약자인 항공운송사의 책임에 있는 기간 동안 확대 적용될 수 있다. 항공운송자는 바르샤바 체제상 화물의 손실과 지연에 대하여 일정한 금액을 보상하여야 하는데 동 보상액 지급에 대비하여 화물보험에 든다. 항공운송자의 화물보험과는 별도로 화주가 자신의 화물에 대하여 보험을 들 수 있는바, 이때 항공운송자가 가입한 보험약관의 종합보험(all risks) 항목을 적용하여 항공운송자에게 보험료를 내고 보험을 든다든지 또는 제3의 보험자를 통하여 보험을 들기도 한다.

바르샤바 체제와 1999년 몬트리올 협약은 화물운송에 있어서 항공운송자의 책임을 여객운송 시보다 가볍게 규정하였다.[13] 또한 바르샤바 협약 제26조와 몬트리올 협약 제31조가 화물의 손실과 지연을 일정한 기간 이내에 서면 통고하여야만 변상을 받을 수 있도록 규정하고 있는 것은 화물보험의 보상기회를 그만큼 감소시키는 것으로써 화물보험료를 하향 책정하는 요소로 작용한다.

4.5. 공항관리자 책임보험

공항 소유자 또는 운영자인 공항관리자는 거대한 공항을 운영하는 과정에서 각종 사고를 당할 위험을 안고 있다. 이러한 사고를 예시하면 다음과 같다.

- 공항 주차장에서의 차량 손상
- 공항건물 안에서 승객 또는 방문객의 부상
- 공항계류 항공기에 대하여 주유를 잘못(엉뚱한 기름 사용 등)하는 사고
- 공항 내에서 판매된 상한 음식을 복용한 데서 오는 식중독
- 잘못 표기된 공항 지상 표지판 때문에 일어나는 항공기 또는 승객의 피해

---

13) 바르샤바 협약 제20조 2항, 과테말라시티 의정서에 의하여 개정된 바르샤바 협약 제20조 2항 등이 화물운송 중 화물에 대한 피해가 발생하더라도 항공운송자가 면책받을 수 있는 사항을 규정함. 그러나 승객의 사상에 대해서는 여사한 사항이 적용되지 않음.

－활주로의 보수불량으로 인한 항공기 또는 승객의 피해

－공항지상 근무자의 부주의에 의한 짐 또는 화물의 손상

－공항소유자 또는 운영자의 감독이나 통제하에서 운영되는 수선·용역·유지시설에 의한 항공기 수선, 용역 또는 유지 작업이 불량하여 항공기에 끼친 손해

공항관리자(소유자 또는 운영자)는 위와 같이 공항에서 일어날 수 있는 제반 위험을 보험에 들 필요가 있다.

공항관리자는 공항이용자가 입는 피해나 상해에 대하여 가능한 한 책임을 회피하려고 하는 입장이나 영국은 '1977년 부당계약법'(Unfair Contract Terms Act 1977)을 제정하여 일반인을 보호하고 있다. 동법은 과실로 인한 사상의 사고가 발생하였을 경우 이를 업무상 책임대상에서 제외한다든지 또는 제한한다든지 하는 것을 내용으로 하여 동 내용을 계약형태 또는 고지사항(notice) 형태로 공고한다 할지라도 동 내용은 무효라고 규정하였다.[14] 이 법은 단, 사고가 경미한 분실이나 피해에 관한 사항일 경우 계약내용이나 고지사항이 합리성(reasonableness)의 요건을 충족할 경우 시설관리자의 책임을 제외 또는 제한할 수 있도록 하였다.[15]

공항관리자의 보험약관은 기본적으로 다음 3가지 사항을 커버하고 있다.

① 보험계약자인 공항관리자나 또는 동 피고용원의 과실이나 공항의 시설하자로 인하여 발생하는 타인에 대한 신체 상해 또는 재산 피해

② 공항관리자의 책임하에 공항구역에 계류 중이거나 공항관리자 또는 동 피고용원이 작업하고 있는 항공기에 대한 손실

③ 보험계약자인 공항관리자가 제작, 용역, 수선, 판매 또는 가공한 물건이 동인의 수중이나 관리에서 벗어난 후 타인이 소유, 이용 또는 소비하는 가운데 발생하는 신체 상해나 재산 피해

보험자와 별도로 합의하지 않는 한 통상 공항관리자의 보험내용은 관제탑의 운영과실에 따른 위험을 커버하지 않는다. 또한 에어쇼에 관련한 책임사항도 통상 별도의 보험에서 커버한다.

---

14) Margo의 저서 p.139.

15) 상동.

4.6. 승무원의 면허상실 보험

조종사 또는 기타 승무원은 자국의 민간항공당국으로부터 면허를 받아 업무에 종사한다. 그런데 동 면허 소지 승무원이 신체 상해나 질병으로 인하여 면허 소지요건을 상실함으로써 영원히 면허를 상실할 위험이 있다. 이러한 위험을 커버하기 위하여 면허상실 보험이 존재하는데, 동 보험은 승무원을 고용하는 항공사가 승무원에 대한 보수의 일환으로 대신 가입하여 주거나 그렇지 않을 경우 승무원이 개별적으로 보험에 가입한다.

면허를 상실하는 요건은 승무원이 신체적으로 면허활동을 하는 것이 영구히 부적합하기 때문에 면허발급기관이 동인의 면허를 영원히 박탈하는 것이다. 과거에는 승무원의 일시 면허정지를 보험대상으로 취급한 적도 있었으나 여러 부적합성이 발견되었기 때문에 오늘날에는 영구 면허상실 경우만을 런던 보험시장에서 취급하고 있다.[16]

승무원에 대한 면허상실 보험에서 통상 55세 이상 된 승무원은 질병을 커버받지 못하고 신체 상해만을 커버받는다.

여사한 종류의 보험약관은 보통 영구 면허 상실에 해당하는 승무원이 보험자로부터 일시금과 일정기간 동안 일정액을 정기적으로 지급받는 내용을 규정한다.

시카고 협약 부속서 1은 면허(Personnel Licensing)에 관한 사항을 규정하고 있는데 동 규정내용은 거의 모든 협약 당사국에서 시행되고 있다.

4.7. 개인 상해 및 생명 보험

개인 상해 및 생명보험은 보험의 대상인 상해 또는 생명 손실이 발생할 경우 일정한 금액을 지급하는 것으로써 보험용어로 '비보상보험'(non-indemnity insurance)에 해당한다. 이는 승무원 면허상실 보험에서와 같이 피보험자의 실제 피해액수에 관계없이 합의된 보험계약에 따라 일정한 보험액만을 지급하는 것이다.

그러나 통상의 개인 상해 및 생명보험은 승객이 적절한 면허를 받아 운항하는 상업 항공기를 이용하다가 당한 신체 사상이 아닌 한 항공여행 시 발생한 사고를 커버하지 않는다. 단, 이는 보험자와 상의하여 추가보험료를 지불할 경우 커버할 수 있다.

---

16) Margo는 런던 항공보험시장에서 1977년 이후 일시 면허정지 보험이 취급되지 않고 있으며, 그 이유는 보험자가 피보험자에게 보험금을 지급하는 경비가 과다하고, 피보험자인 면허 정지를 받은 승무원에 대한 고용주(항공사)의 혜택이 증가하였기 때문이라고 함. Margo의 저서 p.147 참조.

4.8. 전쟁 및 납치 보험

9・11사태가 발생하자마자 런던 항공보험사들은 미국 항공사들을 대상으로 한 전쟁보험을 2001.9.13.자로 전격 취소함과 동시에 제3자의 인명과 재산 피해를 위한 전쟁 보험액을 5천만 불로 하향 조정한다고 발표하여 미국 정부가 부득이 보험회사 역할을 하면서 개입하게 되었다. 보험사는 전쟁 보험료를 80내지 90%인상함과 동시에 전쟁 보험액 상한을 5천만불로 대폭 축소하였다. 이는 기존 전쟁 보험액인 15억불에 비하여 터무니없이 적은 액수로서 약 배로 인상된 보험료와 함께 미국 항공사들의 정상적인 운항을 사실상 중단시키는 조치였다. 이에 대해 미국 국회와 정부는 긴급조치의 일환으로 Terrorism Risk Insurance Act of 2002를 제정하여 보험금 지불로 역시 위기에 처한 보험회사들을 2005.12.31한 지원[17]하는 한편 사고발생 3주내에 Air Transportation Safety and System Stabilization Act를 제정하여 미 항공기에 대한 전쟁보험을 미국정부가 대신 들어주는 보험사 역할을 하였다. 또한 Homeland Security Act도 제정하여 기체와 승객 및 제 3자에 대한 책임보험을 확대하여 미 정부가 보험을 책임지는 조치를 수개월씩 계속 연장시켜 오고 있는데 최근 결정한 연장 적용기간은 2011.10.1부터 2012.9.30까지이다.[18]

1968.12.28. 이스라엘 폭격기의 베이루트공항 폭격 이후로 런던 보험시장은 보험의 적용배제 조항(exclusion)에 전쟁과 납치위험을 포함시켰다.[19] AVN 48B로도 알려져 있는 동 적용배제 조항은 항공기체 및 책임에 관한 보험에 예외 없이 적용되고 있는바, 그 내용은 다음과 같다.

① 전쟁, 침략, 적국의 행위, 적대행위(선전포고 여부에 관계없이), 내란, 반란, 혁명, 소요, 계엄, 군사적 또는 정권 찬탈 또는 동 시도
② 핵분열 또는 핵융합, 그리고 기타 방사선 물질을 사용한 전쟁무기를 적대적 의도로 폭발
③ 파업, 소동, 민간소요 또는 노동 분규
④ 주권국의 기관원 여부를 불문하고 정치적 또는 테러목적을 위하여 행한 1인 또는 다수인의 행위가 사고 또는 의도적인지를 가리지 않고 유발한 피해나 손실
⑤ 어떠한 악의적인 행동이나 사보타지
⑥ 민간, 군 또는 사실상 정부의 명령이나 공공 또는 지방 관헌의 명령에 의해 사용 또는 소유를 목적으로 한 압수, 국유화, 몰수, 억제, 억류 또는 징발

---

17) 동 법의 혜택을 받기 위하여서 당초 5백만불 이상의 손해가 발생하였어야 하나 2007.12.31까지 2년 연장 적용하는 Terrorism Risk Insurance Program Reauthorization Act에서는 5천만불, 2014.12.31까지 연장 적용하면서는 1억불로 손해액수를 상향 조정하였음(2005.11.16 방문 Wikipedia 내용)
18) 제5장 1. 4. 2 불법방해배상 협약 기술내용과 주석 참조.
19) Margo의 저서 p.164.

⑦ 보험계약자의 동의 없이 항공기 또는 동 승무원을 납치, 불법 억류하거나 항공기를 불법통
제 행사하든지 또는 이를 시도하는 행위

항공보험시장은 상기 7가지 적용배제 사항 중 추가보험료를 대가로 ③, ⑤ 및 ⑦을 기체보험
에 포함시키는 write back을 허용한다. 책임보험(기체 관련 보험이 아닌 각종 책임에 관한 보험)은
상기 적용배제 조항 중 ② 핵무기 폭발만은 제외하고는 write back을 허용하고 있다. 항공 및 전
쟁위험 보험자들은 국제적인 합의를 통하여 AVN 48B의 적용배제 조항 중 ②항의 write back을
허용하지 않는바, 그 이유는 핵무기 폭발에 의한 사고에 관련한 보상규모는 도무지 예측할 수
없는 어마어마한 것이기 때문이다.[20]

상기 적용배제 조항을 일부 또는 대부분 수용한 보험도 세계 5대 국가(영국, 미국, 불란서, 러
시아, 중국)가 개입한 전쟁은 예외로 하고 있는바, 이는 적용배제 조항을 수용한 보험이 발효하
였더라도 동 5대 국가 사이에 전쟁이 발발할 경우에는 전쟁에 관한 보험커버가 자동 중지되는
것을 말한다. 또한 동 적용배제 조항을 커버한 보험은 문제의 항공기가 어느 나라의 관헌이나
정부에 의하여 징발 또는 압류되었을 경우에도 보험커버가 정지될 수 있다.[21]

5. 재보험

보험자가 영세하거나 보험액이 거대하여 보험자가 모든 위험을 커버할 수 없을 경우에 보험자
는 통상 세계보험시장의 중심지인 런던 시장 등에서 재보험(reinsurance)을 들어 위험을 분산시킨다.
우리나라도 항공보험을 포함한 여러 대규모 보험은 국내보험회사가 직접 해외 보험시장에 재
보험하거나 '대한재보험공사'(Korean Re)에 재보험하고 있다.[22] 또 세계적인 재보험회사로서
Swiss Re와 Munich Re가 있다.
재보험은 원래의 보험자가 보험계약자의 위치에 서게 되고 일단 성립된 보험의 보험을 받아
주는 자가 재보험자(reinsurer)가 되어 보험료를 대가로 원래의 보험자, 즉 재보험계약자(insured)의
위험을 일부 책임지는 것이다.

---

20) 상동 p.166.

21) Shawcross, Ⅷ(84).

22) 대한재보험공사는 재보험받은 보험을 런던 로이드 보험시장에 또 한 차례 재보험함으로써 영세한 국내보험시장의 위험부담을 해외에 분산시키고 있
음. 국내항공보험회사는 인수가액의 98.95%를 해외 재보험에 의존하고 있다 함(최준선 저 국제항공운송법론 p.279 참조. 동인 저서는 우리나라의
항공보험역사도 간략 소개하고 있음).

재보험에 관해서는 원(原)보험에 적용되었던 이론들이 대부분 그대로 적용되나 재보험의 성격에서 나오는 몇 가지 사항만 다음과 같이 간략 설명한다.

원보험자는 자신이 부담할 위험부담(예를 들어 10%)을 제외하고 나머지 위험부담을 재보험하는데 이때 재보험으로 위험을 양도하지 않고 자신이 부담하는 위험을 '보유'(retention)위험이라고 한다. 재보험을 원보험자, 즉 재보험계약자(insured)에 대한 직접적인 손실(direct loss)을 보험하여 주는 것이 아니고 재보험계약자가 원보험자로서 부담하여야 할 잠재적인 책임을 부보하여 주는 것이다. 따라서 원보험계약은 재보험 성립의 전제조건이 되나 원보험에서의 보험계약자와 재보험에서의 보험자 사이에는 아무런 계약관계(contractual privity)가 존재하지 않는다.

재보험의 종류를 보면 보험의 어느 한 항목만을 정하여 재보험하는 '선택적'(facultative) 재보험과 일련의 또는 특정의 여러 위험을 총괄하여 재보험하는 '트리티'(treaty)가 있다. 트리티는 일반적으로 선택적 재보험보다 재보험 체결 절차가 용이하고 시간도 덜 소요된다. 양자의 중요한 차이는 트리티에서 재보험자는 원보험자가 커버한 위험을 그대로 양도받는 데 반하여 선택적 재보험은 원보험에서 커버된 위험사항 중 재보험자가 부담하고 싶지 않는 사항은 보험계약에서 제외시킬 수 있다는 점이다.

트리티는 다시 쿼터할당(quota share) 트리티와 잉여(surplus) 트리티로 구분된다. 전자는 전체 보험금액의 일정부분 또는 퍼센트를 재보험자가 커버하면서 원보험자가 받은 보험요율을 적용하여 재보험료를 지급받는 방법으로서 통상 재보험시장에 처음 소개되는 신종보험에 적용된다. 이와는 달리 널리 활용되는 잉여 트리티에서는 원보험자, 즉 재보험계약자(reinsured)가 일정한 액수까지의 보험금액을 넘지 않는 위험을 부담하고 동 한도를 넘는 금액의 위험에 대하여서는 재보험자가 부담하는 것이다.

트리티를 선택적으로 하는 선택적 트리티와 잉여 트리티는 항공기체와 화물의 보험에서 많이 이용되며 책임보험에 있어서는 초과 분실 트리티(excess of loss treaty)가 많이 이용된다. 초과 분실 트리티는 재보험자가 일정한 금액을 초과하여 특정 금액 이하까지만 책임지는 것이다. 여기에서 일정한 금액 이하는 재보험계약자가 책임을 진다. 이 방법은 보험금액의 상한을 여러 층으로 나눌 수 있고 동 층층마다에 해당하는 보험금액을 여러 재보험자가 담당할 수 있으므로 오늘날과 같이 고가의 항공보험을 커버하는 데 매우 편리하다. 초과 분실 트리티의 단순한 형태가 잉여 트리티이다.

공항, 소음, 환경

공항, 소음, 환경

1. 우리나라 실정

국내 항공소음 관련 법규로는 소음진동 규제법[1]과 항공법이 있다. 환경부 소관인 전자는 항공기 소음의 한도를 공항 인근 지역에서 80웨클(WECPNL), 그 밖의 지역의 항공기 소음 영향도를 75웨클로 규정하였다.[2] 국토해양부 소관인 항공법은 소음 피해지역을 지정·고시하고 소음피해방지대책을 수립하는 등의 규정을 포함하고 있다.[3] 또한 후자인 항공법은 제108조에서 항공기 소음기준을 설정하고 제107조에서 시·도지사가 대통령령이 정하는 바에 따라 공항소음피해 및 예상지역 안에서 시설물(주거용, 교육 및 의료시설, 공공시설, 기타 공장, 창고 및 운송시설 등)의 설치를 제한할 수 있도록 하였다. 그러나 우리나라의 설치 제한 기준이 되는 소음 정도는 선진국들에 비하여 높게 책정되어 있어 향후 개선이 요망된다.[4] 또 항공법 제109조는 소음발생 항공기에 대하여 소음 부담금을 부과·징수할 수 있도록 하였다.[5]

한편 항공기 소음 관련 국내 배상판례가 여러 건 발생하였는바, 매향리 사격장 관련 항공기 소음 소송,[6] 김포공항(민간공항) 관련 항공기 소음 소송,[7] 청주공항(군 공항) 관련 항공기 소음 소송,[8] 가장 최근인 2009년 6월 수원 비행장(군 공항) 관련 항공기 소음으로 인한 480억 원 배상판결[9]이 있었다.

---

1) 법률 제9770호, 2009.7.1. 시행.

2) 소음진동규제법 시행령(2009.2.13. 시행) 제9조(항공기 소음의 한도).

3) 항공법 시행령(2009.5.6. 시행) 제41조는 공항소음 피해지역 또는 예상지역을 소음 영향도에 따라 지정한 후 위치, 면적, 지형도를 관보에 고시하고, 5년마다 그 지점의 타당성을 검토하며, 1개월 이상 일반에게 공표하도록 규정하고 있다. 항공법 제107조는 국토해양부 장관이 항공기 소음 방지대책을 수립·시행하거나 사업시행자 또는 공항시설관리자에게 소음피해방지대책을 수립·시행하도록 하고 있다.

4) 한국 국내법상 소음대책은 95웨클 이상의 소음평가 시 관련 주민을 이주 보상하도록 하고 있으나 미국은 88웨클 이상, 네덜란드는 92웨클 이상, 일본은 90웨클 이상시 이주 보상하도록 하고 있음.

5) 항공법 시행규칙(2009.5.11. 시행) 제275조는 항공기 기종별 소음 등급을 1등급에서 6등급으로 구분하여 제1, 2, 3 등급의 항공기는 해당 항공기 착륙료의 30%에 해당하는 금액을, 제6등급은 15%에 해당하는 금액을 소음 부담금으로 부과·징수한다고 규정함.

6) 3심 대법원 2004.3.12. 판결(2002다14242)과 1심 2006.4.25.(2001가합48625) 판결 등 2건.

7) 대법원 2005.1.27. 판결(2003다49566).

8) 1심 2008.1.22. 판결(2004가합1065508) 후 항소 중.

항공기 소음으로 인한 공항 또는 사격장 인근 거주 주민의 피해 배상은 헌법과 일반 법률을 유추하여 국가나 공공기관을 상대로 배상을 청구할 수 있으나 구체적 법률이 없어 2009년 7월 정부 및 의원 입법이 여러 개 발의된 결과 2010년 공항소음방지 및 소음대책 지원에 관한 법률[10]이 제정되었다.

공항소음 방지 및 소음대책지역 지원에 관한 법률은 소음대책지역의 지정·고시 및 시설물의 설치 제한, 공항소음 방지 및 주민지원에 관한 중기계획의 수립, 공항소음 대책사업의 계획 수립, 소음저감운항 의무, 자동소음 측정망의 설치와 소음지역 내 건축물 이전 보상, 항공기 소음 등급의 설정, 소음 부담금의 부과·징수, 주민지원 사업의 종류 및 계획 수립 등을 그 내용으로 하고 있으며 공항소음의 방지와 소음대책지역 지원에 관하여 다른 법률에 우선하여 적용토록 하는 것을 특징으로 한다.

2. 국제동향: 배출규제

2012년 현재 약 1,000개의 정기항공사가 2만여 대의 항공기를 보유하고 있으며 세계 양대 항공기 제조사인 미국의 보잉사와 유럽의 에어버스사는 매년 신형 항공기를 다수 제작하여 시장에 공급하고 있다.

한편 국제사회는 환경에 관심을 갖고 특히 지구 온난화 현상을 초래하는 주범인 이산화탄소(CO_2) 등 온실가스(green house gas) 감소에 노력을 경주한 결과 1997년 교토 의정서[11]를 채택하여 선진국[12]들이 2008년에서 2012년의 5년 기간 중 온실가스 배출을 1990년 대비 평균 5.2% 감축하는 데 합의하였다. 그런데 이러한 온실 가스는 항공기에서 배출하는 양의 비중이 전체의 약 3%에 해당되어 무시할 수 없는 양이지만 교토 의정서는 국제항공운송 시 발생하는 온실가스 감축 주체가 모호, 즉 어느 나라가 감축의무를 져야 하는가에 논란의 소지가 있기 때문에 국제항행

---

9) 1심 서울중앙지법 민사합의 14부 임채웅 부장판사 2009.6.4. 판결. 수원비행장 인근 주민 3만 784명의 소음피해 배상 청구소송에서 피해가 인정된 3만 690명에게 5년간의 피해 480억을 배상하라는 원고 일부 승소 판결로서 재판부는 소음이 80웨클 이상이면 수인한도를 넘었다고 보아야 함을 판시하였음. 동 판결은 수원 비행장 소음 소송의 원고만 8만 명이 넘기 때문에 추가적인 국가배상이 예상되며 수원비행장 주변인 수원시와 화성시 주변 20여만 명이 2005년부터 30여 건의 소음소송을 서울 중앙지법과 수원지법에 제소하였으나 지금까지 소음피해를 인정받은 원고의 수가 적어 법원이 인정한 총 배상액이 소송별로 10억 원을 넘지 않은 것과 대비됨(2009.6.16.자 중앙일보 보도).

10) 법률 제10193호, 2010.9.23. 시행.

11) 1992년 기후변화 협약의 실천 의정서로서 1997.12.10. 일본 교토에서 채택. 미국의 참여 거부에도 불구하고 모든 선진국들과 러시아의 비준에 힘입어 2005년 발효된 6개 온실가스(CO2, N2O, CH4, HFCs, PFCs, SF6) 감축 규제 조약임. 1997년 채택 당시 OECD 회원국과 동구권 국가들에게 온실가스의 의무적인 감축량 할당을 하였지만 한국은 당시 OECD 회원국이었음에도 불구하고 감축대상국에서 제외되었음.

12) 교토 의정서의 모법이 되는 1992년 기후변화 협약의 Annex Ⅰ에 수록된 선진국 내지 동구권 국가들로서 유럽공동체(EC)를 포함하여 41개에 이름. 이 중 터키가 여타 국가의 양해하에 제외되고 미국과 호주는 불참을 선언하여 국제사회, 특히 유럽에서의 미국에 대한 인식이 악화되었음. 호주는 2007년 말 총선으로 정권교체가 된 후 감축의무를 지는 기후변화 협약체제에 복귀하였음.

선박이 배출하는 온실가스와 함께 감축대상에서 제외하였다. 그 대신 교토 의정서 제2조 2항은 온실가스 의무 감축대상인 선진국들이 온실가스규제를 위해 ICAO와 협력하도록 규정하면서 ICAO의 역할을 기대하였다.

그러나 ICAO는 교토 의정서의 기대에 부응하지 못한 채 배출가스 감축에 관한 노력을 소홀히 하다가 EU의 선도적 조치에 따른 압력을 감안하여 2007년 ICAO 제36차 총회 시에야 국제항공 기후변화 그룹(Group on International Aviation and Climate Change: GIACC)을 설치하면서 관심을 보이기 시작하였다. 이는 EU가 2002년 구주의회와 이사회 결정으로 제6차 환경행동계획(6th Environmental Action Plan)을 채택하면서 ICAO가 2002년 말까지 적절한 제안을 마련하지 않는 한 항공분야에서의 자체의 행동계획을 촉구한 것에 연유한 바 크다.

구체적으로 살펴보건대 제36차 ICAO 총회는 2009년 12월 코펜하겐 개최 기후변화 협약 총회에서 교토 의정서의 후속 조약이 체결될 가능성이 큰 데 대하여 또 국제해사기구(IMO)에서 국제항행선박을 대상으로 한 배출규제 작업이 순조로운 것에 자극을 받아 기후변화 문제를 다루기 위한 전문가 그룹인 GIACC를 설치[13]하면서 기후변화 문제에 뒤늦게 대처하는 움직임을 보였다.

이런 가운데 Annex I 국가 38개국(European Community, 터키, 미국이 제외된 숫자)을 대상으로 2012년까지 5년간 1990년 대비 평균 5.2%의 GHG 감축을 부과한 교토 의정서의 후속 조치 협상이 지구온난화 가스 최대 배출국인 미국의 입장 변경으로 탄력을 받게 되었다. 이는 2008년 초 미국 대통령으로 취임한 바락 오바마 신임 대통령이 기후변화 협약 협상에 적극 참여하겠다고 발표하면서 이전의 부시 행정부와 다른 입장을 표명하였고 그간 미국과 함께 교토 의정서에 불참하고 있던 호주가 2007년 말 총선으로 역시 정권이 변경된 후 신임 Rudd 수상이 전 정부에서 보이콧하였던 교토 의정서 비준을 최우선으로 취급하면서 교토 의정서 체제에 참여하였기 때문이다. 이에 따라 2009년 12월 덴마크 코펜하겐에서 개최된 제15차 기후변화 협약 당사국 총회 시 Post-Kyoto 국제규범이 탄생될 가능성이 커진 가운데 ICAO는 이에 대처하여 2009년 10월 기후변화에 관한 고위급회의[14]를 개최하였다.

상기 고위급회의는 GIACC가 2008년 2월부터 2009년 5월까지 4차에 걸친 회기를 개최하여 대충 합의한 미온적인 내용, 즉 2020년까지의 중기 계획으로 연 2%의 연료 효율화를 기하여 2005년 대비 2020년에 26%의 연비 개선을 도모하고, 2021년부터 2050년까지 역시 연 2%의 연비 개선을 희망적 목표(aspirational goal)로 하여 2005년 대비, 2050년에 총 60%의 누적적인 연비 개선을

---

13) 지역배분을 감안한 15개국의 중견 정부 관리로 구성되며 각기 전문가 1명을 대동하여 회의에 참가할 수 있는바, 이들 15개국(호주, 브라질, 캐나다, 중국, 프랑스, 독일, 인도, 일본, 멕시코, 나이지리아, 러시아, 사우디아라비아, 남아공, 스위스, 미국)의 구성원은 ICAO 이사회 의장의 초청에 의해 전문성을 바탕으로 임명되며 회의 시 국가를 대표하지 않음.

14) 캐나다 몬트리올에서 2009.10.7.~9. 개최된 High-Level Meeting on International Aviation and Climate Change.

도모[15]하는 작업을 하며 항공기 배출권 거래제 수립과정을 시작하겠다는 선언[16]을 채택한 것에 불과하다. 이는 선박의 국제항행에 있어서 배출 감축을 위해 큰 진전을 이루고 있는 국제해사기구(International Maritime Organization: IMO)의 대처 움직임과 크게 비교되는 것이다.[17]

EU 집행위(European Commission)는 2006년에 ICAO의 CAEP[18]와 역외 국가의 반대에도 불구하고 2011.1.1.부터 EU 역내 항공사를 대상으로, 2012.1.1.부터는 EU 출발·도착 모든 항공사에게 이산화탄소배출을 감축하는 법안을 제시하였다. 2004~2006년간 연평균 배출을 기준으로 하여 향후 배출이 이보다 낮아야 한다는 내용의 동 법안은 국제법상 문제가 있을 뿐 아니라 다음과 같은 문제도 있는 것이지만 EU는 Directive 2008/101/EC로 공식 채택하였다.[19]

- 2004~2006년 연평균 배출량을 100%로 하여 2012년 첫 실시연도에 이의 97%만을 배출하도록 각 항공사에 할당하는 것은 항공기의 연평균 배출증가량이 약 4%임을 감안할 때 무리
- 교토 의정서가 선진국의 배출감축의무를 부여하나 후진국은 제외하고 있는데 EU의 법안은 모든 국가의 항공사를 대상으로 하고 있기 때문에 교토 의정서의 내용과 상이.[20] 그렇다고 후진국 항공사는 제외시킬 경우 선진국 항공사의 경쟁력 저하 문제 발생
- EU를 착·발하는 역외 항공사에 대한 배출규제의 적용은 항공기 운항이 EU 상공, 공해 상공, 타국 상공에서 공히 이루어지고 있는 것을 감안할 때 어떤 기준으로 규제하느냐의 문제가 발생

국제적으로 큰 파장을 몰고 오는 EU의 항공기 배출규제에 관한 내용을 좀 더 상세히 살펴본다. 2008년에 공포된 EU의 Directive 2008/101/EC는 여타 산업분야에서 이미 시행 중인 지구온난화가스를 2005년부터 감축 규제하고 배출권 시장거래를 허용하는 Directive 2003/87/EC를 개정하여 항공기에서 배출되는 이산화탄소의 감축도 포함하면서 배출권 거래를 허용한 것이다.[21]

규제 내용을 살펴보건대,

---

15) 2009.6.1.자 GIACC Report, p.12.

16) ICAO Doc. HLM-ENV/09-WP/12, 10/9/09, Revision No. 2, Appendix A.

17) IMO는 조만간 선박의 국제항행에 있어서 기속적인 배출감축의무를 내용으로 하는 규정을 제정할 것으로 보이는바, 상세한 것은 IMO Doc MEPC 59/INF.10, 9 Apr. 2009, Second IMO GHG Study 2009, 49th Session of MEPC; IMO Doc MEPC60/INF. 9, 15 Jan. 2010, UN Climate Change Conference 2009, IMO submissions and activities, 60thSession of MEPC 참조.

18) 1983년에 ICAO이사회가 항공기소음위원회(Committee on Aircraft Nose)를 확대하여 설치한 항공환경보호위원회(Committee on Aviation Environmental Protection)

19) 상기 집행위 법안은 2008.7.8. EU의회의 제2 독회에서 EU 집행위와의 협의안으로서 찬성 640, 반대 30표로 채택되었음. 동 내용은 EU 집행위 안 중 EU 역내 항공사들에게는 2011.1.1.부터 1년 먼저 시행한다는 내용을 삭제한 채 2012.1.1.부터 역 내외 모든 항공사를 대상으로 실시하면서 이미 실시 중에 있는 EU의 배출권거래제도에 항공 배출부문을 포함시키는 한편, 신규 항공사의 진입을 위해 별도의 배출량을 비축하는 것도 내용으로 하고 있음. 동법 시행을 앞두고 국내항공사 등 유럽에 취항하는 항공사들은 대비 조치를 취하는 가운데 미국의 일부 항공사는 EU의 여사한 조치가 위법이라는 전제하에 영국 법원에 소송을 제기하였음. 동 건 상세한 것은 필자의 항공우주법학회지(2010년 6월 제25권 제1호) 투고 "구주연합의 항공기 배출규제조치의 국제법적 고찰" 참고.

20) 기후변화 협약과 교토 의정서는 공히 '공통의, 그러나 차별적인 책임'(common, but differentiated responsibilities)을 기후변화 문제 해결을 위한 주요 원칙으로 내세우고 있으며 이 원칙에 따라 기후변화 협약의 내용을 실천하는 교토 의정서는 선진국(협약의 Annex Ⅰ 국가들)에게만 제1차 공약기간 (2008~2011년, 5년간) 동안 온난화가스 감축의무를 부여하였음.

21) 2008/101/EC의 개정내용을 반영하여 Consolidated version of the EU ETS Directive 2003/87/EC가 있음.

첫째, 역사적 배출연도를 2004~2006년 3개년으로 정한 후, 동 기간 중 EU를 운항하는 모든 항공운항인의 항공운행 중 발생한 연평균 배출을 계산하고,[22]

둘째, 기준연도(reference year)를 2010년으로 정하여 2010년 중 전체 배출량 중 각 항공운송자별 비중을 결정하여 2012년 시행 제1차년도 배분에 반영하고,[23]

셋째, 역사적 배출연도 중 연평균 전체 배출량에 2010년 중 전체 배출량 중 항공운항자별 비중을 곱한 각 운항자의 배출량을 100%로 한 후,

넷째, 2012년 제1차 시행연도에 각 운항자의 허용 배출량을 97%로 하고,[24] 2013년부터 별도 조치가 없는 한 매년 95%로 한다.[25]

운항실적이 크지 않은 항공운항자에 대하여서는 적용을 배제하는 EU의 Directive는 다음 항공활동 중의 이산화탄소 배출을 규제대상으로 한다고 명시하고 있다.

> 항공활동: [EU]조약이 적용되는 회원국의 영토에 위치한 비행장을 출발하거나 동 비행장에 도착하는 비행(Aviation activities: flights which depart from or arrive in an aerodrome situated in the territory of a Member State to which the Treaty applies)[26]

현재 근 4,000개의 운항자가 항공운항을 하고 있는 EU에서 각 EU 회원국은 자국 등록 항공운항자는 물론 자국에 가장 많은 운항을 하는 역외 항공운항자를 감시할 목적으로 관리 회원국(Administering Member State) 지정을 받는다.[27] 이에 따라 대한항공과 아시아나는 독일을 관리회원국으로 지정받았다.[28]

역사적 배출연도의 실적은 유효 톤킬로미터(Revenue/tonne/km)로 계산하여 승객과 화물의 운송실적을 계산하는데 승객운송의 하중을 별도로 계산하지 않는 한 승객당 100kg를 곱하여 계산한다.[29]

EU 배출 감축조치의 가장 큰 파장은 항공운송실적이 연 약 5% 증가하고 있기 때문에 역사적

---

22) 상동 제3조 (S).

23) 상동 3d3.

24) 상동 3c1.

25) 상동 3c2.

26) 상동 3b와 Annex Ⅰ.

27) 상동 18a1.

28) 각 항공운항자별 관리회원국의 명단은 Commission Regulation(EC) No 748/2009 on 22/08/2009 in the Official Journal of the European Union로 발표되었음.

29) 상동 Annex Ⅳ.

배출연도(단순히 중간연도인 2005년을 기준으로 할 경우)에서 첫 시행연도인 2012년까지 7년간 단순 계산으로만 35% 증가가 있었고, 따라서 이산화탄소 배출도 상당한 증가를 하였을 터이지만 2012년에 역사적 배출 중간연도인 2005년 대비 3%의 배출 감축을 하여야 하는 것이다.[30] 이는 EU에 운항하는 항공사로서는 큰 부담이 아닐 수 없다. EU Directive는 시장요소를 반영하여 배출 감축목표를 달성하지 못한 항공운항자에 대하여 2012년 첫해에 15%까지는 배출권 시장에서 배출권을 구입하여 충당하도록 하였는데, 이 15%는 배출을 초과 달성하여 초과분을 매도할 수 있는 상한으로도 작용한다.[31] 2013년부터 15%는 증가될 수 있다.[32] 그런데 감축의 무량을 충족하지 못한 운항자는 톤당 100유로의 벌금을 내고 다음 연도에 부족한 만큼을 달성하여야 한다.[33]

교토 의정서가 의무 감축을 부여하는 기간은 2008~2012년 5년간이지만 항공기 배출에 관한 상기 EU Directive는 2012년부터 계속 적용하는 것으로 하되 단, 2014년 12월 1일까지 그간의 실시 경험과 감시내용 등을 감안하여 EU 집행위가 별도의 제안을 할 수 있게 하였다.[34] 이상과 같은 EU의 항공기 배출규제에 대하여 국제사회는 반발하였다. 먼저 미국은 미국항공운송연합(Air Transport Association of America인 ATA에서 최근 Airlines for America인 A4A로 명칭을 변경)이 미국의 3개 회원사(어메리칸, 컨티넨탈, 유나이트 항공)와 함께 2009년 12월 영국 행정법원에 EU Directive 2008/101의 적법성을 따지는 소송을 제기하였다.[35] 영국 법원은 사건을 EU재판소(과거 ECJ에서 CJEU로 변경. 주석 참조)로 이송하는 결정을 하였다.[36] 중국, 인도, 러시아 등 주요 국가도 EU의 조치에 반발하면서 중국은 에어버스 구입을 보류하는 한편 자국 항공사들에게 EU 조치를 이행하지 말도록 지시하였고, 러시아는 EU 항공기들에 대하여 자국의 일부 영공 통과를 거부하였으며, 미국 국회는 동 EU의 Directive 이행을 거부하는 법안을 추진하는 상황이 되었다.

이러한 가운데 CJEU가 2011.12.21. 내어놓은 2008/101의 적법성에 관한 판결내용은 EU가 시카

---

30) ICAO는 2001~2008년간 정기 민간항공이 매년 평균 4% 증가하였다고 발표(ICAO Doc 9916 – Annual Report of the Council 2008)하였고, 유럽의 민간협회는 2000~2007년간 승객증가율이 연 5.3%라고 발표(European Federation for TRANSPORT and ENVIRONMENT, *Climate impact of aviation greater than IPCC report*, News Bulletin, 18 May 2009)하여 옴. EU의 2005년 자체 보고서(Commission of the European Communities, *Communication from the Commission to the Council, the European Parliament, the European Economic and Social Committee and the Committee of the Regions Reducing the Climate Change Impact of Aviation*, COM(2005)459 Final, Brussels, 27.9.2005)는 EU의 1990년부터 2003년 사이 항공기 배출 연 증가율을 4.3%로 계산하였음.

31) 전게 주 21), 3d1.

32) 상동 3d2.

33) 상동 16.3.

34) 상동 25a20.

35) EU의 법령에 대한 이의 제기는 먼저 EU 회원국에서 소를 제기한 후 유럽재판소(European Court of Justice라는 명칭이 2009.12.1부터 Court of Justice of the European Union으로 변경)에 송부되어 올 경우 동 재판소가 처리하게 되어 있음. 영국 법원에 제소한 것은 2008/101의 법률이 여러 외국 항공사들의 관리국으로 EU의 회원국을 지정하였는데 미국 항공사들의 관리국으로는 영국을 지정하였기 때문임.

36) 영국 법원은 2010.7.22. 동 사건 Case C – 366/10, The Air Transport Association of America, American Airlines, Inc., Continental Airlines, Inc., United Airlines, Inc. v. the Secretary of State for Energy and Climate Change, 2010 O.J. C – 260/12을 CJEU에 이송하는 허가를 하였음.

고 협약의 당사국이 아니기 때문에 시카고 협약의 적용을 받을 필요가 없다면서 2008/101이 적법하다는 매우 설득력이 떨어지는 내용이었는바, 이는 법원 판결보다는 정치적 선언에 가까운 것으로 보인다.[37] EU의 규제조치가 강행될 경우 현재 29개국 정부가 항공협정의 재고, EU항공사들에 대한 세금 부과 등으로 보복조치를 취한다고 알려진 가운데 ICAO는 문제해결을 위하여 최근 11개 ICAO 회원국과 IATA 등 이해관계자들을 구성원으로 한 *Ad Hoc* Group을 설치하여 2012년 말까지 제안서를 작성한 후 2013년 10월 개최 제38차 ICAO 총회에서 결정한다는 것으로 알려져 있다.[38]

한편 교토 의정서의 후속 조약이 채택될 것으로 기대를 모았던 2009년 12월 코펜하겐 개최 기후변화 협약 총회는 실패[39]로 끝났는바, EU는 여사한 국제동향을 예견이라도 한 것처럼 Directive 2008/101을 강력히 추진한 결과 2012년 현재 실시 중에 있으나 실시 첫해 연도인 2012년 결과는 2013년 상반기에 집행조치를 취할 것이기 때문에 이때까지는 정치적 타결이 가능하다.

---

37) EU의 항공기 배출규제에 관련한 EU Directive 2008/101과 관련한 CJEU의 판결내용 분석은 B Havel & J Mulligan, The Triumph of Politics: Reflections on the Judgment of the Court of Justice of the European Union Validating the Inclusion of Non-EU Airlines in the Emissions Trading Scheme, Air and Space Law, Vol.37(2012), Issue 1, pp.3-33 참조.

38) AWST 2012.6.18자 30-32쪽.

39) 그런데 2009년 코펜하겐 개최 제15차 기후변화 협약 총회와 2010년 멕시코 칸쿤 개최 제16차 총회에서는 개도국 지원을 위한 기금조성에만 합의하고 협약의 핵심인 교토 의정서 후속 조치 채택에는 실패하여 국제기후체제가 파국의 길로 나가고 있었음. 시간 간극이 없이 교토 의정서를 바로 이어받는 조약의 채택에는 실패하였지만 2011년 말 남아공 더반 개최 기후변화 협약의 제17차 당사국 총회는 다음 3개의 핵심내용에 합의하였음.
 ① 2012년 말로 종료되는 교토 의정서의 2017년 또는 2020년까지 연장
 ② 2020년부터 선진국뿐만 아니라 개도국에게도 적용되는 새로운 법적 감축체제의 출범을 위한 '더반 플랫폼'(Durban Platform) 협상의 개시
 ③ 매년 1,000억 불 규모의 개도국 재정지원을 위한 새로운 재정기구인 '녹색기후기금'(Green Climate Fund)의 이사회 및 사무국 설치
 상기 3개의 합의 중 ①과 관련하여 유럽연합(EU)을 제외하고 다른 주요 선진국들이 2013년부터 제2차 공약기간에 참여할지는 상금 불확실함(최원기, 기후변화와 녹색성장 국제협력, 2012년 4월 발간 "외교" 101호, 62-64쪽).

국제항공사법

국내법 상법 중 제6편 항공운송

국제항공사법

국제항공사법 4개 조약문의 조문별 비교

- 1929년 바르샤바 협약
- 1955년 헤이그 의정서
- 1971년 과테말라 의정서
- 1975년 몬트리올 추가의정서

WARSAW CONVENTION (1929)

CONVENTION FOR THE UNIFICATION OF CERTAIN RULES RELATING TO INTERNATIONAL TRANSPORTATION BY AIR*

The President of the German Reich, the Federal President of the Republic of Austria, His Majesty the King of the Belgians, the President of the United States of Brazil, His Majesty the King of the Bulgarians, the President of the Nationalist Government of China, His Majesty the King of Denmark and Iceland, His Majesty the King of Egypt, His Majesty the King of Spain, the Chief of State of the Republic of Estonia, the President of the Republic of Finland, the President of the French Republic, His Majesty the King of Great Britain, Ireland, and the British Dominions beyond the Seas, Emperor of India, the President of the Hellenic Republic, His Most Serene Highness the Regent of the Kingdom of Hungary, His Majesty the King of Italy, His Majesty the Emperor of Japan, the President of the Republic of Latvia, Her Royal Highness the Grand Duchess of Luxemburg, the President of the United Mexican States, His Majesty the King of Norway, Her Majesty the Queen of the Netherlands, the President of the Republic of Poland, His Majesty the King of Rumania, His Majesty the King of Sweden, the Swiss Federal Council, the President of the Czechoslovak Republic, the Central Executive Committee of the Union of Soviet Socialist Republics, the President of the United States of Venezuela, His Majesty the King of Yugoslavia:

Having recognized the advantage of regulating in a uniform manner the conditions of international transportation by air in respect of the documents used for such transportation and of the liability of the carrier,

Have nominated to this end their respective Plenipotentiaries, who, being thereto duly authorized, have concluded and signed the following convention:

CHAPTER I

Scope — Definitions

Article 1

1. This convention shall apply to all international transportation of persons, baggage, or goods performed by aircraft for hire. It shall apply equally to gratuitous transportation by aircraft performed by an air transportation enterprise.

2. For the purposes of this convention the expression "international transportation" shall mean any transportation in which, according to the contract made by the parties, the place of departure and the place of destination, whether or not there be a break in the transportation or a transshipment, are situated either within the territories of two High

* *The French text is the only authoritative text. The translation presented here is that followed by the United States. [49 Stat. 3000; T.S: 876]*

THE HAGUE PROTOCOL (1955)

PROTOCOL TO AMEND THE CONVENTION FOR THE UNIFICATION OF CERTAIN RULES RELATING TO INTERNATIONAL CARRIAGE BY AIR SIGNED AT WARSAW ON 12 OCTOBER 1929*

THE GOVERNMENTS UNDERSIGNED

CONSIDERING that it is desirable to amend the Convention for the Unification of Certain Rules Relating to International Carriage by Air signed at Warsaw on 12 October 1929,

HAVE AGREED as follows:

CHAPTER I

Amendments to the Convention

Article I

In Article 1 of the Convention —
a) paragraph 2 shall be deleted and replaced by the following:
"2. For the purposes of this Convention, the expression *international carriage* means any carriage in which, according to the agreement between the parties, the place of departure and the place of destination, whether or not there be a break in the carriage or a transhipment, are situated either within the territories of two High Contracting Parties or within the territory of a single High Contracting Party if there is an agreed stopping place within the

* ICAO Doc. 7632

Contracting Parties, or within the territory of a single High Contracting Party, if there is an agreed stopping place within a territory subject to the sovereignty, suzerainty, mandate or authority of another power, even though that power is not a party to this convention. Transportation without such an agreed stopping place between territories subject to the sovereignty, suzerainty, mandate, or authority of the same High Contracting Party shall not be deemed to be international for the purposes of this convention.

3.   Transportation to be performed by several successive air carriers shall be deemed, for the purposes of this convention, to be one undivided transportation, if it has been regarded by the parties as a single operation, whether it has been agreed upon under the form of a single contract or of a series of contracts, and it shall not lose its international character merely because one contract or a series of contracts is to be performed entirely within a territory subject to the sovereignty, suzerainty, mandate, or authority of the same High Contracting Party.

Article 2

1.   This convention shall apply to transportation performed by the state or by legal entities constituted under public law provided it falls within the conditions laid down in Article 1.

2.   This convention shall not apply to transportation performed under the terms of any international postal convention.

CHAPTER II

SECTION I — Passenger Ticket

Article 3

1.   For the transportation of passengers the carrier must deliver a passenger ticket which shall contain the following particulars:
   a) the place and date of issue;
   b) the place of departure and of destination;
   c) the agreed stopping places, provided that the carrier may reserve the right to alter the stopping places in case of necessity, and that if he exercises that right, the alteration shall not have the effect of depriving the transportation of its international character;
   d) the name and address of the carrier or carriers;

territory of another State, even if that State is not a High Contracting Party. Carriage between two points within the territory of a single High Contracting Party without an agreed stopping place within the territory of another State is not international carriage for the purposes of this Convention."

b)   paragraph 3 shall be deleted and replaced by the following:
"3.   Carriage to be performed by several successive air carriers is deemed, for the purposes of this Convention, to be one undivided carriage if it has been regarded by the parties as a single operation, whether it had been agreed upon under the form of a single contract or of a series of contracts, and it does not lose its international character merely because one contract or a series of contracts is to be performed entirely within the territory of the same State."

Article II

In Article 2 of the Convention paragraph 2 shall be deleted and replaced by the following:
"2.   This Convention shall not apply to carriage of mail and postal packages."

Article III

In Article 3 of the Convention —
a)   paragraph 1 shall be deleted and replaced by the following:
"1.   In respect of the carriage of passengers a ticket shall be delivered containing:
   a)   an indication of the places of departure and destination;
   b)   if the places of departure and destination are within the territory of a single High Contracting Party, one or more agreed stopping places being within the territory of another State, an indication of at least one such stopping place;
   c)   a notice to the effect that, if the

GUATEMALA CITY PROTOCOL (1971)   MONTREAL PROTOCOL No. 4 (1975)

Article II

In Article 2 of the Convention —
paragraph 2 shall be deleted and replaced by the following:
"2.   In the carriage of postal items the carrier shall be liable only to the relevant postal administration in accordance with the rules applicable to the relationship between the carriers and the postal administrations.
3.   Except as provided in paragraph 2 of this Article, the provisions of this Convention shall not apply to the carriage of postal items."

Article II

Article 3 of the Convention shall be deleted and replaced by the following:

"Article 3

1.   In respect of the carriage of passengers an individual or collective document of carriage shall be delivered containing:
    a) an indication of the places of departure and destination:
    b) if the places of departure and destination are within the territory of a single High Contracting Party, one or more agreed

WARSAW CONVENTION (1929)

e) a statement that the transportation is subject to the rules relating to liability established by this convention.

2. The absence, irregularity, or loss of the passenger ticket shall not affect the existence or the validity of the contract of transportation, which shall none the less be subject to the rules of this convention. Nevertheless, if the carrier accepts a passenger without a passenger ticket having been delivered he shall not be entitled to avail himself of those provisions of this convention which exclude or limit his liability.

SECTION II — Baggage Check

Article 4

1. For the transportation of baggage, other than small personal objects of which the passenger takes charge himself, the carrier must deliver a baggage check.

2. The baggage check shall be made out in duplicate, one part for the passenger and the other part for the carrier.

3. The baggage check shall contain the following particulars:

a) the place and date of issue;
b) the place of departure and of destination;
c) the name and address of the carrier or carriers;
d) the number of the passenger ticket;
e) a statement that delivery of the baggage will be made to the bearer of the baggage check;
f) the number and weight of the packages;
g) the amount of the value declared in accordance with Article 22 (2);
h) a statement that the transportation is subject to the rules relating to liability established by this convention.

4. The absence, irregularity, or loss of the baggage check shall not affect the existence of the validity of the contract of transportation which shall none the less be subject to the rules of this convention. Nevertheless, if the carrier accepts baggage without a baggage check having been delivered, or if the baggage check does not contain the particulars set out at d), f) and h) above, the carrier shall not be entitled to avail himself of those

THE HAGUE PROTOCOL (1955)

passenger's journey involves an ultimate destination or stop in a country other than the country of departure, the Warsaw Convention may be applicable and that the Convention governs and in most cases limits the liability of carriers for death or personal injury and in respect of loss of or damage to baggage."

b) paragraph 2 shall be deleted and replaced by the following:

"2. The passenger ticket shall constitute *prima facie* evidence of the conclusion and conditions of the contract of carriage. The absence, irregularity or loss of the passenger ticket does not affect the existence or the validity of the contract of carriage which shall, none the less, be subject to the rules of this Convention. Nevertheless, if, with the consent of the carrier, the passenger embarks without a passenger ticket having been delivered, or if the ticket does not include the notice required by paragraph 1 c) of this Article, the carrier shall not be entitled to avail himself of the provisions of Article 22."

Article IV

In Article 4 of the Convention —

a) paragraphs 1, 2 and 3 shall be deleted and replaced by the following:

"1. In respect of the carriage of registered baggage, a baggage check shall be delivered, which, unless combined with or incorporated in a passenger ticket which complies with the provisions of Article 3, paragraph 1, shall contain:

a) an indication of the places of departure and destination;
b) if the places of departure and destination are within the territory of a single High Contracting Party, one or more agreed stopping places being within the territory of another State, an indication of at least one such stopping place;
c) a notice to the effect that; if the carriage involves an ultimate destination or stop in a country other than the country of departure, the Warsaw Convention may be applicable and that the Convention governs and in most cases limits the liability of carriers in respect of loss of or damage to baggage."

b) paragraph 4 shall be deleted and replaced by the following:

"2. The baggage check shall constitute *prima facie* evidence of the registration of the baggage and of the conditions of the contract of carriage. The absence, irregularity or loss of the baggage check does not affect the existence or the validity of the contract of carriage which shall, none the less,

stopping places being within the territory
of another State, an indication of at least
one such stopping place.

2.   Any other means which would preserve a
record of the information indicated in a) and b) of
the foregoing paragraph may be substituted for the
delivery of the document referred to in that
paragraph.

3.   Non-compliance with the provisions of the
foregoing paragraphs shall not affect the existence
or the validity of the contract of carriage, which
shall, none the less, be subject to the rules of this
Convention including those relating to limitation of
liability."

Article III

Article 4 of the Convention shall be deleted
and replaced by the following:

"Article 4

1.   In respect of the carriage of checked baggage,
a baggage check shall be delivered, which, unless
combined with or incorporated in a document of
carriage which complies with the provisions of
Article 3, paragraph 1, shall contain:

    a) an indication of the places of departure
and destination;

    b) if the places of departure and destination
are within the territory of a single High
Contracting Party, one or more agreed
stopping places being within the territory
of another State, an indication of at least
one such stopping place.

2.   Any other means which would preserve a
record of the information indicated in a) and b) of
the foregoing paragraph may be substituted for the
delivery of the baggage check referred to in that
paragraph.

3.   Non-compliance with the provisions of the
foregoing paragraphs shall not affect the existence
or the validity of the contract of carriage, which
shall, none the less, be subject to the rules of this
Convention including those relating to limitation of
liability."

WARSAW CONVENTION (1929)

provisions of the convention which exclude or limit his liability.

SECTION III — Air Waybill

Article 5

1. Every carrier of goods has the right to require the consignor to make out and hand over to him a document called an "air waybill"; every consignor has the right to require the carrier to accept this document.
2. The absence, irregularity, or loss of this document shall not affect the existence or the validity of the contract of transportation which shall, subject to the provisions of Article 9, be none the less governed by the rules of this convention.

Article 6

1. The air waybill shall be made out by the consignor in three original parts and be handed over with the goods.
2. The first part shall be marked "for the carrier", and shall be signed by the consignor. The second part shall be marked "for the consignee"; it shall be signed by the consignor and by the carrier and shall accompany the goods. The third part shall be signed by the carrier and handed by him to the consignor after the goods have been accepted.
3. The carrier shall sign on acceptance of the goods.
4. The signature of the carrier may be stamped; that of the consignor may be printed or stamped.
5. If, at the request of the consignor, the carrier

THE HAGUE PROTOCOL (1955)

be subject to the rules of this Convention. Nevertheless, if the carrier takes charge of the baggage without a baggage check having been delivered or if the baggage check (unless combined with or incorporated in the passenger ticket which complies with the provisions of Article 3, paragraph 1 c)) does not include the notice required by paragraph 1 c) of this Article, he shall not be entitled to avail himself of the provisions of Article 22, paragraph 2."

Article V

In Article 6 of the Convention paragraph 3 shall be deleted and replaced by the following:
"3. The carrier shall sign prior to the loading of the cargo on board the aircraft.".

GUATEMALA CITY PROTOCOL (1971)   MONTREAL PROTOCOL No. 4 (1975)

Article 7

When there is more than one package:

- a) the carrier of cargo has the right to require the consignor to make out separate air waybills;
- b) the consignor has the right to require the carrier to deliver separate receipts when the other means referred to in paragraph 2 of Article 5 are used.

Article 8

The air waybill and the receipt for the cargo shall contain:

- a) an indication of the places of departure and destination;
- b) if the places of departure and destination are within the territory of a single High Contracting Party, one or more agreed stopping places being within the territory of another State, an indication of at least one such stopping place; and
- c) an indication of the weight of the consignment.

Article 6

1.   The air waybill shall be made out by the consignor in three original parts.
2.   The first part shall be marked "for the carrier"; it shall be signed by the consignor. The second part shall be marked "for the consignee"; it shall be signed by the consignor and by the carrier. The third part shall be signed by the carrier and handed by him to the consignor after the cargo has been accepted.
3.   The signature of the carrier and that of the consignor may be printed or stamped.
4.   If, at the request of the consignor, the carrier makes out the air waybill, he shall be deemed, subject to proof to the contrary, to have done so on behalf of the consignor.

makes out the air waybill. he shall be deemed. subject to proof to the contrary. to have done so on behalf of the consignor.

Article 7

The carrier of goods has the right to require the consignor to make out separate waybills when there is more than one package.

Article 8

The air waybill shall contain the following particulars:

a) the place and date of its execution:

b) the place of departure and of destination:

c) the agreed stopping places. provided that the carrier may reserve the right to alter the stopping places in case of necessity. and that, if he exercises that right the alteration shall not have the effect of depriving the transportation of its international character:

d) the name and address of the consignor:

e) the name and address of the first carrier:

f) the name and address of the consignee. if the case so requires:

g) the nature of the goods:

h) the number of packages. the method of packing. and the particular marks or numbers upon them:

i) the weight. the quantity. the volume. or dimensions of the goods:

j) the apparent condition of the goods and of the packing:

k) the freight. if it has been agreed upon. the date and place of payment. and the person who is to pay it:

l) if the goods are sent for payment on delivery. the price of the goods, and, if the case so requires. the amount of the expenses incurred:

m) the amount of the value declared in accordance with Article 22 (2):

n) the number of parts of the air waybill:

o) the documents handed to the carrier to accompany the air waybill:

p) the time fixed for the completion of the transportation and a brief note of the route to be followed. if these matters have been agreed upon:

q) a statement that the transportation is subject to the rules relating to liability established by this convention.

Article VI

Article 8 of the Convention shall be deleted and replaced by the following:

"The air waybill shall contain:

a) an indication of the places of departure and destination:

b) if the places of departure and destination are within the territory of a single High Contracting Party. one or more agreed stopping places being within the territory of another State. an indication of at least one such stopping place:

c) a notice to the consignor to the effect that. if the carriage involves an ultimate destination or stop in a country other than the country of departure. the Warsaw Convention may be applicable and that the Convention governs and in most cases limits the liability of carriers in respect of loss of or damage to cargo."

WARSAW CONVENTION (1929)

Article 9

If the carrier accepts goods without an air waybill having been made out, or if the air waybill does not contain all the particulars set out in Article 8 a) to i), inclusive, and q) the carrier shall not be entitled to avail himself of the provisions of this convention which exclude or limit his liability.

Article 10

1. The consignor shall be responsible for the correctness of the particulars and statements relating to the goods which he inserts in the air waybill.

2. The consignor shall be liable for all damages suffered by the carrier or any other person by reason of the irregularity, incorrectness or incompleteness of the said particulars and statements.

Article 11

1. The air waybill shall be *prima facie* evidence of the conclusion of the contract, of the receipt of the goods and of the conditions of transportation.

2. The statements in the air waybill relating to the weight, dimensions, and packing of the goods, as well as those relating to the number of packages, shall be *prima facie* evidence of the facts stated: those relating to the quantity, volume, and condition of the goods shall not constitute evidence against the carrier except so far as they both have been, and are stated in the air waybill to have been, checked by him in the presence of the consignor, or relate to the apparent condition of the goods.

Article 12

1. Subject to his liability to carry out all his obligations under the contract of transportation, the consignor shall have the right to dispose of the

THE HAGUE PROTOCOL (1955)

Article VII

Article 9 of the Convention shall be deleted and replaced by the following:
"If, with the consent of the carrier, cargo is loaded on board the aircraft without an air waybill having been made out, or if the air waybill does not include the notice required by Article 8, paragraph c) the carrier shall not be entitled to avail himself of the provisions of Article 22, paragraph 2."

Article VIII

In Article 10 of the Convention —
paragraph 2 shall be deleted and replaced by the following:
"2. The consignor shall indemnify the carrier against all damage suffered by him, or by any other person to whom the carrier is liable, by reason of the irregularity, incorrectness or incompleteness of the particulars and statements furnished by the consignor."

Article 9

Non-compliance with the provisions of Articles 5 to 8 shall not affect the existence or the validity of the contract of carriage, which shall, none the less, be subject to the rules of this Convention including those relating to limitation of liability.

Article 10

1.   The consignor is responsible for the correctness of the particulars and statements relating to the cargo inserted by him or on his behalf in the air waybill or furnished by him or on his behalf to the carrier for insertion in the receipt for the cargo or for insertion in the record preserved by the other means referred to in paragraph 2 of Article 5.

2.   The consignor shall indemnify the carrier against all damage suffered by him, or by any other person to whom the carrier is liable, by reason of the irregularity, incorrectness or incompleteness of the particulars and statements furnished by the consignor or on his behalf.

3.   Subject to the provisions of paragraphs 1 and 2 of this Article, the carrier shall indemnify the consignor against all damage suffered by him, or by any other person to whom the consignor is liable, by reason of the irregularity, incorrectness or incompleteness of the particulars and statements inserted by the carrier or on his behalf in the receipt for the cargo or in the record preserved by the other means referred to in paragraph 2 of Article 5.

Article 11

1.   The air waybill or the receipt for the cargo is *prima facie* evidence of the conclusion of the contract, of the acceptance of the cargo and of the conditions of carriage mentioned therein.

2.   Any statements in the air waybill or the receipt for the cargo relating to the weight, dimensions and packing of the cargo, as well as those relating to the number of packages, are *prima facie* evidence of the facts stated; those relating to the quantity, volume and condition of the cargo do not constitute evidence against the carrier except so far as they both have been, and are stated in the air waybill to have been, checked by him in the presence of the consignor, or relate to the apparent condition of the cargo.

Article 12

1.   Subject to his liability to carry out all his obligations under the contract of carriage, the consignor has the right to dispose of the cargo by

goods by withdrawing them at the airport of departure or destination, or by stopping them in the course of the journey on any landing, or by calling for them to be delivered at the place of destination or in the course of the journey to a person other than the consignee named in the air waybill, or by requiring them to be returned to the airport of departure. He must not exercise this right of disposition in such a way as to prejudice the carrier or other consignors, and he must repay any expenses occasioned by the exercise of this right.

2.   If it is impossible to carry out the orders of the consignor the carrier must so inform him forthwith.

3.   If the carrier obeys the orders of the consignor for the disposition of the goods without requiring the production of the part of the air waybill delivered to the latter, he will be liable, without prejudice to his right of recovery from the consignor, for any damage which may be caused thereby to any person who is lawfully in possession of that part of the air waybill.

4.   The right conferred on the consignor shall cease at the moment when that of the consignee begins in accordance with Article 13, below. Nevertheless, if the consignee declines to accept the waybill or the goods, or if he cannot be communicated with, the consignor shall resume his right of disposition.

Article 13

1.   Except in the circumstances set out in the preceding Article, the consignee shall be entitled, on arrival of the goods at the place of destination, to require the carrier to hand over to him the air waybill and to deliver the goods to him, on payment of the charges due and on complying with the conditions of transportation set out in the air waybill.

2.   Unless it is otherwise agreed, it shall be the duty of the carrier to give notice to the consignee as soon as the goods arrive.

3.   If the carrier admits the loss of the goods, or if the goods have not arrived at the expiration of seven days after the date on which they ought to have arrived, the consignee shall be entitled to put into force against the carrier the rights which flow from the contract of transportation.

Article 14

The consignor and the consignee can respectively enforce all the rights given them by Articles 12 and 13, each in his own name, whether he is acting in his own interest or in the interest of another, provided that he carries out the obligations imposed by the contract.

WARSAW CONVENTION (1929)

withdrawing it at the airport of departure or

THE HAGUE PROTOCOL (1955)

Article 15

1.   Articles 12, 13 and 14 shall not affect either the relations of the consignor and the consignee with each other or the relations of third parties whose rights are derived either from the consignor or from the consignee.
2.   The provisions of Articles 12, 13 and 14 can only be varied by express provision in the air waybill.

Article IX

To Article 15 of the Convention —
the following paragraph shall be added:
"3.   Nothing in this Convention prevents the issue of a negotiable air waybill."

Article 16

1.   The consignor must furnish such information and attach to the air waybill such documents as are necessary to meet the formalities of customs, octroi, or police before the goods can be delivered to the consignee. The consignor shall be liable to the carrier for any damage occasioned by the absence, insufficiency, or irregularity of any such information or documents, unless the damage is due to the fault of the carrier or his agents.
2.   The carrier is under no obligation to inquire into the correctness or sufficiency of such information or documents.

CHAPTER III

Liability of the Carrier

Article 17

The carrier shall be liable for damage sustained in the event of the death or wounding of a passenger or any other bodily injury suffered by a passenger, if the accident which caused the damage so sustained took place on board the aircraft or in the course of any of the operations of embarking or disembarking.

the carrier the rights which flow from the contract of carriage.

Article 14

The consignor and the consignee can respectively enforce all the rights given them by Articles 12 and 13, each in his own name, whether he is acting in his own interest or in the interest of another, provided that he carries out the obligations imposed by the contract of carriage

GUATEMALA CITY PROTOCOL (1971)

MONTREAL PROTOCOL No. 4 (1975)

Article 15

1.   Articles 12, 13 and 14 do not affect either the relations of the consignor and the consignee with each other or the mutual relations of third parties whose rights are derived either from the consignor or from the consignee.

2.   The provisions of Articles 12, 13 and 14 can only be varied by express provision in the air waybill or the receipt for the cargo.

Article 16

1.   The consignor must furnish such information and such documents as are necessary to meet the formalities of customs, octroi or police before the cargo can be delivered to the consignee. The consignor is liable to the carrier for any damage occasioned by the absence, insufficiency or irregularity of any such information or documents, unless the damage is due to the fault of the carrier, his servants or agents.

2.   The carrier is under no obligation to enquire into the correctness or sufficiency of such information or documents."

Article IV

Article 17 of the Convention shall be deleted and replaced by the following:

"Article 17

1.   The carrier is liable for damage sustained in case of death or personal injury of a passenger upon condition only that the event which caused the death or injury took place on board the aircraft or in the course of any of the operations of embarking or disembarking. However, the carrier is not liable if the death or injury resulted solely from the state of health of the passenger.

2.   The carrier is liable for damage sustained in case of destruction or loss of, or of damage to, baggage upon condition only that the event which caused the destruction, loss or damage took place on board the aircraft or in the course of any of the operations of embarking or disembarking or during any period within which the baggage was in charge of the carrier. However, the carrier is not liable if the damage resulted solely from the inherent defect, quality or vice of the baggage.

3.   Unless otherwise specified, in this Convention the term "baggage" means both checked baggage and objects carried by the passenger."

Article 18

1. The carrier shall be liable for damage sustained in the event of the destruction or loss of, or of damage to, any checked baggage or any goods, if the occurrence which caused the damage so sustained took place during the transportation by air.

2. The transportation by air within the meaning of the preceding paragraph shall comprise the period during which the baggage or goods are in charge of the carrier, whether in an airport or on board an aircraft, or, in the case of a landing outside an airport, in any place whatsoever.

3. The period of the transportation by air shall not extend to any transportation by land, by sea, or by river performed outside an airport. If, however, such transportation takes place in the performance of a contract for transportation by air, for the purpose of loading, delivery or transshipment, any damage is presumed, subject to proof to the contrary, to have been the result of an event which took place during the transportation by air.

Article 19

The carrier shall be liable for damage occasioned by delay in the transportation by air of passengers, baggage, or goods.

Article 20

1. The carrier shall not be liable if he proves that he and his agents have taken all necessary measures to avoid the damage or that it was

Article X

Paragraph 2 of Article 20 of the Convention shall be deleted.

GUATEMALA CITY PROTOCOL (1971)

Article V

In Article 18 of the Convention —
paragraphs 1 and 2 shall be deleted and replaced by the following:

"1.   The carrier is liable for damage sustained in the event of the destruction or loss of, or of damage to, any cargo, if the occurrence which caused the damage so sustained took place during the carriage by air.

2.   The carriage by air within the meaning of the preceding paragraph comprises the period during which the cargo is in charge of the carrier, whether in an airport or on board an aircraft, or, in the case of a landing outside an airport, in any place whatsoever.".

Article VI

Article 20 of the Convention shall be deleted and replaced by the following:

MONTREAL PROTOCOL No. 4 (1975)

Article IV

Article 18 of the Convention shall be deleted and replaced by the following:

"Article 18

1.   The carrier is liable for damage sustained in the event of the destruction or loss of, or damage to, any registered baggage, if the occurrence which caused the damage so sustained took place during the carriage by air.

2.   The carrier is liable for damage sustained in the event of the destruction or loss of, or damage to, cargo upon condition only that the occurrence which caused the damage so sustained took place during the carriage by air.

3.   However, the carrier is not liable if he proves that the destruction, loss of, or damage to, the cargo resulted solely from one or more of the following:

a)   inherent defect, quality or vice of that cargo;
b)   defective packing of that cargo performed by a person other than the carrier or his servants or agents;
c)   an act of war or an armed conflict;
d)   an act of public authority carried out in connexion with the entry, exit or transit of the cargo.

4.   The carriage by air within the meaning of the preceding paragraphs of this Article comprises the period during which the baggage or cargo is in the charge of the carrier, whether in an airport or on board an aircraft, or, in the case of a landing outside an airport, in any place whatsoever.

5.   The period of the carriage by air does not extend to any carriage by land, by sea or by river performed outside an airport. If, however, such carriage takes place in the performance of a contract for carriage by air, for the purpose of loading, delivery or transhipment, any damage is presumed, subject to proof to the contrary, to have been the result of an event which took place during the carriage by air."

Article V

Article 20 of the Convention shall be deleted and replaced by the following:

WARSAW CONVENTION (1929)	THE HAGUE PROTOCOL (1955)

impossible for him or them to take such measures.
2. In the transportation of goods and baggage the carrier shall not be liable if he proves that the damage was occasioned by an error in piloting, in the handling of the aircraft, or in navigation and that, in all other respects, he and his agents have taken all necessary measures to avoid the damage.

Article 21

If the carrier proves that the damage was caused by or contributed to by the negligence of the injured person the court may, in accordance with the provisions of its own law, exonerate the carrier wholly or partly from his liability.

Article 22*

1. In the transportation of passengers the liability of the carrier for each passenger shall be limited to the sum of 125 000 francs *(8 300 Special Drawing Rights)*. Where, in accordance with the law of the court to which the case is submitted, damages may be awarded in the form of periodical payments the equivalent capital value of the said payments shall not exceed 125 000 francs. Nevertheless, by special contract, the carrier and the passenger may agree to a higher limit of liability.
2. In the transportation of checked baggage and of goods, the liability of the carrier shall be limited to a sum of 250 francs *(17 Special Drawing Rights)* per kilogram, unless the consignor has made, at the time when the package was handed over to the carrier, a special declaration of the value at delivery and has paid a supplementary sum if the case so requires. In that case the carrier will be liable to pay

* *Montreal Additional Protocol No. 1 amends paragraphs 1, 2 and 3 of Article 22 by replacing the amounts expressed in francs by amounts expressed in Special Drawing Rights as indicated in italics. This Protocol also amends paragraph 4 (for amended text, see page 48).*

Article XI*

Article 22 of the Convention shall be deleted and replaced by the following:

"Article 22

1. In the carriage of persons the liability of the carrier for each passenger is limited to the sum of two hundred and fifty thousand francs *(16 600 Special Drawing Rights)*. Where, in accordance with the law of the court seised of the case, damages may be awarded in the form of periodical payments, the equivalent capital value of the said payments shall not exceed two hundred and fifty thousand francs. Nevertheless, by special contract, the carrier and the passenger may agree to a higher limit of liability.
2. a) In the carriage of registered baggage and

* *Montreal Additional Protocol No. 2 amends paragraphs 1, 2 and 3 of Article 22 by replacing the amounts expressed in francs by amounts expressed in Special Drawing Rights as indicated in italics. This Protocol also amends paragraph 5 (for amended text, see pages 51-52).*

a sum not exceeding the declared sum, unless he proves that that sum is greater than the actual value to the consignor at delivery.

3. As regards objects of which the passenger takes charge himself the liability of the carrier shall be limited to 5 000 francs (*332 Special Drawing Rights*) per passenger.

4. The sums mentioned above shall be deemed to refer to the French franc consisting of 65-1/2 milligrams of gold at the standard of fineness of nine hundred thousandths. These sums may be converted into any national currency in round figures.

of cargo, the liability of the carrier is limited to a sum of two hundred and fifty francs (*17 Special Drawing Rights*) per kilogramme, unless the passenger or consignor has made, at the time when the package was handed over to the carrier, a special declaration of interest in delivery at destination and has paid a supplementary sum if the case so requires. In that case the carrier will be liable to pay a sum not exceeding the declared sum, unless he proves that that sum is greater than the passenger's or consignor's actual interest in delivery at destination.

b) In the case of loss, damage or delay of part of registered baggage or cargo, or of any object contained therein, the weight to be taken into consideration in determining the amount to which the carrier's liability is limited shall be only the total weight of the package or packages concerned. Nevertheless, when the loss, damage or delay of a part of the registered baggage or cargo, or of an object contained therein, affects the value of other packages covered by the same baggage check or the same air waybill, the total weight of such package or packages shall also be taken into consideration in determining the limit of liability.

3. As regards objects of which the passenger takes charge himself the liability of the carrier is limited to five thousand francs (*332 Special Drawing Rights*) per passenger.

4. The limits prescribed in this article shall not prevent the court from awarding, in accordance with its own law, in addition, the whole or part of the court costs and of the other expenses of the litigation incurred by the plaintiff. The foregoing provision shall not apply if the amount of the damages awarded, excluding court costs and other expenses of the litigation, does not exceed the sum which the carrier has offered in writing to the plaintiff within a period of six months from the date of the occurrence causing the damage, or before the commencement of the action, if that is later.

5. The sums mentioned in francs in this Article shall be deemed to refer to a currency unit consisting of sixty-five and a half milligrammes of gold of millesimal fineness nine hundred. These sums may be converted into national currencies in round figures. Conversion of the sums into national currencies other than gold shall, in case of judicial proceedings, be made according to the gold value of such currencies at the date of the judgment.''

* *Montreal Additional Protocol No. 3 amends paragraphs 1 and 2 of Article 22 by replacing the amounts expressed in francs by amounts expressed in Special Drawing Rights as indicated in italics. This Protocol also amends paragraph 4 (for amended text, see pages 54-55).*

not exceed one million five hundred thousand francs *(100 000 Special Drawing Rights)*.

b) In the case of delay in the carriage of persons the liability of the carrier for each passenger is limited to sixty-two thousand five hundred francs *(4 150 Special Drawing Rights)*.

c) In the carriage of baggage the liability of the carrier in the case of destruction, loss, damage or delay is limited to fifteen thousand francs *(1 000 Special Drawing Rights)* for each passenger.

2. a) In the carriage of cargo, the liability of the carrier is limited to a sum of two hundred and fifty francs *(17 Special Drawing Rights)* per kilogramme, unless the consignor has made, at the time when the package was handed over to the carrier, a special declaration of interest in delivery at destination and has paid a supplementary sum if the case so requires. In that case the carrier will be liable to pay a sum not exceeding the declared sum, unless he proves that that sum is greater than the consignor's actual interest in delivery at destination.

b) In the case of loss, damage or delay of part of the cargo, or of any object contained therein, the weight to be taken into consideration in determining the amount to which the carrier's liability is limited shall be only the total weight of the package or packages concerned. Nevertheless, when the loss, damage or delay of a part of the cargo, or of an object contained therein, affects the value of other packages covered by the same air waybill, the total weight of such package or packages shall also be taken into consideration in determining the limit of liability.

3. a) The courts of the High Contracting Parties which are not authorized under their law to award the costs of the action, including lawyers' fees, shall, in actions to which this Convention applies, have the power to award, in their discretion, to the claimant the whole or part of the costs of the action, including lawyers' fees which the court considers reasonable.

b) The costs of the action including lawyers' fees shall be awarded in accordance with subparagraph a) only if the claimant gives a written notice to the carrier of the amount claimed including the particulars of the calculation of that amount and the carrier does not make, within a period of six months after his receipt of such notice, a written offer of settlement in an amount at least equal to the compensation awarded within the applicable limit. This

c) paragraph 2 b) shall be designated as paragraph 2 c).

d) after paragraph 5 the following paragraph shall be inserted:

"6. The sums mentioned in terms of the Special Drawing Right in this Article shall be deemed to refer to the Special Drawing Right as defined by the International Monetary Fund. Conversion of the sums into national currencies shall, in case of judicial proceedings, be made according to the value of such currencies in terms of the Special Drawing Right at the date of the judgment. The value of a national currency, in terms of the Special Drawing Right, of a High Contracting Party which is a Member of the International Monetary Fund, shall be calculated in accordance with the method of valuation applied by the International Monetary Fund, in effect at the date of the judgment, for its operations and transactions. The value of a national currency, in terms of the Special Drawing Right, of a High Contracting Party which is not a Member of the International Monetary Fund, shall be calculated in a manner determined by that High Contracting Party.

Nevertheless, those States which are not Members of the International Monetary Fund and whose law does not permit the application of the provisions of paragraph 2 b) of Article 22 may, at the time of ratification or accession or at any time thereafter, declare that the limit of liability of the carrier in judicial proceedings in their territories is fixed at a sum of two hundred and fifty monetary units per kilogramme. This monetary unit corresponds to sixty-five and a half milligrammes of gold of millesimal fineness nine hundred. This sum may be converted into the national currency concerned in round figures. The conversion of this sum into the national currency shall be made according to the law of the State concerned."

WARSAW CONVENTION (1929)	THE HAGUE PROTOCOL (1955)

Article 23

Any provision tending to relieve the carrier of liability or to fix a lower limit than that which is laid down in this convention shall be null and void, but the nullity of any such provision shall not involve the nullity of the whole contract, which shall remain subject to the provisions of this convention.

Article XII

In Article 23 of the Convention, the existing provision shall be renumbered as paragraph 1 and another paragraph shall be added as follows:
"2. Paragraph 1 of this Article shall not apply to provisions governing loss or damage resulting from the inherent defect, quality or vice of the cargo carried."

Article 24

1. In the cases covered by Articles 18 and 19 any action for damages, however founded, can only be brought subject to the conditions and limits set out in this convention.
2. In the cases covered by Article 17 the provisions of the preceding paragraph shall also apply, without prejudice to the questions as to who are the persons who have the right to bring suit and what are their respective rights.

Article 25

1. The carrier shall not be entitled to avail himself of the provisions of this convention which exclude

Article XIII

In Article 25 of the Convention —
paragraphs 1 and 2 shall be deleted and replaced by

period will be extended until the time of commencement of the action if that is later.

c) The costs of the action including lawyers' fees shall not be taken into account in applying the limits under this Article.

4. The sums mentioned in francs in this Article and Article 42 shall be deemed to refer to a currency unit consisting of sixty-five and a half milligrammes of gold of millesimal fineness nine hundred. These sums may be converted into national currencies in round figures. Conversion of the sums into national currencies other than gold shall, in case of judicial proceedings, be made according to the gold value of such currencies at the date of the judgment."

Article IX

Article 24 of the Convention shall be deleted and replaced by the following:

"Article 24

1. In the carriage of cargo, any action for damages, however founded, can only be brought subject to the conditions and limits set out in this Convention.
2. In the carriage of passengers and baggage any action for damages, however founded, whether under this Convention or in contract or in tort or otherwise, can only be brought subject to the conditions and limits of liability set out in this Convention without prejudice to the question as to who are the persons who have the right to bring suit and what are their respective rights. Such limits of liability constitute maximum limits and may not be exceeded whatever the circumstances which gave rise to the liability."

Article X

Article 25 of the Convention shall be deleted and replaced by the following:

Article VIII

Article 24 of the Convention shall be deleted and replaced by the following:

"Article 24

1. In the carriage of passengers and baggage, any action for damages, however founded, can only be brought subject to the conditions and limits set out in this Convention, without prejudice to the question as to who are the persons who have the right to bring suit and what are their respective rights.
2. In the carriage of cargo, any action for damages, however founded, whether under this Convention or in contract or in tort or otherwise, can only be brought subject to the conditions and limits of liability set out in this Convention without prejudice to the question as to who are the persons who have the right to bring suit and what are their respective rights. Such limits of liability constitute maximum limits and may not be exceeded whatever the circumstances which gave rise to the liability."

Article IX

Article 25 of the Convention shall be deleted and replaced by the following:

WARSAW CONVENTION (1929)	THE HAGUE PROTOCOL (1955)
or limit his liability, if the damage is caused by his wilful misconduct or by such default on his part as. in accordance with the law of the court to which	the following: "The limits of liability specified in Article 22 shall not apply if it is proved that the damage resulted from

GUATEMALA CITY PROTOCOL (1971)	MONTREAL PROTOCOL No. 4 (1975)

"Article 25

The limit of liability specified in paragraph 2 of Article 22 shall not apply if it is proved that the damage resulted from an act or omission of the carrier, his servants or agents, done with intent to cause damage or recklessly and with knowledge that damage would probably result; provided that, in the case of such act or omission of a servant or agent, it is also proved that he was acting within the scope of his employment."

"Article 25

In the carriage of passengers and baggage. the limits of liability specified in Article 22 shall not apply if it is proved that the damage resulted from an act or omission of the carrier, his servants or agents, done with intent to cause damage or recklessly and with knowledge that damage would probably result; provided that, in the case of such act or omission of a servant or agent, it is also proved that he was acting within the scope of his employment."

Article XI

In Article 25A of the Convention —
paragraphs 1 and 3 shall be deleted and replaced by the following:
"1. If an action is brought against a servant or agent of the carrier arising out of damage to which the Convention relates, such servant or agent, if he proves that he acted within the scope of his employment, shall be entitled to avail himself of the limits of liability which that carrier himself is entitled to invoke under this Convention.
3. The provisions of paragraphs 1 and 2 of this Article shall not apply to the carriage of cargo if it is proved that the damage resulted from an act or omission of the servant or agent done with intent to cause damage or recklessly and with knowledge that damage would probably result."

Article X

In Article 25A of the Convention —
paragraph 3 shall be deleted and replaced by the following:
"3. In the carriage of passengers and baggage. the provisions of paragraphs 1 and 2 of this Article shall not apply if it is proved that the damage resulted from an act or omission of the servant or agent done with intent to cause damage or recklessly and with knowledge that damage would probably result."

Article 26

1. Receipt by the person entitled to the delivery of baggage or goods without complaint shall be *prima facie* evidence that the same have been delivered in good condition and in accordance with the document of transportation.
2. In case of damage, the person entitled to delivery must complain to the carrier forthwith after the discovery of the damage, and, at the latest. within 3 days from the date of receipt in the case of baggage and 7 days from the date of receipt in the case of goods. In case of delay the complaint must be made at the latest within 14 days from the date on which the baggage or goods have been placed at his disposal.
3. Every complaint must be made in writing upon the document of transportation or by separate notice in writing dispatched within the times aforesaid.

Article XV

In Article 26 of the Convention —
paragraph 2 shall be deleted and replaced by the following:
"2. In the case of damage, the person entitled to delivery must complain to the carrier forthwith after the discovery of the damage, and, at the latest, within seven days from the date of receipt in the case of baggage and fourteen days from the date of receipt in the case of cargo. In the case of delay the complaint must be made at the latest within twenty-one days from the date on which the baggage or cargo have been placed at his disposal."

Article XII

In Article 28 of the Convention —
the present paragraph 2 shall be renumbered as paragraph 3 and a new paragraph 2 shall be inserted as follows:
"2.   In respect of damage resulting from the death, injury or delay of a passenger or the destruction, loss, damage or delay of baggage, the action may be brought before one of the Courts mentioned in paragraph 1 of this Article, or in the territory of one of the High Contracting Parties, before the Court within the jurisdiction of which the carrier has an establishment if the passenger has his domicile or permanent residence in the territory of the same High Contracting Party."

Article 29

1.   The right to damages shall be extinguished if an action is not brought within 2 years, reckoned from the date of arrival at the destination, or from the date on which the aircraft ought to have arrived, or from the date on which the transportation stopped.
2.   The method of calculating the period of limitation shall be determined by the law of the court to which the case is submitted.

Article 30

1.   In the case of transportation to be performed by various successive carriers and falling within the definition set out in the third paragraph of Article 1, each carrier who accepts passengers, baggage or goods shall be subject to the rules set out in this convention, and shall be deemed to be one of the contracting parties to the contract of transportation insofar as the contract deals with that part of the transportation which is performed under his supervision.
2.   In the case of transportation of this nature, the passenger or his representative can take action only against the carrier who performed the

WARSAW CONVENTION (1929)	THE HAGUE PROTOCOL (1955)
GUATEMALA CITY PROTOCOL (1971)	MONTREAL PROTOCOL No. 4 (1975)

<table>
<tr><td>

Article XIII

After Article 30 of the Convention. the following Article shall be inserted:

"Article 30A

Nothing in this Convention shall prejudice the question whether a person liable for damage in accordance with its provisions has a right of recourse against any other person."

</td><td>

Article XI

After Article 30 of the Convention. the following Article shall be inserted:

'Article 30A

Nothing in this Convention shall prejudice the question whether a person liable for damage in accordance with its provisions has a right of recourse against any other person."

</td></tr>
</table>

CHAPTER IV

Provisions Relating to Combined Transportation

Article 31

1. In the case of combined transportation performed partly by air and partly by any other mode of transportation. the provisions of this convention shall apply only to the transportation by air, provided that the transportation by air falls within the terms of Article 1.
2. Nothing in this convention shall prevent the parties in the case of combined transportation from inserting in the document of air transportation conditions relating to other modes of transportation. provided that the provisions of this convention are observed as regards the transportation by air.

CHAPTER V

General and Final Provisions

Article 32

Any clause contained in the contract and all special agreements entered into before the damage occurred by which the parties purport to infringe

WARSAW CONVENTION (1929)	THE HAGUE PROTOCOL (1955)

the rules laid down by this convention, whether by deciding the law to be applied, or by altering the rules as to jurisdiction, shall be null and void. Nevertheless for the transportation of goods arbitration clauses shall be allowed, subject to this convention, if the arbitration is to take place within one of the jurisdictions referred to in the first paragraph of Article 28.

Article 33

Nothing contained in this convention shall prevent the carrier either from refusing to enter into any contract of transportation or from making regulations which do not conflict with the provisions of this convention.

Article 34

. This convention shall not apply to international transportation by air performed by way of experimental trial by air navigation enterprises with the view to the establishment of regular lines of air navigation, nor shall it apply to transportation performed in extraordinary circumstances outside the normal scope of an air carrier's business.

Article XVI

Article 34 of the Convention shall be deleted and replaced by the following:
"The provisions of Articles 3 to 9 inclusive relating to documents of carriage shall not apply in the case of carriage performed in extraordinary circumstances outside the normal scope of an air carrier's business."

Article 35

The expression "days" when used in this convention means current days, not working days.

Article XII

Article 33 of the Convention shall be deleted and replaced by the following:

"Article 33

Except as provided in paragraph 3 of Article 5, nothing in this Convention shall prevent the carrier either from refusing to enter into any contract of carriage or from making regulations which do not conflict with the provisions of this Convention."

Article XIII

Article 34 of the Convention shall be deleted and replaced by the following:

"Article 34

The provisions of Articles 3 to 8 inclusive relating to documents of carriage shall not apply in the case of carriage performed in extraordinary circumstances outside the normal scope of an air carrier's business."

Article XIV

After Article 35 of the Convention, the following Article shall be inserted:

"Article 35A

No provision contained in this Convention shall prevent a State from establishing and operating within its territory a system to supplement the compensation payable to claimants under the Convention in respect of death, or personal injury, of passengers. Such a system shall fulfil the following conditions:

a) it shall not in any circumstances impose upon the carrier, his servants or agents, any liability in addition to that provided under this Convention;

b) it shall not impose upon the carrier any financial or administrative burden other than collecting in that State contributions from passengers if required so to do;

c) it shall not give rise to any discrimination between carriers with regard to the passengers concerned and the benefits available to the said passengers under the system shall be extended to them regardless of the carrier whose services they have used;

d) if a passenger has contributed to the system, any person suffering damage as a consequence of death or personal injury of such passenger shall be entitled to the benefits of the system."

This convention is drawn up in French in a single copy which shall remain deposited in the archives of the Ministry for Foreign Affairs of Poland and of which one duly certified copy shall be sent by the Polish Government to the Government of each of the High Contracting Parties.

Article 37

1. This convention shall be ratified. The instruments of ratification shall be deposited in the archives of the Ministry for Foreign Affairs of Poland, which shall give notice of the deposit to the Government of each of the High Contracting Parties.

2. As soon as this convention shall have been ratified by five of the High Contracting Parties it shall come into force as between them on the ninetieth day after the deposit of the fifth ratification. Thereafter it shall come into force between the High Contracting Parties which shall have ratified and the High Contracting Party which deposits its instrument of ratification on the ninetieth day after the deposit.

3. It shall be the duty of the Government of the Republic of Poland to notify the Government of each of the High Contracting Parties of the date on which this convention comes into force as well as the date of the deposit of each ratification.

Article 38

1. This convention shall, after it has come into force, remain open for adherence by any state.

2. The adherence shall be effected by a notification addressed to the Government of the Republic of Poland, which shall inform the

GUATEMALA CITY PROTOCOL (1971)

MONTREAL PROTOCOL No. 4 (1975)

Article 39

1. Any one of the High Contracting Parties may denounce this convention by a notification addressed to the Government of the Republic of Poland, which shall at once inform the Government of each of the High Contracting Parties.
2. Denunciation shall take effect six months after the notification of denunciation, and shall operate only as regards the party which shall have proceeded to denunciation.

Article 40

1. Any High Contracting Party may, at the time of signature or of deposit of ratification or of adherence, declare that the acceptance which it gives to this convention does not apply to all or any of its colonies, protectorates, territories under mandate, or any other territory subject to its sovereignty or its authority, or any other territory under its suzerainty.
2. Accordingly any High Contracting Party may subsequently adhere separately in the name of all or any of its colonies, protectorates, territories under mandate, or any other territory subject to its sovereignty or to its authority or any other territory under its suzerainty which have been thus excluded by its original declaration.
3. Any High Contracting Party may denounce this convention, in accordance with its provisions, separately or for all or any of its colonies, protectorates, territories under mandate, or any other territory subject to its sovereignty or to its authority, or any other territory under its suzerainty.

Article XVII

After Article 40 of the Convention, the following Article shall be inserted:

"Article 40A

1. In Article 37, paragraph 2 and Article 40, paragraph 1, the expression *High Contracting Party* shall mean State. In all other cases, the expression *High Contracting Party* shall mean a State whose ratification of or adherence to the Convention has

WARSAW CONVENTION (1929)

THE HAGUE PROTOCOL (1955)

become effective and whose denunciation thereof has not become effective.

2. For the purposes of the Convention the word *territory* means not only the metropolitan territory of a State but also all other territories for the foreign relations of which that State is responsible."

Article 41

Any High Contracting Party shall be entitled not earlier than two years after the coming into force of this convention to call for the assembling of a new international conference in order to consider any improvements which may be made in this convention. To this end it will communicate with the Government of the French Republic which will take the necessary measures to make preparations for such conference.

This convention, done at Warsaw on October 12, 1929, shall remain open for signature until January 31, 1930.

Additional Protocol

With Reference to Article 2

The High Contracting Parties reserve to themselves the right to declare at the time of ratification or of adherence that the first paragraph of Article 2 of this convention shall not apply to international transportation by air performed directly by the state, its colonies, protectorates, or mandated territories, or by any other territory under its sovereignty, suzerainty, or authority

CHAPTER II

Scope of Application
of the Convention as Amended

Article XVIII

The Convention as amended by this Protocol shall apply to international carriage as defined in Article 1 of the Convention, provided that the places of departure and destination referred to in that Article are situated either in the territories of two parties to this Protocol or within the territory of a single party to this Protocol with an agreed stopping place within the territory of another State.

CHAPTER III

Final Clauses

Article XIX

As between the Parties to this Protocol, the Convention and the Protocol shall be read and interpreted together as one single instrument and shall be known as the *Warsaw Convention as amended at The Hague, 1955.*

Article XX

Until the date on which this Protocol comes into force in accordance with the provisions of Article XXII, paragraph 1, it shall remain open for signature on behalf of any State which up to that date has ratified or adhered to the Convention or which has participated in the Conference at which this Protocol was adopted.

Article XXI

1.   This Protocol shall be subject to ratification by the signatory States.
2.   Ratification of this Protocol by any State which is not a Party to the Convention shall have the effect of adherence to the Convention as amended by this Protocol.
3.   The instruments of ratification shall be deposited with the Government of the People's Republic of Poland.

* *Montreal Additional Protocol No. 3 amends paragraphs 2 and 3 of Article 42 by replacing the amounts expressed in francs by amounts expressed in Special Drawing Rights as indicated in italics (for amended text, see page 55).*

GUATEMALA CITY PROTOCOL (1971)

CHAPTER II

Scope of Application
of the Convention as Amended

Article XVI

The Warsaw Convention as amended at The Hague in 1955 and by this Protocol shall apply to international carriage as defined in Article 1 of the Convention, provided that the places of departure and destination referred to in that Article are situated either in the territories of two Parties to this Protocol or within the territory of a single Party to this Protocol with an agreed stopping place in the territory of another State.

CHAPTER III

Final Clauses

Article XVII

As between the Parties to this Protocol, the Warsaw Convention as amended at The Hague in 1955 and this Protocol shall be read and interpreted together as one single instrument and shall be known as the *Warsaw Convention as amended at The Hague, 1955, and at Guatemala City, 1971.*

Article XVIII

Until the date on which this Protocol enters into force in accordance with the provisions of Article XX, it shall remain open for signature by all States Members of the United Nations or of any of the Specialized Agencies or of the International Atomic Energy Agency or Parties to the Statute of the International Court of Justice, and by any other State invited by the General Assembly of the United Nations to become a Party to this Protocol.

Article XIX

1. This Protocol shall be subject to ratification by the signatory States.
2. Ratification of this Protocol by any State which is not a Party to the Warsaw Convention or by any State which is not a Party to the Warsaw Convention as amended at The Hague, 1955, shall have the effect of accession to the *Warsaw Convention as amended at The Hague, 1955, and at Guatemala City, 1971.*
3. The instruments of ratification shall be deposited with the International Civil Aviation Organization.

MONTREAL PROTOCOL No. 4 (1975)

CHAPTER II

Scope of Application
of the Convention as Amended

Article XIV

The Warsaw Convention as amended at The Hague in 1955 and by this Protocol shall apply to international carriage as defined in Article 1 of the Convention, provided that the places of departure and destination referred to in that Article are situated either in the territories of two Parties to this Protocol or within the territory of a single Party to this Protocol with an agreed stopping place in the territory of another State.

CHAPTER III

Final Clauses

Article XV

As between the Parties to this Protocol, the Warsaw Convention as amended at The Hague in 1955 and this Protocol shall be read and interpreted together as one single instrument and shall be known as the *Warsaw Convention as amended at The Hague, 1955, and by Protocol No. 4 of Montreal, 1975.*

Article XVI

Until the date on which this Protocol enters into force in accordance with the provisions of Article XVIII, it shall remain open for signature by any State.

Article XVII

1. This Protocol shall be subject to ratification by the signatory States.
2. Ratification of this Protocol by any State which is not a Party to the Warsaw Convention or by any State which is not a Party to the Warsaw Convention as amended at The Hague, 1955, shall have the effect of accession to the *Warsaw Convention as amended at The Hague, 1955, and by Protocol No. 4 of Montreal, 1975.*
3. The instruments of ratification shall be deposited with the Government of the Polish People's Republic.

THE HAGUE PROTOCOL (1955)

Article XXII

1. As soon as thirty signatory States have deposited their instruments of ratification of this Protocol, it shall come into force between them on the ninetieth day after the deposit of the thirtieth instrument of ratification. It shall come into force for each State ratifying thereafter on the ninetieth day after the deposit of its instrument of ratification.

2. As soon as this Protocol comes into force it shall be registered with the United Nations by the Government of the People's Republic of Poland.

Article XXIII

1. This Protocol shall, after it has come into force, be open for adherence by any non-signatory State.

2. Adherence to this Protocol by any State which is not a Party to the Convention shall have the effect of adherence to the Convention as amended by this Protocol.

3. Adherence shall be effected by the deposit of an instrument of adherence with the Government of the People's Republic of Poland and shall take effect on the ninetieth day after the deposit.

Article XXIV

1. Any Party to this Protocol may denounce the Protocol by notification addressed to the Government of the People's Republic of Poland.

2. Denunciation shall take effect six months after the date of receipt by the Government of the People's Republic of Poland of the notification of denunciation.

3. As between the Parties to this Protocol, denunciation by any of them of the Convention in accordance with Article 39 thereof shall not be construed in any way as a denunciation of the Convention as amended by this Protocol.

Article XXV

1. This Protocol shall apply to all territories for the foreign relations of which a State Party to this Protocol is responsible, with the exception of territories in respect of which a declaration has been made in accordance with paragraph 2 of this Article.

2. Any State may, at the time of deposit of its instrument of ratification or adherence, declare that its acceptance of this Protocol does not apply to any one or more of the territories for the foreign relations of which such State is responsible.

3. Any State may subsequently, by notification to the Government of the People's Republic of Poland, extend the application of this Protocol to

GUATEMALA CITY PROTOCOL (1971)

Article XX

1. This Protocol shall enter into force on the ninetieth day after the deposit of the thirtieth instrument of ratification on the condition, however, that the total international scheduled air traffic, expressed in passenger-kilometers, according to the statistics for the year 1970 published by the International Civil Aviation Organization, of the airlines of five States which have ratified this Protocol, represents at least 40% of the total international scheduled air traffic of the airlines of the member States of the International Civil Aviation Organization in that year. If, at the time of deposit of the thirtieth instrument of ratification, this condition has not been fulfilled, the Protocol shall not come into force until the ninetieth day after this condition shall have been satisfied. This Protocol shall come into force for each State ratifying after the deposit of the last instrument of ratification necessary for entry into force of this Protocol on the ninetieth day after the deposit of its instrument of ratification.
2. As soon as this Protocol comes into force it shall be registered with the United Nations by the International Civil Aviation Organization.

Article XXI

1. After the entry into force of this Protocol it shall be open for accession by any State referred to in Article XVIII.
2. Accession to this Protocol by any State which is not a Party to the Warsaw Convention or by any State which is not a Party to the Warsaw Convention as amended at The Hague, 1955, shall have the effect of accession to the *Warsaw Convention as amended at The Hague, 1955, and at Guatemala City, 1971.*
3. Accession shall be effected by the deposit of an instrument of accession with the International Civil Aviation Organization and shall take effect on the ninetieth day after the deposit.

Article XXII

1. Any Party to this Protocol may denounce the Protocol by notification addressed to the International Civil Aviation Organization.
2. Denunciation shall take effect six months after the date of receipt by the International Civil Aviation Organization of the notification of denunciation.
3. As between the Parties to this Protocol, denunciation by any of them of the Warsaw Convention in accordance with Article 39 thereof or of The Hague Protocol in accordance with Article XXIV thereof shall not be construed in any way as a denunciation of the *Warsaw Convention as amended at The Hague, 1955, and at Guatemala City, 1971.*

MONTREAL PROTOCOL No. 4 (1975)

Article XVIII

1. As soon as thirty signatory States have deposited their instruments of ratification of this Protocol, it shall come into force between them on the ninetieth day after the deposit of the thirtieth instrument of ratification. It shall come into force for each State ratifying thereafter on the ninetieth day after the deposit of its instrument of ratification.
2. As soon as this Protocol comes into force it shall be registered with the United Nations by the Government of the Polish People's Republic.

Article XIX

1. This Protocol, after it has come into force, shall be open for accession by any non-signatory State.
2. Accession to this Protocol by any State which is not a Party to the Warsaw Convention or by any State which is not a Party to the Warsaw Convention as amended at The Hague, 1955, shall have the effect of accession to the *Warsaw Convention as amended at The Hague, 1955, and by Protocol No. 4 of Montreal, 1975.*
3. Accession shall be effected by the deposit of an instrument of accession with the Government of the Polish People's Republic and shall take effect on the ninetieth day after the deposit.

Article XX

1. Any Party to this Protocol may denounce the Protocol by notification addressed to the Government of the Polish People's Republic.
2. Denunciation shall take effect six months after the date of receipt by the Government of the Polish People's Republic of the notification of denunciation.
3. As between the Parties to this Protocol, denunciation by any of them of the Warsaw Convention in accordance with Article 39 thereof or of The Hague Protocol in accordance with Article XXIV thereof shall not be construed in any way as a denunciation of the *Warsaw Convention as amended at The Hague, 1955, and by Protocol No. 4 of Montreal, 1975.*

Article XXI

1. Only the following reservations may be made to this Protocol:

    a) a State may at any time declare by a notification addressed to the Government of the Polish People's Republic that the *Warsaw Convention as amended at The Hague, 1955, and by Protocol No. 4 of* any or all of the territories regarding which it has made a declaration in accordance with paragraph 2 of this Article. The notification shall take effect on

GUATEMALA CITY PROTOCOL (1971)

MONTREAL PROTOCOL No. 4 (1975)

Article XXIII

1. Only the following reservations may be made to this Protocol:
   a) a State whose courts are not authorized under its law to award the costs of the action including lawyers' fees may at any time by a notification addressed to the International Civil Aviation Organization declare that Article 22, paragraph 3 a) shall not apply to its courts; and
   b) a State may at any time declare by a notification addressed to the International Civil Aviation Organization that the *Warsaw Convention as amended at The Hague, 1955, and at Guatemala City, 1971* shall not apply to the carriage of persons, baggage and cargo for its military authorities on aircraft, registered in that State, the whole capacity of which has been reserved by or on behalf of such authorities.

2. Any State having made a reservation in accordance with the preceding paragraph may at any time withdraw such reservation by notification to the International Civil Aviation Organization.

Montreal, 1975, shall not apply to the carriage of persons, baggage and cargo for its military authorities on aircraft, registered in that State, the whole capacity of which has been reserved by or on behalf of such authorities; and

   b) any State may declare at the time of ratification of or accession to the Additional Protocol No. 3 of Montreal, 1975, or at any time thereafter, that it is not bound by the provisions of the *Warsaw Convention as amended at The Hague, 1955, and by Protocol No. 4 of Montreal, 1975,* in so far as they relate to the carriage of passengers and baggage. Such declaration shall have effect ninety days after the date of receipt of the declaration by the Government of the Polish People's Republic.

2. Any State having made a reservation in accordance with the preceding paragraph may at any time withdraw such reservation by notification to the Government of the Polish People's Republic.

Article XXIV

The International Civil Aviation Organization shall promptly inform all signatory or acceding States of the date of each signature, the date of deposit of each instrument of ratification or accession, the date of entry into force of this Protocol, and other relevant information.

Article XXII

The Government of the Polish People's Republic shall promptly inform all States Parties to the Warsaw Convention or to that Convention as amended, all signatory or acceding States to the present Protocol, as well as the International Civil Aviation Organization, of the date of each signature, the date of deposit of each instrument of ratification or accession, the date of coming into force of this Protocol, and other relevant information.

Article XXV

As between the Parties to this Protocol which are also Parties to the Convention, Supplementary to the Warsaw Convention, for the Unification of Certain Rules Relating to International Carriage by Air Performed by a Person Other than the Contracting Carrier, signed at Guadalajara on 18 September 1961 (hereinafter referred to as the "Guadalajara Convention") any reference to the "Warsaw Convention" contained in the Guadalajara Convention shall include reference to the *Warsaw Convention as amended at The Hague, 1955, and at Guatemala City, 1971,* in cases where the carriage under the agreement referred to in Article 1, paragraph b) of the Guadalajara Convention is governed by this Protocol.

Article XXIII

As between the Parties to this Protocol which are also Parties to the Convention, Supplementary to the Warsaw Convention, for the Unification of Certain Rules Relating to International Carriage by Air Performed by a Person Other than the Contracting Carrier, signed at Guadalajara on 18 September 1961 (hereinafter referred to as the "Guadalajara Convention") any reference to the "Warsaw Convention" contained in the Guadalajara Convention shall include reference to the *Warsaw Convention as amended at The Hague, 1955, and by Protocol No. 4 of Montreal, 1975,* in cases where the carriage under the agreement referred to in Article 1, paragraph b) of the Guadalajara Convention is governed by this Protocol.

Article XXVI

This Protocol shall remain open. until 30 September 1971. for signature by any State referred to in Article XVIII. at the Ministry of External Relations of the Republic of Guatemala and thereafter, until it enters into force in accordance with Article XX, at the International Civil Aviation Organization. The Government of the Republic of Guatemala shall promptly inform the International Civil Aviation Organization of any signature and the date thereof during the time that the Protocol shall be open for signature in Guatemala.

IN WITNESS WHEREOF the undersigned Plenipotentiaries, having been duly authorized, have signed this Protocol.

DONE at Guatemala City on the eighth day of the month of March of the year One Thousand Nine Hundred and Seventy-one in three authentic texts in the English, French and Spanish languages. The International Civil Aviation Organization shall establish an authentic text of this Protocol in the Russian language. In the case of any inconsistency. the text in the French language. in which language the Warsaw Convention of 12 October 1929 was drawn up. shall prevail.

Article XXIV

If two or more States are Parties both to this Protocol and to the Guatemala City Protocol. 1971, or to the Additional Protocol No. 3 of Montreal. 1975. the following rules shall apply between them:

a) the provisions resulting from the system established by this Protocol. concerning cargo and postal items. shall prevail over the provisions resulting from the system established by the Guatemala City Protocol. 1971. or by the Additional Protocol No. 3 of Montreal. 1975:

b) the provisions resulting from the system established by the Guatemala City Protocol. 1971. or by the Additional Protocol No. 3 of Montreal. 1975. concerning passengers and baggage. shall prevail over the provisions resulting from the system established by this Protocol.

Article XXV

This Protocol shall remain open for signature until 1 January 1976 at the Headquarters of the International Civil Aviation Organization and thereafter until it comes into force in accordance with Article XVIII at the Ministry for Foreign Affairs of the Polish People's Republic. The International Civil Aviation Organization shall promptly inform the Government of the Polish People's Republic of any signature and the date thereof during the time that the Protocol shall be open for signature at the Headquarters of the International Civil Aviation Organization.

IN WITNESS WHEREOF the undersigned Plenipotentiaries, having been duly authorized, have signed this Protocol.

DONE AT MONTREAL on the twenty-fifth day of September of the year One Thousand Nine Hundred and Seventy-five in four authentic texts in the English, French, Russian and Spanish languages. In the case of any inconsistency, the text in the French language, in which language the Warsaw Convention of 12 October 1929 was drawn up. shall prevail.

MONTREAL AGREEMENT OF 1966

3 Agreement—CAB No. 18900

Approved by the Civil Aeronautics Board 13th May 1966

The undersigned carriers(hereinafter referrde to as "the Carriers") hereby agree as follows :

1. Each of the Carriers shall effective 16th May 1966, include the following in its conditions of carriage, including tariffs embodying conditions of carriage filed by it with any govemment :

"The Carrier shall avail itself of the limitation of liability provided in the Convention for the Unification of Certain Rules Relating to International Carriage by Air signed at Warsaw 12th October 1929, or provided in the said Convention as amended by the Protocol signed at The Hague 28th September 1955. However in accordance with Article 22 (I) of said Convention, or said Convention as amended by said Protocol, the Carrier agrees that, as to all international transportation by the Carrier as defined in the said Convention, or said Convention as amended by said Protocol, which, according to the Contract of Carriage, includes a point in the United States of America as a point of origin, point of destination, or agreed stopping place

  (i) The limit for each passenger for death, wounding, or other bodily injury shall be the sum of US $ 75,000 inclusive of legal fees and costs, except that, in case of a claim brought in a State where provision is made for separate award of legal fees and costs, the limit shall be the sum of US $ 58,000 exclusive of legal fees and costs.

  (ii) The Carrier shall not, with respect to any claim arising out of the death, wounding, or other bodily injury of a passenger, avail itself of any defense under Article 20 (I) of said Convention or said Convention as amended by said Protocol.

Nothing herein shall be deemed to affect the rights and liabilities of the Carrier with regard to any claim brought by, on behalf of, or in respect of any person who has wilfully caused damage which resulted in death, wounding, or other bodily injury of a passenger".

2. Each carrier shall, at the time of delivery of the ticket, furnish to each passenger whose transportation is governed by the Convention, or the Convention as amended by the Hague Protocol, and by the special contract described in paragraph I , the following notice, which shall be printed in type at least as large as 10 point modern type and in ink contrasting with the stock in (i) each ticket ; (ii) a piece of paper either placed in the ticket envelope with the ticket or attached to the ticket ; or (iii) on the ticket envelope :

ADVICE TO INTERNATIONAL PASSENGERS ON LIMITATION OF LIABILITY'

Passengers on a journey involving an ultimate destination or a stop in a country other than the country of origin are advised that the provisions of the treaty known as the Warsaw Convention may be applicable to the entire journey, including any portion entirely within the country of origin or destination. For such passengers on a journey to, from, or with an agreed stopping place in the United States of America, the Convention and special contracts of carriage embodied in applicable tariffs provide that the liability of [(name of carrier) and certain other][2] carriers parties to such special contracts for death of or personal injury to passengers is limited in most cases to proven damages not to exceed US $ 75,000 per passenger[3] and that this liability up to such limit shall not depend on negligence on the part of the carrier. For such passengers travelling by a carrier not a party to such special contracts or on a journey not to, from, or having an agreed stopping place in the United States of America, liability of the carrier for death or personal injury to passengers is limited in most cases to approximately US $ 10,000 or US $ 20,000[4]

The names of Carriers parties to such special contracts are available at all ticket offices of such carriers and may be examined on request.

Additional protection can usually be obtained by purchasing insurance from a private company. Such insurance is not affected by any limitation of the carrier's liability under the Warsaw Convention or such special contracts of carriage. For further information please consult your airline or insurance company representative[3].

3. This Agreement shall be filed with the Civil Aeronautics Board of the United States for approval pursuant to Section 412 of the Federal Aviation Act of 1958, as amended and filed with other governments as required. The Agreement shall become effective upon approval by said Board pursuant to said Section 412.

4. This Agreement may be signed in any number of counterparts, all of which shall constitute one Agreement. Any carrier may become a party to this Agreement by signing a counterpart hereof and depositing it with Civil Aeronautics Board.

5. Any carrier party hereto may withdraw from this Agreement by giving twelve (12) months' written notice of withdrawal to said Civil Aeronautics Board and the other Carriers parties to the Agreement.

NOTICE OF BAGGAGE LIABILITY LIMITATIONS[5]

Liability for loss, delay, or damage to baggage is limited as follows unless a highter value is declared in advance and additional charges are paid : (1) for most international travel (in cluding domestic portions of international journeys) to approximately US $ 9. 07 per pound(US $ 20,000 per kilo) for checked baggage and US $ 400 per passenger for unchecked baggage ; (2) for travel wholly between US points, to US $ 500 per passenger on most carriers(a few have lower limits). Excess valuation may not be declared on certain types of valuable articles. Carriers assume no liability for fragile or perishable articles. Further information may be obtained from the carrier.

---

1. this advice note is set in 10 point type as required by clause 2, supra.
2. The word "certain" may be used as an alternative to the words in square brackets.
3. Subsequent to this agreement the carriers have been authorised to add a note at the end of their Advice to International Passengers :
   "The limit of liability of US $ 75,000 above is inclusive of legal fees and costs except that in the case of a claim brought in a State where provision is made for separate award of legal fees and costs, the limit shall be the sum of US $ 58,000 exclusive of legal fees and costs."
4. BY CAB Order 74-1-16 adopted on 3rd January 1974 the US $ equivalent of 125,000 and 250,000 Convention francs were fixed at US $ 10,000 and US $ 20,000 respectively.
5. By CAB Regulation ER837(27th February 1974) each air carrier and foreign air carrier must include on each ticket in the prescribed form, a notice of baggage liability limitations.

IATA INTERCARRIER AGREEMENT ON PASSENGER LIABILITY,

Endorsed by the 51st IATA Annual Meeting on 30-31 October 1995

(IIA)

Source: International Air Transport Association website: <http://www.iata.org/NR/ContentConnector/CS2000/Siteinterface/sites/legal/file/iia.pdf>

IATA INTERCARRIER AGREEMENT
ON
PASSENGER LIABILITY (IIA)[1]

WHEREAS: The Warsaw Convention system is of great benefit to international air transportation; and

NOTING THAT: The Convention's limits of liability, which have not been amended since 1955, are now grossly inadequate in most countries and that international airlines have previously acted together to increase them to the benefit of passengers;

The undersigned carriers agree

1. To take action to waive the limitation of liability on recoverable compensatory damages in Article 22 paragraph 1 of the Warsaw Convention[2] as to claims for death, wounding or other bodily injury of a passenger within the meaning of Article 17 of the Convention, so that recoverable compensatory damages may be determined and awarded by reference to the law of the domicile of the passenger.

2. To reserve all available defences pursuant to the provisions of the Convention; nevertheless, any carrier may waive any defence up to a specified monetary amount of recoverable compensatory damages as circumstances may warrant.

---

[1] The text of this Agreement was endorsed by the 51ˢᵗ IATA Annual General Meeting on 30-31 October 1995. The text reproduced herein is the official version of the Agreement and Explanatory Note as available on the International Air Transport Association website: <h ttp://www.iata.org/NR/ContentConnector/CS2000/Siteinterface/sites/legal/file/iia. pdf> (date accessed: May 23, 2005).

The Intercarrier Agreement, opened for signature on 31 October 1995, is an "umbrella accord;" the precise legal rights and responsibilities of the signatory carriers with respect to passengers will be spelled out in the applicable Conditions of Carriage and tariff filings.

The carriers signatory to the Agreement undertake to waive such limitations of liability as are set out in the *Warsaw Convention* (1929), *The Hague Protocol* (1955), the *Montreal Agreement of 1966*, and/or limits they may have previously agreed to implement or were required by governments to implement.

Such waiver by a carrier may be made conditional on the law of the domicile of the passenger governing the calculation of the recoverable compensatory damages under the Intercarrier Agreement. But this is an option. Should a carrier wish to waive the limits of liability but not insist on the law of the domicile of the passenger governing the calculation of the recoverable compensatory damages, or not be so required by a governmental authority, it may rely on the law of the court to which the case is submitted.

The *Warsaw Convention* system defences will remain available, in whole or in part, to the carriers signatory to the Agreement, unless a carrier decides to waive them or is so required by a governmental authority.

The IIA should be read in conjunction with the "Agreement on Measures to Implement the IATA Intercarrier Agreement".

[2] "Warsaw Convention" as used herein means the *Convention for the Unification of Certain Rules Relating to International Carriage by Air* signed at Warsaw, 12th October 1929, or that *Convention as amended at The Hague*, 28th September 1955, whichever may be applicable.

3. To reserve their rights of recourse against any other person, including rights of contribution or indemnity, with respect to any sums paid by the carrier.

4. To encourage other airlines involved in the international carriage of passengers to apply the terms of this Agreement to such carriage.

5. To implement the provisions of this Agreement no later than 1 November 1996 or upon receipt of requisite government approvals, whichever is later.

6. That nothing in this Agreement shall affect the rights of the passenger or the claimant otherwise available under the Convention.

7. That this Agreement may be signed in any number of counterparts, all of which shall constitute one Agreement. Any carrier may become a party to this Agreement by signing a counterpart hereof and depositing it with the Director General of the International Air Transport Association (IATA).

8. That any carrier party hereto may withdraw from this Agreement by giving twelve (12) months' written notice of withdrawal to the Director General of IATA and to the other carriers parties to the Agreement.

Signed this _____ day of _____ 199__

IATA INTERCARRIER AGREEMENT ON
PASSENGER LIABILITY (IIA)

List of Carriers Signatories
(Status as of March 2005: 131 Signatories)[1]

Carrier	Date of Signature
1. Air Canada	31 Oct 95
2. Air Mauritius	31 Oct 95
3. Austrian Airlines	31 Oct 95
4. Canadian Airlines International	31 Oct 95
5. Egyptair	31 Oct 95
6. Japan Airlines Co. Ltd.	31 Oct 95
7. KLM Royal Dutch Airlines	31 Oct 95
8. Saudi Arabian Airlines Corp.	31 Oct 95
9. Scandinavian Airlines System (SAS)	31 Oct 95
10. South African Airways	31 Oct 95
11. Swissair	31 Oct 95
12. TACA	31 Oct 95
13. Aer Lingus	09 Dec 95
14. Finnair Oy	11 Dec 95
15. Icelandair	11 Dec 95
16. Aeromexpress	11 Dec 95
17. LAPSA Línéas Aéreas Paraguayas	12 Dec 95
18. Kenya Airways	13 Dec 95
19. Air Afrique	14 Dec 95
20. Croatia Airlines	15 Dec 95
21. BWIA International (Trinidad and Tobago Airways Corporation)	15 Dec 95
22. Jet Airways (India) Pvt Ltd.	18 Dec 95
23. Varig S.A.	19 Dec 95
24. TAP Air Portugal	20 Dec 95
25. Air UK Limited	11 Jan 96
26. VIASA	17 Jan 96
27. Garuda Indonesia	01 Feb 96
28. Royal Air Maroc	28 Feb 96
29. Crossair	08 Mar 96
30. Pakistan International Airlines (PIA)	16 Apr 96
31. Regional Airlines	10 May 96
32. British Airways p.l.c.	28 May 96
33. Augsburg Airways GmbH	03 June 96
34. Hawaiian Airlines	12 June 96
35. Continental Airlines Inc.	14 June 96
36. Air Exel Commuter	24 June 96
38. Delta Air Lines, Inc.	24 June 96
39. KLM Cityhopper B.V.	24 June 96
40. Piedmont Airlines, Inc.	24 June 96
41. PSA Airlines, Inc.	24 June 96
42. UPS Airlines	24 June 96
43. US Air, Inc	24 June 96
44. American Trans Air, Inc.	25 June 96

---

[1] The authors are grateful to Ms. Constance O'Keefe and Ms. Marilena Perrella, from the IATA Legal Department, for providing this updated list of signatories.

Carrier	Date of Signature
46. Qantas Airways Limited	02 July 96
47. American Airlines	08 July 96
48. Cathay Pacific Airways	12 July 96
49. Cimber Air A/S	16 July 96
50. Air Baltic Corporation	18 July 96
51. GB Airways Limited	18 July 96
52. Air New Zealand	26 July 96
53. Trans World Airlines Inc. (TWA)	26 July 96
54. United Airlines	27 July 96
55. Malaysia Airlines	28 July 96
56. Reeve Aleutian Airways, Inc.	29 July 96
57. Midwest Express Airlines, Inc.	30 July 96
58. Northwest Airlines, Inc.	30 July 96
59. Singapore Airlines Ltd.	31 July 96
60. Deutsche BA Luftfahrtgesellschaft mbH	01 August 96
61. Deutsche Lufthansa AG	09 August 96
62. Alaska Airlines	12 Aug 96
63. Air Vanuatu	19 August 96
64. Transavia airlines C.V.	28 August 96
65. TAT European Airlines	02 September 96
66. Luxair	10 September 96
67. Air Aruba	16 September 96
68. Air France	14 October 96
69. Iberia	18 October 96
70. Aerovías de México, S.A. de C.V. (Aeromexico)	21 October 96
71. Korean Air Lines Co., Ltd.	22 October 1996
72. Japan Air System	23 October 1996
73. All Nippon Airways Co. Ltd	24 October 1996
74. Azerbaijan Hava Yollary	28 October 1996
75. SABENA	30 October 1996
76. MALEV - Hungarian Airlines Public Ltd. Company	01 November 1996
77. Tyrolean Airways - Tiroler Luftfahrt-AG	01 November 1996
78. Aerolineas Argentinas S. A.	05 December 1996
79. Martinair Holland N. V.	12 December 1996
80. Maersk Air Ltd.	20 December 1996
81. Continental Express	23 January 1997
82. Continental Micronesia	25 January 1997
83. Heli Air A.G.	March 1997
84. Türk Hava Yollari A.O. (Turkish Airlines)	06 March 1997
85. America West Airlines, Inc.	19 March 1997
86. Compagnie Air France Europe	30 March 1997
87. LOT Polish Airlines	17 April 1997
88. Alitalia	28 April 1997
89. Air Pacific Limited	16 June 1997
90. Interimpex-Avioimpex	16 June 1997
91. Lauda Air Luftfahrt AG	14 July 1997
92. Asiana	25 August 1997
93. Japan Asia Airways (JAA)	27 August 1997
94. Japan Air Charter (JAZ)	11 September 1997
95. Transbrasil S/A Linhas Aéreas	24 October 1997

Carrier	Date of Signature
96. Eurowings Luftverkehrs AG	15 November 1997
97. Emirates	16 November 1997
98. Central Mountain Air Ltd	4 December 1997
99. Maersk Air A/S	23 December 1997
100. Avianca	24 December 1997
101. Braathens S.A.F.E.	20 January 1998
102. CSA - Czech Airlines	23 January 1998
103. Sobelair	20 March 1998
104. Air Jamaica Limited	1 April 1998
105. PGA Portugália Airlines	25 May 1998
106. Estonian Air	19 June 1998
107. China Eastern Airlines Co., Ltd	9 July 1998
108. Air China International	23 July 1998
109. Royal Brunei Airlines	13 August 1998
110. China Southern Airlines Co. Ltd.	20 August 1998
111. Thai Airways International	3 September 1998
112. Cyprus Airways Ltd.	10 September 1998
113. Viação Aérea São Paulo S/A - VASP	16 September 1998
114. Eurocypria Airlines Ltd	5 October 1998
115. Lithuanian Airlines	5 October 1998
116. Lan Airlines	23 October 1998
117. Ecuatoriana de Aviacion S.A.	4 November 1998
118. Cubana de Aviación S.A.	10 November 1998
119. Aeroflot	30 December 1998
120. Ansett Australia Limited	4 February 1999
121. Ansett International Limited	4 February 1999
122. JAL Express Co. Ltd	31 March 1999
123. Japan TransOcean Air	31 March 1999
124. Compañia Panameña de Aviacíon	30 June 1999
125. North American Airlines, Inc.	07 July 2003
126. Aviateca, S.A.	26 January 2004
127. Lineas Aereas Costarricenses, S.A. (LACSA)	26 January 2004
128. Trans American Airlines, S.A. (dba Taca Perú)	26 January 2004
129. Taca de Honduras, S.A. de C.V.	28 January 2004
130. Nicaragüense de Aviación, S.A.	2 February 2004
131. Xiamen Airlines	25 October 2004

AGREEMENT ON MEASURES TO IMPLEMENT THE IATA INTERCARRIER AGREEMENT (MIA)

Source: International Air Transport Association website:
<http://www.iata.org/NR/ContentConnector/CS2000/Siteinterface/sites/legal/file/mia.pdf>

AGREEMENT ON MEASURES TO IMPLEMENT THE IATA INTERCARRIER AGREEMENT (MIA)[1]

I. Pursuant to the IATA Intercarrier Agreement of 31 October 1995, the undersigned carriers agree to implement said Agreement by incorporating in their conditions of carriage and tariffs, where necessary, the following:

1. {CARRIER} shall not invoke the limitation of liability in Article 22(1) of the Convention as to any claim for recoverable compensatory damages arising under Article 17 of the Convention.

2. {CARRIER} shall not avail itself of any defence under Article 20(1) of the Convention with respect to that portion of such claim which does not exceed 100,000 SDRs* [unless option II(2) is used].

3. Except as otherwise provided in paragraphs 1 and 2 hereof, {CARRIER} reserves all defences available under the Convention to any such claim. With respect to third parties, the carrier also reserves all rights of recourse against any other person, including without limitation, rights of contribution and indemnity.

II. At the option of the carrier, its conditions of carriage and tariffs also may include the following provisions:

1. {CARRIER} agrees that subject to applicable law, recoverable compensatory damages for such claims may be determined by reference to the law of the domicile or permanent residence of the passenger.

2. {CARRIER} shall not avail itself of any defence under Article 20(1) of the Convention with respect to that portion of such claims which does not exceed 100,000 SDRs, except that such waiver is limited to the amounts shown below for the routes indicated, as may be authorised by governments concerned with the transportation involved.

[Amounts and routes to be inserted]

3. Neither the waiver of limits nor the waiver of defences shall be applicable in respect of claims made by public social insurance or similar bodies however asserted. Such claims shall

---

[1] The text reproduced herein is the official version of the Agreement as available on the International Air Transport Association website: < http://www.iata.org/NR/Content Connector/CS2000/Siteinterface/sites/legal/file/mia.pdf> (date accessed: 23 May 2005).
* Defined if necessary.

be subject to the limit in Article 22(1) and to the defences under Article 20(1) of the Convention. The carrier will compensate the passenger or his dependents for recoverable compensatory damages in excess of payments received from any public social insurance or similar body.

III. Furthermore, at the option of a carrier, additional provisions may be included in its conditions of carriage and tariffs, provided they are not inconsistent with this Agreement and are in accordance with applicable law.

IV. Should any provision of this Agreement or a provision incorporated in a condition of carriage or tariff pursuant to this Agreement be determined to be invalid, illegal or unenforceable by a court of competent jurisdiction, all other provisions shall nevertheless remain valid, binding and effective.

V. 1. This Agreement may be signed in any number of counterparts, all of which shall constitute one Agreement. Any carrier may become Party to this Agreement by signing a counterpart hereof and depositing it with the Director general of the International Air Transport Association (IATA).

2. Any carrier Party hereto may withdraw from this Agreement by giving twelve (12) months' written notice of withdrawal to the Director General of IATA and to the other carriers Parties to the Agreement.

3. The Director General of IATA shall declare this Agreement effective on November 1st, 1996 or such later date as all requisite Government approvals have been obtained for this Agreement and the IATA Intercarrier Agreement of 31 October 1995.

Signed this _____ day of _____

MEASURES TO IMPLEMENT THE IATA INTERCARRIER AGREEMENT (MIA)

List of Carriers Signatories
(Status as of March 2005: 95 Signatories)[1]

Carrier	Date of Signature
1. BWIA (Trinidad and Tobago Airways Corporation)	15 December 1995
2. British Airways p.l.c.	28 May 1996
3. Hawaiian Airlines	12 June 1996
4. Continental Airlines Inc.	14 June 1996
5. Scandinavian Airlines System (SAS)	18 June 1996
6. Allegheny Airlines, Inc.	24 June 1996
7. Delta Air Lines, Inc.	24 June 1996
8. Piedmont Airlines, Inc.	24 June 1996
9. PSA Airlines, Inc.	24 June 1996
10. UPS Airlines	24 June 1996
11. USAir, Inc.	24 June 1996
12. American Trans Air, Inc.	25 June 1996
13. Air Canada	28 June 1996
14. AMR Combs BJS, Inc.	28 June 1996
15. AMR Eagle, Inc.	28 June 1996
16. Kiwi International Air Lines	28 June 1996
17. Qantas Airways Limited	02 July 1996
18. Varig S.A.	02 July 1996
19. American Airlines	08 July 1996
20. KLM Royal Dutch Airlines	11 July 1996
21. Cathay Pacific Airways	12 July 1996
22. Swissair	12 July 1996
23. GB Airways	18 July 1996
24. Air Baltic Corporation	18 July 1996
25. Austrian Airlines	23 July 1996
26. Air New Zealand	26 July 1996
27. Trans World Airlines Inc. (TWA)	26 July 1996
28. United Airlines	27 July 1996
29. Reeve Aleutian Airways, Inc.	29 July 1996
30. Midwest Express Airlines, Inc.	30 July 1996
31. Northwest Airlines, Inc.	30 July 1996
32. Deutsche BA Luftfahrtgesellschaft mbH	01 August 1996
33. Finnair OY	01 August 1996
34. Deutsche Lufthansa AG	09 August 1996
35. Alaska Airlines	15 August 1996
36. Canadian Airlines International	28 August 1996
37. Transavia airlines C.V.	28 August 1996
38. TAT European Airlines	02 September 1996
39. Crossair	05 September 1996
40. Icelandair	09 September 1996
41. Luxair	10 September 1996
42. Air France	14 October 1996
43. Kenya Airways	16 October 1996
44. Singapore Airlines Ltd.	18 October 1996

---

[1] The authors are grateful to Ms. Constance O'Keefe and Ms. Marilena Perrella, from the IATA Legal Department, for providing this updated list of signatories.

Carrier	Date of Signature
45. Korean Air Lines Co. Ltd.	22 October 1996
46. SABENA	30 October 1996
47. Tyrolean Airways - Tiroler Luftfahrt-AG	01 November 1996
48. Maersk Air Ltd.	20 December 1996
49. Continental Express	23 January 1997
50. Continental Micronesia	25 January 1997
51. Türk Hava Yollari A.O. (Turkish Airlines Inc.)	06 March 1997
52. Heli Air AG	March 1997
53. Heli-Linth AG[2]	11 March 1997
54. America West Airlines, Inc.	19 March 1997
55. Compagnie Air France Europe	30 March 1997
56. Air Pacific Limited	16 June 1997
57. Interimpex-Avioimpex	16 June 1997
58. Lauda Air Luftfahrt AG	14 July 1997
59. Asiana	25 August 1997
60. Transbrasil S/A Linhas Aéreas	24 October 1997
61. Royal Air Maroc	14 November 1997
62. TAP Air Portugal	3 December 1997
63. Central Mountain Air Ltd	4 December 1997
64. Air Afrique	16 December 1997
65. Maersk Air A/S	23 December 1997
66. Avianca	24 December 1997
67. CSA - Czech Airlines	23 January 1998
68. Sobelair	3 April 1998
69. PGA Portugália Airlines	25 May 1998
70. Estonian Air	19 June 1998
71. China Eastern Airlines Co., Ltd	9 July 1998
72. Air China International	23 July 1998
73. Royal Brunei Airlines	13 August 1998
74. China Southern Airlines Co. Ltd	20 August 1998
75. LOT Polish Airlines	28 August 1998
76. Thai Airways International	3 September 1998
77. Cyprus Airways Ltd	10 September 1998
78. Viação Aérea São Paulo S/A - VASP	16 September 1998
79. MALEV Hungarian Airlines	23 September 1998
80. Eurocypria Airlines Ltd.	5 October 1998
81. Lithuanian Airlines	5 October 1998
82. Egyptair	7 October 1998
83. South African Airways	21 October 1998
84. Lan-Chile	23 October 1998
85. Ecuatoriana de Aviacion S.A.	4 November 1998
86. Air Mauritius	5 November 1998
87. Cubana de Aviación S.A.	10 November 1998
88. Croatia Airlines	15 November 1998
89. Aeroflot	30 December 1998
90. Ansett Australia Limited	4 February 1999
91. Ansett International Limited	4 February 1999
92. Braathens	12 March 1999
93. Compañia Panameña de Aviacíon (COPA)	20 October 1999
94. North American Airlines, Inc.	07 July 2003
95. Xiamen Airlines	25 October 2004

---

[2] Carrier notified IATA of withdrawal effective 18 June 2000.

국제항공운송에 있어서의 일부 규칙 통일에 관한 협약

이 협약의 당사국은,
1929년 10월 12일 바르샤바에서 서명된 국제항공운송에 있어서의 일부 규칙 통일에 관한 협약 (이하 '바르샤바협약'이라 한다) 및 기타 관련 문서들이 국제항공사법의 조화에 지대한 공헌을 하여왔음을 인식하며,

바르샤바협약 및 관련 문서를 현대화하고 통합하여야 할 필요성을 인식하며,

국제항공운송에 있어서 소비자 이익 보호의 중요성과 원상회복의 원칙에 근거한 공평한 보상의 필요성을 인식하며,

1944년 12월 7일 시카고에서 작성된 국제민간항공협약의 원칙과 목적에 따른 국제항공운송사업의 질서정연한 발전과 승객·수하물 및 화물의 원활한 이동이 바람직함을 재확인하며,

새로운 협약을 통하여 국제항공운송을 규율하는 일부 규칙의 조화 및 성문화를 진작하기 위한 국가의 공동행동이 공평한 이익균형의 달성에 가장 적합한 수단임을 확신하며,

다음과 같이 합의하였다.

제 1 장
총 칙

제 1 조 【적용 범위】

1. 이 협약은 항공기에 의하여 유상으로 수행되는 승객·수하물 또는 화물의 모든 국제운송에 적용된다. 이 협약은 항공운송기업이 항공기에 의하여 무상으로 수행되는 운송에도 동일하게 적용된다.

2. 이 협약의 목적상, 국제운송이라 함은 운송의 중단 또는 환적이 있는지 여부를 불문하고, 당사자간 합의에 따라 출발지와 도착지가 두 개의 당사국의 영역 내에 있는 운송, 또는 출발지와 도착지가 단일의 당사국 영역 내에 있는 운

Convention for the Unification of Ceratin Rules for International Carriage by Air

THE STATES PARTIES TO THIS CONVENTION,
RECOGNIZING the significant contribution of the Convention for the Unification of Certain Rules relating to International Carriage by Air signed in Warsaw on 12 October 1929, hereinafter referred to as the "Warsaw Convention", and other related instruments to the harmonization of private international air law;
RECOGNIZING the need to modernize and consolidate the Warsaw Convention and related instruments;
RECOGNIZING the importance of ensuring protection of the interests of consumers in international carriage by air and the need for equitable compensation based on the principle of restitution;
REAFFIRMING the desirability of an orderly development of international air transport operations and the smooth flow of passengers, baggage and cargo in accordance with the principles and objectives of the Convention on International Civil Aviation, done at Chicago on 7 December 1944;
CONVINCED that collective State action for further harmonization and codification of certain rules governing international carriage by air through a new Convention is the most adequate means of achieving an equitable balance of interests;

HAVE AGREED AS FOLLOWS:

Chapter 1
General Provisions

Article 1 【Scope of Application】

1. This Convention applies to all international carriage of persons, baggage or cargo performed by aircraft for reward. It applies equally to gratuitous carriage by aircraft performed by an air transport undertaking.

2. For the purposes of this Convention, the expression international carriage means any carriage in which, according to the agreement between the parties, the place of departure and the place of destination, whether or not

송으로서 합의된 예정 기항지가 타 국가의 영역 내에 존재하는 운송을 말한다. 이때 예정 기항지가 존재한 타 국가가 이 협약의 당사국인지 여부는 불문한다. 단일의 당사국 영역내의 두 지점간 수행하는 운송으로서 타 국가의 영역 내에 합의된 예정 기항지가 존재하지 아니하는 것은 이 협약의 목적상 국제운송이 아니다.

3. 2인 이상의 운송인이 연속적으로 수행하는 운송은 이 협약의 목적상, 당사자가 단일의 취급을 한 때에는, 단일의 계약형식 또는 일련의 계약형식으로 합의하였는지 여부를 불문하고 하나의 불가분의 운송이라고 간주되며, 이러한 운송은 단지 단일의 계약 또는 일련의 계약이 전적으로 동일국의 영역 내에서 이행된다는 이유로 국제적 성질이 상실되는 것은 아니다.

4. 이 협약은 또한, 제5장의 조건에 따라, 동장에 규정된 운송에도 적용된다.

제 2 조 【국가가 수행하는 운송 및 우편물의 운송】

1. 이 협약은 제1조에 규정된 조건에 합치하는 한, 국가 또는 법적으로 설치된 공공기관이 수행하는 운송에도 적용된다.

2. 우편물의 운송의 경우, 운송인은 운송인과 우정당국간 관계에 적용되는 규칙에 따라 관련 우정당국에 대해서만 책임을 진다.

3. 본 조 제2항에서 규정하고 있는 경우를 제외한 이 협약의 규정은 우편물의 운송에 적용되지 아니한다.

제 2 장
승객·수하물 및 화물의 운송과 관련된 증권과 당사자 의무

제 3 조 【승객 및 수하물】

1. 승객의 운송에 관하여 다음 사항을 포함한 개인용 또는 단체용 운송증권을 교부한다.
   가. 출발지 및 도착지의 표시

there be a break in the carriage or a transhipment, are situated either within the territories of two States Parties, or within the territory of a single State Party if there is an agreed stopping place within the territory of another State, even if that State is not a State Party. Carriage between two points within the territory of a single State Party without an agreed stopping place within the territory of another State is not international carriage for the purposes of this Convention.

3. Carriage to be performed by several successive carriers is deemed, for the purposes of this Convention, to be one undivided carriage if it has been regarded by the parties as a single operation, whether it had been agreed upon under the form of a single contract or of a series of contracts, and it does not lose its international character merely because one contract or a series of contracts is to be performed entirely within the territory of the same State.

4. This Convention applies also to carriage as set out in Chapter V, subject to the terms contained therein.

Article 2 【Carriage Performed by State and Carriage of Postal Items】

1. This Convention applies to carriage performed by the State or by legally constituted public bodies provided it falls within the conditions laid down in Article 1.

2. In the carriage of postal items, the carrier shall be liable only to the relevant postal administration in accordance with the rules applicable to the relationship between the carriers and the postal administrations.

3. Except as provided in paragraph 2 of this Article, the provisions of this Convention shall not apply to the carriage of postal items.

Chapter II
Documentation and Duties of the Parties Relating to the Carriage of Passengers, Baggage and Cargo

Article 3 【Passengers and Baggage】

1. In respect of carriage of passengers, an individual or collective document of carriage shall be delivered containing:

나. 출발지 및 도착지가 단일의 당사국 영역 내에 있고 하나 또는 그 이상의 예정 기항지가 타 국가의 영역 내에 존재하는 경우에는 그러한 예정 기항지 중 최소한 한곳의 표시

2. 제1항에 명시된 정보를 보존하는 다른 수단도 동항에 언급된 증권의 교부를 대체할 수 있다. 그러한 수단이 사용되는 경우, 운송인은 보존된 정보에 관한 서면 신고서의 교부를 승객에게 제안한다.

3. 운송인은 개개의 위탁수하물에 대한 수하물 식별표를 여객에게 교부한다.

4. 운송인은 이 협약이 적용 가능한 경우 승객의 사망 또는 부상 및 수하물의 파괴·분실 또는 손상 및 지연에 대한 운송인의 책임을 이 협약이 규율하고 제한할 수 있음을 승객에게 서면으로 통고한다.

5. 전항의 규정에 따르지 아니한 경우에도 운송계약의 존재 및 유효성에는 영향을 미치지 아니하며, 책임의 한도에 관한 규정을 포함한 이 협약의 규정이 적용된다.

제 4 조 【화물】

1. 화물 운송의 경우, 항공운송장이 교부된다.

2. 운송에 관한 기록을 보존하는 다른 수단도 항공운송장의 교부를 대체할 수 있다. 그러한 수단이 사용되는 경우, 운송인은 송하인의 요청에 따라 송하인에게 운송을 증명하고 그러한 수단에 의하여 보존되는 기록에 포함된 정보를 수록한 화물수령증을 교부한다.

제 5 조 【항공운송장 또는 화물수령증의 기재 사항】

항공운송장 또는 화물수령증에는 다음의 사항을 기재한다.
가. 출발지 및 도착지의 표시
나. 출발지 및 도착지가 단일의 당사국 영역 내에 존재하고 하나 또는 그 이상의 예정 기항지가 타 국가의 영역 내에 존재하는 경우에는 그러한 예정 기항지의 최소한 한 곳의 표시

(a) an indication of the places of departure and destination;
(b) if the places of departure and destination are within the territory of a single State Party, one or more agreed stopping places being within the territory of another State, an indication of at least one such stopping place.

2. Any other means which preserves the information indicated in paragraph 1 may be substituted for the delivery of the document referred to in that paragraph. If any such other means is used, the carrier shall offer to deliver to the passenger a written statement of the information so preserved.

3. The carrier shall deliver to the passenger a baggage identification tag for each piece of checked baggage.

4. The passenger shall be given written notice to the effect that where this Convention is applicable it governs and may limit the liability of carriers in respect of death or injury and for destruction or loss of, or damage to, baggage, and for delay.

5. Non-compliance with the provisions of the foregoing paragraphs shall not affect the existence or the validity of the contract of carriage, which shall, nonetheless, be subject to the rules of this Convention including those relating to limitation of liability.

Article 4 【Cargo】

1. In respect of the carriage of cargo, an air waybill shall be delivered.

2. Any other means which preserves a record of the carriage to be performed may be substituted for the delivery of an air waybill. If such other means are used, the carrier shall, if so requested by the consignor, deliver to the consignor a cargo receipt permitting identification of the consignment and access to the information contained in the record preserved by such other means.

Article 5 【Contents of Air Waybill of Cargo Receipt】

The air waybill or the cargo receipt shall include:
(a) an indication of the places of departure and destination;
(b) if the places of departure and destination are within the territory of a single State Party, one or more agreed stopping places being within the territory of another State,

다. 화물의 중량 표시

제 6 조 【화물의 성질에 관련된 서류】

세관·경찰 및 유사한 공공기관의 절차를 이행하기 위하여 필요한 경우, 송하인은 화물의 성질을 명시한 서류를 교부할 것을 요구받을 수 있다. 이 규정은 운송인에게 어떠한 의무·구속 또는 그에 따른 책임을 부과하지 아니한다.

제 7 조 【항공운송장의 서식】

1. 항공운송장은 송하인에 의하여 원본 3통이 작성된다.
2. 제1의 원본에는 '운송인용'이라고 기재하고 송하인이 서명한다. 제2의 원본에는 '수하인용'이라고 기재하고 송하인 및 운송인이 서명한다. 제3의 원본에는 운송인이 서명하고, 화물을 접수받은 후 송하인에게 인도한다.

3. 운송인 및 송하인의 서명은 인쇄 또는 날인하여도 무방하다.
4. 송하인의 청구에 따라 운송인이 항공운송장을 작성하였을 경우, 반증이 없는 한 운송인은 송하인을 대신하여 항공운송장을 작성한 것으로 간주된다.

제 8 조 【복수화물을 위한 증권】

1개 이상의 화물이 있는 경우,
  가. 화물의 운송인은 송하인에게 개별적인 항공운송장을 작성하여 줄 것을 청구할 권리를 갖는다.
  나. 송하인은 제4조 제2항에 언급된 다른 수단이 사용되는 경우에는 운송인에게 개별적인 화물수령증의 교부를 청구할 권리를 갖는다.

제 9 조 【증권상 요건의 불이행】

제4조 내지 제8조의 규정에 따르지 아니하는 경우에도 운송계약의 존재 및 유효성에는 영향을 미치지 아니하며, 책임의 한도에 관한 규정을 포함한 이 협약의 규정이 적용된다.

제 10 조 【증권의 기재사항에 대한 책임】

1. 송하인은 본인 또는 대리인이 화물에 관련하여 항공운송장에 기재한 사항, 본인 또는 대리

an indication of at least one such stopping place; and

(c) an indication of the weight of the consignment.

Article 6 【Document Relating to the Nature of the Cargo】

The consignor may be required, if necessary, to meet the formalities of customs, police and similar public authorities to deliver a document indicating the nature of the cargo. This provision creates for the carrier no duty, obligation or liability resulting therefrom.

Article 7 【Description of Air Waybill】

1. The air waybill shall be made out by the consignor in three original parts.
2. The first part shall be marked "for the carrier"; it shall be signed by the consignor. The second part shall be marked "for the consignee"; it shall be signed by the consignor and by the carrier. The third part shall be signed by the carrier who shall hand it to the consignor after the cargo has been accepted.
3. The signature of the carrier and that of the consignor may be printed or stamped.
4. If, at the request of the consignor, the carrier makes out the air waybill, the carrier shall be deemed, subject to proof to the contrary, to have done so on behalf of the consignor.

Article 8 【Documentation for Multiple Packages】

When there is more than one package:
  (a) the carrier of cargo has the right to require the consignor to make out separate air waybills;
  (b) the consignor has the right to require the carrier to deliver separate cargo receipts when the other means referred to in paragraph 2 of Article 4 are used.

Article 9 【Non-compliance with Documentary Requirements】

Non-compliance with the provisions of Articles 4 to 8 shall not affect the existence or the validity of the contract of carriage, which shall, nonetheless, be subject to the rules of this Convention including those relating to limitation of liability.

Article 10 【Responsibility for Particulars of Documentation】

1. The consignor is responsible for the correctness of the particulars and statements relating to the

인이 화물수령증에의 기재를 위하여 운송인에게 제공한 사항, 또는 제4조 제2항에 언급된 다른 수단에 의하여 보존되는 기록의 기재를 위하여 운송인에게 제공한 사항의 정확성에 대하여 책임진다. 이는 송하인을 대신하여 행동하는 자가 운송인의 대리인인 경우에도 적용된다.

2. 송하인은 본인 또는 대리인이 제공한 기재사항의 불비·부정확 또는 불완전으로 인하여 운송인이나 운송인이 책임을 부담하는 자가 당한 모든 손해에 대하여 운송인에게 보상한다.

3. 본 조 제1항 및 제2항의 규정을 조건으로, 운송인은 본인 또는 대리인이 화물수령증 또는 제4조 제2항에 언급된 다른 수단에 의하여 보존되는 기록에 기재한 사항의 불비·부정확 또는 불완전으로 인하여 송하인이나 송하인이 책임을 부담하는 자가 당한 모든 손해에 대하여 송하인에게 보상한다.

제 11 조 【증권의 증거력】

1. 항공운송장 또는 화물수령증은 반증이 없는 한, 그러한 증권에 언급된 계약의 체결, 화물의 인수 및 운송의 조건에 관한 증거가 된다.

2. 화물의 개수를 포함한, 화물의 중량·크기 및 포장에 관한 항공운송장 및 화물수령증의 기재사항은 반증이 없는 한, 기재된 사실에 대한 증거가 된다. 화물의 수량·부피 및 상태는 운송인이 송하인의 입회하에 점검하고, 그러한 사실을 항공운송장이나 화물수령증에 기재한 경우 또는 화물의 외양에 관한 기재의 경우를 제외하고는 운송인에게 불리한 증거를 구성하지 아니한다.

제 12 조 【화물의 처분권】

1. 송하인은 운송계약에 따른 모든 채무를 이행할 책임을 조건으로, 출발공항 또는 도착공항에서 화물을 회수하거나, 운송도중 착륙할 때에 화물을 유치하거나, 최초 지정한 수하인 이외의 자에 대하여 도착지에서 또는 운송도중에 화물을 인도할 것을 요청하거나 또는 출발공항으로 화물을 반송할 것을 청구함으로써 화물을 처분할 권리를 보유한다. 송하인은 운송인 또는 다

cargo inserted by it or on its behalf in the air waybill or furnished by it or on its behalf to the carrier for insertion in the cargo receipt or for insertion in the record preserved by the other means referred to in paragraph 2 of Article 4. The foregoing shall also apply where the person acting on behalf of the consignor is also the agent of the carrier.

2. The consignor shall indemnify the carrier against all damage suffered by it, or by any other person to whom the carrier is liable, by reason of the irregularity, incorrectness or incompleteness of the particulars and statements furnished by the consignor or on its behalf.

3. Subject to the provisions of paragraphs 1 and 2 of this Article, the carrier shall indemnify the consignor against all damage suffered by it, or by any other person to whom the consignor is liable, by reason of the irregularity, incorrectness or incompleteness of the particulars and statements inserted by the carrier or on its behalf in the cargo receipt or in the record preserved by the other means referred to in paragraph 2 of Article 4.

Article 11 【Evidentiary Value of Documentation】

1. The air waybill or the cargo receipt is *prima facie* evidence of the conclusion of the contract, of the acceptance of the cargo and of the conditions of carriage mentioned therein.

2. Any statements in the air waybill or the cargo receipt relating to the weight, dimensions and packing of the cargo, as well as those relating to the number of packages, are *prima facie* evidence of the facts stated; those relating to the quantity, volume and condition of the cargo do not constitute evidence against the carrier except so far as they both have been, and are stated in the air waybill or the cargo receipt to have been, checked by it in the presence of the consignor, or relate to the apparent condition of the cargo.

Article 12 【Right of Disposition of Cargo】

1. Subject to its liability to carry out all its obligations under the contract of carriage, the consignor has the right to dispose of the cargo by withdrawing it at the airport of departure or destination, or by stopping it in the course of the journey on any landing, or by calling for it to be delivered at the place of destination or in the course of the

른 송하인을 해하는 방식으로 이러한 처분권을 행사해서는 아니 되며, 이러한 처분권의 행사에 의하여 발생한 어떠한 비용도 변제하여야 한다.

2. 송하인의 지시를 이행하지 못할 경우, 운송인은 즉시 이를 송하인에게 통보하여야 한다.

3. 운송인은 송하인에게 교부한 항공운송장 또는 화물수령증의 제시를 요구하지 아니하고 화물의 처분에 관한 송하인의 지시에 따른 경우, 이로 인하여 항공운송장 또는 화물수령증의 정당한 소지인에게 발생된 어떠한 손해에 대하여도 책임을 진다. 단, 송하인에 대한 운송인의 구상권은 침해받지 아니한다.

4. 송하인에게 부여된 권리는 수하인의 권리가 제13조에 따라 발생할 때 소멸한다. 그럼에도 불구하고 수하인이 화물의 수취를 거절하거나 또는 수하인을 알 수 없는 때에는 송하인은 처분권을 회복한다.

제 13 조【화물의 인도】

1. 송하인이 제12조에 따른 권리를 행사하는 경우를 제외하고, 수하인은 화물이 도착지에 도착하였을 때 운송인에게 정당한 비용을 지급하고 운송의 조건을 충족하면 화물의 인도를 요구할 권리를 가진다.

2. 별도의 합의가 없는 한, 운송인은 화물이 도착한 때 수하인에게 통지를 할 의무가 있다.

3. 운송인이 화물의 분실을 인정하거나 또는 화물이 도착되었어야 할 날로부터 7일이 경과하여도 도착되지 아니하였을 때에는 수하인은 운송인에 대하여 계약으로부터 발생된 권리를 행사할 권리를 가진다.

제 14 조【송하인과 수하인의 권리행사】

송하인과 수하인은 운송계약에 의하여 부과된 채무를 이행할 것을 조건으로 하여 자신 또는 타인의 이익을 위하여 행사함을 불문하고 각각 자기의 명의로 제12조 및 제13조에 의하여 부여된 모든 권리를 행사할 수 있다.

journey to a person other than the consignee originally designated, or by requiring it to be returned to the airport of departure. The consignor must not exercise this right of disposition in such a way as to prejudice the carrier or other consignors and must reimburse any expenses occasioned by the exercise of this right.

2. If it is impossible to carry out the instructions of the consignor, the carrier must so inform the consignor forthwith.

3. If the carrier carries out the instructions of the consignor for the disposition of the cargo without requiring the production of the part of the air waybill or the cargo receipt delivered to the latter, the carrier will be liable, without prejudice to its right of recovery from the consignor, for any damage which may be caused thereby to any person who is lawfully in possession of that part of the air waybill or the cargo receipt.

4. The right conferred on the consignor ceases at the moment when that of the consignee begins in accordance with Article 13. Nevertheless, if the consignee declines to accept the cargo, or cannot be communicated with, the consignor resumes its right of disposition.

Article 13【Delivery of the Cargo】

1. Except when the consignor has exercised its right under Article 12, the consignee is entitled, on arrival of the cargo at the place of destination, to require the carrier to deliver the cargo to it, on payment of the charges due and on complying with the conditions of carriage.

2. Unless it is otherwise agreed, it is the duty of the carrier to give notice to the consignee as soon as the cargo arrives.

3. If the carrier admits the loss of the cargo, or if the cargo has not arrived at the expiration of seven days after the date on which it ought to have arrived, the consignee is entitled to enforce against the carrier the rights which flow from the contract of carriage.

Article 14【Enforcement of the Rights of Consignor and Consignee】

The consignor and the consignee can respectively enforce all the rights given to them by Articles 12 and 13, each in its own name, whether it is acting in its own interest or in the interest of another, provided that it

제 15 조【송하인과 수하인의 관계 또는 제3자와의 상호관계】

1. 제12조·제13조 및 제14조는 송하인과 수하인의 상호관계 또는 송하인 및 수하인과 이들 중 어느 한쪽으로부터 권리를 취득한 제3자와의 상호관계에는 영향을 미치지 아니한다.

2. 제12조·제13조 및 제14조의 규정은 항공운송장 또는 화물수령증에 명시적인 규정에 의해서만 변경될 수 있다.

제 16 조【세관·경찰 및 기타 공공기관의 절차】

1. 송하인은 화물이 수하인에게 인도될 수 있기 전에 세관·경찰 또는 기타 공공기관의 절차를 이행하기 위하여 필요한 정보 및 서류를 제공한다. 송하인은 그러한 정보 및 서류의 부재·불충분 또는 불비로부터 발생한 손해에 대하여 운송인에게 책임을 진다. 단, 그러한 손해가 운송인·그의 고용인 또는 대리인의 과실에 기인한 경우에는 그러하지 아니한다.

2. 운송인은 그러한 정보 또는 서류의 정확성 또는 충분성 여부를 조사할 의무가 없다.

제 3 장
운송인의 책임 및 손해배상의 범위

제 17 조【승객의 사망 및 부상 – 수하물에 대한 손해】

1. 운송인은 승객의 사망 또는 신체의 부상의 경우에 입은 손해에 대하여 사망 또는 부상을 야기한 사고가 항공기상에서 발생하였거나 또는 탑승과 하강의 과정에서 발생하였을 때에 한하여 책임을 진다.

2. 운송인은 위탁수하물의 파괴·분실 또는 손상으로 인한 손해에 대하여 파괴·분실 또는 손상을 야기한 사고가 항공기상에서 발생하였거나 또는 위탁수하물이 운송인의 관리 하에 있는 기간 중 발생한 경우에 한하여 책임을 진다. 그러나, 운송인은 손해가 수하물 고유의 결함·성질 또는 수하물의 불완전에 기인하는 경우 및 그러한 범위 내에서는 책임을 부담하지 아

carries out the obligations imposed by the contract of carriage.

Article 15【Relations of Consignor and Consignee or Mutual Relations of Third Parties】

1. Articles 12, 13 and 14 do not affect either the relations of the consignor and the consignee with each other or the mutual relations of third parties whose rights are derived either from the consignor or from the consignee.
2. The provisions of Articles 12, 13 and 14 can only be varied by express provision in the air waybill or the cargo receipt.

Article 16【Formalities of Customs, Police or Other Public Authorities】

1. The consignor must furnish such information and such documents as are necessary to meet the formalities of customs, police and any other public authorities before the cargo can be delivered to the consignee. The consignor is liable to the carrier for any damage occasioned by the absence, insufficiency or irregularity of any such information or documents, unless the damage is due to the fault of the carrier, its servants or agents.
2. The carrier is under no obligation to enquire into the correctness or sufficiency of such information or documents.

Chapter III
Liability of the Carrier and
Extent of Compensation for Damage

Article 17【Death and Injury of Passengers-Damage to Baggage】

1. The carrier is liable for damage sustained in case of death or bodily injury of a passenger upon condition only that the accident which caused the death or injury took place on board the aircraft or in the course of any of the operations of embarking or disembarking.
2. The carrier liable for damage sustained in case of destruction or loss of, or of damage to, checked baggage upon condition only that the event which caused the destruction, loss or damage took place on board the aircraft or during any period within which the checked baggage was in the charge of the carrier. However, the carrier is not liable if and to the

니한다. 개인소지품을 포함한 휴대수하물의 경우, 운송인·그의 고용인 또는 대리인의 과실에 기인하였을 때에만 책임을 진다.

3. 운송인이 위탁수하물의 분실을 인정하거나 또는 위탁수하물이 도착하였어야 하는 날로부터 21일이 경과하여도 도착하지 아니하였을 때 승객은 운송인에 대하여 운송계약으로부터 발생되는 권리를 행사할 권한을 가진다.

4. 별도의 구체적인 규정이 없는 한, 이 협약에서 '수하물'이라는 용어는 위탁수하물 및 휴대 수하물 모두를 의미한다.

제 18 조 【화물에 대한 손해】

1. 운송인은 화물의 파괴·분실 또는 손상으로 인한 손해에 대하여 손해를 야기한 사고가 항공운송 중에 발생하였을 경우에 한하여 책임을 진다.

2. 그러나, 운송인은 화물의 파괴·분실 또는 손상이 다음중 하나이상의 사유에 기인하여 발생하였다는 것이 입증되었을 때에는 책임을 지지 아니한다.
   가. 화물의 고유한 결함·성질 또는 화물의 불완전
   나. 운송인·그의 고용인 또는 대리인이외의 자가 수행한 화물의 결함이 있는 포장
   다. 전쟁 또는 무력분쟁행위
   라. 화물의 입출국 또는 통과와 관련하여 행한 공공기관의 행위

3. 본 조 제1항의 의미상 항공운송은 화물이 운송인의 관리 하에 있는 기간도 포함된다.

4. 항공운송의 기간에는 공항외부에서 행한 육상·해상운송 또는 내륙수로운송은 포함되지 아니한다. 그러나, 그러한 운송이 항공운송계약을 이행함에 있어서, 화물의 적재·인도 또는 환적을 목적으로 하여 행하여졌을 때에는 반증이 없는 한 어떠한 손해도 항공운송 중에 발생한 사고의 결과라고 추정된다. 운송인이 송하인의 동의 없이 당사자간 합의에 따라 항공운송으로 행할 것이 예정되어 있었던 운송의 전부 또는 일부를 다른 운송수단의 형태에 의한 운송으로 대체하였을 때에는 다른 운송수단의 형태에 의한 운송은 항공운송의 기간 내에 있는 것으로 간주된다.

extent that the damage resulted from the inherent defect, quality or vice of the baggage. In the case of unchecked baggage, including personal items, the carrier is liable if the damage resulted from its fault or that of its servants or agents.

3. If the carrier admits the loss of the checked baggage, or if the checked baggage has not arrived at the expiration of twenty-one days after the date on which it ought to have arrived, the passenger is entitled to enforce against the carrier the rights which flow from the contract of carriage.

4. Unless otherwise specified, in this Convention the term "baggage" means both checked baggage and unchecked baggage.

Article 18 【Damage to Cargo】

1. The carrier is liable for damage sustained in the event of the destruction or loss of or damage to, cargo upon condition only that the event which caused the damage so sustained took place during the carriage by air.

2. However, the carrier is not liable if and to the extent it proves that the destruction, or loss of, or damage to, the cargo resulted from one or more of the following:
   (a) inherent defect, quality or vice of that cargo;
   (b) defective packing of that cargo performed by a person other than the carrier or its servants or agents;
   (c) an act of war or an armed conflict;
   (d) an act of public authority carried out in connection with the entry, exit or transit of the cargo.

3. The carriage by air within the meaning of paragraph 1 of this Article comprises the period during which the cargo is in the charge of the carrier.

4. The period of the carriage by air does not extend to any carriage by land, by sea or by inland waterway performed outside an airport. If, however, such carriage takes place in the performance of a contract for carriage by air, for the purpose of loading, delivery or transhipment, any damage is presumed, subject to proof to the contrary, to have been the result of an event which took place during the carriage by air. If a carrier, without the consent of the consignor, substitutes carriage by another mode of transport for the whole or part of a carriage intended by the agreement between

제 19 조 【지연】

운송인은 승객·수하물 또는 화물의 항공운송 중 지연으로 인한 손해에 대한 책임을 진다. 그럼에도 불구하고, 운송인은 본인·그의 고용인 또는 대리인이 손해를 피하기 위하여 합리적으로 요구되는 모든 조치를 다하였거나 또는 그러한 조치를 취할 수 없었다는 것을 증명한 경우에는 책임을 지지 아니한다.

제 20 조 【책임 면제】

운송인이 손해배상을 청구하는 자 또는 그로부터 권한을 위임받은 자의 과실·기타 불법적인 작위 또는 부작위가 손해를 야기하였거나 또는 손해에 기여하였다는 것을 증명하였을 때에는 그러한 과실·불법적인 작위 또는 부작위가 손해를 야기하였거나 손해에 기여한 정도에 따라 청구자에 대하여 책임의 전부 또는 일부를 면제받는다. 승객의 사망 또는 부상을 이유로 하여 손해배상이 승객이외의 자에 의하여 청구되었을 때, 운송인은 손해가 승객의 과실·불법적인 작위 또는 부작위에 기인하였거나 이에 기여하였음을 증명한 정도에 따라 책임의 전부 또는 일부를 면제받는다. 본 조는 제21조 제1항을 포함한 이 협약의 모든 배상책임규정에 적용된다.

제 21 조 【승객의 사망 또는 부상에 대한 배상】

1. 운송인은 승객당 100,000 SDR을 초과하지 아니한 제17조 제1항상의 손해에 대한 책임을 배제하거나 제한하지 못한다.

2. 승객당 100,000 SDR을 초과하는 제17조 제1항상의 손해에 대하여, 운송인이 다음을 증명하는 경우에는 책임을 지지 아니한다.
   가. 그러한 손해가 운송인·그의 고용인 또는 대리인의 과실·기타 불법적인 작위 또는 부작위에 기인하지 아니하였거나,
   나. 그러한 손해가 오직 제3자의 과실·기타 불법적인 작위 또는 부작위에 기인하였을 경우

the parties to be carriage by air, such carriage by another mode of transport is deemed to be within the period of carriage by air.

Article 19 【Delay】

The carrier is liable for damage occasioned by delay in the carriage by air of passengers, baggage or cargo. Nevertheless, the carrier shall not be liable for damage occasioned by delay if it proves that it and its servants and agents took all measures that could reasonably be required to avoid the damage or that it was impossible for it or them to take such measures.

Article 20 【Exoneration】

If the carrier proves that the damage was caused or contributed to by the negligence or other wrongful act or omission of the person claiming compensation, or the person from whom he or she derives his or her rights, the carrier shall be wholly or partly exonerated from its liability to the claimant to the extent that such negligence or wrongful act or omission caused or contributed to the damage. When by reason of death or injury of a passenger compensation is claimed by a person other than the passenger, the carrier shall likewise be wholly or partly exonerated from its liability to the extent that it proves that the damage was caused or contributed to by the negligence or other wrongful act or omission of that passenger. This Article applies to all the liability provisions in this Convention, including paragraph 1 of Article 21.

Article 21 【Compensation in Case of Death or Injury of Passengers】

1. For damages arising under paragraph 1 of Article 17 not exceeding 100,000 Special Drawing Rights for each passenger, the carrier shall not be able to exclude or limit its liability.
2. The carrier shall not be liable for damages arising under paragraph 1 of Article 17 to the extent that they exceed for each passenger 100,000 Special Drawing Rights if the carrier proves that:
   (a) such damage was not due to the negligence or other wrongful act or omission of the carrier or its servants or agents; or
   (b) such damage was solely due to the negligence or other wrongful act or omission of a third party.

제 22 조 【지연·수하물 및 화물과 관련한 배상 책임의 한도】

1. 승객의 운송에 있어서 제19조에 규정되어 있는 지연에 기인한 손해가 발생한 경우, 운송인의 책임은 승객 1인당 4,150 SDR로 제한된다.

2. 수하물의 운송에 있어서 수하물의 파괴·분실·손상 또는 지연이 발생한 경우 운송인의 책임은 승객 1인당 1,000 SDR로 제한된다. 단, 승객이 위탁수하물을 운송인에게 인도할 때에 도착지에서 인도시 이익에 관한 특별신고를 하였거나 필요에 따라 추가요금을 지급한 경우에는 그러하지 아니한다. 이러한 경우, 운송인은 신고가액이 도착지에 있어서 인도시 승객의 실질이익을 초과한다는 것을 증명하지 아니하는 한 신고가액을 한도로 하는 금액을 지급할 책임을 진다.

3. 화물의 운송에 있어서 화물의 파괴·분실·손상 또는 지연이 발생한 경우 운송인의 책임은 1 킬로그램당 17 SDR로 제한된다. 단, 송하인이 화물을 운송인에게 인도할 때에 도착지에서 인도시 이익에 관한 특별신고를 하였거나 필요에 따라 추가 요금을 지급한 경우에는 그러하지 아니하다. 이러한 경우, 운송인은 신고가액이 도착지에 있어서 인도시 송하인의 실질이익을 초과한다는 것을 증명하지 아니하는 한 신고가액을 한도로 하는 금액을 지급할 책임을 진다.

4. 화물의 일부 또는 화물에 포함된 물건의 파괴·분실·손상 또는 지연의 경우, 운송인의 책임한도를 결정함에 있어서 고려하여야 할 중량은 관련 화물의 총 중량이다. 그럼에도 불구하고 화물의 일부 또는 화물에 포함된 물건의 파괴·분실·손상 또는 지연이 동일한 항공운송장 또는 화물수령증에 기재하거나 또는 이러한 증권이 발행되지 아니하였을 때에는 제4조 제2항에 언급된 다른 수단에 의하여 보존되고 있는 동일한 기록에 기재되어 있는 기타 화물의 가액에 영향을 미칠 때에는 운송인의 책임한도를 결정함에 있어 그러한 화물의 총 중량도 고려되어야 한다.

5. 손해가 운송인·그의 고용인 또는 대리인이

Article 22 【Limits of Liability in Relation to Delay, Baggage and Cargo】

1. In the case of damage caused by delay as specified in Article 19 in the carriage of persons, the liability of the carrier for each passenger is limited to 4,150 Special Drawing Rights.

2. In the carriage of baggage, the liability of the carrier in the case of destruction, loss, damage or delay is limited to 1,000 Special Drawing Rights for each passenger unless the passenger has made, at the time when the checked baggage was handed over to the carrier, a special declaration of interest in delivery at destination and has paid a supplementary sum if the case so requires. In that case the carrier will be liable to pay a sum not exceeding the declared sum, unless it proves that the sum is greater than the passenger's actual interest in delivery at destination.

3. In the carriage of cargo, the liability of the carrier in the case of destruction, loss, damage or delay is limited to a sum of 17 Special Drawing Rights per kilogram, unless the consignor has made, at the time when the package was handed over to the carrier, a special declaration of interest in delivery at destination and has paid a supplementary sum if the case so requires. In that case the carrier will be liable to pay a sum not exceeding the declared sum, unless it proves that the sum is greater than the consignor's actual interest in delivery at destination.

4. In the case of destruction, loss, damage or delay of part of the cargo, or of any object contained therein, the weight to be taken into consideration in determining the amount to which the carrier's liability is limited shall be only the total weight of the package or packages concerned. Nevertheless, when the destruction, loss, damage or delay of a part of the cargo, or of an object contained therein, affects the value of other packages covered by the same air waybill, or the same receipt or, if they were not issued, by the same record preserved by the other means referred to in paragraph 2 of Article 4, the total weight of such package or packages shall also be taken into consideration in determining the limit of liability.

5. The foregoing provisions of paragraphs 1

손해를 야기할 의도를 가지거나 또는 무모하게 손해가 야기될 것을 인지하고 행한 작위 또는 부작위로부터 발생되었다는 것이 입증되었을 때에는 본 조 제1항 및 제2항에 전술한 규정은 적용되지 아니한다. 단, 고용인 또는 대리인이 작위 또는 부작위를 행한 경우에는 그가 자기의 고용업무의 범위 내에서 행하였다는 것이 입증되어야 한다.

6. 제21조 및 본 조에 규정된 책임제한은 자국법에 따라 법원이 원고가 부담하는 소송비용 및 소송과 관련된 기타 비용에 이자를 포함한 금액의 전부 또는 일부를 재정하는 것을 방해하지 아니한다. 전기 규정은 소송비용 및 소송과 관련된 기타 비용을 제외한, 재정된 손해액이 손해를 야기한 사건의 발생일로부터 6월의 기간 내에 또는 소송의 개시가 상기 기간 이후일 경우에는 소송 개시 전에 운송인이 원고에게 서면으로 제시한 액수를 초과하지 아니한 때에는 적용되지 아니한다.

제 23 조 【화폐단위의 환산】

1. 이 협약에서 특별인출권으로 환산되어 언급된 금액은 국제통화기금이 정의한 특별인출권을 의미하는 것으로 간주된다. 재판절차에 있어서 국내통화로의 환산은 판결일자에 특별인출권의 국내통화환산액에 따라 정한다. 국제통화기금의 회원국의 특별인출권의 국내통화환산금액은 국제통화기금의 운영과 거래를 위하여 적용하는 평가방식에 따라 산출하게 되며, 동 방식은 판결일자에 유효하여야 한다. 국제통화기금의 비회원국인 당사국의 특별인출권의 국내통화환산금액은 동 당사국이 결정한 방식에 따라 산출된다.

2. 그럼에도 불구하고, 국제통화기금의 비회원국이며 자국법에 따라 본 조 제1항의 적용이 허용되지 아니하는 국가는 비준·가입시 또는 그 이후에 언제라도 제21조에 규정되어 있는 운송인의 책임한도가 자국의 영역에서 소송이 진행 중인 경우 승객 1인당 1,500,000 화폐단위, 제22조 제1항과 관련해서는 승객 1인당 62,500

and 2 of this Article shall not apply if it is proved that the damage resulted from an act or omission of the carrier, its servants or agents, done with intent to cause damage or recklessly and with knowledge that damage would probably result; provided that, in the case of such act or omission of a servant or agent, it is also proved that such servant or agent was acting within the scope of its employment.

6. The limits prescribed in Article 21 and in this Article shall not prevent the court from awarding, in accordance with its own law, in addition, the whole or part of the court costs and of the other expenses of the litigation incurred by the plaintiff, including interest. The foregoing provision shall not apply if the amount of the damages awarded, excluding court costs and other expenses of the litigation, does not exceed the sum which the carrier has offered in writing to the plaintiff within a period of six months from the date of the occurrence causing the damage, or before the commencement of the action, if that is later.

Article 23 【Conversion of Monetary Units】

1. The sums mentioned in terms of Special Drawing Right in this Convention shall be deemed to refer to the Special Drawing Right as defined by the International Monetary Fund. Conversion of the sums into national currencies shall, in case of judicial proceedings, be made according to the value of such currencies in terms of the Special Drawing Right at the date of the judgement. The value of a national currency, in terms of the Special Drawing Right, of a State Party which is a Member of the International Monetary Fund, shall be calculated in accordance with the method of valuation applied by the International Monetary Fund, in effect at the date of the judgement, for its operations and transactions. The value of a national currency, in terms of the Special Drawing Right, of a State Party which is not a Member of the International Monetary Fund, shall be calculated in a manner determined by that State.

2. Nevertheless, those States which are not Members of the International Monetary Fund and whose law does not permit the application of the provisions of paragraph 1 of this Article may, at the time of ratification or accession or at any time thereafter, declare that the limit of liability

화폐단위, 제22조 제2항과 관련해서는 승객 1인당 15,000 화폐단위 및 제22조 제3항과 관련해서는 1킬로그램당 250 화폐단위로 고정된다고 선언할 수 있다. 이와 같은 화폐단위는 1000분의 900의 순도를 가진 금 65.5 밀리그램에 해당한다. 국내통화로 환산된 금액은 관계국 통화의 단수가 없는 금액으로 환산할 수 있다. 국내통화로 환산되는 금액은 관련국가의 법률에 따른다.

3. 본 조 제1항 후단에 언급된 계산 및 제2항에 언급된 환산방식은 본 조 제1항의 전 3단의 적용에 기인되는 제21조 및 제22조의 가액과 동일한 실질가치를 가능한 한 동 당사국의 국내통화로 표시하는 방법으로 할 수 있다. 당사국들은 본 조 제1항에 따른 산출방식 또는, 경우에 따라 본 조 제2항에 의한 환산의 결과를 이 협약의 비준서·수락서·승인서 또는 가입서 기탁시 또는 상기 산출방식이나 환산결과의 변경시 수탁자에 통보한다.

제 24 조 【한도의 검토】

1. 이 협약 제25조의 규정을 침해하지 아니하고 하기 제2항을 조건으로 하여, 제21조 내지 제23조에 규정한 책임한도는 5년 주기로 수탁자에 의하여 검토되어야 하며, 최초의 검토는 이 협약의 발효일로부터 5년이 되는 해의 연말에 실시된다. 만일 이 협약이 서명을 위하여 개방된 날로부터 5년 내에 발효가 되지 못하면 발효되는 해에 협약의 발효일 이후 또는 이전 수정이후 누적 물가상승률에 상응하는 물가상승요인을 참고하여 검토된다. 물가상승요인의 결정에 사용되는 물가상승률의 기준은 제23조 제1항에 언급된 특별인출권을 구성하는 통화를 가진 국가의 소비자물가지수의 상승 또는 하강률의 가중평균치를 부여하여 산정한다.

of the carrier prescribed in Article 21 is fixed at a sum of 1,500,000 monetary units per passenger in judicial proceedings in their territories; 62,500 monetary units per passenger with respect to paragraph 1 of Article 22; 15,000 monetary units per passenger with respect to paragraph 2 of Article 22; and 250 monetary units per kilogram with respect to paragraph 3 of Article 22. This monetary unit corresponds to sixty-five and a half milligrams of gold of millesimal fineness nine hundred. These sums may be converted into the national currency concerned in round figures. The conversion of these sums into national currency shall be made according to the law of the State concerned.

3. The calculation mentioned in the last sentence of paragraph I of this Article and the conversion method mentioned in paragraph 2 of this Article shall be made in such manner as to express in the national currency of the State Party as far as possible the same real value for the amounts in Articles 21 and 22 as would result from the application of the first three sentences of paragraph 1 of this Article. States Parties shall communicate to the depositary the manner of calculation pursuant to paragraph 1 of this Article, or the result of the conversion in paragraph 2 of this Article as the case may be, when depositing an instrument of ratification, acceptance, approval of or accession to this Convention and whenever there is a change in either.

Article 24 【Review of Limits】

1. Without prejudice to the provisions of Article 25 of this Convention and subject to paragraph 2 below, the limits of liability prescribed in Articles 21, 22 and 23 shall be reviewed by the Depositary at five-year intervals, the first such review to take place at the end of the fifth year following the date of entry into force of this Convention, or if the Convention does not enter into force within five years of the date it is first open for signature, within the first year of its entry into force, by reference to an inflation factor which corresponds to the accumulated rate of inflation since the previous revision or in the first instance since the date of entry into force of the Convention. The measure of the rate of inflation to be used in determining the inflation factor shall be the weighted

2. 전항의 규정에 따라 검토를 행한 결과 인플레이션 계수가 10퍼센트를 초과하였다면 수탁자는 당사국에게 책임한도의 수정을 통고한다. 이러한 수정은 당사국에게 통고된 후 6월 경과시 효력을 발생한다. 만일 당사국에게 통고된 후 3월 이내에 과반수의 당사국들이 수정에 대한 불승인을 표명한 때에는 수정은 효력을 발생하지 아니하며, 수탁자는 동 문제를 당사국의 회합에 회부한다. 수탁자는 모든 당사국에게 수정의 발효를 즉시 통보한다.

3. 본 조 제1항에도 불구하고, 본 조 제2항에 언급된 절차는 당사국의 3분의 1 이상이 이전의 수정 또는 이전에 수정이 없었다면 이 협약의 발효일이래 본 조 제1항에 언급된 인플레이션 계수가 30퍼센트를 초과할 것을 조건으로 하여 그러한 효과에 대한 의사를 표시한 경우에는 언제나 적용 가능하다. 본 조 제1항에 기술된 절차를 사용한 추가검토는 본 항에 따른 검토일로부터 5년이 되는 해의 연말에 개시하여 5년 주기로 한다.

제 25 조 【한도의 규정】

운송인은 이 협약이 정한 책임한도보다 높은 한도를 정하거나 어떤 경우에도 책임의 한도를 두지 아니한다는 것을 운송계약에 규정할 수 있다.

제 26 조 【계약조항의 무효】

운송인의 책임을 경감하거나 또는 이 협약에 규정된 책임한도보다 낮은 한도를 정하는 어떠한 조항도 무효다. 그러나, 그러한 조항의 무효는 계약 전체를 무효로 하는 것은 아니며 계약은 이 협약의 조항에 따른다.

제 27 조 【계약의 자유】

이 협약의 어떠한 규정도 운송인이 운송계약의 체결을 거절하거나, 이 협약상의 항변권을 포기하거나 또는 이 협약의 규정과 저촉되지 아니하는 운송조건을 설정하는 것을 방해하지 못한다.

average of the annual rates of increase or decrease in the Consumer Price Indices of the States whose currencies comprise the Special Drawing Right mentioned in paragraph 1 of Article 23.

2. If the review referred to in the preceding paragraph concludes that the inflation factor has exceeded 10 percent, the Depositary shall notify States Parties of a revision of the limits of liability. Any such revision shall become effective six months after its notification to the States Parties. If within three months after its notification to the States Parties a majority of the States Parties register their disapproval, the revision shall not become effective and the Depositary shall refer the matter to a meeting of the States Parties. The Depositary shall immediately notify all States Parties of the coming into force of any revision.

3. Notwithstanding paragraph 1 of this Article, the procedure referred to in paragraph 2 of this Article shall be applied at any time provided that one-third of the States Parties express a desire to that effect and upon condition that the inflation factor referred to in paragraph 1 has exceeded 30 percent since the previous revision or since the date of entry into force of this Convention if there has been no previous revision. Subsequent reviews using the procedure described in paragraph 1 of this Article will take place at five-year intervals starting at the end of the fifth year following the date of the reviews under the present paragraph.

Article 25 【Stipulation on Limits】

A carrier may stipulate that the contract of carriage shall be subject to higher limits of liability than those provided for in this Convention or to no limits of liability whatsoever.

Article 26 【Invalidity of Contractual Provisions】

Any provision tending to relieve the carrier of liability or to fix a lower limit than that which is laid down in this Convention shall be null and void, but the nullity of any such provision does not involve the nullity of the whole contract, which shall remain subject to the provisions of this Convention.

Article 27 【Freedom to Contract】

Nothing contained in this Convention shall prevent the carrier from refusing to enter into any contract of carriage, from waiving any defences available under the Convention, or from

제 28 조 【선배상지급】

승객의 사망 또는 부상을 야기하는 항공기사고 시, 운송인은 자국법이 요구하는 경우 자연인 또는 배상을 받을 권한이 있는 자의 즉각적인 경제적 필요성을 충족시키기 위하여 지체 없이 선배상금을 지급한다. 이러한 선배상지급은 운송인의 책임을 인정하는 것은 아니며, 추후 운송인이 지급한 배상금과 상쇄될 수 있다.

제 29 조 【청구의 기초】

승객·수하물 및 화물의 운송에 있어서, 손해에 관한 어떠한 소송이든지 이 협약·계약·불법행위 또는 기타 어떠한 사항에 근거하는지 여부를 불문하고, 소를 제기할 권리를 가지는 자와 그들 각각의 권리에 관한 문제를 침해함이 없이, 이 협약에 규정되어 있는 조건 및 책임한도에 따르는 경우에만 제기될 수 있다. 어떠한 소송에 있어서도, 징벌적 배상 또는 비보상적 배상은 회복되지 아니한다.

제 30 조 【고용인·대리인 - 청구의 총액】

1. 이 협약과 관련된 손해로 인하여 운송인의 고용인 또는 대리인을 상대로 소송이 제기된 경우, 그들이 고용범위 내에서 행동하였음이 증명된다면 이 협약 하에서 운송인 자신이 주장할 수 있는 책임의 조건 및 한도를 원용할 권리를 가진다.

2. 그러한 경우, 운송인·그의 고용인 및 대리인으로부터 회수 가능한 금액의 총액은 전술한 한도를 초과하지 아니한다.

3. 화물운송의 경우를 제외하고는 본 조 제1항 및 제2항의 규정은 고용인 또는 대리인이 손해를 야기할 의도로 무모하게, 또는 손해가 발생할 것을 알고 행한 작위 또는 부작위에 기인한 손해임이 증명된 경우에는 적용되지 아니한다.

제 31 조 【이의제기의 시한】

1. 위탁수하물 또는 화물을 인도받을 권리를 가지고 있는 자가 이의를 제기하지 아니하고 이를 수령하였다는 것은 반증이 없는 한 위탁수

laying down conditions which do not conflict with the provisions of this Convention.

Article 28 【Advance Payments】

In the case of aircraft accidents resulting in death or injury of passengers, the carrier shall, if required by its national law, make advance payments without delay to a natural person or persons who are entitled to claim compensation in order to meet the immediate economic needs of such persons. Such advance payments shall not constitute a recognition of liability and may be offset against any amounts subsequently paid as damages by the carrier.

Article 29 【Basis of Claims】

In the carriage of passengers, baggage and cargo, any action for damages, however founded, whether under this Convention or in contract or in tort or otherwise, can only be brought subject to the conditions and such limits of liability as are set out in this Convention without prejudice to the question as to who are the persons who have the right to bring suit and what are their respective rights. In any such action, punitive, exemplary or any other non-compensatory damages shall not be recoverable.

Article 30 【Servants, Agents - Aggregation of Claims】

1. If an action is brought against a servant or agent of the carrier arising out of damage to which the Convention relates, such servant or agent, if they prove that they acted within the scope of their employment, shall be entitled to avail themselves of the conditions and limits of liability which the carrier itself is entitled to invoke under this Convention.

2. The aggregate of the amounts recoverable from the carrier, its servants and agents, in that case, shall not exceed the said limits.

3. Save in respect of the carriage of cargo, the provisions of paragraphs 1 and 2 of this Article shall not apply if it is proved that the damage resulted from an act or omission of the servant or agent done with intent to cause damage or recklessly and with knowledge that damage would probably result.

Article 31 【Timely Notice of Complaints】

1. Receipt by the person entitled to delivery of checked baggage or cargo without complaint is *prima facie* evidence that the

하물 또는 화물이 양호한 상태로 또한 운송서류 또는 제3조 제2항 및 제4조 제2항에 언급된 기타 수단으로 보존된 기록에 따라 인도되었다는 명백한 증거가 된다.

2. 손상의 경우, 인도받을 권리를 가지는 자는 손상을 발견한 즉시 또한 늦어도 위탁수하물의 경우에는 수령일로부터 7일 이내에 그리고 화물의 경우에는 수령일로부터 14일 이내에 운송인에게 이의를 제기하여야 한다. 지연의 경우, 이의는 인도받을 권리를 가지는 자가 수하물 또는 화물을 처분할 수 있는 날로부터 21일 이내에 제기되어야 한다.

3. 개개의 이의는 서면으로 작성되어야 하며, 전술한 기한 내에 발송하여야 한다.
4. 전술한 기한 내에 이의가 제기되지 아니한 때에는 운송인에 대하여 제소할 수 없다. 단, 운송인측의 사기인 경우에는 그러하지 아니한다.

제 32 조【책임 있는 자의 사망】
책임 있는 자가 사망하는 경우, 손해에 관한 소송은 이 협약의 규정에 따라 동인의 재산의 법정대리인에 대하여 제기할 수 있다.

제 33 조【재판관할권】
1. 손해에 관한 소송은 원고의 선택에 따라 당사국중 하나의 영역 내에서 운송인의 주소지, 운송인의 주된 영업소 소재지, 운송인이 계약을 체결한 영업소 소재지의 법원 또는 도착지의 법원 중 어느 한 법원에 제기한다.

2. 승객의 사망 또는 부상으로 인한 손해의 경우, 소송은 본 조 제1항에 언급된 법원 또는 사고 발생당시 승객의 주소지와 주된 거주지가 있고 운송인이 자신이 소유한 항공기 또는 상업적 계약에 따른 타 운송인의 항공기로 항공운송서비스를 제공하는 장소이며, 운송인 자신 또는 상업적 계약에 의하여 타 운송인이 소유하거나 임대한 건물로부터 항공운송사업을 영위하고 있는 장소에서 소송을 제기할 수 있다.

3. 제2항의 목적을 위하여,
　　가. '상업적 계약'이라 함은 대리점 계약을 제외

same has been delivered in good condition and in accordance with the document of carriage or with the record preserved by the other means referred to in paragraph 2 of Article 3 and paragraph 2 of Article 4.

2. In the case of damage, the person entitled to delivery must complain to the carrier forthwith after the discovery of the damage, and, at the latest, within seven days from the date of receipt in the case of checked baggage and fourteen days from the date of receipt in the case of cargo. In the case of delay, the complaint must be made at the latest within twenty-one days from the date on which the baggage or cargo have been placed at his or her disposal.

3. Every complaint must be made in writing and given or dispatched within the times aforesaid.
4. If no complaint is made within the times aforesaid, no action shall lie against the carrier, save in the case of fraud on its part.

Article 32 【Death of Person Liable】
In the case of the death of the person liable, an action for damages lies in accordance with the terms of this Convention against those legally representing his or her estate.

Article 33 【Jurisdiction】
1. An action for damages must be brought, at the option of the plaintiff, in the territory of one of the States Parties, either before the court of the domicile of the carrier or of its principal place of business, or where it has a place of business through which the contract has been made or before the court at the place of destination.

2. In respect of damage resulting from the death or injury of a passenger, an action may be brought before one of the courts mentioned in paragraph 1 of this Article, or in the territory of a State Party in which at the time of the accident the passenger has his or her principal and permanent residence and to or from which the carrier operates services for the carriage of passengers by air, either on its own aircraft or on another carrier's aircraft pursuant to a commercial agreement, and in which that carrier conducts its business of carriage of passengers by air from premises leased or owned by the carrier itself or by another carrier with which it has a commercial agreement.

3. For the purposes of paragraph 2,
　　(a) "commercial agreement" means an agreement,

한, 항공승객운송을 위한 공동서비스의 제공과 관련된 운송인간의 계약을 말한다.

나. '주소지 및 영구거주지'라 함은 사고발생당시 승객의 고정적이고 영구적인 하나의 주소를 말한다. 이 경우 승객의 국적은 결정요인이 되지 않는다.

4. 소송절차에 관한 문제는 소송이 계류중인 법원의 법률에 의한다.

제 34 조 【중재】

1. 본 조의 규정에 따를 것을 조건으로, 화물운송계약의 당사자들은 이 협약에 따른 운송인의 책임에 관련된 어떠한 분쟁도 중재에 의하여 해결한다고 규정할 수 있다.

2. 중재절차는 청구인의 선택에 따라 제33조에 언급된 재판관할권중 하나에서 진행된다.

3. 중재인 또는 중재법원은 이 협약의 규정을 적용한다.

4. 본 조 제2항 및 제3항의 규정은 모든 중재조항 또는 협정의 일부라고 간주되며, 이러한 규정과 일치하지 아니하는 조항 또는 협정의 어떠한 조건도 무효이다.

제 35 조 【제소기한】

1. 손해에 관한 권리가 도착지에 도착한 날·항공기가 도착하였어야만 하는 날 또는 운송이 중지된 날로부터 기산하여 2년 내에 제기되지 않을 때에는 소멸된다.

2. 그러한 기간의 산정방법은 소송이 계류된 법원의 법률에 의하여 결정된다.

제 36 조 【순차운송】

1. 2인 이상의 운송인이 순차로 행한 운송으로서 이 협약 제1조 제3항에 규정된 정의에 해당하는 운송의 경우, 승객·수하물 또는 화물을 인수하는 각 운송인은 이 협약에 규정된 규칙에 따라야 하며, 또한 운송계약이 각 운송인의 관리 하에 수행된 운송부분을 다루고 있는 한 동 운송계약의 당사자중 1인으로 간주된다.

2. 이러한 성질을 가지는 운송의 경우, 승객 또는 승객에 관하여 손해배상을 받을 권한을 가지는 자는, 명시적 합의에 의하여 최초의 운송인이 모든 운송구간에 대한 책임을 지는 경우를 제

other than an agency agreement, made between carriers and relating to the provision of their joint services for carriage of passengers by air;

(b) "principal and permanent residence" means the one fixed and permanent abode of the passenger at the time of the accident. The nationality of the passenger shall not be the determining factor in this regard.

4. Questions of procedure shall be governed by the law of the court seized of the case.

Article 34 【Arbitration】

1. Subject to the provisions of this Article, the parties to the contract of carriage for cargo may stipulate that any dispute relating to the liability of the carrier under this Convention shall be settled by arbitration. Such agreement shall be in writing.

2. The arbitration proceedings shall, at the option of the claimant, take place within one of the jurisdictions referred to in Article 33.

3. The arbitrator or arbitration tribunal shall apply the provisions of this Convention.

4. The provisions of paragraphs 2 and 3 of this Article shall be deemed to be part of every arbitration clause or agreement, and any term of such clause or agreement which is inconsistent therewith shall be null and void.

Article 35 【Limitation of Actions】

1. The right to damages shall be extinguished if an action is not brought within a period of two years, reckoned from the date of arrival at the destination, or from the date on which the aircraft ought to have arrived, or from the date on which the carriage stopped.

2. The method of calculating that period shall be determined by the law of the court seized of the case.

Article 36 【Successive Carriage】

1. In the case of carriage to be performed by various successive carriers and falling within the definition set out in paragraph 3 of Article 1, each carrier which accepts passengers, baggage or cargo is subject to the rules set out in this Convention and is deemed to be one of the parties to the contract of carriage in so far as the contract deals with that part of the carriage which is performed under its supervision.

2. In the case of carriage of this nature, the passenger or any person entitled to compensation in respect of him or her can take action only against the carrier which performed the

외하고는, 사고 또는 지연이 발생된 동안에 운송을 수행한 운송인에 대하여 소송을 제기할 수 있다.

3. 수하물 또는 화물과 관련하여, 승객 또는 송하인은 최초 운송인에 대하여 소송을 제기할 수 있는 권리를 가지며, 인도받을 권리를 가지는 승객 또는 수하인은 최종 운송인에 대하여 소송을 제기할 권리를 가지며, 또한, 각자는 파괴·분실·손상 또는 지연이 발생한 기간 중에 운송을 수행한 운송인에 대하여 소송을 제기할 수 있다. 이들 운송인은 여객·송하인 또는 수하인에 대하여 연대하거나 또는 단독으로 책임을 진다.

제 37 조 【제3자에 대한 구상권】
이 협약의 어떠한 규정도 이 협약의 규정에 따라 손해에 대하여 책임을 지는 자가 갖고 있는 다른 사람에 대한 구상권을 행사할 권리가 있는지 여부에 관한 문제에 영향을 미치지 아니한다.

제 4 장
복합운송

제 38 조 【복합운송】
1. 운송이 항공과 다른 운송형식에 의하여 부분적으로 행하여지는 복합운송의 경우에는 이 협약의 규정들은, 제18조 제4항을 조건으로 하여, 항공운송에 대하여만 적용된다. 단, 그러한 항공운송이 제1조의 조건을 충족시킨 경우에 한한다.

2. 이 협약의 어떠한 규정도 복합운송의 경우 당사자가 다른 운송형식에 관한 조건을 항공운송의 증권에 기재하는 것을 방해하지 아니한다. 단, 항공운송에 관하여 이 협약의 규정이 준수되어야 한다.

제 5 장
계약운송인 이외의 자에 의한 항공운송

제 39 조 【계약운송인 - 실제운송인】
본 장의 규정은 어떤 사람(이하 '계약운송인'이라

carriage during which the accident or the delay occurred, save in the case where, by express agreement, the first carrier has assumed liability for the whole journey.

3. As regards baggage or cargo, the passenger or consignor will have a right of action against the first carrier, and the passenger or consignee who is entitled to delivery will have a right of action against the last carrier, and further, each may take action against the carrier which performed the carriage during which the destruction, loss, damage or delay took place. These carriers will be jointly and severally liable to the passenger or to the consignor or consignee.

Article 37 【Right of Recourse against Third Parties】
Nothing in this Convention shall prejudice the question whether a person liable for damage in accordance with its provisions has a right of recourse against any other person.

Chapter IV
Combined Carriage

Article 38 【Combined Carriage】
1. In the case of combined carriage performed partly by air and partly by any other mode of carriage, the provisions of this Convention shall, subject to paragraph 4 of Article 18, apply only to the carriage by air, provided that the carriage by air falls within the terms of Article 1.
2. Nothing in this Convention shall prevent the parties in the case of combined carriage from inserting in the document of air carriage conditions relating to other modes of carriage, provided that the provisions of this Convention are observed as regards the carriage by air.

Chapter V
Carriage by Air Performed by
a Person other than the Contracting
Carrier

Article 39 【Contracting Carrier - Actual Carrier】
The provisions of this Chapter apply when a

한다.)이 승객 또는 송하인·승객 또는 송하인을 대신하여 행동하는 자와 이 협약에 의하여 규율되는 운송계약을 체결하고, 다른 사람(이하 '실제운송인'이라 한다.)이 계약운송인으로부터 권한을 받아 운송의 전부 또는 일부를 행하지만 이 협약의 의미 내에서 그러한 운송의 일부에 관하여 순차운송인에는 해당되지 않는 경우에 적용된다. 이와 같은 권한은 반증이 없는 한 추정된다.

제 40 조 【계약운송인과 실제운송인의 개별적 책임】

실제운송인이 제39조에 언급된 계약에 따라 이 협약이 규율하는 운송의 전부 또는 일부를 수행한다면, 본 장에 달리 정하는 경우를 제외하고, 계약운송인 및 실제운송인 모두는 이 협약의 규칙에 따른다. 즉, 계약운송인이 계약에 예정된 운송의 전부에 관하여 그리고 실제운송인은 자기가 수행한 운송에 한하여 이 협약의 규칙에 따른다.

제 41 조 【상호 책임】

1. 실제운송인이 수행한 운송과 관련하여, 실제운송인·자신의 고용업무의 범위 내에서 행동한 고용인 및 대리인의 작위 또는 부작위도 또한 계약운송인의 작위 또는 부작위로 간주된다.

2. 실제운송인이 수행한 운송과 관련하여, 계약운송인, 자신의 고용업무의 범위 내에서 행동한 고용인 및 대리인의 작위 또는 부작위도 또한 실제운송인의 작위 및 부작위로 간주된다. 그럼에도 불구하고, 그러한 작위 및 부작위로 인하여 실제운송인은 이 협약 제21조 내지 제24조에 언급된 금액을 초과하는 책임을 부담하지 아니한다. 이 협약이 부과하지 아니한 의무를 계약운송인에게 부과하는 특별 합의·가 협약이 부여한 권리의 포기 또는 이 협약 제22조에서 예정된 도착지에서의 인도 이익에 관한 특별신고는 실제운송인이 합의하지 아니하는 한 그에게 영향을 미치지 아니한다.

제 42 조 【이의제기 및 지시의 상대방】

이 협약에 근거하여 운송인에게 행한 이의나 지시는 계약운송인 또는 실제운송인 어느 쪽에 행하여도 동일한 효력이 있다. 그럼에도 불구하고,

person (hereinafter referred to as "the contracting carrier") as a principal makes a contract of carriage governed by this Convention with a passenger or consignor or with a person acting on behalf of the passenger or consignor, and another person (hereinafter referred to as "the actual carrier") performs, by virtue of authority from the contracting carrier, the whole or part of the carriage, but is not with respect to such part a successive carrier within the meaning of this Convention. Such authority shall be presumed in the absence of proof to the contrary.

Article 40 【**Respective Liability of Contracting and Actual Carriers**】

If an actual carrier performs the whole or part of carriage which, according to the contract referred to in Article 39, is governed by this Convention, both the contracting carrier and the actual carrier shall, except as otherwise provided in this Chapter, be subject to the rules of this Convention, the former for the whole of the carriage contemplated in the contract, the latter solely for the carriage which it performs.

Article 41 【**Mutual Liability**】

1. The acts and omissions of the actual carrier and of its servants and agents acting within the scope of their employment shall, in relation to the carriage performed by the actual carrier, be deemed to be also those of the contracting carrier.

2. The acts and omissions of the contracting carrier and of its servants and agents acting within the scope of their employment shall, in relation to the carriage performed by the actual carrier, be deemed to be also those of the actual carrier. Nevertheless, no such act or omission shall subject the actual carrier to liability exceeding the amounts referred to in Articles 21, 22, 23 and 24. Any special agreement under which the contracting carrier assumes obligations not imposed by this Convention or any waiver of rights or defences conferred by this Convention or any special declaration of interest in delivery at destination contemplated in Article 22 shall not affect the actual carrier unless agreed to by it.

Article 42 【**Addressee of Complaints and Instructions**】

Any complaint to be made or instruction to be given under this Convention to the carrier

이 협약 제12조에 언급된 지시는 계약운송인에게 행한 경우에 한하여 효력이 있다.

제 43 조 【고용인 및 대리인】

실제운송인이 수행한 운송과 관련하여, 실제운송인 또는 계약운송인의 고용인 또는 대리인은 자기의 고용업무의 범위내의 행위를 증명할 경우 이 협약 하에서 자신이 귀속되는 운송인에게 적용할 이 협약상 책임의 조건 및 한도를 원용할 권리를 가진다. 단, 그들이 책임한도가 이 협약에 따라 원용되는 것을 방지하는 방식으로 행동하는 것이 증명된 경우에는 그러하지 아니한다.

제 44 조 【손해배상총액】

실제운송인이 수행한 운송과 관련하여, 실제운송인과 계약운송인, 또는 자기의 고용업무의 범위 내에서 행동한 고용인 및 대리인으로부터 회수 가능한 배상총액은 이 협약에 따라 계약운송인 또는 실제운송인의 어느 한쪽에 대하여 재정할 수 있는 최고액을 초과하여서는 아니 된다. 그러나, 상기 언급된 자중 누구도 그에게 적용 가능한 한도를 초과하는 금액에 대하여 책임을 지지 아니한다.

제 45 조 【피청구자】

실제운송인이 수행한 운송과 관련하여, 손해에 관한 소송은 원고의 선택에 따라 실제운송인 또는 계약운송인에 대하여 공동 또는 개별적으로 제기될 수 있다. 소송이 이들 운송인 중 하나에 한하여 제기된 때에는 동 운송인은 다른 운송인에게 소송절차에 참가할 것을 요구할 권리를 가지며, 그 절차와 효과는 소송이 계류되어 있는 법원의 법률에 따르게 된다.

제 46 조 【추가재판관할권】

제45조에 예정된 손해에 대한 소송은 원고의 선택에 따라 이 협약 제33조에 규정된 바에 따라 당사국 중 하나의 영역 내에서 계약운송인에 대한 소송이 제기될 수 있는 법원 또는 실제운송인의 주소지나 주된 영업소 소재지에 대하여 관할권을 가지는 법원에 제기되어야 한다.

shall have the same effect whether addressed to the contracting carrier or to the actual carrier. Nevertheless, instructions referred to in Article 12 shall only be effective if addressed to the contracting carrier.

Article 43 【Servants and Agents】

In relation to the carriage performed by the actual carrier, any servant or agent of that carrier or of the contracting carrier shall, if they prove that they acted within the scope of their employment, be entitled to avail themselves of the conditions and limits of liability which are applicable under this Convention to the carrier whose servant or agent they are, unless it is proved that they acted in a manner that prevents the limits of liability from being invoked in accordance with this Convention.

Article 44 【Aggregation of Damages】

In relation to the carriage performed by the actual carrier, the aggregate of the amounts recoverable from that carrier and the contracting carrier, and from their servants and agents acting within the scope of their employment, shall not exceed the highest amount which could be awarded against either the contracting carrier or the actual carrier under this Convention, but none of the persons mentioned shall be liable for a sum in excess of the limit applicable to that person.

Article 45 【Addressee of Claims】

In relation to the carriage performed by the actual carrier, an action for damages may be brought, at the option of the plaintiff, against that carrier or the contracting carrier, or against both together or separately. If the action is brought against only one of those carriers, that carrier shall have the right to require the other carrier to be joined in the proceedings, the procedure and effects being governed by the law of the court seized of the case.

Article 46 【Additional Jurisdiction】

Any action for damages contemplated in Article 45 must be brought, at the option of the plaintiff, in the territory of one of the States Parties, either before a court in which an action may be brought against the contracting carrier, as provided in Article 33, or before the court having jurisdiction at the place where the actual carrier has its

제 47 조 【계약조항의 무효】

본 장에 따른 계약운송인 또는 실제운송인의 책임을 경감하거나 또는 본 장에 따라 적용 가능한 한도보다 낮은 한도를 정하는 것은 무효로 한다. 그러나, 그러한 조항의 무효는 계약 전체를 무효로 하는 것은 아니며 계약은 이 협약의 조항에 따른다.

제 48 조 【계약운송인 및 실제운송인의 상호관계】

제45조에 규정된 경우를 제외하고는 본 장의 여하한 규정도 여하한 구상권 또는 손실보상청구권을 포함하는, 계약운송인 또는 실제운송인간 운송인의 권리 및 의무에 영향을 미치지 아니한다.

제 6 장
기 타 규 정

제 49 조 【강제적용】

적용될 법을 결정하거나 관할권에 관한 규칙을 변경함으로써 이 협약에 규정된 규칙을 침해할 의도를 가진 당사자에 의하여 손해가 발생되기 전에 발효한 운송계약과 모든 특별합의에 포함된 조항은 무효로 한다.

제 50 조 【보험】

당사국은 이 협약에 따른 손해배상책임을 담보하는 적절한 보험을 유지하도록 운송인에게 요구한다. 운송인은 취항지국으로부터 이 협약에 따른 손해배상책임을 담보하는 보험을 유지하고 있음을 증명하는 자료를 요구받을 수 있다.

제 51 조 【비정상적인 상황 하에서의 운송】

운송증권과 관련된 제3조 내지 제5조·제7조 및 제8조의 규정은 운송인의 정상적인 사업범위를 벗어난 비정상적인 상황에는 적용되지 아니한다.

제 52 조 【일의 정의】

이 협약에서 사용되는 '일(日)'이라 함은 영업일(營業日)이 아닌 역일(曆日)을 말한다.

---

domicile or its principal place of business.

Article 47 【Invalidity of Contractual Provisions】

Any contractual provision tending to relieve the contracting carrier or the actual carrier of liability under this Chapter or to fix a lower limit than that which is applicable according to this Chapter shall be null and void, but the nullity of any such provision does not involve the nullity of the whole contract, which shall remain subject to the provisions of this Chapter.

Article 48 【Mutual Relations of Contracting and Actual Carriers】

Except as provided in Article 45, nothing in this Chapter shall affect the rights and obligations of the carriers between themselves, including any right of recourse or indemnification.

Chapter VI
Other Provisions

Article 49 【Mandatory Application】

Any clause contained in the contract of carriage and all special agreements entered into before the damage occurred by which the parties purport to infringe the rules laid down by this Convention, whether by deciding the law to be applied, or by altering the rules as to jurisdiction, shall be null and void.

Article 50 【Insurance】

States Parties shall require their carriers to maintain adequate insurance covering their liability under this Convention. A carrier may be required by the State Party into which it operates to furnish evidence that it maintains adequate insurance covering its liability under this Convention.

Article 51 【Carriage Performed in Extraordinary Circumstances】

The provisions of Articles 3 to 5, 7 and 8 relating to the documentation of carriage shall not apply in the case of carriage performed in extraordinary circumstances outside the normal scope of a carrier's business.

Article 52 【Definition of Days】

The expression "days" when used in this Convention means calendar days, not working days.

제 7 장
최종 조항

제 53 조 【서명·비준 및 발효】

1. 이 협약은 1999년 5월 10일부터 28일간 몬트리올에서 개최된 항공법에 관한 국제회의에 참가한 국가의 서명을 위하여 1999년 5월 28일 개방된다. 1999년 5월 28일 이후에는 본 조 제6항에 따라 이 협약이 발효하기 전까지 국제민간항공기구 본부에서 서명을 위하여 모든 국가에 개방된다.

2. 이 협약은 지역경제통합기구의 서명을 위하여 동일하게 개방된다. 이 협약의 목적상, '지역경제통합기구'라 함은 이 협약이 규율하는 특정 문제에 관하여 권한을 가진, 일정지역의 주권국가로 구성된 기구이며, 이 협약의 서명·비준·수락·승인 및 가입을 위한 정당한 권한을 가진 기구를 말한다. 이 협약상의 '당사국'이란 용어는 제1조 제2항·제3조 제1항 나목·제5조 나항·제23조·제33조·제46조 및 제57조 나항을 제외하고, 지역경제통합기구에도 동일하게 적용된다. 제24조의 목적상, '당사국의 과반수' 및 '당사국의 3분의 1'이란 용어는 지역경제통합기구에는 적용되지 아니한다.

3. 이 협약은 서명한 당사국 및 지역경제통합기구의 비준을 받는다.

4. 이 협약에 서명하지 아니한 국가 및 지역경제통합기구는 언제라도 이를 수락·승인하거나 또는 이에 가입할 수 있다.

5. 비준서·수락서·승인서 또는 가입서는 국제민간항공기구 사무총장에게 기탁된다. 국제민간항공기구 사무총장은 이 협약의 수탁자가 된다.

6. 이 협약은 30번째 비준서, 수락서, 승인서 및 가입서가 기탁된 날로부터 60일이 되는 날 기탁한 국가 간에 발효한다. 지역경제통합기구가 기탁한 문서는 본 항의 목적상 산입되지 아니한다.

Chapter VII
Final Clauses

Article 53 【Signature, Ratification and Entry into Force】

1. This Convention shall be open for signature in Montreal on 28 May 1999 by States participating in the International Conference on Air Law held at Montreal from 10 to 28 May 1999. After 28 May 1999, the Convention shall be open to all States for signature at the headquarters of the International Civil Aviation Organization in Montreal until it enters into force in accordance with paragraph 6 of this Article.

2. This Convention shall similarly be open for signature by Regional Economic Integration Organizations. For the purpose of this Convention, a "Regional Economic Integration Organization" means any organization which is constituted by sovereign States of a given region which has competence in respect of certain matters governed by this Convention and has been duly authorized to sign and to ratify, accept, approve or accede to this Convention. A reference to a "State Party" or "States Parties" in this Convention, otherwise than in paragraph 2 of Article 1, paragraph 1(b) of Article 3, paragraph (b) of Article 5, Articles 23, 33, 46 and paragraph (b) of Article 57, applies equally to a Regional Economic Integration Organization. For the purpose of Article 24, the references to "a majority of the States Parties" and "one-third of the States Parties" shall not apply to a Regional Economic Integration Organization.

3. This Convention shall be subject to ratification by States and by Regional Economic Integration Organizations which have signed it.

4. Any State or Regional Economic Integration Organization which does not sign this Convention may accept, approve or accede to it at any time.

5. Instruments of ratification, acceptance, approval or accession shall be deposited with the International Civil Aviation Organization, which is hereby designated the Depositary.

6. This Convention shall enter into force on the sixtieth day following the date of deposit of the thirtieth instrument of ratification, acceptance, approval or accession with the Depositary between the States which have

7. 다른 국가 및 지역경제통합기관에 대하여 이 협약은 비준서·수락서·승인서 및 가입서가 기탁된 날로부터 60일이 경과하면 효력을 발생한다.

8. 수탁자는 아래의 내용을 모든 당사국에 지체없이 통고한다.
가. 이 협약의 서명자 및 서명일
나. 비준서·수락서·승인서 및 가입서의 제출 및 제출일
다. 이 협약의 발효일
라. 이 협약이 정한 배상책임한도의 수정의 효력발생일

제 54 조 【폐기】

1. 모든 당사국은 수탁자에 대한 서면통고로써 이 협약을 폐기할 수 있다.
2. 폐기에 관한 통고는 수탁자에게 접수된 날로부터 180일 경과 후 효력을 갖는다.

제 55 조 【기타 바르샤바 협약문서와의 관계】

1. 이 협약은 아래 협약들의 당사국인 이 협약의 당사국간에 국제항공운송에 적용되는 모든 규칙에 우선하여 적용된다.
가. 1929년 10월 12일 바르샤바에서 서명된 '국제항공운송에 있어서의 일부 규칙의 통일에 관한 협약'(이하 바르샤바협약이라 부른다.)
나. 1955년 9월 28일 헤이그에서 작성된 '1929년 10월 12일 바르샤바에서 서명된 국제항공운송에 있어서의 일부 규칙의 통일에 관한 협약의 개정의정서'(이하 헤이그의정서라 부른다.)
다. 1961년 9월 18일 과달라하라에서 서명된 '계약운송인을 제외한 자에 의하여 수행된 국제항공운송에 있어서의 일부 규칙의 통일을 위한 협약'(이하 과달라하라협약이라 부른다.)
라. 1971년 3월 8일 과테말라시티에서 서명된 '1955년 9월 28일 헤이그에서 작성된 의정서에 의하여 개정된, 1929년 10월 12일 바르샤바에서 서명된 국제항공운송에 있어서의 일부 규칙의 통일에 관한 협약의 개정의정서'(이하 과테말라시티의정서라 부른다.)

deposited such instrument. An instrument deposited by a Regional Economic Integration Organization shall not be counted for the purpose of this paragraph.

7. For other States and for other Regional Economic Integration Organizations, this Convention shall take effect sixty days following the date of deposit of the instrument of ratification, acceptance, approval or accession.

8. The Depositary shall promptly notify all signatories and States Parties of:
   (a) each signature of this Convention and date thereof;
   (b) each deposit of an instrument of ratification, acceptance, approval or accession and date thereof;
   (c) the date of entry into force of this Convention;
   (d) the date of the coming into force of any revision of the limits of liability established under this Convention;
   (e) any denunciation under Article 54.

Article 54 【Denunciation】

1. Any State Party may denounce this Convention by written notification to the Depositary.
2. Denunciation shall take effect one hundred and eighty days following the date on which notification is received by the Depositary.

Article 55 【Relationship with other Warsaw Convention Instruments】

1. This Convention shall prevail over any rules which apply to international carriage by air: between States Parties to this Convention by virtue of those States commonly being Party to
   (a) the Convention for the Unification of Certain Rules relating to International Carriage by Air signed at Warsaw on 12 October 1929 (hereinafter called the Warsaw Convention);
   (b) the Protocol to amend the Convention for the Unification of Certain Rules relating to International Carriage by Air signed at Warsaw on 12 October 1929, done at The Hague on 28 September 1955(hereinafter called The Hague Protocol);
   (c) the Convention, Supplementary to the Warsaw Convention, for the Unification of Certain Rules relating to International Carriage by Air Performed by a Person other than the Contracting Carrier, signed at Guadalajara on 18 September 1961 (hereinafter called the Guadalajara

마. 1975년 9월 25일 몬트리올에서 서명된 '헤이그의정서와 과테말라시티의정서 또는 헤이그의정서에 의하여 개정된 바르샤바협약을 개정하는 몬트리올 제1.2.3.4. 추가의정서' (이하 몬트리올의정서라 부른다.)

2. 이 협약은 상기 가목 내지 마목의 협약중 하나 이상의 당사국인 이 협약의 단일당사국 영역 내에서 적용된다.

제 56 조【하나 이상의 법체계를 가진 국가】

1. 이 협약에서 다루는 사안과 관련하여 서로 상이한 법체계가 적용되는 둘 이상의 영역단위를 가지는 국가는 이 협약의 서명·비준·수락·승인 및 가입시 이 협약이 모든 영역에 적용되는지 또는 그중 하나 또는 그 이상의 지역에 미치는가를 선언한다. 이는 언제든지 다른 선언을 제출함으로써 변경할 수 있다.

2. 그러한 선언은 수탁자에게 통고되어야 하며, 이 협약이 적용되는 영역단위에 대하여 명시적으로 진술하여야 한다.

3. 그러한 선언을 행한 당사국과 관련하여,
   가. 제23조상 '국내통화'라는 용어는 당사국의 관련 영역단위의 통화를 의미하는 것으로 해석된다.
   나. 제28조상 '국내법'이라는 용어는 당사국의 관련 영역단위의 법을 의미하는 것으로 해석된다.

제 57 조【유보】

이 협약은 유보될 수 없다. 그러나 당사국이 아래의 내용에 대하여 이 협약이 적용되지 않음을 수탁자에 대한 통고로서 선언한 경우에는 그러하지 아니하다.

Convention);

(d) the Protocol to amend the Convention for the Unification of Certain Rules relating to International Carriage by Air signed at Warsaw on 12 October 1929 as amended by the Protocol done at The Hague on 28 September 1955, signed at Guatemala City on 8 March 1971 (hereinafter called the Guatemala City Protocol);

(e) Additional Protocol Nos. 1 to 3 and Montreal Protocol No. 4 to amend the Warsaw Convention as amended by The Hague Protocol or the Warsaw Convention as amended by both The Hague Protocol and the Guatemala City Protocol, signed at Montreal on 25 September 1975 (hereinafter called the Montreal Protocols); or

2. within the territory of any single State Party to this Convention by virtue of that State being Party to one or more of the instruments referred to in sub-paragraphs (a) to (e) above.

Article 56【States with more than one System of Law】

1. If a State has two or more territorial units in which different systems of law are applicable in relation to matters dealt with in this Convention, it may at the time of signature, ratification, acceptance, approval or accession declare that this Convention shall extend to all its territorial units or only to one or more of them and may modify this declaration by submitting another declaration at any time.

2. Any such declaration shall be notified to the Depositary and shall state expressly the territorial units to which the Convention applies.

3. In relation to a State Party which has made such a declaration:
   (a) references in Article 23 to "national currency" shall be construed as referring to the currency of the relevant territorial unit of that State; and
   (b) the reference in Article 28 to "national law" shall be construed as referring to the law of the relevant territorial unit of that State.

Article 57【Reservations】

No reservation may be made to this Convention except that a State Party may at any time declare by a notification addressed to the Depositary that this Convention shall not apply

가. 주권국가로서의 기능과 의무에 관하여 비상
업적 목적을 위하여 당사국이 직접 수행하거
나 운영하는 국제운송
나. 당사국에 등록된 항공기 또는 당사국이 임
대한 항공기로서 군당국을 위한 승객·화물
및 수하물의 운송. 그러한 권한전체는 상기
당국에 의하여 또는 상기 당국을 대신하여
보유된다.

이상의 증거로서 아래 전권대표는 정당하게 권한
을 위임받아 이 협약에 서명하였다.

이 협약은 1999년 5월 28일 몬트리올에서 영어
·아랍어·중국어·프랑스어·러시아어 및 서반
아어로 작성되었으며, 동등하게 정본이다. 이 협
약은 국제민간항공기구 문서보관소에 기탁되며,
수탁자는 인증등본은 바르샤바협약·헤이그의정
서·과달라하라협약·과테말라시티의정서 및 몬
트리올 추가의정서의 당사국과 이 협약의 모든
당사국에 송부한다.

to:

(a) international carriage by air performed
and operated directly by that State Party
for non-commercial purposes in respect
to its functions and duties as a sovereign
State; and/or

(b) the carriage of persons, cargo and
baggage for its military authorities on
aircraft registered in or leased by that
State Party, the whole capacity of which
has been reserved by or on behalf of
such authorities.

IN WITNESS WHEREOF the undersigned
Plenipotentiaries, having been duly authorized,
have signed this Convention.

DONE at Montreal on the 28th day of May of
the year one thousand nine hundred and
ninety-nine in the English, Arabic, Chinese,
French, Russian and Spanish languages, all
texts being equally authentic. This Convention
shall remain deposited in the archives of the
International Civil Aviation Organization, and
certified copies thereof shall be transmitted by
the Depositary to all States Parties to this
Convention, as well as to all States Parties to
the Warsaw Convention, The Hague Protocol,
the Guadalajara Convention, the Guatemala
City Protocol and the Montreal Protocols.

REGULATION (EC) No 889/2002 OF THE EUROPEAN PARLIAMENT AND OF THE COUNCIL

OF 13 MAY 2002

AMENDING COUNCIL REGULATION (EC) No 2027 ON AIR CARRIER LIABILITY IN THE EVENT OF ACCIDENTS

(TEXT WITH EEA RELEVANCE)

Source: Official Journal no. 140, 30/5/2002 p. 0002 - 0005.

THE EUROPEAN PARLIAMENT AND THE COUNCIL OF THE EUROPEAN UNION,

Having regard to the Treaty establishing the European Community, and in particular Article 84 (2) thereof,

Having regard to the proposal from the Commission[1],

Having regard to the opinion of the Economic and Social Committee[2],

Following consultation of the Committee of the Regions,

Acting in accordance with the procedure laid down in Article 251 of the Treaty[3],

Whereas

(1) In the framework of the common transport policy, it is important to ensure a proper level of compensation for passengers involved in air accidents.

(2) A new Convention for the Unification of Certain Rules Relating to International Carriage by Air was agreed at Montreal on 28 May 1999 setting new global rules on liability in the event of accidents for international air transport replacing those in the Warsaw Convention of 1929 and its subsequent amendments[4].

(3) The Warsaw Convention will continue to exist alongside the Montreal Convention for an indefinite period.

(4) The Montreal Convention provides for a regime of unlimited liability in the case of death or injury of air passengers.

(5) The Community has signed the Montreal Convention indicating its intention to become a party to the agreement by ratifying it.

(6) It is necessary to amend Council Regulation (EC) No 2027/97 of 9 October 1997 on air carrier liability in the event of accidents[5] in order to align it with the provisions of the Montreal Convention, thereby creating a uniform system of liability for international air transport.

(7) This Regulation and the Montreal Convention reinforce the protection of passengers and their dependants and cannot be interpreted so as to weaken their protection in relation to the present legislation on the date of adoption of this Regulation.

---

[1] OJ C 337 E, 28.11.2000, p. 68 and OJ C 213 E, 31.7.2001, p. 298.

[2] OJ C 123, 25.4.2001, p. 47.

[3] Opinion of the European Parliament of 5 April 2001 (OJ C 21, 24.1.2002, p. 256) Council Common Position of 19 December 2001 (OJ C 58 E, 5.3.2002, p. 8) and Decision of the European Parliament of 12 March 2002.

[4] OJ L 194, 18.7.2001, p. 38.

[5] OJ L 285, 17.10.1997, p. 1.

(8) In the internal aviation market, the distinction between national and international transport has been eliminated and it is therefore appropriate to have the same level and nature of liability in both international and national transport within the Community.

(9) In compliance with the principle of subsidiarity, action at Community level is desirable in order to create a single set of rules for all Community air carriers.

(10) A system of unlimited liability in case of death or injury to passengers is appropriate in the context of a safe and modern air transport system.

(11) The Community air carrier should not be able to avail itself of Article 21(2) of the Montreal Convention unless it proves that the damage was not due to the negligence or other wrongful act or omission of the carrier or its servants or agents.

(12) Uniform liability limits for loss of, damage to, or destruction of, baggage and for damage occasioned by delay, which apply to all travel on Community carriers, will ensure simple and clear rules for both passengers and airlines and enable passengers to recognise when additional insurance is necessary.

(13) It would be impractical for Community air carriers and confusing for their passengers if they were to apply different liability regimes on different routes across their networks.

(14) It is desirable to relieve accident victims and their dependants of short-term financial concerns in the period immediately after an accident.

(15) Article 50 of the Montreal Convention requires parties to ensure that air carriers are adequately insured and it is necessary to take account of Article 7 of Council Regulation (EEC) No 2407/92 of 23 July 1992 on licensing of air carriers[6] in complying with this provision.

(16) It is desirable to provide basic information on the liability rules applicable to every passenger so that they can make additional insurance arrangements in advance of travel if necessary.

(17) It will be necessary to review the monetary amounts set down in this Regulation in order to take account of inflation and any review of the liability limits in the Montreal Convention.

(18) To the extent that further rules are required in order to implement the Montreal Convention on points that are not

---

[6] OJ L 240, 24.8.1992, p. 1.

covered by Regulation (EC) No 2027/97, it is the responsibility of the Member States to make such provisions,

HAS ADOPTED THIS REGULATION

Article 1

Regulation (EC) No 2027/97 is hereby amended as follows:

1. the title shall be replaced by the following:

   "Regulation (EC) No 2027/97 on air carrier liability in respect of the carriage of passengers and their baggage by air.";

2. Article 1 shall be replaced by the following:

   "*Article 1*

   This Regulation implements the relevant provisions of the Montreal Convention in respect of the carriage of passengers and their baggage by air and lays down certain supplementary provisions. It also extends the application of these provisions to carriage by air within a single Member State.";

3. Article 2 shall be replaced by the following:

   "Article 2

   1. For the purpose of this Regulation:

      (a) "air carrier" shall mean an air transport undertaking with a valid operating licence;
      (b) "Community air carrier" shall mean an air carrier with a valid operating licence granted by a Member State in accordance with the provisions of Regulation (EEC) No 2407/92;
      (c) "person entitled to compensation" shall mean a passenger or any person entitled to claim in respect of that passenger, in accordance with applicable law;
      (d) "baggage", unless otherwise specified, shall mean both checked and unchecked baggage with the meaning of Article 17(4) of the Montreal Convention;
      (e) "SDR" shall mean a special drawing right as defined by the International Monetary Fund;
      (f) "Warsaw Convention" shall mean the Convention for the Unification of Certain Rules Relating to International Carriage by Air, signed at Warsaw on 12 October 1929, or the Warsaw Convention as amended at The Hague on 28 September 1955 and the Convention supplementary to the Warsaw Convention done at Guadalajara on 18 September 1961;

(g) "Montreal Convention" shall mean the "Convention for the Unification of Certain Rules Relating to International Carriage by Air", signed at Montreal on 28 May 1999.

2. Concepts contained in this Regulation which are not defined in paragraph 1 shall be equivalent to those used in the Montreal Convention.";

4. Article 3 shall be replaced by the following:

"Article 3

1. The liability of a Community air carrier in respect of passengers and their baggage shall be governed by all provisions of the Montreal Convention relevant to such liability.

2. The obligation of insurance set out in Article 7 of Regulation (EEC) No 2407/92 as far as it relates to liability for passengers shall be understood as requiring that a Community air carrier shall be insured up to a level that is adequate to ensure that all persons entitled to compensation receive the full amount to which they are entitled in accordance with this Regulation.";

5. the following Article shall be inserted:

"Article 3a

The supplementary sum which, in accordance with Article 22(2) of the Montreal Convention, may be demanded by a Community air carrier when a passenger makes a special declaration of interest in delivery of their baggage at destination, shall be based on a tariff which is related to the additional costs involved in transporting and insuring the baggage concerned over and above those for baggage valued at or below the liability limit. The tariff shall be made available to passengers on request.";

6. Article 4 shall be deleted;

7. Article 5 shall be replaced by the following:

"Article 5

1. The Community air carrier shall without delay, and in any event not later than fifteen days after the identity of the natural person entitled to compensation has been established, make such advance payments as may be required to meet immediate economic needs on a basis proportional to the hardship suffered.

2. Without prejudice to paragraph 1, an advance payment shall not be less than the equivalent in euro of 16 000 SDRs per passenger in the event of death.

3. An advance payment shall not constitute recognition of liability and may be offset against any subsequent sums paid on the basis of Community air carrier liability, but is not returnable, except in the cases prescribed in Article 20 of the Montreal Convention or where the person who received the advance payment was not the person entitled to compensation.";

8. Article 6 shall be replaced by the following:

"Article 6

1. All air carriers shall, when selling carriage by air in the Community, ensure that a summary of the main provisions governing liability for passengers and their baggage, including deadlines for filing an action for compensation and the possibility of making a special declaration for baggage, is made available to passengers at all points of sale, including sale by telephone and via the Internet. In order to comply with this information requirement, Community air carriers shall use the notice contained in the Annex. Such summary or notice cannot be used as a basis for a claim for compensation, nor to interpret the provisions of this Regulation or the Montreal Convention.

2. In addition to the information requirements set out in paragraph 1, all air carriers shall in respect of carriage by air provided or purchased in the Community, provide each passenger with a written indication of:

— the applicable limit for that flight on the carrier's liability in respect of death or injury, if such a limit exists,

— the applicable limit for that flight on the carrier's liability in respect of destruction, loss of or damage to baggage and a warning that baggage greater in value than this figure should be brought to the airline's attention at check-in or fully insured by the passenger prior to travel;

— the applicable limit for that flight on the carrier's liability for damage occasioned by delay.

3. In the case of all carriage performed by Community air carriers, the limits indicated in accordance with the information requirements of paragraphs 1 and 2 shall be those established by this Regulation unless the Community air carrier applies higher limits by way of voluntary undertaking. In the case of all carriage performed by non-Community air carriers, paragraphs 1 and 2 shall apply only in relation to carriage to, from or within the Community";

9. Article 7 shall be replaced by the following:

"Article 7

No later than three years after the date on which Regulation (EC) No 889/2002 (*) begins to apply, the Commission shall draw up a report on the application of this Regulation. In particular, the Commission shall examine the need to revise the amounts mentioned in the relevant Articles of the Montreal Convention in the light of economic developments and the notifications of the ICAO Depositary.

(*)OJ L 140, 30.5.2002, p. 2.";

10. the following Annex shall be added:

"ANNEX

Air carrier liability for passengers and their baggage

This information notice summarises the liability rules applied by Community air carriers as required by Community legislation and the Montreal Convention.

Compensation in the case of death or injury

There are no financial limits to the liability for passenger injury or death. For damages up to 100 000 SDRs (approximate amount in local currency) the air carrier cannot contest claims for compensation. Above that amount, the air carrier can defend itself against a claim by proving that it was not negligent or otherwise at fault.

Advance payments

If a passenger is killed or injured, the air carrier must make an advance payment, to cover immediate economic needs, within 15 days from the identification of the person entitled to compensation. In the event of death, this advance payment shall not be less than 16 000 SDRs (approximate amount in local currency).

Passenger delays

In case of passenger delay, the air carrier is liable for damage unless it took all reasonable measures to avoid the damage or it was impossible to take such measures. The liability for passenger delay is limited to 4 150 SDRs (approximate amount in local currency).

Baggage delays

In case of baggage delay, the air carrier is liable for damage unless it took all reasonable measures to avoid the damage or it was impossible to take such measures. The liability for baggage delay is limited to 1 000 SDRs (approximate amount in local currency).

Destruction, loss or damage to baggage

The air carrier is liable for destruction, loss or damage to baggage up to 1 000 SDRs (approximate amount in local currency). In the case of checked baggage, it is liable even if not at fault, unless the baggage was defective. In the case of unchecked baggage, the carrier is liable only if at fault.

Higher limits for baggage

A passenger can benefit from a higher liability limit by making a special declaration at the latest at check-in and by paying a supplementary fee.

Complaints on baggage

If the baggage is damaged, delayed, lost or destroyed, the passenger must write and complain to the air carrier as soon as possible. In the case of damage to checked baggage, the passenger must write and complain within seven days, and in the case of delay within 21 days, in both cases from the date on which the baggage was placed at the passenger's disposal.

Liability of contracting and actual carriers

If the air carrier actually performing the flight is not the same as the contracting air carrier, the passenger has the right to address a complaint or to make a claim for damages against either. If the name or code of an air carrier is indicated on the ticket, that air carrier is the contracting air carrier.

Time limit for action

Any action in court to claim damages must be brought within two years from the date of arrival of the aircraft, or from the date on which the aircraft ought to have arrived.

Basis for the information

The basis for the rules described above is the Montreal Convention of 28 May 1999, which is implemented in the Community by Regulation (EC) No 2027/97 (as amended by Regulation (EC) No 889/2002) and national legislation of the Member States."

Article 2

This Regulation shall enter into force on the day of its publication in the *Official Journal of the European Communities.*

It shall apply from the date of its entry into force or from the date of the entry into force of the Montreal Convention for the Community, whichever is the later.

This Regulation shall be binding in its entirety and directly applicable in all Member States.

Done at Brussels, 13 May 2002.

For the European Parliament *The President* P. COX	*For the Council* *The President* J. PIQUÉ I CAMPS

I

REGULATION (EC) No 261/2004 OF THE EUROPEAN PARLIAMENT AND OF THE COUNCIL
of 11 February 2004

establishing common rules on compensation and assistance to passengers in the event of denied boarding and of cancellation or long delay of flights, and repealing Regulation (EEC) No 295/91

(Text with EEA relevance)

THE EUROPEAN PARLIAMENT AND THE COUNCIL OF THE EUROPEAN UNION,

Having regard to the Treaty establishing the European Community, and in particular Article 80(2) thereof,

Having regard to the proposal from the Commission (¹),

Having regard to the opinion of the European Economic and Social Committee (²),

After consulting the Committee of the Regions,

Acting in accordance with the procedure laid down in Article 251 of the Treaty (³), in the light of the joint text approved by the Conciliation Committee on 1 December 2003,

Whereas:

(1) Action by the Community in the field of air transport should aim, among other things, at ensuring a high level of protection for passengers. Moreover, full account should be taken of the requirements of consumer protection in general.

(2) Denied boarding and cancellation or long delay of flights cause serious trouble and inconvenience to passengers.

(3) While Council Regulation (EEC) No 295/91 of 4 February 1991 establishing common rules for a denied boarding compensation system in scheduled air transport (⁴) created basic protection for passengers, the number of passengers denied boarding against their will remains too high, as does that affected by cancellations without prior warning and that affected by long delays.

(4) The Community should therefore raise the standards of protection set by that Regulation both to strengthen the rights of passengers and to ensure that air carriers operate under harmonised conditions in a liberalised market.

(5) Since the distinction between scheduled and non-scheduled air services is weakening, such protection should apply to passengers not only on scheduled but also on non-scheduled flights, including those forming part of package tours.

(6) The protection accorded to passengers departing from an airport located in a Member State should be extended to those leaving an airport located in a third country for one situated in a Member State, when a Community carrier operates the flight.

(7) In order to ensure the effective application of this Regulation, the obligations that it creates should rest with the operating air carrier who performs or intends to perform a flight, whether with owned aircraft, under dry or wet lease, or on any other basis.

(8) This Regulation should not restrict the rights of the operating air carrier to seek compensation from any person, including third parties, in accordance with the law applicable.

(9) The number of passengers denied boarding against their will should be reduced by requiring air carriers to call for volunteers to surrender their reservations, in exchange for benefits, instead of denying passengers boarding, and by fully compensating those finally denied boarding.

(¹) OJ C 103 E, 30.4.2002, p. 225 and OJ C 71 E, 25.3.2003, p. 188.
(²) OJ C 241, 7.10.2002, p. 29.
(³) Opinion of the European Parliament of 24 October 2002 (OJ C 300 E, 11.12.2003, p. 443), Council Common Position of 18 March 2003 (OJ C 125 E, 27.5.2003, p. 63) and Position of the European Parliament of 3 July 2003. Legislative Resolution of the European Parliament of 18 December 2003 and Council Decision of 26 January 2004.
(⁴) OJ L 36, 8.2.1991, p. 5.

(10) Passengers denied boarding against their will should be able either to cancel their flights, with reimbursement of their tickets, or to continue them under satisfactory conditions, and should be adequately cared for while awaiting a later flight.

(11) Volunteers should also be able to cancel their flights, with reimbursement of their tickets, or continue them under satisfactory conditions, since they face difficulties of travel similar to those experienced by passengers denied boarding against their will.

(12) The trouble and inconvenience to passengers caused by cancellation of flights should also be reduced. This should be achieved by inducing carriers to inform passengers of cancellations before the scheduled time of departure and in addition to offer them reasonable re-routing, so that the passengers can make other arrangements. Air carriers should compensate passengers if they fail to do this, except when the cancellation occurs in extraordinary circumstances which could not have been avoided even if all reasonable measures had been taken.

(13) Passengers whose flights are cancelled should be able either to obtain reimbursement of their tickets or to obtain re-routing under satisfactory conditions, and should be adequately cared for while awaiting a later flight.

(14) As under the Montreal Convention, obligations on operating air carriers should be limited or excluded in cases where an event has been caused by extraordinary circumstances which could not have been avoided even if all reasonable measures had been taken. Such circumstances may, in particular, occur in cases of political instability, meteorological conditions incompatible with the operation of the flight concerned, security risks, unexpected flight safety shortcomings and strikes that affect the operation of an operating air carrier.

(15) Extraordinary circumstances should be deemed to exist where the impact of an air traffic management decision in relation to a particular aircraft on a particular day gives rise to a long delay, an overnight delay, or the cancellation of one or more flights by that aircraft, even though all reasonable measures had been taken by the air carrier concerned to avoid the delays or cancellations.

(16) In cases where a package tour is cancelled for reasons other than the flight being cancelled, this Regulation should not apply.

(17) Passengers whose flights are delayed for a specified time should be adequately cared for and should be able to cancel their flights with reimbursement of their tickets or to continue them under satisfactory conditions.

(18) Care for passengers awaiting an alternative or a delayed flight may be limited or declined if the provision of the care would itself cause further delay.

(19) Operating air carriers should meet the special needs of persons with reduced mobility and any persons accompanying them.

(20) Passengers should be fully informed of their rights in the event of denied boarding and of cancellation or long delay of flights, so that they can effectively exercise their rights.

(21) Member States should lay down rules on sanctions applicable to infringements of the provisions of this Regulation and ensure that these sanctions are applied. The sanctions should be effective, proportionate and dissuasive.

(22) Member States should ensure and supervise general compliance by their air carriers with this Regulation and designate an appropriate body to carry out such enforcement tasks. The supervision should not affect the rights of passengers and air carriers to seek legal redress from courts under procedures of national law.

(23) The Commission should analyse the application of this Regulation and should assess in particular the opportunity of extending its scope to all passengers having a contract with a tour operator or with a Community carrier, when departing from a third country airport to an airport in a Member State.

(24) Arrangements for greater cooperation over the use of Gibraltar airport were agreed in London on 2 December 1987 by the Kingdom of Spain and the United Kingdom in a joint declaration by the Ministers of Foreign Affairs of the two countries. Such arrangements have yet to enter into operation.

(25) Regulation (EEC) No 295/91 should accordingly be repealed,

HAVE ADOPTED THIS REGULATION:

Article 1

Subject

1. This Regulation establishes, under the conditions specified herein, minimum rights for passengers when:

(a) they are denied boarding against their will;

(b) their flight is cancelled;

(c) their flight is delayed.

2. Application of this Regulation to Gibraltar airport is understood to be without prejudice to the respective legal positions of the Kingdom of Spain and the United Kingdom with regard to the dispute over sovereignty over the territory in which the airport is situated.

3. Application of this Regulation to Gibraltar airport shall be suspended until the arrangements in the Joint Declaration made by the Foreign Ministers of the Kingdom of Spain and the United Kingdom on 2 December 1987 enter into operation. The Governments of Spain and the United Kingdom will inform the Council of such date of entry into operation.

Article 2

Definitions

For the purposes of this Regulation:

(a) 'air carrier' means an air transport undertaking with a valid operating licence;

(b) 'operating air carrier' means an air carrier that performs or intends to perform a flight under a contract with a passenger or on behalf of another person, legal or natural, having a contract with that passenger;

(c) 'Community carrier' means an air carrier with a valid operating licence granted by a Member State in accordance with the provisions of Council Regulation (EEC) No 2407/92 of 23 July 1992 on licensing of air carriers (^{1});

(d) 'tour operator' means, with the exception of an air carrier, an organiser within the meaning of Article 2, point 2, of Council Directive 90/314/EEC of 13 June 1990 on package travel, package holidays and package tours (^{2});

(e) 'package' means those services defined in Article 2, point 1, of Directive 90/314/EEC;

(f) 'ticket' means a valid document giving entitlement to transport, or something equivalent in paperless form, including electronic form, issued or authorised by the air carrier or its authorised agent;

(g) 'reservation' means the fact that the passenger has a ticket, or other proof, which indicates that the reservation has been accepted and registered by the air carrier or tour operator;

(h) 'final destination' means the destination on the ticket presented at the check-in counter or, in the case of directly connecting flights, the destination of the last flight; alternative connecting flights available shall not be taken into account if the original planned arrival time is respected;

(i) 'person with reduced mobility' means any person whose mobility is reduced when using transport because of any physical disability (sensory or locomotory, permanent or temporary), intellectual impairment, age or any other cause of disability, and whose situation needs special attention and adaptation to the person's needs of the services made available to all passengers;

(j) 'denied boarding' means a refusal to carry passengers on a flight, although they have presented themselves for boarding under the conditions laid down in Article 3(2), except where there are reasonable grounds to deny them boarding, such as reasons of health, safety or security, or inadequate travel documentation;

(k) 'volunteer' means a person who has presented himself for boarding under the conditions laid down in Article 3(2) and responds positively to the air carrier's call for passengers prepared to surrender their reservation in exchange for benefits.

(l) 'cancellation' means the non-operation of a flight which was previously planned and on which at least one place was reserved.

Article 3

Scope

1. This Regulation shall apply:

(a) to passengers departing from an airport located in the territory of a Member State to which the Treaty applies;

(b) to passengers departing from an airport located in a third country to an airport situated in the territory of a Member State to which the Treaty applies, unless they received benefits or compensation and were given assistance in that third country, if the operating air carrier of the flight concerned is a Community carrier.

2. Paragraph 1 shall apply on the condition that passengers:

(a) have a confirmed reservation on the flight concerned and, except in the case of cancellation referred to in Article 5, present themselves for check-in,

— as stipulated and at the time indicated in advance and in writing (including by electronic means) by the air carrier, the tour operator or an authorised travel agent,

or, if no time is indicated,

— not later than 45 minutes before the published departure time; or

(b) have been transferred by an air carrier or tour operator from the flight for which they held a reservation to another flight, irrespective of the reason.

3. This Regulation shall not apply to passengers travelling free of charge or at a reduced fare not available directly or indirectly to the public. However, it shall apply to passengers having tickets issued under a frequent flyer programme or other commercial programme by an air carrier or tour operator.

(^{1}) OJ L 240, 24.8.1992, p. 1.
(^{2}) OJ L 158, 23.6.1990, p. 59.

4. This Regulation shall only apply to passengers transported by motorised fixed wing aircraft.

5. This Regulation shall apply to any operating air carrier providing transport to passengers covered by paragraphs 1 and 2. Where an operating air carrier which has no contract with the passenger performs obligations under this Regulation, it shall be regarded as doing so on behalf of the person having a contract with that passenger.

6. This Regulation shall not affect the rights of passengers under Directive 90/314/EEC. This Regulation shall not apply in cases where a package tour is cancelled for reasons other than cancellation of the flight.

Article 4

Denied boarding

1. When an operating air carrier reasonably expects to deny boarding on a flight, it shall first call for volunteers to surrender their reservations in exchange for benefits under conditions to be agreed between the passenger concerned and the operating air carrier. Volunteers shall be assisted in accordance with Article 8, such assistance being additional to the benefits mentioned in this paragraph.

2. If an insufficient number of volunteers comes forward to allow the remaining passengers with reservations to board the flight, the operating air carrier may then deny boarding to passengers against their will.

3. If boarding is denied to passengers against their will, the operating air carrier shall immediately compensate them in accordance with Article 7 and assist them in accordance with Articles 8 and 9.

Article 5

Cancellation

1. In case of cancellation of a flight, the passengers concerned shall:

(a) be offered assistance by the operating air carrier in accordance with Article 8; and

(b) be offered assistance by the operating air carrier in accordance with Article 9(1)(a) and 9(2), as well as, in event of re-routing when the reasonably expected time of departure of the new flight is at least the day after the departure as it was planned for the cancelled flight, the assistance specified in Article 9(1)(b) and 9(1)(c); and

(c) have the right to compensation by the operating air carrier in accordance with Article 7, unless:

  (i) they are informed of the cancellation at least two weeks before the scheduled time of departure; or

  (ii) they are informed of the cancellation between two weeks and seven days before the scheduled time of departure and are offered re-routing, allowing them to depart no more than two hours before the scheduled time of departure and to reach their final destination less than four hours after the scheduled time of arrival; or

  (iii) they are informed of the cancellation less than seven days before the scheduled time of departure and are offered re-routing, allowing them to depart no more than one hour before the scheduled time of departure and to reach their final destination less than two hours after the scheduled time of arrival.

2. When passengers are informed of the cancellation, an explanation shall be given concerning possible alternative transport.

3. An operating air carrier shall not be obliged to pay compensation in accordance with Article 7, if it can prove that the cancellation is caused by extraordinary circumstances which could not have been avoided even if all reasonable measures had been taken.

4. The burden of proof concerning the questions as to whether and when the passenger has been informed of the cancellation of the flight shall rest with the operating air carrier.

Article 6

Delay

1. When an operating air carrier reasonably expects a flight to be delayed beyond its scheduled time of departure:

(a) for two hours or more in the case of flights of 1 500 kilometres or less; or

(b) for three hours or more in the case of all intra-Community flights of more than 1 500 kilometres and of all other flights between 1 500 and 3 500 kilometres; or

(c) for four hours or more in the case of all flights not falling under (a) or (b),

passengers shall be offered by the operating air carrier:

  (i) the assistance specified in Article 9(1)(a) and 9(2); and

  (ii) when the reasonably expected time of departure is at least the day after the time of departure previously announced, the assistance specified in Article 9(1)(b) and 9(1)(c); and

  (iii) when the delay is at least five hours, the assistance specified in Article 8(1)(a).

2. In any event, the assistance shall be offered within the time limits set out above with respect to each distance bracket.

Article 7

Right to compensation

1.　Where reference is made to this Article, passengers shall receive compensation amounting to:

(a) EUR 250 for all flights of 1 500 kilometres or less;

(b) EUR 400 for all intra-Community flights of more than 1 500 kilometres, and for all other flights between 1 500 and 3 500 kilometres;

(c) EUR 600 for all flights not falling under (a) or (b).

In determining the distance, the basis shall be the last destination at which the denial of boarding or cancellation will delay the passenger's arrival after the scheduled time.

2.　When passengers are offered re-routing to their final destination on an alternative flight pursuant to Article 8, the arrival time of which does not exceed the scheduled arrival time of the flight originally booked

(a) by two hours, in respect of all flights of 1 500 kilometres or less; or

(b) by three hours, in respect of all intra-Community flights of more than 1 500 kilometres and for all other flights between 1 500 and 3 500 kilometres; or

(c) by four hours, in respect of all flights not falling under (a) or (b),

the operating air carrier may reduce the compensation provided for in paragraph 1 by 50 %.

3.　The compensation referred to in paragraph 1 shall be paid in cash, by electronic bank transfer, bank orders or bank cheques or, with the signed agreement of the passenger, in travel vouchers and/or other services.

4.　The distances given in paragraphs 1 and 2 shall be measured by the great circle route method.

Article 8

Right to reimbursement or re-routing

1.　Where reference is made to this Article, passengers shall be offered the choice between:

(a) — reimbursement within seven days, by the means provided for in Article 7(3), of the full cost of the ticket at the price at which it was bought, for the part or parts of the journey not made, and for the part or parts already made if the flight is no longer serving any purpose in relation to the passenger's original travel plan, together with, when relevant,

 　 — a return flight to the first point of departure, at the earliest opportunity;

(b) re-routing, under comparable transport conditions, to their final destination at the earliest opportunity; or

(c) re-routing, under comparable transport conditions, to their final destination at a later date at the passenger's convenience, subject to availability of seats.

2.　Paragraph 1(a) shall also apply to passengers whose flights form part of a package, except for the right to reimbursement where such right arises under Directive 90/314/EEC.

3.　When, in the case where a town, city or region is served by several airports, an operating air carrier offers a passenger a flight to an airport alternative to that for which the booking was made, the operating air carrier shall bear the cost of transferring the passenger from that alternative airport either to that for which the booking was made, or to another close-by destination agreed with the passenger.

Article 9

Right to care

1.　Where reference is made to this Article, passengers shall be offered free of charge:

(a) meals and refreshments in a reasonable relation to the waiting time;

(b) hotel accommodation in cases

 　 — where a stay of one or more nights becomes necessary, or

 　 — where a stay additional to that intended by the passenger becomes necessary;

(c) transport between the airport and place of accommodation (hotel or other).

2.　In addition, passengers shall be offered free of charge two telephone calls, telex or fax messages, or e-mails.

3.　In applying this Article, the operating air carrier shall pay particular attention to the needs of persons with reduced mobility and any persons accompanying them, as well as to the needs of unaccompanied children.

Article 10

Upgrading and downgrading

1.　If an operating air carrier places a passenger in a class higher than that for which the ticket was purchased, it may not request any supplementary payment.

2.　If an operating air carrier places a passenger in a class lower than that for which the ticket was purchased, it shall within seven days, by the means provided for in Article 7(3), reimburse

(a) 30 % of the price of the ticket for all flights of 1 500 kilometres or less, or

(b) 50 % of the price of the ticket for all intra-Community flights of more than 1 500 kilometres, except flights between the European territory of the Member States and the French overseas departments, and for all other flights between 1 500 and 3 500 kilometres, or

(c) 75 % of the price of the ticket for all flights not falling under (a) or (b), including flights between the European territory of the Member States and the French overseas departments.

Article 11

Persons with reduced mobility or special needs

1. Operating air carriers shall give priority to carrying persons with reduced mobility and any persons or certified service dogs accompanying them, as well as unaccompanied children.

2. In cases of denied boarding, cancellation and delays of any length, persons with reduced mobility and any persons accompanying them, as well as unaccompanied children, shall have the right to care in accordance with Article 9 as soon as possible.

Article 12

Further compensation

1. This Regulation shall apply without prejudice to a passenger's rights to further compensation. The compensation granted under this Regulation may be deducted from such compensation.

2. Without prejudice to relevant principles and rules of national law, including case-law, paragraph 1 shall not apply to passengers who have voluntarily surrendered a reservation under Article 4(1).

Article 13

Right of redress

In cases where an operating air carrier pays compensation or meets the other obligations incumbent on it under this Regulation, no provision of this Regulation may be interpreted as restricting its right to seek compensation from any person, including third parties, in accordance with the law applicable. In particular, this Regulation shall in no way restrict the operating air carrier's right to seek reimbursement from a tour operator or another person with whom the operating air carrier has a contract. Similarly, no provision of this Regulation may be interpreted as restricting the right of a tour operator or a third party, other than a passenger, with whom an operating air carrier has a contract, to seek reimbursement or compensation from the operating air carrier in accordance with applicable relevant laws.

Article 14

Obligation to inform passengers of their rights

1. The operating air carrier shall ensure that at check-in a clearly legible notice containing the following text is displayed in a manner clearly visible to passengers: 'If you are denied boarding or if your flight is cancelled or delayed for at least two hours, ask at the check-in counter or boarding gate for the text stating your rights, particularly with regard to compensation and assistance'.

2. An operating air carrier denying boarding or cancelling a flight shall provide each passenger affected with a written notice setting out the rules for compensation and assistance in line with this Regulation. It shall also provide each passenger affected by a delay of at least two hours with an equivalent notice. The contact details of the national designated body referred to in Article 16 shall also be given to the passenger in written form.

3. In respect of blind and visually impaired persons, the provisions of this Article shall be applied using appropriate alternative means.

Article 15

Exclusion of waiver

1. Obligations vis-à-vis passengers pursuant to this Regulation may not be limited or waived, notably by a derogation or restrictive clause in the contract of carriage.

2. If, nevertheless, such a derogation or restrictive clause is applied in respect of a passenger, or if the passenger is not correctly informed of his rights and for that reason has accepted compensation which is inferior to that provided for in this Regulation, the passenger shall still be entitled to take the necessary proceedings before the competent courts or bodies in order to obtain additional compensation.

Article 16

Infringements

1. Each Member State shall designate a body responsible for the enforcement of this Regulation as regards flights from airports situated on its territory and flights from a third country to such airports. Where appropriate, this body shall take the measures necessary to ensure that the rights of passengers are respected. The Member States shall inform the Commission of the body that has been designated in accordance with this paragraph.

2. Without prejudice to Article 12, each passenger may complain to any body designated under paragraph 1, or to any other competent body designated by a Member State, about an alleged infringement of this Regulation at any airport situated on the territory of a Member State or concerning any flight from a third country to an airport situated on that territory.

3. The sanctions laid down by Member States for infringements of this Regulation shall be effective, proportionate and dissuasive.

Article 17

Report

The Commission shall report to the European Parliament and the Council by 1 January 2007 on the operation and the results of this Regulation, in particular regarding:

— the incidence of denied boarding and of cancellation of flights,

— the possible extension of the scope of this Regulation to passengers having a contract with a Community carrier or holding a flight reservation which forms part of a 'package tour' to which Directive 90/314/EEC applies and who depart from a third-country airport to an airport in a Member State, on flights not operated by Community air carriers,

— the possible revision of the amounts of compensation referred to in Article 7(1).

The report shall be accompanied where necessary by legislative proposals.

Article 18

Repeal

Regulation (EEC) No 295/91 shall be repealed.

Article 19

Entry into force

This Regulation shall enter into force on 17 February 2005.

This Regulation shall be binding in its entirety and directly applicable in all Member States.

Done at Strasbourg, 11 February 2004.

For the European Parliament
The President
P. COX

For the Council
The President
M. McDOWELL

No. 4492

ARGENTINA, AUSTRALIA, BELGIUM, BRAZIL, CHILE, etc.

Convention on the International Recognition of Rights in Aircraft. Done at Geneva, on 19 June 1948

Official texts: English, French and Spanish.

Registered by the International Civil Aviation Organization on 9 September 1958.

ARGENTINE, AUSTRALIE, BELGIQUE, BRÉSIL, CHILI, etc.

Convention relative à la reconnaissance internationale des droits sur aéronef. Faite à Genève, le 19 juin 1948

Textes officiels anglais, français et espagnol.

Enregistrée par l'Organisation de l'aviation civile internationale le 9 septembre 1958.

No. 4492. CONVENTION[1] ON THE INTERNATIONAL RECOGNITION OF RIGHTS IN AIRCRAFT. DONE AT GENEVA, ON 19 JUNE 1948

Whereas the International Civil Aviation Conference, held at Chicago in November-December 1944, recommended the early adoption of a Convention dealing with the transfer of title to aircraft,

Whereas it is highly desirable in the interest of the future expansion of international civil aviation that rights in aircraft be recognised internationally,

The undersigned, duly authorized, have agreed, on behalf of their respective Governments, as follows :

Article I

(1) The Contracting States undertake to recognise :

(*a*) rights of property in aircraft ;

(*b*) rights to acquire aircraft by purchase coupled with possession of the aircraft ;

(*c*) rights to possession of aircraft under leases of six months or more ;

(*d*) mortgages, hypotheques and similar rights in aircraft which are contractually created as security for payment of an indebtedness ;

---

[1] In accordance with articles XX(1) and XXI, the Convention came into force as between the United States of America and Pakistan on 17 September 1953, the ninetieth day after the deposit of the second instrument of ratification and for each State which deposited its instrument of ratification or adherence after that date, on the ninetieth day after the deposit of its instrument of ratification or adherence. Following is a list of States which deposited the instruments of ratification or adherence (*a*) in the archives of the International Civil Aviation Organization showing the dates of deposit and of the entry into force of the Convention :

	Date of deposit	Date of entry into force
United States of America	6 September 1949	17 September 1953
Pakistan	19 June 1953	17 September 1953
Brazil	3 July 1953	1 October 1953
Norway	5 March 1954	2 June 1954
Sweden	16 November 1955	14 February 1956
Chile	19 December 1955	18 March 1956
Laos (*a*)	4 June 1956	2 September 1956
Argentina	31 January 1958	1 May 1958
Ecuador (*a*)	14 July 1958	12 October 1958
El Salvador (*a*)	14 August 1958	12 November 1958

provided that such rights

(i) have been constituted in accordance with the law of the Contracting State in which the aircraft was registered as to nationality at the time of their constitution, and

(ii) are regularly recorded in a public record of the Contracting State in which the aircraft is registered as to nationality.

The regularity of successive recordings in different Contracting States shall be determined in accordance with the law of the State where the aircraft was registered as to nationality at the time of each recording.

(2) Nothing in this Convention shall prevent the recognition of any rights in aircraft under the law of any Contracting State ; but Contracting States shall not admit or recognise any right as taking priority over the rights mentioned in paragraph (1) of this Article.

Article II

(1) All recordings relating to a given aircraft must appear in the same record.

(2) Except as otherwise provided in this Convention, the effects of the recording of any right mentioned in Article I, paragraph (1), with regard to third parties shall be determined according to the law of the Contracting State where it is recorded.

(3) A Contracting State may prohibit the recording of any right which cannot validly be constituted according to its national law.

Article III

(1) The address of the authority responsible for maintaining the record must be shown on every aircraft's certificate of registration as to nationality.

(2) Any person shall be entitled to receive from the authority duly certified copies or extracts of the particulars recorded. Such copies or extracts shall constitute *prima facie* evidence of the contents of the record.

(3) If the law of a Contracting State provides that the filing of a document for recording shall have the same effect as the recording, it shall have the same effect for the purposes of this Convention. In that case, adequate provision shall be made to ensure that such document is open to the public.

(4) Reasonable charges may be made for services performed by the authority maintaining the record.

Article IV

(1) In the event that any claims in respect of :

(a) compensation due for salvage of the aircraft, or

No. 4492

(*b*) extraordinary expenses indispensable for the preservation of the aircraft give rise, under the law of the Contracting State where the operations of salvage or preservation were terminated, to a right conferring a charge against the aircraft, such right shall be recognised by Contracting States and shall take priority over all other rights in the aircraft.

(2) The rights enumerated in paragraph (1) shall be satisfied in the inverse order of the dates of the incidents in connexion with which they have arisen.

(3) Any of the said rights may, within three months from the date of the termination of the salvage or preservation operation, be noted on the record.

(4) The said rights shall not be recognised in other Contracting States after expiration of the three months mentioned in paragraph (3) unless, within this period,

(*a*) the right has been noted on the record in conformity with paragraph (3), and

(*b*) the amount has been agreed upon or judicial action on the right has been commenced. As far as judicial action is concerned, the law of the forum shall determine the contingencies upon which the three months period may be interrupted or suspended.

(5) This Article shall apply notwithstanding the provisions of Article I, paragraph (2).

Article V

The priority of a right mentioned in Article I, paragraph (1) (*d*), extends to all sums thereby secured. However, the amount of interest included shall not exceed that accrued during the three years prior to the execution proceedings together with that accrued during the execution proceedings.

Article VI

In case of attachment or sale of an aircraft in execution, or of any right therein, the Contracting States shall not be obliged to recognise, as against the attaching or executing creditor or against the purchaser, any right mentioned in Article I, paragraph (1), or the transfer of any such right, if constituted or effected with knowledge of the sale or execution proceedings by the person against whom the proceedings are directed.

Article VII

(1) The proceedings of a sale of an aircraft in execution shall be determined by the law of the Contracting State where the sale takes place.

(2) The following provisions shall however be observed :

No. 4492

(*a*) The date and place of the sale shall be fixed at least six weeks in advance.

(*b*) The executing creditor shall supply to the Court or other competent authority a certified extract of the recordings concerning the aircraft. He shall give public notice of the sale at the place where the aircraft is registered as to nationality, in accordance with the law there applicable, at least one month before the day fixed, and shall concurrently notify by registered letter, if possible by air mail, the recorded owner and the holders of recorded rights in the aircraft and of rights noted on the record under Article IV, paragraph (3), according to their addresses as shown on the record.

(3) The consequences of failure to observe the requirements of paragraph (2) shall be as provided by the law of the Contracting State where the sale takes place. However, any sale taking place in contravention of the requirements of that paragraph may be annulled upon demand made within six months from the date of the sale by any person suffering damage as the result of such contravention.

(4) No sale in execution can be effected unless all rights having priority over the claim of the executing creditor in accordance with this Convention which are established before the competent authority, are covered by the proceeds of sale or assumed by the purchaser.

(5) When injury or damage is caused to persons or property on the surface of the Contracting State where the execution sale takes place, by any aircraft subject to any right referred to in Article I held as security for an indebtedness, unless adequate and effective insurance by a State or an insurance undertaking in any State has been provided by or on behalf of the operator to cover such injury or damage, the national law of such Contracting State may provide in case of the seizure of such aircraft or any other aircraft owned by the same person and encumbered with any similar right held by the same creditor :

(*a*) that the provisions of paragraph (4) above shall have no effect with regard to the person suffering such injury or damage or his representative if he is an executing creditor ;

(*b*) that any right referred to in Article I held as security for an indebtedness encumbering the aircraft may not be set up against any person suffering such injury or damage or his representative in excess of an amount equal to 80 % of the sale price.

In the absence of other limit established by the law of the Contracting State where the execution sale takes place, the insurance shall be considered adequate within the meaning of the present paragraph if the amount of the insurance corresponds to the value when new of the aircraft seized in execution.

No. 4492

(6) Costs legally chargeable under the law of the Contracting State where the sale takes place, which are incurred in the common interest of creditors in the course of execution proceedings leading to sale, shall be paid out of the proceeds of sale before any claims, including those given preference by Article IV.

Article VIII

Sale of an aircraft in execution in conformity with the provisions of Article VII shall effect the transfer of the property in such aircraft free from all rights which are not assumed by the purchaser.

Article IX

Except in the case of a sale in execution in conformity with the provisions of Article VII, no transfer of an aircraft from the nationality register or the record of a Contracting State to that of another Contracting State shall be made, unless all holders of recorded rights have been satisfied or consent to the transfer.

Article X

(1) If a recorded right in an aircraft of the nature specified in Article I, and held as security for the payment of an indebtedness, extends, in conformity with the law of the Contracting State where the aircraft is registered, to spare parts stored in a specified place or places, such right shall be recognised by all Contracting States, as long as the spare parts remain in the place or places specified, provided that an appropriate public notice, specifying the description of the right, the name and address of the holder of this right and the record in which such right is recorded, is exhibited at the place where the spare parts are located, so as to give due notification to third parties that such spare parts are encumbered.

(2) A statement indicating the character and the approximate number of such spare parts shall be annexed to or included in the recorded document. Such parts may be replaced by similar parts without affecting the right of the creditor.

(3) The provisions of Article VII, paragraphs (1) and (4), and of Article VIII shall apply to a sale of spare parts in execution. However, where the executing creditor is an unsecured creditor, paragraph 4 of Article VII in its application to such a sale shall be construed so as to permit the sale to take place if a bid is received in an amount not less than two-thirds of the value of the spare parts as determined by experts appointed by the authority responsible for the sale. Further, in the distribution of the proceeds of sale, the competent authority may, in order to provide for the claim of the executing creditor, limit the amount payable to holders of prior rights to two-thirds of such proceeds of sale after payment of the costs referred to in Article VII, paragraph (6).

(4) For the purpose of this Article the term "spare parts" means parts of aircraft, engines, propellers, radio apparatus, instruments, appliances, furnishings,

No. 4492

parts of any of the foregoing, and generally any other articles of whatever description maintained for installation in aircraft in substitution for parts or articles removed.

Article XI

(1) The provisions of this Convention shall in each Contracting State apply to all aircraft registered as to nationality in another Contracting State.

(2) Each Contracting State shall also apply to aircraft there registered as to nationality :

(a) The provisions of Articles II, III, IX, and

(b) The provisions of Article IV, unless the salvage or preservation operations have been terminated within its own territory.

Article XII

Nothing in this Convention shall prejudice the right of any Contracting State to enforce against an aircraft its national laws relating to immigration, customs or air navigation.

Article XIII

This Convention shall not apply to aircraft used in military, customs or police services.

Article XIV

For the purpose of this Convention, the competent judicial and administrative authorities of the Contracting States may, subject to any contrary provision in their national law, correspond directly with each other.

Article XV

The Contracting States shall take such measures as are necessary for the fulfilment of the provisions of this Convention and shall forthwith inform the Secretary General of the International Civil Aviation Organization of these measures.

Article XVI

For the purposes of this Convention the term "aircraft" shall include the airframe, engines, propellers, radio apparatus, and all other articles intended for use in the aircraft whether installed therein or temporarily separated therefrom.

No. 4492

Article XVII

If a separate register of aircraft for purposes of nationality is maintained in any territory for whose foreign relations a Contracting State is responsible, references in this Convention to the law of the Contracting State shall be construed as references to the law of that territory.

Article XVIII

This Convention shall remain open for signature until it comes into force in accordance with the provisions of Article XX.

Article XIX

(1) This Convention shall be subject to ratification by the signatory States.

(2) The instruments of ratification shall be deposited in the archives of the International Civil Aviation Organization, which shall give notice of the date of deposit to each of the signatory and adhering States.

Article XX

(1) As soon as two of the signatory States have deposited their instruments of ratification of this Convention, it shall come into force between them on the ninetieth day after the date of the deposit of the second instrument of ratification. It shall come into force, for each State which deposits its instrument of ratification after that date, on the ninetieth day after the deposit of its instrument of ratification.

(2) The International Civil Aviation Organization shall give notice to each signatory State of the date on which this Convention comes into force.

(3) As soon as this Convention comes into force, it shall be registered with the United Nations by the Secretary General of the International Civil Aviation Organization.

Article XXI

(1) This Convention shall, after it has come into force, be open for adherence by non-signatory States.

(2) Adherence shall be effected by the deposit of an instrument of adherence in the archives of the International Civil Aviation Organization, which shall give notice of the date of the deposit to each signatory and adhering State.

(3) Adherence shall take effect as from the ninetieth day after the date of the deposit of the instrument of adherence in the archives of the International Civil Aviation Organization.

No. 4492

Article XXII

(1) Any Contracting State may denounce this Convention by notification of denunciation to the International Civil Aviation Organization, which shall give notice of the date of receipt of such notification to each signatory and adhering State.

(2) Denunciation shall take effect six months after the date of receipt by the International Civil Aviation Organization of the notification of denunciation.

Article XXIII

(1) Any State may at the time of deposit of its instrument of ratification or adherence, declare that its acceptance of this Convention does not apply to any one or more of the territories for the foreign relations of which such State is responsible.

(2) The International Civil Aviation Organization shall give notice of any such declaration to each signatory and adhering State.

(3) With the exception of territories in respect of which a declaration has been made in accordance with paragraph (1) of this Article, this Convention shall apply to all territories for the foreign relations of which a Contracting State is responsible.

(4) Any State may adhere to this Convention separately on behalf of all or any of the territories regarding which it has made a declaration in accordance with paragraph (1) of this Article and the provisions of paragraphs (2) and (3) of Article XXI shall apply to such adherence.

(5) Any Contracting State may denounce this Convention, in accordance with the provisions of Article XXII, separately for all or any of the territories for the foreign relations of which such State is responsible.

IN WITNESS WHEREOF the undersigned Plenipotentiaries, having been duly authorized, have signed this Convention.

DONE at Geneva, on the nineteenth day of the month of June of the year one thousand nine hundred and forty-eight in the English, French and Spanish languages, each text being of equal authenticity.

This Convention shall be deposited in the archives of the International Civil Aviation Organization where, in accordance with Article XVIII, it shall remain open for signature.

CONVENTION

ON INTERNATIONAL INTERESTS IN MOBILE EQUIPMENT

THE STATES PARTIES TO THIS CONVENTION,

AWARE of the need to acquire and use mobile equipment of high value or particular economic significance and to facilitate the financing of the acquisition and use of such equipment in an efficient manner,

RECOGNISING the advantages of asset-based financing and leasing for this purpose and desiring to facilitate these types of transaction by establishing clear rules to govern them,

MINDFUL of the need to ensure that interests in such equipment are recognised and protected universally,

DESIRING to provide broad and mutual economic benefits for all interested parties,

BELIEVING that such rules must reflect the principles underlying asset-based financing and leasing and promote the autonomy of the parties necessary in these transactions,

CONSCIOUS of the need to establish a legal framework for international interests in such equipment and for that purpose to create an international registration system for their protection,

TAKING INTO CONSIDERATION the objectives and principles enunciated in existing Conventions relating to such equipment,

HAVE AGREED upon the following provisions:

Chapter I

Sphere of application and general provisions

Article 1 — Definitions

In this Convention, except where the context otherwise requires, the following terms are employed with the meanings set out below:

 (a) "agreement" means a security agreement, a title reservation agreement or a leasing agreement;

(b)   "assignment" means a contract which, whether by way of security or otherwise, confers on the assignee associated rights with or without a transfer of the related international interest;

(c)   "associated rights" means all rights to payment or other performance by a debtor under an agreement which are secured by or associated with the object;

(d)   "commencement of the insolvency proceedings" means the time at which the insolvency proceedings are deemed to commence under the applicable insolvency law;

(e)   "conditional buyer" means a buyer under a title reservation agreement;

(f)   "conditional seller" means a seller under a title reservation agreement;

(g)   "contract of sale" means a contract for the sale of an object by a seller to a buyer which is not an agreement as defined in (a) above;

(h)   "court" means a court of law or an administrative or arbitral tribunal established by a Contracting State;

(i)   "creditor" means a chargee under a security agreement, a conditional seller under a title reservation agreement or a lessor under a leasing agreement;

(j)   "debtor" means a chargor under a security agreement, a conditional buyer under a title reservation agreement, a lessee under a leasing agreement or a person whose interest in an object is burdened by a registrable non-consensual right or interest;

(k)   "insolvency administrator" means a person authorised to administer the reorganisation or liquidation, including one authorised on an interim basis, and includes a debtor in possession if permitted by the applicable insolvency law;

(l)   "insolvency proceedings" means bankruptcy, liquidation or other collective judicial or administrative proceedings, including interim proceedings, in which the assets and affairs of the debtor are subject to control or supervision by a court for the purposes of reorganisation or liquidation;

(m)   "interested persons" means:

   (i)   the debtor;

   (ii) any person who, for the purpose of assuring performance of any of the obligations in favour of the creditor, gives or issues a suretyship or demand guarantee or a standby letter of credit or any other form of credit insurance;

   (iii) any other person having rights in or over the object;

(n)   "internal transaction" means a transaction of a type listed in Article 2(2)(a) to (c) where the centre of the main interests of all parties to such transaction is situated, and the relevant object located (as specified in the Protocol), in the same Contracting State at the time of the conclusion of the contract and where the interest created by the transaction has been registered in a national registry in that Contracting State which has made a declaration under Article 50(1);

(o)　"international interest" means an interest held by a creditor to which Article 2 applies;

(p)　"International Registry" means the international registration facilities established for the purposes of this Convention or the Protocol;

(q)　"leasing agreement" means an agreement by which one person (the lessor) grants a right to possession or control of an object (with or without an option to purchase) to another person (the lessee) in return for a rental or other payment;

(r)　"national interest" means an interest held by a creditor in an object and created by an internal transaction covered by a declaration under Article 50(1);

(s)　"non-consensual right or interest" means a right or interest conferred under the law of a Contracting State which has made a declaration under Article 39 to secure the performance of an obligation, including an obligation to a State, State entity or an intergovernmental or private organisation;

(t)　"notice of a national interest" means notice registered or to be registered in the International Registry that a national interest has been created;

(u)　"object" means an object of a category to which Article 2 applies;

(v)　"pre-existing right or interest" means a right or interest of any kind in or over an object created or arising before the effective date of this Convention as defined by Article 60(2)(a);

(w)　"proceeds" means money or non-money proceeds of an object arising from the total or partial loss or physical destruction of the object or its total or partial confiscation, condemnation or requisition;

(x)　"prospective assignment" means an assignment that is intended to be made in the future, upon the occurrence of a stated event, whether or not the occurrence of the event is certain;

(y)　"prospective international interest" means an interest that is intended to be created or provided for in an object as an international interest in the future, upon the occurrence of a stated event (which may include the debtor's acquisition of an interest in the object), whether or not the occurrence of the event is certain;

(z)　"prospective sale" means a sale which is intended to be made in the future, upon the occurrence of a stated event, whether or not the occurrence of the event is certain;

(aa)　"Protocol" means, in respect of any category of object and associated rights to which this Convention applies, the Protocol in respect of that category of object and associated rights;

(bb)　"registered" means registered in the International Registry pursuant to Chapter V;

(cc) "registered interest" means an international interest, a registrable non-consensual right or interest or a national interest specified in a notice of a national interest registered pursuant to Chapter V;

(dd) "registrable non-consensual right or interest" means a non-consensual right or interest registrable pursuant to a declaration deposited under Article 40;

(ee) "Registrar" means, in respect of the Protocol, the person or body designated by that Protocol or appointed under Article 17(2)(b);

(ff) "regulations" means regulations made or approved by the Supervisory Authority pursuant to the Protocol;

(gg) "sale" means a transfer of ownership of an object pursuant to a contract of sale;

(hh) "secured obligation" means an obligation secured by a security interest;

(ii) "security agreement" means an agreement by which a chargor grants or agrees to grant to a chargee an interest (including an ownership interest) in or over an object to secure the performance of any existing or future obligation of the chargor or a third person;

(jj) "security interest" means an interest created by a security agreement;

(kk) "Supervisory Authority" means, in respect of the Protocol, the Supervisory Authority referred to in Article 17(1);

(ll) "title reservation agreement" means an agreement for the sale of an object on terms that ownership does not pass until fulfilment of the condition or conditions stated in the agreement;

(mm) "unregistered interest" means a consensual interest or non-consensual right or interest (other than an interest to which Article 39 applies) which has not been registered, whether or not it is registrable under this Convention; and

(nn) "writing" means a record of information (including information communicated by teletransmission) which is in tangible or other form and is capable of being reproduced in tangible form on a subsequent occasion and which indicates by reasonable means a person's approval of the record.

Article 2 — The international interest

1.   This Convention provides for the constitution and effects of an international interest in certain categories of mobile equipment and associated rights.

2.   For the purposes of this Convention, an international interest in mobile equipment is an interest, constituted under Article 7, in a uniquely identifiable object of a category of such objects listed in paragraph 3 and designated in the Protocol:

(a)   granted by the chargor under a security agreement;

(b)   vested in a person who is the conditional seller under a title reservation agreement; or

(c)   vested in a person who is the lessor under a leasing agreement.

An interest falling within sub-paragraph (a) does not also fall within sub-paragraph (b) or (c).

3.   The categories referred to in the preceding paragraphs are:

(a)   airframes, aircraft engines and helicopters;

(b)   railway rolling stock; and

(c)   space assets.

4.   The applicable law determines whether an interest to which paragraph 2 applies falls within sub-paragraph (a), (b) or (c) of that paragraph.

5.   An international interest in an object extends to proceeds of that object.

Article 3 — Sphere of application

1.   This Convention applies when, at the time of the conclusion of the agreement creating or providing for the international interest, the debtor is situated in a Contracting State.

2.   The fact that the creditor is situated in a non-Contracting State does not affect the applicability of this Convention.

Article 4 — Where debtor is situated

1.   For the purposes of Article 3(1), the debtor is situated in any Contracting State:

(a)   under the law of which it is incorporated or formed;

(b)   where it has its registered office or statutory seat;

(c)   where it has its centre of administration; or

(d)   where it has its place of business.

2.   A reference in sub-paragraph (d) of the preceding paragraph to the debtor's place of business shall, if it has more than one place of business, mean its principal place of business or, if it has no place of business, its habitual residence.

Article 5 — Interpretation and applicable law

1.　In the interpretation of this Convention, regard is to be had to its purposes as set forth in the preamble, to its international character and to the need to promote uniformity and predictability in its application.

2.　Questions concerning matters governed by this Convention which are not expressly settled in it are to be settled in conformity with the general principles on which it is based or, in the absence of such principles, in conformity with the applicable law.

3.　References to the applicable law are to the domestic rules of the law applicable by virtue of the rules of private international law of the forum State.

4.　Where a State comprises several territorial units, each of which has its own rules of law in respect of the matter to be decided, and where there is no indication of the relevant territorial unit, the law of that State decides which is the territorial unit whose rules shall govern. In the absence of any such rule, the law of the territorial unit with which the case is most closely connected shall apply.

Article 6 — Relationship between the Convention and the Protocol

1.　This Convention and the Protocol shall be read and interpreted together as a single instrument.

2.　To the extent of any inconsistency between this Convention and the Protocol, the Protocol shall prevail.

Chapter II

Constitution of an international interest

Article 7 — Formal requirements

An interest is constituted as an international interest under this Convention where the agreement creating or providing for the interest:

(a)　is in writing;

(b)　relates to an object of which the chargor, conditional seller or lessor has power to dispose;

(c)　enables the object to be identified in conformity with the Protocol; and

(d)　in the case of a security agreement, enables the secured obligations to be determined, but without the need to state a sum or maximum sum secured.

Chapter III

Default remedies

Article 8 — Remedies of chargee

1.   In the event of default as provided in Article 11, the chargee may, to the extent that the chargor has at any time so agreed and subject to any declaration that may be made by a Contracting State under Article 54, exercise any one or more of the following remedies:

(a)   take possession or control of any object charged to it;

(b)   sell or grant a lease of any such object;

(c)   collect or receive any income or profits arising from the management or use of any such object.

2.   The chargee may alternatively apply for a court order authorising or directing any of the acts referred to in the preceding paragraph.

3.   Any remedy set out in sub-paragraph (a), (b) or (c) of paragraph 1 or by Article 13 shall be exercised in a commercially reasonable manner. A remedy shall be deemed to be exercised in a commercially reasonable manner where it is exercised in conformity with a provision of the security agreement except where such a provision is manifestly unreasonable.

4.   A chargee proposing to sell or grant a lease of an object under paragraph 1 shall give reasonable prior notice in writing of the proposed sale or lease to:

(a)   interested persons specified in Article 1(m)(i) and (ii); and

(b)   interested persons specified in Article 1(m)(iii) who have given notice of their rights to the chargee within a reasonable time prior to the sale or lease.

5.   Any sum collected or received by the chargee as a result of exercise of any of the remedies set out in paragraph 1 or 2 shall be applied towards discharge of the amount of the secured obligations.

6.   Where the sums collected or received by the chargee as a result of the exercise of any remedy set out in paragraph 1 or 2 exceed the amount secured by the security interest and any reasonable costs incurred in the exercise of any such remedy, then unless otherwise ordered by the court the chargee shall distribute the surplus among holders of subsequently ranking interests which have been registered or of which the chargee has been given notice, in order of priority, and pay any remaining balance to the chargor.

Article 9 — Vesting of object in satisfaction; redemption

1. At any time after default as provided in Article 11, the chargee and all the interested persons may agree that ownership of (or any other interest of the chargor in) any object covered by the security interest shall vest in the chargee in or towards satisfaction of the secured obligations.

2. The court may on the application of the chargee order that ownership of (or any other interest of the chargor in) any object covered by the security interest shall vest in the chargee in or towards satisfaction of the secured obligations.

3. The court shall grant an application under the preceding paragraph only if the amount of the secured obligations to be satisfied by such vesting is commensurate with the value of the object after taking account of any payment to be made by the chargee to any of the interested persons.

4. At any time after default as provided in Article 11 and before sale of the charged object or the making of an order under paragraph 2, the chargor or any interested person may discharge the security interest by paying in full the amount secured, subject to any lease granted by the chargee under Article 8(1)(b) or ordered under Article 8(2). Where, after such default, the payment of the amount secured is made in full by an interested person other than the debtor, that person is subrogated to the rights of the chargee.

5. Ownership or any other interest of the chargor passing on a sale under Article 8(1)(b) or passing under paragraph 1 or 2 of this Article is free from any other interest over which the chargee's security interest has priority under the provisions of Article 29.

Article 10 — Remedies of conditional seller or lessor

In the event of default under a title reservation agreement or under a leasing agreement as provided in Article 11, the conditional seller or the lessor, as the case may be, may:

(a) subject to any declaration that may be made by a Contracting State under Article 54, terminate the agreement and take possession or control of any object to which the agreement relates; or

(b) apply for a court order authorising or directing either of these acts.

Article 11 — Meaning of default

1. The debtor and the creditor may at any time agree in writing as to the events that constitute a default or otherwise give rise to the rights and remedies specified in Articles 8 to 10 and 13.

2. Where the debtor and the creditor have not so agreed, "default" for the purposes of Articles 8 to 10 and 13 means a default which substantially deprives the creditor of what it is entitled to expect under the agreement.

Article 12 — Additional remedies

Any additional remedies permitted by the applicable law, including any remedies agreed upon by the parties, may be exercised to the extent that they are not inconsistent with the mandatory provisions of this Chapter as set out in Article 15.

Article 13 — Relief pending final determination

1.   Subject to any declaration that it may make under Article 55, a Contracting State shall ensure that a creditor who adduces evidence of default by the debtor may, pending final determination of its claim and to the extent that the debtor has at any time so agreed, obtain from a court speedy relief in the form of such one or more of the following orders as the creditor requests:

   (a)   preservation of the object and its value;

   (b)   possession, control or custody of the object;

   (c)   immobilisation of the object; and

   (d)   lease or, except where covered by sub-paragraphs (a) to (c), management of the object and the income therefrom.

2.   In making any order under the preceding paragraph, the court may impose such terms as it considers necessary to protect the interested persons in the event that the creditor:

   (a)   in implementing any order granting such relief, fails to perform any of its obligations to the debtor under this Convention or the Protocol; or

   (b)   fails to establish its claim, wholly or in part, on the final determination of that claim.

3.   Before making any order under paragraph 1, the court may require notice of the request to be given to any of the interested persons.

4.   Nothing in this Article affects the application of Article 8(3) or limits the availability of forms of interim relief other than those set out in paragraph 1.

Article 14 — Procedural requirements

Subject to Article 54(2), any remedy provided by this Chapter shall be exercised in conformity with the procedure prescribed by the law of the place where the remedy is to be exercised.

Article 15 — Derogation

In their relations with each other, any two or more of the parties referred to in this Chapter may at any time, by agreement in writing, derogate from or vary the effect of any of the preceding provisions of this Chapter except Articles 8(3) to (6), 9(3) and (4), 13(2) and 14.

Chapter IV

The international registration system

Article 16 — The International Registry

1.   An International Registry shall be established for registrations of:

    (a)   international interests, prospective international interests and registrable non-consensual rights and interests;

    (b)   assignments and prospective assignments of international interests;

    (c)   acquisitions of international interests by legal or contractual subrogations under the applicable law;

    (d)   notices of national interests; and

    (e)   subordinations of interests referred to in any of the preceding sub-paragraphs.

2.   Different international registries may be established for different categories of object and associated rights.

3.   For the purposes of this Chapter and Chapter V, the term "registration" includes, where appropriate, an amendment, extension or discharge of a registration.

Article 17 — The Supervisory Authority and the Registrar

1.   There shall be a Supervisory Authority as provided by the Protocol.

2.   The Supervisory Authority shall:

    (a)   establish or provide for the establishment of the International Registry;

    (b)   except as otherwise provided by the Protocol, appoint and dismiss the Registrar;

(c) ensure that any rights required for the continued effective operation of the International Registry in the event of a change of Registrar will vest in or be assignable to the new Registrar;

(d) after consultation with the Contracting States, make or approve and ensure the publication of regulations pursuant to the Protocol dealing with the operation of the International Registry;

(e) establish administrative procedures through which complaints concerning the operation of the International Registry can be made to the Supervisory Authority;

(f) supervise the Registrar and the operation of the International Registry;

(g) at the request of the Registrar, provide such guidance to the Registrar as the Supervisory Authority thinks fit;

(h) set and periodically review the structure of fees to be charged for the services and facilities of the International Registry;

(i) do all things necessary to ensure that an efficient notice-based electronic registration system exists to implement the objectives of this Convention and the Protocol; and

(j) report periodically to Contracting States concerning the discharge of its obligations under this Convention and the Protocol.

3. The Supervisory Authority may enter into any agreement requisite for the performance of its functions, including any agreement referred to in Article 27(3).

4. The Supervisory Authority shall own all proprietary rights in the data bases and archives of the International Registry.

5. The Registrar shall ensure the efficient operation of the International Registry and perform the functions assigned to it by this Convention, the Protocol and the regulations.

Chapter V

Other matters relating to registration

Article 18 — Registration requirements

1. The Protocol and regulations shall specify the requirements, including the criteria for the identification of the object:

(a) for effecting a registration (which shall include provision for prior electronic transmission of any consent from any person whose consent is required under Article 20);

(b)   for making searches and issuing search certificates, and, subject thereto;

(c)   for ensuring the confidentiality of information and documents of the International Registry other than information and documents relating to a registration.

2.   The Registrar shall not be under a duty to enquire whether a consent to registration under Article 20 has in fact been given or is valid.

3.   Where an interest registered as a prospective international interest becomes an international interest, no further registration shall be required provided that the registration information is sufficient for a registration of an international interest.

4.   The Registrar shall arrange for registrations to be entered into the International Registry data base and made searchable in chronological order of receipt, and the file shall record the date and time of receipt.

5.   The Protocol may provide that a Contracting State may designate an entity or entities in its territory as the entry point or entry points through which the information required for registration shall or may be transmitted to the International Registry. A Contracting State making such a designation may specify the requirements, if any, to be satisfied before such information is transmitted to the International Registry.

Article 19 — Validity and time of registration

1.   A registration shall be valid only if made in conformity with Article 20.

2.   A registration, if valid, shall be complete upon entry of the required information into the International Registry data base so as to be searchable.

3.   A registration shall be searchable for the purposes of the preceding paragraph at the time when:

(a)   the International Registry has assigned to it a sequentially ordered file number; and

(b)   the registration information, including the file number, is stored in durable form and may be accessed at the International Registry.

4.   If an interest first registered as a prospective international interest becomes an international interest, that international interest shall be treated as registered from the time of registration of the prospective international interest provided that the registration was still current immediately before the international interest was constituted as provided by Article 7.

5.   The preceding paragraph applies with necessary modifications to the registration of a prospective assignment of an international interest.

6.   A registration shall be searchable in the International Registry data base according to the criteria prescribed by the Protocol.

Article 20 — Consent to registration

1.   An international interest, a prospective international interest or an assignment or prospective assignment of an international interest may be registered, and any such registration amended or extended prior to its expiry, by either party with the consent in writing of the other.

2.   The subordination of an international interest to another international interest may be registered by or with the consent in writing at any time of the person whose interest has been subordinated.

3.   A registration may be discharged by or with the consent in writing of the party in whose favour it was made.

4.   The acquisition of an international interest by legal or contractual subrogation may be registered by the subrogee.

5.   A registrable non-consensual right or interest may be registered by the holder thereof.

6.   A notice of a national interest may be registered by the holder thereof.

Article 21 — Duration of registration

Registration of an international interest remains effective until discharged or until expiry of the period specified in the registration.

Article 22 — Searches

1.   Any person may, in the manner prescribed by the Protocol and regulations, make or request a search of the International Registry by electronic means concerning interests or prospective international interests registered therein.

2.   Upon receipt of a request therefor, the Registrar, in the manner prescribed by the Protocol and regulations, shall issue a registry search certificate by electronic means with respect to any object:

  (a)   stating all registered information relating thereto, together with a statement indicating the date and time of registration of such information; or

  (b)   stating that there is no information in the International Registry relating thereto.

3.   A search certificate issued under the preceding paragraph shall indicate that the creditor named in the registration information has acquired or intends to acquire an international interest in the object but shall not indicate whether what is registered is an international interest or a prospective international interest, even if this is ascertainable from the relevant registration information.

Chapter VI

received that information nor for acts or circumstances for which the Registrar and its officers and employees are not responsible and arising prior to receipt of registration information at the International Registry.

3.   Compensation under paragraph 1 may be reduced to the extent that the person who suffered the damage caused or contributed to that damage.

4.   The Registrar shall procure insurance or a financial guarantee covering the liability referred to in this Article to the extent determined by the Supervisory Authority, in accordance with the Protocol.

Chapter VIII

Effects of an international interest as against third parties

Article 29 — Priority of competing interests

1.   A registered interest has priority over any other interest subsequently registered and over an unregistered interest.

2.   The priority of the first-mentioned interest under the preceding paragraph applies:

   (a)   even if the first-mentioned interest was acquired or registered with actual knowledge of the other interest; and

   (b)   even as regards value given by the holder of the first-mentioned interest with such knowledge.

3.   The buyer of an object acquires its interest in it:

   (a)   subject to an interest registered at the time of its acquisition of that interest; and

   (b)   free from an unregistered interest even if it has actual knowledge of such an interest.

4.   The conditional buyer or lessee acquires its interest in or right over that object:

   (a)   subject to an interest registered prior to the registration of the international interest held by its conditional seller or lessor; and

   (b)   free from an interest not so registered at that time even if it has actual knowledge of that interest.

5.   The priority of competing interests or rights under this Article may be varied by agreement between the holders of those interests, but an assignee of a subordinated interest is not bound by an agreement to subordinate that interest unless at the time of the assignment a subordination had been registered relating to that agreement.

6.   Any priority given by this Article to an interest in an object extends to proceeds.

7.   This Convention:

    (a)   does not affect the rights of a person in an item, other than an object, held prior to its installation on an object if under the applicable law those rights continue to exist after the installation; and

    (b)   does not prevent the creation of rights in an item, other than an object, which has previously been installed on an object where under the applicable law those rights are created.

Article 30 — Effects of insolvency

1.   In insolvency proceedings against the debtor an international interest is effective if prior to the commencement of the insolvency proceedings that interest was registered in conformity with this Convention.

2.   Nothing in this Article impairs the effectiveness of an international interest in the insolvency proceedings where that interest is effective under the applicable law.

3.   Nothing in this Article affects:

    (a)   any rules of law applicable in insolvency proceedings relating to the avoidance of a transaction as a preference or a transfer in fraud of creditors; or

    (b)   any rules of procedure relating to the enforcement of rights to property which is under the control or supervision of the insolvency administrator.

Chapter IX

Assignments of associated rights and international interests; rights of subrogation

Article 31 — Effects of assignment

1.   Except as otherwise agreed by the parties, an assignment of associated rights made in conformity with Article 32 also transfers to the assignee:

    (a)   the related international interest; and

    (b)   all the interests and priorities of the assignor under this Convention.

2.   Nothing in this Convention prevents a partial assignment of the assignor's associated rights. In the case of such a partial assignment the assignor and assignee may agree as to their respective rights

concerning the related international interest assigned under the preceding paragraph but not so as adversely to affect the debtor without its consent.

3.　　Subject to paragraph 4, the applicable law shall determine the defences and rights of set-off available to the debtor against the assignee.

4.　　The debtor may at any time by agreement in writing waive all or any of the defences and rights of set-off referred to in the preceding paragraph other than defences arising from fraudulent acts on the part of the assignee.

5.　　In the case of an assignment by way of security, the assigned associated rights revest in the assignor, to the extent that they are still subsisting, when the obligations secured by the assignment have been discharged.

Article 32 — Formal requirements of assignment

1.　　An assignment of associated rights transfers the related international interest only if it:

    (a)　is in writing;

    (b)　enables the associated rights to be identified under the contract from which they arise; and

    (c)　in the case of an assignment by way of security, enables the obligations secured by the assignment to be determined in accordance with the Protocol but without the need to state a sum or maximum sum secured.

2.　　An assignment of an international interest created or provided for by a security agreement is not valid unless some or all related associated rights also are assigned.

3.　　This Convention does not apply to an assignment of associated rights which is not effective to transfer the related international interest.

Article 33 — Debtor's duty to assignee

1.　　To the extent that associated rights and the related international interest have been transferred in accordance with Articles 31 and 32, the debtor in relation to those rights and that interest is bound by the assignment and has a duty to make payment or give other performance to the assignee, if but only if:

    (a)　the debtor has been given notice of the assignment in writing by or with the authority of the assignor; and

    (b)　the notice identifies the associated rights.

2.   Irrespective of any other ground on which payment or performance by the debtor discharges the latter from liability, payment or performance shall be effective for this purpose if made in accordance with the preceding paragraph.

3.   Nothing in this Article shall affect the priority of competing assignments.

Article 34 — Default remedies in respect of assignment by way of security

In the event of default by the assignor under the assignment of associated rights and the related international interest made by way of security, Articles 8, 9 and 11 to 14 apply in the relations between the assignor and the assignee (and, in relation to associated rights, apply in so far as those provisions are capable of application to intangible property) as if references:

(a) to the secured obligation and the security interest were references to the obligation secured by the assignment of the associated rights and the related international interest and the security interest created by that assignment;

(b) to the chargee or creditor and chargor or debtor were references to the assignee and assignor;

(c) to the holder of the international interest were references to the assignee; and

(d) to the object were references to the assigned associated rights and the related international interest.

Article 35 — Priority of competing assignments

1.   Where there are competing assignments of associated rights and at least one of the assignments includes the related international interest and is registered, the provisions of Article 29 apply as if the references to a registered interest were references to an assignment of the associated rights and the related registered interest and as if references to a registered or unregistered interest were references to a registered or unregistered assignment.

2.   Article 30 applies to an assignment of associated rights as if the references to an international interest were references to an assignment of the associated rights and the related international interest.

Article 36 — Assignee's priority with respect to associated rights

1.   The assignee of associated rights and the related international interest whose assignment has been registered only has priority under Article 35(1) over another assignee of the associated rights:

(a) if the contract under which the associated rights arise states that they are secured by or associated with the object; and

(b) to the extent that the associated rights are related to an object.

2.   For the purposes of sub-paragraph (b) of the preceding paragraph, associated rights are related to an object only to the extent that they consist of rights to payment or performance that relate to:

(a)   a sum advanced and utilised for the purchase of the object;

(b)   a sum advanced and utilised for the purchase of another object in which the assignor held another international interest if the assignor transferred that interest to the assignee and the assignment has been registered;

(c)   the price payable for the object;

(d)   the rentals payable in respect of the object; or

(e)   other obligations arising from a transaction referred to in any of the preceding sub-paragraphs.

3.   In all other cases, the priority of the competing assignments of the associated rights shall be determined by the applicable law.

Article 37 — Effects of assignor's insolvency

The provisions of Article 30 apply to insolvency proceedings against the assignor as if references to the debtor were references to the assignor.

Article 38 — Subrogation

1.   Subject to paragraph 2, nothing in this Convention affects the acquisition of associated rights and the related international interest by legal or contractual subrogation under the applicable law.

2.   The priority between any interest within the preceding paragraph and a competing interest may be varied by agreement in writing between the holders of the respective interests but an assignee of a subordinated interest is not bound by an agreement to subordinate that interest unless at the time of the assignment a subordination had been registered relating to that agreement.

Chapter X

Rights or interests subject to declarations by Contracting States

Article 39 — Rights having priority without registration

1.   A Contracting State may at any time, in a declaration deposited with the Depositary of the Protocol declare, generally or specifically:

    (a)   those categories of non-consensual right or interest (other than a right or interest to which Article 40 applies) which under that State's law have priority over an interest in an object equivalent to that of the holder of a registered international interest and which shall have priority over a registered international interest, whether in or outside insolvency proceedings; and

    (b)   that nothing in this Convention shall affect the right of a State or State entity, intergovernmental organisation or other private provider of public services to arrest or detain an object under the laws of that State for payment of amounts owed to such entity, organisation or provider directly relating to those services in respect of that object or another object.

2.   A declaration made under the preceding paragraph may be expressed to cover categories that are created after the deposit of that declaration.

3.   A non-consensual right or interest has priority over an international interest if and only if the former is of a category covered by a declaration deposited prior to the registration of the international interest.

4.   Notwithstanding the preceding paragraph, a Contracting State may, at the time of ratification, acceptance, approval of, or accession to the Protocol, declare that a right or interest of a category covered by a declaration made under sub-paragraph (a) of paragraph 1 shall have priority over an international interest registered prior to the date of such ratification, acceptance, approval or accession.

Article 40 — Registrable non-consensual rights or interests

A Contracting State may at any time in a declaration deposited with the Depositary of the Protocol list the categories of non-consensual right or interest which shall be registrable under this Convention as regards any category of object as if the right or interest were an international interest and shall be regulated accordingly. Such a declaration may be modified from time to time.

Chapter XI

Application of the Convention to sales

Article 41 — Sale and prospective sale

This Convention shall apply to the sale or prospective sale of an object as provided for in the Protocol with any modifications therein.

Chapter XII

Jurisdiction

Article 42 — Choice of forum

1. Subject to Articles 43 and 44, the courts of a Contracting State chosen by the parties to a transaction have jurisdiction in respect of any claim brought under this Convention, whether or not the chosen forum has a connection with the parties or the transaction. Such jurisdiction shall be exclusive unless otherwise agreed between the parties.

2. Any such agreement shall be in writing or otherwise concluded in accordance with the formal requirements of the law of the chosen forum.

Article 43 — Jurisdiction under Article 13

1. The courts of a Contracting State chosen by the parties and the courts of the Contracting State on the territory of which the object is situated have jurisdiction to grant relief under Article 13(1)(a), (b), (c) and Article 13(4) in respect of that object.

2. Jurisdiction to grant relief under Article 13(1)(d) or other interim relief by virtue of Article 13(4) may be exercised either:

    (a) by the courts chosen by the parties; or

    (b) by the courts of a Contracting State on the territory of which the debtor is situated, being relief which, by the terms of the order granting it, is enforceable only in the territory of that Contracting State.

3. A court has jurisdiction under the preceding paragraphs even if the final determination of the claim referred to in Article 13(1) will or may take place in a court of another Contracting State or by arbitration.

Article 44 — Jurisdiction to make orders
against the Registrar

1.   The courts of the place in which the Registrar has its centre of administration shall have exclusive jurisdiction to award damages or make orders against the Registrar.

2.   Where a person fails to respond to a demand made under Article 25 and that person has ceased to exist or cannot be found for the purpose of enabling an order to be made against it requiring it to procure discharge of the registration, the courts referred to in the preceding paragraph shall have exclusive jurisdiction, on the application of the debtor or intending debtor, to make an order directed to the Registrar requiring the Registrar to discharge the registration.

3.   Where a person fails to comply with an order of a court having jurisdiction under this Convention or, in the case of a national interest, an order of a court of competent jurisdiction requiring that person to procure the amendment or discharge of a registration, the courts referred to in paragraph 1 may direct the Registrar to take such steps as will give effect to that order.

4.   Except as otherwise provided by the preceding paragraphs, no court may make orders or give judgments or rulings against or purporting to bind the Registrar.

Article 45 — Jurisdiction in respect of insolvency proceedings

The provisions of this Chapter are not applicable to insolvency proceedings.

Chapter XIII

Relationship with other Conventions

Article 45 *bis* — Relationship with the *United Nations Convention on the Assignment of Receivables in International Trade*

This Convention shall prevail over the *United Nations Convention on the Assignment of Receivables in International Trade*, opened for signature in New York on 12 December 2001, as it relates to the assignment of receivables which are associated rights related to international interests in aircraft objects, railway rolling stock and space assets.

Article 46 — Relationship with the *UNIDROIT Convention on International Financial Leasing*

The Protocol may determine the relationship between this Convention and the *UNIDROIT Convention on International Financial Leasing*, signed at Ottawa on 28 May 1988.

Chapter XIV

Final provisions

Article 47 — Signature, ratification, acceptance, approval or accession

1.	This Convention shall be open for signature in Cape Town on 16 November 2001 by States participating in the Diplomatic Conference to Adopt a Mobile Equipment Convention and an Aircraft Protocol held at Cape Town from 29 October to 16 November 2001. After 16 November 2001, the Convention shall be open to all States for signature at the Headquarters of the International Institute for the Unification of Private Law (UNIDROIT) in Rome until it enters into force in accordance with Article 49.

2.	This Convention shall be subject to ratification, acceptance or approval by States which have signed it.

3.	Any State which does not sign this Convention may accede to it at any time.

4.	Ratification, acceptance, approval or accession is effected by the deposit of a formal instrument to that effect with the Depositary.

Article 48 — Regional Economic Integration Organisations

1.	A Regional Economic Integration Organisation which is constituted by sovereign States and has competence over certain matters governed by this Convention may similarly sign, accept, approve or accede to this Convention. The Regional Economic Integration Organisation shall in that case have the rights and obligations of a Contracting State, to the extent that that Organisation has competence over matters governed by this Convention. Where the number of Contracting States is relevant in this Convention, the Regional Economic Integration Organisation shall not count as a Contracting State in addition to its Member States which are Contracting States.

2.	The Regional Economic Integration Organisation shall, at the time of signature, acceptance, approval or accession, make a declaration to the Depositary specifying the matters governed by this Convention in respect of which competence has been transferred to that Organisation by its Member States. The Regional Economic Integration Organisation shall promptly notify the Depositary of any changes to the distribution of competence, including new transfers of competence, specified in the declaration under this paragraph.

3.	Any reference to a "Contracting State" or "Contracting States" or "State Party" or "States Parties" in this Convention applies equally to a Regional Economic Integration Organisation where the context so requires.

Article 49 — Entry into force

1.	This Convention enters into force on the first day of the month following the expiration of three months after the date of the deposit of the third instrument of ratification, acceptance, approval or accession but only as regards a category of objects to which a Protocol applies:

(a)   as from the time of entry into force of that Protocol;

(b)   subject to the terms of that Protocol; and

(c)   as between States Parties to this Convention and that Protocol.

2.   For other States this Convention enters into force on the first day of the month following the expiration of three months after the date of the deposit of their instrument of ratification, acceptance, approval or accession but only as regards a category of objects to which a Protocol applies and subject, in relation to such Protocol, to the requirements of sub-paragraphs (a), (b) and (c) of the preceding paragraph.

Article 50 — Internal transactions

1.   A Contracting State may, at the time of ratification, acceptance, approval of, or accession to the Protocol, declare that this Convention shall not apply to a transaction which is an internal transaction in relation to that State with regard to all types of objects or some of them.

2.   Notwithstanding the preceding paragraph, the provisions of Articles 8(4), 9(1), 16, Chapter V, Article 29, and any provisions of this Convention relating to registered interests shall apply to an internal transaction.

3.   Where notice of a national interest has been registered in the International Registry, the priority of the holder of that interest under Article 29 shall not be affected by the fact that such interest has become vested in another person by assignment or subrogation under the applicable law.

Article 51 — Future Protocols

1.   The Depositary may create working groups, in co-operation with such relevant non-governmental organisations as the Depositary considers appropriate, to assess the feasibility of extending the application of this Convention, through one or more Protocols, to objects of any category of high-value mobile equipment, other than a category referred to in Article 2(3), each member of which is uniquely identifiable, and associated rights relating to such objects.

2.   The Depositary shall communicate the text of any preliminary draft Protocol relating to a category of objects prepared by such a working group to all States Parties to this Convention, all member States of the Depositary, member States of the United Nations which are not members of the Depositary and the relevant intergovernmental organisations, and shall invite such States and organisations to participate in intergovernmental negotiations for the completion of a draft Protocol on the basis of such a preliminary draft Protocol.

3.   The Depositary shall also communicate the text of any preliminary draft Protocol prepared by such a working group to such relevant non-governmental organisations as the Depositary considers appropriate. Such non-governmental organisations shall be invited promptly to submit comments on the text of the preliminary draft Protocol to the Depositary and to participate as observers in the preparation of a draft Protocol.

4.	When the competent bodies of the Depositary adjudge such a draft Protocol ripe for adoption, the Depositary shall convene a diplomatic conference for its adoption.

5.	Once such a Protocol has been adopted, subject to paragraph 6, this Convention shall apply to the category of objects covered thereby.

6.	Article 45 *bis* of this Convention applies to such a Protocol only if specifically provided for in that Protocol.

Article 52 — Territorial units

1.	If a Contracting State has territorial units in which different systems of law are applicable in relation to the matters dealt with in this Convention, it may, at the time of ratification, acceptance, approval or accession, declare that this Convention is to extend to all its territorial units or only to one or more of them and may modify its declaration by submitting another declaration at any time.

2.	Any such declaration shall state expressly the territorial units to which this Convention applies.

3.	If a Contracting State has not made any declaration under paragraph 1, this Convention shall apply to all territorial units of that State.

4.	Where a Contracting State extends this Convention to one or more of its territorial units, declarations permitted under this Convention may be made in respect of each such territorial unit, and the declarations made in respect of one territorial unit may be different from those made in respect of another territorial unit.

5.	If by virtue of a declaration under paragraph 1, this Convention extends to one or more territorial units of a Contracting State:

(a)	the debtor is considered to be situated in a Contracting State only if it is incorporated or formed under a law in force in a territorial unit to which this Convention applies or if it has its registered office or statutory seat, centre of administration, place of business or habitual residence in a territorial unit to which this Convention applies;

(b)	any reference to the location of the object in a Contracting State refers to the location of the object in a territorial unit to which this Convention applies; and

(c)	any reference to the administrative authorities in that Contracting State shall be construed as referring to the administrative authorities having jurisdiction in a territorial unit to which this Convention applies.

Article 53 — Determination of courts

A Contracting State may, at the time of ratification, acceptance, approval of, or accession to the Protocol, declare the relevant "court" or "courts" for the purposes of Article 1 and Chapter XII of this Convention.

Article 54 — Declarations regarding remedies

1.   A Contracting State may, at the time of ratification, acceptance, approval of, or accession to the Protocol, declare that while the charged object is situated within, or controlled from its territory the chargee shall not grant a lease of the object in that territory.

2.   A Contracting State shall, at the time of ratification, acceptance, approval of, or accession to the Protocol, declare whether or not any remedy available to the creditor under any provision of this Convention which is not there expressed to require application to the court may be exercised only with leave of the court.

Article 55 — Declarations regarding relief
pending final determination

A Contracting State may, at the time of ratification, acceptance, approval of, or accession to the Protocol, declare that it will not apply the provisions of Article 13 or Article 43, or both, wholly or in part. The declaration shall specify under which conditions the relevant Article will be applied, in case it will be applied partly, or otherwise which other forms of interim relief will be applied.

Article 56 — Reservations and declarations

1.   No reservations may be made to this Convention but declarations authorised by Articles 39, 40, 50, 52, 53, 54, 55, 57, 58 and 60 may be made in accordance with these provisions.

2.   Any declaration or subsequent declaration or any withdrawal of a declaration made under this Convention shall be notified in writing to the Depositary.

Article 57 — Subsequent declarations

1.   A State Party may make a subsequent declaration, other than a declaration authorised under Article 60, at any time after the date on which this Convention has entered into force for it, by notifying the Depositary to that effect.

2.   Any such subsequent declaration shall take effect on the first day of the month following the expiration of six months after the date of receipt of the notification by the Depositary. Where a longer period for that declaration to take effect is specified in the notification, it shall take effect upon the expiration of such longer period after receipt of the notification by the Depositary.

3.　　Notwithstanding the previous paragraphs, this Convention shall continue to apply, as if no such subsequent declarations had been made, in respect of all rights and interests arising prior to the effective date of any such subsequent declaration.

Article 58 — Withdrawal of declarations

1.　　Any State Party having made a declaration under this Convention, other than a declaration authorised under Article 60, may withdraw it at any time by notifying the Depositary. Such withdrawal is to take effect on the first day of the month following the expiration of six months after the date of receipt of the notification by the Depositary.

2.　　Notwithstanding the previous paragraph, this Convention shall continue to apply, as if no such withdrawal of declaration had been made, in respect of all rights and interests arising prior to the effective date of any such withdrawal.

Article 59 — Denunciations

1.　　Any State Party may denounce this Convention by notification in writing to the Depositary.

2.　　Any such denunciation shall take effect on the first day of the month following the expiration of twelve months after the date on which notification is received by the Depositary.

3.　　Notwithstanding the previous paragraphs, this Convention shall continue to apply, as if no such denunciation had been made, in respect of all rights and interests arising prior to the effective date of any such denunciation.

Article 60 — Transitional provisions

1.　　Unless otherwise declared by a Contracting State at any time, the Convention does not apply to a pre-existing right or interest, which retains the priority it enjoyed under the applicable law before the effective date of this Convention.

2.　　For the purposes of Article 1(v) and of determining priority under this Convention:

(a)　"effective date of this Convention" means in relation to a debtor the time when this Convention enters into force or the time when the State in which the debtor is situated becomes a Contracting State, whichever is the later; and

(b)　the debtor is situated in a State where it has its centre of administration or, if it has no centre of administration, its place of business or, if it has more than one place of business, its principal place of business or, if it has no place of business, its habitual residence.

3.　　A Contracting State may in its declaration under paragraph 1 specify a date, not earlier than three years after the date on which the declaration becomes effective, when this Convention and the Protocol will become applicable, for the purpose of determining priority, including the protection of any existing priority, to pre-existing rights or interests arising under an agreement made at a time when the debtor was situated in a State referred to in sub-paragraph (b) of the preceding paragraph but only to the extent and in the manner specified in its declaration.

Article 61 — Review Conferences, amendments and related matters

1.   The Depositary shall prepare reports yearly or at such other time as the circumstances may require for the States Parties as to the manner in which the international regimen established in this Convention has operated in practice. In preparing such reports, the Depositary shall take into account the reports of the Supervisory Authority concerning the functioning of the international registration system.

2.   At the request of not less than twenty-five per cent of the States Parties, Review Conferences of States Parties shall be convened from time to time by the Depositary, in consultation with the Supervisory Authority, to consider:

(a)   the practical operation of this Convention and its effectiveness in facilitating the asset-based financing and leasing of the objects covered by its terms;

(b)   the judicial interpretation given to, and the application made of the terms of this Convention and the regulations;

(c)   the functioning of the international registration system, the performance of the Registrar and its oversight by the Supervisory Authority, taking into account the reports of the Supervisory Authority; and

(d)   whether any modifications to this Convention or the arrangements relating to the International Registry are desirable.

3.   Subject to paragraph 4, any amendment to this Convention shall be approved by at least a two-thirds majority of States Parties participating in the Conference referred to in the preceding paragraph and shall then enter into force in respect of States which have ratified, accepted or approved such amendment when ratified, accepted, or approved by three States in accordance with the provisions of Article 49 relating to its entry into force.

4.   Where the proposed amendment to this Convention is intended to apply to more than one category of equipment, such amendment shall also be approved by at least a two-thirds majority of States Parties to each Protocol that are participating in the Conference referred to in paragraph 2.

Article 62 — Depositary and its functions

1.   Instruments of ratification, acceptance, approval or accession shall be deposited with the International Institute for the Unification of Private Law (UNIDROIT), which is hereby designated the Depositary.

2.   The Depositary shall:

(a)   inform all Contracting States of:

(i)   each new signature or deposit of an instrument of ratification, acceptance, approval or accession, together with the date thereof;

(ii)   the date of entry into force of this Convention;

(iii) each declaration made in accordance with this Convention, together with the date thereof;

(iv) the withdrawal or amendment of any declaration, together with the date thereof; and

(v)   the notification of any denunciation of this Convention together with the date thereof and the date on which it takes effect;

(b)   transmit certified true copies of this Convention to all Contracting States;

(c)   provide the Supervisory Authority and the Registrar with a copy of each instrument of ratification, acceptance, approval or accession, together with the date of deposit thereof, of each declaration or withdrawal or amendment of a declaration and of each notification of denunciation, together with the date of notification thereof, so that the information contained therein is easily and fully available; and

(d)   perform such other functions customary for depositaries.

IN WITNESS WHEREOF the undersigned Plenipotentiaries, having been duly authorised, have signed this Convention.

DONE at Cape Town, this sixteenth day of November, two thousand and one, in a single original in the English, Arabic, Chinese, French, Russian and Spanish languages, all texts being equally authentic, such authenticity to take effect upon verification by the Joint Secretariat of the Conference under the authority of the President of the Conference within ninety days hereof as to the conformity of the texts with one another.

PROTOCOL

TO THE CONVENTION
ON INTERNATIONAL INTERESTS IN MOBILE EQUIPMENT ON
MATTERS SPECIFIC TO AIRCRAFT EQUIPMENT

THE STATES PARTIES TO THIS PROTOCOL,

CONSIDERING it necessary to implement the *Convention on International Interests in Mobile Equipment* (hereinafter referred to as "the Convention") as it relates to aircraft equipment, in the light of the purposes set out in the preamble to the Convention,

MINDFUL of the need to adapt the Convention to meet the particular requirements of aircraft finance and to extend the sphere of application of the Convention to include contracts of sale of aircraft equipment,

MINDFUL of the principles and objectives of the *Convention on International Civil Aviation*, signed at Chicago on 7 December 1944,

HAVE AGREED upon the following provisions relating to aircraft equipment:

Chapter I

Sphere of application and general provisions

Article I — Defined terms

1.   In this Protocol, except where the context otherwise requires, terms used in it have the meanings set out in the Convention.

2.   In this Protocol the following terms are employed with the meanings set out below:

(a) "aircraft" means aircraft as defined for the purposes of the Chicago Convention which are either airframes with aircraft engines installed thereon or helicopters;

(b) "aircraft engines" means aircraft engines (other than those used in military, customs or police services) powered by jet propulsion or turbine or piston technology and:

(i) in the case of jet propulsion aircraft engines, have at least 1750 lb of thrust or its equivalent; and (ii)　in the case of turbine-powered or piston-powered aircraft engines, have at least 550 rated take-off shaft horsepower or its equivalent,

together with all modules and other installed, incorporated or attached accessories, parts and equipment and all data, manuals and records relating thereto;

(c)　"aircraft objects" means airframes, aircraft engines and helicopters;

(d)　"aircraft register" means a register maintained by a State or a common mark registering authority for the purposes of the Chicago Convention;

(e)　"airframes" means airframes (other than those used in military, customs or police services) that, when appropriate aircraft engines are installed thereon, are type certified by the competent aviation authority to transport:

(i)　at least eight (8) persons including crew; or

(ii)　goods in excess of 2750 kilograms,

together with all installed, incorporated or attached accessories, parts and equipment (other than aircraft engines), and all data, manuals and records relating thereto;

(f)　"authorised party" means the party referred to in Article XIII(3);

(g)　"Chicago Convention" means the *Convention on International Civil Aviation*, signed at Chicago on 7 December 1944, as amended, and its Annexes;

(h)　"common mark registering authority" means the authority maintaining a register in accordance with Article 77 of the Chicago Convention as implemented by the Resolution adopted on 14 December 1967 by the Council of the International Civil Aviation Organization on nationality and registration of aircraft operated by international operating agencies;

(i)　"de-registration of the aircraft" means deletion or removal of the registration of the aircraft from its aircraft register in accordance with the Chicago Convention;

(j)　"guarantee contract" means a contract entered into by a person as guarantor;

(k)　"guarantor" means a person who, for the purpose of assuring performance of any obligations in favour of a creditor secured by a security agreement or under an agreement, gives or issues a suretyship or demand guarantee or a standby letter of credit or any other form of credit insurance;

(l)　"helicopters" means heavier-than-air machines (other than those used in military, customs or police services) supported in flight chiefly by the reactions of the air on one or more power-driven rotors on substantially vertical axes and which are type certified by the competent aviation authority to transport:

(i)　at least five (5) persons including crew; or

(ii)　goods in excess of 450 kilograms,

together with all installed, incorporated or attached accessories, parts and equipment (including rotors), and all data, manuals and records relating thereto;

(m)　"insolvency-related event" means:

(i)　the commencement of the insolvency proceedings; or

(ii)　the declared intention to suspend or actual suspension of payments by the debtor where the creditor's right to institute insolvency proceedings against the debtor or to exercise remedies under the Convention is prevented or suspended by law or State action;

(n)　"primary insolvency jurisdiction" means the Contracting State in which the centre of the debtor's main interests is situated, which for this purpose shall be deemed to be the place of the debtor's statutory seat or, if there is none, the place where the debtor is incorporated or formed, unless proved otherwise;

(o)　"registry authority" means the national authority or the common mark registering authority, maintaining an aircraft register in a Contracting State and responsible for the registration and de-registration of an aircraft in accordance with the Chicago Convention; and

(p)　"State of registry" means, in respect of an aircraft, the State on the national register of which an aircraft is entered or the State of location of the common mark registering authority maintaining the aircraft register.

Article II — Application of Convention as regards aircraft objects

1.　The Convention shall apply in relation to aircraft objects as provided by the terms of this Protocol.

2.　The Convention and this Protocol shall be known as the Convention on International Interests in Mobile Equipment as applied to aircraft objects.

Article III — Application of Convention to sales

The following provisions of the Convention apply as if references to an agreement creating or providing for an international interest were references to a contract of sale and as if references to an international interest, a prospective international interest, the debtor and the creditor were references to a sale, a prospective sale, the seller and the buyer respectively:

Articles 3 and 4;
Article 16(1)(a);
Article 19(4);
Article 20(1) (as regards registration of a contract of sale or a prospective sale);
Article 25(2) (as regards a prospective sale); and
Article 30.

In addition, the general provisions of Article 1, Article 5, Chapters IV to VII, Article 29 (other than Article 29(3) which is replaced by Article XIV(1) and (2)), Chapter X, Chapter XII (other than Article 43), Chapter XIII and Chapter XIV (other than Article 60) shall apply to contracts of sale and prospective sales.

Article IV — Sphere of application

1.   Without prejudice to Article 3(1) of the Convention, the Convention shall also apply in relation to a helicopter, or to an airframe pertaining to an aircraft, registered in an aircraft register of a Contracting State which is the State of registry, and where such registration is made pursuant to an agreement for registration of the aircraft it is deemed to have been effected at the time of the agreement.

2.   For the purposes of the definition of "internal transaction" in Article 1 of the Convention:

   (a)   an airframe is located in the State of registry of the aircraft of which it is a part;

   (b)   an aircraft engine is located in the State of registry of the aircraft on which it is installed or, if it is not installed on an aircraft, where it is physically located; and

   (c)   a helicopter is located in its State of registry,

at the time of the conclusion of the agreement creating or providing for the interest.

3.   The parties may, by agreement in writing, exclude the application of Article XI and, in their relations with each other, derogate from or vary the effect of any of the provisions of this Protocol except Article IX (2)-(4).

Article V — Formalities, effects and registration of contracts of sale

1.   For the purposes of this Protocol, a contract of sale is one which:

   (a)   is in writing;

   (b)   relates to an aircraft object of which the seller has power to dispose; and

   (c)   enables the aircraft object to be identified in conformity with this Protocol.

2.   A contract of sale transfers the interest of the seller in the aircraft object to the buyer according to its terms.

3.   Registration of a contract of sale remains effective indefinitely. Registration of a prospective sale remains effective unless discharged or until expiry of the period, if any, specified in the registration.

Article VI — Representative capacities

A person may enter into an agreement or a sale, and register an international interest in, or a sale of, an aircraft object, in an agency, trust or other representative capacity. In such case, that person is entitled to assert rights and interests under the Convention.

Article VII — Description of aircraft objects

A description of an aircraft object that contains its manufacturer's serial number, the name of the manufacturer and its model designation is necessary and sufficient to identify the object for the purposes of Article 7(c) of the Convention and Article V(1)(c) of this Protocol.

Article VIII — Choice of law

1.   This Article applies only where a Contracting State has made a declaration pursuant to Article XXX(1).

2.   The parties to an agreement, or a contract of sale, or a related guarantee contract or subordination agreement may agree on the law which is to govern their contractual rights and obligations, wholly or in part.

3.   Unless otherwise agreed, the reference in the preceding paragraph to the law chosen by the parties is to the domestic rules of law of the designated State or, where that State comprises several territorial units, to the domestic law of the designated territorial unit.

Chapter II

Default remedies, priorities and assignments

Article IX — Modification of default remedies provisions

1.   In addition to the remedies specified in Chapter III of the Convention, the creditor may, to the extent that the debtor has at any time so agreed and in the circumstances specified in that Chapter:

   (a)   procure the de-registration of the aircraft; and

   (b)   procure the export and physical transfer of the aircraft object from the territory in which it is situated.

2.   The creditor shall not exercise the remedies specified in the preceding paragraph without the prior consent in writing of the holder of any registered interest ranking in priority to that of the creditor.

3.   Article 8(3) of the Convention shall not apply to aircraft objects. Any remedy given by the Convention in relation to an aircraft object shall be exercised in a commercially reasonable manner. A

remedy shall be deemed to be exercised in a commercially reasonable manner where it is exercised in conformity with a provision of the agreement except where such a provision is manifestly unreasonable.

4. A chargee giving ten or more working days' prior written notice of a proposed sale or lease to interested persons shall be deemed to satisfy the requirement of providing "reasonable prior notice" specified in Article 8(4) of the Convention. The foregoing shall not prevent a chargee and a chargor or a guarantor from agreeing to a longer period of prior notice.

5. The registry authority in a Contracting State shall, subject to any applicable safety laws and regulations, honour a request for de-registration and export if:

(a) the request is properly submitted by the authorised party under a recorded irrevocable de-registration and export request authorisation; and

(b) the authorised party certifies to the registry authority, if required by that authority, that all registered interests ranking in priority to that of the creditor in whose favour the authorisation has been issued have been discharged or that the holders of such interests have consented to the de-registration and export.

6. A chargee proposing to procure the de-registration and export of an aircraft under paragraph 1 otherwise than pursuant to a court order shall give reasonable prior notice in writing of the proposed de-registration and export to:

(a) interested persons specified in Article 1(m)(i) and (ii) of the Convention; and

(b) interested persons specified in Article 1(m)(iii) of the Convention who have given notice of their rights to the chargee within a reasonable time prior to the de-registration and export.

Article X — Modification of provisions
regarding relief pending final determination

1. This Article applies only where a Contracting State has made a declaration under Article XXX(2) and to the extent stated in such declaration.

2. For the purposes of Article 13(1) of the Convention, "speedy" in the context of obtaining relief means within such number of working days from the date of filing of the application for relief as is specified in a declaration made by the Contracting State in which the application is made.

3. Article 13(1) of the Convention applies with the following being added immediately after sub-paragraph (d):

"(e) if at any time the debtor and the creditor specifically agree, sale and application of proceeds therefrom",

and Article 43(2) applies with the insertion after the words "Article 13(1)(d)" of the words "and (e)".

4.   Ownership or any other interest of the debtor passing on a sale under the preceding paragraph is free from any other interest over which the creditor's international interest has priority under the provisions of Article 29 of the Convention.

5.   The creditor and the debtor or any other interested person may agree in writing to exclude the application of Article 13(2) of the Convention.

6.   With regard to the remedies in Article IX(1):

(a)   they shall be made available by the registry authority and other administrative authorities, as applicable, in a Contracting State no later than five working days after the creditor notifies such authorities that the relief specified in Article IX(1) is granted or, in the case of relief granted by a foreign court, recognised by a court of that Contracting State, and that the creditor is entitled to procure those remedies in accordance with the Convention; and

(b)   the applicable authorities shall expeditiously co-operate with and assist the creditor in the exercise of such remedies in conformity with the applicable aviation safety laws and regulations.

7.   Paragraphs 2 and 6 shall not affect any applicable aviation safety laws and regulations.

Article XI — Remedies on insolvency

1.   This Article applies only where a Contracting State that is the primary insolvency jurisdiction has made a declaration pursuant to Article XXX(3).

Alternative A

2.   Upon the occurrence of an insolvency-related event, the insolvency administrator or the debtor, as applicable, shall, subject to paragraph 7, give possession of the aircraft object to the creditor no later than the earlier of:

(a)   the end of the waiting period; and

(b)   the date on which the creditor would be entitled to possession of the aircraft object if this Article did not apply.

3.   For the purposes of this Article, the "waiting period" shall be the period specified in a declaration of the Contracting State which is the primary insolvency jurisdiction.

4.   References in this Article to the "insolvency administrator" shall be to that person in its official, not in its personal, capacity.

5.   Unless and until the creditor is given the opportunity to take possession under paragraph 2:

(a)   the insolvency administrator or the debtor, as applicable, shall preserve the aircraft object and maintain it and its value in accordance with the agreement; and

(b) the creditor shall be entitled to apply for any other forms of interim relief available under the applicable law.

6. Sub-paragraph (a) of the preceding paragraph shall not preclude the use of the aircraft object under arrangements designed to preserve the aircraft object and maintain it and its value.

7. The insolvency administrator or the debtor, as applicable, may retain possession of the aircraft object where, by the time specified in paragraph 2, it has cured all defaults other than a default constituted by the opening of insolvency proceedings and has agreed to perform all future obligations under the agreement. A second waiting period shall not apply in respect of a default in the performance of such future obligations.

8. With regard to the remedies in Article IX(1):

(a) they shall be made available by the registry authority and the administrative authorities in a Contracting State, as applicable, no later than five working days after the date on which the creditor notifies such authorities that it is entitled to procure those remedies in accordance with the Convention; and

(b) the applicable authorities shall expeditiously co-operate with and assist the creditor in the exercise of such remedies in conformity with the applicable aviation safety laws and regulations.

9. No exercise of remedies permitted by the Convention or this Protocol may be prevented or delayed after the date specified in paragraph 2.

10. No obligations of the debtor under the agreement may be modified without the consent of the creditor.

11. Nothing in the preceding paragraph shall be construed to affect the authority, if any, of the insolvency administrator under the applicable law to terminate the agreement.

12. No rights or interests, except for non-consensual rights or interests of a category covered by a declaration pursuant to Article 39(1), shall have priority in insolvency proceedings over registered interests.

13. The Convention as modified by Article IX of this Protocol shall apply to the exercise of any remedies under this Article.

Alternative B

2. Upon the occurrence of an insolvency-related event, the insolvency administrator or the debtor, as applicable, upon the request of the creditor, shall give notice to the creditor within the time specified in a declaration of a Contracting State pursuant to Article XXX(3) whether it will:

(a) cure all defaults other than a default constituted by the opening of insolvency proceedings and agree to perform all future obligations, under the agreement and related transaction documents; or

(b)   give the creditor the opportunity to take possession of the aircraft object, in accordance with the applicable law.

3.   The applicable law referred to in sub-paragraph (b) of the preceding paragraph may permit the court to require the taking of any additional step or the provision of any additional guarantee.

4.   The creditor shall provide evidence of its claims and proof that its international interest has been registered.

5.   If the insolvency administrator or the debtor, as applicable, does not give notice in conformity with paragraph 2, or when the insolvency administrator or the debtor has declared that it will give the creditor the opportunity to take possession of the aircraft object but fails to do so, the court may permit the creditor to take possession of the aircraft object upon such terms as the court may order and may require the taking of any additional step or the provision of any additional guarantee.

6.   The aircraft object shall not be sold pending a decision by a court regarding the claim and the international interest.

Article XII — Insolvency assistance

1.   This Article applies only where a Contracting State has made a declaration pursuant to Article XXX(1).

2.   The courts of a Contracting State in which an aircraft object is situated shall, in accordance with the law of the Contracting State, co-operate to the maximum extent possible with foreign courts and foreign insolvency administrators in carrying out the provisions of Article XI.

Article XIII — De-registration and export request authorisation

1.   This Article applies only where a Contracting State has made a declaration pursuant to Article XXX(1).

2.   Where the debtor has issued an irrevocable de-registration and export request authorisation substantially in the form annexed to this Protocol and has submitted such authorisation for recordation to the registry authority, that authorisation shall be so recorded.

3.   The person in whose favour the authorisation has been issued (the "authorised party") or its certified designee shall be the sole person entitled to exercise the remedies specified in Article IX(1) and may do so only in accordance with the authorisation and applicable aviation safety laws and regulations. Such authorisation may not be revoked by the debtor without the consent in writing of the authorised party. The registry authority shall remove an authorisation from the registry at the request of the authorised party.

4.   The registry authority and other administrative authorities in Contracting States shall expeditiously co-operate with and assist the authorised party in the exercise of the remedies specified in Article IX.

Article XIV — Modification of priority provisions

1.   A buyer of an aircraft object under a registered sale acquires its interest in that object free from an interest subsequently registered and from an unregistered interest, even if the buyer has actual knowledge of the unregistered interest.

2.   A buyer of an aircraft object acquires its interest in that object subject to an interest registered at the time of its acquisition.

3.   Ownership of or another right or interest in an aircraft engine shall not be affected by its installation on or removal from an aircraft.

4.   Article 29(7) of the Convention applies to an item, other than an object, installed on an airframe, aircraft engine or helicopter.

Article XV — Modification of assignment provisions

Article 33(1) of the Convention applies as if the following were added immediately after sub-paragraph (b):

"and (c)   the debtor has consented in writing, whether or not the consent is given in advance of the assignment or identifies the assignee."

Article XVI — Debtor provisions

1.   In the absence of a default within the meaning of Article 11 of the Convention, the debtor shall be entitled to the quiet possession and use of the object in accordance with the agreement as against:

(a)   its creditor and the holder of any interest from which the debtor takes free pursuant to Article 29(4) of the Convention or, in the capacity of buyer, Article XIV(1) of this Protocol, unless and to the extent that the debtor has otherwise agreed; and

(b)   the holder of any interest to which the debtor's right or interest is subject pursuant to Article 29(4) of the Convention or, in the capacity of buyer, Article XIV(2) of this Protocol, but only to the extent, if any, that such holder has agreed.

2.   Nothing in the Convention or this Protocol affects the liability of a creditor for any breach of the agreement under the applicable law in so far as that agreement relates to an aircraft object.

Chapter III

Registry provisions relating to international interests in aircraft objects

Article XVII — The Supervisory Authority and the Registrar

1.   The Supervisory Authority shall be the international entity designated by a Resolution adopted by the Diplomatic Conference to Adopt a Mobile Equipment Convention and an Aircraft Protocol.

2.   Where the international entity referred to in the preceding paragraph is not able and willing to act as Supervisory Authority, a Conference of Signatory and Contracting States shall be convened to designate another Supervisory Authority.

3.   The Supervisory Authority and its officers and employees shall enjoy such immunity from legal and administrative process as is provided under the rules applicable to them as an international entity or otherwise.

4.   The Supervisory Authority may establish a commission of experts, from among persons nominated by Signatory and Contracting States and having the necessary qualifications and experience, and entrust it with the task of assisting the Supervisory Authority in the discharge of its functions.

5.   The first Registrar shall operate the International Registry for a period of five years from the date of entry into force of this Protocol. Thereafter, the Registrar shall be appointed or reappointed at regular five-yearly intervals by the Supervisory Authority.

Article XVIII — First regulations

The first regulations shall be made by the Supervisory Authority so as to take effect upon the entry into force of this Protocol.

Article XIX — Designated entry points

1.   Subject to paragraph 2, a Contracting State may at any time designate an entity or entities in its territory as the entry point or entry points through which there shall or may be transmitted to the International Registry information required for registration other than registration of a notice of a national interest or a right or interest under Article 40 in either case arising under the laws of another State.

2.   A designation made under the preceding paragraph may permit, but not compel, use of a designated entry point or entry points for information required for registrations in respect of aircraft engines.

Article XX — Additional modifications to Registry provisions

1.   For the purposes of Article 19(6) of the Convention, the search criteria for an aircraft object shall be the name of its manufacturer, its manufacturer's serial number and its model designation, supplemented as necessary to ensure uniqueness. Such supplementary information shall be specified in the regulations.

2.   For the purposes of Article 25(2) of the Convention and in the circumstances there described, the holder of a registered prospective international interest or a registered prospective assignment of an international interest or the person in whose favour a prospective sale has been registered shall take such steps as are within its power to procure the discharge of the registration no later than five working days after the receipt of the demand described in such paragraph.

3.   The fees referred to in Article 17(2)(h) of the Convention shall be determined so as to recover the reasonable costs of establishing, operating and regulating the International Registry and the reasonable costs of the Supervisory Authority associated with the performance of the functions, exercise of the powers, and discharge of the duties contemplated by Article 17(2) of the Convention.

4.   The centralised functions of the International Registry shall be operated and administered by the Registrar on a twenty-four hour basis. The various entry points shall be operated at least during working hours in their respective territories.

5.   The amount of the insurance or financial guarantee referred to in Article 28(4) of the Convention shall, in respect of each event, not be less than the maximum value of an aircraft object as determined by the Supervisory Authority.

6.   Nothing in the Convention shall preclude the Registrar from procuring insurance or a financial guarantee covering events for which the Registrar is not liable under Article 28 of the Convention.

Chapter IV

Jurisdiction

Article XXI — Modification of jurisdiction provisions

For the purposes of Article 43 of the Convention and subject to Article 42 of the Convention, a court of a Contracting State also has jurisdiction where the object is a helicopter, or an airframe pertaining to an aircraft, for which that State is the State of registry.

Article XXII — Waivers of sovereign immunity

1.   Subject to paragraph 2, a waiver of sovereign immunity from jurisdiction of the courts specified in Article 42 or Article 43 of the Convention or relating to enforcement of rights and interests relating to an aircraft object under the Convention shall be binding and, if the other conditions to such jurisdiction or enforcement have been satisfied, shall be effective to confer jurisdiction and permit enforcement, as the case may be.

2.   A waiver under the preceding paragraph must be in writing and contain a description of the aircraft object.

Chapter V

Relationship with other conventions

Article XXIII — Relationship with the *Convention on the International Recognition of Rights in Aircraft*

The Convention shall, for a Contracting State that is a party to the *Convention on the International Recognition of Rights in Aircraft*, signed at Geneva on 19 June 1948, supersede that Convention as it relates to aircraft, as defined in this Protocol, and to aircraft objects. However, with respect to rights or interests not covered or affected by the present Convention, the Geneva Convention shall not be superseded.

Article XXIV — Relationship with the *Convention for the Unification of Certain Rules Relating to the Precautionary Attachment of Aircraft*

1.   The Convention shall, for a Contracting State that is a Party to the *Convention for the Unification of Certain Rules Relating to the Precautionary Attachment of Aircraft*, signed at Rome on 29 May 1933, supersede that Convention as it relates to aircraft, as defined in this Protocol.

2.   A Contracting State Party to the above Convention may declare, at the time of ratification, acceptance, approval of, or accession to this Protocol, that it will not apply this Article.

Article XXV — Relationship with the *UNIDROIT Convention on International Financial Leasing*

The Convention shall supersede the *UNIDROIT Convention on International Financial Leasing*, signed at Ottawa on 28 May 1988, as it relates to aircraft objects.

Chapter VI

Final provisions

Article XXVI — Signature, ratification, acceptance, approval or accession

1.   This Protocol shall be open for signature in Cape Town on 16 November 2001 by States participating in the Diplomatic Conference to Adopt a Mobile Equipment Convention and an Aircraft

Protocol held at Cape Town from 29 October to 16 November 2001. After 16 November 2001, this Protocol shall be open to all States for signature at the Headquarters of the International Institute for the Unification of Private Law (UNIDROIT) in Rome until it enters into force in accordance with Article XXVIII.

2.   This Protocol shall be subject to ratification, acceptance or approval by States which have signed it.

3.   Any State which does not sign this Protocol may accede to it at any time.

4.   Ratification, acceptance, approval or accession is effected by the deposit of a formal instrument to that effect with the Depositary.

5.   A State may not become a Party to this Protocol unless it is or becomes also a Party to the Convention.

Article XXVII — Regional Economic Integration Organisations

1.   A Regional Economic Integration Organisation which is constituted by sovereign States and has competence over certain matters governed by this Protocol may similarly sign, accept, approve or accede to this Protocol. The Regional Economic Integration Organisation shall in that case have the rights and obligations of a Contracting State, to the extent that that Organisation has competence over matters governed by this Protocol. Where the number of Contracting States is relevant in this Protocol, the Regional Economic Integration Organisation shall not count as a Contracting State in addition to its Member States which are Contracting States.

2.   The Regional Economic Integration Organisation shall, at the time of signature, acceptance, approval or accession, make a declaration to the Depositary specifying the matters governed by this Protocol in respect of which competence has been transferred to that Organisation by its Member States. The Regional Economic Integration Organisation shall promptly notify the Depositary of any changes to the distribution of competence, including new transfers of competence, specified in the declaration under this paragraph.

3.   Any reference to a "Contracting State" or "Contracting States" or "State Party" or "States Parties" in this Protocol applies equally to a Regional Economic Integration Organisation where the context so requires.

Article XXVIII — Entry into force

1.   This Protocol enters into force on the first day of the month following the expiration of three months after the date of the deposit of the eighth instrument of ratification, acceptance, approval or accession, between the States which have deposited such instruments.

2.   For other States this Protocol enters into force on the first day of the month following the expiration of three months after the date of the deposit of its instrument of ratification, acceptance, approval or accession.

Article XXIX — Territorial units

1.   If a Contracting State has territorial units in which different systems of law are applicable in relation to the matters dealt with in this Protocol, it may, at the time of ratification, acceptance, approval or accession, declare that this Protocol is to extend to all its territorial units or only to one or more of them and may modify its declaration by submitting another declaration at any time.

2.   Any such declaration shall state expressly the territorial units to which this Protocol applies.

3.   If a Contracting State has not made any declaration under paragraph 1, this Protocol shall apply to all territorial units of that State.

4.   Where a Contracting State extends this Protocol to one or more of its territorial units, declarations permitted under this Protocol may be made in respect of each such territorial unit, and the declarations made in respect of one territorial unit may be different from those made in respect of another territorial unit.

5.   If by virtue of a declaration under paragraph 1, this Protocol extends to one or more territorial units of a Contracting State:

(a)   the debtor is considered to be situated in a Contracting State only if it is incorporated or formed under a law in force in a territorial unit to which the Convention and this Protocol apply or if it has its registered office or statutory seat, centre of administration, place of business or habitual residence in a territorial unit to which the Convention and this Protocol apply;

(b)   any reference to the location of the object in a Contracting State refers to the location of the object in a territorial unit to which the Convention and this Protocol apply; and

(c)   any reference to the administrative authorities in that Contracting State shall be construed as referring to the administrative authorities having jurisdiction in a territorial unit to which the Convention and this Protocol apply and any reference to the national register or to the registry authority in that Contracting State shall be construed as referring to the aircraft register in force or to the registry authority having jurisdiction in the territorial unit or units to which the Convention and this Protocol apply.

Article XXX — Declarations relating to certain provisions

1.   A Contracting State may, at the time of ratification, acceptance, approval of, or accession to this Protocol, declare that it will apply any one or more of Articles VIII, XII and XIII of this Protocol.

2.   A Contracting State may, at the time of ratification, acceptance, approval of, or accession to this Protocol, declare that it will apply Article X of this Protocol, wholly or in part. If it so declares with respect to Article X(2), it shall specify the time-period required thereby.

3.   A Contracting State may, at the time of ratification, acceptance, approval of, or accession to this Protocol, declare that it will apply the entirety of Alternative A, or the entirety of Alternative B of

Article XI and, if so, shall specify the types of insolvency proceeding, if any, to which it will apply Alternative A and the types of insolvency proceeding, if any, to which it will apply Alternative B. A Contracting State making a declaration pursuant to this paragraph shall specify the time-period required by Article XI.

4. The courts of Contracting States shall apply Article XI in conformity with the declaration made by the Contracting State which is the primary insolvency jurisdiction.

5. A Contracting State may, at the time of ratification, acceptance, approval of, or accession to this Protocol, declare that it will not apply the provisions of Article XXI, wholly or in part. The declaration shall specify under which conditions the relevant Article will be applied, in case it will be applied partly, or otherwise which other forms of interim relief will be applied.

Article XXXI — Declarations under the Convention

Declarations made under the Convention, including those made under Articles 39, 40, 50, 53, 54, 55, 57, 58 and 60 of the Convention, shall be deemed to have also been made under this Protocol unless stated otherwise.

Article XXXII — Reservations and declarations

1. No reservations may be made to this Protocol but declarations authorised by Articles XXIV, XXIX, XXX, XXXI, XXXIII and XXXIV may be made in accordance with these provisions.

2. Any declaration or subsequent declaration or any withdrawal of a declaration made under this Protocol shall be notified in writing to the Depositary.

Article XXXIII — Subsequent declarations

1. A State Party may make a subsequent declaration, other than a declaration made in accordance with Article XXXI under Article 60 of the Convention, at any time after the date on which this Protocol has entered into force for it, by notifying the Depositary to that effect.

2. Any such subsequent declaration shall take effect on the first day of the month following the expiration of six months after the date of receipt of the notification by the Depositary. Where a longer period for that declaration to take effect is specified in the notification, it shall take effect upon the expiration of such longer period after receipt of the notification by the Depositary.

3. Notwithstanding the previous paragraphs, this Protocol shall continue to apply, as if no such subsequent declarations had been made, in respect of all rights and interests arising prior to the effective date of any such subsequent declaration.

Article XXXIV — Withdrawal of declarations

1.   Any State Party having made a declaration under this Protocol, other than a declaration made in accordance with Article XXXI under Article 60 of the Convention, may withdraw it at any time by notifying the Depositary. Such withdrawal is to take effect on the first day of the month following the expiration of six months after the date of receipt of the notification by the Depositary.

2.   Notwithstanding the previous paragraph, this Protocol shall continue to apply, as if no such withdrawal of declaration had been made, in respect of all rights and interests arising prior to the effective date of any such withdrawal.

Article XXXV — Denunciations

1.   Any State Party may denounce this Protocol by notification in writing to the Depositary.

2.   Any such denunciation shall take effect on the first day of the month following the expiration of twelve months after the date of receipt of the notification by the Depositary.

3.   Notwithstanding the previous paragraphs, this Protocol shall continue to apply, as if no such denunciation had been made, in respect of all rights and interests arising prior to the effective date of any such denunciation.

Article XXXVI — Review Conferences, amendments and related matters

1.   The Depositary, in consultation with the Supervisory Authority, shall prepare reports yearly, or at such other time as the circumstances may require, for the States Parties as to the manner in which the international regime established in the Convention as amended by this Protocol has operated in practice. In preparing such reports, the Depositary shall take into account the reports of the Supervisory Authority concerning the functioning of the international registration system.

2.   At the request of not less than twenty-five per cent of the States Parties, Review Conferences of the States Parties shall be convened from time to time by the Depositary, in consultation with the Supervisory Authority, to consider:

    (a)   the practical operation of the Convention as amended by this Protocol and its effectiveness in facilitating the asset-based financing and leasing of the objects covered by its terms;

    (b)   the judicial interpretation given to, and the application made of the terms of this Protocol and the regulations;

    (c)   the functioning of the international registration system, the performance of the Registrar and its oversight by the Supervisory Authority, taking into account the reports of the Supervisory Authority; and

    (d)   whether any modifications to this Protocol or the arrangements relating to the International Registry are desirable.

3.   Any amendment to this Protocol shall be approved by at least a two-thirds majority of States Parties participating in the Conference referred to in the preceding paragraph and shall then enter into force in respect of States which have ratified, accepted or approved such amendment when it has been ratified, accepted or approved by eight States in accordance with the provisions of Article XXVIII relating to its entry into force.

Article XXXVII — Depositary and its functions

1.   Instruments of ratification, acceptance, approval or accession shall be deposited with the International Institute for the Unification of Private Law (UNIDROIT), which is hereby designated the Depositary.

2.   The Depositary shall:

    (a)   inform all Contracting States of:

        (i)   each new signature or deposit of an instrument of ratification, acceptance, approval or accession, together with the date thereof;

        (ii)   the date of entry into force of this Protocol;

        (iii)   each declaration made in accordance with this Protocol, together with the date thereof;

        (iv)   the withdrawal or amendment of any declaration, together with the date thereof; and

        (v)   the notification of any denunciation of this Protocol together with the date thereof and the date on which it takes effect;

    (b)   transmit certified true copies of this Protocol to all Contracting States;

    (c)   provide the Supervisory Authority and the Registrar with a copy of each instrument of ratification, acceptance, approval or accession, together with the date of deposit thereof, of each declaration or withdrawal or amendment of a declaration and of each notification of denunciation, together with the date of notification thereof, so that the information contained therein is easily and fully available; and

    (d)   perform such other functions customary for depositaries.

    IN WITNESS WHEREOF the undersigned Plenipotentiaries, having been duly authorised, have signed this Protocol.

    DONE at Cape Town, this sixteenth day of November, two thousand and one, in a single original in the English, Arabic, Chinese, French, Russian and Spanish languages, all texts being equally authentic, such authenticity to take effect upon verification by the Joint Secretariat of the Conference under the authority of the President of the Conference within ninety days hereof as to the conformity of the texts with one another.

FORM OF IRREVOCABLE DE-REGISTRATION
AND EXPORT REQUEST AUTHORISATION

Annex referred to in Article XIII

[Insert Date]

To: [Insert Name of Registry Authority]

Re: Irrevocable De-Registration and Export Request Authorisation

The undersigned is the registered [operator] [owner]* of the [insert the airframe/helicopter manufacturer name and model number] bearing manufacturers serial number [insert manufacturer's serial number] and registration [number] [mark] [insert registration number/mark] (together with all installed, incorporated or attached accessories, parts and equipment, the "aircraft").

This instrument is an irrevocable de-registration and export request authorisation issued by the undersigned in favour of [insert name of creditor] ("the authorised party") under the authority of Article XIII of the Protocol to the Convention on International Interests in Mobile Equipment on Matters specific to Aircraft Equipment. In accordance with that Article, the undersigned hereby requests:

(i)   recognition that the authorised party or the person it certifies as its designee is the sole person entitled to:

   (a)   procure the de-registration of the aircraft from the [insert name of aircraft register] maintained by the [insert name of registry authority] for the purposes of Chapter III of the *Convention on International Civil Aviation*, signed at Chicago, on 7 December 1944, and

   (b)   procure the export and physical transfer of the aircraft from [insert name of country]; and

(ii)   confirmation that the authorised party or the person it certifies as its designee may take the action specified in clause (i) above on written demand without the consent of the undersigned and that, upon such demand, the authorities in [insert name of country] shall co-operate with the authorised party with a view to the speedy completion of such action.

The rights in favour of the authorised party established by this instrument may not be revoked by the undersigned without the written consent of the authorised party.

---

* Select the term that reflects the relevant nationality registration criterion.

Please acknowledge your agreement to this request and its terms by appropriate notation in the space provided below and lodging this instrument in [insert name of registry authority].

[insert name of operator/owner]

_____

Agreed to and lodged this   By: [insert name of signatory]
[insert date]   Its: [insert title of signatory]

_____
[insert relevant notational details]

CONVENTION
on damage caused by foreign aircraft
to third parties on the surface
Signed at Rome, on 7 October 1952

CONVENTION
relative aux dommages causés aux tiers
à la surface par des aéronefs étrangers
Signée à Rome, le 7 octobre 1952

CONVENIO
sobre daños causados a terceros en la
superficie por aeronaves extranjeras
Firmado en Roma, el 7 de octubre de 1952

1952

INTERNATIONAL CIVIL AVIATION ORGANIZATION
ORGANISATION DE L'AVIATION CIVILE INTERNATIONALE
ORGANIZACIÓN DE AVIACIÓN CIVIL INTERNACIONAL

THE STATES SIGNATORY to this Convention

MOVED by a desire to ensure adequate compensation for persons who suffer damage caused on the surface by foreign aircraft, while limiting in a reasonable manner the extent of the liabilities incurred for such damage in order not to hinder the development of international civil air transport, and also

CONVINCED of the need for unifying to the greatest extent possible, through an international convention, the rules applying in the various countries of the world to the liabilities incurred for such damage,

HAVE APPOINTED to such effect the undersigned Plenipotentiaries who, duly authorised, HAVE AGREED AS FOLLOWS:

CHAPTER I

PRINCIPLES OF LIABILITY

Article 1

1. Any person who suffers damage on the surface shall, upon proof only that the damage was caused by an aircraft in flight or by any person or thing falling therefrom, be entitled to compensation as provided by this Convention. Nevertheless there shall be no right to compensation if the damage is not a direct consequence of the incident giving rise thereto, or if the damage results from the mere fact of passage of the aircraft through the airspace in conformity with existing air traffic regulations.

2. For the purpose of this Convention, an aircraft is considered to be in flight from the moment when power is applied for the purpose of actual take-off until the moment when the landing run ends. In the case of an aircraft lighter than air, the expression « in flight » relates to the period from the moment when it becomes detached from the surface until it becomes again attached thereto.

Article 2

1. The liability for compensation contemplated by Article 1 of this Convention shall attach to the operator of the aircraft.

2. (a) For the purposes of this Convention the term « operator » shall mean the person who was making use of the aircraft at the time the damage was caused, provided that if control of the navigation of the aircraft was retained by the person from whom the right to make use of the aircraft was derived, whether directly or indirectly, that person shall be considered the operator.

(b) A person shall be considered to be making use of an aircraft when he is using it personally or when his servants or agents are using the aircraft in the course of their employment, whether or not within the scope of their authority.

3. The registered owner of the aircraft shall be presumed to be the operator and shall be liable as such unless, in the proceedings for the determination of his liability, he proves that some other person was the operator and, in so far as legal procedures permit, takes appropriate measures to make that other person a party in the proceedings.

Article 3

If the person who was the operator at the time the damage was caused had not the exclusive right to use the aircraft for a period of more than fourteen days, dating from the moment when the right to use commenced, the person from whom such right was derived shall be liable jointly and severally with the operator, each of them being bound under the provisions and within the limits of liability of this Convention.

Article 4

If a person makes use of an aircraft without the consent of the person entitled to its navigational control, the latter, unless he proves that he has exercised due care to prevent such use, shall be jointly and severally liable with the unlawful user for damage giving a right to compensation under Article 1, each of them being bound under the provisions and within the limits of liability of this Convention.

Article 5

Any person who would otherwise be liable under the provisions of this Convention shall not be liable if the damage is the direct consequence of armed conflict or civil disturbance, or if such person has been deprived of the use of the aircraft by act of public authority.

Article 6

1. Any person who would otherwise be liable under the provisions of this Convention shall not be liable for damage if he proves that the damage was caused solely through the negligence or other wrongful act or omission of the person who suffers the damage or of the latter's servants or agents. If the person liable proves that the damage was contributed to by the negligence or other wrongful act or omission of the person who suffers the damage, or of his servants or agents, the compensation shall be reduced to the extent to which such negligence or wrongful act or omission contributed to the damage. Nevertheless there shall be no such exoneration or reduction if, in the case of the negligence or other wrongful act or omission of a servant or agent, the person who suffers the damage proves that his servant or agent was acting outside the scope of his authority.

2. When an action is brought by one person to recover damages arising from the death or injury of another person, the negligence or other wrongful act or omission of such other person, or of his servants or agents, shall also have the effect provided in the preceding paragraph.

Article 7

When two or more aircraft have collided or interfered with each other in flight and damage for which a right to compensation as contemplated in Article 1 results, or when two or more aircraft have jointly caused such damage, each of the aircraft concerned shall be considered to have caused the damage and the operator of each aircraft shall be liable, each of them being bound under the provisions and within the limits of liability of this Convention.

Article 8

The persons referred to in paragraph 3 of Article 2 and in Articles 3 and 4 shall be entitled to all defences which are available to an operator under the provisions of this Convention.

Article 9

Neither the operator, the owner, any person liable under Article 3 or Article 4, nor their respective servants or agents, shall be liable for damage on the surface caused by an aircraft in flight or any person or thing falling therefrom otherwise than as expressly provided in this Convention. This rule shall not apply to any such person who is guilty of a deliberate act or omission done with intent to cause damage.

Article 10

Nothing in this Convention shall prejudice the question whether a person liable for damage in accordance with its provisions has a right of recourse against any other person.

CHAPTER II

EXTENT OF LIABILITY

Article 11

1. Subject to the provisions of Articled 12, the liability for damage giving a right to compensation under Article 1, for each aircraft and incident, in respect of all persons liable under this Convention, shall not exceed :

(a) 500 000 francs for aircraft weighing 1000 kilogrammes or less ;

(b) 500 000 francs plus 400 francs per kilogramme over 1000 kilogrammes for aircraft weighing more than 1000 but not exceeding 6000 kilogrammes ;

(c) 2 500 000 francs plus 250 francs per kilogramme over 6000 kilogrammes for aircraft weighing more than 6000 but not exceeding 20 000 kilogrammes ;

(d) 6 000 000 francs plus 150 francs per kilogramme over 20 000 kilogrammes for aircraft weighing more than 20 000 but not exceeding 50 000 kilogrammes ;

(e) 10 500 000 francs plus 100 francs per kilogramme over 50 000 kilogrammes for aircraft weighing more than 50 000 kilogrammes.

2. The liability in respect of loss of life or personal injury shall not exceed 500 000 francs per person killed or injured.

3. « Weight » means the maximum weight of the aircraft authorised by the certificate of airworthiness for take-off, excluding the effect of lifting gas when used.

4. The sums mentioned in francs in this Article refer to a currency unit consisting of 65 ½ milligrammes of gold of millesimal fineness 900. These sums may be converted into national currencies in round figures. - Conversion of the sums into national currencies other than gold shall, in case of judicial proceedings, be made according to the gold value of such currencies at the date of the judgment, or, in cases covered by Article 14, at the date of the allocation.

Article 12

1. If the person who suffers damage proves that it was caused by a deliberate act or omission of the operator, his servants or agents, done with intent to cause damage, the liability of the operator shall be unlimited ; provided that in the case of such act or omission of such servant or agent,

it is also proved that he was acting in the course of his employment and within the scope of his authority.

2. If a person wrongfully takes and makes use of an aircraft without the consent of the person entitled to use it, his liability shall be unlimited.

Article 13

1. Whenever, under the provisions of Article 3 or Article 4, two or more persons are liable for damage, or a registered owner who was not the operator is made liable as such as provided in paragraph 3 of Article 2, the persons who suffer damage shall not be entitled to total compensation greater than the highest indemnity which may be awarded under the provisions of this Convention against any one of the persons liable.

2. When the provisions of Article 7 are applicable, the person who suffers the damage shall be entitled to be compensated up to the aggregate of the limits applicable with respect to each of the aircraft involved, but no operator shall be liable for a sum in excess of the limit applicable to his aircraft unless his liability is unlimited under the terms of Article 12.

Article 14

If the total amount of the claims established exceeds the limit of liability applicable under the provisions of this Convention, the following rules shall apply, taking into account the provisions of paragraph 2 of Article 11 :

(a) If the claims are exclusively in respect of loss of life or personal injury or exclusively in respect of damage to property, such claims shall be reduced in proportion to their respective amounts.

(b) If the claims are both in respect of loss of life or personal injury and in respect of damage to property, one half of the total sum distributable shall be appropriated preferentially to meet claims in respect of loss of life and personal injury and, if insufficient, shall be distributed proportionately between the claims concerned. The remainder of the total sum distributable shall be distributed proportionately among the claims in respect of damage to property and the portion not already covered of the claims in respect of loss of life and personal injury.

CHAPTER III
SECURITY FOR OPERATOR'S LIABILITY

Article 15

1. Any Contracting State may require that the operator of an aircraft registered in another Contracting State shall be insured in respect of his liability for damage sustained in its territory for which a right to compensation exists under Article 1 by means of insurance up to the limits applicable according to the provisions of Article 11.

2. (a) The insurance shall be accepted as satisfactory if it conforms to the provisions of this Convention and has been effected by an insurer authorised to effect such insurance under the laws of the State where the aircraft is registered or of the State where the insurer has his residence or principal place of business, and whose financial responsibility has been verified by either of those States.

(b) If insurance has been required by any State under paragraph 1 of this Article, and a final judgment in that State is not satisfied by payment in the currency of that State, any Contracting State may refuse to accept the insurer as financially responsible until such payment, if demanded, has been made.

3. Notwithstanding the last preceding paragraph the State overflown may refuse to accept as satisfactory insurance effected by an insurer who is not authorised for that purpose in a contracting State.

4. Instead of insurance, any of the following securities shall be deemed satisfactory if the security conforms to Article 17 :

(a) a cash deposit in a depository maintained by the Contracting State where the aircraft is registered or with a bank authorised to act as a depository by that State ;

(b) a guarantee given by a bank authorised to do so by the Contracting State where the aircraft is registered, and whose financial responsibility has been verified by that State;

(c) a guarantee given by the contracting State where the aircraft is registered, if that State undertakes that it will not claim immunity from suit in respect of that guarantee.

5. Subject to paragraph 6 of this Article, the State overflown may also require that the aircraft shall carry a certificate issued by the insurer certifying that insurance has been effected in accordance with the provisions of this Convention, and specifying the person or persons whose liability is secured thereby, together with a certificate or endorsement issued by the appropriate authority in the State where the aircraft is registered or in the State where the insurer has his residence or principal place of business certifying the financial responsibility of the insurer. If other security is furnished in accordance with the provisions of paragraph 4 of this Article, a certificate to that effect shall be issued by the appropriate authority in the State where the aircraft is registered.

6. The certificate referred to in paragraph 5 of this Article need not be carried in the aircraft if a certified copy has been filed with the appropriate authority designated by the State overflown or, if the International Civil Aviation Organisation agrees, with that Organisation, which shall furnish a copy of the certificate to each contracting State.

7. (a) Where the State overflown has reasonable grounds for doubting the financial responsibility of the insurer, or of the bank which issues a guarantee under paragraph 4 of this Article, that State may request additional evidence of financial responsibility, and if any question arises as to the adequacy of that evidence the dispute affecting the States concerned shall, at the request of one of those States, be submitted to an arbi-

tral tribunal which shall be either the Council of the International Civil Aviation Organization or a person or body mutually agreed by the parties.

(b) Until this tribunal has given its decision the insurance or guarantee shall be considered provisionally valid by the State overflown.

8. Any requirements imposed in accordance with this Article shall be notified to the Secretary General of the International Civil Aviation Organization who shall inform each contracting State thereof.

9. For the purpose of this Article, the term « insurer » includes a group of insurers, and for the purpose of paragraph 5 of this Article, the phrase « appropriate authority in a State » includes the appropriate authority in the highest political subdivision thereof which regulates the conduct of busines by the insurer.

Article 16

1. The insurer or other person providing security required under Article 15 for the liability of the operator may, in addition to the defences available to the operator, and the defence of forgery, set up only the following defences against claims based on the application of this Convention :

(a) that the damage occurred after the security ceased to be effective. However, if the security expires during a flight, it shall be continued in force until the next landing specified in the flight plan, but no longer than twenty-four hours ; and if the security ceases to be effective for any reason other than the expiration of its term, or a change of operator, it shall be continued until fifteen days after notification to the appropriate authority of the State which certifies the financial responsibility of the insurer or the guarantor that the security has ceased to be effective, or until effective withdrawal of the certificate of the insurer or the certificate of guarantee if such a certificate has been required under paragraph 5 of Article 15, wichever is the earlier ;

(b) that the damage occurred outside the territorial limits provided for by the security, unless flight outside of such limits was caused by force majeure, assistance justified by the circumstances, or an error in piloting, operation or navigation.

2. The State which has issued or endorsed a certificate pursuant to paragraph 5 of Article 15 shall notify the termination or cessation, otherwise than by the expiration of its term, of the insurance or other security to the interested contracting States as soon as possible.

3. Where a certificate of insurance or other security is required under paragraph 5 of Article 15 and the operator is changed during the period of the validity of the security, the security shall apply to the liability under this Convention of the new operator, unless he is an unlawful user, but not beyond fifteen days from the time when the insurer or guarantor notifies the appropriate authority of the State where the certificate was issued that the security has become ineffective or until the effective withdrawal of the certificate of the insurer if such a certificate has been required under paragraph 5 of Article 15, whichever is the shorter period.

4. The continuation in force of the security under the provisions of paragraph 1 of this Article shall apply only for the benefit of the person suffering damage.

5. Without prejudice to any right of direct action which he may have under the law governing the contract of insurance or guarantee, the person suffering damage may bring a direct action against the insurer or guarantor only in the following cases :

(a) where the security is continued in force under the provisions of paragraph 1 (a) and (b) of this Article ;

(b) the bankruptcy of the operator.

6. Excepting the defences specified in paragraph 1 of this Article, the insurer or other person providing security may not, with respect to direct actions brought by the person suffering damage based upon application of this Convention, avail himself of any grounds of nullity or any right of retroactive cancellation.

7. The provisions of this Article shall not prejudice the question whether the insurer or guarantor has a right of recourse against any other person.

Article 17

1. If security is furnished in accordance with paragraph 4 of Article 15, it shall be specifically and preferentially assigned to payment of claims under the provisions of this Convention.

2. The security shall be deemed sufficient if, in the case of an operator of one aircraft, it is for an amount equal to the limit applicable according to the provisions of Article 11, and in the case of an operator of several aircraft, if it is for an amount not less than the aggregate of the limits of liability applicable to the two aircraft subject to the highest limits.

3. As soon as notice of a claim has been given to the operator, the amount of the security shall be increased up to a total sum equivalent to the aggregate of:

(a) the amount of the security then required by paragraph 2 of this Article, and

(b) the amount of the claim not exceeding the applicable limit of liability.

This increased security shall be maintained until every claim has been disposed of.

Article 18

Any sums due to an operator from an insurer shall be exempt from seizure and execution by creditors of the operator until claims of third parties under this Convention have been satisfied.

CHAPTER IV
RULES OF PROCEDURE AND LIMITATION OF ACTIONS

Article 19

If a claimant has not brought an action to enforce his claim or if notification of such claim has not been given to the operator within a period of six months from the date of the incident which gave rise to the damage, the claimant shall only be entitled to compensation out of the amount for which the operator remains liable after all claims made within that period have been met in full.

Article 20

1. Actions under the provisions of this Convention may be brought only before the courts of the Contracting State where the damage occurred. Nevertheless, by agreement between any one or more claimants and any one or more defendants, such claimants may take action before the courts of any other Contracting State, but no such proceedings shall have the effect of prejudicing in any way the rights of persons who bring actions in the State where the damage occurred. The parties may also agree to submit disputes to arbitration in any Contracting State.

2. Each Contracting State shall take all necessary measures to ensure that the defendant and all other parties interested are notified of any proceedings concerning them and have a fair and adequate opportunity to defend their interests.

3. Each Contracting State shall so far as possible ensure that all actions arising from a single incident and brought in accordance with paragraph 1 of this Article are consolidated for disposal in a single proceeding before the same court.

4. Where any final judgment, including a judgment by default, is pronounced by a court competent in conformity with this Convention, on which execution can be issued according to the procedural law of that court, the judgment shall be enforceable upon compliance with the formalities prescribed by the laws of the Contracting State, or of any territory, State or province thereof, where execution is applied for:

(a) in the Contracting State where the judgment debtor has his residence or principal place of business or,

(b) if the assets available in that State and in the State where the judgment was pronounced are insufficient to satisfy the judgment, in any other Contracting State where the judgment debtor has assets.

5. Notwithstanding the provisions of paragraph 4 of this Article, the court to which application is made for execution may refuse to issue execution if it is proved that any of the following circumstances exist :

(a) the judgment was given by default and the defendant did not acquire knowledge of the proceedings in sufficient time to act upon it ;

(b) the defendant was not given a fair and adequate opportunity to defend his interests ;

(c) the judgment is in respect of a cause of action which had already, as between the same parties, formed the subject of a judgment or an arbitral award which, under the law of the State where execution is sought, is recognized as final and conclusive ;

(d) the judgment has been obtained by fraud of any of the parties ;

(e) the right to enforce the judgment is not vested in the person by whom the application for execution is made.

6. The merits of the case may not be reopened in proceedings for execution under paragraph 4 of this Article.

7. The court to which application for execution is made may also refuse to issue execution if the judgment concerned is contrary to the public policy of the State in which execution is requested.

8. If, in proceedings brought according to paragraph 4 of this Article, execution of any judgment is refused on any of the grounds referred to in sub-paragraphs (a), (b) or (d) of paragraph 5 or paragraph 7 of this Article, the claimant shall be entitled to bring a new action before the courts of the State where execution has been refused. The judgment rendered in such new action may not result in the total compensation awarded exceeding the limits applicable under the provisions of this Convention. In such new action the previous judgment shall be a defence only to the extent to which it has been satisfied. The previous judgment shall cease to be enforceable as soon as the new action has been started.

The right to bring a new action under this paragraph shall, notwithstanding the provisions of Article 21, be subject to a period of limitation of one year from the date on which the claimant has received notification of the refusal to execute the judgment.

9. Notwithstanding the provisions of paragraph 4 of this Article, the court to which application for execution is made shall refuse execution of any judgment rendered by a court of a State other than that in which the damage occurred until all the judgments rendered in that State have been satisfied.

The court applied to shall also refuse to issue execution until final judgment has been given on all actions filed in the State where the damage occurred by those persons who have complied with the time limit referred to in Article 19, if the judgment debtor proves that the total amount of compensation which might be awarded by such judgments might exceed the applicable limit of liability under the provisions of this Convention.

Similarly such court shall not grant execution when, in the case of actions brought in the State where the damage occurred by those persons who have complied with the time limit referred to in Article 19, the aggregate of the judgments exceeds the applicable limit of liability, until such judgments have been reduced in accordance with Article 14.

10. Where a judgment is rendered enforceable under this Article, payment of costs recoverable under the judgment shall also be enforceable. Nevertheless the court applied to for execution may, on the application of the judgment debtor, limit the amount of such costs to a sum equal to ten *per centum* of the amount for which the judgment is rendered enforceable. The limits of liability prescribed by this Convention shall be exclusive of costs.

11. Interest not exceeding four *per centum* per annum may be allowed on the judgment debt from the date of the judgment in respect of which execution is granted.

13. An application for execution of a judgment to which paragraph 4 of this Article applies must be made within five years from the date when such judgment became final.

Article 21

1. Actions under this Convention shall be subject to a period of limitation of two years from the date of the incident which caused the damage.

2. The grounds for suspension or interruption of the period referred to in paragraph 1 of this Article shall be determined by the law of the court trying the action ; but in any case the right to institute an action shall be extinguished on the expiration of three years from the date of the incident which caused the damage.

Article 22

In the event of the death of the person liable, an action in respect of liability under the provisions of this Convention shall lie against those legally responsible for his obligations.

CHAPTER V

APPLICATION OF THE CONVENTION AND GENERAL PROVISIONS

Article 23

1. This Convention applies to damage contemplated in Article 1 caused in the territory of a Contracting State by an aircraft registered in the territory of another Contracting State.

2. For the purpose of this Convention a ship or aircraft on the high seas shall be regarded as part of the territory of the State in which it is registered.

Article 24

This Convention shall not apply to damage caused to an aircraft in flight, or to persons or goods on board such aircraft.

Article 25

This Convention shall not apply to damage on the surface if liability for such damage is regulated either by a contract between the person who suffers such damage and the operator or the person entitled to use the aircraft at the time the damage occurred, or by the law relating to workmen's compensation applicable to a contract of employment between such persons.

Article 26

This Convention shall not apply to damage caused by military, customs or police aircraft.

Article 27

Contracting States will, as far as possible, facilitate payment of compensation under the provisions of this Convention in the currency of the State where the damage occurred.

Article 28

If legislative measures are necessary in any Contracting State to give effect to this Convention, the Secretary General of the International Civil Aviation Organization shall be informed forthwith of the measures so taken.

Article 29

As between Contracting States which have also ratified the International Convention for the Unification of Certain Rules relating to Damage caused by Aircraft to Third Parties on the Surface opened for signature at Rome on the 29 May 1933, the present Convention upon its entry into force shall supersede the said Convention of Rome.

Article 30

For the purposes of this Convention :

— « Person » means any natural or legal person, including a State.

— « Contracting State » means any State which has ratified or adhered to this Convention and whose denunciation thereof has not become effective.

— « Territory of a State » means the metropolitan territory of a State and all territories for the foreign relations of which that State is responsible, subject to the provisions of Article 36.

CHAPTER VI
FINAL PROVISIONS

Article 31

This Convention shall remain open for signature on behalf of any State until it comes into force in accordance with the provisions of Article 33.

Article 32

1. This Convention shall be subject to ratification by the signatory States.

2. The instruments of ratification shall be deposited with the International Civil Aviation Organization.

Article 33

1. As soon as five of the signatory States have deposited their instruments of ratification of this Convention, it shall come into force between them on the ninetieth day after the date of the deposit of the fifth instrument of ratification. It shall come into force, for each State which deposits its instrument of ratification after that date, on the ninetieth day after the deposit of its instrument of ratification.

2. As soon as this Convention comes into force, it shall be registered with the United Nations by the Secretary General of the International Civil Aviation Organization.

Article 34

1. This Convention shall, after it has come into force, be open for adherence by any non-signatory State.

2. The adherence of a State shall be effected by the deposit of an instrument of adherence with the International Ci-

vil Aviation Organisation and shall take effect as from the ninetieth day after the date of the deposit.

Article 35

1. Any Contracting State may denounce this Convention by notification of denunciation to the International Civil Aviation Organization.

2. Denunciation shall take effect six months after the date of receipt by the International Civil Aviation Organisation of the notification of denunciation; nevertheless, in respect of damage contemplated in Article 1 arising from an incident which occurred before the expiration of the six months period, the Convention shall continue to apply as if the denunciation had not been made.

Article 36

1. This Convention shall apply to all territories for the foreign relations of which a Contracting State is responsible, with the exception of territories in respect of which a declaration has been made in accordance with paragraph 2 of this Article or paragraph 3 of Article 37.

2. Any State may at the time of deposit of its instrument of ratification or adherence, declare that its acceptance of this Convention does not apply to any one or more of the territories for the foreign relations of which such State is responsible.

3. Any Contracting State may subsequently, by notification to the International Civil Aviation Organization, extend the application of this Convention to any or all of the territories regarding which it has made a declaration in accordance with paragraph 2 of this Article or paragraph 3 of Article 37. The notification shall take effect as from the ninetieth day after its receipt by the Organization.

4. Any Contracting State may denounce this Convention, in accordance with the provisions of Article 35, separately for any or all of the territories for the foreign relations of which such State is responsible.

Article 37

1. When the whole or part of the territory of a Contracting State is transferred to a non-contracting State, this Convention shall cease to apply to the territory so transferred, as from the date of the transfer.

2. When part of the territory of a Contracting State becomes an independent State responsible for its own foreign relations, this Convention shall cease to apply to the territory which becomes an independent State, as from the date on which it becomes independent.

3. When the whole or part of the territory of another State is transferred to a Contracting State, the Convention shall apply to the territory so transferred as from the date of the transfer; provided that, if the territory transferred does not become part of the metropolitan territory of the Contracting State concerned, that Contracting State may, before or at the time of the transfer, declare by notification to the International Civil Aviation Organization that the Convention shall not apply to the territory transferred unless a notification is made under paragraph 3 of Article 36.

Article 38

The Secretary General of the International Civil Aviation Organization shall give notice to all signatory and adhering States and to all States members of the Organization or of the United Nations :

(a) of the deposit of any instrument of ratification or adherence and the date thereof, within thirty days from the date of the deposit, and

(b) of the receipt of any denunciation or of any declaration or notification made under Article 36 or 37 and the date thereof, within thirty days from the date of the receipt.

The Secretary General of the Organization shall also notify these States of the date on which the Convention comes into force in accordance with paragraph 1 of Article 33.

Article 39

No reservations may be made to this Convention.

IN WITNESS WHEREOF the undersigned Plenipotentiaries, having been duly authorised, have signed this Convention.

DONE at Rome on the seventh day of the month of October of the year One Thousand Nine Hundred and Fifty Two in the English, French and Spanish languages, each text being of equal authenticity.

This Convention shall be deposited with the International Civil Aviation Organization where, in accordance with Article 31, it shall remain open for signature, and the Secretary General of the Organization shall send certified copies thereof to all signatory and adhering States and to all States members of the Organization or the United Nations.

PROTOCOL

To Amend the Convention
on Damage Caused by Foreign Aircraft
to Third Parties on the Surface
Signed at Rome
on 7 October 1952

THE GOVERNMENTS UNDERSIGNED

CONSIDERING that it is desirable to amend the Convention on Damage Caused by Foreign Aircraft to Third Parties on the Surface signed at Rome on 7 October 1952,

HAVE AGREED as follows:

CHAPTER I

AMENDMENTS TO THE CONVENTION

Article I

The Convention which the provisions of the present Chapter modify is the Convention on Damage Caused by Foreign Aircraft to Third Parties on the Surface signed at Rome on 7 October 1952.

Article II

In Article 2 of the Convention the following shall be added as new paragraph 4:—

"4. If the aircraft is registered as the property of a State, the liability devolves upon the person to whom, in accordance with the law of the State concerned, the aircraft has been entrusted for operation."

Article III

Article 11 of the Convention shall be deleted and replaced by the following:-

"Article 11

1. Subject to the provisions of Article 12, the liability for damage giving a right to compensation under Article 1, for each aircraft and incident, in respect of all persons liable under this Convention shall not exceed:

(a) 300 000 Special Drawing Rights for aircraft weighing 2 000 kilogrammes or less;

(b) 300 000 Special Drawing Rights plus 175 Special Drawing Rights per kilogramme over 2 000 kilogrammes for aircraft weighing more than 2 000 but not exceeding 6 000 kilogrammes;

(c)   1 000 000 Special Drawing Rights plus 62.5 Special Drawing Rights per kilogramme over 6 000 kilogrammes for aircraft weighing more than 6 000 but not exceeding 30 000 kilogrammes;

(d)   2 500 000 Special Drawing Rights plus 65 Special Drawing Rights per kilogramme over 30 000 kilogrammes for aircraft weighing more than 30 000 kilogrammes.

2.   The liability in respect of loss of life or personal injury shall not exceed 125 000 Special Drawing Rights per person killed or injured.

3.   "Weight" means the maximum weight of the aircraft authorized by the certificate of airworthiness for take-off, excluding the effect of lifting gas when used.

4.   The sums mentioned in terms of the Special Drawing Right in paragraphs 1 and 2 of this Article shall be deemed to refer to the Special Drawing Right as defined by the International Monetary Fund. Conversion of the sums into national currencies shall, in case of judicial proceedings, be made according to the value of such currencies in terms of the Special Drawing Right at the date of the judgment. The value of a national currency, in terms of the Special Drawing Right, of a Contracting State which is a Member of the International Monetary Fund, shall be calculated in accordance with the method of valuation applied by the International Monetary Fund, in effect at the date of the judgment, for its operations and transactions. The value of a national currency, in terms of the Special Drawing Right, of a Contracting State which is not a Member of the International Monetary Fund, shall be calculated in a manner determined by that Contracting State.

Nevertheless, those States which are not Members of the International Monetary Fund and whose law does not permit the application of the provisions of paragraphs 1 and 2 of this Article and of this paragraph may, at the time of ratification or accession or at any time thereafter, declare that the limit of liability provided for in this Convention shall, in judicial proceedings in their territories, be fixed as follows:

(a)   4 500 000 monetary units for aircraft referred to in subparagraph (a) of paragraph 1 of this Article;

(b)   4 500 000 monetary units plus 2 625 monetary units per kilogramme for aircraft referred to in subparagraph (b) of paragraph 1 of this Article;

(c)   15 000 000 monetary units plus 937.5 monetary units per kilogramme for aircraft referred to in subparagraph (c) of paragraph 1 of this Article;

(d)   37 500 000 monetary units plus 975 monetary units per kilogramme for aircraft referred to in subparagraph (d) of paragraph 1 of this Article;

(e)   1 875 000 monetary units in respect of loss of life or personal injury referred to in paragraph 2 of this Article.

The monetary unit referred to in this paragraph corresponds to sixty-five and a half milligrammes of gold of millesimal fineness nine hundred. This sum may be converted into the national currency concerned in round figures. The conversion of this sum into the national currency shall be made according to the law of the State concerned."

Article IV

Article 14 of the Convention shall be deleted and replaced by the following:-

"Article 14

If the total amount of the claims established exceeds the limit of liability applicable under the provisions of this Convention, the following rules shall apply, taking into account the provisions of paragraph 2 of Article 11:

(a) if the claims are exclusively in respect of loss of life or personal injury or exclusively in respect of damage to property, such claims shall be reduced in proportion to their respective amounts;

(b) if the claims are both in respect of loss of life or personal injury and in respect of damage to property, the total sum distributable shall be appropriated preferentially to meet proportionately the claims in respect of loss of life and personal injury. The remainder, if any, of the total sum distributable shall be distributed proportionately among the claims in respect of damage to property."

Article V

In the title of Chapter III the word "SECURITY" shall be deleted and replaced by "GUARANTEE".

Article VI

In Article 15 of the Convention—

(a) paragraph 1 shall be deleted and replaced by the following:-

"1. Any Contracting State may require that the operator of an aircraft referred to in paragraph 1 of Article 23 shall be covered by insurance or guaranteed by other security in respect of his liability for damage sustained in its territory for which a right of compensation exists under Article 1 up to the limits applicable according to the provisions of Article 11. The operator shall provide evidence of such guarantee if the State overflown so requests."

(b) paragraphs 2, 3, 4, 5 and 6 shall be deleted;

(c) paragraph 7 shall be renumbered as paragraph 2 and shall read as follows:-

"2. A Contracting State overflown may at any time require consultation with the State of the aircraft's registry, with the State of the operator or with any other Contracting State where the guarantees are provided, if it believes that the insurer or other person providing the guarantee is not financially capable of meeting the obligations imposed by this Convention."

(d) paragraph 8 shall be renumbered as paragraph 3;

(e) paragraph 9 shall be deleted.

Article VII

In Article 16 of the Convention—

(a) the word "security" in paragraph 1 shall be deleted and replaced by "guarantee";

(b) subparagraph (a) of paragraph 1 shall be deleted and replaced by the following:-

"(a) that the damage occurred after the guarantee ceased to be effective. However, if the guarantee expires during a flight, it should be continued in force until the next landing specified in the flight plan, but no longer than twenty-four hours;"

(c) subparagraph (b) of paragraph 1 shall be deleted and replaced by the following:-

"(b) that the damage occurred outside the territorial limits provided by the guarantee, unless flight outside of such limits was caused by *force majeure*, assistance justified by the circumstances or an error in piloting, operation or navigation."

(d) paragraphs 2 and 3 shall be deleted;

(e)   paragraph 4 shall be renumbered as paragraph 2 and the word "security" shall be deleted and replaced by "guarantee";

(f)   paragraph 5 shall be renumbered as paragraph 3 and the words "governing the contract of insurance or guarantee" shall be deleted and replaced by "applicable to the guarantee"; in subparagraph (a) of that paragraph the word "security" shall be deleted and replaced by "guarantee";

(g)   paragraphs 6 and 7 shall be renumbered as paragraphs 4 and 5, respectively, and in the new paragraph 4 the word "security" shall be replaced by "guarantee".

Article VIII

In Article 17 of the Convention —

(a)   paragraph 1 shall be deleted and replaced by the following:-

"1.   If a guarantee is furnished in accordance with Article 15, it shall be specifically and preferentially assigned to payment of claims under the provisions of this Convention."

(b)   in paragraph 2 the word "security" shall be deleted and replaced by "guarantee";

(c)   paragraph 3 shall be deleted and replaced by the following:-

"3.   As soon as notice of a claim has been given to the operator, he shall ensure that the guarantee is maintained up to a sum equivalent to the aggregate of:

(a)   the amount of the guarantee then required by paragraph 2 of this Article, and

(b)   the amount of the claim not exceeding the applicable limit of liability.

The above-mentioned sum shall be maintained until every claim has been disposed of."

Article IX

In Article 19 of the Convention no amendment has been made in the English text.

Article X

In Article 20 of the Convention —

(a)   in paragraph 4 delete the words "or of any territory, State or province thereof" and replace by "or of any of its constituent subdivisions, such as States, Republics, territories or provinces";

(b)   in paragraph 9 the subparagraphs shall be designated as (a), (b) and (c), respectively;

(c)   paragraph 11 shall be deleted and replaced by the following:-

"11.   Interest may be allowed on the judgment debt according to the law of the Court seized of the case."

(d)   in paragraph 12 delete the word "five" and replace by "two".

Article XI

In Article 21 of the Convention no amendment has been made in the English text.

Article XII

In Article 23 of the Convention paragraph 1 shall be deleted and replaced by the following:-

"1. This Convention applies to damage contemplated in Article 1 caused in the territory of a Contracting State by an aircraft registered in another Contracting State or by an aircraft, whatever its registration may be, the operator of which has his principal place of business or, if he has no such place of business, his permanent residence in another Contracting State."

Article XIII

Article 26 of the Convention shall be deleted and replaced by the following:-

"Article 26

This Convention shall not apply to damage caused by aircraft used in military, customs and police services."

Article XIV

In the Convention after Article 26 insert Article 27 as follows:-

"Article 27

This Convention shall not apply to nuclear damage."

Article XV

Articles 27 and 28 of the Convention shall be renumbered as Articles 28 and 29, respectively.

Article XVI

Article 29 of the Convention shall be deleted.

Article XVII

In Article 30 of the Convention the last two paragraphs shall be deleted and replaced by the following:-

" — "Contracting State" means a State for which this Convention is in force."

" — "State of the Operator" means any Contracting State other than the State of registry on whose territory the operator has his principal place of business or, if he has no such place of business, his permanent residence."

Article XVIII

Articles 36 and 37 of the Convention shall be deleted and in Article 38, which shall be renumbered as Article 36, the words "or of any declaration of notification made under Articles 36 and 37" shall be deleted; Article 39 shall be renumbered as Article 37.

CHAPTER II

FINAL PROVISIONS

Article XIX

As between the Parties to this Protocol, the Convention and the Protocol shall be read and interpreted together as one single instrument and shall be known as the *Rome Convention of 1952 as Amended at Montreal in 1978.*

Article XX

Until the date on which this Protocol comes into force in accordance with Article XXII, it shall remain open for signature by any State.

Article XXI

1. This Protocol shall be subject to ratification by the signatory States.

2. Ratification of this Protocol by any State which is not a Party to the Convention shall have the effect of accession to the Convention as amended by this Protocol.

3. The instruments of ratification shall be deposited with the International Civil Aviation Organization.

Article XXII

1. As soon as five of the signatory States have deposited their instruments of ratification of this Protocol, it shall come into force between them on the ninetieth day after the date of the deposit of the fifth instrument of ratification. It shall come into force, for each State which deposits its instrument of ratification after that date, on the ninetieth day after its deposit of its instrument of ratification.

2. As soon as this Protocol comes into force, it shall be registered with the United Nations by the Secretary General of the International Civil Aviation Organization.

Article XXIII

1. This Protocol shall, after it has come into force, be open for accession by any non-signatory State.

2. Accession to this Protocol by any State which is not a Party to the Convention shall have the effect of accession to the Convention as amended by this Protocol.

3. Accession shall be effected by the deposit of an instrument of accession with the International Civil Aviation Organization and shall take effect on the ninetieth day after the deposit.

Article XXIV

1. Any Party to this Protocol may denounce the Protocol by notification addressed to the International Civil Aviation Organization.

2. Denunciation shall take effect six months after the date of receipt by the International Civil Aviation Organization of the notification of denunciation; nevertheless, in respect of damage contemplated in Article 1 of the Convention arising from an incident which occurred before the expiration of the six months period, the Convention shall continue to apply as if the denunciation had not been made.

3. As between the Parties to this Protocol, denunciation by any of them of the Rome Convention of 1952 in accordance with Article 35 thereof shall not be construed in any way as a denunciation of the *Rome Convention of 1952 as Amended at Montreal in 1978.*

Article XXV

No reservations may be made to this Protocol.

Article XXVI

1. The Secretary General of the International Civil Aviation Organization shall give notice to all States Parties to the Rome Convention or to that Convention as amended by this Protocol, all signatory and adhering States and to all States members of the Organization or of the United Nations:

(a) of the deposit of any instrument of ratification of, or adherence to, this Protocol and the date of, thereof, within thirty days from the date of the deposit, and

(b) of the receipt of any denunciation of this Protocol and the date thereof, within thirty days from the date of the receipt.

2. The Secretary General of the Organization shall also notify these States of the date on which this Protocol comes into force in accordance with Article XXII.

Article XXVII

This Protocol shall remain open for signature at the Headquarters of the International Civil Aviation Organization until it comes into force in accordance with Article XXII.

DONE at Montreal on the twenty-third day of September of the year One Thousand Nine Hundred and Seventy-eight in four authentic texts in the English, French, Russian and Spanish languages.

IN WITNESS WHEREOF the undersigned Plenipotentiaries, having been duly authorized, have signed this Procotol in the name of

CONVENTION ON COMPENSATION FOR DAMAGE
CAUSED BY AIRCRAFT TO THIRD PARTIES

THE STATES PARTIES TO THIS CONVENTION,

RECOGNIZING the need to ensure adequate compensation for third parties who suffer damage resulting from events involving an aircraft in flight;

RECOGNIZING the need to modernize the *Convention on Damage Caused by Foreign Aircraft to Third Parties on the Surface*, Signed at Rome on 7 October 1952, and the *Protocol to Amend the Convention on Damage Caused by Foreign Aircraft to Third Parties on the Surface, Signed at Rome on 7 October 1952*, Signed at Montreal on 23 September 1978;

RECOGNIZING the importance of ensuring protection of the interests of third-party victims and the need for equitable compensation, as well as the need to enable the continued stability of the aviation industry;

REAFFIRMING the desirability of the orderly development of international air transport operations and the smooth flow of passengers, baggage and cargo in accordance with the principles and objectives of the *Convention on International Civil Aviation*, done at Chicago on 7 December 1944; and

CONVINCED that collective State action for further harmonization and codification of certain rules governing the compensation of third parties who suffer damage resulting from events involving aircraft in flight through a new Convention is the most desirable and effective means of achieving an equitable balance of interests;

HAVE AGREED AS FOLLOWS:

Chapter I

Principles

Article 1 — Definitions

For the purposes of this Convention:

(a) an "act of unlawful interference" means an act which is defined as an offence in the *Convention for the Suppression of Unlawful Seizure of Aircraft*, Signed at The Hague on 16 December 1970, or the *Convention for the Suppression of Unlawful Acts Against the Safety of Civil Aviation*, Signed at Montreal on 23 September 1971, and any amendment in force at the time of the event;

(b) an "event" occurs when damage is caused by an aircraft in flight other than as a result of an act of unlawful interference;

(c) an aircraft is considered to be "in flight" at any time from the moment when all its external doors are closed following embarkation or loading until the moment when any such door is opened for disembarkation or unloading;

(d) "international flight" means any flight whose place of departure and whose intended destination are situated within the territories of two States, whether or not there is a break in the flight, or within the territory of one State if there is an intended stopping place in the territory of another State;

(e) "maximum mass" means the maximum certificated take-off mass of the aircraft, excluding the effect of lifting gas when used;

(f) "operator" means the person who makes use of the aircraft, provided that if control of the navigation of the aircraft is retained by the person from whom the right to make use of the aircraft is derived, whether directly or indirectly, that person shall be considered the operator. A person shall be considered to be making use of an aircraft when he or she is using it personally or when his or her servants or agents are using the aircraft in the course of their employment, whether or not within the scope of their authority;

(g) "person" means any natural or legal person, including a State;

(h) "State Party" means a State for which this Convention is in force; and

(i) "third party" means a person other than the operator, passenger or consignor or consignee of cargo.

Article 2 — Scope

1.   This Convention applies to damage to third parties which occurs in the territory of a State Party caused by an aircraft in flight on an international flight, other than as a result of an act of unlawful interference.

2.   If a State Party so declares to the Depositary, this Convention shall also apply where an aircraft in flight other than on an international flight causes damage in the territory of that State, other than as a result of an act of unlawful interference.

3.   For the purposes of this Convention:

(a) damage to a ship in or an aircraft above the High Seas or the Exclusive Economic Zone shall be regarded as damage occurring in the territory of the State in which it is registered; however, if the operator of the aircraft has its principal place of business in the territory of a State other than the State of Registry, the damage to the aircraft shall be regarded as having occurred in the territory of the State in which it has its principal place of business; and

(b) damage to a drilling platform or other installation permanently fixed to the soil in the Exclusive Economic Zone or the Continental Shelf shall be regarded as having occurred in the territory of the State which has jurisdiction over such platform or installation in accordance with international law including the *United Nations Convention on the Law of the Sea*, done at Montego Bay on 10 December 1982.

4.   This Convention shall not apply to damage caused by State aircraft. Aircraft used in military, customs and police services shall be deemed to be State aircraft.

Chapter II

Liability of the operator and related issues

Article 3 — Liability of the operator

1.   The operator shall be liable for damage sustained by third parties upon condition only that the damage was caused by an aircraft in flight.

2.   There shall be no right to compensation under this Convention if the damage is not a direct consequence of the event giving rise thereto, or if the damage results from the mere fact of passage of the aircraft through the airspace in conformity with existing air traffic regulations.

3.   Damages due to death, bodily injury and mental injury shall be compensable. Damages due to mental injury shall be compensable only if caused by a recognizable psychiatric illness resulting either from bodily injury or from direct exposure to the likelihood of imminent death or bodily injury.

4.   Damage to property shall be compensable.

5.   Environmental damage shall be compensable, in so far as such compensation is provided for under the law of the State Party in the territory of which the damage occurred.

6.   No liability shall arise under this Convention for damage caused by a nuclear incident as defined in the *Paris Convention on Third Party Liability in the Field of Nuclear Energy* (29 July 1960) or for nuclear damage as defined in the *Vienna Convention on Civil Liability for Nuclear Damage* (21 May 1963), and any amendment or supplements to these Conventions in force at the time of the event.

7.   Punitive, exemplary or any other non-compensatory damages shall not be recoverable.

8.   An operator who would otherwise be liable under the provisions of this Convention shall not be liable if the damage is the direct consequence of armed conflict or civil disturbance.

Article 4 — Limit of the operator's liability

1.   The liability of the operator arising under Article 3 shall not exceed for an event the following limit based on the mass of the aircraft involved:

(a) 750 000 Special Drawing Rights for aircraft having a maximum mass of 500 kilogrammes or less;

(b) 1 500 000 Special Drawing Rights for aircraft having a maximum mass of more than 500 kilogrammes but not exceeding 1 000 kilogrammes;

(c) 3 000 000 Special Drawing Rights for aircraft having a maximum mass of more than 1 000 kilogrammes but not exceeding 2 700 kilogrammes;

(d) 7 000 000 Special Drawing Rights for aircraft having a maximum mass of more than 2 700 kilogrammes but not exceeding 6 000 kilogrammes;

(e) 18 000 000 Special Drawing Rights for aircraft having a maximum mass of more than 6 000 kilogrammes but not exceeding 12 000 kilogrammes;

(f) 80 000 000 Special Drawing Rights for aircraft having a maximum mass of more than 12 000 kilogrammes but not exceeding 25 000 kilogrammes;

(g) 150 000 000 Special Drawing Rights for aircraft having a maximum mass of more than 25 000 kilogrammes but not exceeding 50 000 kilogrammes;

(h) 300 000 000 Special Drawing Rights for aircraft having a maximum mass of more than 50 000 kilogrammes but not exceeding 200 000 kilogrammes;

(i) 500 000 000 Special Drawing Rights for aircraft having a maximum mass of more than 200 000 kilogrammes but not exceeding 500 000 kilogrammes;

(j) 700 000 000 Special Drawing Rights for aircraft having a maximum mass of more than 500 000 kilogrammes.

2. If an event involves two or more aircraft operated by the same operator, the limit of liability in respect of the aircraft with the highest maximum mass shall apply.

3. The limits in this Article shall only apply if the operator proves that the damage:

(a) was not due to its negligence or other wrongful act or omission or that of its servants or agents; or

(b) was solely due to the negligence or other wrongful act or omission of another person.

Article 5 — Priority of compensation

If the total amount of the damages to be paid exceeds the amounts available according to Article 4, paragraph 1, the total amount shall be awarded preferentially to meet proportionately the claims in respect of death, bodily injury and mental injury, in the first instance. The remainder, if any, of the total amount payable shall be awarded proportionately among the claims in respect of other damage.

Article 6 — Events involving two or more operators

1. Where two or more aircraft have been involved in an event causing damage to which this Convention applies, the operators of those aircraft are jointly and severally liable for any damage suffered by a third party.

2.   If two or more operators are so liable, the recourse between them shall depend on their respective limits of liability and their contribution to the damage.

3.   No operator shall be liable for a sum in excess of the limit, if any, applicable to its liability.

Article 7 — Court costs and other expenses

1.   The court may award, in accordance with its own law, the whole or part of the court costs and of the other expenses of the litigation incurred by the claimant, including interest.

2.   Paragraph 1 shall not apply if the amount of the damages awarded, excluding court costs and other expenses of the litigation, does not exceed the sum which the operator has offered in writing to the claimant within a period of six months from the date of the event causing the damage, or before the commencement of the action, whichever is the later.

Article 8 — Advance payments

If required by the law of the State where the damage occurred, the operator shall make advance payments without delay to natural persons who may be entitled to claim compensation under this Convention, in order to meet their immediate economic needs. Such advance payments shall not constitute a recognition of liability and may be offset against any amount subsequently payable as damages by the operator.

Article 9 — Insurance

1.   Having regard to Article 4, States Parties shall require their operators to maintain adequate insurance or guarantee covering their liability under this Convention.

2.   An operator may be required by the State Party in or into which it operates to furnish evidence that it maintains adequate insurance or guarantee. In doing so, the State Party shall apply the same criteria to operators of other States Parties as it applies to its own operators.

Chapter III

Exoneration and recourse

Article 10 — Exoneration

If the operator proves that the damage was caused, or contributed to, by the negligence or other wrongful act or omission of a claimant, or the person from whom he or she derives his or her rights, the operator shall be wholly or partly exonerated from its liability to that claimant to the extent that such negligence or wrongful act or omission caused or contributed to the damage.

Article 11 — Right of recourse

Subject to Article 13, nothing in this Convention shall prejudice the question whether a person liable for damage in accordance with its provisions has a right of recourse against any person.

Chapter IV

Exercise of remedies and related provisions

Article 12 — Exclusive remedy

1.   Any action for compensation for damage to third parties caused by an aircraft in flight brought against the operator, or its servants or agents, however founded, whether under this Convention or in tort or otherwise, can only be brought subject to the conditions set out in this Convention without prejudice to the question as to who are the persons who have the right to bring suit and what are their respective rights.

2.   Article 3, paragraphs 6, 7 and 8, shall apply to any other person from whom the damages specified in those paragraphs would otherwise be recoverable or compensable, whether under this Convention or in tort or otherwise.

Article 13 — Exclusion of liability

Neither the owner, lessor or financier retaining title or holding security of an aircraft, not being an operator, nor their servants or agents, shall be liable for damages under this Convention or the law of any State Party relating to third party damage.

Article 14 — Conversion of Special Drawing Rights

The sums mentioned in terms of Special Drawing Right in this Convention shall be deemed to refer to the Special Drawing Right as defined by the International Monetary Fund. Conversion of the sums into national currencies shall, in case of judicial proceedings, be made according to the value of such currencies in terms of the Special Drawing Right at the date of the judgement. The value in a national currency shall be calculated in accordance with the method of valuation applied by the International Monetary Fund for its operations and transactions. The value in a national currency, of a State Party which is not a Member of the International Monetary Fund, shall be calculated in a manner determined by that State to express in the national currency of the State Party as far as possible the same real value as the amounts in Article 4, paragraph 1.

Article 15 — Review of limits

1.   Subject to paragraph 2 of this Article, the sums prescribed in Article 4, paragraph 1, shall be reviewed by the Depositary by reference to an inflation factor which corresponds to the accumulated rate of inflation since the previous revision or in the first instance since the date of entry into force of this Convention. The measure of the rate of inflation to be used in determining the inflation factor shall be the weighted average of the annual rates of increase or decrease in the Consumer Price Indices of the States whose currencies comprise the Special Drawing Right mentioned in Article 14.

2.   If the review referred to in the preceding paragraph concludes that the inflation factor has exceeded 10 per cent, the Depositary shall notify the States Parties of a revision of the limits of liability. Any such revision shall become effective six months after the notification to the States Parties, unless a majority of the States Parties register their disapproval. The Depositary shall immediately notify all States Parties of the coming into force of any revision.

Article 16 — Forum

1.   Subject to paragraph 2 of this Article, actions for compensation under the provisions of this Convention may be brought only before the courts of the State Party in whose territory the damage occurred.

2.   Where damage occurs in more than one State Party, actions under the provisions of this Convention may be brought only before the courts of the State Party the territory of which the aircraft was in or about to leave when the event occurred.

3.   Without prejudice to paragraphs 1 and 2 of this Article, application may be made in any State Party for such provisional measures, including protective measures, as may be available under the law of that State.

Article 17 — Recognition and enforcement of judgements

1.   Subject to the provisions of this Article, judgements entered by a competent court under Article 16 after trial, or by default, shall when they are enforceable in the State Party of that court be enforceable in any other State Party as soon as the formalities required by that State Party have been complied with.

2.   The merits of the case shall not be reopened in any application for recognition or enforcement under this Article.

3.   Recognition and enforcement of a judgement may be refused if:

(a) its recognition or enforcement would be manifestly contrary to public policy in the State Party where recognition or enforcement is sought;

(b) the defendant was not served with notice of the proceedings in such time and manner as to allow him or her to prepare and submit a defence;

(c) it is in respect of a cause of action which had already, as between the same parties, formed the subject of a judgement or an arbitral award which is recognized as final and conclusive under the law of the State Party where recognition or enforcement is sought;

(d) the judgement has been obtained by fraud of any of the parties; or

(e) the right to enforce the judgement is not vested in the person by whom the application is made.

4.   Recognition and enforcement of a judgement may also be refused to the extent that the judgement awards damages, including exemplary or punitive damages, that do not compensate a third party for actual harm suffered.

5.   Where a judgement is enforceable, payment of any court costs and other expenses incurred by the plaintiff, including interest recoverable under the judgement, shall also be enforceable.

Article 18 — Regional and multilateral agreements on the recognition and enforcement of judgements

1.   States Parties may enter into regional and multilateral agreements regarding the recognition and enforcement of judgements consistent with the objectives of this Convention, provided that such agreements do not result in a lower level of protection for any third party or defendant than that provided for in this Convention.

2.   States Parties shall inform each other, through the Depositary, of any such regional or multilateral agreements that they have entered into before or after the date of entry into force of this Convention.

3.   The provisions of this Chapter shall not affect the recognition or enforcement of any judgement pursuant to such agreements.

Article 19 — Period of limitation

1.   The right to compensation under Article 3 shall be extinguished if an action is not brought within two years from the date of the event which caused the damage.

2.   The method of calculating such two-year period shall be determined in accordance with the law of the court seised of the case.

Article 20 — Death of person liable

In the event of the death of the person liable, an action for damages lies against those legally representing his or her estate and is subject to the provisions of this Convention.

CHAPTER V

Final clauses

Article 21 – Signature, ratification, acceptance, approval or accession

1.   This Convention shall be open for signature in Montréal on 2 May 2009 by States participating in the International Conference on Air Law held at Montréal from 20 April to 2 May 2009. After 2 May 2009, the Convention shall be open to all States for signature at the Headquarters of the

International Civil Aviation Organization in Montréal until it enters into force in accordance with Article 23.

2.   This Convention shall be subject to ratification by States which have signed it.

3.   Any State which does not sign this Convention may accept, approve or accede to it at any time.

4.   Instruments of ratification, acceptance, approval or accession shall be deposited with the International Civil Aviation Organization, which is hereby designated the Depositary.

Article 22 – Regional Economic Integration Organizations

1.   A Regional Economic Integration Organization which is constituted by sovereign States and has competence over certain matters governed by this Convention may similarly sign, ratify, accept, approve or accede to this Convention. The Regional Economic Integration Organization shall in that case have the rights and obligations of a State Party to the extent that that Organization has competence over matters governed by this Convention.

2.   The Regional Economic Integration Organization shall, at the time of signature, ratification, acceptance, approval or accession, make a declaration to the Depositary specifying the matters governed by this Convention in respect of which competence has been transferred to that Organization by its Member States. The Regional Economic Integration Organization shall promptly notify the Depositary of any changes to the distribution of competence, including new transfers of competence, specified in the declaration under this paragraph.

3.   Any reference to a "State Party" or "States Parties" in this Convention applies equally to a Regional Economic Integration Organization where the context so requires.

Article 23 – Entry into force

1.   This Convention shall enter into force on the sixtieth day following the date of deposit of the thirty-fifth instrument of ratification, acceptance, approval or accession with the Depositary between the States which have deposited such instruments. An instrument deposited by a Regional Economic Integration Organization shall not be counted for the purpose of this paragraph.

2.   For other States and for other Regional Economic Integration Organizations, this Convention shall take effect sixty days following the date of deposit of the instrument of ratification, acceptance, approval or accession.

Article 24 – Denunciation

1.   Any State Party may denounce this Convention by written notification to the Depositary.

2.   Denunciation shall take effect one hundred and eighty days following the date on which notification is received by the Depositary; in respect of damage contemplated in Article 3 arising from an event which occurred before the expiration of the one hundred and eighty day period, the Convention shall continue to apply as if the denunciation had not been made.

Article 25 – Relationship to other treaties

The rules of this Convention shall prevail over any rules in the following instruments which would otherwise be applicable to damage covered by this Convention:

(a) the *Convention on Damage Caused by Foreign Aircraft to Third Parties on the Surface, Signed at Rome on 7 October 1952*; or

(b) the *Protocol to Amend the Convention on Damage Caused by Foreign Aircraft to Third Parties on the Surface, Signed at Rome on 7 October 1952*, Signed at Montréal on 23 September 1978.

Article 26 – States with more than one system of law

1.   If a State has two or more territorial units in which different systems of law are applicable in relation to matters dealt with in this Convention, it may at the time of signature, ratification, acceptance, approval or accession declare that this Convention shall extend to all its territorial units or only to one or more of them and may modify this declaration by submitting another declaration at any time.

2.   Any such declaration shall be notified to the Depositary and shall state expressly the territorial units to which this Convention applies.

3.   For a declaration made under Article 2, paragraph 2, by a State Party having two or more territorial units in which different systems of law are applicable, it may declare that this Convention shall apply to damage to third parties that occurs in all its territorial units or in one or more of them and may modify this declaration by submitting another declaration at any time.

4.   In relation to a State Party which has made a declaration under this Article:

(a) the reference in Article 8 to "the law of the State" shall be construed as referring to the law of the relevant territorial unit of that State; and

(b) references in Article 14 to "national currency" shall be construed as referring to the currency of the relevant territorial unit of that State.

Article 27 – Reservations and declarations

1.   No reservation may be made to this Convention but declarations authorized by Article 2, paragraph 2, Article 22, paragraph 2, and Article 26 may be made in accordance with these provisions.

2.   Any declaration or any withdrawal of a declaration made under this Convention shall be notified in writing to the Depositary.

Article 28 – Functions of the Depositary

The Depositary shall promptly notify all signatories and States Parties of:

(a) each new signature of this Convention and the date thereof;

(b) each deposit of an instrument of ratification, acceptance, approval or accession and the date thereof;

(c) each declaration and the date thereof;

(d) the modification or withdrawal of any declaration and the date thereof;

(e) the date of entry into force of this Convention;

(f) the date of the coming into force of any revision of the limits of liability established under this Convention; and

(g) any denunciation with the date thereof and the date on which it takes effect.

IN WITNESS WHEREOF the undersigned Plenipotentiaries, having been duly authorized, have signed this Convention.

DONE at Montréal on the 2nd day of May of the year two thousand and nine in the English, Arabic, Chinese, French, Russian and Spanish languages, all texts being equally authentic, such authenticity to take effect upon verification by the Secretariat of the Conference under the authority of the President of the Conference within ninety days hereof as to the conformity of the texts with one another. This Convention shall remain deposited in the archives of the International Civil Aviation Organization, and certified copies thereof shall be transmitted by the Depositary to all Contracting States to this Convention, as well as to all States Parties to the Conventions and Protocol referred to in Article 25.

CONVENTION ON COMPENSATION FOR DAMAGE TO THIRD PARTIES, RESULTING FROM ACTS OF UNLAWFUL INTERFERENCE INVOLVING AIRCRAFT

THE STATES PARTIES TO THIS CONVENTION,

RECOGNIZING the serious consequences of acts of unlawful interference with aircraft which cause damage to third parties and to property;

RECOGNIZING that there are currently no harmonized rules relating to such consequences;

RECOGNIZING the importance of ensuring protection of the interests of third-party victims and the need for equitable compensation, as well as the need to protect the aviation industry from the consequences of damage caused by unlawful interference with aircraft;

CONSIDERING the need for a coordinated and concerted approach to providing compensation to third-party victims, based on cooperation between all affected parties;

REAFFIRMING the desirability of the orderly development of international air transport operations and the smooth flow of passengers, baggage and cargo in accordance with the principles and objectives of the *Convention on International Civil Aviation*, done at Chicago on 7 December 1944; and

CONVINCED that collective State action for harmonization and codification of certain rules governing compensation for the consequences of an event of unlawful interference with aircraft in flight through a new Convention is the most desirable and effective means of achieving an equitable balance of interests;

HAVE AGREED AS FOLLOWS:

Chapter I

Principles

Article 1 — Definitions

For the purposes of this Convention:

(a) an "act of unlawful interference" means an act which is defined as an offence in the *Convention for the Suppression of Unlawful Seizure of Aircraft*, Signed at The Hague on 16 December 1970, or the *Convention for the Suppression of Unlawful Acts Against the Safety of Civil Aviation*, Signed at Montréal on 23 September 1971, and any amendment in force at the time of the event;

(b) an "event" occurs when damage results from an act of unlawful interference involving an aircraft in flight;

(c) an aircraft is considered to be "in flight" at any time from the moment when all its external doors are closed following embarkation or loading until the moment when any such door is opened for disembarkation or unloading;

(d) "international flight" means any flight whose place of departure and whose intended destination are situated within the territories of two States, whether or not there is a break in the flight, or within the territory of one State if there is an intended stopping place in the territory of another State;

(e) "maximum mass" means the maximum certificated take-off mass of the aircraft, excluding the effect of lifting gas when used;

(f) "operator" means the person who makes use of the aircraft, provided that if control of the navigation of the aircraft is retained by the person from whom the right to make use of the aircraft is derived, whether directly or indirectly, that person shall be considered the operator. A person shall be considered to be making use of an aircraft when he or she is using it personally or when his or her servants or agents are using the aircraft in the course of their employment, whether or not within the scope of their authority. The operator shall not lose its status as operator by virtue of the fact that another person commits an act of unlawful interference;

(g) "person" means any natural or legal person, including a State;

(h) "senior management" means members of an operator's supervisory board, members of its board of directors, or other senior officers of the operator who have the authority to make and have significant roles in making binding decisions about how the whole of or a substantial part of the operator's activities are to be managed or organized;

(i) "State Party" means a State for which this Convention is in force; and

(j) "third party" means a person other than the operator, passenger or consignor or consignee of cargo.

Article 2 — Scope

1. This Convention applies to damage to third parties which occurs in the territory of a State Party caused by an aircraft in flight on an international flight, as a result of an act of unlawful interference. This Convention shall also apply to such damage that occurs in a State non-Party as provided for in Article 28.

2. If a State Party so declares to the Depositary, this Convention shall also apply to damage to third parties that occurs in the territory of that State Party which is caused by an aircraft in flight other than on an international flight, as a result of an act of unlawful interference.

3. For the purposes of this Convention:

(a) damage to a ship in or an aircraft above the High Seas or the Exclusive Economic Zone shall be regarded as damage occurring in the territory of the State in which it is registered; however, if the operator of the aircraft has its principal place of business in the territory of a State other than the State of Registry, the damage to the aircraft shall be regarded as having occurred in the territory of the State in which it has its principal place of business; and

(b) damage to a drilling platform or other installation permanently fixed to the soil in the Exclusive Economic Zone or the Continental Shelf shall be regarded as having occurred in the territory of the State Party which has jurisdiction over such platform or installation in accordance with international law, including the *United Nations Convention on the Law of the Sea*, done at Montego Bay on 10 December 1982.

4.   This Convention shall not apply to damage caused by State aircraft. Aircraft used in military, customs and police services shall be deemed to be State aircraft.

Chapter II

Liability of the operator and related issues

Article 3 — Liability of the operator

1.   The operator shall be liable to compensate for damage within the scope of this Convention upon condition only that the damage was caused by an aircraft in flight.

2.   There shall be no right to compensation under this Convention if the damage is not a direct consequence of the event giving rise thereto.

3.   Damages due to death, bodily injury and mental injury shall be compensable. Damages due to mental injury shall be compensable only if caused by a recognizable psychiatric illness resulting either from bodily injury or from direct exposure to the likelihood of imminent death or bodily injury.

4.   Damage to property shall be compensable.

5.   Environmental damage shall be compensable, in so far as such compensation is provided for under the law of the State in the territory of which the damage occurred.

6.   No liability shall arise under this Convention for damage caused by a nuclear incident as defined in the *Paris Convention on Third Party Liability in the Field of Nuclear Energy* (29 July 1960) or for nuclear damage as defined in the *Vienna Convention on Civil Liability for Nuclear Damage* (21 May 1963), and any amendment or supplements to these Conventions in force at the time of the event.

7.   Punitive, exemplary or any other non-compensatory damages shall not be recoverable.

Article 4 — Limit of the operator's liability

1.   The liability of the operator arising under Article 3 shall not exceed for an event the following limit based on the mass of the aircraft involved:

(a) 750 000 Special Drawing Rights for aircraft having a maximum mass of 500 kilogrammes or less;

(b) 1 500 000 Special Drawing Rights for aircraft having a maximum mass of more than 500 kilogrammes but not exceeding 1 000 kilogrammes;

(c) 3 000 000 Special Drawing Rights for aircraft having a maximum mass of more than 1 000 kilogrammes but not exceeding 2 700 kilogrammes;

(d) 7 000 000 Special Drawing Rights for aircraft having a maximum mass of more than 2 700 kilogrammes but not exceeding 6 000 kilogrammes;

(e) 18 000 000 Special Drawing Rights for aircraft having a maximum mass of more than 6 000 kilogrammes but not exceeding 12 000 kilogrammes;

(f) 80 000 000 Special Drawing Rights for aircraft having a maximum mass of more than 12 000 kilogrammes but not exceeding 25 000 kilogrammes;

(g) 150 000 000 Special Drawing Rights for aircraft having a maximum mass of more than 25 000 kilogrammes but not exceeding 50 000 kilogrammes;

(h) 300 000 000 Special Drawing Rights for aircraft having a maximum mass of more than 50 000 kilogrammes but not exceeding 200 000 kilogrammes;

(i) 500 000 000 Special Drawing Rights for aircraft having a maximum mass of more than 200 000 kilogrammes but not exceeding 500 000 kilogrammes;

(j) 700 000 000 Special Drawing Rights for aircraft having a maximum mass of more than 500 000 kilogrammes.

2.   If an event involves two or more aircraft operated by the same operator, the limit of liability in respect of the aircraft with the highest maximum mass shall apply.

Article 5 — Events involving two or more operators

1.   Where two or more aircraft have been involved in an event causing damage to which this Convention applies, the operators of those aircraft are jointly and severally liable for any damage suffered by a third party.

2.   If two or more operators are so liable, the recourse between them shall depend on their respective limits of liability and their contribution to the damage.

3.   No operator shall be liable for a sum in excess of the limit, if any, applicable to its liability.

Article 6 — Advance payments

If required by the law of the State where the damage occurred, the operator shall make advance payments without delay to natural persons who may be entitled to claim compensation under this Convention, in order to meet their immediate economic needs. Such advance payments shall not constitute a recognition of liability and may be offset against any amount subsequently payable as damages by the operator.

Article 7 — Insurance

1.   Having regard to Article 4, States Parties shall require their operators to maintain adequate insurance or guarantee covering their liability under this Convention. If such insurance or guarantee is not

available to an operator on a per event basis, the operator may satisfy this obligation by insuring on an aggregate basis. States Parties shall not require their operators to maintain such insurance or guarantee to the extent that they are covered by a decision made pursuant to Article 11, paragraph 1(e) or Article 18, paragraph 3.

2.   An operator may be required by the State Party in or into which it operates to furnish evidence that it maintains adequate insurance or guarantee. In doing so, the State Party shall apply the same criteria to operators of other States Parties as it applies to its own operators. Proof that an operator is covered by a decision made pursuant to Article 11, paragraph 1(e) or Article 18, paragraph 3, shall be sufficient evidence for the purpose of this paragraph.

Chapter III

The International Civil Aviation Compensation Fund

Article 8 — The constitution and objectives of the International Civil Aviation Compensation Fund

1.   An organization named the International Civil Aviation Compensation Fund, hereinafter referred to as "the International Fund", is established by this Convention. The International Fund shall be made up of a Conference of Parties, consisting of the States Parties, and a Secretariat headed by a Director.

2.   The International Fund shall have the following purposes:

   (a) to provide compensation for damage according to Article 18, paragraph 1, pay damages according to Article 18, paragraph 3, and provide financial support under Article 28;

   (b) to decide whether to provide supplementary compensation to passengers on board an aircraft involved in an event, according to Article 9, paragraph (j);

   (c) to make advance payments under Article 19, paragraph 1, and to take reasonable measures after an event to minimize or mitigate damage caused by an event, according to Article 19, paragraph 2; and

   (d) to perform other functions compatible with these purposes.

3.   The International Fund shall have its seat at the same place as the International Civil Aviation Organization.

4.   The International Fund shall have international legal personality.

5.   In each State Party, the International Fund shall be recognized as a legal person capable under the laws of that State of assuming rights and obligations, entering into contracts, acquiring and disposing of movable and immovable property and of being a party in legal proceedings before the courts of that State. Each State Party shall recognize the Director of the International Fund as the legal representative of the International Fund.

6.   The International Fund shall enjoy tax exemption and such other privileges as are agreed with the

host State. Contributions to the International Fund and its funds, and any proceeds from them, shall be exempted from tax in all States Parties.

7.   The International Fund shall be immune from legal process, except in respect of actions relating to credits obtained in accordance with Article 17 or to compensation payable in accordance with Article 18. The Director of the International Fund shall be immune from legal process in relation to acts performed by him or her in his or her official capacity. The immunity of the Director may be waived by the Conference of Parties. The other personnel of the International Fund shall be immune from legal process in relation to acts performed by them in their official capacity. The immunity of the other personnel may be waived by the Director.

8.   Neither a State Party nor the International Civil Aviation Organization shall be liable for acts, omissions or obligations of the International Fund.

Article 9 — The Conference of Parties

The Conference of Parties shall:

(a) determine its own rules of procedure and, at each meeting, elect its officers;

(b) establish the Regulations of the International Fund and the Guidelines for Compensation;

(c) appoint the Director and determine the terms of his or her employment and, to the extent this is not delegated to the Director, the terms of employment of the other employees of the International Fund;

(d) delegate to the Director, in addition to powers given in Article 11, such powers and authority as may be necessary or desirable for the discharge of the duties of the International Fund and revoke or modify such delegations of powers and authority at any time;

(e) decide the period for, and the amount of, initial contributions and fix the contributions to be made to the International Fund for each year until the next meeting of the Conference of Parties;

(f) in the case where the aggregate limit on contributions under Article 14, paragraph 3, has been applied, determine the global amount to be disbursed to the victims of all events occurring during the time period with regard to which Article 14, paragraph 3, was applied;

(g) appoint the auditors;

(h) vote budgets and determine the financial arrangements of the International Fund including the Guidelines on Investment, review expenditures, approve the accounts of the International Fund, and consider the reports of the auditors and the comments of the Director thereon;

(i) examine and take appropriate action on the reports of the Director, including reports on claims for compensation, and decide on any matter referred to it by the Director;

(j) decide whether and in what circumstances supplementary compensation may be payable by the International Fund to passengers on board an aircraft involved in an event in circumstances where the damages recovered by passengers according to applicable law did not result in the recovery of compensation commensurate with that available to third parties under this Convention. In exercising this discretion, the Conference of Parties shall seek to ensure that passengers and third parties are treated equally;

(k) establish the Guidelines for the application of Article 28, decide whether to apply Article 28 and set the maximum amount of such assistance;

(l) determine which States non-Party and which intergovernmental and international non-governmental organizations shall be admitted to take part, without voting rights, in meetings of the Conference of Parties and subsidiary bodies;

(m) establish any body necessary to assist it in its functions, including, if appropriate, an Executive Committee consisting of representatives of States Parties, and define the powers of such body;

(n) decide whether to obtain credits and grant security for credits obtained pursuant to Article 17, paragraph 4;

(o) make such determinations as it sees fit under Article 18, paragraph 3;

(p) enter into arrangements on behalf of the International Fund with the International Civil Aviation Organization;

(q) request the International Civil Aviation Organization to assume an assistance, guidance and supervisory role with respect to the International Fund as far as the principles and objectives of the *Convention on International Civil Aviation*, done at Chicago on 7 December 1944, are concerned. ICAO may assume these tasks in accordance with pertinent decisions of its Council;

(r) as appropriate, enter into arrangements on behalf of the International Fund with other international bodies; and

(s) consider any matter relating to this Convention that a State Party or the International Civil Aviation Organization has referred to it.

Article 10 — The meetings of the Conference of Parties

1.   The Conference of Parties shall meet once a year, unless a Conference of Parties decides to hold its next meeting at another interval. The Director shall convene the meeting at a suitable time and place.

2.   An extraordinary meeting of the Conference of Parties shall be convened by the Director:

(a) at the request of no less than one-fifth of the total number of States Parties;

(b) if an aircraft has caused damage falling within the scope of this Convention, and the damages are likely to exceed the applicable limit of liability according to Article 4 by more than 50 per cent of the available funds of the International Fund;

(c) if the aggregate limit on contributions according to Article 14, paragraph 3, has been reached; or

(d) if the Director has exercised the authority according to Article 11, paragraph 1 (d) or (e).

3.   All States Parties shall have an equal right to be represented at the meetings of the Conference of Parties and each State Party shall be entitled to one vote. The International Civil Aviation Organization shall have the right to be represented, without voting rights, at the meetings of the Conference of Parties.

4.   A majority of the States Parties is required to constitute a quorum for the meetings of the Conference of Parties. Decisions of the Conference of Parties shall be taken by a majority vote of the States Parties present and voting. Decisions under Article 9, subparagraphs (a), (b), (c), (d), (e), (k), (m), (n) and (o) shall be taken by a two-thirds majority of the States Parties present and voting.

5.   Any State Party may, within ninety days after the deposit of an instrument of denunciation the result of which it considers will significantly impair the ability of the International Fund to perform its functions, request the Director to convene an extraordinary meeting of the Conference of Parties. The Director may convene the Conference of Parties to meet not later than sixty days after receipt of the request.

6.   The Director may convene, on his or her own initiative, an extraordinary meeting of the Conference of Parties to meet within sixty days after the deposit of any instrument of denunciation, if he or she considers that such denunciation will significantly impair the ability of the International Fund to perform its functions.

7.   If the Conference of Parties at an extraordinary meeting convened in accordance with paragraph 5 or 6 decides by a two-thirds majority of the States Parties present and voting that the denunciation will significantly impair the ability of the International Fund to perform its functions, any State Party may, not later than one hundred and twenty days before the date on which the denunciation takes effect, denounce this Convention with effect from that same date.

Article 11 — The Secretariat and the Director

1.   The International Fund shall have a Secretariat led by a Director. The Director shall hire personnel, supervise the Secretariat and direct the day-to-day activities of the International Fund. In addition, the Director:

> (a) shall report to the Conference of Parties on the functioning of the International Fund and present its accounts and a budget;
>
> (b) shall collect all contributions payable under this Convention, administer and invest the funds of the International Fund in accordance with the Guidelines on Investment, maintain accounts for the funds, and assist in the auditing of the accounts and the funds in accordance with Article 17;
>
> (c) shall handle claims for compensation in accordance with the Guidelines for Compensation, and prepare a report for the Conference of Parties on how each has been handled;
>
> (d) may decide to temporarily take action under Article 19 until the next meeting of the Conference of Parties;
>
> (e) shall decide to temporarily take action under Article 18, paragraph 3, until the next meeting of the Conference of Parties called in accordance with Article 10, paragraph 2 (d);
>
> (f) shall review the sums prescribed under Articles 4 and 18 and inform the Conference of Parties of any revision to the limits of liability in accordance with Article 31; and

(g) shall discharge any other duties assigned to him or her by or under this Convention and decide any other matter delegated by the Conference of Parties.

2.   The Director and the other personnel of the Secretariat shall not seek or receive instructions in regard to the discharge of their responsibilities from any authority external to the International Fund. Each State Party undertakes to fully respect the international character of the responsibilities of the personnel and not seek to influence any of its nationals in the discharge of their responsibilities.

Article 12 — Contributions to the International Fund

1.   The contributions to the International Fund shall be:

(a) the mandatory amounts collected in respect of each passenger and each tonne of cargo departing on an international commercial flight from an airport in a State Party. Where a State Party has made a declaration under Article 2, paragraph 2, such amounts shall also be collected in respect of each passenger and each tonne of cargo departing on a commercial flight between two airports in that State Party; and

(b) such amounts as the Conference of Parties may specify in respect of general aviation or any sector thereof.

The operator shall collect these amounts and remit them to the International Fund.

2.   Contributions collected in respect of each passenger and each tonne of cargo shall not be collected more than once in respect of each journey, whether or not that journey includes one or more stops or transfers.

Article 13 — Basis for fixing the contributions

1.   Contributions shall be fixed having regard to the following principles:

(a) the objectives of the International Fund should be efficiently achieved;

(b) competition within the air transport sector should not be distorted;

(c) the competitiveness of the air transport sector in relation to other modes of transportation should not be adversely affected; and

(d) in relation to general aviation, the costs of collecting contributions shall not be excessive in relation to the amount of such contributions, taking into account the diversity that exists in this sector.

2.   The Conference of Parties shall fix contributions in a manner that does not discriminate between States, operators, passengers and consignors or consignees of cargo.

3.   On the basis of the budget drawn up according to Article 11, paragraph 1 (a), the contributions shall be fixed having regard to:

(a) the upper limit for compensation set out in Article 18, paragraph 2;

(b) the need for reserves where Article 18, paragraph 3, is applied;

(c) claims for compensation, measures to minimize or mitigate damages and financial assistance under this Convention;

(d) the costs and expenses of administration, including the costs and expenses incurred by meetings of the Conference of Parties;

(e) the income of the International Fund; and

(f) the availability of additional funds for compensation pursuant to Article 17, paragraph 4.

Article 14 — Period and rate of contributions

1.　　At its first meeting, the Conference of Parties shall decide the period and the rate of contributions in respect of passengers and cargo departing from a State Party to be made from the time of entry into force of this Convention for that State Party. If a State Party makes a declaration under Article 2, paragraph 2, initial contributions shall be paid in respect of passengers and cargo departing on flights covered by such declaration from the time it takes effect. The period and the rate shall be equal for all States Parties.

2.　　Contributions shall be fixed in accordance with paragraph 1 so that the funds available amount to 100 per cent of the limit of compensation set out in Article 18, paragraph 2, within four years. If the funds available are deemed sufficient in relation to the likely compensation or financial assistance to be provided in the foreseeable future and amount to 100 per cent of that limit, the Conference of Parties may decide that no further contributions shall be made until the next meeting of the Conference of Parties, provided that both the period and rate of contributions shall be applied in respect of passengers and cargo departing from a State in respect of which this Convention subsequently enters into force.

3.　　The total amount of contributions collected by the International Fund within any period of two consecutive calendar years shall not exceed three times the maximum amount of compensation according to Article 18, paragraph 2.

4.　　Subject to Article 28, the contributions collected by an operator in respect of a State Party may not be used to provide compensation for an event which occurred in its territory prior to the entry into force of this Convention for that State Party.

Article 15 — Collection of the contributions

1.　　The Conference of Parties shall establish in the Regulations of the International Fund a transparent, accountable and cost-effective mechanism supporting the collection, remittal and recovery of contributions. When establishing the mechanism, the Conference of Parties shall endeavour not to impose undue burdens on operators and contributors to the funds of the International Fund. Contributions which are in arrears shall bear interest as provided for in the Regulations.

2.   Where an operator does not collect or does not remit contributions it has collected to the International Fund, the International Fund shall take appropriate measures against such operator with a view to the recovery of the amount due. Each State Party shall ensure that an action to recover the amount due may be taken within its jurisdiction, notwithstanding in which State Party the debt actually accrued.

Article 16 — Duties of States Parties

1.   Each State Party shall take appropriate measures, including imposing such sanctions as it may deem necessary, to ensure that an operator fulfils its obligations to collect and remit contributions to the International Fund.

2.   Each State Party shall ensure that the following information is provided to the International Fund:

   (a) the number of passengers and quantity of cargo departing on international commercial flights from that State Party;

   (b) such information on general aviation flights as the Conference of Parties may decide; and

   (c) the identity of the operators performing such flights.

3.   Where a State Party has made a declaration under Article 2, paragraph 2, it shall ensure that information detailing the number of passengers and quantity of cargo departing on commercial flights between two airports in that State Party, such information on general aviation flights as the Conference of Parties may decide, and the identity of the operators performing such flights, are also provided. In each case, such statistics shall be *prima facie* evidence of the facts stated therein.

4.   Where a State Party does not fulfil its obligations under paragraphs 2 and 3 of this Article and this results in a shortfall in contributions for the International Fund, the State Party shall be liable for such shortfall. The Conference of Parties shall, on recommendation by the Director, decide whether the State Party shall pay for such shortfall.

Article 17 — The funds of the International Fund

1.   The funds of the International Fund may only be used for the purposes set out in Article 8, paragraph 2.

2.   The International Fund shall exercise the highest degree of prudence in the management and preservation of its funds. The funds shall be preserved in accordance with the Guidelines on Investment determined by the Conference of Parties under Article 9, subparagraph (h). Investments may only be made in States Parties.

3.   Accounts shall be maintained for the funds of the International Fund. The auditors of the International Fund shall review the accounts and report on them to the Conference of Parties.

4.   Where the International Fund is not able to meet valid compensation claims because insufficient contributions have been collected, it may obtain credits from financial institutions for the payment of compensation and may grant security for such credits.

Chapter IV

Compensation from the International Fund

Article 18 — Compensation

1.   The International Fund shall, under the same conditions as are applicable to the liability of the operator, provide compensation to persons suffering damage in the territory of a State Party. Where the damage is caused by an aircraft in flight on a flight other than an international flight, compensation shall only be provided if that State Party has made a declaration according to Article 2, paragraph 2. Compensation shall only be paid to the extent that the total amount of damages exceeds the limits according to Article 4.

2.   The maximum amount of compensation available from the International Fund shall be 3 000 000 000 Special Drawing Rights for each event. Payments made according to paragraph 3 of this Article and distribution of amounts recovered according to Article 25 shall be in addition to the maximum amount for compensation.

3.   If and to the extent that the Conference of Parties determines and for the period that it so determines that insurance in respect of the damage covered by this Convention is wholly or partially unavailable with respect to amounts of coverage or the risks covered, or is only available at a cost incompatible with the continued operation of air transport generally, the International Fund may, at its discretion, in respect of future events causing damage compensable under this Convention, pay the damages for which the operators are liable under Articles 3 and 4 and such payment shall discharge such liability of the operators. The Conference of Parties shall decide on a fee, the payment of which by the operators, for the period covered, shall be a condition for the International Fund taking the action specified in this paragraph.

Article 19 — Advance payments and other measures

1.   Subject to the decision of the Conference of Parties and in accordance with the Guidelines for Compensation, the International Fund may make advance payments without delay to natural persons who may be entitled to claim compensation under this Convention, in order to meet their immediate economic needs. Such advance payments shall not constitute recognition of a right to compensation and may be offset against any amount subsequently payable by the International Fund.

2.   Subject to the decision of the Conference of Parties and in accordance with the Guidelines for Compensation, the International Fund may also take other measures to minimize or mitigate damage caused by an event.

Chapter V

Special provisions on compensation and recourse

Article 20 — Exoneration

If the operator or the International Fund proves that the damage was caused, or contributed to, by an act or omission of a claimant, or the person from whom he or she derives his or her rights, done with intent or recklessly and with knowledge that damage would probably result, the operator or the International Fund shall be wholly or partly exonerated from its liability to that claimant to the extent that such act or omission caused or contributed to the damage.

Article 21 — Court costs and other expenses

1.   The limits prescribed in Articles 4 and 18, paragraph 2, shall not prevent the court from awarding, in accordance with its own law, in addition, the whole or part of the court costs and of the other expenses of the litigation incurred by the claimant, including interest.

2.   Paragraph 1 shall not apply if the amount of the damages awarded, excluding court costs and other expenses of the litigation, does not exceed the sum which the operator has offered in writing to the claimant within a period of six months from the date of the event causing the damage, or before the commencement of the action, whichever is the later.

Article 22 — Priority of compensation

If the total amount of the damages to be paid exceeds the amounts available according to Articles 4 and 18, paragraph 2, the total amount shall be awarded preferentially to meet proportionately the claims in respect of death, bodily injury and mental injury, in the first instance. The remainder, if any, of the total amount payable shall be awarded proportionately among the claims in respect of other damage.

Article 23 – Additional compensation

1.   To the extent the total amount of damages exceeds the aggregate amount payable under Articles 4 and 18, paragraph 2, a person who has suffered damage may claim additional compensation from the operator.

2.   The operator shall be liable for such additional compensation to the extent the person claiming compensation proves that the operator or its employees have contributed to the occurrence of the event by an act or omission done with intent to cause damage or recklessly and with knowledge that damage would probably result.

3.   Where an employee has contributed to the damage, the operator shall not be liable for any additional compensation under this Article if it proves that an appropriate system for the selection and monitoring of its employees has been established and implemented.

4.   An operator or, if it is a legal person, its senior management shall be presumed not to have been reckless if it proves that it has established and implemented a system to comply with the security requirements specified pursuant to Annex 17 to the *Convention on International Civil Aviation* (Chicago, 1944) in accordance with the law of the State Party in which the operator has its principal place of business, or if it has no such place of business, its permanent residence.

Article 24 — Right of recourse of the operator

The operator shall have a right of recourse against:

    (a) any person who has committed, organized or financed the act of unlawful interference; and

    (b) any other person.

Article 25 — Right of recourse of the International Fund

The International Fund shall have a right of recourse against:

    (a) any person who has committed, organized or financed the act of unlawful interference;

    (b) the operator subject to the conditions set out in Article 23; and

    (c) any other person.

Article 26 - Restrictions on rights of recourse

1.   The rights of recourse under Article 24, subparagraph (b), and Article 25, subparagraph (c), shall only arise to the extent that the person against whom recourse is sought could have been covered by insurance available on a commercially reasonable basis.

2.   Paragraph 1 shall not apply if the person against whom recourse is sought under Article 25, subparagraph (c) has contributed to the occurrence of the event by an act or omission done recklessly and with knowledge that damage would probably result.

3.   The International Fund shall not pursue any claim under Article 25, subparagraph (c) if the Conference of Parties determines that to do so would give rise to the application of Article 18, paragraph 3.

Article 27 – Exoneration from recourse

No right of recourse shall lie against an owner, lessor, or financier retaining title of or holding security in an aircraft, not being an operator, or against a manufacturer if that manufacturer proves that it has complied with the mandatory requirements in respect of the design of the aircraft, its engines or components.

Chapter VI

Assistance in case of events in States non-Party

Article 28 — Assistance in case of events in States non-Party

Where an operator, which has its principal place of business, or if it has no such place of business, its permanent residence, in a State Party, is liable for damage occurring in a State non-Party, the Conference of Parties may decide, on a case by case basis, that the International Fund shall provide financial support to that operator. Such support may only be provided:

(a) in respect of damage that would have fallen under the Convention if the State non-Party had been a State Party;

(b) if the State non-Party agrees in a form acceptable to the Conference of Parties to be bound by the provisions of this Convention in respect of the event giving rise to such damage;

(c) up to the maximum amount for compensation set out in Article 18, paragraph 2; and

(d) if the solvency of the operator liable is threatened even if support is given, where the Conference of Parties determines that the operator has sufficient arrangements protecting its solvency.

Chapter VII

Exercise of remedies and related provisions

Article 29 — Exclusive remedy

1.   Without prejudice to the question as to who are the persons who have the right to bring suit and what are their respective rights, any action for compensation for damage to a third party due to an act of unlawful interference, however founded, whether under this Convention or in tort or in contract or otherwise, can only be brought against the operator and, if need be, against the International Fund and shall be subject to the conditions and limits of liability set out in this Convention. No claims by a third party shall lie against any other person for compensation for such damage.

2.   Paragraph 1 shall not apply to an action against a person who has committed, organized or financed an act of unlawful interference.

Article 30 — Conversion of Special Drawing Rights

The sums mentioned in terms of Special Drawing Right in this Convention shall be deemed to refer to the Special Drawing Right as defined by the International Monetary Fund. Conversion of the sums into national currencies shall, in case of judicial proceedings, be made according to the value of such currencies in terms of the Special Drawing Right at the date of the judgement. The value in a national currency shall be calculated in accordance with the method of valuation applied by the International Monetary Fund for its operations and transactions. The value in a national currency, of a State Party which is not a Member of the International Monetary Fund, shall be calculated in a manner determined by that State to express in the national currency of the State Party as far as possible the same real value as the amounts in Article 4.

Article 31 — Review of limits

1.   Subject to paragraph 2 of this Article, the sums prescribed in Articles 4 and 18, paragraph 2, shall be reviewed by the Director of the International Fund, by reference to an inflation factor which corresponds to the accumulated rate of inflation since the previous revision or in the first instance since the date of entry into force of this Convention. The measure of the rate of inflation to be used in determining the inflation factor shall be the weighted average of the annual rates of increase or decrease in the Consumer Price Indices of the States whose currencies comprise the Special Drawing Right mentioned in Article 30.

2.   If the review referred to in the preceding paragraph concludes that the inflation factor has exceeded 10 per cent, the Director shall inform the Conference of Parties of a revision of the limits of liability. Any such revision shall become effective six months after the meeting of the Conference of Parties, unless a majority of the States Parties register their disapproval. The Director shall immediately notify all States Parties of the coming into force of any revision.

Article 32 — Forum

1.   Subject to paragraph 2 of this Article, actions for compensation under the provisions of this Convention may be brought only before the courts of the State Party in whose territory the damage occurred.

2.   Where damage occurs in more than one State Party, actions under the provisions of this Convention may be brought only before the courts of the State Party the territory of which the aircraft was in or about to leave when the event occurred.

3.   Without prejudice to paragraphs 1 and 2 of this Article, application may be made in any State Party for such provisional measures, including protective measures, as may be available under the law of that State.

Article 33 — Intervention by the International Fund

1.   Each State Party shall ensure that the International Fund has the right to intervene in proceedings brought against the operator in its courts.

2.   Except as provided in paragraph 3 of this Article, the International Fund shall not be bound by any judgement or decision in proceedings to which it has not been a party or in which it has not intervened.

3.   If an action is brought against the operator in a State Party, each party to such proceedings shall be entitled to notify the International Fund of the proceedings. Where such notification has been made in accordance with the law of the court seised and in such time that the International Fund had time to intervene in the proceedings, the International Fund shall be bound by a judgement or decision in proceedings even if it has not intervened.

Article 34 — Recognition and enforcement of judgements

1.   Subject to the provisions of this Article, judgements entered by a competent court under Article 32 after trial, or by default, shall when they are enforceable in the State Party of that court be enforceable in any other State Party as soon as the formalities required by that State Party have been complied with.

2.   The merits of the case shall not be reopened in any application for recognition or enforcement under this Article.

3.   Recognition and enforcement of a judgement may be refused if:

    (a) its recognition or enforcement would be manifestly contrary to public policy in the State Party where recognition or enforcement is sought;

    (b) the defendant was not served with notice of the proceedings in such time and manner as to allow him or her to prepare and submit a defence;

    (c) it is in respect of a cause of action which had already, as between the same parties, formed the subject of a judgement or an arbitral award which is recognized as final and conclusive under the law of the State Party where recognition or enforcement is sought;

    (d) the judgement has been obtained by fraud of any of the parties; or

    (e) the right to enforce the judgement is not vested in the person by whom the application is made.

4.   Recognition and enforcement of a judgement may also be refused to the extent that the judgement awards damages, including exemplary or punitive damages, that do not compensate a third party for actual harm suffered.

5.   Where a judgement is enforceable, payment of any court costs and other expenses incurred by the plaintiff, including interest recoverable under the judgement, shall also be enforceable.

Article 35 — Regional and multilateral agreements on the recognition and enforcement of judgements

1.   States Parties may enter into regional and multilateral agreements regarding the recognition and enforcement of judgements consistent with the objectives of this Convention, provided that such agreements do not result in a lower level of protection for any third party or defendant than that provided for in this Convention.

2.   States Parties shall inform each other, through the Depositary, of any such regional or multilateral agreements that they have entered into before or after the date of entry into force of this Convention.

3.   The provisions of this Chapter shall not affect the recognition or enforcement of any judgement pursuant to such agreements.

Article 36 — Period of limitation

1.   The right to compensation under Article 3 shall be extinguished if an action is not brought within two years from the date of the event which caused the damage.

2.   The right to compensation under Article 18 shall be extinguished if an action is not brought, or a notification pursuant to Article 33, paragraph 3, is not made, within two years from the date of the event which caused the damage.

3.   The method of calculating such two-year period shall be determined in accordance with the law of the court seised of the case.

Article 37 — Death of person liable

In the event of the death of the person liable, an action for damages lies against those legally representing his or her estate and is subject to the provisions of this Convention.

Chapter VIII

Final clauses

Article 38 – Signature, ratification, acceptance, approval or accession

1.   This Convention shall be open for signature in Montréal on 2 May 2009 by States participating in the International Conference on Air Law held at Montréal from 20 April to 2 May 2009. After 2 May 2009, the Convention shall be open to all States for signature at the headquarters of the International Civil Aviation Organization in Montréal until it enters into force in accordance with Article 40.

2.   This Convention shall be subject to ratification by States which have signed it.

3.   Any State which does not sign this Convention may accept, approve or accede to it at any time.

4.   Instruments of ratification, acceptance, approval or accession shall be deposited with the International Civil Aviation Organization, which is hereby designated the Depositary.

Article 39 – Regional Economic Integration Organizations

1.   A Regional Economic Integration Organization which is constituted by sovereign States and has competence over certain matters governed by this Convention may similarly sign, ratify, accept, approve or accede to this Convention. The Regional Economic Integration Organization shall in that case have the rights and obligations of a State Party, to the extent that the Organization has competence over matters governed by this Convention. Where the number of States Parties is relevant in this Convention,

including in respect of Article 10, the Regional Economic Integration Organization shall not count as a State Party in addition to its Member States which are States Parties.

2.   The Regional Economic Integration Organization shall, at the time of signature, ratification, acceptance, approval or accession, make a declaration to the Depositary specifying the matters governed by this Convention in respect of which competence has been transferred to that Organization by its Member States. The Regional Economic Integration Organization shall promptly notify the Depositary of any changes to the distribution of competence, including new transfers of competence, specified in the declaration under this paragraph.

3.   Any reference to a "State Party" or "States Parties" in this Convention applies equally to a Regional Economic Integration Organization where the context so requires.

Article 40 – Entry into force

1.   This Convention shall enter into force on the one hundred and eightieth day after the deposit of the thirty-fifth instrument of ratification, acceptance, approval or accession on condition, however, that the total number of passengers departing in the previous year from airports in the States that have ratified, accepted, approved or acceded is at least 750 000 000 as appears from the declarations made by ratifying, accepting, approving or acceding States. If, at the time of deposit of the thirty-fifth instrument of ratification, acceptance, approval or accession this condition has not been fulfilled, the Convention shall not come into force until the one hundred and eightieth day after this condition shall have been satisfied. An instrument deposited by a Regional Economic Integration Organization shall not be counted for the purpose of this paragraph.

2.   This Convention shall come into force for each State ratifying, accepting, approving or acceding after the deposit of the last instrument of ratification, acceptance, approval or accession necessary for entry into force of this Convention on the ninetieth day after the deposit of its instrument of ratification, acceptance, approval or accession.

3.   At the time of deposit of its instrument of ratification, acceptance, approval or accession a State shall declare the total number of passengers that departed on international commercial flights from airports in its territory in the previous year. The declaration at Article 2, paragraph 2, shall include the number of domestic passengers in the previous year and that number shall be counted for the purposes of determining the total number of passengers required under paragraph 1.

4.   In making such declarations a State shall endeavour not to count a passenger that has already departed from an airport in a State Party on a journey including one or more stops or transfers. Such declarations may be amended from time to time to reflect passenger numbers in subsequent years. If a declaration is not amended, the number of passengers shall be presumed to be constant.

Article 41 – Denunciation

1.   Any State Party may denounce this Convention by written notification to the Depositary.

2.   Denunciation shall take effect one year following the date on which notification is received by the Depositary; in respect of damage contemplated in Article 3 arising from events which occurred before the expiration of the one year period and the contributions required to cover such damage, the Convention shall continue to apply as if the denunciation had not been made.

Article 42 – Termination

1.   This Convention shall cease to be in force on the date when the number of States Parties falls below eight or on such earlier date as the Conference of Parties shall decide by a two-thirds majority of States that have not denounced the Convention.

2.   States which are bound by this Convention on the day before the date it ceases to be in force shall enable the International Fund to exercise its functions as described under Article 43 of this Convention and shall, for that purpose only, remain bound by this Convention.

Article 43 – Winding up of the International Fund

1.   If this Convention ceases to be in force, the International Fund shall nevertheless:

    (a) meet its obligations in respect of any event occurring before the Convention ceased to be in force and of any credits obtained pursuant to paragraph 4 of Article 17 while the Convention was still in force; and

    (b) be entitled to exercise its rights to contributions to the extent that these contributions are necessary to meet the obligations under subparagraph (a), including expenses for the administration of the International Fund necessary for this purpose.

2.   The Conference of Parties shall take all appropriate measures to complete the winding up of the International Fund including the distribution in an equitable manner of any remaining assets for a purpose consonant with the aims of this Convention or for the benefit of those persons who have contributed to the International Fund.

3.   For the purposes of this Article the International Fund shall remain a legal person.

Article 44 – Relationship to other treaties

1.   The rules of this Convention shall prevail over any rules in the following instruments which would otherwise be applicable to damage covered by this Convention:

    (a) the *Convention on Damage Caused by Foreign Aircraft to Third Parties on the Surface,* Signed at Rome on 7 October 1952; or

    (b) the *Protocol to Amend the Convention on Damage Caused by Foreign Aircraft to Third Parties on the Surface, Signed at Rome on 7 October 1952,* Signed at Montréal on 23 September 1978.

Article 45 – States with more than one system of law

1.   If a State has two or more territorial units in which different systems of law are applicable in relation to matters dealt with in this Convention, it may at the time of signature, ratification, acceptance, approval or accession declare that this Convention shall extend to all its territorial units or only to one or more of them and may modify this declaration by submitting another declaration at any time.

2.   Any such declaration shall be notified to the Depositary and shall state expressly the territorial units to which the Convention applies.

3.   For a declaration made under Article 2, paragraph 2, by a State Party having two or more territorial units in which different systems of law are applicable, it may declare that this Convention shall apply to damage to third parties that occurs in all its territorial units or in one or more of them and may modify this declaration by submitting another declaration at any time.

4.   In relation to a State Party which has made a declaration under this Article:

(a) the reference in Article 6 to "the law of the State" shall be construed as referring to the law of the relevant territorial unit of that State; and

(b) references in Article 30 to "national currency" shall be construed as referring to the currency of the relevant territorial unit of that State.

Article 46 – Reservations and declarations

1.   No reservation may be made to this Convention but declarations authorized by Article 2, paragraph 2, Article 39, paragraph 2, Article 40, paragraph 3, and Article 45 may be made in accordance with these provisions.

2.   Any declaration or any withdrawal of a declaration made under this Convention shall be notified in writing to the Depositary.

Article 47 – Functions of the Depositary

The Depositary shall promptly notify all signatories and States Parties of:

(a) each new signature of this Convention and the date thereof;

(b) each deposit of an instrument of ratification, acceptance, approval or accession and the date thereof;

(c) the date of entry into force of this Convention;

(d) the date of the coming into force of any revision of the limits of liability established under this Convention;

(e) each declaration or modification thereto, together with the date thereof;

(f) the withdrawal of any declaration and the date thereof;

(g) any denunciation together with the date thereof and the date on which it takes effect; and

(h) the termination of the Convention.

IN WITNESS WHEREOF the undersigned Plenipotentiaries, having been duly authorized, have signed this Convention.

DONE at Montréal on the 2nd day of May of the year two thousand and nine in the English, Arabic, Chinese, French, Russian and Spanish languages, all texts being equally authentic, such authenticity to take effect upon verification by the Secretariat of the Conference under the authority of the President of the Conference within ninety days hereof as to the conformity of the texts with one another. This Convention shall remain deposited in the archives of the International Civil Aviation Organization, and certified copies thereof shall be transmitted by the Depositary to all Contracting States to this Convention, as well as to all States Parties to the Convention and Protocol referred to in Article 44.

국내법 상법 중 제6편 항공운송

상법

[시행 2012.6.11] [법률 제10366호, 2010.6.10, 타법개정]

법무부 (상사법무과) 02 - 2110 - 3167

제6편 항공운송 <신설 2011.5.23>

제1장 통칙 <신설 2011.5.23>

제896조(항공기의 의의) 이 법에서 "항공기"란 상행위나 그 밖의 영리를 목적으로 운항에 사용하는 항공기를 말한다. 다만, 대통령령으로 정하는 초경량 비행장치(超輕量 飛行裝置)는 제외한다.

[본조신설 2011.5.23]

제897조(적용범위) 운항용 항공기에 대하여는 상행위나 그 밖의 영리를 목적으로 하지 아니하더라도 이 편의 규정을 준용한다. 다만, 국유(國有) 또는 공유(公有) 항공기에 대하여는 운항의 목적·성질 등을 고려하여 이 편의 규정을 준용하는 것이 적합하지 아니한 경우로서 대통령령으로 정하는 경우에는 그러하지 아니하다.

[본조신설 2011.5.23]

제898조(운송인 등의 책임감면) 제905조제1항을 포함하여 이 편에서 정한 운송인이나 항공기 운항자의 손해배상책임과 관련하여 운송인이나 항공기 운항자가 손해배상청구권자의 과실 또는 그 밖의 불법한 작위나 부작위가 손해를 발생시켰거나 손해에 기여하였다는 것을 증명한 경우에는, 그 과실 또는 그 밖의 불법한 작위나 부작위가 손해를 발생시켰거나 손해에 기여한 정도에 따라 운송인이나 항공기 운항자의 책임을 감경하거나 면제할 수 있다.

[본조신설 2011.5.23]

제2장 운송 <신설 2011.5.23>

제1절 통칙 <신설 2011.5.23>

제899조(비계약적 청구에 대한 적용 등) ① 이 장의 운송인의 책임에 관한 규정은 운송인의 불법행위로 인한 손해배상의 책임에도 적용한다.

② 여객, 수하물 또는 운송물에 관한 손해배상청구가 운송인의 사용인이나 대리인에 대하여 제기된 경우에 그 손해가 그 사용인이나 대리인의 직무집행에 관하여 생겼을 때에는 그 사용인이나 대리인은 운송인이 주장할 수 있는 항변과 책임제한을 원용할 수 있다.

③ 제2항에도 불구하고 여객 또는 수하물의 손해가 운송인의 사용인이나 대리인의 고의로 인하여 발생하였거나 또는 여객의 사망·상해·연착(수하물의 경우 멸실·훼손·연착)이 생길 염려가 있음을 인식하면서 무모하게 한 작위 또는 부작위로 인하여 발생하였을 때에는 그 사용인이나 대리인은 운송인이 주장할 수 있는 항변과 책임제한을 원용할 수 없다.

④ 제2항의 경우에 운송인과 그 사용인이나 대리인의 여객, 수하물 또는 운송물에 대한 책임제한금액의 총액은 각각 제905조·제907조·제910조 및 제915조에 따른 한도를 초과하지 못한다.

[본조신설 2011.5.23]

제900조(실제운송인에 대한 청구) ① 운송계약을 체결한 운송인(이하 "계약운송인"이라 한다)의 위임을 받아 운송의 전부 또는 일부를 수행한 운송인(이하 "실제운송인"이라 한다)이 있을 경우 실제운송인이 수행한 운송에 관하여는 실제운송인에 대하여도 이 장의 운송인의 책임에 관한 규정을 적용한다. 다만, 제901조의 순차운송에 해당하는 경우는 그러하지 아니하다.

② 실제운송인이 여객·수하물 또는 운송물에 대한 손해배상책임을 지는 경우 계약운송인과 실제운송인은 연대하여 그 책임을 진다.

③ 제1항의 경우 제899조제2항부터 제4항까지를 준용한다. 이 경우 제899조제2항·제3항 중 "운송인"은 "실제운

제906조(선급금의 지급) ① 여객의 사망 또는 신체의 상해가 발생한 항공기사고의 경우에 운송인은 손해배상청구권자가 청구하면 지체 없이 선급금(先給金)을 지급하여야 한다. 이 경우 선급금의 지급만으로 운송인의 책임이 있는 것으로 보지 아니한다.

② 지급한 선급금은 운송인이 손해배상으로 지급하여야 할 금액에 충당할 수 있다.

③ 선급금의 지급액, 지급 절차 및 방법 등에 관하여는 대통령령으로 정한다.

[본조신설 2011.5.23]

제907조(연착에 대한 책임) ① 운송인은 여객의 연착으로 인한 손해에 대하여 책임을 진다. 다만, 운송인이 자신과 그 사용인 및 대리인이 손해를 방지하기 위하여 합리적으로 요구되는 모든 조치를 하였다는 것 또는 그 조치를 하는 것이 불가능하였다는 것을 증명한 경우에는 그 책임을 면한다.

② 제1항에 따른 운송인의 책임은 여객 1명당 4천150 계산단위의 금액을 한도로 한다. 다만, 여객과의 운송계약상 그 출발지, 도착지 및 중간 착륙지가 대한민국 영토 내에 있는 운송의 경우에는 여객 1명당 500 계산단위의 금액을 한도로 한다.

③ 제2항은 운송인 또는 그 사용인이나 대리인의 고의로 또는 연착이 생길 염려가 있음을 인식하면서 무모하게 한 작위 또는 부작위에 의하여 손해가 발생한 것이 증명된 경우에는 적용하지 아니한다.

[본조신설 2011.5.23]

제908조(수하물의 멸실·훼손에 대한 책임) ① 운송인은 위탁수하물의 멸실 또는 훼손으로 인한 손해에 대하여는 그 손해의 원인이 된 사실이 항공기상에서 또는 위탁수하물이 운송인의 관리하에 있는 기간 중에 발생한 경우에만 책임을 진다. 다만, 그 손해가 위탁수하물의 고유한 결함, 특수한 성질 또는 숨은 하자로 인하여 발생한 경우에는 그 범위에서 책임을 지지 아니한다.

② 운송인은 휴대수하물의 멸실 또는 훼손으로 인한 손해에 대하여는 그 손해가 자신 또는 그 사용인이나 대리인의 고의 또는 과실에 의하여 발생한 경우에만 책임을 진다.

[본조신설 2011.5.23]

제909조(수하물의 연착에 대한 책임) 운송인은 수하물의 연착으로 인한 손해에 대하여 책임을 진다. 다만, 운송인이 자신과 그 사용인 및 대리인이 손해를 방지하기 위하여 합리적으로 요구되는 모든 조치를 하였다는 것 또는 그 조치를 하는 것이 불가능하였다는 것을 증명한 경우에는 그 책임을 면한다.

[본조신설 2011.5.23]

제910조(수하물에 대한 책임한도액) ① 제908조와 제909조에 따른 운송인의 손해배상책임은 여객 1명당 1천 계산단위의 금액을 한도로 한다. 다만, 여객이 운송인에게 위탁수하물을 인도할 때에 도착지에서 인도받을 때의 예정가액을 미리 신고한 경우에는 운송인은 신고 가액이 위탁수하물을 도착지에서 인도할 때의 실제가액을 초과한다는 것을 증명하지 아니하는 한 신고 가액을 한도로 책임을 진다.

② 제1항은 운송인 또는 그 사용인이나 대리인의 고의로 또는 수하물의 멸실, 훼손 또는 연착이 생길 염려가 있음을 인식하면서 무모하게 한 작위 또는 부작위에 의하여 손해가 발생한 것이 증명된 경우에는 적용하지 아니한다.

[본조신설 2011.5.23]

제911조(위탁수하물의 일부 멸실·훼손 등에 관한 통지) ① 여객이 위탁수하물의 일부 멸실 또는 훼손을 발견하였을 때에는 위탁수하물을 수령한 후 지체 없이 그 개요에 관하여 운송인에게 서면 또는 전자문서로 통지를 발송하여야 한다. 다만, 그 멸실 또는 훼손이 즉시 발견할 수 없는 것일 경우에는 위탁수하물을 수령한 날부터 7일 이내에 그 통지를 발송하여야 한다.

② 위탁수하물이 연착된 경우 여객은 위탁수하물을 처분할 수 있는 날부터 21일 이내에 이의를 제기하여야 한다.

③ 위탁수하물이 일부 멸실, 훼손 또는 연착된 경우에는 제916조제3항부터 제6항까지를 준용한다.

[본조신설 2011.5.23]

제912조(휴대수하물의 무임운송의무) 운송인은 휴대수하물에 대하여는 다른 약정이 없으면 별도로 운임을 청구하지 못한다.

[본조신설 2011.5.23]

제3절 물건운송 <신설 2011.5.23>

제913조(운송물의 멸실　훼손에 대한 책임) ① 운송인은 운송물의 멸실 또는 훼손으로 인한 손해에 대하여 그 손해가 항공운송 중(운송인이 운송물을 관리하고 있는 기간을 포함한다. 이하 이 조에서 같다)에 발생한 경우에만 책임을 진다. 다만, 운송인이 운송물의 멸실 또는 훼손이 다음 각 호의 사유로 인하여 발생하였음을 증명하였을 경우에는 그 책임을 면한다.

1. 운송물의 고유한 결함, 특수한 성질 또는 숨은 하자
2. 운송인 또는 그 사용인이나 대리인 외의 자가 수행한 운송물의 부적절한 포장 또는 불완전한 기호 표시
3. 전쟁, 폭동, 내란 또는 무력충돌
4. 운송물의 출입국, 검역 또는 통관과 관련된 공공기관의 행위
5. 불가항력

② 제1항에 따른 항공운송 중에는 공항 외부에서 한 육상, 해상 운송 또는 내륙 수로운송은 포함되지 아니한다. 다만, 그러한 운송이 운송계약을 이행하면서 운송물의 적재(積載), 인도 또는 환적(換積)할 목적으로 이루어졌을 경우에는 항공운송 중인 것으로 추정한다.

③ 운송인이 송하인과의 합의에 따라 항공운송하기로 예정된 운송의 전부 또는 일부를 송하인의 동의 없이 다른 운송수단에 의한 운송으로 대체하였을 경우에는 그 다른 운송수단에 의한 운송은 항공운송으로 본다.

[본조신설 2011.5.23]

제914조(운송물 연착에 대한 책임) 운송인은 운송물의 연착으로 인한 손해에 대하여 책임을 진다. 다만, 운송인이 자신과 그 사용인 및 대리인이 손해를 방지하기 위하여 합리적으로 요구되는 모든 조치를 하였다는 것 또는 그 조치를 하는 것이 불가능하였다는 것을 증명한 경우에는 그 책임을 면한다.

[본조신설 2011.5.23]

제915조(운송물에 대한 책임한도액) ① 제913조와 제914조에 따른 운송인의 손해배상책임은 손해가 발생한 해당 운송물의 1킬로그램당 17 계산단위의 금액을 한도로 하되, 송하인과의 운송계약상 그 출발지, 도착지 및 중간 착륙지가 대한민국 영토 내에 있는 운송의 경우에는 손해가 발생한 해당 운송물의 1킬로그램당 15 계산단위의 금액을 한도로 한다. 다만, 송하인이 운송물을 운송인에게 인도할 때에 도착지에서 인도받을 때의 예정가액을 미리 신고한 경우에는 운송인은 신고 가액이 도착지에서 인도할 때의 실제가액을 초과한다는 것을 증명하지 아니하는 한 신고 가액을 한도로 책임을 진다.

② 제1항의 항공운송인의 책임한도를 결정할 때 고려하여야 할 중량은 해당 손해가 발생된 운송물의 중량을 말한다. 다만, 운송물의 일부 또는 운송물에 포함된 물건의 멸실, 훼손 또는 연착이 동일한 항공화물운송장(제924조에 따라 항공화물운송장의 교부에 대체되는 경우를 포함한다) 또는 화물수령증에 적힌 다른 운송물의 가치에 영향을 미칠 때에는 운송인의 책임한도를 결정할 때 그 다른 운송물의 중량도 고려하여야 한다.

[본조신설 2011.5.23]

제916조(운송물의 일부 멸실　훼손 등에 관한 통지) ① 수하인은 운송물의 일부 멸실 또는 훼손을 발견하면 운송물을 수령한 후 지체 없이 그 개요에 관하여 운송인에게 서면 또는 전자문서로 통지를 발송하여야 한다. 다만, 그 멸실 또는 훼손이 즉시 발견할 수 없는 것일 경우에는 수령일부터 14일 이내에 그 통지를 발송하여야 한다.

② 운송물이 연착된 경우 수하인은 운송물을 처분할 수 있는 날부터 21일 이내에 이의를 제기하여야 한다.

③ 제1항의 통지가 없는 경우에는 운송물이 멸실 또는 훼손 없이 수하인에게 인도된 것으로 추정한다.

④ 운송물에 멸실 또는 훼손이 발생하였거나 그런 것으로 의심되는 경우에는 운송인과 수하인은 서로 운송물의 검사를 위하여 필요한 편의를 제공하여야 한다.

⑤ 제1항과 제2항의 기간 내에 통지나 이의제기가 없을 경우에는 수하인은 운송인에 대하여 제소할 수 없다. 다만, 운송인 또는 그 사용인이나 대리인이 악의인 경우에는 그러하지 아니하다.

⑥ 제1항부터 제5항까지의 규정에 반하여 수하인에게 불리한 당사자 사이의 특약은 효력이 없다.

[본조신설 2011.5.23]

제917조(운송물의 처분청구권) ① 송하인은 운송인에게 운송의 중지, 운송물의 반환, 그 밖의 처분을 청구(이하 이 조에서 "처분청구권"이라 한다)할 수 있다. 이 경우에 운송인은 운송계약에서 정한 바에 따라 운임, 체당금과 처분으로 인한 비용의 지급을 청구할 수 있다.

② 송하인은 운송인 또는 다른 송하인의 권리를 침해하는 방법으로 처분청구권을 행사하여서는 아니 되며, 운송인이 송하인의 청구에 따르지 못할 경우에는 지체 없이 그 뜻을 송하인에게 통지하여야 한다.

③ 운송인이 송하인에게 교부한 항공화물운송장 또는 화물수령증을 확인하지 아니하고 송하인의 처분청구에 따른 경우, 운송인은 그로 인하여 항공화물운송장 또는 화물수령증의 소지인이 입은 손해를 배상할 책임을 진다.

④ 제918조제1항에 따라 수하인이 운송물의 인도를 청구할 권리를 취득하였을 때에는 송하인의 처분청구권은 소멸한다. 다만, 수하인이 운송물의 수령을 거부하거나 수하인을 알 수 없을 경우에는 그러하지 아니하다.

[본조신설 2011.5.23]

제918조(운송물의 인도) ① 운송물이 도착지에 도착한 때에는 수하인은 운송인에게 운송물의 인도를 청구할 수 있다. 다만, 송하인이 제917조제1항에 따라 처분청구권을 행사한 경우에는 그러하지 아니하다.

② 운송물이 도착지에 도착하면 다른 약정이 없는 한 운송인은 지체 없이 수하인에게 통지하여야 한다.

[본조신설 2011.5.23]

제919조(운송인의 채권의 시효) 운송인의 송하인 또는 수하인에 대한 채권은 2년간 행사하지 아니하면 소멸시효가 완성한다.

[본조신설 2011.5.23]

제920조(준용규정) 항공화물 운송에 관하여는 제120조, 제134조, 제141조부터 제143조까지, 제792조, 제793조, 제801조, 제802조, 제811조 및 제812조를 준용한다. 이 경우 "선적항"은 "출발지 공항"으로, "선장"은 "운송인"으로, "양륙항"은 "도착지 공항"으로 본다.

[본조신설 2011.5.23]

제4절 운송증서 <신설 2011.5.23>

제921조(여객항공권) ① 운송인이 여객운송을 인수하면 여객에게 다음 각 호의 사항을 적은 개인용 또는 단체용 여객항공권을 교부하여야 한다.

1. 여객의 성명 또는 단체의 명칭
2. 출발지와 도착지
3. 출발일시
4. 운항할 항공편
5. 발행지와 발행연월일
6. 운송인의 성명 또는 상호

② 운송인은 제1항 각 호의 정보를 전산정보처리조직에 의하여 전자적 형태로 저장하거나 그 밖의 다른 방식으로 보존함으로써 제1항의 여객항공권 교부를 갈음할 수 있다. 이 경우 운송인은 여객이 청구하면 제1항 각 호의 정보를 적은 서면을 교부하여야 한다.

[본조신설 2011.5.23]

제922조(수하물표) 운송인은 여객에게 개개의 위탁수하물마다 수하물표를 교부하여야 한다.
[본조신설 2011.5.23]

제923조(항공화물운송장의 발행) ① 송하인은 운송인의 청구를 받아 다음 각 호의 사항을 적은 항공화물운송장 3부를 작성하여 운송인에게 교부하여야 한다.
  1. 송하인의 성명 또는 상호
  2. 수하인의 성명 또는 상호
  3. 출발지와 도착지
  4. 운송물의 종류, 중량, 포장의 종별·개수와 기호
  5. 출발일시
  6. 운송할 항공편
  7. 발행지와 발행연월일
  8. 운송인의 성명 또는 상호
② 운송인이 송하인의 청구에 따라 항공화물운송장을 작성한 경우에는 송하인을 대신하여 작성한 것으로 추정한다.
③ 제1항의 항공화물운송장 중 제1원본에는 "운송인용"이라고 적고 송하인이 기명날인 또는 서명하여야 하고, 제2원본에는 "수하인용"이라고 적고 송하인과 운송인이 기명날인 또는 서명하여야 하며, 제3원본에는 "송하인용"이라고 적고 운송인이 기명날인 또는 서명하여야 한다.
④ 제3항의 서명은 인쇄 또는 그 밖의 다른 적절한 방법으로 할 수 있다.
⑤ 운송인은 송하인으로부터 운송물을 수령한 후 송하인에게 항공화물운송장 제3원본을 교부하여야 한다.
[본조신설 2011.5.23]

제924조(항공화물운송장의 대체) ① 운송인은 제923조제1항 각 호의 정보를 전산정보처리조직에 의하여 전자적 형태로 저장하거나 그 밖의 다른 방식으로 보존함으로써 항공화물운송장의 교부에 대체할 수 있다.
② 제1항의 경우 운송인은 송하인의 청구에 따라 송하인에게 제923조제1항 각 호의 정보를 적은 화물수령증을 교부하여야 한다.
[본조신설 2011.5.23]

제925조(복수의 운송물) ① 2개 이상의 운송물이 있는 경우에는 운송인은 송하인에 대하여 각 운송물마다 항공화물운송장의 교부를 청구할 수 있다.
② 항공화물운송장의 교부가 제924조제1항에 따른 저장·보존으로 대체되는 경우에는 송하인은 운송인에게 각 운송물마다 화물수령증의 교부를 청구할 수 있다.
[본조신설 2011.5.23]

제926조(운송물의 성질에 관한 서류) ① 송하인은 세관, 경찰 등 행정기관이나 그 밖의 공공기관의 절차를 이행하기 위하여 필요한 경우 운송인의 요청을 받아 운송물의 성질을 명시한 서류를 운송인에게 교부하여야 한다.
② 운송인은 제1항과 관련하여 어떠한 의무나 책임을 부담하지 아니한다.
[본조신설 2011.5.23]

제927조(항공운송증서에 관한 규정 위반의 효과) 운송인 또는 송하인이 제921조부터 제926조까지를 위반하는 경우에도 운송계약의 효력 및 이 법의 다른 규정의 적용에 영향을 미치지 아니한다.
[본조신설 2011.5.23]

제928조(항공운송증서 등의 기재사항에 관한 책임) ① 송하인은 항공화물운송장에 적었거나 운송인에게 통지한 운송물의 명세 또는 운송물에 관한 진술이 정확하고 충분함을 운송인에게 담보한 것으로 본다.

② 송하인은 제1항의 운송물의 명세 또는 운송물에 관한 진술이 정확하지 아니하거나 불충분하여 운송인이 손해를 입은 경우에는 운송인에게 배상할 책임이 있다.

③ 운송인은 제924조제1항에 따라 저장·보존되는 운송에 관한 기록이나 화물수령증에 적은 운송물의 명세 또는 운송물에 관한 진술이 정확하지 아니하거나 불충분하여 송하인이 손해를 입은 경우 송하인에게 배상할 책임이 있다. 다만, 제1항에 따라 송하인이 그 정확하고 충분함을 담보한 것으로 보는 경우에는 그러하지 아니하다.

[본조신설 2011.5.23]

제929조(항공운송증서 기재의 효력) ① 항공화물운송장 또는 화물수령증이 교부된 경우 그 운송증서에 적힌 대로 운송계약이 체결된 것으로 추정한다.

② 운송인은 항공화물운송장 또는 화물수령증에 적힌 운송물의 중량, 크기, 포장의 종별·개수·기호 및 외관상태대로 운송물을 수령한 것으로 추정한다.

③ 운송물의 종류, 외관상태 외의 상태, 포장 내부의 수량 및 부피에 관한 항공화물운송장 또는 화물수령증의 기재내용은 송하인이 참여한 가운데 운송인이 그 기재 내용의 정확함을 확인하고 그 사실을 항공화물운송장이나 화물수령증에 적은 경우에만 그 기재 내용대로 운송물을 수령한 것으로 추정한다.

[본조신설 2011.5.23]

제3장 지상 제3자의 손해에 대한 책임 <신설 2011.5.23>

제930조(항공기 운항자의 배상책임) ① 항공기 운항자는 비행 중인 항공기 또는 항공기로부터 떨어진 사람이나 물건으로 인하여 사망하거나 상해 또는 재산상 손해를 입은 지상(지하, 수면 또는 수중을 포함한다)의 제3자에 대하여 손해배상책임을 진다.

② 이 편에서 "항공기 운항자"란 사고 발생 당시 항공기를 사용하는 자를 말한다. 다만, 항공기의 운항을 지배하는 자(이하 "운항지배자"라 한다)가 타인에게 항공기를 사용하게 한 경우에는 운항지배자를 항공기 운항자로 본다.

③ 이 편을 적용할 때에 항공기등록원부에 기재된 항공기 소유자는 항공기 운항자로 추정한다.

④ 제1항에서 "비행 중"이란 이륙을 목적으로 항공기에 동력이 켜지는 때부터 착륙이 끝나는 때까지를 말한다.

⑤ 2대 이상의 항공기가 관여하여 제1항의 사고가 발생한 경우 각 항공기 운항자는 연대하여 제1항의 책임을 진다.

⑥ 운항지배자의 승낙 없이 항공기가 사용된 경우 운항지배자는 이를 막기 위하여 상당한 주의를 하였음을 증명하지 못하는 한 승낙 없이 항공기를 사용한 자와 연대하여 제932조에서 정한 한도 내의 책임을 진다.

[본조신설 2011.5.23]

제931조(면책사유) 항공기 운항자는 제930조제1항에 따른 사망, 상해 또는 재산상 손해의 발생이 다음 각 호의 어느 하나에 해당함을 증명하면 책임을 지지 아니한다.

1. 전쟁, 폭동, 내란 또는 무력충돌의 직접적인 결과로 발생하였다는 것
2. 항공기 운항자가 공권력에 의하여 항공기 사용권을 박탈당한 중에 발생하였다는 것
3. 오로지 피해자 또는 피해자의 사용인이나 대리인의 과실 또는 그 밖의 불법한 작위나 부작위에 의하여서만 발생하였다는 것
4. 불가항력

[본조신설 2011.5.23]

제932조(항공기 운항자의 유한책임) ① 항공기 운항자의 제930조에 따른 책임은 하나의 항공기가 관련된 하나의 사고에 대하여 항공기의 이륙을 위하여 법으로 허용된 최대중량(이하 이 조에서 "최대중량"이라 한다)에 따라 다음 각 호에서 정한 금액을 한도로 한다.

1. 최대중량이 2천킬로그램 이하의 항공기의 경우 30만 계산단위의 금액
2. 최대중량이 2천킬로그램을 초과하는 항공기의 경우 2천킬로그램까지는 30만 계산단위, 2천킬로그램 초과 6천킬로그램까지는 매 킬로그램당 175 계산단위, 6천킬로그램 초과 3만킬로그램까지는 매 킬로그램당 62.5 계산단

위, 3만킬로그램을 초과하는 부분에는 매 킬로그램당 65 계산단위를 각각 곱하여 얻은 금액을 순차로 더한 금액

② 하나의 항공기가 관련된 하나의 사고로 인하여 사망 또는 상해가 발생한 경우 항공기 운항자의 제930조에 따른 책임은 제1항의 금액의 범위에서 사망하거나 상해를 입은 사람 1명당 12만5천 계산단위의 금액을 한도로 한다.

③ 하나의 항공기가 관련된 하나의 사고로 인하여 여러 사람에게 생긴 손해의 합계가 제1항의 한도액을 초과하는 경우, 각각의 손해는 제1항의 한도액에 대한 비율에 따라 배상한다.

④ 하나의 항공기가 관련된 하나의 사고로 인하여 사망, 상해 또는 재산상의 손해가 발생한 경우 제1항에서 정한 금액의 한도에서 사망 또는 상해로 인한 손해를 먼저 배상하고, 남는 금액이 있으면 재산상의 손해를 배상한다.

[본조신설 2011.5.23]

제933조(유한책임의 배제) ① 항공기 운항자 또는 그 사용인이나 대리인이 손해를 발생시킬 의도로 제930조제1항의 사고를 발생시킨 경우에는 제932조를 적용하지 아니한다. 이 경우 항공기 운항자의 사용인이나 대리인의 행위로 인하여 사고가 발생한 경우에는 그가 권한 범위에서 행위하고 있었다는 사실이 증명되어야 한다.

② 항공기를 사용할 권한을 가진 자의 동의 없이 불법으로 항공기를 탈취(奪取)하여 사용하는 중 제930조제1항의 사고를 발생시킨 자에 대하여는 제932조를 적용하지 아니한다.

[본조신설 2011.5.23]

제934조(항공기 운항자의 책임의 소멸) 항공기 운항자의 제930조의 책임은 사고가 발생한 날부터 3년 이내에 재판상 청구가 없으면 소멸한다.

[본조신설 2011.5.23]

제935조(책임제한의 절차) ① 이 장의 규정에 따라 책임을 제한하려는 자는 채권자로부터 책임한도액을 초과하는 청구금액을 명시한 서면에 의한 청구를 받은 날부터 1년 이내에 법원에 책임제한절차 개시의 신청을 하여야 한다.

② 책임제한절차 개시의 신청, 책임제한 기금의 형성·공고·참가·배당, 그 밖에 필요한 사항에 관하여는 성질에 반하지 아니하는 범위에서 「선박소유자 등의 책임제한절차에 관한 법률」의 예를 따른다.

[본조신설 2011.5.23]

부칙 <제10696호,2011.5.23>

이 법은 공포 후 6개월이 경과한 날부터 시행한다.

판례 색인(INDEX OF CASES)

(해외판례)

(국내판례)

박원화

고려대학교(신문방송, 국제법, 항공법 전공)
프랑스 국제행정학원(국제정치학 전공)
캐나다 맥길대학교(항공우주법 전공)

제8회 외무고시 합격, 외교부 근무 시작
외교부 국제기구과장, 정책기획국장
기후변화협약 실천 1997년 교토의정서 채택 교섭 한국수석대표
주(駐) 남아프리카 공화국, 스위스 한국대사

INTELSAT 법률전문가(1990~1994년)
국제우주법학회(IISL) 회원(2011년 이후)
한국항공대학교 항공우주법 교수(2009년 이후)

『우주법 제3판』(2012)
『항공법 제3판』(2009)
『국제항공법 제2판』(2012)
기타 국내외 저널 논문 다수

항공사법
항공운송법

초 판 인 쇄 | 2012년 8월 27일
초 판 발 행 | 2012년 8월 27일

지 은 이 | 박원화
펴 낸 이 | 채종준
펴 낸 곳 | 한국학술정보㈜
주   소 | 경기도 파주시 문발동 파주출판문화정보산업단지 513-5
전   화 | 031) 908-3181(대표)
팩   스 | 031) 908-3189
홈 페 이 지 | http://ebook.kstudy.com
E - m a i l | 출판사업부 publish@kstudy.com
등   록 | 제일산-115호(2000. 6. 19)

ISBN   978-89-268-3776-4 93360 (Paper Book)
            978-89-268-3777-1 95360 (e-Book)